밑글씨

성령님과 함께 쓰는

은혜로운 필사 성경

Graceful Writing Bible

구약 2 | 여호수아 ~ 에스더

필 사 자 : ____________________

시작한 날 : ____________________

끝 난 날 : ____________________

서울말씀사

일러두기

1. 성경 각 권의 서론을 수록하여 성경의 이해를 도왔습니다.

2. 성경의 장과 절이 인쇄되어 있어 보기 쉽고 쓰기 쉽습니다. 또한 밑글씨가 인쇄되어 있어, 성경 없이 누구나 쉽게 필사할 수 있습니다.

3. 성경의 순서에 관계없이 자유롭게 필사할 수 있습니다.

4. 성경과 같이 2단 편집으로 되어 있어 쓰기 쉽고, 여백 활용을 최대화하였습니다.

5. 〔성령님과 함께 쓰는 은혜로운 필사성경〕은 총 5권으로 구성되어 있습니다.
   · 제1권 율법서(창세기~신명기)
   · 제2권 역사서(여호수아~에스더)
   · 제3권 시가서(욥기~아가)
   · 제4권 예언서(이사야~말라기)
   · 제5권 신약(마태복음~요한계시록)

머리말

지식의 홍수 속에서 살아가는 현대인들의 영혼에 가장 필요한 지식은 무엇일까요? 그것은 바로 '하나님을 아는 지식'입니다. 하나님께서는 호세아 6장 6절에서 "나는 인애를 원하고 제사를 원하지 아니하며 번제보다 하나님을 아는 것을 원하노라"라고 말씀하셨습니다. 이처럼 하나님께서 가장 원하시는 것은 우리가 하나님을 알고 하나님의 뜻대로 사는 것입니다.

하나님을 알아가는 가장 좋은 방법은 하나님의 말씀인 성경을 가까이하는 것이며, 성경을 가까이하는 가장 좋은 방법들 중 하나는 성경을 직접 쓰는 것입니다. 성경을 필사하는 시간은 성경을 읽고 묵상하는 시간과 더불어 또 하나의 은혜의 시간, 축복의 시간이 될 것입니다. 이렇게 귀한 성경 필사에 도움이 되고자 이번에 『성령님과 함께 쓰는 은혜로운 필사성경』을 펴내게 되었습니다. 이 책은 말씀을 읽는 것에서 더 나아가 말씀을 직접 기록하며 하나님을 더욱 알기를 원하는 모든 분들에게 큰 유익이 될 것입니다. 인내와 정성이 깃든 성경 필사를 통해 성령님의 음성을 듣고 하나님 말씀의 더 깊은 세계로 나아가는 은혜를 체험하게 되시기를 간절히 바랍니다.

여의도순복음교회
위임목사 이영훈

JOSHUA

여호수아

저 자 여호수아

주 제 약속의 땅 가나안을 정복하고 정착하여 견고히 서 가는 이스라엘

기록목적
- 가나안 땅에 대한 약속을 이루어 가시는 하나님의 신실하심을 증언한다.
- 타락한 가나안 족속들을 심판하시는 하나님의 공의를 보여 준다.

기록배경 여호수아서가 자리 잡고 있는 시기는 가나안 정복 시대다. 당시 가나안 족속들은 성적 문란, 인신 제사 풍습, 종교적 혼합주의에 빠진 상태에 있었다. 이러한 가나안 족속들을 상대로, 이스라엘 백성들은 여호수아의 지휘하에 요단 강을 건너면서 가나안 정복 전쟁을 본격적으로 개시하게 되었다. 이때가 주전 1406년경으로 후기 청동기시대주전 1550년-1200년에 속하는 시기다. 오늘날 발굴된 수천 점의 고기물古器物들은 당시 가나안 족속들의 물질 문명의 풍요로움과 우월함을 증언해 주고 있다. 또한 므깃도, 벧산, 게셀 등 고대 도시들의 유적은 그 성들의 견고함을 보여 준다. 그러나 이와 같이 견고한 성들은 하나님께서 함께 하시는 이스라엘에 의해 정복되어, 여호수아가 임종할 즈음에는주전 1375년경 정복 전쟁이 끝나고 이스라엘은 각 지파별로 할당된 기업에 정착하게 되었다.

특 징
- 이스라엘의 가나안 초기 정착의 실제 역사를 보여 주고 있다.
- 내용상으로는 역사적 이야기지만 선지자적 관점, 즉 '이스라엘의 역사 가운데 하나님의 말씀과 뜻이 어떻게 성취되어 가는가'라는 예언적 측면에 초점을 맞춘 기록들이라는 점에서 '예언서'로서의 특징을 지니고 있다.
- 여호수아의 지휘하에 이스라엘 백성들이 가나안 땅을 기업으로 얻게 되기까지의 승리의 과정을 보여 준다.

나의 기도

여호수아

1

야훼의 종 모세가 죽은 후에 야훼
께서 모세의 수종자 눈의 아들 여
호수아에게 말씀하여 이르시되
2 내 종 모세가 죽었으니 이제 너는
이 모든 백성과 더불어 일어나 이
요단을 건너 내가 그들 곧 이스라
엘 자손에게 주는 그 땅으로 가라
3 내가 모세에게 말한 바와 같이 너
희 발바닥으로 밟는 곳은 모두 내
가 너희에게 주었노니
4 곧 광야와 이 레바논에서부터 큰
강 곧 유브라데 강까지 헷 족속의
온 땅과 또 해 지는 쪽 대해까지 너
희의 영토가 되리라
5 네 평생에 너를 능히 대적할 자가
없으리니 내가 모세와 함께 있었던
것 같이 너와 함께 있을 것임이니라
내가 너를 떠나지 아니하며 버리지
아니하리니
6 강하고 담대하라 너는 내가 그들의
조상에게 맹세하여 그들에게 주리
라 한 땅을 이 백성에게 차지하게
하리라
7 오직 강하고 극히 담대하여 나의
종 모세가 네게 명령한 그 율법을
다 지켜 행하고 우로나 좌로나 치
우치지 말라 그리하면 어디로 가든
지 형통하리니
8 이 율법책을 네 입에서 떠나지 말
게 하며 주야로 그것을 묵상하여
그 안에 기록된 대로 다 지켜 행하
라 그리하면 네 길이 평탄하게 될
것이며 네가 형통하리라
9 내가 네게 명령한 것이 아니냐 강
하고 담대하라 두려워하지 말며 놀
라지 말라 네가 어디로 가든지 네
하나님 야훼가 너와 함께 하느니라
하시니라
10 이에 여호수아가 그 백성의 관리들
에게 명령하여 이르되
11 진중에 두루 다니며 그 백성에게
명령하여 이르기를 양식을 준비하
라 사흘 안에 너희가 이 요단을 건
너 너희의 하나님 야훼께서 너희에
게 주사 차지하게 하시는 땅을 차
지하기 위하여 들어갈 것임이니라
하라
12 여호수아가 또 르우벤 지파와 갓
지파와 므낫세 반 지파에게 말하여
이르되
13 야훼의 종 모세가 너희에게 명령하
여 이르기를 너희의 하나님 야훼께
서 너희에게 안식을 주시며 이 땅
을 너희에게 주시리라 하였나니 너
희는 그 말을 기억하라
14 너희의 처자와 가축은 모세가 너희

기록일 : . . .

에게 준 요단 이쪽 땅에 머무르려
니와 너희 모든 용사들은 무장하고
너희의 형제보다 앞서 건너가서 그
들을 돕되
15 야훼께서 너희를 안식하게 하신 것
같이 너희의 형제도 안식하며 그들
도 너희의 하나님 야훼께서 주시는
그 땅을 차지하기까지 하라 그리고
너희는 너희 소유지 곧 야훼의 종
모세가 너희에게 준 요단 이쪽 해
돋는 곳으로 돌아와서 그것을 차지
할지니라
16 그들이 여호수아에게 대답하여 이
르되 당신이 우리에게 명령하신 것
은 우리가 다 행할 것이요 당신이
우리를 보내시는 곳에는 우리가 가
리이다
17 우리는 범사에 모세에게 순종한 것
같이 당신에게 순종하려니와 오직
당신의 하나님 야훼께서 모세와 함
께 계시던 것 같이 당신과 함께 계
시기를 원하나이다
18 누구든지 당신의 명령을 거역하며
당신의 말씀을 순종하지 아니하는
자는 죽임을 당하리니 오직 강하고
담대하소서

2 눈의 아들 여호수아가 싯딤에서
두 사람을 정탐꾼으로 보내며 이르
되 가서 그 땅과 여리고를 엿보라
하매 그들이 가서 라합이라 하는
기생의 집에 들어가 거기서 유숙하
더니
2 어떤 사람이 여리고 왕에게 말하여
이르되 보소서 이 밤에 이스라엘
자손 중의 몇 사람이 이 땅을 정탐
하러 이리로 들어왔나이다
3 여리고 왕이 라합에게 사람을 보내
어 이르되 네게로 와서 네 집에 들
어간 그 사람들을 끌어내라 그들은
이 온 땅을 정탐하러 왔느니라
4 그 여인이 그 두 사람을 이미 숨긴
지라 이르되 과연 그 사람들이 내
게 왔었으나 그들이 어디에서 왔는
지 나는 알지 못하였고
5 그 사람들이 어두워 성문을 닫을
때쯤 되어 나갔으니 어디로 갔는지
내가 알지 못하나 급히 따라가라
그리하면 그들을 따라잡으리라 하
였으나
6 그가 이미 그들을 이끌고 지붕에
올라가서 그 지붕에 벌여 놓은 삼
대에 숨겼더라
7 그 사람들은 요단 나루터까지 그들
을 쫓아갔고 그들을 뒤쫓는 자들이
나가자 곧 성문을 닫았더라
8 또 그들이 눕기 전에 라합이 지붕
에 올라가서 그들에게 이르러
9 말하되 야훼께서 이 땅을 너희에게
주신 줄을 내가 아노라 우리가 너희
를 심히 두려워하고 이 땅 주민들이

다 너희 앞에서 간담이 녹나니
10 이는 너희가 애굽에서 나올 때에
야훼께서 너희 앞에서 홍해 물을
마르게 하신 일과 너희가 요단 저
쪽에 있는 아모리 사람의 두 왕 시
혼과 옥에게 행한 일 곧 그들을 전
멸시킨 일을 우리가 들었음이니라
11 우리가 듣자 곧 마음이 녹았고 너
희로 말미암아 사람이 정신을 잃었
나니 너희의 하나님 야훼는 위로는
하늘에서도 아래로는 땅에서도 하
나님이시니라
12 그러므로 이제 청하노니 내가 너희
를 선대하였은즉 너희도 내 아버지
의 집을 선대하도록 야훼로 내게 맹
세하고 내게 증표를 내라
13 그리고 나의 부모와 나의 남녀 형
제와 그들에게 속한 모든 사람을
살려 주어 우리 목숨을 죽음에서
건져내라
14 그 사람들이 그에게 이르되 네가
우리의 이 일을 누설하지 아니하면
우리의 목숨으로 너희를 대신할 것
이요 야훼께서 우리에게 이 땅을
주실 때에는 인자하고 진실하게 너
를 대우하리라
15 라합이 그들을 창문에서 줄로 달아
내리니 그의 집이 성벽 위에 있으므
로 그가 성벽 위에 거주하였음이라
16 라합이 그들에게 이르되 두렵건대
뒤쫓는 사람들이 너희와 마주칠까
하노니 너희는 산으로 가서 거기서
사흘 동안 숨어 있다가 뒤쫓는 자
들이 돌아간 후에 너희의 길을 갈
지니라
17 그 사람들이 그에게 이르되 네가
우리에게 서약하게 한 이 맹세에
대하여 우리가 허물이 없게 하리니
18 우리가 이 땅에 들어올 때에 우리
를 달아 내린 창문에 이 붉은 줄을
매고 네 부모와 형제와 네 아버지
의 가족을 다 네 집에 모으라
19 누구든지 네 집 문을 나가서 거리
로 가면 그의 피가 그의 머리로 돌
아갈 것이요 우리는 허물이 없으리
라 그러나 누구든지 너와 함께 집
에 있는 자에게 손을 대면 그의 피
는 우리의 머리로 돌아오려니와
20 네가 우리의 이 일을 누설하면 네가
우리에게 서약하게 한 맹세에 대하
여 우리에게 허물이 없으리라 하니
21 라합이 이르되 너희의 말대로 할
것이라 하고 그들을 보내어 가게
하고 붉은 줄을 창문에 매니라
22 그들이 가서 산에 이르러 뒤쫓는
자들이 돌아가기까지 사흘을 거기
머물매 뒤쫓는 자들이 그들을 길에
서 두루 찾다가 찾지 못하니라
23 그 두 사람이 돌이켜 산에서 내려
와 강을 건너 눈의 아들 여호수아

기록일 : . . .

에게 나아가서 그들이 겪은 모든
일을 고하고
24 또 여호수아에게 이르되 진실로 야
훼께서 그 온 땅을 우리 손에 주셨
으므로 그 땅의 모든 주민이 우리
앞에서 간담이 녹더이다 하더라
3 또 여호수아가 아침에 일찍이 일
어나서 그와 모든 이스라엘 자손
들과 더불어 싯딤에서 떠나 요단
에 이르러 건너가기 전에 거기서
유숙하니라
2 사흘 후에 관리들이 진중으로 두루
다니며
3 백성에게 명령하여 이르되 너희는
레위 사람 제사장들이 너희 하나님
야훼의 언약궤 메는 것을 보거든
너희가 있는 곳을 떠나 그 뒤를 따
르라
4 그러나 너희와 그 사이 거리가 이천
규빗쯤 되게 하고 그것에 가까이
하지는 말라 그리하면 너희가 행할
길을 알리니 너희가 이전에 이 길을
지나보지 못하였음이니라 하니라
5 여호수아가 또 백성에게 이르되 너
희는 자신을 성결하게 하라 야훼께
서 내일 너희 가운데에 기이한 일들
을 행하시리라
6 여호수아가 또 제사장들에게 말하
여 이르되 언약궤를 메고 백성에
앞서 건너라 하매 곧 언약궤를 메
고 백성에 앞서 나아가니라
7 야훼께서 여호수아에게 이르시되
내가 오늘부터 시작하여 너를 온
이스라엘의 목전에서 크게 하여 내
가 모세와 함께 있었던 것 같이 너
와 함께 있는 것을 그들이 알게 하
리라
8 너는 언약궤를 멘 제사장들에게 명
령하여 이르기를 너희가 요단 물 가
에 이르거든 요단에 들어서라 하라
9 여호수아가 이스라엘 자손에게 이
르되 이리 와서 너희의 하나님 야
훼의 말씀을 들으라 하고
10 또 말하되 살아 계신 하나님이 너
희 가운데에 계시사 가나안 족속과
헷 족속과 히위 족속과 브리스 족
속과 기르가스 족속과 아모리 족속
과 여부스 족속을 너희 앞에서 반
드시 쫓아내실 줄을 이것으로서 너
희가 알리라
11 보라 온 땅의 주의 언약궤가 너희
앞에서 요단을 건너가나니
12 이제 이스라엘 지파 중에서 각 지
파에 한 사람씩 열두 명을 택하라
13 온 땅의 주 야훼의 궤를 멘 제사장
들의 발바닥이 요단 물을 밟고 멈
추면 요단 물 곧 위에서부터 흘러
내리던 물이 끊어지고 한 곳에 쌓
여 서리라
14 백성이 요단을 건너려고 자기들의

기록일 : . . .

장막을 떠날 때에 제사장들은 언약
궤를 메고 백성 앞에서 나아가니라
15 요단이 곡식 거두는 시기에는 항상
언덕에 넘치더라 궤를 멘 자들이 요
단에 이르며 궤를 멘 제사장들의
발이 물 가에 잠기자
16 곧 위에서부터 흘러내리던 물이 그
쳐서 사르단에 가까운 매우 멀리
있는 아담 성읍 변두리에 일어나 한
곳에 쌓이고 아라바의 바다 염해로
향하여 흘러가는 물은 온전히 끊어
지매 백성이 여리고 앞으로 바로 건
널새
17 야훼의 언약궤를 멘 제사장들은 요
단 가운데 마른 땅에 굳게 섰고 그
모든 백성이 요단을 건너기를 마칠
때까지 모든 이스라엘은 그 마른
땅으로 건너갔더라

4 그 모든 백성이 요단을 건너가기
를 마치매 야훼께서 여호수아에게
말씀하여 이르시되
2 백성의 각 지파에 한 사람씩 열두
사람을 택하고
3 그들에게 명령하여 이르기를 요단
가운데 제사장들의 발이 굳게 선
그 곳에서 돌 열둘을 택하여 그것
을 가져다가 오늘밤 너희가 유숙할
그 곳에 두게 하라 하시니라
4 여호수아가 이스라엘 자손 중에서
각 지파에 한 사람씩 준비한 그 열
두 사람을 불러
5 그들에게 이르되 요단 가운데로 들
어가 너희 하나님 야훼의 궤 앞으
로 가서 이스라엘 자손들의 지파
수대로 각기 돌 한 개씩 가져다가
어깨에 메라
6 이것이 너희 중에 표징이 되리라 후
일에 너희의 자손들이 물어 이르되
이 돌들은 무슨 뜻이냐 하거든
7 그들에게 이르기를 요단 물이 야훼
의 언약궤 앞에서 끊어졌나니 곧
언약궤가 요단을 건널 때에 요단
물이 끊어졌으므로 이 돌들이 이스
라엘 자손에게 영원히 기념이 되리
라 하라 하니라
8 이스라엘 자손들이 여호수아가 명
령한 대로 행하되 야훼께서 여호수
아에게 이르신 대로 이스라엘 자손
들의 지파의 수를 따라 요단 가운
데에서 돌 열둘을 택하여 자기들이
유숙할 곳으로 가져다가 거기에 두
었더라
9 여호수아가 또 요단 가운데 곧 언
약궤를 멘 제사장들의 발이 선 곳
에 돌 열둘을 세웠더니 오늘까지
거기에 있더라
10 또 야훼께서 여호수아에게 명령하
사 백성에게 말하게 하신 일 곧 모
세가 여호수아에게 명령한 일이 다
마치기까지 궤를 멘 제사장들이 요

기록일 : . . .

단 가운데에 서 있고 백성은 속히
건넜으며
11 모든 백성이 건너기를 마친 후에 야
훼의 궤와 제사장들이 백성의 목전
에서 건넜으며
12 르우벤 자손과 갓 자손과 므낫세
반 지파는 모세가 그들에게 이른
것 같이 무장하고 이스라엘 자손들
보다 앞서 건너갔으니
13 무장한 사만 명 가량이 야훼 앞에
서 건너가 싸우려고 여리고 평지에
이르니라
14 그 날에 야훼께서 모든 이스라엘의
목전에서 여호수아를 크게 하시매
그가 생존한 날 동안에 백성이 그
를 두려워하기를 모세를 두려워하
던 것 같이 하였더라
15 야훼께서 여호수아에게 말씀하여
이르시되
16 증거궤를 멘 제사장들에게 명령하여
요단에서 올라오게 하라 하신지라
17 여호수아가 제사장들에게 명령하여
이르기를 요단에서 올라오라 하매
18 야훼의 언약궤를 멘 제사장들이 요
단 가운데에서 나오며 그 발바닥으
로 육지를 밟는 동시에 요단 물이
본 곳으로 도로 흘러서 전과 같이
언덕에 넘쳤더라
19 첫째 달 십일에 백성이 요단에서
올라와 여리고 동쪽 경계 길갈에
진 치매
20 여호수아가 요단에서 가져온 그 열
두 돌을 길갈에 세우고
21 이스라엘 자손들에게 말하여 이르
되 후일에 너희의 자손들이 그들의
아버지에게 묻기를 이 돌들은 무슨
뜻이니이까 하거든
22 너희는 너희의 자손들에게 알게 하
여 이르기를 이스라엘이 마른 땅을
밟고 이 요단을 건넜음이라
23 너희의 하나님 야훼께서 요단 물을
너희 앞에서 마르게 하사 너희를
건너게 하신 것이 너희의 하나님 야
훼께서 우리 앞에 홍해를 말리시고
우리를 건너게 하심과 같았나니
24 이는 땅의 모든 백성에게 야훼의
손이 강하신 것을 알게 하며 너희
가 너희의 하나님 야훼를 항상 경
외하게 하려 하심이라 하라

5 요단 서쪽의 아모리 사람의 모든
왕들과 해변의 가나안 사람의 모든
왕들이 야훼께서 요단 물을 이스라
엘 자손들 앞에서 말리시고 우리를
건너게 하셨음을 듣고 마음이 녹았
고 이스라엘 자손들 때문에 정신을
잃었더라
2 그 때에 야훼께서 여호수아에게 이
르시되 너는 부싯돌로 칼을 만들어
이스라엘 자손들에게 다시 할례를
행하라 하시매

기록일 : . . .

3 여호수아가 부싯돌로 칼을 만들어
할례 산에서 이스라엘 자손들에게
할례를 행하니라
4 여호수아가 할례를 시행한 까닭은
이것이니 애굽에서 나온 모든 백성
중 남자 곧 모든 군사는 애굽에서
나온 후 광야 길에서 죽었는데
5 그 나온 백성은 다 할례를 받았으
나 다만 애굽에서 나온 후 광야 길
에서 난 자는 할례를 받지 못하였
음이라
6 이스라엘 자손들이 야훼의 음성을
청종하지 아니하므로 야훼께서 그
들에게 대하여 맹세하사 그들의 조
상들에게 맹세하여 우리에게 주리
라고 하신 땅 곧 젖과 꿀이 흐르는
땅을 그들이 보지 못하게 하리라
하시매 애굽에서 나온 족속 곧 군
사들이 다 멸절하기까지 사십 년 동
안을 광야에서 헤매었더니
7 그들의 대를 잇게 하신 이 자손에
게 여호수아가 할례를 행하였으니
길에서는 그들에게 할례를 행하지
못하였으므로 할례 없는 자가 되었
음이었더라
8 또 그 모든 백성에게 할례 행하기
를 마치매 백성이 진중 각 처소에
머물며 낫기를 기다릴 때에
9 야훼께서 여호수아에게 이르시되
내가 오늘 애굽의 수치를 너희에게
서 떠나가게 하였다 하셨으므로 그
곳 이름을 오늘까지 길갈이라 하느
니라
10 또 이스라엘 자손들이 길갈에 진
쳤고 그 달 십사일 저녁에는 여리고
평지에서 유월절을 지켰으며
11 유월절 이튿날에 그 땅의 소산물을
먹되 그 날에 무교병과 볶은 곡식
을 먹었더라
12 또 그 땅의 소산물을 먹은 다음 날
에 만나가 그쳤으니 이스라엘 사람
들이 다시는 만나를 얻지 못하였고
그 해에 가나안 땅의 소출을 먹었
더라
13 여호수아가 여리고에 가까이 이르
렀을 때에 눈을 들어 본즉 한 사람
이 칼을 빼어 손에 들고 마주 서 있
는지라 여호수아가 나아가서 그에
게 묻되 너는 우리를 위하느냐 우
리의 적들을 위하느냐 하니
14 그가 이르되 아니라 나는 야훼의
군대 대장으로 지금 왔느니라 하는
지라 여호수아가 얼굴을 땅에 대고
엎드려 절하고 그에게 이르되 내
주여 종에게 무슨 말씀을 하려 하
시나이까
15 야훼의 군대 대장이 여호수아에게
이르되 네 발에서 신을 벗으라 네
가 선 곳은 거룩하니라 하니 여호
수아가 그대로 행하니라

기록일 : . . .

6

이스라엘 자손들로 말미암아 여
리고는 굳게 닫혔고 출입하는 자가
없더라
2 야훼께서 여호수아에게 이르시되
보라 내가 여리고와 그 왕과 용사
들을 네 손에 넘겨 주었으니
3 너희 모든 군사는 그 성을 둘러 성
주위를 매일 한 번씩 돌되 엿새 동
안을 그리하라
4 제사장 일곱은 일곱 양각 나팔을 잡
고 언약궤 앞에서 나아갈 것이요 일
곱째 날에는 그 성을 일곱 번 돌며
그 제사장들은 나팔을 불 것이며
5 제사장들이 양각 나팔을 길게 불어
그 나팔 소리가 너희에게 들릴 때
에는 백성은 다 큰 소리로 외쳐 부
를 것이라 그리하면 그 성벽이 무너
져 내리리니 백성은 각기 앞으로 올
라갈지니라 하시매
6 눈의 아들 여호수아가 제사장들을
불러 그들에게 이르되 너희는 언약
궤를 메고 제사장 일곱은 양각 나
팔 일곱을 잡고 야훼의 궤 앞에서
나아가라 하고
7 또 백성에게 이르되 나아가서 그
성을 돌되 무장한 자들이 야훼의
궤 앞에서 나아갈지니라 하니라
8 여호수아가 백성에게 이르기를 마
치매 제사장 일곱은 양각 나팔 일
곱을 잡고 야훼 앞에서 나아가며
나팔을 불고 야훼의 언약궤는 그
뒤를 따르며
9 그 무장한 자들은 나팔 부는 제사
장들 앞에서 행진하며 후군은 궤
뒤를 따르고 제사장들은 나팔을 불
며 행진하더라
10 여호수아가 백성에게 명령하여 이
르되 너희는 외치지 말며 너희 음
성을 들리게 하지 말며 너희 입에서
아무 말도 내지 말라 그리하다가
내가 너희에게 명령하여 외치라 하
는 날에 외칠지니라 하고
11 야훼의 궤가 그 성을 한 번 돌게 하
고 그들이 진영으로 들어와서 진영
에서 자니라
12 또 여호수아가 아침에 일찍이 일어
나니 제사장들이 야훼의 궤를 메고
13 제사장 일곱은 양각 나팔 일곱을
잡고 야훼의 궤 앞에서 계속 행진
하며 나팔을 불고 무장한 자들은
그 앞에 행진하며 후군은 야훼의
궤 뒤를 따르고 제사장들은 나팔을
불며 행진하니라
14 그 둘째 날에도 그 성을 한 번 돌고
진영으로 돌아오니라 엿새 동안을
이같이 행하니라
15 일곱째 날 새벽에 그들이 일찍이
일어나서 전과 같은 방식으로 그 성
을 일곱 번 도니 그 성을 일곱 번
돌기는 그 날뿐이었더라

기록일 : . . .

16 일곱 번째에 제사장들이 나팔을 불
때에 여호수아가 백성에게 이르되
외치라 야훼께서 너희에게 이 성을
주셨느니라
17 이 성과 그 가운데에 있는 모든 것
은 야훼께 온전히 바치되 기생 라
합과 그 집에 동거하는 자는 모두
살려 주라 이는 우리가 보낸 사자
들을 그가 숨겨 주었음이니라
18 너희는 온전히 바치고 그 바친 것
중에서 어떤 것이든지 취하여 너희
가 이스라엘 진영으로 바치는 것이
되게 하여 고통을 당하게 되지 아
니하도록 오직 너희는 그 바친 물
건에 손대지 말라
19 은금과 동철 기구들은 다 야훼께
구별될 것이니 그것을 야훼의 곳간
에 들일지니라 하니라
20 이에 백성은 외치고 제사장들은 나
팔을 불매 백성이 나팔 소리를 들
을 때에 크게 소리 질러 외치니 성
벽이 무너져 내린지라 백성이 각기
앞으로 나아가 그 성에 들어가서
그 성을 점령하고
21 그 성 안에 있는 모든 것을 온전히
바치되 남녀 노소와 소와 양과 나
귀를 칼날로 멸하니라
22 여호수아가 그 땅을 정탐한 두 사
람에게 이르되 그 기생의 집에 들
어가서 너희가 그 여인에게 맹세한
대로 그와 그에게 속한 모든 것을
이끌어 내라 하매
23 정탐한 젊은이들이 들어가서 라합
과 그의 부모와 그의 형제와 그에
게 속한 모든 것을 이끌어 내고 또
그의 친족도 다 이끌어 내어 그들
을 이스라엘의 진영 밖에 두고
24 무리가 그 성과 그 가운데에 있는
모든 것을 불로 사르고 은금과 동철
기구는 야훼의 집 곳간에 두었더라
25 여호수아가 기생 라합과 그의 아버
지의 가족과 그에게 속한 모든 것
을 살렸으므로 그가 오늘까지 이스
라엘 중에 거주하였으니 이는 여호
수아가 여리고를 정탐하려고 보낸
사자들을 숨겼음이었더라
26 여호수아가 그 때에 맹세하게 하여
이르되 누구든지 일어나서 이 여리
고 성을 건축하는 자는 야훼 앞에
서 저주를 받을 것이라 그 기초를
쌓을 때에 그의 맏아들을 잃을 것
이요 그 문을 세울 때에 그의 막내
아들을 잃으리라 하였더라
27 야훼께서 여호수아와 함께 하시니
여호수아의 소문이 그 온 땅에 퍼
지니라

7

이스라엘 자손들이 온전히 바친
물건으로 말미암아 범죄하였으니
이는 유다 지파 세라의 증손 삽디
의 손자 갈미의 아들 아간이 온전

기록일 : . . .

히 바친 물건을 가졌음이라 야훼께
서 이스라엘 자손들에게 진노하시
니라
2 여호수아가 여리고에서 사람을 벧엘
동쪽 벧아웬 곁에 있는 아이로 보내
며 그들에게 말하여 이르되 올라가
서 그 땅을 정탐하라 하매 그 사람
들이 올라가서 아이를 정탐하고
3 여호수아에게로 돌아와 그에게 이
르되 백성을 다 올라가게 하지 말
고 이삼천 명만 올라가서 아이를 치
게 하소서 그들은 소수이니 모든
백성을 그리로 보내어 수고롭게 하
지 마소서 하므로
4 백성 중 삼천 명쯤 그리로 올라갔
다가 아이 사람 앞에서 도망하니
5 아이 사람이 그들을 삼십육 명쯤
쳐죽이고 성문 앞에서부터 스바림
까지 쫓아가 내려가는 비탈에서 쳤
으므로 백성의 마음이 녹아 물 같
이 된지라
6 여호수아가 옷을 찢고 이스라엘 장
로들과 함께 야훼의 궤 앞에서 땅
에 엎드려 머리에 티끌을 뒤집어쓰
고 저물도록 있다가
7 이르되 슬프도소이다 주 야훼여 어
찌하여 이 백성을 인도하여 요단을
건너게 하시고 우리를 아모리 사람
의 손에 넘겨 멸망시키려 하셨나이
까 우리가 요단 저쪽을 만족하게
여겨 거주하였더면 좋을 뻔하였나
이다
8 주여 이스라엘이 그의 원수들 앞에
서 돌아섰으니 내가 무슨 말을 하
오리이까
9 가나안 사람과 이 땅의 모든 사람
들이 듣고 우리를 둘러싸고 우리
이름을 세상에서 끊으리니 주의 크
신 이름을 위하여 어떻게 하시려
하나이까 하니
10 야훼께서 여호수아에게 이르시되
일어나라 어찌하여 이렇게 엎드렸
느냐
11 이스라엘이 범죄하여 내가 그들에
게 명령한 나의 언약을 어겼으며 또
한 그들이 온전히 바친 물건을 가져
가고 도둑질하며 속이고 그것을 그
들의 물건들 가운데에 두었느니라
12 그러므로 이스라엘 자손들이 그들
의 원수 앞에 능히 맞서지 못하고
그 앞에서 돌아섰나니 이는 그들도
온전히 바친 것이 됨이라 그 온전
히 바친 물건을 너희 중에서 멸하지
아니하면 내가 다시는 너희와 함께
있지 아니하리라
13 너는 일어나서 백성을 거룩하게 하
여 이르기를 너희는 내일을 위하여
스스로 거룩하게 하라 이스라엘의
하나님 야훼의 말씀에 이스라엘아
너희 가운데에 온전히 바친 물건이

기록일 : . . .

있나니 너희가 그 온전히 바친 물건
을 너희 가운데에서 제하기까지는
네 원수들 앞에 능히 맞서지 못하
리라
14 너희는 아침에 너희의 지파대로 가
까이 나아오라 야훼께 뽑히는 그
지파는 그 족속대로 가까이 나아올
것이요 야훼께 뽑히는 족속은 그
가족대로 가까이 나아올 것이요 야
훼께 뽑히는 그 가족은 그 남자들
이 가까이 나아올 것이며
15 온전히 바친 물건을 가진 자로 뽑힌
자를 불사르되 그와 그의 모든 소
유를 그리하라 이는 야훼의 언약을
어기고 이스라엘 가운데에서 망령
된 일을 행하였음이라 하셨다 하라
16 이에 여호수아가 아침 일찍이 일어
나서 이스라엘을 그의 지파대로 가
까이 나아오게 하였더니 유다 지파
가 뽑혔고
17 유다 족속을 가까이 나아오게 하였
더니 세라 족속이 뽑혔고 세라 족
속의 각 남자를 가까이 나아오게
하였더니 삽디가 뽑혔고
18 삽디의 가족 각 남자를 가까이 나
아오게 하였더니 유다 지파 세라의
증손이요 삽디의 손자요 갈미의 아
들인 아간이 뽑혔더라
19 그러므로 여호수아가 아간에게 이
르되 내 아들아 청하노니 이스라엘
의 하나님 야훼께 영광을 돌려 그
앞에 자복하고 네가 행한 일을 내
게 알게 하라 그 일을 내게 숨기지
말라 하니
20 아간이 여호수아에게 대답하여 이
르되 참으로 나는 이스라엘의 하나
님 야훼께 범죄하여 이러이러하게
행하였나이다
21 내가 노략한 물건 중에 시날 산의
아름다운 외투 한 벌과 은 이백 세
겔과 그 무게가 오십 세겔 되는 금
덩이 하나를 보고 탐내어 가졌나이
다 보소서 이제 그 물건들을 내 장
막 가운데 땅 속에 감추었는데 은
은 그 밑에 있나이다 하더라
22 이에 여호수아가 사자들을 보내매
그의 장막에 달려가 본즉 물건이
그의 장막 안에 감추어져 있는데
은은 그 밑에 있는지라
23 그들이 그것을 장막 가운데서 취하
여 여호수아와 이스라엘 모든 자
손에게 가지고 오매 그들이 그것을
야훼 앞에 쏟아 놓으니라
24 여호수아가 이스라엘 모든 사람과
더불어 세라의 아들 아간을 잡고
그 은과 그 외투와 그 금덩이와 그
의 아들들과 그의 딸들과 그의 소
들과 그의 나귀들과 그의 양들과
그의 장막과 그에게 속한 모든 것
을 이끌고 아골 골짜기로 가서

기록일 : . . .

25 여호수아가 이르되 네가 어찌하여
우리를 괴롭게 하였느냐 야훼께서
오늘 너를 괴롭게 하시리라 하니
온 이스라엘이 그를 돌로 치고 물
건들도 돌로 치고 불사르고
26 그 위에 돌 무더기를 크게 쌓았더
니 오늘까지 있더라 야훼께서 그의
맹렬한 진노를 그치시니 그러므로
그 곳 이름을 오늘까지 아골 골짜
기라 부르더라
8 야훼께서 여호수아에게 이르시되
두려워하지 말라 놀라지 말라 군사
를 다 거느리고 일어나 아이로 올
라가라 보라 내가 아이 왕과 그의
백성과 그의 성읍과 그의 땅을 다
네 손에 넘겨 주었으니
2 너는 여리고와 그 왕에게 행한 것
같이 아이와 그 왕에게 행하되 오
직 거기서 탈취할 물건과 가축은
스스로 가지라 너는 아이 성 뒤에
복병을 둘지니라 하시니
3 이에 여호수아가 일어나서 군사와
함께 아이로 올라가려 하여 용사
삼만 명을 뽑아 밤에 보내며
4 그들에게 명령하여 이르되 너희는
성읍 뒤로 가서 성읍을 향하여 매
복하되 그 성읍에서 너무 멀리 하지
말고 다 스스로 준비하라
5 나와 나를 따르는 모든 백성은 다
성읍으로 가까이 가리니 그들이 처
음과 같이 우리에게로 쳐 올라올
것이라 그리 할 때에 우리가 그들
앞에서 도망하면
6 그들이 나와서 우리를 추격하며 이
르기를 그들이 처음과 같이 우리 앞
에서 도망한다 하고 우리의 유인을
받아 그 성읍에서 멀리 떠날 것이라
우리가 그들 앞에서 도망하거든
7 너희는 매복한 곳에서 일어나 그 성
읍을 점령하라 너희 하나님 야훼께
서 그 성읍을 너희 손에 주시리라
8 너희가 그 성읍을 취하거든 그것을
불살라 야훼의 말씀대로 행하라 보
라 내가 너희에게 명령하였느니라
하고
9 그들을 보내매 그들이 매복할 곳으
로 가서 아이 서쪽 벧엘과 아이 사
이에 매복하였고 여호수아는 그 밤
에 백성 가운데에서 잤더라
10 여호수아가 아침에 일찍이 일어나
백성을 점호하고 이스라엘 장로들
과 더불어 백성에 앞서 아이로 올
라가매
11 그와 함께 한 군사가 다 올라가서
그 성읍 앞에 가까이 이르러 아이
북쪽에 진 치니 그와 아이 사이에
는 한 골짜기가 있더라
12 그가 약 오천 명을 택하여 성읍 서
쪽 벧엘과 아이 사이에 매복시키니
13 이와 같이 성읍 북쪽에는 온 군대

기록일 : . . .

가 있고 성읍 서쪽에는 복병이 있
었더라 여호수아가 그 밤에 골짜기
가운데로 들어가니
14 아이 왕이 이를 보고 그 성읍 백성
과 함께 일찍이 일어나 급히 나가
아라바 앞에 이르러 정한 때에 이
스라엘과 싸우려 하나 성읍 뒤에
복병이 있는 줄은 알지 못하였더라
15 여호수아와 온 이스라엘이 그들 앞
에서 거짓으로 패한 척하여 광야 길
로 도망하매
16 그 성읍에 있는 모든 백성이 그들
을 추격하려고 모여 여호수아를 추
격하며 유인함을 받아 아이 성읍을
멀리 떠나니
17 아이와 벧엘에 이스라엘을 따라가
지 아니한 자가 하나도 없으며 성
문을 열어 놓고 이스라엘을 추격하
였더라
18 야훼께서 여호수아에게 이르시되
네 손에 잡은 단창을 들어 아이를
가리키라 내가 이 성읍을 네 손에
넘겨 주리라 여호수아가 그의 손에
잡은 단창을 들어 그 성읍을 가리
키니
19 그의 손을 드는 순간에 복병이 그
들의 자리에서 급히 일어나 성읍으
로 달려 들어가서 점령하고 곧 성읍
에 불을 놓았더라
20 아이 사람이 뒤를 돌아본즉 그 성
읍에 연기가 하늘에 닿은 것이 보
이니 이 길로도 저 길로도 도망할
수 없이 되었고 광야로 도망하던
이스라엘 백성은 그 추격하던 자에
게로 돌아섰더라
21 여호수아와 온 이스라엘이 그 복병
이 성읍을 점령함과 성읍에 연기가
오름을 보고 다시 돌이켜 아이 사
람들을 쳐죽이고
22 복병도 성읍에서 나와 그들을 치매
그들이 이스라엘 중간에 든지라 어
떤 사람들은 이쪽에서 어떤 사람
들은 저쪽에서 쳐죽여서 한 사람도
남거나 도망하지 못하게 하였고
23 아이 왕을 사로잡아 여호수아 앞으
로 끌어 왔더라
24 이스라엘이 자기들을 광야로 추격
하던 모든 아이 주민을 들에서 죽이
되 그들을 다 칼날에 엎드러지게 하
여 진멸하기를 마치고 온 이스라엘
이 아이로 돌아와서 칼날로 죽이매
25 그 날에 엎드러진 아이 사람들은
남녀가 모두 만 이천 명이라
26 아이 주민들을 진멸하여 바치기까
지 여호수아가 단창을 잡아 든 손
을 거두지 아니하였고
27 오직 그 성읍의 가축과 노략한 것
은 야훼께서 여호수아에게 명령하
신 대로 이스라엘이 탈취하였더라
28 이에 여호수아가 아이를 불살라 그

기록일 : . . .

것으로 영원한 무더기를 만들었더
니 오늘까지 황폐하였으며
29 그가 또 아이 왕을 저녁 때까지 나
무에 달았다가 해 질 때에 명령하
여 그의 시체를 나무에서 내려 그
성문 어귀에 던지고 그 위에 돌로
큰 무더기를 쌓았더니 그것이 오늘
까지 있더라
30 그 때에 여호수아가 이스라엘의 하
나님 야훼를 위하여 에발 산에 한
제단을 쌓았으니
31 이는 야훼의 종 모세가 이스라엘
자손에게 명령한 것과 모세의 율법
책에 기록된 대로 쇠 연장으로 다
듬지 아니한 새 돌로 만든 제단이
라 무리가 야훼께 번제물과 화목제
물을 그 위에 드렸으며
32 여호수아가 거기서 모세가 기록한
율법을 이스라엘 자손의 목전에서
그 돌에 기록하매
33 온 이스라엘과 그 장로들과 관리들
과 재판장들과 본토인뿐 아니라 이
방인까지 야훼의 언약궤를 멘 레위
사람 제사장들 앞에서 궤의 좌우에
서되 절반은 그리심 산 앞에, 절반
은 에발 산 앞에 섰으니 이는 전에
야훼의 종 모세가 이스라엘 백성에
게 축복하라고 명령한 대로 함이라
34 그 후에 여호수아가 율법책에 기록
된 모든 것 대로 축복과 저주하는
율법의 모든 말씀을 낭독하였으니
35 모세가 명령한 것은 여호수아가 이
스라엘 온 회중과 여자들과 아이와
그들 중에 동행하는 거류민들 앞
에서 낭독하지 아니한 말이 하나도
없었더라

9 이 일 후에 요단 서쪽 산지와 평
지와 레바논 앞 대해 연안에 있는
헷 사람과 아모리 사람과 가나안
사람과 브리스 사람과 히위 사람과
여부스 사람의 모든 왕들이 이 일
을 듣고
2 모여서 일심으로 여호수아와 이스
라엘에 맞서서 싸우려 하더라
3 기브온 주민들이 여호수아가 여리
고와 아이에 행한 일을 듣고
4 꾀를 내어 사신의 모양을 꾸미되
해어진 전대와 해어지고 찢어져서
기운 가죽 포도주 부대를 나귀에
싣고
5 그 발에는 낡아서 기운 신을 신고
낡은 옷을 입고 다 마르고 곰팡이
가 난 떡을 준비하고
6 그들이 길갈 진영으로 가서 여호수
아에게 이르러 그와 이스라엘 사람
들에게 이르되 우리는 먼 나라에서
왔나이다 이제 우리와 조약을 맺읍
시다 하니
7 이스라엘 사람들이 히위 사람에게
이르되 너희가 우리 가운데에 거주

하는 듯하니 우리가 어떻게 너희와
조약을 맺을 수 있으랴 하나
8 그들이 여호수아에게 이르되 우리
는 당신의 종들이니이다 하매 여호
수아가 그들에게 묻되 너희는 누구
며 어디서 왔느냐 하니
9 그들이 여호수아에게 대답하되 종
들은 당신의 하나님 야훼의 이름으
로 말미암아 심히 먼 나라에서 왔
사오니 이는 우리가 그의 소문과
그가 애굽에서 행하신 모든 일을
들으며
10 또 그가 요단 동쪽에 있는 아모리
사람의 두 왕들 곧 헤스본 왕 시혼
과 아스다롯에 있는 바산 왕 옥에게
행하신 모든 일을 들었음이니이다
11 그러므로 우리 장로들과 우리 나
라의 모든 주민이 우리에게 말하여
이르되 너희는 여행할 양식을 손에
가지고 가서 그들을 만나서 그들에
게 이르기를 우리는 당신들의 종들
이니 이제 우리와 조약을 맺읍시다
하라 하였나이다
12 우리의 이 떡은 우리가 당신들에게
로 오려고 떠나던 날에 우리들의
집에서 아직도 뜨거운 것을 양식으
로 가지고 왔으나 보소서 이제 말
랐고 곰팡이가 났으며
13 또 우리가 포도주를 담은 이 가죽
부대도 새 것이었으나 찢어지게 되
었으며 우리의 이 옷과 신도 여행이
매우 길었으므로 낡아졌나이다 한
지라
14 무리가 그들의 양식을 취하고는 어
떻게 할지를 야훼께 묻지 아니하고
15 여호수아가 곧 그들과 화친하여 그
들을 살리리라는 조약을 맺고 회중
족장들이 그들에게 맹세하였더라
16 그들과 조약을 맺은 후 사흘이 지나
서야 그들이 이웃에서 자기들 중에
거주하는 자들이라 함을 들으니라
17 이스라엘 자손이 행군하여 셋째 날
에 그들의 여러 성읍들에 이르렀으
니 그들의 성읍들은 기브온과 그비
라와 브에롯과 기럇여아림이라
18 그러나 회중 족장들이 이스라엘의
하나님 야훼로 그들에게 맹세했기
때문에 이스라엘 자손이 그들을 치
지 못한지라 그러므로 회중이 다
족장들을 원망하니
19 모든 족장이 온 회중에게 이르되
우리가 이스라엘의 하나님 야훼로
그들에게 맹세하였은즉 이제 그들
을 건드리지 못하리라
20 우리가 그들에게 맹세한 맹약으로
말미암아 진노가 우리에게 임할까
하노니 이렇게 행하여 그들을 살리
리라 하고
21 무리에게 이르되 그들을 살리라 하
니 족장들이 그들에게 이른 대로

기록일 : . . .

그들이 온 회중을 위하여 나무를
패며 물을 긷는 자가 되었더라
22 여호수아가 그들을 불러다가 말하
여 이르되 너희가 우리 가운데에
거주하면서 어찌하여 심히 먼 곳에
서 왔다고 하여 우리를 속였느냐
23 그러므로 너희가 저주를 받나니 너
희가 대를 이어 종이 되어 다 내 하
나님의 집을 위하여 나무를 패며
물을 긷는 자가 되리라 하니
24 그들이 여호수아에게 대답하여 이
르되 당신의 하나님 야훼께서 그의
종 모세에게 명령하사 이 땅을 다
당신들에게 주고 이 땅의 모든 주
민을 당신들 앞에서 멸하라 하신 것
이 당신의 종들에게 분명히 들리므
로 당신들로 말미암아 우리의 목숨
을 잃을까 심히 두려워하여 이같이
하였나이다
25 보소서 이제 우리가 당신의 손에
있으니 당신의 의향에 좋고 옳은
대로 우리에게 행하소서 한지라
26 여호수아가 곧 그대로 그들에게 행
하여 그들을 이스라엘 자손의 손에
서 건져서 죽이지 못하게 하니라
27 그 날에 여호수아가 그들을 야훼
께서 택하신 곳에서 회중을 위하며
야훼의 제단을 위하여 나무를 패며
물을 긷는 자들로 삼았더니 오늘까
지 이르니라

10 그 때에 여호수아가 아이를 빼앗
아 진멸하되 여리고와 그 왕에게
행한 것 같이 아이와 그 왕에게 행
한 것과 또 기브온 주민이 이스라
엘과 화친하여 그 중에 있다 함을
예루살렘 왕 아도니세덱이 듣고
2 크게 두려워하였으니 이는 기브온
은 왕도와 같은 큰 성임이요 아이보
다 크고 그 사람들은 다 강함이라
3 예루살렘 왕 아도니세덱이 헤브론
왕 호함과 야르뭇 왕 비람과 라기
스 왕 야비아와 에글론 왕 드빌에
게 보내어 이르되
4 내게로 올라와 나를 도우라 우리가
기브온을 치자 이는 기브온이 여호
수아와 이스라엘 자손과 더불어 화
친하였음이니라 하매
5 아모리 족속의 다섯 왕들 곧 예루
살렘 왕과 헤브론 왕과 야르뭇 왕
과 라기스 왕과 에글론 왕이 함께
모여 자기들의 모든 군대를 거느리
고 올라와 기브온에 대진하고 싸우
니라
6 기브온 사람들이 길갈 진영에 사람
을 보내어 여호수아에게 전하되 당
신의 종들 돕기를 더디게 하지 마
시고 속히 우리에게 올라와 우리를
구하소서 산지에 거주하는 아모리
사람의 왕들이 다 모여 우리를 치
나이다 하매

7 여호수아가 모든 군사와 용사와 더
불어 길갈에서 올라가니라
8 그 때에 야훼께서 여호수아에게 이
르시되 그들을 두려워하지 말라 내
가 그들을 네 손에 넘겨 주었으니
그들 중에서 한 사람도 너를 당할
자 없으리라 하신지라
9 여호수아가 길갈에서 밤새도록 올
라가 갑자기 그들에게 이르니
10 야훼께서 그들을 이스라엘 앞에서
패하게 하시므로 여호수아가 그들
을 기브온에서 크게 살육하고 벧호
론에 올라가는 비탈에서 추격하여
아세가와 막게다까지 이르니라
11 그들이 이스라엘 앞에서 도망하여
벧호론의 비탈에서 내려갈 때에 야
훼께서 하늘에서 큰 우박 덩이를
아세가에 이르기까지 내리시매 그
들이 죽었으니 이스라엘 자손의 칼
에 죽은 자보다 우박에 죽은 자가
더 많았더라
12 야훼께서 아모리 사람을 이스라엘
자손에게 넘겨 주시던 날에 여호수
아가 야훼께 아뢰어 이스라엘의 목
전에서 이르되 태양아 너는 기브온
위에 머무르라 달아 너도 아얄론
골짜기에서 그리할지어다 하매
13 태양이 머물고 달이 멈추기를 백성
이 그 대적에게 원수를 갚기까지
하였느니라 야살의 책에 태양이 중
천에 머물러서 거의 종일토록 속히
내려가지 아니하였다고 기록되지
아니하였느냐
14 야훼께서 사람의 목소리를 들으신
이같은 날은 전에도 없었고 후에도
없었나니 이는 야훼께서 이스라엘
을 위하여 싸우셨음이니라
15 여호수아가 온 이스라엘과 더불어
길갈 진영으로 돌아왔더라
16 그 다섯 왕들이 도망하여 막게다의
굴에 숨었더니
17 어떤 사람이 여호수아에게 고하여
이르되 막게다의 굴에 그 다섯 왕들
이 숨은 것을 발견하였나이다 하니
18 여호수아가 이르되 굴 어귀에 큰
돌을 굴려 막고 사람을 그 곁에 두
어 그들을 지키게 하고
19 너희는 지체하지 말고 너희 대적의
뒤를 따라가 그 후군을 쳐서 그들이
자기들의 성읍에 들어가지 못하게
하라 너희 하나님 야훼께서 그들을
너희 손에 넘겨 주셨느니라 하고
20 여호수아와 이스라엘 자손이 그들
을 크게 살육하여 거의 멸하였고
그 남은 몇 사람은 견고한 성들로
들어간 고로
21 모든 백성이 평안히 막게다 진영으
로 돌아와 여호수아에게 이르렀더
니 혀를 놀려 이스라엘 자손을 대
적하는 자가 없었더라

기록일 : . . .

22 그 때에 여호수아가 이르되 굴 어
귀를 열고 그 굴에서 그 다섯 왕들
을 내게로 끌어내라 하매
23 그들이 그대로 하여 그 다섯 왕들
곧 예루살렘 왕과 헤브론 왕과 야
르뭇 왕과 라기스 왕과 에글론 왕
을 굴에서 그에게로 끌어내니라
24 그 왕들을 여호수아에게로 끌어내
매 여호수아가 이스라엘 모든 사
람을 부르고 자기와 함께 갔던 지
휘관들에게 이르되 가까이 와서 이
왕들의 목을 발로 밟으라 하매 그
들이 가까이 가서 그들의 목을 밟
으매
25 여호수아가 그들에게 이르되 두려
워하지 말며 놀라지 말고 강하고
담대하라 너희가 맞서서 싸우는 모
든 대적에게 야훼께서 다 이와 같
이 하시리라 하고
26 그 후에 여호수아가 그 왕들을 쳐
죽여 다섯 나무에 매달고 저녁까지
나무에 달린 채로 두었다가
27 해 질 때에 여호수아가 명령하매
그들의 시체를 나무에서 내려 그들
이 숨었던 굴 안에 던지고 굴 어귀
를 큰 돌로 막았더니 오늘까지 그
대로 있더라
28 그 날에 여호수아가 막게다를 취하
고 칼날로 그 성읍과 왕을 쳐서 그
성읍과 그 중에 있는 모든 사람을
진멸하여 바치고 한 사람도 남기지
아니하였으니 막게다 왕에게 행한
것이 여리고 왕에게 행한 것과 같
았더라
29 여호수아가 온 이스라엘과 더불어
막게다에서 립나로 나아가서 립나
와 싸우매
30 야훼께서 또 그 성읍과 그 왕을 이
스라엘의 손에 붙이신지라 칼날로
그 성읍과 그 중의 모든 사람을 쳐
서 멸하여 한 사람도 남기지 아니하
였으니 그 왕에게 행한 것이 여리고
왕에게 행한 것과 같았더라
31 여호수아가 또 온 이스라엘과 더불
어 립나에서 라기스로 나아가서 대
진하고 싸우더니
32 야훼께서 라기스를 이스라엘의 손
에 넘겨 주신지라 이튿날에 그 성읍
을 점령하고 칼날로 그것과 그 안
의 모든 사람을 쳐서 멸하였으니 립
나에 행한 것과 같았더라
33 그 때에 게셀 왕 호람이 라기스를
도우려고 올라오므로 여호수아가
그와 그의 백성을 쳐서 한 사람도
남기지 아니하였더라
34 여호수아가 온 이스라엘과 더불어
라기스에서 에글론으로 나아가서
대진하고 싸워
35 그 날에 그 성읍을 취하고 칼날로
그것을 쳐서 그 중에 있는 모든 사

람을 당일에 진멸하여 바쳤으니 라
기스에 행한 것과 같았더라
36 여호수아가 또 온 이스라엘과 더불
어 에글론에서 헤브론으로 올라가
서 싸워
37 그 성읍을 점령하고 그것과 그 왕
과 그 속한 성읍들과 그 중의 모든
사람을 칼날로 쳐서 하나도 남기지
아니하였으니 그 성읍들과 그 중의
모든 사람을 진멸하여 바친 것이 에
글론에 행한 것과 같았더라
38 여호수아가 온 이스라엘과 더불어
돌아와서 드빌에 이르러 싸워
39 그 성읍과 그 왕과 그 속한 성읍들
을 점령하고 칼날로 그 성읍을 쳐
서 그 안의 모든 사람을 진멸하여
바치고 하나도 남기지 아니하였으
니 드빌과 그 왕에게 행한 것이 헤
브론에 행한 것과 같았으며 립나와
그 왕에게 행한 것과 같았더라
40 이와 같이 여호수아가 그 온 땅 곧
산지와 네겝과 평지와 경사지와 그
모든 왕을 쳐서 하나도 남기지 아
니하고 호흡이 있는 모든 자는 다
진멸하여 바쳤으니 이스라엘의 하
나님 야훼께서 명령하신 것과 같았
더라
41 여호수아가 또 가데스 바네아에서
가사까지와 온 고센 땅을 기브온에
이르기까지 치매
42 이스라엘의 하나님 야훼께서 이스
라엘을 위하여 싸우셨으므로 여호
수아가 이 모든 왕들과 그들의 땅
을 단번에 빼앗으니라
43 여호수아가 온 이스라엘과 더불어
길갈 진영으로 돌아왔더라

11 하솔 왕 야빈이 이 소식을 듣고
마돈 왕 요밥과 시므론 왕과 악삽
왕과
2 및 북쪽 산지와 긴네롯 남쪽 아라
바와 평지와 서쪽 돌의 높은 곳에
있는 왕들과
3 동쪽과 서쪽의 가나안 족속과 아
모리 족속과 헷 족속과 브리스 족
속과 산지의 여부스 족속과 미스바
땅 헤르몬 산 아래 히위 족속에게
사람을 보내매
4 그들이 그 모든 군대를 거느리고
나왔으니 백성이 많아 해변의 수많
은 모래 같고 말과 병거도 심히 많
았으며
5 이 왕들이 모두 모여 나아와서 이
스라엘과 싸우려고 메롬 물 가에
함께 진 쳤더라
6 야훼께서 여호수아에게 이르시되
그들로 말미암아 두려워하지 말라
내일 이맘때에 내가 그들을 이스라
엘 앞에 넘겨 주어 몰살시키리니 너
는 그들의 말 뒷발의 힘줄을 끊고
그들의 병거를 불사르라 하시니라

기록일 : . . .

7 이에 여호수아가 모든 군사와 함께
메롬 물 가로 가서 갑자기 습격할
때에
8 야훼께서 그들을 이스라엘의 손에
넘겨 주셨기 때문에 그들을 격파하
고 큰 시돈과 미스르봇 마임까지
추격하고 동쪽으로는 미스바 골짜
기까지 추격하여 한 사람도 남기지
아니하고 쳐죽이고
9 여호수아가 야훼께서 자기에게 명
령하신 대로 행하여 그들의 말 뒷
발의 힘줄을 끊고 그들의 병거를
불로 살랐더라
10 하솔은 본래 그 모든 나라의 머리
였더니 그 때에 여호수아가 돌아와
서 하솔을 취하고 그 왕을 칼날로
쳐죽이고
11 그 가운데 모든 사람을 칼날로 쳐
서 진멸하여 호흡이 있는 자는 하
나도 남기지 아니하였고 또 하솔을
불로 살랐고
12 여호수아가 그 왕들의 모든 성읍과
그 모든 왕을 붙잡아 칼날로 쳐서
진멸하여 바쳤으니 야훼의 종 모세
가 명령한 것과 같이 하였으되
13 여호수아가 하솔만 불살랐고 산 위
에 세운 성읍들은 이스라엘이 불사
르지 아니하였으며
14 이 성읍들의 모든 재물과 가축은
이스라엘 자손들이 탈취하고 모든
사람은 칼날로 쳐서 멸하여 호흡이
있는 자는 하나도 남기지 아니하였
으니
15 야훼께서 그의 종 모세에게 명령하
신 것을 모세는 여호수아에게 명령
하였고 여호수아는 그대로 행하여
야훼께서 모세에게 명하신 모든 것
을 하나도 행하지 아니한 것이 없었
더라
16 여호수아가 이같이 그 온 땅 곧 산
지와 온 네겝과 고센 온 땅과 평지
와 아라바와 이스라엘 산지와 평지
를 점령하였으니
17 곧 세일로 올라가는 할락 산에서부
터 헤르몬 산 아래 레바논 골짜기
의 바알갓까지라 그들의 왕들을 모
두 잡아 쳐죽였으며
18 여호수아가 그 모든 왕들과 싸운
지가 오랫동안이라
19 기브온 주민 히위 족속 외에는 이
스라엘 자손과 화친한 성읍이 하
나도 없고 이스라엘 자손이 싸워서
다 점령하였으니
20 그들의 마음이 완악하여 이스라엘
을 대적하여 싸우러 온 것은 야훼
께서 그리하게 하신 것이라 그들을
진멸하여 바치게 하여 은혜를 입지
못하게 하시고 야훼께서 모세에게
명령하신 대로 그들을 멸하려 하심
이었더라

기록일 : . . .

21 그 때에 여호수아가 가서 산지와 헤
브론과 드빌과 아납과 유다 온 산
지와 이스라엘의 온 산지에서 아낙
사람들을 멸절하고 그가 또 그들의
성읍들을 진멸하여 바쳤으므로
22 이스라엘 자손의 땅에는 아낙 사람
들이 하나도 남지 아니하였고 가사
와 가드와 아스돗에만 남았더라
23 이와 같이 여호수아가 야훼께서 모
세에게 말씀하신 대로 그 온 땅을
점령하여 이스라엘 지파의 구분에
따라 기업으로 주매 그 땅에 전쟁
이 그쳤더라

12 이스라엘 자손이 요단 저편 해 돋
는 쪽 곧 아르논 골짜기에서 헤르
몬 산까지의 동쪽 온 아라바를 차
지하고 그 땅에서 쳐죽인 왕들은
이러하니라
2 시혼은 헤스본에 거주하던 아모리
족속의 왕이라 그가 다스리던 땅은
아르논 골짜기 가에 있는 아로엘에
서부터 골짜기 가운데 성읍과 길르
앗 절반 곧 암몬 자손의 경계 얍복
강까지이며
3 또 동방 아라바 긴네롯 바다까지이
며 또 동방 아라바의 바다 곧 염해
의 벧여시못으로 통한 길까지와 남
쪽으로 비스가 산기슭까지이며
4 옥은 르바의 남은 족속으로서 아스
다롯과 에드레이에 거주하던 바산
의 왕이라
5 그가 다스리던 땅은 헤르몬 산과
살르가와 온 바산과 및 그술 사람
과 마아가 사람의 경계까지의 길르
앗 절반이니 헤스본 왕 시혼의 경
계에 접한 곳이라
6 야훼의 종 모세와 이스라엘 자손이
그들을 치고 야훼의 종 모세가 그
땅을 르우벤 사람과 갓 사람과 므낫
세 반 지파에게 기업으로 주었더라
7 여호수아와 이스라엘 자손이 요단
이편 곧 서쪽 레바논 골짜기의 바
알갓에서부터 세일로 올라가는 곳
할락 산까지 쳐서 멸한 그 땅의 왕
들은 이러하니라 (그 땅을 여호수
아가 이스라엘의 지파들에게 구분
에 따라 소유로 주었으니
8 곧 산지와 평지와 아라바와 경사지
와 광야와 네겝 곧 헷 족속과 아모
리 족속과 가나안 족속과 브리스
족속과 히위 족속과 여부스 족속의
땅이라)
9 하나는 여리고 왕이요 하나는 벧엘
곁의 아이 왕이요
10 하나는 예루살렘 왕이요 하나는 헤
브론 왕이요 하나는 야르뭇 왕이요
11 하나는 라기스 왕이요
12 하나는 에글론 왕이요 하나는 게셀
왕이요
13 하나는 드빌 왕이요 하나는 게델

기록일 : . . .

왕이요
14 하나는 호르마 왕이요 하나는 아랏
왕이요
15 하나는 립나 왕이요 하나는 아둘람
왕이요
16 하나는 막게다 왕이요 하나는 벧엘
왕이요
17 하나는 답부아 왕이요 하나는 헤벨
왕이요
18 하나는 아벡 왕이요 하나는 랏사론
왕이요
19 하나는 마돈 왕이요 하나는 하솔
왕이요
20 하나는 시므론 므론 왕이요 하나는
악삽 왕이요
21 하나는 다아낙 왕이요 하나는 므깃
도 왕이요
22 하나는 게데스 왕이요 하나는 갈멜
의 욕느암 왕이요
23 하나는 돌의 높은 곳의 돌 왕이요
하나는 길갈의 고임 왕이요
24 하나는 디르사 왕이라 모두 서른한
왕이었더라

13 여호수아가 나이가 많아 늙으매
야훼께서 그에게 이르시되 너는 나
이가 많아 늙었고 얻을 땅이 매우
많이 남아 있도다
2 이 남은 땅은 이러하니 블레셋 사
람의 모든 지역과 그술 족속의 모
든 지역
3 곧 애굽 앞 시홀 시내에서부터 가
나안 사람에게 속한 북쪽 에그론
경계까지와 블레셋 사람의 다섯 통
치자들의 땅 곧 가사 족속과 아스
돗 족속과 아스글론 족속과 가드
족속과 에그론 족속과 또 남쪽 아
위 족속의 땅과
4 또 가나안 족속의 모든 땅과 시돈
사람에게 속한 므아라와 아모리 족
속의 경계 아벡까지와
5 또 그발 족속의 땅과 해 뜨는 곳의
온 레바논 곧 헤르몬 산 아래 바알
갓에서부터 하맛에 들어가는 곳까
지와
6 또 레바논에서부터 미스르봇마임까
지 산지의 모든 주민 곧 모든 시돈
사람의 땅이라 내가 그들을 이스
라엘 자손 앞에서 쫓아내리니 너는
내가 명령한 대로 그 땅을 이스라
엘에게 분배하여 기업이 되게 하되
7 너는 이 땅을 아홉 지파와 므낫세
반 지파에게 나누어 기업이 되게
하라 하셨더라
8 므낫세 반 지파와 함께 르우벤 족
속과 갓 족속은 요단 저편 동쪽에
서 그들의 기업을 모세에게 받았는
데 야훼의 종 모세가 그들에게 준
것은 이러하니
9 곧 아르논 골짜기 가에 있는 아로
엘에서부터 골짜기 가운데에 있는

기록일 : . . .

성읍과 디본까지 이르는 메드바 온
평지와
10 헤스본에서 다스리던 아모리 족속
의 왕 시혼의 모든 성읍 곧 암몬 자
손의 경계까지와
11 길르앗과 및 그술 족속과 마아갓
족속의 지역과 온 헤르몬 산과 살
르가까지 온 바산
12 곧 르바의 남은 족속으로서 아스다
롯과 에드레이에서 다스리던 바산
왕 옥의 온 나라라 모세가 이 땅의
사람들을 쳐서 쫓아냈어도
13 그술 족속과 마아갓 족속은 이스라
엘 자손이 쫓아내지 아니하였으므
로 그술과 마아갓이 오늘까지 이스
라엘 가운데에서 거주하니라
14 오직 레위 지파에게는 여호수아가
기업으로 준 것이 없었으니 이는 그
에게 말씀하신 것과 같이 이스라엘
의 하나님 야훼께 드리는 화제물이
그들의 기업이 되었음이더라
15 모세가 르우벤 자손의 지파에게
그들의 가족을 따라서 기업을 주
었으니
16 그들의 지역은 아르논 골짜기 가에
있는 아로엘에서부터 골짜기 가운
데 있는 성읍과 메드바 곁에 있는
온 평지와
17 헤스본과 그 평지에 있는 모든 성
읍 곧 디본과 바못 바알과 벧 바알
므온과
18 야하스와 그데못과 메바앗과
19 기랴다임과 십마와 골짜기의 언덕
에 있는 세렛 사할과
20 벳브올과 비스가 산기슭과 벧여시
못과
21 평지 모든 성읍과 헤스본에서 다스
리던 아모리 족속의 왕 시혼의 온
나라라 모세가 시혼을 그 땅에 거
주하는 시혼의 군주들 곧 미디안의
귀족 에위와 레겜과 술과 훌과 레
바와 함께 죽였으며
22 이스라엘 자손이 그들을 살육하는
중에 브올의 아들 점술가 발람도
칼날로 죽였더라
23 르우벤 자손의 서쪽 경계는 요단과
그 강 가라 이상은 르우벤 자손의
기업으로 그 가족대로 받은 성읍들
과 주변 마을들이니라
24 모세가 갓 지파 곧 갓 자손에게도
그들의 가족을 따라서 기업을 주었
으니
25 그들의 지역은 야셀과 길르앗 모든
성읍과 암몬 자손의 땅 절반 곧 랍
바 앞의 아로엘까지와
26 헤스본에서 라맛 미스베와 브도님
까지와 마하나임에서 드빌 지역까
지와
27 골짜기에 있는 벧 하람과 벧니므
라와 숙곳과 사본 곧 헤스본 왕 시

기록일 : . . .

혼의 나라의 남은 땅 요단과 그 강
가에서부터 요단 동쪽 긴네렛 바다
의 끝까지라
28 이는 갓 자손의 기업으로 그들의
가족대로 받은 성읍들과 주변 마을
들이니라
29 모세가 므낫세 반 지파에게 기업을
주었으되 므낫세 자손의 반 지파에
게 그들의 가족대로 주었으니
30 그 지역은 마하나임에서부터 온 바
산 곧 바산 왕 옥의 온 나라와 바
산에 있는 야일의 모든 고을 육십
성읍과
31 길르앗 절반과 바산 왕 옥의 나라
성읍 아스다롯과 에드레이라 이는
므낫세의 아들 마길의 자손에게 돌
린 것이니 곧 마길 자손의 절반이
그들의 가족대로 받으니라
32 요단 동쪽 여리고 맞은편 모압 평
지에서 모세가 분배한 기업이 이러
하여도
33 오직 레위 지파에게는 모세가 기업
을 주지 아니하였으니 이는 그들에
게 말씀하신 것과 같이 이스라엘의
하나님 야훼께서 그들의 기업이 되
심이었더라

14

이것은 이스라엘 자손이 가나안
땅에서 받은 기업 곧 제사장 엘르
아살과 눈의 아들 여호수아와 이스
라엘 자손 지파의 족장들이 분배한
것이니라
2 야훼께서 모세에게 명령하신 대로
그들의 기업을 제비 뽑아 아홉 지
파와 반 지파에게 주었으니
3 이는 두 지파와 반 지파의 기업은
모세가 요단 저쪽에서 주었음이요
레위 자손에게는 그들 가운데에서
기업을 주지 아니하였으니
4 이는 요셉의 자손이 므낫세와 에
브라임의 두 지파가 되었음이라 이
땅에서 레위 사람에게 아무 분깃도
주지 아니하고 다만 거주할 성읍들
과 가축과 재산을 위한 목초지만
주었으니
5 이스라엘 자손이 야훼께서 모세에
게 명령하신 것과 같이 행하여 그
땅을 나누었더라
6 그 때에 유다 자손이 길갈에 있는
여호수아에게 나아오고 그니스 사
람 여분네의 아들 갈렙이 여호수아
에게 말하되 야훼께서 가데스 바
네아에서 나와 당신에게 대하여 하
나님의 사람 모세에게 이르신 일을
당신이 아시는 바라
7 내 나이 사십 세에 야훼의 종 모세
가 가데스 바네아에서 나를 보내어
이 땅을 정탐하게 하였으므로 내가
성실한 마음으로 그에게 보고하였고
8 나와 함께 올라갔던 내 형제들은
백성의 간담을 녹게 하였으나 나는

기록일 : . . .

내 하나님 야훼께 충성하였으므로
9 그 날에 모세가 맹세하여 이르되 네
가 내 하나님 야훼께 충성하였은즉
네 발로 밟는 땅은 영원히 너와 네
자손의 기업이 되리라 하였나이다
10 이제 보소서 야훼께서 이 말씀을
모세에게 이르신 때로부터 이스라
엘이 광야에서 방황한 이 사십오
년 동안을 야훼께서 말씀하신 대로
나를 생존하게 하셨나이다 오늘 내
가 팔십오 세로되
11 모세가 나를 보내던 날과 같이 오
늘도 내가 여전히 강건하니 내 힘이
그 때나 지금이나 같아서 싸움에나
출입에 감당할 수 있으니
12 그 날에 야훼께서 말씀하신 이 산
지를 지금 내게 주소서 당신도 그
날에 들으셨거니와 그 곳에는 아낙
사람이 있고 그 성읍들은 크고 견
고할지라도 야훼께서 나와 함께 하
시면 내가 야훼께서 말씀하신 대로
그들을 쫓아내리이다 하니
13 여호수아가 여분네의 아들 갈렙을
위하여 축복하고 헤브론을 그에게
주어 기업을 삼게 하매
14 헤브론이 그니스 사람 여분네의 아
들 갈렙의 기업이 되어 오늘까지 이
르렀으니 이는 그가 이스라엘의 하
나님 야훼를 온전히 좇았음이라
15 헤브론의 옛 이름은 기럇 아르바라
아르바는 아낙 사람 가운데에서 가
장 큰 사람이었더라 그리고 그 땅
에 전쟁이 그쳤더라

15

또 유다 자손의 지파가 그들의 가
족대로 제비 뽑은 땅의 남쪽으로는
에돔 경계에 이르고 또 남쪽 끝은
신 광야까지라
2 또 그들의 남쪽 경계는 염해의 끝
곧 남향한 해만에서부터
3 아그랍빔 비탈 남쪽으로 지나 신에
이르고 가데스 바네아 남쪽으로 올
라가서 헤스론을 지나며 아달로 올
라가서 돌이켜 갈가에 이르고
4 거기서 아스몬에 이르러 애굽 시내
로 나아가 바다에 이르러 경계의
끝이 되나니 이것이 너희 남쪽 경계
가 되리라
5 그 동쪽 경계는 염해이니 요단 끝
까지요 그 북쪽 경계는 요단 끝에
있는 해만에서부터
6 벧 호글라로 올라가서 벧 아라바
북쪽을 지나 르우벤 자손 보한의
돌에 이르고
7 또 아골 골짜기에서부터 드빌을 지
나 북쪽으로 올라가서 그 강 남쪽
에 있는 아둠밈 비탈 맞은편 길갈
을 향하고 나아가 엔 세메스 물들
을 지나 엔로겔에 이르며
8 또 힌놈의 아들의 골짜기로 올라가
서 여부스 곧 예루살렘 남쪽 어깨

기록일 : . . .

에 이르며 또 힌놈의 골짜기 앞 서
쪽에 있는 산 꼭대기로 올라가나니
이곳은 르바임 골짜기 북쪽 끝이며
9 또 이 산 꼭대기에서부터 넵도아
샘물까지 이르러 에브론 산 성읍들
로 나아가고 또 바알라 곧 기럇 여
아림으로 접어들며
10 또 바알라에서부터 서쪽으로 돌이
켜 세일 산에 이르러 여아림 산 곧
그살론 곁 북쪽에 이르고 또 벧 세
메스로 내려가서 딤나를 지나고
11 또 에그론 비탈 북쪽으로 나아가
식그론으로 접어들어 바알라 산을
지나고 얍느엘에 이르나니 그 끝은
바다며
12 서쪽 경계는 대해와 그 해안이니
유다 자손이 그들의 가족대로 받은
사방 경계가 이러하니라
13 야훼께서 여호수아에게 명령하신
대로 여호수아가 기럇 아르바 곧
헤브론을 유다 자손 중에서 분깃으
로 여분네의 아들 갈렙에게 주었으
니 아르바는 아낙의 아버지였더라
14 갈렙이 거기서 아낙의 소생 그 세
아들 곧 세새와 아히만과 달매를
쫓아내었고
15 거기서 올라가서 드빌 주민을 쳤는
데 드빌의 본 이름은 기럇 세벨이라
16 갈렙이 말하기를 기럇 세벨을 쳐서
그것을 점령하는 자에게는 내가 내
딸 악사를 아내로 주리라 하였더니
17 갈렙의 아우 그나스의 아들인 옷니
엘이 그것을 점령함으로 갈렙이 자
기 딸 악사를 그에게 아내로 주었
더라
18 악사가 출가할 때에 그에게 청하여
자기 아버지에게 밭을 구하자 하고
나귀에서 내리매 갈렙이 그에게 묻
되 네가 무엇을 원하느냐 하니
19 이르되 내게 복을 주소서 아버지께
서 나를 네겝 땅으로 보내시오니
샘물도 내게 주소서 하매 갈렙이
윗샘과 아랫샘을 그에게 주었더라
20 유다 자손의 지파가 그들의 가족대
로 받은 기업은 이러하니라
21 유다 자손의 지파의 남쪽 끝 에돔
경계에 접근한 성읍들은 갑스엘과
에델과 야굴과
22 기나와 디모나와 아다다와
23 게데스와 하솔과 잇난과
24 십과 델렘과 브알롯과
25 하솔 하닷다와 그리욧 헤스론 곧
하솔과
26 아맘과 세마와 몰라다와
27 하살갓다와 헤스몬과 벧 벨렛과
28 하살 수알과 브엘세바와 비스요댜와
29 바알라와 이임과 에셈과
30 엘돌랏과 그실과 홀마와
31 시글락과 맛만나와 산산나와
32 르바옷과 실힘과 아인과 림몬이니

기록일 : . . .

모두 스물아홉 성읍과 그 마을들이
었으며
33 평지에는 에스다올과 소라와 아스
나와
34 사노아와 엔간님과 답부아와 에남과
35 야르뭇과 아둘람과 소고와 아세가와
36 사아라임과 아디다임과 그데라와
그데로다임이니 열네 성읍과 그 마
을들이었으며
37 스난과 하다사와 믹달갓과
38 딜르안과 미스베와 욕드엘과
39 라기스와 보스갓과 에글론과
40 갑본과 라맘과 기들리스와
41 그데롯과 벧다곤과 나아마와 막게
다이니 열여섯 성읍과 그 마을들이
었으며
42 립나와 에델과 아산과
43 입다와 아스나와 느십과
44 그일라와 악십과 마레사니 아홉 성
읍과 그 마을들이었으며
45 에그론과 그 촌락들과 그 마을들과
46 에그론에서부터 바다까지 아스돗
곁에 있는 모든 성읍과 그 마을들
이었으며
47 아스돗과 그 촌락들과 그 마을들과
가사와 그 촌락들과 그 마을들이니
애굽 시내와 대해의 경계에까지 이
르렀으며
48 산지는 사밀과 얏딜과 소고와
49 단나와 기럇 산나 곧 드빌과
50 아납과 에스드모와 아님과
51 고센과 홀론과 길로이니 열한 성읍
과 그 마을들이었으며
52 아랍과 두마와 에산과
53 야님과 벧 답부아와 아베가와
54 훔다와 기럇 아르바 곧 헤브론과
시올이니 아홉 성읍과 그 마을들이
었으며
55 마온과 갈멜과 십과 윳다와
56 이스르엘과 욕드암과 사노아와
57 가인과 기브아와 딤나니 열 성읍과
그 마을들이었으며
58 할훌과 벧술과 그돌과
59 마아랏과 벧 아놋과 엘드곤이니 여
섯 성읍과 그 마을들이었으며
60 기럇 바알 곧 기럇 여아림과 랍바
이니 두 성읍과 그 마을들이었으며
61 광야에는 벧 아라바와 밋딘과 스가
가와
62 닙산과 소금 성읍과 엔 게디니 여
섯 성읍과 그 마을들이었더라
63 예루살렘 주민 여부스 족속을 유다
자손이 쫓아내지 못하였으므로 여
부스 족속이 오늘까지 유다 자손과
함께 예루살렘에 거주하니라

16 요셉 자손이 제비 뽑은 것은 여리
고 샘 동쪽 곧 여리고 곁 요단으로
부터 광야로 들어가 여리고로부터
벧엘 산지로 올라가고
2 벧엘에서부터 루스로 나아가 아렉

기록일 : . . .

족속의 경계를 지나 아다롯에 이
르고
3 서쪽으로 내려가서 야블렛 족속의
경계와 아래 벧호론과 게셀에까지
이르고 그 끝은 바다라
4 요셉의 자손 므낫세와 에브라임이
그들의 기업을 받았더라
5 에브라임 자손이 그들의 가족대로
받은 지역은 이러하니라 그들의 기
업의 경계는 동쪽으로 아다롯 앗달
에서 윗 벧호론에 이르고
6 또 서쪽으로 나아가 북쪽 믹므다에
이르고 동쪽으로 돌아 다아낫 실로
에 이르러 야노아 동쪽을 지나고
7 야노아에서부터 아다롯과 나아라로
내려가 여리고를 만나서 요단으로
나아가고
8 또 답부아에서부터 서쪽으로 지나
서 가나 시내에 이르나니 그 끝은
바다라 에브라임 자손의 지파가 그
들의 가족대로 받은 기업이 이러하
였고
9 그 외에 므낫세 자손의 기업 중에
서 에브라임 자손을 위하여 구분한
모든 성읍과 그 마을들도 있었더라
10 그들이 게셀에 거주하는 가나안 족
속을 쫓아내지 아니하였으므로 가
나안 족속이 오늘까지 에브라임 가
운데에 거주하며 노역하는 종이 되
니라

17 므낫세 지파를 위하여 제비 뽑은
것은 이러하니라 므낫세는 요셉의
장자였고 므낫세의 장자 마길은 길
르앗의 아버지라 그는 용사였기 때
문에 길르앗과 바산을 받았으므로
2 므낫세의 남은 자손을 위하여 그들
의 가족대로 제비를 뽑았는데 그들
은 곧 아비에셀의 자손과 헬렉의
자손과 아스리엘의 자손과 세겜의
자손과 헤벨의 자손과 스미다의 자
손이니 그들의 가족대로 요셉의 아
들 므낫세의 남자 자손들이며
3 헤벨의 아들 길르앗의 손자 마길의
증손 므낫세의 현손 슬로브핫은 아
들이 없고 딸뿐이요 그 딸들의 이
름은 말라와 노아와 호글라와 밀가
와 디르사라
4 그들이 제사장 엘르아살과 눈의
아들 여호수아와 지도자들 앞에 나
아와서 말하기를 야훼께서 모세에
게 명령하사 우리 형제 중에서 우
리에게 기업을 주라 하셨다 하매
야훼의 명령을 따라 그들에게 그
들의 아버지 형제들 중에서 기업을
주므로
5 요단 동쪽 길르앗과 바산 외에 므
낫세에게 열 분깃이 돌아갔으니
6 므낫세의 여자 자손들이 그의 남자
자손들 중에서 기업을 받은 까닭이
었으며 길르앗 땅은 므낫세의 남은

기록일 : . . .

자손들에게 속하였더라
7 므낫세의 경계는 아셀에서부터 세
겜 앞 믹므닷까지이며 그 오른쪽으
로 가서 엔답부아 주민의 경계에
이르나니
8 답부아 땅은 므낫세에게 속하였으
되 므낫세 경계에 있는 답부아는
에브라임 자손에게 속하였으며
9 또 그 경계가 가나 시내로 내려가
서 그 시내 남쪽에 이르나니 므낫
세의 성읍 중에 이 성읍들은 에브
라임에게 속하였으며 므낫세의 경
계는 그 시내 북쪽이요 그 끝은 바
다이며
10 남쪽으로는 에브라임에 속하였고
북쪽으로는 므낫세에 속하였고 바
다가 그 경계가 되었으며 그들의
땅의 북쪽은 아셀에 이르고 동쪽은
잇사갈에 이르렀으며
11 잇사갈과 아셀에도 므낫세의 소유
가 있으니 곧 벧 스안과 그 마을들
과 이블르암과 그 마을들과 돌의
주민과 그 마을들이요 또 엔돌 주
민과 그 마을들과 다아낙 주민과
그 마을들과 므깃도 주민과 그 마
을들 세 언덕 지역이라
12 그러나 므낫세 자손이 그 성읍들
의 주민을 쫓아내지 못하매 가나안
족속이 결심하고 그 땅에 거주하였
더니
13 이스라엘 자손이 강성한 후에야 가
나안 족속에게 노역을 시켰고 다
쫓아내지 아니하였더라
14 요셉 자손이 여호수아에게 말하여
이르되 야훼께서 지금까지 내게 복
을 주시므로 내가 큰 민족이 되었
거늘 당신이 나의 기업을 위하여 한
제비, 한 분깃으로만 내게 주심은
어찌함이니이까 하니
15 여호수아가 그들에게 이르되 네가
큰 민족이 되므로 에브라임 산지가
네게 너무 좁을진대 브리스 족속과
르바임 족속의 땅 삼림에 올라가서
스스로 개척하라 하니라
16 요셉 자손이 이르되 그 산지는 우
리에게 넉넉하지도 못하고 골짜기
땅에 거주하는 모든 가나안 족속에
게는 벧 스안과 그 마을들에 거주
하는 자이든지 이스르엘 골짜기에
거주하는 자이든지 다 철 병거가 있
나이다 하니
17 여호수아가 다시 요셉의 족속 곧
에브라임과 므낫세에게 말하여 이
르되 너는 큰 민족이요 큰 권능이
있은즉 한 분깃만 가질 것이 아니라
18 그 산지도 네 것이 되리니 비록 삼
림이라도 네가 개척하라 그 끝까지
네 것이 되리라 가나안 족속이 비록
철 병거를 가졌고 강할지라도 네가
능히 그를 쫓아내리라 하였더라

기록일 : . . .

18

이스라엘 자손의 온 회중이 실로
에 모여서 거기에 회막을 세웠으며
그 땅은 그들 앞에서 돌아와 정복
되었더라
2 그러나 이스라엘 자손 중에 그 기
업의 분배를 받지 못한 자가 아직
도 일곱 지파라
3 여호수아가 이스라엘 자손에게 이
르되 너희가 너희 조상의 하나님
야훼께서 너희에게 주신 땅을 점령
하러 가기를 어느 때까지 지체하겠
느냐
4 너희는 각 지파에 세 사람씩 선정
하라 내가 그들을 보내리니 그들은
일어나서 그 땅에 두루 다니며 그
들의 기업에 따라 그 땅을 그려 가
지고 내게로 돌아올 것이라
5 그들이 그 땅을 일곱 부분으로 나
누되 유다는 남쪽 자기 지역에 있
고 요셉의 족속은 북쪽에 있는 그
들의 지역에 있으니
6 그 땅을 일곱 부분으로 그려서 이
곳 내게로 가져오라 그러면 내가
여기서 너희를 위하여 우리 하나님
야훼 앞에서 제비를 뽑으리라
7 레위 사람은 너희 중에 분깃이 없
나니 야훼의 제사장 직분이 그들의
기업이 됨이며 갓과 르우벤과 므낫
세 반 지파는 요단 저편 동쪽에서
이미 기업을 받았나니 이는 야훼의
종 모세가 그들에게 준 것이니라
하더라
8 그 사람들이 일어나 떠나니 여호수
아가 그 땅을 그리러 가는 사람들
에게 명령하여 이르되 가서 그 땅
으로 두루 다니며 그것을 그려 가
지고 내게로 돌아오라 내가 여기
실로의 야훼 앞에서 너희를 위하여
제비를 뽑으리라 하니
9 그 사람들이 가서 그 땅으로 두루
다니며 성읍들을 따라서 일곱 부분
으로 책에 그려서 실로 진영에 돌
아와 여호수아에게 나아오니
10 여호수아가 그들을 위하여 실로의
야훼 앞에서 제비를 뽑고 그가 거
기서 이스라엘 자손의 분파대로 그
땅을 분배하였더라
11 베냐민 자손 지파를 위하여 그들의
가족대로 제비를 뽑았으니 그 제비
뽑은 땅의 경계는 유다 자손과 요
셉 자손의 중간이라
12 그들의 북방 경계는 요단에서부터
여리고 북쪽으로 올라가서 서쪽 산
지를 넘어서 또 올라가서 벧아웬
황무지에 이르며
13 또 그 경계가 거기서부터 루스로
나아가서 루스 남쪽에 이르나니 루
스는 곧 벧엘이며 또 그 경계가 아
다롯 앗달로 내려가서 아래 벧호론
남쪽 산 곁으로 지나고

기록일 : . . .

14 벧호론 앞 남쪽 산에서부터 서쪽으
로 돌아 남쪽으로 향하여 유다 자
손의 성읍 기럇 바알 곧 기럇 여아
림에 이르러 끝이 되나니 이는 서쪽
경계며
15 남쪽 경계는 기럇 여아림 끝에서부
터 서쪽으로 나아가 넵도아 물 근
원에 이르고
16 르바임 골짜기 북쪽 힌놈의 아들
골짜기 앞에 있는 산 끝으로 내려
가고 또 힌놈의 골짜기로 내려가서
여부스 남쪽에 이르러 엔 로겔로
내려가고
17 또 북쪽으로 접어들어 엔 세메스로
나아가서 아둠밈 비탈 맞은편 글릴
롯으로 나아가서 르우벤 자손 보한
의 돌까지 내려가고
18 북으로 아라바 맞은편을 지나 아라
바로 내려가고
19 또 북으로 벧 호글라 곁을 지나서
요단 남쪽 끝에 있는 염해의 북쪽
해만이 그 경계의 끝이 되나니 이
는 남쪽 경계며
20 동쪽 경계는 요단이니 이는 베냐민
자손이 그들의 가족대로 받은 기업
의 사방 경계였더라
21 베냐민 자손의 지파가 그들의 가
족대로 받은 성읍들은 여리고와 벧
호글라와 에멕 그시스와
22 벧 아라바와 스마라임과 벧엘과
23 아윔과 바라와 오브라와
24 그발 암모니와 오브니와 게바이니
열두 성읍과 또 그 마을들이며
25 기브온과 라마와 브에롯과
26 미스베와 그비라와 모사와
27 레겜과 이르브엘과 다랄라와
28 셀라와 엘렙과 여부스 곧 예루살렘
과 기부앗과 기럇이니 열네 성읍이
요 또 그 마을들이라 이는 베냐민
자손이 그들의 가족대로 받은 기업
이었더라

19 둘째로 시므온 곧 시므온 자손의
지파를 위하여 그들의 가족대로 제
비를 뽑았으니 그들의 기업은 유다
자손의 기업 중에서라
2 그들이 받은 기업은 브엘세바 곧
세바와 몰라다와
3 하살 수알과 발라와 에셈과
4 엘돌랏과 브둘과 호르마와
5 시글락과 벧 말가봇과 하살수사와
6 벧 르바옷과 사루헨이니 열세 성읍
이요 또 그 마을들이며
7 또 아인과 림몬과 에델과 아산이니
네 성읍이요 또 그 마을들이며
8 또 네겝의 라마 곧 바알랏 브엘까
지 이 성읍들을 둘러 있는 모든 마
을들이니 이는 시므온 자손의 지파
가 그들의 가족대로 받은 기업이라
9 시므온 자손의 이 기업은 유다 자
손의 기업 중에서 취하였으니 이는

기록일 : . . .

유다 자손의 분깃이 자기들에게 너
무 많으므로 시므온 자손이 자기의
기업을 그들의 기업 중에서 받음이
었더라
10 셋째로 스불론 자손을 위하여 그들
의 가족대로 제비를 뽑았으니 그들
의 기업의 경계는 사릿까지이며
11 서쪽으로 올라가서 마랄라에 이르
러 답베셋을 만나 욕느암 앞 시내
를 만나고
12 사릿에서부터 동쪽으로 돌아 해 뜨
는 쪽을 향하여 기슬롯 다볼의 경
계에 이르고 다브랏으로 나가서 야
비아로 올라가고
13 또 거기서부터 동쪽으로 가드 헤벨
을 지나 엣 가신에 이르고 네아까
지 연결된 림몬으로 나아가서
14 북쪽으로 돌아 한나돈에 이르고 입
다엘 골짜기에 이르러 끝이 되며
15 또 갓닷과 나할랄과 시므론과 이달
라와 베들레헴이니 모두 열두 성읍
과 그 마을들이라
16 스불론 자손이 그들의 가족대로 받
은 기업은 이 성읍들과 그 마을들
이었더라
17 넷째로 잇사갈 곧 잇사갈 자손을
위하여 그들의 가족대로 제비를 뽑
았으니
18 그들의 지역은 이스르엘과 그술롯
과 수넴과
19 하바라임과 시온과 아나하랏과
20 랍빗과 기시온과 에베스와
21 레멧과 엔 간님과 엔핫다와 벧 바
세스이며
22 그 경계는 다볼과 사하수마와 벧
세메스에 이르고 그 끝은 요단이니
모두 열여섯 성읍과 그 마을들이라
23 잇사갈 자손 지파가 그 가족대로
받은 기업은 이 성읍들과 그 마을
들이었더라
24 다섯째로 아셀 자손의 지파를 위하
여 그 가족대로 제비를 뽑았으니
25 그들의 지역은 헬갓과 할리와 베덴
과 악삽과
26 알람멜렉과 아맛과 미살이며 그 경
계의 서쪽은 갈멜을 만나 시홀 림
낫에 이르고
27 해 뜨는 쪽으로 돌아 벧 다곤에 이
르며 스불론을 만나고 북쪽으로 입
다 엘 골짜기를 만나 벧에멕과 느
이엘에 이르고 가불 왼쪽으로 나아
가서
28 에브론과 르홉과 함몬과 가나를 지
나 큰 시돈까지 이르고
29 돌아서 라마와 견고한 성읍 두로에
이르고 돌아서 호사에 이르고 악십
지방 곁 바다가 끝이 되며
30 또 움마와 아벡과 르홉이니 모두
스물두 성읍과 그 마을들이라
31 아셀 자손의 지파가 그 가족대로

기록일 : . . .

받은 기업은 이 성읍들과 그 마을
들이었더라
32 여섯째로 납달리 자손을 위하여 납
달리 자손의 가족대로 제비를 뽑았
으니
33 그들의 지역은 헬렙과 사아난님의
상수리나무에서부터 아다미 네겝과
얍느엘을 지나 락굼까지요 그 끝은
요단이며
34 서쪽으로 돌아 아스놋 다볼에 이르
고 그 곳에서부터 훅곡으로 나아가
남쪽은 스불론에 이르고 서쪽은 아
셀에 이르며 해 뜨는 쪽은 요단에
서 유다에 이르고
35 그 견고한 성읍들은 싯딤과 세르와
함맛과 락갓과 긴네렛과
36 아다마와 라마와 하솔과
37 게데스와 에드레이와 엔 하솔과
38 이론과 믹다렐과 호렘과 벧 아낫과
벧 세메스니 모두 열아홉 성읍과
그 마을들이라
39 납달리 자손의 지파가 그 가족대로
받은 기업은 이 성읍들과 그 마을
들이었더라
40 일곱째로 단 자손의 지파를 위하여
그들의 가족대로 제비를 뽑았으니
41 그들의 기업의 지역은 소라와 에스
다올과 이르세메스와
42 사알랍빈과 아얄론과 이들라와
43 엘론과 딤나와 에그론과
44 엘드게와 깁브돈과 바알랏과
45 여훗과 브네브락과 가드 림몬과
46 메얄곤과 락곤과 욥바 맞은편 경계
까지라
47 그런데 단 자손의 경계는 더욱 확
장되었으니 이는 단 자손이 올라가
서 레셈과 싸워 그것을 점령하여
칼날로 치고 그것을 차지하여 거기
거주하였음이라 그들의 조상 단의
이름을 따라서 레셈을 단이라 하였
더라
48 단 자손의 지파가 그에 딸린 가족
대로 받은 기업은 이 성읍들과 그
들의 마을들이었더라
49 이스라엘 자손이 그들의 경계를 따
라서 기업의 땅 나누기를 마치고
자기들 중에서 눈의 아들 여호수아
에게 기업을 주었으니
50 곧 야훼의 명령대로 여호수아가 요
구한 성읍 에브라임 산지 딤낫 세
라를 주매 여호수아가 그 성읍을
건설하고 거기 거주하였더라
51 제사장 엘르아살과 눈의 아들 여호
수아와 이스라엘 자손의 지파의 족
장들이 실로에 있는 회막 문 야훼
앞에서 제비 뽑아 나눈 기업이 이러
하니라 이에 땅 나누는 일을 마쳤
더라

20 야훼께서 여호수아에게 말씀하여
이르시되

기록일 : . . .

2 이스라엘 자손에게 말하여 이르기
를 내가 모세를 통하여 너희에게 말
한 도피성들을 너희를 위해 정하여
3 부지중에 실수로 사람을 죽인 자를
그리로 도망하게 하라 이는 너희를
위해 피의 보복자를 피할 곳이니라
4 이 성읍들 중의 하나에 도피하는
자는 그 성읍에 들어가는 문 어귀
에 서서 그 성읍의 장로들의 귀에
자기의 사건을 말할 것이요 그들은
그를 성읍에 받아들여 한 곳을 주
어 자기들 중에 거주하게 하고
5 피의 보복자가 그의 뒤를 따라온다
할지라도 그들은 그 살인자를 그의
손에 내주지 말지니 이는 본래 미
워함이 없이 부지중에 그의 이웃을
죽였음이라
6 그 살인자는 회중 앞에 서서 재판
을 받기까지 또는 그 당시 대제사
장이 죽기까지 그 성읍에 거주하다
가 그 후에 그 살인자는 그 성읍 곧
자기가 도망하여 나온 자기 성읍
자기 집으로 돌아갈지니라 하라 하
시니라
7 이에 그들이 납달리의 산지 갈릴리
게데스와 에브라임 산지의 세겜과
유다 산지의 기럇 아르바 곧 헤브
론과
8 여리고 동쪽 요단 저쪽 르우벤 지
파 중에서 평지 광야의 베셀과 갓
지파 중에서 길르앗 라못과 므낫세
지파 중에서 바산 골란을 구별하였
으니
9 이는 곧 이스라엘 모든 자손과 그
들 중에 거류하는 거류민을 위하
여 선정된 성읍들로서 누구든지 부
지중에 살인한 자가 그리로 도망하
여 그가 회중 앞에 설 때까지 피의
보복자의 손에 죽지 아니하게 하기
위함이라

21 그 때에 레위 사람의 족장들이
제사장 엘르아살과 눈의 아들 여호
수아와 이스라엘 자손의 지파 족장
들에게 나아와
2 가나안 땅 실로에서 그들에게 말하
여 이르되 야훼께서 모세에게 명령
하사 우리가 거주할 성읍들과 우리
가축을 위해 그 목초지들을 우리에
게 주라 하셨나이다 하매
3 이스라엘 자손이 야훼의 명령을 따
라 자기의 기업에서 이 성읍들과 그
목초지들을 레위 사람에게 주니라
4 그핫 가족을 위하여 제비를 뽑았는
데 레위 사람 중 제사장 아론의 자
손들은 유다 지파와 시므온 지파와
베냐민 지파 중에서 제비 뽑은 대
로 열세 성읍을 받았고
5 그핫 자손들 중에 남은 자는 에브
라임 지파의 가족과 단 지파와 므
낫세 반 지파 중에서 제비 뽑은 대

기록일 : . . .

로 열 성읍을 받았으며
6 게르손 자손들은 잇사갈 지파의 가
족들과 아셀 지파와 납달리 지파와
바산에 있는 므낫세 반 지파 중에
서 제비 뽑은 대로 열세 성읍을 받
았더라
7 므라리 자손들은 그 가족대로 르우
벤 지파와 갓 지파와 스불론 지파
중에서 열두 성읍을 받았더라
8 야훼께서 모세에게 명령하신 대로
이스라엘 자손이 제비 뽑아 레위
사람에게 준 성읍들과 그 목초지들
이 이러하니라
9 유다 자손의 지파와 시므온 자손의
지파 중에서는 이 아래에 기명한 성
읍들을 주었는데
10 레위 자손 중 그핫 가족들에 속한
아론 자손이 첫째로 제비 뽑혔으
므로
11 아낙의 아버지 아르바의 성읍 유다
산지 기럇 아르바 곧 헤브론과 그
주위의 목초지를 그들에게 주었고
12 그 성읍의 밭과 그 촌락들은 여분
네의 아들 갈렙에게 주어 소유가
되게 하였더라
13 제사장 아론의 자손에게 준 것은
살인자의 도피성 헤브론과 그 목초
지이요 또 립나와 그 목초지와
14 얏딜과 그 목초지와 에스드모아와
그 목초지와
15 홀론과 그 목초지와 드빌과 그 목
초지와
16 아인과 그 목초지와 윳다와 그 목
초지와 벧 세메스와 그 목초지이니
이 두 지파에서 아홉 성읍을 냈고
17 또 베냐민 지파 중에서는 기브온과
그 목초지와 게바와 그 목초지와
18 아나돗과 그 목초지와 알몬과 그
목초지 곧 네 성읍을 냈으니
19 제사장 아론 자손의 성읍은 모두
열세 성읍과 그 목초지들이었더라
20 레위 사람인 그핫 자손 중에 남은
자들의 가족들 곧 그핫 자손에게는
제비 뽑아 에브라임 지파 중에서
그 성읍들을 주었으니
21 곧 살인자의 도피성 에브라임 산지
세겜과 그 목초지이요 또 게셀과
그 목초지와
22 깁사임과 그 목초지와 벧호론과 그
목초지이니 네 성읍이요
23 또 단 지파 중에서 준 것은 엘드게
와 그 목초지와 깁브돈과 그 목초
지와
24 아얄론과 그 목초지와 가드 림몬과
그 목초지이니 네 성읍이요
25 또 므낫세 반 지파 중에서 준 것은
다아낙과 그 목초지와 가드 림몬과
그 목초지이니 두 성읍이라
26 그핫 자손의 남은 가족들을 위한
성읍들은 모두 열 성읍과 그 목초

기록일 : . . .

지들이었더라
27 레위 가족의 게르손 자손에게는 므
낫세 반 지파 중에서 살인자의 도
피성 바산 골란과 그 목초지를 주
었고 또 브에스드라와 그 목초지를
주었으니 두 성읍이요
28 잇사갈 지파 중에서는 기시온과 그
목초지와 다브랏과 그 목초지와
29 야르뭇과 그 목초지와 엔 간님과
그 목초지를 주었으니 네 성읍이요
30 아셀 지파 중에서는 미살과 그 목
초지와 압돈과 그 목초지와
31 헬갓과 그 목초지와 르홉과 그 목
초지를 주었으니 네 성읍이요
32 납달리 지파 중에서는 살인자의 도
피성 갈릴리 게데스와 그 목초지를
주었고 또 함못 돌과 그 목초지와
가르단과 그 목초지를 주었으니 세
성읍이라
33 게르손 사람이 그 가족대로 받은
성읍은 모두 열세 성읍과 그 목초
지들이었더라
34 그 남은 레위 사람 므라리 자손의
가족들에게 준 것은 스불론 지파
중에서 욕느암과 그 목초지와 가르
다와 그 목초지와
35 딤나와 그 목초지와 나할랄과 그
목초지이니 네 성읍이요
36 르우벤 지파 중에서 준 것은 베셀
과 그 목초지와 야하스와 그 목초
지와
37 그데못과 그 목초지와 므바앗과 그
목초지이니 네 성읍이요
38 갓 지파 중에서 준 것은 살인자의
도피성 길르앗 라못과 그 목초지이
요 또 마하나임과 그 목초지와
39 헤스본과 그 목초지와 야셀과 그
목초지이니 모두 네 성읍이라
40 이는 레위 가족의 남은 자 곧 므라
리 자손이 그들의 가족대로 받은
성읍이니 그들이 제비 뽑아 얻은 성
읍이 열두 성읍이었더라
41 레위 사람들이 이스라엘 자손의 기
업 중에서 받은 성읍은 모두 마흔
여덟 성읍이요 또 그 목초지들이라
42 이 각 성읍의 주위에 목초지가 있
었고 모든 성읍이 다 그러하였더라
43 야훼께서 이스라엘의 조상들에게
맹세하사 주리라 하신 온 땅을 이
와 같이 이스라엘에게 다 주셨으므
로 그들이 그것을 차지하여 거기에
거주하였으니
44 야훼께서 그들의 주위에 안식을 주
셨으되 그 조상들에게 맹세하신 대
로 하셨으므로 그들의 모든 원수들
중에 그들과 맞선 자가 하나도 없
었으니 이는 야훼께서 그들의 모든
원수들을 그들의 손에 넘겨 주셨음
이니라
45 야훼께서 이스라엘 족속에게 말씀

기록일 : . . .

하신 선한 말씀이 하나도 남음이
없이 다 응하였더라

22 그 때에 여호수아가 르우벤 사람
과 갓 사람과 므낫세 반 지파를 불
러서
2 그들에게 이르되 야훼의 종 모세가
너희에게 명령한 것을 너희가 다 지
키며 또 내가 너희에게 명령한 모
든 일에 너희가 내 말을 순종하여
3 오늘까지 날이 오래도록 너희가 너
희 형제를 떠나지 아니하고 오직
너희의 하나님 야훼께서 명령하신
그 책임을 지키도다
4 이제는 너희의 하나님 야훼께서 이
미 말씀하신 대로 너희 형제에게
안식을 주셨으니 그런즉 이제 너희
는 야훼의 종 모세가 요단 저쪽에
서 너희에게 준 소유지로 가서 너
희의 장막으로 돌아가되
5 오직 야훼의 종 모세가 너희에게
명령한 명령과 율법을 반드시 행하
여 너희의 하나님 야훼를 사랑하
고 그의 모든 길로 행하며 그의 계
명을 지켜 그에게 친근히 하고 너
희의 마음을 다하며 성품을 다하여
그를 섬길지니라 하고
6 여호수아가 그들에게 축복하여 보
내매 그들이 자기 장막으로 갔더라
7 므낫세 반 지파에게는 모세가 바산
에서 기업을 주었고 그 남은 반 지
파에게는 여호수아가 요단 이쪽 서
쪽에서 그들의 형제들과 함께 기업
을 준지라 여호수아가 그들을 그들
의 장막으로 돌려보낼 때에 그들에
게 축복하고
8 말하여 이르되 너희는 많은 재산과
심히 많은 가축과 은과 금과 구리
와 쇠와 심히 많은 의복을 가지고
너희의 장막으로 돌아가서 너희의
원수들에게서 탈취한 것을 너희의
형제와 나눌지니라 하매
9 르우벤 자손과 갓 자손과 므낫세
반 지파가 가나안 땅 실로에서 이
스라엘 자손을 떠나 야훼께서 모세
에게 명령하신 대로 받은 땅 곧 그
들의 소유지 길르앗으로 가니라
10 르우벤 자손과 므낫세 반 지파가
가나안 땅 요단 언덕 가에 이르자
거기서 요단 가에 제단을 쌓았는데
보기에 큰 제단이었더라
11 이스라엘 자손이 들은즉 이르기를
르우벤 자손과 갓 자손과 므낫세
반 지파가 가나안 땅의 맨 앞쪽 요
단 언덕 가 이스라엘 자손에게 속
한 쪽에 제단을 쌓았다 하는지라
12 이스라엘 자손이 이를 듣자 곧 이
스라엘 자손의 온 회중이 실로에
모여서 그들과 싸우러 가려 하니라
13 이스라엘 자손이 제사장 엘르아살
의 아들 비느하스를 길르앗 땅으로

기록일 : . . .

보내어 르우벤 자손과 갓 자손과
므낫세 반 지파를 보게 하되
14 이스라엘 각 지파에서 한 지도자씩
열 지도자들을 그와 함께 하게 하
니 그들은 각기 그들의 조상들의
가문의 수령으로서 이스라엘 중에
서 천부장들이라
15 그들이 길르앗 땅에 이르러 르우벤
자손과 갓 자손과 므낫세 반 지파
에게 나아가서 그들에게 말하여 이
르되
16 야훼의 온 회중이 말하기를 너희가
어찌하여 이스라엘 하나님께 범죄
하여 오늘 야훼를 따르는 데서 돌
아서서 너희를 위하여 제단을 쌓아
너희가 오늘 야훼께 거역하고자 하
느냐
17 브올의 죄악으로 말미암아 야훼
의 회중에 재앙이 내렸으나 오늘까
지 우리가 그 죄에서 정결함을 받지
못하였거늘 그 죄악이 우리에게 부
족하여서
18 오늘 너희가 돌이켜 야훼를 따르지
아니하려고 하느냐 너희가 오늘 야
훼를 배역하면 내일은 그가 이스라
엘 온 회중에게 진노하시리라
19 그런데 너희의 소유지가 만일 깨끗
하지 아니하거든 야훼의 성막이 있
는 야훼의 소유지로 건너와 우리
중에서 소유지를 나누어 가질 것이
니라 오직 우리 하나님 야훼의 제
단 외에 다른 제단을 쌓음으로 야
훼를 거역하지 말며 우리에게도 거
역하지 말라
20 세라의 아들 아간이 온전히 바친
물건에 대하여 범죄하므로 이스라
엘 온 회중에 진노가 임하지 아니
하였느냐 그의 죄악으로 멸망한 자
가 그 한 사람만이 아니었느니라
하니라
21 르우벤 자손과 갓 자손과 므낫세
반 지파가 이스라엘 천천의 수령들
에게 대답하여 이르되
22 전능하신 자 하나님 야훼, 전능하신
자 하나님 야훼께서 아시나니 이스
라엘도 장차 알리라 이 일이 만일
야훼를 거역함이거나 범죄함이거든
주께서는 오늘 우리를 구원하지 마
시옵소서
23 우리가 제단을 쌓은 것이 돌이켜
야훼를 따르지 아니하려 함이거나
또는 그 위에 번제나 소제를 드리
려 함이거나 또는 화목제물을 드리
려 함이거든 야훼는 친히 벌하시옵
소서
24 우리가 목적이 있어서 주의하고 이
같이 하였노라 곧 생각하기를 후일
에 너희의 자손이 우리 자손에게
말하여 이르기를 너희가 이스라엘
하나님 야훼와 무슨 상관이 있느냐

기록일 : . . .

25 너희 르우벤 자손 갓 자손아 야훼
께서 우리와 너희 사이에 요단으로
경계를 삼으셨나니 너희는 야훼께
받을 분깃이 없느니라 하여 너희의
자손이 우리 자손에게 야훼 경외하
기를 그치게 할까 하여
26 우리가 말하기를 우리가 이제 한
제단 쌓기를 준비하자 하였노니 이
는 번제를 위함도 아니요 다른 제
사를 위함도 아니라
27 우리가 야훼 앞에서 우리의 번제와
우리의 다른 제사와 우리의 화목제
로 섬기는 것을 우리와 너희 사이
와 우리의 후대 사이에 증거가 되
게 할 뿐으로서 너희 자손들이 후
일에 우리 자손들에게 이르기를 너
희는 야훼께 받을 분깃이 없다 하
지 못하게 하려 함이라
28 우리가 말하였거니와 만일 그들이
후일에 우리에게나 우리 후대에게
이같이 말하면 우리가 말하기를 우
리 조상이 지은 야훼의 제단 모형
을 보라 이는 번제를 위한 것도 아
니요 다른 제사를 위한 것도 아니
라 오직 우리와 너희 사이에 증거
만 되게 할 뿐이라
29 우리가 번제나 소제나 다른 제사를
위하여 우리 하나님 야훼의 성막
앞에 있는 제단 외에 제단을 쌓음
으로 야훼를 거역하고 오늘 야훼를
따르는 데에서 돌아서려는 것은 결
단코 아니라 하리라
30 제사장 비느하스와 그와 함께 한
회중의 지도자들 곧 이스라엘 천천
의 수령들이 르우벤 자손과 갓 자
손과 므낫세 자손의 말을 듣고 좋
게 여긴지라
31 제사장 엘르아살의 아들 비느하스
가 르우벤 자손과 갓 자손과 므낫
세 자손에게 이르되 우리가 오늘
야훼께서 우리 중에 계신 줄을 아
노니 이는 너희가 이 죄를 야훼께
범하지 아니하였음이니라 너희가
이제 이스라엘 자손을 야훼의 손에
서 건져내었느니라 하고
32 제사장 엘르아살의 아들 비느하스
와 지도자들이 르우벤 자손과 갓
자손을 떠나 길르앗 땅에서 가나안
땅 이스라엘 자손에게 돌아와 그들
에게 보고하매
33 그 일이 이스라엘 자손을 즐겁게
한지라 이스라엘 자손이 하나님을
찬송하고 르우벤 자손과 갓 자손이
거주하는 땅에 가서 싸워 그것을
멸하자 하는 말을 다시는 하지 아
니하였더라
34 르우벤 자손과 갓 자손이 그 제단
을 엣이라 불렀으니 우리 사이에 이
제단은 야훼께서 하나님이 되시는
증거라 함이었더라

기록일 : . . .

23

야훼께서 주위의 모든 원수들로
부터 이스라엘을 쉬게 하신 지 오
랜 후에 여호수아가 나이 많아 늙
은지라
2 여호수아가 온 이스라엘 곧 그들의
장로들과 수령들과 재판장들과 관
리들을 불러다가 그들에게 이르되
나는 나이가 많아 늙었도다
3 너희의 하나님 야훼께서 너희를 위
하여 이 모든 나라에 행하신 일을
너희가 다 보았거니와 너희의 하나
님 야훼 그는 너희를 위하여 싸우
신 이시니라
4 보라 내가 요단에서부터 해 지는
쪽 대해까지의 남아 있는 나라들과
이미 멸한 모든 나라를 내가 너희
를 위하여 제비 뽑아 너희의 지파
에게 기업이 되게 하였느니라
5 너희의 하나님 야훼 그가 너희 앞에
서 그들을 쫓아내사 너희 목전에서
그들을 떠나게 하시리니 너희의 하
나님 야훼께서 너희에게 말씀하신
대로 너희가 그 땅을 차지할 것이라
6 그러므로 너희는 크게 힘써 모세의
율법 책에 기록된 것을 다 지켜 행
하라 그것을 떠나 우로나 좌로나
치우치지 말라
7 너희 중에 남아 있는 이 민족들 중
에 들어 가지 말라 그들의 신들의
이름을 부르지 말라 그것들을 가리
켜 맹세하지 말라 또 그것을 섬겨서
그것들에게 절하지 말라
8 오직 너희의 하나님 야훼께 가까이
하기를 오늘까지 행한 것 같이 하라
9 이는 야훼께서 강대한 나라들을 너
희의 앞에서 쫓아내셨으므로 오늘
까지 너희에게 맞선 자가 하나도
없었느니라
10 너희 중 한 사람이 천 명을 쫓으리
니 이는 너희의 하나님 야훼 그가
너희에게 말씀하신 것 같이 너희를
위하여 싸우심이라
11 그러므로 스스로 조심하여 너희의
하나님 야훼를 사랑하라
12 너희가 만일 돌아서서 너희 중에
남아 있는 이 민족들을 가까이 하
여 더불어 혼인하며 서로 왕래하면
13 확실히 알라 너희의 하나님 야훼께
서 이 민족들을 너희 목전에서 다시
는 쫓아내지 아니하시리니 그들이
너희에게 올무가 되며 덫이 되며 너
희의 옆구리에 채찍이 되며 너희의
눈에 가시가 되어서 너희가 마침내
너희의 하나님 야훼께서 너희에게
주신 이 아름다운 땅에서 멸하리라
14 보라 나는 오늘 온 세상이 가는 길
로 가려니와 너희의 하나님 야훼께
서 너희에게 대하여 말씀하신 모든
선한 말씀이 하나도 틀리지 아니하
고 다 너희에게 응하여 그 중에 하

기록일 : . . .

나도 어김이 없음을 너희 모든 사
람은 마음과 뜻으로 아는 바라
15 너희의 하나님 야훼께서 너희에게
말씀하신 모든 선한 말씀이 너희에
게 임한 것 같이 야훼께서 모든 불
길한 말씀도 너희에게 임하게 하사
너희의 하나님 야훼께서 너희에게
주신 이 아름다운 땅에서 너희를
멸절하기까지 하실 것이라
16 만일 너희가 너희의 하나님 야훼께
서 너희에게 명령하신 언약을 범하
고 가서 다른 신들을 섬겨 그들에
게 절하면 야훼의 진노가 너희에게
미치리니 너희에게 주신 아름다운
땅에서 너희가 속히 멸망하리라 하
니라

24

여호수아가 이스라엘 모든 지파
를 세겜에 모으고 이스라엘 장로들
과 그들의 수령들과 재판장들과 관
리들을 부르매 그들이 하나님 앞에
나와 선지라
2 여호수아가 모든 백성에게 이르되
이스라엘의 하나님 야훼께서 이같
이 말씀하시기를 옛적에 너희의 조
상들 곧 아브라함의 아버지, 나홀
의 아버지 데라가 강 저쪽에 거주
하여 다른 신들을 섬겼으나
3 내가 너희의 조상 아브라함을 강
저쪽에서 이끌어 내어 가나안 온
땅에 두루 행하게 하고 그의 씨를
번성하게 하려고 그에게 이삭을 주
었으며
4 이삭에게는 야곱과 에서를 주었고
에서에게는 세일 산을 소유로 주었
으나 야곱과 그의 자손들은 애굽으
로 내려갔으므로
5 내가 모세와 아론을 보내었고 또
애굽에 재앙을 내렸나니 곧 내가
그들 가운데 행한 것과 같고 그 후
에 너희를 인도하여 내었노라
6 내가 너희의 조상들을 애굽에서 인
도하여 내어 바다에 이르게 한즉
애굽 사람들이 병거와 마병을 거느
리고 너희의 조상들을 홍해까지 쫓
아오므로
7 너희의 조상들이 나 야훼께 부르짖
기로 내가 너희와 애굽 사람들 사
이에 흑암을 두고 바다를 이끌어
그들을 덮었나니 내가 애굽에서 행
한 일을 너희의 눈이 보았으며 또
너희가 많은 날을 광야에서 거주하
였느니라
8 내가 또 너희를 인도하여 요단 저
쪽에 거주하는 아모리 족속의 땅
으로 들어가게 하매 그들이 너희와
싸우기로 내가 그들을 너희 손에
넘겨 주매 너희가 그 땅을 점령하
였고 나는 그들을 너희 앞에서 멸
절시켰으며
9 또한 모압 왕 십볼의 아들 발락이

기록일 : . . .

일어나 이스라엘과 싸우더니 사람을
보내어 브올의 아들 발람을 불러다
가 너희를 저주하게 하려 하였으나
10 내가 발람을 위해 듣기를 원하지
아니하였으므로 그가 오히려 너희
를 축복하였고 나는 너희를 그의
손에서 건져내었으며
11 너희가 요단을 건너 여리고에 이른
즉 여리고 주민들 곧 아모리 족속
과 브리스 족속과 가나안 족속과
헷 족속과 기르가스 족속과 히위
족속과 여부스 족속이 너희와 싸우
기로 내가 그들을 너희의 손에 넘
겨 주었으며
12 내가 왕벌을 너희 앞에 보내어 그
아모리 족속의 두 왕을 너희 앞에
서 쫓아내게 하였나니 너희의 칼이
나 너희의 활로써 이같이 한 것이
아니며
13 내가 또 너희가 수고하지 아니한
땅과 너희가 건설하지 아니한 성읍
들을 너희에게 주었더니 너희가 그
가운데에 거주하며 너희는 또 너희
가 심지 아니한 포도원과 감람원의
열매를 먹는다 하셨느니라
14 그러므로 이제는 야훼를 경외하며
온전함과 진실함으로 그를 섬기라
너희의 조상들이 강 저쪽과 애굽에
서 섬기던 신들을 치워 버리고 야훼
만 섬기라
15 만일 야훼를 섬기는 것이 너희에게
좋지 않게 보이거든 너희 조상들이
강 저쪽에서 섬기던 신들이든지 또
는 너희가 거주하는 땅에 있는 아
모리 족속의 신들이든지 너희가 섬
길 자를 오늘 택하라 오직 나와 내
집은 야훼를 섬기겠노라 하니
16 백성이 대답하여 이르되 우리가 결
단코 야훼를 버리고 다른 신들을
섬기기를 하지 아니하오리니
17 이는 우리 하나님 야훼께서 친히
우리와 우리 조상들을 인도하여 애
굽 땅 종 되었던 집에서 올라오게
하시고 우리 목전에서 그 큰 이적들
을 행하시고 우리가 행한 모든 길
과 우리가 지나온 모든 백성들 중
에서 우리를 보호하셨음이며
18 야훼께서 또 모든 백성들과 이 땅
에 거주하던 아모리 족속을 우리
앞에서 쫓아내셨음이라 그러므로
우리도 야훼를 섬기리니 그는 우리
하나님이심이니이다 하니라
19 여호수아가 백성에게 이르되 너희가
야훼를 능히 섬기지 못할 것은 그는
거룩하신 하나님이시요 질투하시는
하나님이시니 너희의 잘못과 죄들을
사하지 아니하실 것임이라
20 만일 너희가 야훼를 버리고 이방 신
들을 섬기면 너희에게 복을 내리신
후에라도 돌이켜 너희에게 재앙을

기록일 : . . .

내리시고 너희를 멸하시리라 하니
21 백성이 여호수아에게 말하되 아니
니이다 우리가 야훼를 섬기겠나이
다 하는지라
22 여호수아가 백성에게 이르되 너희
가 야훼를 택하고 그를 섬기리라
하였으니 스스로 증인이 되었느니
라 하니 그들이 이르되 우리가 증
인이 되었나이다 하더라
23 여호수아가 이르되 그러면 이제 너
희 중에 있는 이방 신들을 치워 버
리고 너희의 마음을 이스라엘의 하
나님 야훼께로 향하라 하니
24 백성이 여호수아에게 말하되 우리
하나님 야훼를 우리가 섬기고 그의
목소리를 우리가 청종하리이다 하
는지라
25 그 날에 여호수아가 세겜에서 백성
과 더불어 언약을 맺고 그들을 위
하여 율례와 법도를 제정하였더라
26 여호수아가 이 모든 말씀을 하나님
의 율법책에 기록하고 큰 돌을 가
져다가 거기 야훼의 성소 곁에 있는
상수리나무 아래에 세우고
27 모든 백성에게 이르되 보라 이 돌
이 우리에게 증거가 되리니 이는 야
훼께서 우리에게 하신 모든 말씀을
이 돌이 들었음이니라 그런즉 너희
가 너희의 하나님을 부인하지 못하
도록 이 돌이 증거가 되리라 하고
28 백성을 보내어 각기 기업으로 돌아
가게 하였더라
29 이 일 후에 야훼의 종 눈의 아들 여
호수아가 백십 세에 죽으매
30 그들이 그를 그의 기업의 경내 딤
낫 세라에 장사하였으니 딤낫 세라
는 에브라임 산지 가아스 산 북쪽
이었더라
31 이스라엘이 여호수아가 사는 날 동
안과 여호수아 뒤에 생존한 장로들
곧 야훼께서 이스라엘을 위하여 행
하신 모든 일을 아는 자들이 사는
날 동안 야훼를 섬겼더라
32 또 이스라엘 자손이 애굽에서 가져
온 요셉의 뼈를 세겜에 장사하였으
니 이곳은 야곱이 백 크시타를 주
고 세겜의 아버지 하몰의 자손들에
게서 산 밭이라 그것이 요셉 자손
의 기업이 되었더라
33 아론의 아들 엘르아살도 죽으매 그
들이 그를 그의 아들 비느하스가
에브라임 산지에서 받은 산에 장사
하였더라

기록일 : . . .

JUDGES

사사기

저　자　'사무엘' 이라고 알려짐

주　제　계속되는 이스라엘의 불신앙과 배역背逆에도 불구하고, 언약에 신실하신 하나님

기록목적
- 선민으로서의 정치, 종교, 도덕적인 타락상의 결과가 어떠함을 후대에 교훈으로 남기기 위함이다.
- 죄는 미워하시나 그 백성이 회개하고 돌아올 때는 용서하시고 구원하시는 하나님의 성품을 나타내기 위함이다.
- 야훼만이 이스라엘의 진정한 사사요, 구원자임을 보이기 위함이다.

기록배경　사사기는 가나안 정복 전쟁 중 강력한 단일 지도자였던 여호수아의 사후에 전개되는 상황에서부터 그 막을 연다. 당시 이스라엘은 가나안을 완전히 정복하지 못함으로 인해 도처에 가나안 원주민이 잔존해 있었다. 이로 인해 이스라엘은 가나안의 우상 숭배와 각종 사악한 풍습에 빠지게 되었다. 이에 하나님께서는 이방 세력을 징계의 도구로 사용하셨으나, 이스라엘이 압제와 고통 가운데 회개하자 사사를 세워 구원해 주셨다.

특　징
- 모세나 여호수아 같은 단일 지도자의 통치 없이 부족 국가 연합 형태의 체제를 이루어 정치적, 종교적 구심점을 갖지 못하고 혼란했던 시대상을 적나라하게 보여 준다.
- 이스라엘은 우상 숭배로 범죄하다가 하나님의 형벌로 이방인의 압제를 받고 고통 가운데 회개하여 사사를 통해 구원받는 역사를 되풀이하였다. 즉, 범죄-징계-회개-구원이 계속 순환되는 역사의 기록이다.
- 하나님의 구원의 역사를 잊고 계속적인 불순종과 패역을 일삼는 이스라엘 백성을 거듭 용서하시고 구원하시는 하나님의 사랑이 극명하게 나타난다.
- 지파 간의 대립과 전쟁으로 말미암은 동족 상잔의 비극이 기록되었다.

나의 기도

사사기

1 여호수아가 죽은 후에 이스라엘
자손이 야훼께 여쭈어 이르되 우리
가운데 누가 먼저 올라가서 가나안
족속과 싸우리이까
2 야훼께서 이르시되 유다가 올라갈
지니라 보라 내가 이 땅을 그의 손
에 넘겨 주었노라 하시니라
3 유다가 그의 형제 시므온에게 이르
되 내가 제비 뽑아 얻은 땅에 나와
함께 올라가서 가나안 족속과 싸우
자 그리하면 나도 네가 제비 뽑아
얻은 땅에 함께 가리라 하니 이에
시므온이 그와 함께 가니라
4 유다가 올라가매 야훼께서 가나안
족속과 브리스 족속을 그들의 손에
넘겨 주시니 그들이 베섹에서 만 명
을 죽이고
5 또 베섹에서 아도니 베섹을 만나
그와 싸워서 가나안 족속과 브리스
족속을 죽이니
6 아도니 베섹이 도망하는지라 그를
쫓아가서 잡아 그의 엄지손가락과
엄지발가락을 자르매
7 아도니 베섹이 이르되 옛적에 칠십
명의 왕들이 그들의 엄지손가락과
엄지발가락이 잘리고 내 상 아래에
서 먹을 것을 줍더니 하나님이 내가
행한 대로 내게 갚으심이로다 하니
라 무리가 그를 끌고 예루살렘에
이르렀더니 그가 거기서 죽었더라
8 유다 자손이 예루살렘을 쳐서 점령
하여 칼날로 치고 그 성을 불살랐
으며
9 그 후에 유다 자손이 내려가서 산
지와 남방과 평지에 거주하는 가나
안 족속과 싸웠고
10 유다가 또 가서 헤브론에 거주하는
가나안 족속을 쳐서 세새와 아히만
과 달매를 죽였더라 헤브론의 본
이름은 기랏 아르바였더라
11 거기서 나아가서 드빌의 주민들을
쳤으니 드빌의 본 이름은 기랏 세
벨이라
12 갈렙이 말하기를 기럇 세벨을 쳐서
그것을 점령하는 자에게는 내 딸
악사를 아내로 주리라 하였더니
13 갈렙의 아우 그나스의 아들인 옷니
엘이 그것을 점령하였으므로 갈렙
이 그의 딸 악사를 그에게 아내로
주었더라
14 악사가 출가할 때에 그에게 청하여
자기 아버지에게 밭을 구하자 하고
나귀에서 내리매 갈렙이 묻되 네가
무엇을 원하느냐 하니
15 이르되 내게 복을 주소서 아버지께
서 나를 남방으로 보내시니 샘물도

기록일 : . . .

내게 주소서 하매 갈렙이 윗샘과
아랫샘을 그에게 주었더라
16 모세의 장인은 겐 사람이라 그의
자손이 유다 자손과 함께 종려나무
성읍에서 올라가서 아랏 남방의 유
다 황무지에 이르러 그 백성 중에
거주하니라
17 유다가 그의 형제 시므온과 함께
가서 스밧에 거주하는 가나안 족
속을 쳐서 그 곳을 진멸하였으므로
그 성읍의 이름을 호르마라 하니라
18 유다가 또 가사 및 그 지역과 아스
글론 및 그 지역과 에그론 및 그 지
역을 점령하였고
19 야훼께서 유다와 함께 계셨으므로
그가 산지 주민을 쫓아내었으나 골
짜기의 주민들은 철 병거가 있으므
로 그들을 쫓아내지 못하였으며
20 그들이 모세가 명령한 대로 헤브론
을 갈렙에게 주었더니 그가 거기서
아낙의 세 아들을 쫓아내었고
21 베냐민 자손은 예루살렘에 거주하
는 여부스 족속을 쫓아내지 못하였
으므로 여부스 족속이 베냐민 자손
과 함께 오늘까지 예루살렘에 거주
하니라
22 요셉 가문도 벧엘을 치러 올라가니
야훼께서 그와 함께 하시니라
23 요셉 가문이 벧엘을 정탐하게 하였
는데 그 성읍의 본 이름은 루스라
24 정탐꾼들이 그 성읍에서 한 사람
이 나오는 것을 보고 그에게 이르
되 청하노니 이 성읍의 입구를 우리
에게 보이라 그리하면 우리가 네게
선대하리라 하매
25 그 사람이 성읍의 입구를 가리킨지
라 이에 그들이 칼날로 그 성읍을
쳤으되 오직 그 사람과 그의 가족
을 놓아 보내매
26 그 사람이 헷 사람들의 땅에 가서
성읍을 건축하고 그것의 이름을 루
스라 하였더니 오늘까지 그 곳의
이름이 되니라
27 므낫세가 벧스안과 그에 딸린 마
을들의 주민과 다아낙과 그에 딸린
마을들의 주민과 돌과 그에 딸린
마을들의 주민과 이블르암과 그에
딸린 마을들의 주민과 므깃도와 그
에 딸린 마을들의 주민들을 쫓아내
지 못하매 가나안 족속이 결심하고
그 땅에 거주하였더니
28 이스라엘이 강성한 후에야 가나안
족속에게 노역을 시켰고 다 쫓아내
지 아니하였더라
29 에브라임이 게셀에 거주하는 가나
안 족속을 쫓아내지 못하매 가나안
족속이 게셀에서 그들 중에 거주하
였더라
30 스불론은 기드론 주민과 나할롤 주
민을 쫓아내지 못하였으므로 가나

기록일 : . . .

안 족속이 그들 중에 거주하면서
노역을 하였더라
31 아셀이 악고 주민과 시돈 주민과
알랍과 악십과 헬바와 아빅과 르홉
주민을 쫓아내지 못하고
32 아셀 족속이 그 땅의 주민 가나안
족속 가운데 거주하였으니 이는 그
들을 쫓아내지 못함이었더라
33 납달리는 벧세메스 주민과 벧아낫
주민을 쫓아내지 못하고 그 땅의
주민 가나안 족속 가운데 거주하였
으나 벧세메스와 벧아낫 주민들이
그들에게 노역을 하였더라
34 아모리 족속이 단 자손을 산지로
몰아넣고 골짜기에 내려오기를 용
납하지 아니하였으며
35 결심하고 헤레스 산과 아얄론과 사
알빔에 거주하였더니 요셉의 가문
의 힘이 강성하매 아모리 족속이
마침내는 노역을 하였으며
36 아모리 족속의 경계는 아그랍빔 비
탈의 바위부터 위쪽이었더라

2 야훼의 사자가 길갈에서부터 보
김으로 올라와 말하되 내가 너희를
애굽에서 올라오게 하여 내가 너희
의 조상들에게 맹세한 땅으로 들
어가게 하였으며 또 내가 이르기를
내가 너희와 함께 한 언약을 영원
히 어기지 아니하리니
2 너희는 이 땅의 주민과 언약을 맺지
말며 그들의 제단들을 헐라 하였거
늘 너희가 내 목소리를 듣지 아니하
였으니 어찌하여 그리하였느냐
3 그러므로 내가 또 말하기를 내가
그들을 너희 앞에서 쫓아내지 아니
하리니 그들이 너희 옆구리에 가시
가 될 것이며 그들의 신들이 너희에
게 올무가 되리라 하였노라
4 야훼의 사자가 이스라엘 모든 자손
에게 이 말씀을 이르매 백성이 소
리를 높여 운지라
5 그러므로 그 곳을 이름하여 보김이
라 하고 그들이 거기서 야훼께 제
사를 드렸더라
6 전에 여호수아가 백성을 보내매 이
스라엘 자손이 각기 그들의 기업으
로 가서 땅을 차지하였고
7 백성이 여호수아가 사는 날 동안과
여호수아 뒤에 생존한 장로들 곧
야훼께서 이스라엘을 위하여 행하
신 모든 큰 일을 본 자들이 사는 날
동안에 야훼를 섬겼더라
8 야훼의 종 눈의 아들 여호수아가
백십 세에 죽으매
9 무리가 그의 기업의 경내 에브라임
산지 가아스 산 북쪽 딤낫 헤레스
에 장사하였고
10 그 세대의 사람도 다 그 조상들에
게로 돌아갔고 그 후에 일어난 다
른 세대는 야훼를 알지 못하며 야

훼께서 이스라엘을 위하여 행하신
일도 알지 못하였더라
11 이스라엘 자손이 야훼의 목전에 악
을 행하여 바알들을 섬기며
12 애굽 땅에서 그들을 인도하여 내신
그들의 조상들의 하나님 야훼를 버
리고 다른 신들 곧 그들의 주위에
있는 백성의 신들을 따라 그들에게
절하여 야훼를 진노하시게 하였으되
13 곧 그들이 야훼를 버리고 바알과
아스다롯을 섬겼으므로
14 야훼께서 이스라엘에게 진노하사
노략하는 자의 손에 넘겨 주사 그
들이 노략을 당하게 하시며 또 주
위에 있는 모든 대적의 손에 팔아
넘기시매 그들이 다시는 대적을 당
하지 못하였으며
15 그들이 어디로 가든지 야훼의 손이
그들에게 재앙을 내리시니 곧 야훼
께서 말씀하신 것과 같고 야훼께서
그들에게 맹세하신 것과 같아서 그
들의 괴로움이 심하였더라
16 야훼께서 사사들을 세우사 노략자
의 손에서 그들을 구원하게 하셨
으나
17 그들이 그 사사들에게도 순종하지
아니하고 오히려 다른 신들을 따라
가 음행하며 그들에게 절하고 야훼
의 명령을 순종하던 그들의 조상들
이 행하던 길에서 속히 치우쳐 떠나
서 그와 같이 행하지 아니하였더라
18 야훼께서 그들을 위하여 사사들을
세우실 때에는 그 사사와 함께 하
셨고 그 사사가 사는 날 동안에는
야훼께서 그들을 대적의 손에서 구
원하셨으니 이는 그들이 대적에게
압박과 괴롭게 함을 받아 슬피 부
르짖으므로 야훼께서 뜻을 돌이키
셨음이거늘
19 그 사사가 죽은 후에는 그들이 돌
이켜 그들의 조상들보다 더욱 타락
하여 다른 신들을 따라 섬기며 그
들에게 절하고 그들의 행위와 패역
한 길을 그치지 아니하였으므로
20 야훼께서 이스라엘에게 진노하여
이르시되 이 백성이 내가 그들의
조상들에게 명령한 언약을 어기고
나의 목소리를 순종하지 아니하였
은즉
21 나도 여호수아가 죽을 때에 남겨
둔 이방 민족들을 다시는 그들 앞
에서 하나도 쫓아내지 아니하리니
22 이는 이스라엘이 그들의 조상들이
지킨 것 같이 나 야훼의 도를 지켜
행하나 아니하나 그들을 시험하려
함이라 하시니라
23 야훼께서 그 이방 민족들을 머물러
두사 그들을 속히 쫓아내지 아니하
셨으며 여호수아의 손에 넘겨 주지
아니하셨더라

기록일 : . . .

3 야훼께서 가나안의 모든 전쟁들
을 알지 못한 이스라엘을 시험하려
하시며
2 이스라엘 자손의 세대 중에 아직
전쟁을 알지 못하는 자들에게 그것
을 가르쳐 알게 하려 하사 남겨 두
신 이방 민족들은
3 블레셋의 다섯 군주들과 모든 가나
안 족속과 시돈 족속과 바알 헤르
몬 산에서부터 하맛 입구까지 레바
논 산에 거주하는 히위 족속이라
4 남겨 두신 이 이방 민족들로 이스라
엘을 시험하사 야훼께서 모세를 통
하여 그들의 조상들에게 이르신 명
령들을 순종하는지 알고자 하셨더라
5 그러므로 이스라엘 자손은 가나안
족속과 헷 족속과 아모리 족속과
브리스 족속과 히위 족속과 여부스
족속 가운데에 거주하면서
6 그들의 딸들을 맞아 아내로 삼으며
자기 딸들을 그들의 아들들에게 주
고 또 그들의 신들을 섬겼더라
7 이스라엘 자손이 야훼의 목전에 악
을 행하여 자기들의 하나님 야훼를
잊어버리고 바알들과 아세라들을
섬긴지라
8 야훼께서 이스라엘에게 진노하사
그들을 메소보다미아 왕 구산 리사
다임의 손에 파셨으므로 이스라엘
자손이 구산 리사다임을 팔 년 동
안 섬겼더니
9 이스라엘 자손이 야훼께 부르짖으
매 야훼께서 이스라엘 자손을 위하
여 한 구원자를 세워 그들을 구원
하게 하시니 그는 곧 갈렙의 아우
그나스의 아들 옷니엘이라
10 야훼의 영이 그에게 임하셨으므로
그가 이스라엘의 사사가 되어 나가
서 싸울 때에 야훼께서 메소보다미
아 왕 구산 리사다임을 그의 손에
넘겨 주시매 옷니엘의 손이 구산 리
사다임을 이기니라
11 그 땅이 평온한 지 사십 년에 그나
스의 아들 옷니엘이 죽었더라
12 이스라엘 자손이 또 야훼의 목전에
악을 행하니라 이스라엘 자손이 야
훼의 목전에 악을 행하므로 야훼께
서 모압 왕 에글론을 강성하게 하
사 그들을 대적하게 하시매
13 에글론이 암몬과 아말렉 자손들을
모아 가지고 와서 이스라엘을 쳐서
종려나무 성읍을 점령한지라
14 이에 이스라엘 자손이 모압 왕 에
글론을 열여덟 해 동안 섬기니라
15 이스라엘 자손이 야훼께 부르짖으
매 야훼께서 그들을 위하여 한 구
원자를 세우셨으니 그는 곧 베냐
민 사람 게라의 아들 왼손잡이 에
훗이라 이스라엘 자손이 그를 통하
여 모압 왕 에글론에게 공물을 바

기록일 : . . .

칠 때에
16 에훗이 길이가 한 규빗 되는 좌우
에 날선 칼을 만들어 그의 오른쪽
허벅지 옷 속에 차고
17 공물을 모압 왕 에글론에게 바쳤는
데 에글론은 매우 비둔한 자였더라
18 에훗이 공물 바치기를 마친 후에
공물을 메고 온 자들을 보내고
19 자기는 길갈 근처 돌 뜨는 곳에서
부터 돌아와서 이르되 왕이여 내가
은밀한 일을 왕에게 아뢰려 하나이
다 하니 왕이 명령하여 조용히 하
라 하매 모셔 선 자들이 다 물러간
지라
20 에훗이 그에게로 들어가니 왕은 서
늘한 다락방에 홀로 앉아 있는 중
이라 에훗이 이르되 내가 하나님의
명령을 받들어 왕에게 아뢸 일이 있
나이다 하매 왕이 그의 좌석에서
일어나니
21 에훗이 왼손을 뻗쳐 그의 오른쪽
허벅지 위에서 칼을 빼어 왕의 몸
을 찌르매
22 칼자루도 날을 따라 들어가서 그
끝이 등 뒤까지 나갔고 그가 칼을
그의 몸에서 빼내지 아니하였으므
로 기름이 칼날에 엉겼더라
23 에훗이 현관에 나와서 다락문들을
뒤에서 닫아 잠그니라
24 에훗이 나간 후에 왕의 신하들이
들어와서 다락문들이 잠겼음을 보
고 이르되 왕이 분명히 서늘한 방
에서 그의 발을 가리우신다 하고
25 그들이 오래 기다려도 왕이 다락문
들을 열지 아니하는지라 열쇠를 가
지고 열어 본즉 그들의 군주가 이
미 땅에 엎드러져 죽었더라
26 그들이 기다리는 동안에 에훗이 피
하여 돌 뜨는 곳을 지나 스이라로
도망하니라
27 그가 이르러 에브라임 산지에서 나
팔을 불매 이스라엘 자손이 산지에
서 그를 따라 내려오니 에훗이 앞
서 가며
28 그들에게 이르되 나를 따르라 야훼
께서 너희의 원수들인 모압을 너희
의 손에 넘겨 주셨느니라 하매 무
리가 에훗을 따라 내려가 모압 맞
은편 요단 강 나루를 장악하여 한
사람도 건너지 못하게 하였고
29 그 때에 모압 사람 약 만 명을 죽였
으니 모두 장사요 모두 용사라 한
사람도 도망하지 못하였더라
30 그 날에 모압이 이스라엘 수하에
굴복하매 그 땅이 팔십 년 동안 평
온하였더라
31 에훗 후에는 아낫의 아들 삼갈이
있어 소 모는 막대기로 블레셋 사
람 육백 명을 죽였고 그도 이스라
엘을 구원하였더라

4 에훗이 죽으니 이스라엘 자손이
또 야훼의 목전에 악을 행하매
2 야훼께서 하솔에서 통치하는 가나
안 왕 야빈의 손에 그들을 파셨으
니 그의 군대 장관은 하로셋 학고
임에 거주하는 시스라요
3 야빈 왕은 철 병거 구백 대가 있어
이십 년 동안 이스라엘 자손을 심히
학대했으므로 이스라엘 자손이 야
훼께 부르짖었더라
4 그 때에 랍비돗의 아내 여선지자
드보라가 이스라엘의 사사가 되었
는데
5 그는 에브라임 산지 라마와 벧엘
사이 드보라의 종려나무 아래에 거
주하였고 이스라엘 자손은 그에게
나아가 재판을 받더라
6 드보라가 사람을 보내어 아비노암
의 아들 바락을 납달리 게데스에서
불러다가 그에게 이르되 이스라엘
의 하나님 야훼께서 이같이 명령하
지 아니하셨느냐 너는 납달리 자손
과 스불론 자손 만 명을 거느리고
다볼 산으로 가라
7 내가 야빈의 군대 장관 시스라와
그의 병거들과 그의 무리를 기손
강으로 이끌어 네게 이르게 하고
그를 네 손에 넘겨 주리라 하셨느
니라
8 바락이 그에게 이르되 만일 당신이
나와 함께 가면 내가 가려니와 만
일 당신이 나와 함께 가지 아니하
면 나도 가지 아니하겠노라 하니
9 이르되 내가 반드시 너와 함께 가
리라 그러나 네가 이번에 가는 길
에서는 영광을 얻지 못하리니 이는
야훼께서 시스라를 여인의 손에 파
실 것임이니라 하고 드보라가 일어
나 바락과 함께 게데스로 가니라
10 바락이 스불론과 납달리를 게데스
로 부르니 만 명이 그를 따라 올라
가고 드보라도 그와 함께 올라가
니라
11 모세의 장인 호밥의 자손 중 겐 사
람 헤벨이 자기 족속을 떠나 게데
스에 가까운 사아난님 상수리나무
곁에 이르러 장막을 쳤더라
12 아비노암의 아들 바락이 다볼 산에
오른 것을 사람들이 시스라에게 알
리매
13 시스라가 모든 병거 곧 철 병거 구
백 대와 자기와 함께 있는 모든 백
성을 하로셋학고임에서부터 기손
강으로 모은지라
14 드보라가 바락에게 이르되 일어나
라 이는 야훼께서 시스라를 네 손
에 넘겨 주신 날이라 야훼께서 너
에 앞서 나가지 아니하시느냐 하는
지라 이에 바락이 만 명을 거느리고
다볼 산에서 내려가니

기록일 : . . .

15 야훼께서 바락 앞에서 시스라와
그의 모든 병거와 그의 온 군대를
칼날로 혼란에 빠지게 하시매 시
스라가 병거에서 내려 걸어서 도망
한지라
16 바락이 그의 병거들과 군대를 추격
하여 하로셋학고임에 이르니 시스
라의 온 군대가 다 칼에 엎드러졌
고 한 사람도 남은 자가 없었더라
17 시스라가 걸어서 도망하여 겐 사람
헤벨의 아내 야엘의 장막에 이르
렀으니 이는 하솔 왕 야빈과 겐 사
람 헤벨의 집 사이에는 화평이 있
음이라
18 야엘이 나가 시스라를 영접하며 그
에게 말하되 나의 주여 들어오소서
내게로 들어오시고 두려워하지 마
소서 하매 그가 그 장막에 들어가
니 야엘이 이불로 그를 덮으니라
19 시스라가 그에게 말하되 청하노니
내게 물을 조금 마시게 하라 내가
목이 마르다 하매 우유 부대를 열어
그에게 마시게 하고 그를 덮으니
20 그가 또 이르되 장막 문에 섰다가
만일 사람이 와서 네게 묻기를 여기
어떤 사람이 있느냐 하거든 너는
없다 하라 하고
21 그가 깊이 잠드니 헤벨의 아내 야
엘이 장막 말뚝을 가지고 손에 방
망이를 들고 그에게로 가만히 가서
말뚝을 그의 관자놀이에 박으매 말
뚝이 꿰뚫고 땅에 박히니 그가 기
절하여 죽으니라
22 바락이 시스라를 추격할 때에 야엘
이 나가서 그를 맞아 그에게 이르
되 오라 네가 찾는 그 사람을 내가
네게 보이리라 하매 바락이 그에게
들어가 보니 시스라가 엎드러져 죽
었고 말뚝이 그의 관자놀이에 박혔
더라
23 이와 같이 이 날에 하나님이 가나
안 왕 야빈을 이스라엘 자손 앞에
굴복하게 하신지라
24 이스라엘 자손의 손이 가나안 왕
야빈을 점점 더 눌러서 마침내 가나
안 왕 야빈을 진멸하였더라

5 이 날에 드보라와 아비노암의 아
들 바락이 노래하여 이르되
2 이스라엘의 영솔자들이 영솔하였고
백성이 즐거이 헌신하였으니 야훼
를 찬송하라
3 너희 왕들아 들으라 통치자들아 귀
를 기울이라 나 곧 내가 야훼를 노
래할 것이요 이스라엘의 하나님 야
훼를 찬송하리로다
4 야훼여 주께서 세일에서부터 나오
시고 에돔 들에서부터 진행하실 때
에 땅이 진동하고 하늘이 물을 내
리고 구름도 물을 내렸나이다
5 산들이 야훼 앞에서 진동하니 저 시

내 산도 이스라엘의 하나님 야훼
앞에서 진동하였도다
6 아낫의 아들 삼갈의 날에 또는 야
엘의 날에는 대로가 비었고 길의
행인들은 오솔길로 다녔도다
7 이스라엘에는 마을 사람들이 그쳤
으니 나 드보라가 일어나 이스라엘
의 어머니가 되기까지 그쳤도다
8 무리가 새 신들을 택하였으므로 그
때에 전쟁이 성문에 이르렀으나 이
스라엘의 사만 명 중에 방패와 창
이 보였던가
9 내 마음이 이스라엘의 방백을 사모
함은 그들이 백성 중에서 즐거이 헌
신하였음이니 야훼를 찬송하라
10 흰 나귀를 탄 자들, 양탄자에 앉은
자들, 길에 행하는 자들아 전파할
지어다
11 활 쏘는 자들의 소리로부터 멀리
떨어진 물 긷는 곳에서도 야훼의
공의로우신 일을 전하라 이스라엘
에서 마을 사람들을 위한 의로우신
일을 노래하라 그 때에 야훼의 백
성이 성문에 내려갔도다
12 깰지어다 깰지어다 드보라여 깰지
어다 깰지어다 너는 노래할지어다
일어날지어다 바락이여 아비노암의
아들이여 네가 사로잡은 자를 끌고
갈지어다
13 그 때에 남은 귀인과 백성이 내려
왔고 야훼께서 나를 위하여 용사를
치시려고 내려오셨도다
14 에브라임에게서 나온 자들은 아말
렉에 뿌리 박힌 자들이요 베냐민은
백성들 중에서 너를 따르는 자들이
요 마길에게서는 명령하는 자들이
내려왔고 스불론에게서는 대장군의
지팡이를 잡은 자들이 내려왔도다
15 잇사갈의 방백들이 드보라와 함께
하니 잇사갈과 같이 바락도 그의
뒤를 따라 골짜기로 달려 내려가니
르우벤 시냇가에서 큰 결심이 있었
도다
16 네가 양의 우리 가운데에 앉아서
목자의 피리 부는 소리를 들음은
어찌 됨이냐 르우벤 시냇가에서 큰
결심이 있었도다
17 길르앗은 요단 강 저쪽에 거주하며
단은 배에 머무름이 어찌 됨이냐
아셀은 해변에 앉으며 자기 항만에
거주하도다
18 스불론은 죽음을 무릅쓰고 목숨을
아끼지 아니한 백성이요 납달리도
들의 높은 곳에서 그러하도다
19 왕들이 와서 싸울 때에 가나안 왕
들이 므깃도 물 가 다아낙에서 싸
웠으나 은을 탈취하지 못하였도다
20 별들이 하늘에서부터 싸우되 그들이
다니는 길에서 시스라와 싸웠도다
21 기손 강은 그 무리를 표류시켰으니

기록일 : . . .

이 기손 강은 옛 강이라 내 영혼아
네가 힘 있는 자를 밟았도다
22 그 때에 군마가 빨리 달리니 말굽
소리가 땅을 울리도다
23 야훼의 사자의 말씀에 메로스를 저
주하라 너희가 거듭거듭 그 주민들
을 저주할 것은 그들이 와서 야훼
를 돕지 아니하며 야훼를 도와 용
사를 치지 아니함이니라 하시도다
24 겐 사람 헤벨의 아내 야엘은 다른
여인들보다 복을 받을 것이니 장막
에 있는 여인들보다 더욱 복을 받
을 것이로다
25 시스라가 물을 구하매 우유를 주되
곧 엉긴 우유를 귀한 그릇에 담아
주었고
26 손으로 장막 말뚝을 잡으며 오른손
에 일꾼들의 방망이를 들고 시스라
를 쳐서 그의 머리를 뚫되 곧 그의
관자놀이를 꿰뚫었도다
27 그가 그의 발 앞에 꾸부러지며 엎
드러지고 쓰러졌고 그의 발 앞에
꾸부러져 엎드러져서 그 꾸부러진
곳에 엎드러져 죽었도다
28 시스라의 어머니가 창문을 통하여
바라보며 창살을 통하여 부르짖기
를 그의 병거가 어찌하여 더디 오
는가 그의 병거들의 걸음이 어찌하
여 늦어지는가 하매
29 그의 지혜로운 시녀들이 대답하였
겠고 그도 스스로 대답하기를
30 그들이 어찌 노략물을 얻지 못하였
으랴 그것을 나누지 못하였으랴 사
람마다 한두 처녀를 얻었으리로다
시스라는 채색 옷을 노략하였으리
니 그것은 수 놓은 채색 옷이리로
다 곧 양쪽에 수 놓은 채색 옷이리
니 노략한 자의 목에 꾸미리로다
하였으리라
31 야훼여 주의 원수들은 다 이와 같
이 망하게 하시고 주를 사랑하는
자들은 해가 힘 있게 돋음 같게 하
시옵소서 하니라 그 땅이 사십 년
동안 평온하였더라

6

이스라엘 자손이 또 야훼의 목전
에 악을 행하였으므로 야훼께서 칠
년 동안 그들을 미디안의 손에 넘
겨 주시니
2 미디안의 손이 이스라엘을 이긴지
라 이스라엘 자손이 미디안으로 말
미암아 산에서 웅덩이와 굴과 산성
을 자기들을 위하여 만들었으며
3 이스라엘이 파종한 때면 미디안과
아말렉과 동방 사람들이 치러 올라
와서
4 진을 치고 가사에 이르도록 토지
소산을 멸하여 이스라엘 가운데에
먹을 것을 남겨 두지 아니하며 양이
나 소나 나귀도 남기지 아니하니
5 이는 그들이 그들의 짐승과 장막을

기록일 : . . .

가지고 올라와 메뚜기 떼 같이 많
이 들어오니 그 사람과 낙타가 무
수함이라 그들이 그 땅에 들어와
멸하려 하니
6 이스라엘이 미디안으로 말미암아
궁핍함이 심한지라 이에 이스라엘
자손이 야훼께 부르짖었더라
7 이스라엘 자손이 미디안으로 말미
암아 야훼께 부르짖었으므로
8 야훼께서 이스라엘 자손에게 한 선
지자를 보내시니 그가 그들에게 이
르되 야훼께서 이같이 말씀하시기
를 이스라엘의 하나님 내가 너희를
애굽에서 인도하여 내며 너희를 그
종 되었던 집에서 나오게 하여
9 애굽 사람의 손과 너희를 학대하는
모든 자의 손에서 너희를 건져내고
그들을 너희 앞에서 쫓아내고 그
땅을 너희에게 주었으며
10 내가 또 너희에게 이르기를 나는
너희의 하나님 야훼이니 너희가 거
주하는 아모리 사람의 땅의 신들을
두려워하지 말라 하였으나 너희가
내 목소리를 듣지 아니하였느니라
하셨다 하니라
11 야훼의 사자가 아비에셀 사람 요아
스에게 속한 오브라에 이르러 상수
리나무 아래에 앉으니라 마침 요아
스의 아들 기드온이 미디안 사람에
게 알리지 아니하려 하여 밀을 포도
주 틀에서 타작하더니
12 야훼의 사자가 기드온에게 나타나
이르되 큰 용사여 야훼께서 너와
함께 계시도다 하매
13 기드온이 그에게 대답하되 오 나의
주여 야훼께서 우리와 함께 계시면
어찌하여 이 모든 일이 우리에게 일
어났나이까 또 우리 조상들이 일찍
이 우리에게 이르기를 야훼께서 우
리를 애굽에서 올라오게 하신 것이
아니냐 한 그 모든 이적이 어디 있
나이까 이제 야훼께서 우리를 버리
사 미디안의 손에 우리를 넘겨 주셨
나이다 하니
14 야훼께서 그를 향하여 이르시되 너
는 가서 이 너의 힘으로 이스라엘
을 미디안의 손에서 구원하라 내가
너를 보낸 것이 아니냐 하시니라
15 그러나 기드온이 그에게 대답하되
오 주여 내가 무엇으로 이스라엘을
구원하리이까 보소서 나의 집은 므
낫세 중에 극히 약하고 나는 내 아
버지 집에서 가장 작은 자니이다
하니
16 야훼께서 그에게 이르시되 내가 반
드시 너와 함께 하리니 네가 미디
안 사람 치기를 한 사람을 치듯 하
리라 하시니라
17 기드온이 그에게 대답하되 만일 내
가 주께 은혜를 얻었사오면 나와

기록일 : . . .

말씀하신 이가 주 되시는 표징을
내게 보이소서
18 내가 예물을 가지고 다시 주께로
와서 그것을 주 앞에 드리기까지
이 곳을 떠나지 마시기를 원하나이
다 하니 그가 이르되 내가 너 돌아
올 때까지 머무르리라 하니라
19 기드온이 가서 염소 새끼 하나를
준비하고 가루 한 에바로 무교병을
만들고 고기를 소쿠리에 담고 국을
양푼에 담아 상수리나무 아래 그에
게로 가져다가 드리매
20 하나님의 사자가 그에게 이르되 고
기와 무교병을 가져다가 이 바위
위에 놓고 국을 부으라 하니 기드
온이 그대로 하니라
21 야훼의 사자가 손에 잡은 지팡이
끝을 내밀어 고기와 무교병에 대니
불이 바위에서 나와 고기와 무교병
을 살랐고 야훼의 사자는 떠나서
보이지 아니한지라
22 기드온이 그가 야훼의 사자인 줄을
알고 이르되 슬프도소이다 주 야
훼여 내가 야훼의 사자를 대면하여
보았나이다 하니
23 야훼께서 그에게 이르시되 너는 안
심하라 두려워하지 말라 죽지 아니
하리라 하시니라
24 기드온이 야훼를 위하여 거기서 제
단을 쌓고 그것을 야훼 살롬이라
하였더라 그것이 오늘까지 아비에
셀 사람에게 속한 오브라에 있더라
25 그 날 밤에 야훼께서 기드온에게
이르시되 네 아버지에게 있는 수소
곧 칠 년 된 둘째 수소를 끌어 오고
네 아버지에게 있는 바알의 제단을
헐며 그 곁의 아세라 상을 찍고
26 또 이 산성 꼭대기에 네 하나님 야
훼를 위하여 규례대로 한 제단을
쌓고 그 둘째 수소를 잡아 네가 찍
은 아세라 나무로 번제를 드릴지니
라 하시니라
27 이에 기드온이 종 열 사람을 데리
고 야훼께서 그에게 말씀하신 대로
행하되 그의 아버지의 가문과 그
성읍 사람들을 두려워하므로 이 일
을 감히 낮에 행하지 못하고 밤에
행하니라
28 그 성읍 사람들이 아침에 일찍이
일어나 본즉 바알의 제단이 파괴되
었으며 그 곁의 아세라가 찍혔고
새로 쌓은 제단 위에 그 둘째 수소
를 드렸는지라
29 서로 물어 이르되 이것이 누구의 소
행인가 하고 그들이 캐어 물은 후
에 이르되 요아스의 아들 기드온이
이를 행하였도다 하고
30 성읍 사람들이 요아스에게 이르되
네 아들을 끌어내라 그는 당연히
죽을지니 이는 바알의 제단을 파괴

기록일 : . . .

하고 그 곁의 아세라를 찍었음이니
라 하니
31 요아스가 자기를 둘러선 모든 자
에게 이르되 너희가 바알을 위하여
다투느냐 너희가 바알을 구원하겠
느냐 그를 위하여 다투는 자는 아
침까지 죽임을 당하리라 바알이 과
연 신일진대 그의 제단을 파괴하였
은즉 그가 자신을 위해 다툴 것이
니라 하니라
32 그 날에 기드온을 여룹바알이라 불
렀으니 이는 그가 바알의 제단을
파괴하였으므로 바알이 그와 더불
어 다툴 것이라 함이었더라
33 그 때에 미디안과 아말렉과 동방
사람들이 다 함께 모여 요단 강을
건너와서 이스르엘 골짜기에 진을
친지라
34 야훼의 영이 기드온에게 임하시니
기드온이 나팔을 불매 아비에셀이
그의 뒤를 따라 부름을 받으니라
35 기드온이 또 사자들을 온 므낫세에
두루 보내매 그들도 모여서 그를
따르고 또 사자들을 아셀과 스불론
과 납달리에 보내매 그 무리도 올
라와 그를 영접하더라
36 기드온이 하나님께 여쭈되 주께서
이미 말씀하심 같이 내 손으로 이
스라엘을 구원하시려거든
37 보소서 내가 양털 한 뭉치를 타작
마당에 두리니 만일 이슬이 양털에
만 있고 주변 땅은 마르면 주께서
이미 말씀하심 같이 내 손으로 이
스라엘을 구원하실 줄을 내가 알겠
나이다 하였더니
38 그대로 된지라 이튿날 기드온이 일
찍이 일어나서 양털을 가져다가 그
양털에서 이슬을 짜니 물이 그릇에
가득하더라
39 기드온이 또 하나님께 여쭈되 주여
내게 노하지 마옵소서 내가 이번만
말하리이다 구하옵나니 내게 이번
만 양털로 시험하게 하소서 원하건
대 양털만 마르고 그 주변 땅에는
다 이슬이 있게 하옵소서 하였더니
40 그 밤에 하나님이 그대로 행하시니
곧 양털만 마르고 그 주변 땅에는
다 이슬이 있었더라

7 여룹바알이라 하는 기드온과 그
를 따르는 모든 백성이 일찍이 일
어나 하롯 샘 곁에 진을 쳤고 미디
안의 진영은 그들의 북쪽이요 모레
산 앞 골짜기에 있었더라
2 야훼께서 기드온에게 이르시되 너
를 따르는 백성이 너무 많은즉 내
가 그들의 손에 미디안 사람을 넘
겨 주지 아니하리니 이는 이스라엘
이 나를 거슬러 스스로 자랑하기를
내 손이 나를 구원하였다 할까 함
이니라

기록일 : . . .

3 이제 너는 백성의 귀에 외쳐 이르기
를 누구든지 두려워 떠는 자는 길
르앗 산을 떠나 돌아가라 하라 하
시니 이에 돌아간 백성이 이만 이천
명이요 남은 자가 만 명이었더라
4 야훼께서 또 기드온에게 이르시되
백성이 아직도 많으니 그들을 인도
하여 물 가로 내려가라 거기서 내가
너를 위하여 그들을 시험하리라 내
가 누구를 가리켜 네게 이르기를 이
사람이 너와 함께 가리라 하면 그는
너와 함께 갈 것이요 내가 누구를
가리켜 네게 이르기를 이 사람은 너
와 함께 가지 말 것이니라 하면 그
는 가지 말 것이니라 하신지라
5 이에 백성을 인도하여 물 가에 내
려가매 야훼께서 기드온에게 이르
시되 누구든지 개가 핥는 것 같이
혀로 물을 핥는 자들을 너는 따로
세우고 또 누구든지 무릎을 꿇고
마시는 자들도 그와 같이 하라 하
시더니
6 손으로 움켜 입에 대고 핥는 자의
수는 삼백 명이요 그 외의 백성은
다 무릎을 꿇고 물을 마신지라
7 야훼께서 기드온에게 이르시되 내
가 이 물을 핥아 먹은 삼백 명으로
너희를 구원하며 미디안을 네 손에
넘겨 주리니 남은 백성은 각각 자기
의 처소로 돌아갈 것이니라 하시니
8 이에 백성이 양식과 나팔을 손에
든지라 기드온이 이스라엘 모든 백
성을 각각 그의 장막으로 돌려보내
고 그 삼백 명은 머물게 하니라 미
디안 진영은 그 아래 골짜기 가운
데에 있었더라
9 그 밤에 야훼께서 기드온에게 이르
시되 일어나 진영으로 내려가라 내
가 그것을 네 손에 넘겨 주었느니라
10 만일 네가 내려가기를 두려워하거
든 네 부하 부라와 함께 그 진영으
로 내려가서
11 그들이 하는 말을 들으라 그 후에
네 손이 강하여져서 그 진영으로 내
려가리라 하시니 기드온이 이에 그
의 부하 부라와 함께 군대가 있는
진영 근처로 내려간즉
12 미디안과 아말렉과 동방의 모든 사
람들이 골짜기에 누웠는데 메뚜기
의 많은 수와 같고 그들의 낙타의
수가 많아 해변의 모래가 많음 같
은지라
13 기드온이 그 곳에 이른즉 어떤 사
람이 그의 친구에게 꿈을 말하여
이르기를 보라 내가 한 꿈을 꾸었
는데 꿈에 보리떡 한 덩어리가 미
디안 진영으로 굴러 들어와 한 장
막에 이르러 그것을 쳐서 무너뜨려
위쪽으로 엎으니 그 장막이 쓰러지
더라

기록일 : . . .

14 그의 친구가 대답하여 이르되 이는
다른 것이 아니라 이스라엘 사람
요아스의 아들 기드온의 칼이라 하
나님이 미디안과 그 모든 진영을 그
의 손에 넘겨 주셨느니라 하더라
15 기드온이 그 꿈과 해몽하는 말을
듣고 경배하며 이스라엘 진영으로
돌아와 이르되 일어나라 야훼께서
미디안과 그 모든 진영을 너희 손
에 넘겨 주셨느니라 하고
16 삼백 명을 세 대로 나누어 각 손에
나팔과 빈 항아리를 들리고 항아리
안에는 횃불을 감추게 하고
17 그들에게 이르되 너희는 나만 보고
내가 하는 대로 하되 내가 그 진영
근처에 이르러서 내가 하는 대로
너희도 그리하여
18 나와 나를 따르는 자가 다 나팔을
불거든 너희도 모든 진영 주위에서
나팔을 불며 이르기를 야훼를 위하
라, 기드온을 위하라 하라 하니라
19 기드온과 그와 함께 한 백 명이 이
경 초에 진영 근처에 이른즉 바로
파수꾼들을 교대한 때라 그들이 나
팔을 불며 손에 가졌던 항아리를
부수니라
20 세 대가 나팔을 불며 항아리를 부
수고 왼손에 횃불을 들고 오른손에
나팔을 들어 불며 외쳐 이르되 야
훼와 기드온의 칼이다 하고
21 각기 제자리에 서서 그 진영을 에워
싸매 그 온 진영의 군사들이 뛰고
부르짖으며 도망하였는데
22 삼백 명이 나팔을 불 때에 야훼께
서 그 온 진영에서 친구끼리 칼로
치게 하시므로 적군이 도망하여 스
레라의 벧 싯다에 이르고 또 답밧
에 가까운 아벨므홀라의 경계에 이
르렀으며
23 이스라엘 사람들은 납달리와 아셀
과 온 므낫세에서부터 부름을 받고
미디안을 추격하였더라
24 기드온이 사자들을 보내서 에브라
임 온 산지로 두루 다니게 하여 이
르기를 내려와서 미디안을 치고 그
들을 앞질러 벧 바라와 요단 강에
이르는 수로를 점령하라 하매 이에
에브라임 사람들이 다 모여 벧 바
라와 요단 강에 이르는 수로를 점
령하고
25 또 미디안의 두 방백 오렙과 스엡
을 사로잡아 오렙은 오렙 바위에서
죽이고 스엡은 스엡 포도주 틀에서
죽이고 미디안을 추격하였고 오렙
과 스엡의 머리를 요단 강 건너편
에서 기드온에게 가져왔더라

8

에브라임 사람들이 기드온에게
이르되 네가 미디안과 싸우러 갈
때에 우리를 부르지 아니하였으니
우리를 이같이 대접함은 어찌 됨이

기록일 : . . .

나 하고 그와 크게 다투는지라
2 기드온이 그들에게 이르되 내가 이
제 행한 일이 너희가 한 것에 비교
되겠느냐 에브라임의 끝물 포도가
아비에셀의 맏물 포도보다 낫지 아
니하냐
3 하나님이 미디안의 방백 오렙과 스
엡을 너희 손에 넘겨 주셨으니 내
가 한 일이 어찌 능히 너희가 한 것
에 비교되겠느냐 하니라 기드온이
이 말을 하매 그 때에 그들의 노여
움이 풀리니라
4 기드온과 그와 함께 한 자 삼백 명
이 요단 강에 이르러 건너고 비록
피곤하나 추격하며
5 그가 숙곳 사람들에게 이르되 나를
따르는 백성이 피곤하니 청하건대
그들에게 떡덩이를 주라 나는 미디
안의 왕들인 세바와 살문나의 뒤를
추격하고 있노라 하니
6 숙곳의 방백들이 이르되 세바와 살
문나의 손이 지금 네 손 안에 있다
는거냐 어찌 우리가 네 군대에게
떡을 주겠느냐 하는지라
7 기드온이 이르되 그러면 야훼께서
세바와 살문나를 내 손에 넘겨 주
신 후에 내가 들가시와 찔레로 너
희 살을 찢으리라 하고
8 거기서 브누엘로 올라가서 그들에
게도 그같이 구한즉 브누엘 사람들
의 대답도 숙곳 사람들의 대답과
같은지라
9 기드온이 또 브누엘 사람들에게 말
하여 이르되 내가 평안히 돌아올
때에 이 망대를 헐리라 하니라
10 이 때에 세바와 살문나가 갈골에
있는데 동방 사람의 모든 군대 중
에 칼 든 자 십이만 명이 죽었고 그
남은 만 오천 명 가량은 그들을 따
라와서 거기에 있더라
11 적군이 안심하고 있는 중에 기드온
이 노바와 욕브하 동쪽 장막에 거
주하는 자의 길로 올라가서 그 적
진을 치니
12 세바와 살문나가 도망하는지라 기
드온이 그들의 뒤를 추격하여 미디
안의 두 왕 세바와 살문나를 사로
잡고 그 온 진영을 격파하니라
13 요아스의 아들 기드온이 헤레스 비
탈 전장에서 돌아오다가
14 숙곳 사람 중 한 소년을 잡아 그를
심문하매 그가 숙곳의 방백들과 장
로들 칠십칠 명을 그에게 적어 준
지라
15 기드온이 숙곳 사람들에게 이르러
말하되 너희가 전에 나를 희롱하여
이르기를 세바와 살문나의 손이 지
금 네 손 안에 있다는거냐 어찌 우
리가 네 피곤한 사람들에게 떡을
주겠느냐 한 그 세바와 살문나를

기록일 : . . .

보라 하고
16 그 성읍의 장로들을 붙잡아 들가시
와 찔레로 숙곳 사람들을 징벌하고
17 브누엘 망대를 헐며 그 성읍 사람
들을 죽이니라
18 이에 그가 세바와 살문나에게 말
하되 너희가 다볼에서 죽인 자들은
어떠한 사람들이더냐 하니 대답하
되 그들이 너와 같아서 하나 같이
왕자들의 모습과 같더라 하니라
19 그가 이르되 그들은 내 형제들이
며 내 어머니의 아들들이니라 야훼
께서 살아 계심을 두고 맹세하노니
너희가 만일 그들을 살렸더라면 나
도 너희를 죽이지 아니하였으리라
하고
20 그의 맏아들 여델에게 이르되 일어
나 그들을 죽이라 하였으나 그 소년
이 그의 칼을 빼지 못하였으니 이는
아직 어려서 두려워함이었더라
21 세바와 살문나가 이르되 네가 일
어나 우리를 치라 사람이 어떠하면
그의 힘도 그러하니라 하니 기드온
이 일어나 세바와 살문나를 죽이고
그들의 낙타 목에 있던 초승달 장
식들을 떼어서 가지니라
22 그 때에 이스라엘 사람들이 기드온
에게 이르되 당신이 우리를 미디안
의 손에서 구원하셨으니 당신과 당
신의 아들과 당신의 손자가 우리를
다스리소서 하는지라
23 기드온이 그들에게 이르되 내가 너
희를 다스리지 아니하겠고 나의 아
들도 너희를 다스리지 아니할 것이
요 야훼께서 너희를 다스리시리라
하니라
24 기드온이 또 그들에게 이르되 내가
너희에게 요청할 일이 있으니 너희
는 각기 탈취한 귀고리를 내게 줄
지니라 하였으니 이는 그들이 이스
마엘 사람들이므로 금 귀고리가 있
었음이라
25 무리가 대답하되 우리가 즐거이 드
리리이다 하고 겉옷을 펴고 각기 탈
취한 귀고리를 그 가운데에 던지니
26 기드온이 요청한 금 귀고리의 무게
가 금 천칠백 세겔이요 그 외에 또
초승달 장식들과 패물과 미디안 왕
들이 입었던 자색 의복과 또 그 외
에 그들의 낙타 목에 둘렀던 사슬
이 있었더라
27 기드온이 그 금으로 에봇 하나를
만들어 자기의 성읍 오브라에 두었
더니 온 이스라엘이 그것을 음란하
게 위하므로 그것이 기드온과 그의
집에 올무가 되니라
28 미디안이 이스라엘 자손 앞에 복종
하여 다시는 그 머리를 들지 못하였
으므로 기드온이 사는 사십 년 동
안 그 땅이 평온하였더라

기록일 : . . .

29 요아스의 아들 여룹바알이 돌아가
서 자기 집에 거주하였는데
30 기드온이 아내가 많으므로 그의 몸
에서 낳은 아들이 칠십 명이었고
31 세겜에 있는 그의 첩도 아들을 낳
았으므로 그 이름을 아비멜렉이라
하였더라
32 요아스의 아들 기드온이 나이가 많
아 죽으매 아비에셀 사람의 오브라
에 있는 그의 아버지 요아스의 묘
실에 장사되었더라
33 기드온이 이미 죽으매 이스라엘 자
손이 돌아서서 바알들을 따라가 음
행하였으며 또 바알브릿을 자기들
의 신으로 삼고
34 이스라엘 자손이 주위의 모든 원수
들의 손에서 자기들을 건져내신 여
호와 자기들의 하나님을 기억하지 아
니하며
35 또 여룹바알이라 하는 기드온이 이
스라엘에 베푼 모든 은혜를 따라 그
의 집을 후대하지도 아니하였더라
9 여룹바알의 아들 아비멜렉이 세
겜에 가서 그의 어머니의 형제에게
이르러 그들과 그의 외조부의 집의
온 가족에게 말하여 이르되
2 청하노니 너희는 세겜의 모든 사람
들의 귀에 말하라 여룹바알의 아들
칠십 명이 다 너희를 다스림과 한
사람이 너희를 다스림이 어느 것이
너희에게 나으냐 또 나는 너희와
골육임을 기억하라 하니
3 그의 어머니의 형제들이 그를 위하
여 이 모든 말을 세겜의 모든 사람
들의 귀에 말하매 그들의 마음이
아비멜렉에게로 기울어서 이르기를
그는 우리 형제라 하고
4 바알브릿 신전에서 은 칠십 개를 내
어 그에게 주매 아비멜렉이 그것으
로 방탕하고 경박한 사람들을 사서
자기를 따르게 하고
5 오브라에 있는 그의 아버지의 집으
로 가서 여룹바알의 아들 곧 자기
형제 칠십 명을 한 바위 위에서 죽였
으되 다만 여룹바알의 막내 아들 요
담은 스스로 숨었으므로 남으니라
6 세겜의 모든 사람과 밀로 모든 족
속이 모여서 세겜에 있는 상수리나
무 기둥 곁에서 아비멜렉을 왕으로
삼으니라
7 사람들이 요담에게 그 일을 알리매
요담이 그리심 산 꼭대기로 가서 서
서 그의 목소리를 높여 그들에게
외쳐 이르되 세겜 사람들아 내 말
을 들으라 그리하여야 하나님이 너
희의 말을 들으시리라
8 하루는 나무들이 나가서 기름을 부
어 자신들 위에 왕으로 삼으려 하
여 감람나무에게 이르되 너는 우리
위에 왕이 되라 하매

기록일 : . . .

9 감람나무가 그들에게 이르되 내게
있는 나의 기름은 하나님과 사람을
영화롭게 하나니 내가 어찌 그것을
버리고 가서 나무들 위에 우쭐대리
요 한지라
10 나무들이 또 무화과나무에게 이르
되 너는 와서 우리 위에 왕이 되라
하매
11 무화과나무가 그들에게 이르되 나
의 단 것과 나의 아름다운 열매를
내가 어찌 버리고 가서 나무들 위
에 우쭐대리요 한지라
12 나무들이 또 포도나무에게 이르되
너는 와서 우리 위에 왕이 되라 하매
13 포도나무가 그들에게 이르되 하나
님과 사람을 기쁘게 하는 내 포도
주를 내가 어찌 버리고 가서 나무
들 위에 우쭐대리요 한지라
14 이에 모든 나무가 가시나무에게 이
르되 너는 와서 우리 위에 왕이 되
라 하매
15 가시나무가 나무들에게 이르되 만
일 너희가 참으로 내게 기름을 부
어 너희 위에 왕으로 삼겠거든 와
서 내 그늘에 피하라 그리하지 아
니하면 불이 가시나무에서 나와서
레바논의 백향목을 사를 것이니라
하였느니라
16 이제 너희가 아비멜렉을 세워 왕으
로 삼았으니 너희가 행한 것이 과
연 진실하고 의로우냐 이것이 여룹
바알과 그의 집을 선대함이냐 이것
이 그의 손이 행한 대로 그에게 보
답함이냐
17 우리 아버지가 전에 죽음을 무릅쓰
고 너희를 위하여 싸워 미디안의
손에서 너희를 건져냈거늘
18 너희가 오늘 일어나 우리 아버지의
집을 쳐서 그의 아들 칠십 명을 한
바위 위에서 죽이고 그의 여종의
아들 아비멜렉이 너희 형제가 된다
고 그를 세워 세겜 사람들 위에 왕
으로 삼았도다
19 만일 너희가 오늘 여룹바알과 그의
집을 대접한 것이 진실하고 의로운
일이면 너희가 아비멜렉으로 말미
암아 기뻐할 것이요 아비멜렉도 너
희로 말미암아 기뻐하려니와
20 그렇지 아니하면 아비멜렉에게서
불이 나와서 세겜 사람들과 밀로의
집을 사를 것이요 세겜 사람들과
밀로의 집에서도 불이 나와 아비멜
렉을 사를 것이니라 하고
21 요담이 그의 형제 아비멜렉 앞에서
도망하여 피해서 브엘로 가서 거기
에 거주하니라
22 아비멜렉이 이스라엘을 다스린 지
삼 년에
23 하나님이 아비멜렉과 세겜 사람들
사이에 악한 영을 보내시매 세겜

기록일 : . . .

사람들이 아비멜렉을 배반하였으니
24 이는 여룹바알의 아들 칠십 명에게
저지른 포학한 일을 갚되 그들을
죽여 피 흘린 죄를 그들의 형제 아
비멜렉과 아비멜렉의 손을 도와 그
의 형제들을 죽이게 한 세겜 사람
들에게로 돌아가게 하심이라
25 세겜 사람들이 산들의 꼭대기에 사
람을 매복시켜 아비멜렉을 엿보게
하고 그 길로 지나는 모든 자를 다
강탈하게 하니 어떤 사람이 그것을
아비멜렉에게 알리니라
26 에벳의 아들 가알이 그의 형제와
더불어 세겜에 이르니 세겜 사람들
이 그를 신뢰하니라
27 그들이 밭에 가서 포도를 거두어다
가 밟아 짜서 연회를 베풀고 그들
의 신당에 들어가서 먹고 마시며 아
비멜렉을 저주하니
28 에벳의 아들 가알이 이르되 아비멜
렉은 누구며 세겜은 누구기에 우리
가 아비멜렉을 섬기리요 그가 여룹
바알의 아들이 아니냐 그의 신복은
스불이 아니냐 차라리 세겜의 아버
지 하몰의 후손을 섬길 것이라 우리
가 어찌 아비멜렉을 섬기리요
29 이 백성이 내 수하에 있었더라면 내
가 아비멜렉을 제거하였으리라 하
고 아비멜렉에게 이르되 네 군대를
증원해서 나오라 하니라
30 그 성읍의 방백 스불이 에벳의 아
들 가알의 말을 듣고 노하여
31 사자들을 아비멜렉에게 가만히 보
내어 이르되 보소서 에벳의 아들
가알과 그의 형제들이 세겜에 이르
러 그 성읍이 당신을 대적하게 하니
32 당신은 당신과 함께 있는 백성과
더불어 밤에 일어나 밭에 매복하였
다가
33 아침 해 뜰 때에 당신이 일찍 일어
나 이 성읍을 엄습하면 가알 및 그
와 함께 있는 백성이 나와서 당신
을 대적하리니 당신은 기회를 보아
그에게 행하소서 하니
34 아비멜렉과 그와 함께 있는 모든
백성이 밤에 일어나 네 떼로 나누
어 세겜에 맞서 매복하였더니
35 에벳의 아들 가알이 나와서 성읍
문 입구에 설 때에 아비멜렉과 그
와 함께 있는 백성이 매복하였던
곳에서 일어난지라
36 가알이 그 백성을 보고 스불에게
이르되 보라 백성이 산 꼭대기에서
부터 내려오는도다 하니 스불이 그
에게 이르되 네가 산 그림자를 사
람으로 보았느니라 하는지라
37 가알이 다시 말하여 이르되 보라
백성이 밭 가운데를 따라 내려오고
또 한 떼는 므오느님 상수리나무
길을 따라 오는도다 하니

기록일 : . . .

38 스불이 그에게 이르되 네가 전에
말하기를 아비멜렉이 누구이기에
우리가 그를 섬기리요 하던 그 입이
이제 어디 있느냐 이들이 네가 업신
여기던 그 백성이 아니냐 청하노니
이제 나가서 그들과 싸우라 하니
39 가알이 세겜 사람들보다 앞에 서서
나가 아비멜렉과 싸우다가
40 아비멜렉이 그를 추격하니 그 앞에
서 도망하였고 부상하여 엎드러진
자가 많아 성문 입구까지 이르렀
더라
41 아비멜렉은 아루마에 거주하고 스
불은 가알과 그의 형제들을 쫓아내
어 세겜에 거주하지 못하게 하더니
42 이튿날 백성이 밭으로 나오매 사람
들이 그것을 아비멜렉에게 알리니라
43 아비멜렉이 자기 백성을 세 무리
로 나누어 밭에 매복시켰더니 백성
이 성에서 나오는 것을 보고 일어나
그들을 치되
44 아비멜렉과 그 떼는 돌격하여 성문
입구에 서고 두 무리는 밭에 있는
자들에게 돌격하여 그들을 죽이니
45 아비멜렉이 그 날 종일토록 그 성
을 쳐서 마침내는 점령하고 거기 있
는 백성을 죽이며 그 성을 헐고 소
금을 뿌리니라
46 세겜 망대의 모든 사람들이 이를
듣고 엘브릿 신전의 보루로 들어갔
더니
47 세겜 망대의 모든 사람들이 모인
것이 아비멜렉에게 알려지매
48 아비멜렉 및 그와 함께 있는 모든
백성이 살몬 산에 오르고 아비멜렉
이 손에 도끼를 들고 나뭇가지를
찍어 그것을 들어올려 자기 어깨에
메고 그와 함께 있는 백성에게 이
르되 너희는 내가 행하는 것을 보
나니 빨리 나와 같이 행하라 하니
49 모든 백성들도 각각 나뭇가지를 찍
어서 아비멜렉을 따라 보루 위에
놓고 그것들이 얹혀 있는 보루에
불을 놓으매 세겜 망대에 있는 사
람들이 다 죽었으니 남녀가 약 천
명이었더라
50 아비멜렉이 데베스에 가서 데베스에
맞서 진 치고 그것을 점령하였더니
51 성읍 중에 견고한 망대가 있으므로
그 성읍 백성의 남녀가 모두 그리
로 도망하여 들어가서 문을 잠그고
망대 꼭대기로 올라간지라
52 아비멜렉이 망대 앞에 이르러 공격
하며 망대의 문에 가까이 나아가서
그것을 불사르려 하더니
53 한 여인이 맷돌 위짝을 아비멜렉의
머리 위에 내려 던져 그의 두개골
을 깨뜨리니
54 아비멜렉이 자기의 무기를 든 청년
을 급히 불러 그에게 이르되 너는

기록일 : . . .

칼을 빼어 나를 죽이라 사람들이
나를 가리켜 이르기를 여자가 그를
죽였다 할까 하노라 하니 그 청년
이 그를 찌르매 그가 죽은지라
55 이스라엘 사람들이 아비멜렉이 죽
은 것을 보고 각각 자기 처소로 떠
나갔더라
56 아비멜렉이 그의 형제 칠십 명을 죽
여 자기 아버지에게 행한 악행을
하나님이 이같이 갚으셨고
57 또 세겜 사람들의 모든 악행을 하
나님이 그들의 머리에 갚으셨으니
여룹바알의 아들 요담의 저주가 그
들에게 응하니라

10

아비멜렉의 뒤를 이어서 잇사갈
사람 도도의 손자 부아의 아들 돌
라가 일어나서 이스라엘을 구원하
니라 그가 에브라임 산지 사밀에
거주하면서
2 이스라엘의 사사가 된 지 이십삼 년
만에 죽으매 사밀에 장사되었더라
3 그 후에 길르앗 사람 야일이 일어
나서 이십이 년 동안 이스라엘의 사
사가 되니라
4 그에게 아들 삼십 명이 있어 어린
나귀 삼십을 탔고 성읍 삼십을 가
졌는데 그 성읍들은 길르앗 땅에
있고 오늘까지 하봇야일이라 부르
더라
5 야일이 죽으매 가몬에 장사되었더라
6 이스라엘 자손이 다시 야훼의 목전
에 악을 행하여 바알들과 아스다롯
과 아람의 신들과 시돈의 신들과 모
압의 신들과 암몬 자손의 신들과 블
레셋 사람들의 신들을 섬기고 야훼
를 버리고 그를 섬기지 아니하므로
7 야훼께서 이스라엘에게 진노하사
블레셋 사람들의 손과 암몬 자손의
손에 그들을 파시매
8 그 해에 그들이 요단 강 저쪽 길르
앗에 있는 아모리 족속의 땅에 있
는 모든 이스라엘 자손을 쳤으며
열여덟 해 동안 억압하였더라
9 암몬 자손이 또 요단을 건너서 유
다와 베냐민과 에브라임 족속과 싸
우므로 이스라엘의 곤고가 심하였
더라
10 이스라엘 자손이 야훼께 부르짖어
이르되 우리가 우리 하나님을 버리
고 바알들을 섬김으로 주께 범죄하
였나이다 하니
11 야훼께서 이스라엘 자손에게 이르
시되 내가 애굽 사람과 아모리 사
람과 암몬 자손과 블레셋 사람에게
서 너희를 구원하지 아니하였느냐
12 또 시돈 사람과 아말렉 사람과 마
온 사람이 너희를 압제할 때에 너
희가 내게 부르짖으므로 내가 너희
를 그들의 손에서 구원하였거늘
13 너희가 나를 버리고 다른 신들을

섬기니 그러므로 내가 다시는 너희
를 구원하지 아니하리라
14 가서 너희가 택한 신들에게 부르짖
어 너희의 환난 때에 그들이 너희
를 구원하게 하라 하신지라
15 이스라엘 자손이 야훼께 여쭈되 우
리가 범죄하였사오니 주께서 보시
기에 좋은 대로 우리에게 행하시려
니와 오직 주께 구하옵나니 오늘
우리를 건져내옵소서 하고
16 자기 가운데에서 이방 신들을 제하
여 버리고 야훼를 섬기매 야훼께서
이스라엘의 곤고로 말미암아 마음
에 근심하시니라
17 그 때에 암몬 자손이 모여서 길르
앗에 진을 쳤으므로 이스라엘 자손
도 모여서 미스바에 진을 치고
18 길르앗 백성과 방백들이 서로 이르
되 누가 먼저 나가서 암몬 자손과
싸움을 시작하랴 그가 길르앗 모든
주민의 머리가 되리라 하니라

11

길르앗 사람 입다는 큰 용사였으
니 기생이 길르앗에게서 낳은 아들
이었고
2 길르앗의 아내도 그의 아들들을 낳
았더라 그 아내의 아들들이 자라매
입다를 쫓아내며 그에게 이르되 너
는 다른 여인의 자식이니 우리 아버
지의 집에서 기업을 잇지 못하리라
한지라
3 이에 입다가 그의 형제들을 피하여
돕 땅에 거주하매 잡류가 그에게로
모여 와서 그와 함께 출입하였더라
4 얼마 후에 암몬 자손이 이스라엘을
치려 하니라
5 암몬 자손이 이스라엘을 치려 할
때에 길르앗 장로들이 입다를 데려
오려고 돕 땅에 가서
6 입다에게 이르되 우리가 암몬 자손
과 싸우려 하니 당신은 와서 우리
의 장관이 되라 하니
7 입다가 길르앗 장로들에게 이르되
너희가 전에 나를 미워하여 내 아
버지 집에서 쫓아내지 아니하였느
냐 이제 너희가 환난을 당하였다고
어찌하여 내게 왔느냐 하니라
8 그러므로 길르앗 장로들이 입다에
게 이르되 이제 우리가 당신을 찾
아온 것은 우리와 함께 가서 암몬
자손과 싸우게 하려 함이니 그리하
면 당신이 우리 길르앗 모든 주민의
머리가 되리라 하매
9 입다가 길르앗 장로들에게 이르되
너희가 나를 데리고 고향으로 돌아
가서 암몬 자손과 싸우게 할 때에
만일 야훼께서 그들을 내게 넘겨
주시면 내가 과연 너희의 머리가 되
겠느냐 하니
10 길르앗 장로들이 입다에게 이르되
야훼는 우리 사이의 증인이시니 당

기록일 : . . .

신의 말대로 우리가 그렇게 행하리
이다 하니라
11 이에 입다가 길르앗 장로들과 함께
가니 백성이 그를 자기들의 머리와
장관을 삼은지라 입다가 미스바에
서 자기의 말을 다 야훼 앞에 아뢰
니라
12 입다가 암몬 자손의 왕에게 사자들
을 보내 이르되 네가 나와 무슨 상
관이 있기에 내 땅을 치러 내게 왔
느냐 하니
13 암몬 자손의 왕이 입다의 사자들에
게 대답하되 이스라엘이 애굽에서
올라올 때에 아르논에서부터 얍복
과 요단까지 내 땅을 점령했기 때
문이니 이제 그것을 평화롭게 돌려
달라 하니라
14 입다가 암몬 자손의 왕에게 다시
사자들을 보내
15 그에게 이르되 입다가 이같이 말하
노라 이스라엘이 모압 땅과 암몬
자손의 땅을 점령하지 아니하였느
니라
16 이스라엘이 애굽에서 올라올 때에
광야로 행하여 홍해에 이르고 가데
스에 이르러서는
17 이스라엘이 사자들을 에돔 왕에게
보내어 이르기를 청하건대 나를 네
땅 가운데로 지나게 하라 하였으
나 에돔 왕이 이를 듣지 아니하였
고 또 그와 같이 사람을 모압 왕에
게도 보냈으나 그도 허락하지 아니
하므로 이스라엘이 가데스에 머물
렀더니
18 그 후에 광야를 지나 에돔 땅과 모
압 땅을 돌아서 모압 땅의 해 뜨는
쪽으로 들어가 아르논 저쪽에 진
쳤고 아르논은 모압의 경계이므로
모압 지역 안에는 들어가지 아니하
였으며
19 이스라엘이 헤스본 왕 곧 아모리
족속의 왕 시혼에게 사자들을 보내
어 그에게 이르되 청하건대 우리를
당신의 땅으로 지나 우리의 곳에
이르게 하라 하였으나
20 시혼이 이스라엘을 믿지 아니하여
그의 지역으로 지나지 못하게 할 뿐
아니라 그의 모든 백성을 모아 야하
스에 진 치고 이스라엘을 치므로
21 이스라엘의 하나님 야훼께서 시혼
과 그의 모든 백성을 이스라엘의
손에 넘겨 주시매 이스라엘이 그들
을 쳐서 그 땅 주민 아모리 족속의
온 땅을 점령하되
22 아르논에서부터 얍복까지와 광야에
서부터 요단까지 아모리 족속의 온
지역을 점령하였느니라
23 이스라엘의 하나님 야훼께서 이같
이 아모리 족속을 자기 백성 이스
라엘 앞에서 쫓아내셨거늘 네가 그

기록일 : . . .

땅을 얻고자 하는 것이 옳으냐
24 네 신 그모스가 네게 주어 차지하
게 한 것을 네가 차지하지 아니하
겠느냐 우리 하나님 야훼께서 우리
앞에서 어떤 사람이든지 쫓아내시
면 그것을 우리가 차지하리라
25 이제 네가 모압 왕 십볼의 아들 발
락보다 더 나은 것이 있느냐 그가
이스라엘과 더불어 다툰 일이 있었
느냐 싸운 일이 있었느냐
26 이스라엘이 헤스본과 그 마을들과
아로엘과 그 마을들과 아르논 강
가에 있는 모든 성읍에 거주한 지
삼백 년이거늘 그 동안에 너희가
어찌하여 도로 찾지 아니하였느냐
27 내가 네게 죄를 짓지 아니하였거늘
네가 나를 쳐서 내게 악을 행하고
자 하는도다 원하건대 심판하시는
야훼께서 오늘 이스라엘 자손과 암
몬 자손 사이에 판결하시옵소서 하
였으나
28 암몬 자손의 왕이 입다가 사람을 보
내어 말한 것을 듣지 아니하였더라
29 이에 야훼의 영이 입다에게 임하시
니 입다가 길르앗과 므낫세를 지나
서 길르앗의 미스베에 이르고 길르
앗의 미스베에서부터 암몬 자손에
게로 나아갈 때에
30 그가 야훼께 서원하여 이르되 주께
서 과연 암몬 자손을 내 손에 넘겨
주시면
31 내가 암몬 자손에게서 평안히 돌아
올 때에 누구든지 내 집 문에서 나
와서 나를 영접하는 그는 야훼께
돌릴 것이니 내가 그를 번제물로
드리겠나이다 하니라
32 이에 입다가 암몬 자손에게 이르러
그들과 싸우더니 야훼께서 그들을
그의 손에 넘겨 주시매
33 아로엘에서부터 민닛에 이르기까지
이십 성읍을 치고 또 아벨 그라밈
까지 매우 크게 무찌르니 이에 암
몬 자손이 이스라엘 자손 앞에 항
복하였더라
34 입다가 미스바에 있는 자기 집에 이
를 때에 보라 그의 딸이 소고를 잡
고 춤추며 나와서 영접하니 이는 그
의 무남독녀라
35 입다가 이를 보고 자기 옷을 찢으며
이르되 어찌할꼬 내 딸이여 너는 나
를 참담하게 하는 자요 너는 나를
괴롭게 하는 자 중의 하나로다 내
가 야훼를 향하여 입을 열었으니 능
히 돌이키지 못하리로다 하니
36 딸이 그에게 이르되 나의 아버지여
아버지께서 야훼를 향하여 입을 여
셨으니 아버지의 입에서 낸 말씀대
로 내게 행하소서 이는 야훼께서
아버지를 위하여 아버지의 대적 암
몬 자손에게 원수를 갚으셨음이니

기록일 : . . .

이다 하니라
37 또 그의 아버지에게 이르되 이 일
만 내게 허락하사 나를 두 달만 버
려 두소서 내가 내 여자 친구들과
산에 가서 나의 처녀로 죽음을 인
하여 애곡하겠나이다 하니
38 그가 이르되 가라 하고 두 달을 기
한하고 그를 보내니 그가 그 여자
친구들과 가서 산 위에서 처녀로
죽음을 인하여 애곡하고
39 두 달 만에 그의 아버지에게로 돌
아온지라 그는 자기가 서원한 대로
딸에게 행하니 딸이 남자를 알지
못하였더라 이것이 이스라엘에 관
습이 되어
40 이스라엘의 딸들이 해마다 가서 길
르앗 사람 입다의 딸을 위하여 나
흘씩 애곡하더라

12 에브라임 사람들이 모여 북쪽으
로 가서 입다에게 이르되 네가 암
몬 자손과 싸우러 건너갈 때에 어
찌하여 우리를 불러 너와 함께 가
게 하지 아니하였느냐 우리가 반드
시 너와 네 집을 불사르리라 하니
2 입다가 그들에게 이르되 나와 내
백성이 암몬 자손과 크게 싸울 때
에 내가 너희를 부르되 너희가 나
를 그들의 손에서 구원하지 아니한
고로
3 나는 너희가 도와 주지 아니하는
것을 보고 내 목숨을 돌보지 아니
하고 건너가서 암몬 자손을 쳤더니
야훼께서 그들을 내 손에 넘겨 주
셨거늘 너희가 어찌하여 오늘 내게
올라와서 나와 더불어 싸우고자 하
느냐 하니라
4 입다가 길르앗 사람을 다 모으고
에브라임과 싸웠으며 길르앗 사람
들이 에브라임을 쳐서 무찔렀으니
이는 에브라임의 말이 너희 길르앗
사람은 본래 에브라임에서 도망한
자로서 에브라임과 므낫세 중에 있
다 하였음이라
5 길르앗 사람이 에브라임 사람보다
앞서 요단 강 나루턱을 장악하고
에브라임 사람의 도망하는 자가 말
하기를 청하건대 나를 건너가게 하
라 하면 길르앗 사람이 그에게 묻
기를 네가 에브라임 사람이냐 하여
그가 만일 아니라 하면
6 그에게 이르기를 쉽볼렛이라 발음
하라 하여 에브라임 사람이 그렇게
바로 말하지 못하고 십볼렛이라 발
음하면 길르앗 사람이 곧 그를 잡
아서 요단 강 나루턱에서 죽였더라
그 때에 에브라임 사람의 죽은 자
가 사만 이천 명이었더라
7 입다가 이스라엘의 사사가 된 지
육 년이라 길르앗 사람 입다가 죽
으매 길르앗에 있는 그의 성읍에

기록일 : . . .

장사되었더라
8 그 뒤를 이어 베들레헴의 입산이
이스라엘의 사사가 되었더라
9 그가 아들 삼십 명과 딸 삼십 명을
두었더니 그가 딸들을 밖으로 시집
보냈고 아들들을 위하여는 밖에서
여자 삼십 명을 데려왔더라 그가 이
스라엘의 사사가 된 지 칠 년이라
10 입산이 죽으매 베들레헴에 장사되
었더라
11 그 뒤를 이어 스불론 사람 엘론이
이스라엘의 사사가 되어 십 년 동
안 이스라엘을 다스렸더라
12 스불론 사람 엘론이 죽으매 스불론
땅 아얄론에 장사되었더라
13 그 뒤를 이어 비라돈 사람 힐렐의
아들 압돈이 이스라엘의 사사가 되
었더라
14 그에게 아들 사십 명과 손자 삼십
명이 있어 어린 나귀 칠십 마리를
탔더라 압돈이 이스라엘의 사사가
된 지 팔 년이라
15 비라돈 사람 힐렐의 아들 압돈이
죽으매 에브라임 땅 아말렉 사람의
산지 비라돈에 장사되었더라

13

이스라엘 자손이 다시 야훼의 목
전에 악을 행하였으므로 야훼께서
그들을 사십 년 동안 블레셋 사람
의 손에 넘겨 주시니라
2 소라 땅에 단 지파의 가족 중에 마
노아라 이름하는 자가 있더라 그의
아내가 임신하지 못하므로 출산하
지 못하더니
3 야훼의 사자가 그 여인에게 나타나
서 그에게 이르시되 보라 네가 본
래 임신하지 못하므로 출산하지 못
하였으나 이제 임신하여 아들을 낳
으리니
4 그러므로 너는 삼가 포도주와 독주
를 마시지 말며 어떤 부정한 것도
먹지 말지니라
5 보라 네가 임신하여 아들을 낳으리
니 그의 머리 위에 삭도를 대지 말
라 이 아이는 태에서 나옴으로부터
하나님께 바쳐진 나실인이 됨이라
그가 블레셋 사람의 손에서 이스라
엘을 구원하기 시작하리라 하시니
6 이에 그 여인이 가서 그의 남편에게
말하여 이르되 하나님의 사람이 내
게 오셨는데 그의 모습이 하나님의
사자의 용모 같아서 심히 두려우므
로 어디서부터 왔는지를 내가 묻지
못하였고 그도 자기 이름을 내게
이르지 아니하였으며
7 그가 내게 이르기를 보라 네가 임
신하여 아들을 낳으리니 이제 포도
주와 독주를 마시지 말며 어떤 부
정한 것도 먹지 말라 이 아이는 태
에서부터 그가 죽는 날까지 하나님
께 바쳐진 나실인이 됨이라 하더이

기록일 : . . .

다 하니라
8 마노아가 야훼께 기도하여 이르되
주여 구하옵나니 주께서 보내셨던
하나님의 사람을 우리에게 다시 오
게 하사 우리가 그 낳을 아이에게
어떻게 행할지를 우리에게 가르치
게 하소서 하니
9 하나님이 마노아의 목소리를 들으
시니라 여인이 밭에 앉았을 때에
하나님의 사자가 다시 그에게 임하
였으나 그의 남편 마노아는 함께
있지 아니한지라
10 여인이 급히 달려가서 그의 남편에
게 알리어 이르되 보소서 전일에 내
게 오셨던 그 사람이 내게 나타났
나이다 하매
11 마노아가 일어나 아내를 따라가서
그 사람에게 이르러 그에게 묻되
당신이 이 여인에게 말씀하신 그 사
람이니이까 하니 이르되 내가 그로
다 하니라
12 마노아가 이르되 이제 당신의 말씀
대로 되기를 원하나이다 이 아이를
어떻게 기르며 우리가 그에게 어떻
게 행하리이까
13 야훼의 사자가 마노아에게 이르되
내가 여인에게 말한 것들을 그가
다 삼가서
14 포도나무의 소산을 먹지 말며 포도
주와 독주를 마시지 말며 어떤 부정
한 것도 먹지 말고 내가 그에게 명
령한 것은 다 지킬 것이니라 하니라
15 마노아가 야훼의 사자에게 말하되
구하옵나니 당신은 우리에게 머물
러서 우리가 당신을 위하여 염소 새
끼 하나를 준비하게 하소서 하니
16 야훼의 사자가 마노아에게 이르되
네가 비록 나를 머물게 하나 내가
네 음식을 먹지 아니하리라 번제를
준비하려거든 마땅히 야훼께 드릴
지니라 하니 이는 그가 야훼의 사
자인 줄을 마노아가 알지 못함이었
더라
17 마노아가 또 야훼의 사자에게 말하
되 당신의 이름이 무엇이니이까 당
신의 말씀이 이루어질 때에 우리가
당신을 존귀히 여기리이다 하니
18 야훼의 사자가 그에게 이르되 어찌
하여 내 이름을 묻느냐 내 이름은
기묘자라 하니라
19 이에 마노아가 염소 새끼와 소제
물을 가져다가 바위 위에서 야훼께
드리매 이적이 일어난지라 마노아
와 그의 아내가 본즉
20 불꽃이 제단에서부터 하늘로 올라
가는 동시에 야훼의 사자가 제단
불꽃에 휩싸여 올라간지라 마노아
와 그의 아내가 그것을 보고 그들
의 얼굴을 땅에 대고 엎드리니라
21 야훼의 사자가 마노아와 그의 아

기록일 : . . .

내에게 다시 나타나지 아니하니 마
노아가 그제야 그가 야훼의 사자인
줄 알고
22 그의 아내에게 이르되 우리가 하나
님을 보았으니 반드시 죽으리로다
하니
23 그의 아내가 그에게 이르되 야훼께
서 우리를 죽이려 하셨더라면 우리
손에서 번제와 소제를 받지 아니하
셨을 것이요 이 모든 일을 보이지
아니하셨을 것이며 이제 이런 말씀
도 우리에게 이르지 아니하셨으리
이다 하였더라
24 그 여인이 아들을 낳으매 그의 이
름을 삼손이라 하니라 그 아이가
자라매 야훼께서 그에게 복을 주시
더니
25 소라와 에스다올 사이 마하네단에
서 야훼의 영이 그를 움직이기 시작
하셨더라

14 삼손이 딤나에 내려가서 거기서
블레셋 사람의 딸들 중에서 한 여
자를 보고
2 올라와서 자기 부모에게 말하여 이
르되 내가 딤나에서 블레셋 사람의
딸들 중에서 한 여자를 보았사오니
이제 그를 맞이하여 내 아내로 삼
게 하소서 하매
3 그의 부모가 그에게 이르되 네 형
제들의 딸들 중에나 내 백성 중에
어찌 여자가 없어서 네가 할례 받
지 아니한 블레셋 사람에게 가서
아내를 맞으려 하느냐 하니 삼손이
그의 아버지에게 이르되 내가 그
여자를 좋아하오니 나를 위하여 그
여자를 데려오소서 하니라
4 그 때에 블레셋 사람이 이스라엘
을 다스린 까닭에 삼손이 틈을 타
서 블레셋 사람을 치려 함이었으나
그의 부모는 이 일이 야훼께로부터
나온 것인 줄은 알지 못하였더라
5 삼손이 그의 부모와 함께 딤나에
내려가 딤나의 포도원에 이른즉 젊
은 사자가 그를 보고 소리 지르는
지라
6 야훼의 영이 삼손에게 강하게 임하
니 그가 손에 아무것도 없이 그 사
자를 염소 새끼를 찢는 것 같이 찢
었으나 그는 자기가 행한 일을 부
모에게 알리지 아니하였더라
7 그가 내려가서 그 여자와 말하니
그 여자가 삼손의 눈에 들었더라
8 얼마 후에 삼손이 그 여자를 맞이
하려고 다시 가다가 돌이켜 그 사
자의 주검을 본즉 사자의 몸에 벌
떼와 꿀이 있는지라
9 손으로 그 꿀을 떠서 걸어가며 먹
고 그의 부모에게 이르러 그들에게
그것을 드려서 먹게 하였으나 그
꿀을 사자의 몸에서 떠왔다고는 알

기록일 : . . .

리지 아니하였더라
10 삼손의 아버지가 여자에게로 내려
가매 삼손이 거기서 잔치를 베풀었
으니 청년들은 이렇게 행하는 풍속
이 있음이더라
11 무리가 삼손을 보고 삼십 명을 데
려와서 친구를 삼아 그와 함께 하
게 한지라
12 삼손이 그들에게 이르되 이제 내가
너희에게 수수께끼를 내리니 잔치
하는 이레 동안에 너희가 그것을 풀
어 내게 말하면 내가 베옷 삼십 벌
과 겉옷 삼십 벌을 너희에게 주리라
13 그러나 그것을 능히 내게 말하지
못하면 너희가 내게 베옷 삼십 벌
과 겉옷 삼십 벌을 줄지니라 하니
그들이 이르되 네가 수수께끼를 내
면 우리가 그것을 들으리라 하매
14 삼손이 그들에게 이르되 먹는 자
에게서 먹는 것이 나오고 강한 자
에게서 단 것이 나왔느니라 하니라
그들이 사흘이 되도록 수수께끼를
풀지 못하였더라
15 일곱째 날에 이르러 그들이 삼손의
아내에게 이르되 너는 네 남편을
꾀어 그 수수께끼를 우리에게 알
려 달라 하라 그렇지 아니하면 너와
네 아버지의 집을 불사르리라 너희
가 우리의 소유를 빼앗고자 하여
우리를 청한 것이 아니냐 그렇지 아
니하냐 하니
16 삼손의 아내가 그의 앞에서 울며
이르되 당신이 나를 미워할 뿐이
요 사랑하지 아니하는도다 우리 민
족에게 수수께끼를 말하고 그 뜻
을 내게 알려 주지 아니하도다 하
는지라 삼손이 그에게 이르되 보라
내가 그것을 나의 부모에게도 알려
주지 아니하였거든 어찌 그대에게
알게 하리요 하였으나
17 칠 일 동안 그들이 잔치할 때 그의
아내가 그 앞에서 울며 그에게 강
요함으로 일곱째 날에는 그가 그의
아내에게 수수께끼를 알려 주매 그
의 아내가 그것을 자기 백성들에게
알려 주었더라
18 일곱째 날 해 지기 전에 성읍 사람
들이 삼손에게 이르되 무엇이 꿀보
다 달겠으며 무엇이 사자보다 강하
겠느냐 한지라 삼손이 그들에게 이
르되 너희가 내 암송아지로 밭 갈
지 아니하였더라면 내 수수께끼를
능히 풀지 못하였으리라 하니라
19 야훼의 영이 삼손에게 갑자기 임하
시매 삼손이 아스글론에 내려가서
그 곳 사람 삼십 명을 쳐죽이고 노
략하여 수수께끼 푼 자들에게 옷을
주고 심히 노하여 그의 아버지의 집
으로 올라갔고
20 삼손의 아내는 삼손의 친구였던 그

기록일 : . . .

의 친구에게 준 바 되었더라

15

얼마 후 밀 거둘 때에 삼손이 염
소 새끼를 가지고 그의 아내에게로
찾아 가서 이르되 내가 방에 들어
가 내 아내를 보고자 하노라 하니
장인이 들어오지 못하게 하고
2 이르되 네가 그를 심히 미워하는
줄 알고 그를 네 친구에게 주었노
라 그의 동생이 그보다 더 아름답
지 아니하냐 청하노니 너는 그를
대신하여 동생을 아내로 맞이하라
하니
3 삼손이 그들에게 이르되 이번은 내
가 블레셋 사람들을 해할지라도 그
들에게 대하여 내게 허물이 없을
것이니라 하고
4 삼손이 가서 여우 삼백 마리를 붙
들어서 그 꼬리와 꼬리를 매고 홰
를 가지고 그 두 꼬리 사이에 한 홰
를 달고
5 홰에 불을 붙이고 그것을 블레셋 사
람들의 곡식 밭으로 몰아 들여서 곡
식 단과 아직 베지 아니한 곡식과
포도원과 감람나무들을 사른지라
6 블레셋 사람들이 이르되 누가 이
일을 행하였느냐 하니 사람들이 대
답하되 딤나 사람의 사위 삼손이니
장인이 삼손의 아내를 빼앗아 그의
친구에게 준 까닭이라 하였더라 블
레셋 사람들이 올라가서 그 여인과
그의 아버지를 불사르니라
7 삼손이 그들에게 이르되 너희가 이
같이 행하였은즉 내가 너희에게 원
수를 갚고야 말리라 하고
8 블레셋 사람들의 정강이와 넓적다
리를 크게 쳐서 죽이고 내려가서 에
담 바위 틈에 머물렀더라
9 이에 블레셋 사람들이 올라와 유다
에 진을 치고 레히에 가득한지라
10 유다 사람들이 이르되 너희가 어찌
하여 올라와서 우리를 치느냐 그들
이 대답하되 우리가 올라온 것은
삼손을 결박하여 그가 우리에게 행
한 대로 그에게 행하려 함이로라
하는지라
11 유다 사람 삼천 명이 에담 바위 틈
에 내려가서 삼손에게 이르되 너는
블레셋 사람이 우리를 다스리는 줄
을 알지 못하느냐 네가 어찌하여
우리에게 이같이 행하였느냐 하니
삼손이 그들에게 이르되 그들이 내
게 행한 대로 나도 그들에게 행하
였노라 하니라
12 그들이 삼손에게 이르되 우리가 너
를 결박하여 블레셋 사람의 손에
넘겨 주려고 내려왔노라 하니 삼손
이 그들에게 이르되 너희가 나를
치지 아니하겠다고 내게 맹세하라
하매
13 그들이 삼손에게 말하여 이르되 아

기록일 : . . .

니라 우리가 다만 너를 단단히 결
박하여 그들의 손에 넘겨 줄 뿐이
요 우리가 결단코 너를 죽이지 아니
하리라 하고 새 밧줄 둘로 결박하
고 바위 틈에서 그를 끌어내니라
14 삼손이 레히에 이르매 블레셋 사
람들이 그에게로 마주 나가며 소리
지를 때 야훼의 영이 삼손에게 갑
자기 임하시매 그의 팔 위의 밧줄
이 불탄 삼과 같이 그의 결박되었
던 손에서 떨어진지라
15 삼손이 나귀의 새 턱뼈를 보고 손
을 내밀어 집어들고 그것으로 천 명
을 죽이고
16 이르되 나귀의 턱뼈로 한 더미, 두
더미를 쌓았음이여 나귀의 턱뼈로
내가 천 명을 죽였도다 하니라
17 그가 말을 마치고 턱뼈를 자기 손
에서 내던지고 그 곳을 라맛 레히
라 이름하였더라
18 삼손이 심히 목이 말라 야훼께 부
르짖어 이르되 주께서 종의 손을
통하여 이 큰 구원을 베푸셨사오나
내가 이제 목말라 죽어서 할례 받
지 못한 자들의 손에 떨어지겠나이
다 하니
19 하나님이 레히에서 한 우묵한 곳을
터뜨리시니 거기서 물이 솟아나오
는지라 삼손이 그것을 마시고 정신
이 회복되어 소생하니 그러므로 그
샘 이름을 엔학고레라 불렀으며 그
샘이 오늘까지 레히에 있더라
20 블레셋 사람의 때에 삼손이 이스라
엘의 사사로 이십 년 동안 지냈더라

16 삼손이 가사에 가서 거기서 한 기
생을 보고 그에게로 들어갔더니
2 가사 사람들에게 삼손이 왔다고 알
려지매 그들이 곧 그를 에워싸고
밤새도록 성문에 매복하고 밤새도
록 조용히 하며 이르기를 새벽이 되
거든 그를 죽이리라 하였더라
3 삼손이 밤중까지 누워 있다가 그
밤중에 일어나 성 문짝들과 두 문
설주와 문빗장을 빼어 가지고 그것
을 모두 어깨에 메고 헤브론 앞산
꼭대기로 가니라
4 이 후에 삼손이 소렉 골짜기의 들
릴라라 이름하는 여인을 사랑하매
5 블레셋 사람의 방백들이 그 여인에
게로 올라가서 그에게 이르되 삼
손을 꾀어서 무엇으로 말미암아 그
큰 힘이 생기는지 그리고 우리가 어
떻게 하면 능히 그를 결박하여 굴
복하게 할 수 있을는지 알아보라
그리하면 우리가 각각 은 천백 개
씩을 네게 주리라 하니
6 들릴라가 삼손에게 말하되 청하건
대 당신의 큰 힘이 무엇으로 말미
암아 생기며 어떻게 하면 능히 당
신을 결박하여 굴복하게 할 수 있

을는지 내게 말하라 하니
7 삼손이 그에게 이르되 만일 마르지
아니한 새 활줄 일곱으로 나를 결
박하면 내가 약해져서 다른 사람과
같으리라
8 블레셋 사람의 방백들이 마르지 아
니한 새 활줄 일곱을 여인에게로
가져오매 그가 그것으로 삼손을 결
박하고
9 이미 사람을 방 안에 매복시켰으므
로 삼손에게 말하되 삼손이여 블레
셋 사람들이 당신에게 들이닥쳤느
니라 하니 삼손이 그 줄들을 끊기를
불탄 삼실을 끊음 같이 하였고 그의
힘의 근원은 알아내지 못하니라
10 들릴라가 삼손에게 이르되 보라 당
신이 나를 희롱하여 내게 거짓말을
하였도다 청하건대 무엇으로 당신
을 결박할 수 있을는지 이제는 내
게 말하라 하니
11 삼손이 그에게 이르되 만일 쓰지
아니한 새 밧줄들로 나를 결박하면
내가 약해져서 다른 사람과 같으리
라 하니라
12 들릴라가 새 밧줄들을 가져다가 그
것들로 그를 결박하고 그에게 이르
되 삼손이여 블레셋 사람이 당신에
게 들이닥쳤느니라 하니 삼손이 팔
위의 줄 끊기를 실을 끊음 같이 하
였고 그 때에도 사람이 방 안에 매
복하였더라
13 들릴라가 삼손에게 이르되 당신이
이 때까지 나를 희롱하여 내게 거
짓말을 하였도다 내가 무엇으로 당
신을 결박할 수 있을는지 내게 말
하라 하니 삼손이 그에게 이르되
그대가 만일 나의 머리털 일곱 가
닥을 베틀의 날실에 섞어 짜면 되
리라 하는지라
14 들릴라가 바디로 그 머리털을 단
단히 짜고 그에게 이르되 삼손이
여 블레셋 사람들이 당신에게 들이
닥쳤느니라 하니 삼손이 잠을 깨어
베틀의 바디와 날실을 다 빼내니라
15 들릴라가 삼손에게 이르되 당신의
마음이 내게 있지 아니하면서 당신
이 어찌 나를 사랑한다 하느냐 당
신이 이로써 세 번이나 나를 희롱
하고 당신의 큰 힘이 무엇으로 말
미암아 생기는지를 내게 말하지 아
니하였도다 하며
16 날마다 그 말로 그를 재촉하여 조
르매 삼손의 마음이 번뇌하여 죽을
지경이라
17 삼손이 진심을 드러내어 그에게 이
르되 내 머리 위에는 삭도를 대지
아니하였나니 이는 내가 모태에서
부터 하나님의 나실인이 되었음이
라 만일 내 머리가 밀리면 내 힘이
내게서 떠나고 나는 약해져서 다른

기록일 : . . .

사람과 같으리라 하니라
18 들릴라가 삼손이 진심을 다 알려
주므로 사람을 보내어 블레셋 사람
들의 방백들을 불러 이르되 삼손이
내게 진심을 알려 주었으니 이제 한
번만 올라오라 하니 블레셋 방백들
이 손에 은을 가지고 그 여인에게
로 올라오니라
19 들릴라가 삼손에게 자기 무릎을 베
고 자게 하고 사람을 불러 그의 머
리털 일곱 가닥을 밀고 괴롭게 하
여 본즉 그의 힘이 없어졌더라
20 들릴라가 이르되 삼손이여 블레셋
사람이 당신에게 들이닥쳤느니라
하니 삼손이 잠을 깨며 이르기를
내가 전과 같이 나가서 몸을 떨치
리라 하였으나 야훼께서 이미 자기
를 떠나신 줄을 깨닫지 못하였더라
21 블레셋 사람들이 그를 붙잡아 그의
눈을 빼고 끌고 가사에 내려가 놋
줄로 매고 그에게 옥에서 맷돌을
돌리게 하였더라
22 그의 머리털이 밀린 후에 다시 자라
기 시작하니라
23 블레셋 사람의 방백들이 이르되 우
리의 신이 우리 원수 삼손을 우리
손에 넘겨 주었다 하고 다 모여 그
들의 신 다곤에게 큰 제사를 드리
고 즐거워하고
24 백성들도 삼손을 보았으므로 이르
되 우리의 땅을 망쳐 놓고 우리의
많은 사람을 죽인 원수를 우리의
신이 우리 손에 넘겨 주었다 하고
자기들의 신을 찬양하며
25 그들의 마음이 즐거울 때에 이르되
삼손을 불러다가 우리를 위하여 재
주를 부리게 하자 하고 옥에서 삼
손을 불러내매 삼손이 그들을 위하
여 재주를 부리니라 그들이 삼손을
두 기둥 사이에 세웠더니
26 삼손이 자기 손을 붙든 소년에게
이르되 나에게 이 집을 버틴 기둥을
찾아 그것을 의지하게 하라 하니라
27 그 집에는 남녀가 가득하니 블레셋
모든 방백들도 거기에 있고 지붕에
있는 남녀도 삼천 명 가량이라 다
삼손이 재주 부리는 것을 보더라
28 삼손이 야훼께 부르짖어 이르되 주
야훼여 구하옵나니 나를 생각하옵
소서 하나님이여 구하옵나니 이번
만 나를 강하게 하사 나의 두 눈을
뺀 블레셋 사람에게 원수를 단번에
갚게 하옵소서 하고
29 삼손이 집을 버틴 두 기둥 가운데
하나는 왼손으로 하나는 오른손으
로 껴 의지하고
30 삼손이 이르되 블레셋 사람과 함께
죽기를 원하노라 하고 힘을 다하여
몸을 굽히매 그 집이 곧 무너져 그
안에 있는 모든 방백들과 온 백성

기록일 : . . .

에게 덮이니 삼손이 죽을 때에 죽
인 자가 살았을 때에 죽인 자보다
더욱 많았더라
31 그의 형제와 아버지의 온 집이 다
내려가서 그의 시체를 가지고 올라
가서 소라와 에스다올 사이 그의
아버지 마노아의 장지에 장사하니
라 삼손이 이스라엘의 사사로 이십
년 동안 지냈더라

17 에브라임 산지에 미가라 이름하
는 사람이 있더니
2 그의 어머니에게 이르되 어머니께
서 은 천백을 잃어버리셨으므로 저
주하시고 내 귀에도 말씀하셨더니
보소서 그 은이 내게 있나이다 내
가 그것을 가졌나이다 하니 그의
어머니가 이르되 내 아들이 야훼께
복 받기를 원하노라 하니라
3 미가가 은 천백을 그의 어머니에
게 도로 주매 그의 어머니가 이르
되 내가 내 아들을 위하여 한 신상
을 새기며 한 신상을 부어 만들기
위해 내 손에서 이 은을 야훼께 거
룩히 드리노라 그러므로 내가 이제
이 은을 네게 도로 주리라
4 미가가 그 은을 그의 어머니에게
도로 주었으므로 어머니가 그 은
이백을 가져다 은장색에게 주어 한
신상을 새기고 한 신상을 부어 만
들었더니 그 신상이 미가의 집에 있
더라
5 그 사람 미가에게 신당이 있으므로
그가 에봇과 드라빔을 만들고 한
아들을 세워 그의 제사장으로 삼았
더라
6 그 때에는 이스라엘에 왕이 없었으
므로 사람마다 자기 소견에 옳은
대로 행하였더라
7 유다 가족에 속한 유다 베들레헴에
한 청년이 있었으니 그는 레위인으
로서 거기서 거류하였더라
8 그 사람이 거주할 곳을 찾고자 하
여 그 성읍 유다 베들레헴을 떠나
가다가 에브라임 산지로 가서 미가
의 집에 이르매
9 미가가 그에게 묻되 너는 어디서부
터 오느냐 하니 그가 이르되 나는
유다 베들레헴의 레위인으로서 거
류할 곳을 찾으러 가노라 하는지라
10 미가가 그에게 이르되 네가 나와
함께 거주하며 나를 위하여 아버지
와 제사장이 되라 내가 해마다 은
열과 의복 한 벌과 먹을 것을 주리
라 하므로 그 레위인이 들어갔더라
11 그 레위인이 그 사람과 함께 거주
하기를 만족하게 생각했으니 이는
그 청년이 미가의 아들 중 하나 같
이 됨이라
12 미가가 그 레위인을 거룩하게 구
별하매 그 청년이 미가의 제사장이

기록일 : . . .

되어 그 집에 있었더라
13 이에 미가가 이르되 레위인이 내
제사장이 되었으니 이제 야훼께서
내게 복 주실 줄을 아노라 하니라

18

그 때에 이스라엘에 왕이 없었고
단 지파는 그 때에 거주할 기업의
땅을 구하는 중이었으니 이는 그들
이 이스라엘 지파 중에서 그 때까
지 기업을 분배 받지 못하였음이라
2 단 자손이 소라와 에스다올에서부
터 그들의 가족 가운데 용맹스런
다섯 사람을 보내어 땅을 정탐하고
살피게 하며 그들에게 이르되 너희
는 가서 땅을 살펴보라 하매 그들
이 에브라임 산지에 가서 미가의 집
에 이르러 거기서 유숙하니라
3 그들이 미가의 집에 있을 때에 그
레위 청년의 음성을 알아듣고 그리
로 돌아가서 그에게 이르되 누가
너를 이리로 인도하였으며 네가 여
기서 무엇을 하며 여기서 무엇을 얻
었느냐 하니
4 그가 그들에게 이르되 미가가 이러
이러하게 나를 대접하고 나를 고용
하여 나를 자기의 제사장으로 삼았
느니라 하니라
5 그들이 그에게 이르되 청하건대 우
리를 위하여 하나님께 물어 보아서
우리가 가는 길이 형통할는지 우리
에게 알게 하라 하니
6 그 제사장이 그들에게 이르되 평안
히 가라 너희가 가는 길은 야훼 앞
에 있느니라 하니라
7 이에 다섯 사람이 떠나 라이스에
이르러 거기 있는 백성을 본즉 염
려 없이 거주하며 시돈 사람들이 사
는 것처럼 평온하며 안전하니 그 땅
에는 부족한 것이 없으며 부를 누
리며 시돈 사람들과 거리가 멀고 어
떤 사람과도 상종하지 아니함이라
8 그들이 소라와 에스다올에 돌아가
서 그들의 형제들에게 이르매 형제
들이 그들에게 묻되 너희가 보기에
어떠하더냐 하니
9 이르되 일어나 그들을 치러 올라가
자 우리가 그 땅을 본즉 매우 좋더
라 너희는 가만히 있느냐 나아가서
그 땅 얻기를 게을리 하지 말라
10 너희가 가면 평화로운 백성을 만
날 것이요 그 땅은 넓고 그 곳에는
세상에 있는 것이 하나도 부족함이
없느니라 하나님이 그 땅을 너희
손에 넘겨 주셨느니라 하는지라
11 단 지파의 가족 중 육백 명이 무기
를 지니고 소라와 에스다올에서 출
발하여
12 올라가서 유다에 있는 기럇여아림
에 진 치니 그러므로 그 곳 이름이
오늘까지 마하네 단이며 그 곳은
기럇여아림 뒤에 있더라

기록일 : . . .

13 우리가 거기서 떠나 에브라임 산지
미가의 집에 이르니라
14 전에 라이스 땅을 정탐하러 갔던
다섯 사람이 그 형제들에게 말하여
이르되 이 집에 에봇과 드라빔과
새긴 신상과 부어 만든 신상이 있는
줄을 너희가 아느냐 그런즉 이제
너희는 마땅히 행할 것을 생각하라
하고
15 다섯 사람이 그 쪽으로 향하여 그
청년 레위 사람의 집 곧 미가의 집
에 이르러 그에게 문안하고
16 단 자손 육백 명은 무기를 지니고
문 입구에 서니라
17 그 땅을 정탐하러 갔던 다섯 사람
이 그리로 들어가서 새긴 신상과 에
봇과 드라빔과 부어 만든 신상을
가져갈 때에 그 제사장은 무기를
지닌 육백 명과 함께 문 입구에 섰
더니
18 그 다섯 사람이 미가의 집에 들어
가서 그 새긴 신상과 에봇과 드라
빔과 부어 만든 신상을 가지고 나
오매 그 제사장이 그들에게 묻되
너희가 무엇을 하느냐 하니
19 그들이 그에게 이르되 잠잠하라 네
손을 입에 대라 우리와 함께 가서
우리의 아버지와 제사장이 되라 네
가 한 사람의 집의 제사장이 되는
것과 이스라엘의 한 지파 한 족속
의 제사장이 되는 것 중에서 어느
것이 낫겠느냐 하는지라
20 그 제사장이 마음에 기뻐하여 에봇
과 드라빔과 새긴 우상을 받아 가
지고 그 백성 가운데로 들어가니라
21 그들이 돌이켜서 어린 아이들과 가
축과 값진 물건들을 앞세우고 길을
떠나더니
22 그들이 미가의 집을 멀리 떠난 때
에 미가의 이웃집 사람들이 모여서
단 자손을 따라 붙어서
23 단 자손을 부르는지라 그들이 얼굴
을 돌려 미가에게 이르되 네가 무
슨 일로 이같이 모아 가지고 왔느
냐 하니
24 미가가 이르되 내가 만든 신들과
제사장을 빼앗아 갔으니 이제 내게
오히려 남은 것이 무엇이냐 너희가
어찌하여 나더러 무슨 일이냐고 하
느냐 하는지라
25 단 자손이 그에게 이르되 네 목소
리를 우리에게 들리게 하지 말라
노한 자들이 너희를 쳐서 네 생명
과 네 가족의 생명을 잃게 할까 하
노라 하고
26 단 자손이 자기 길을 간지라 미가
가 단 자손이 자기보다 강한 것을
보고 돌이켜 집으로 돌아갔더라
27 단 자손이 미가가 만든 것과 그 제
사장을 취하여 라이스에 이르러 한

기록일 : . . .

가하고 걱정 없이 사는 백성을 만
나 칼날로 그들을 치며 그 성읍을
불사르되
28 그들을 구원할 자가 없었으니 그
성읍이 베드르홉 가까운 골짜기에
있어서 시돈과 거리가 멀고 상종하
는 사람도 없음이었더라 단 자손이
성읍을 세우고 거기 거주하면서
29 이스라엘에게서 태어난 그들의 조
상 단의 이름을 따라 그 성읍을 단
이라 하니라 그 성읍의 본 이름은
라이스였더라
30 단 자손이 자기들을 위하여 그 새
긴 신상을 세웠고 모세의 손자요
게르솜의 아들인 요나단과 그의 자
손은 단 지파의 제사장이 되어 그
땅 백성이 사로잡히는 날까지 이르
렀더라
31 하나님의 집이 실로에 있을 동안에
미가가 만든 바 새긴 신상이 단 자
손에게 있었더라

19 이스라엘에 왕이 없을 그 때에 에
브라임 산지 구석에 거류하는 어떤
레위 사람이 유다 베들레헴에서 첩
을 맞이하였더니
2 그 첩이 행음하고 남편을 떠나 유다
베들레헴 그의 아버지의 집에 돌아
가서 거기서 넉 달 동안을 지내매
3 그의 남편이 그 여자에게 다정하게
말하고 그를 데려오고자 하여 하인
한 사람과 나귀 두 마리를 데리고
그에게로 가매 여자가 그를 인도하
여 아버지의 집에 들어가니 그 여자
의 아버지가 그를 보고 기뻐하니라
4 그의 장인 곧 그 여자의 아버지가
그를 머물게 하매 그가 삼 일 동안
그와 함께 머물며 먹고 마시며 거기
서 유숙하다가
5 넷째 날 아침에 일찍이 일어나 떠
나고자 하매 그 여자의 아버지가
그의 사위에게 이르되 떡을 조금
먹고 그대의 기력을 돋운 후에 그
대의 길을 가라 하니라
6 두 사람이 앉아서 함께 먹고 마시
매 그 여자의 아버지가 그 사람에
게 이르되 청하노니 이 밤을 여기서
유숙하여 그대의 마음을 즐겁게 하
라 하니
7 그 사람이 일어나서 가고자 하되
그의 장인의 간청으로 거기서 다시
유숙하더니
8 다섯째 날 아침에 일찍이 일어나
떠나고자 하매 그 여자의 아버지가
이르되 청하노니 그대의 기력을 돋
우고 해가 기울도록 머물라 하므로
두 사람이 함께 먹고
9 그 사람이 첩과 하인과 더불어 일어
나 떠나고자 하매 그의 장인 곧 그
여자의 아버지가 그에게 이르되 보
라 이제 날이 저물어 가니 청하건

기록일 : . . .

대 이 밤도 유숙하라 보라 해가 기
울었느니라 그대는 여기서 유숙하
여 그대의 마음을 즐겁게 하고 내
일 일찍이 그대의 길을 가서 그대
의 집으로 돌아가라 하니
10 그 사람이 다시 밤을 지내고자 하
지 아니하여 일어나서 떠나 여부스
맞은편에 이르렀으니 여부스는 곧
예루살렘이라 안장 지운 나귀 두
마리와 첩이 그와 함께 하였더라
11 그들이 여부스에 가까이 갔을 때에
해가 지려 하는지라 종이 주인에게
이르되 청하건대 우리가 돌이켜 여
부스 사람의 이 성읍에 들어가서
유숙하십시다 하니
12 주인이 그에게 이르되 우리가 돌이
켜 이스라엘 자손에게 속하지 아니
한 이방 사람의 성읍으로 들어갈
것이 아니니 기브아로 나아가리라
하고
13 또 그 종에게 이르되 우리가 기브
아나 라마 중 한 곳에 가서 거기서
유숙하자 하고
14 모두 앞으로 나아가더니 베냐민에
속한 기브아에 가까이 이르러 해가
진지라
15 기브아에 가서 유숙하려고 그리로
돌아 들어가서 성읍 넓은 거리에 앉
아 있으나 그를 집으로 영접하여
유숙하게 하는 자가 없었더라
16 저녁 때에 한 노인이 밭에서 일하
다가 돌아오니 그 사람은 본래 에
브라임 산지 사람으로서 기브아에
거류하는 자요 그 곳 사람들은 베
냐민 자손이더라
17 노인이 눈을 들어 성읍 넓은 거리에
나그네가 있는 것을 본지라 노인이
묻되 그대는 어디로 가며 어디서 왔
느냐 하니
18 그가 그에게 이르되 우리는 유다
베들레헴에서 에브라임 산지 구석
으로 가나이다 나는 그 곳 사람으
로서 유다 베들레헴에 갔다가 이제
야훼의 집으로 가는 중인데 나를
자기 집으로 영접하는 사람이 없나
이다
19 우리에게는 나귀들에게 먹일 짚과
여물이 있고 나와 당신의 여종과
당신의 종인 우리들과 함께 한 청
년에게 먹을 양식과 포도주가 있어
무엇이든지 부족함이 없나이다 하
는지라
20 그 노인이 이르되 그대는 안심하라
그대의 쓸 것은 모두 내가 담당할
것이니 거리에서는 유숙하지 말라
하고
21 그를 데리고 자기 집에 들어가서
나귀에게 먹이니 그들이 발을 씻고
먹고 마시니라
22 그들이 마음을 즐겁게 할 때에 그

기록일 : . . .

성읍의 불량배들이 그 집을 에워싸
고 문을 두들기며 집 주인 노인에
게 말하여 이르되 네 집에 들어온
사람을 끌어내라 우리가 그와 관계
하리라 하니
23 집 주인 그 사람이 그들에게로 나
와서 이르되 아니라 내 형제들아
청하노니 이같은 악행을 저지르지
말라 이 사람이 내 집에 들어왔으
니 이런 망령된 일을 행하지 말라
24 보라 여기 내 처녀 딸과 이 사람의
첩이 있은즉 내가 그들을 끌어내리
니 너희가 그들을 욕보이든지 너희
눈에 좋은 대로 행하되 오직 이 사
람에게는 이런 망령된 일을 행하지
말라 하나
25 무리가 듣지 아니하므로 그 사람이
자기 첩을 붙잡아 그들에게 밖으로
끌어내매 그들이 그 여자와 관계하
였고 밤새도록 그 여자를 능욕하다
가 새벽 미명에 놓은지라
26 동틀 때에 여인이 자기의 주인이
있는 그 사람의 집 문에 이르러 엎
드러져 밝기까지 거기 엎드러져 있
더라
27 그의 주인이 일찍이 일어나 집 문을
열고 떠나고자 하더니 그 여인이 집
문에 엎드러져 있고 그의 두 손이
문지방에 있는 것을 보고
28 그에게 이르되 일어나라 우리가 떠
나가자 하나 아무 대답이 없는지라
이에 그의 시체를 나귀에 싣고 행
하여 자기 곳에 돌아가서
29 그 집에 이르러서는 칼을 가지고
자기 첩의 시체를 거두어 그 마디를
찍어 열두 덩이에 나누고 그것을
이스라엘 사방에 두루 보내매
30 그것을 보는 자가 다 이르되 이스
라엘 자손이 애굽 땅에서 올라온
날부터 오늘까지 이런 일은 일어나
지도 아니하였고 보지도 못하였도
다 이 일을 생각하고 상의한 후에
말하자 하니라

20 이에 모든 이스라엘 자손이 단에
서부터 브엘세바까지와 길르앗 땅
에서 나와서 그 회중이 일제히 미스
바에서 야훼 앞에 모였으니
2 온 백성의 어른 곧 이스라엘 모든
지파의 어른들은 하나님 백성의 총
회에 섰고 칼을 빼는 보병은 사십
만 명이었으며
3 이스라엘 자손이 미스바에 올라간
것을 베냐민 자손이 들었더라 이스
라엘 자손이 이르되 이 악한 일이
어떻게 일어났는지 우리에게 말하
라 하니
4 레위 사람 곧 죽임을 당한 여인의
남편이 대답하여 이르되 내가 내
첩과 더불어 베냐민에 속한 기브아
에 유숙하러 갔더니

기록일 : . . .

5 기브아 사람들이 나를 치러 일어나
서 밤에 내가 묵고 있던 집을 에워
싸고 나를 죽이려 하고 내 첩을 욕
보여 그를 죽게 한지라
6 내가 내 첩의 시체를 거두어 쪼개
서 이스라엘 기업의 온 땅에 보냈
나니 이는 그들이 이스라엘 중에서
음행과 망령된 일을 행하였기 때문
이라
7 이스라엘 자손들아 너희가 다 여기
있은즉 너희의 의견과 방책을 낼지
니라 하니라
8 모든 백성이 일제히 일어나 이르되
우리가 한 사람도 자기 장막으로
돌아가지 말며 한 사람도 자기 집
으로 들어가지 말고
9 우리가 이제 기브아 사람에게 이렇
게 행하리니 곧 제비를 뽑아서 그
들을 치되
10 우리가 이스라엘 모든 지파 중에서
백 명에 열 명, 천 명에 백 명, 만
명에 천 명을 뽑아 그 백성을 위하
여 양식을 준비하고 그들에게 베냐
민의 기브아에 가서 그 무리가 이
스라엘 중에서 망령된 일을 행한
대로 징계하게 하리라 하니라
11 이와 같이 이스라엘 모든 사람이
하나 같이 합심하여 그 성읍을 치려
고 모였더라
12 이스라엘 지파들이 베냐민 온 지파
에 사람들을 보내어 두루 다니며
이르기를 너희 중에서 생긴 이 악행
이 어찌 됨이냐
13 그런즉 이제 기브아 사람들 곧 그
불량배들을 우리에게 넘겨 주어서
우리가 그들을 죽여 이스라엘 중에
서 악을 제거하여 버리게 하라 하
나 베냐민 자손이 그들의 형제 이
스라엘 자손의 말을 듣지 아니하고
14 도리어 성읍들로부터 기브아에 모
이고 나가서 이스라엘 자손과 싸우
고자 하니라
15 그 때에 그 성읍들로부터 나온 베냐
민 자손의 수는 칼을 빼는 자가 모
두 이만 육천 명이요 그 외에 기브
아 주민 중 택한 자가 칠백 명인데
16 이 모든 백성 중에서 택한 칠백 명
은 다 왼손잡이라 물매로 돌을 던지
면 조금도 틀림이 없는 자들이더라
17 베냐민 자손 외에 이스라엘 사람으
로서 칼을 빼는 자의 수는 사십만
명이니 다 전사라
18 이스라엘 자손이 일어나 벧엘에 올
라가서 하나님께 여쭈어 이르되 우
리 중에 누가 먼저 올라가서 베냐
민 자손과 싸우리이까 하니 야훼께
서 말씀하시되 유다가 먼저 갈지니
라 하시니라
19 이스라엘 자손이 아침에 일어나 기
브아를 대하여 진을 치니라

기록일 : . . .

20 이스라엘 사람이 나가 베냐민과 싸
우려고 전열을 갖추고 기브아에서
그들과 싸우고자 하매
21 베냐민 자손이 기브아에서 나와서
당일에 이스라엘 사람 이만 이천 명
을 땅에 엎드러뜨렸으나
22 이스라엘 사람들이 스스로 용기를
내어 첫날 전열을 갖추었던 곳에서
다시 전열을 갖추니라
23 이스라엘 자손이 올라가 야훼 앞
에서 저물도록 울며 야훼께 여쭈어
이르되 내가 다시 나아가서 내 형
제 베냐민 자손과 싸우리이까 하니
야훼께서 말씀하시되 올라가서 치
라 하시니라
24 그 이튿날에 이스라엘 자손이 베냐
민 자손을 치러 나아가매
25 베냐민도 그 이튿날에 기브아에서
그들을 치러 나와서 다시 이스라엘
자손 만 팔천 명을 땅에 엎드러뜨
렸으니 다 칼을 빼는 자였더라
26 이에 온 이스라엘 자손 모든 백성
이 올라가 벧엘에 이르러 울며 거기
서 야훼 앞에 앉아서 그 날이 저물
도록 금식하고 번제와 화목제를 야
훼 앞에 드리고
27 이스라엘 자손이 야훼께 물으니라
그 때에는 하나님의 언약궤가 거기
있고
28 아론의 손자인 엘르아살의 아들 비
느하스가 그 앞에 모시고 섰더라
이스라엘 자손들이 여쭈기를 우리
가 다시 나아가 내 형제 베냐민 자
손과 싸우리이까 말리이까 하니 야
훼께서 이르시되 올라가라 내일은
내가 그를 네 손에 넘겨 주리라 하
시는지라
29 이스라엘이 기브아 주위에 군사를
매복하니라
30 이스라엘 자손이 셋째 날에 베냐민
자손을 치러 올라가서 전과 같이 기
브아에 맞서 전열을 갖추매
31 베냐민 자손이 나와서 백성을 맞더
니 꾀임에 빠져 성읍을 떠났더라
그들이 큰 길 곧 한쪽은 벧엘로 올
라가는 길이요 한쪽은 기브아의 들
로 가는 길에서 백성을 쳐서 전과
같이 이스라엘 사람 삼십 명 가량
을 죽이기 시작하며
32 베냐민 자손이 스스로 이르기를 이
들이 처음과 같이 우리 앞에서 패
한다 하나 이스라엘 자손은 이르기
를 우리가 도망하여 그들을 성읍에
서 큰 길로 꾀어내자 하고
33 이스라엘 사람이 모두 그들의 처소
에서 일어나서 바알다말에서 전열
을 갖추었고 이스라엘의 복병은 그
장소 곧 기브아 초장에서 쏟아져
나왔더라
34 온 이스라엘 사람 중에서 택한 사

기록일 :   .   .   .

람 만 명이 기브아에 이르러 치매
싸움이 치열하나 베냐민 사람은 화
가 자기에게 미친 줄을 알지 못하
였더라
35 야훼께서 이스라엘 앞에서 베냐민
을 치시매 당일에 이스라엘 자손이
베냐민 사람 이만 오천백 명을 죽
였으니 다 칼을 빼는 자였더라
36 이에 베냐민 자손이 자기가 패한
것을 깨달았으니 이는 이스라엘 사
람이 기브아에 매복한 군사를 믿고
잠깐 베냐민 사람 앞을 피하매
37 복병이 급히 나와 기브아로 돌격하
고 나아가며 칼날로 온 성읍을 쳤
음이더라
38 처음에 이스라엘 사람과 복병 사이
에 약속하기를 성읍에서 큰 연기가
치솟는 것으로 군호를 삼자 하고
39 이스라엘 사람은 싸우다가 물러가
고 베냐민 사람은 이스라엘 사람
삼십 명 가량을 쳐죽이기를 시작하
며 이르기를 이들이 틀림없이 처음
싸움 같이 우리에게 패한다 하다가
40 연기 구름이 기둥 같이 성읍 가운
데에서 치솟을 때에 베냐민 사람이
뒤를 돌아보매 온 성읍에 연기가
하늘에 닿았고
41 이스라엘 사람은 돌아서는지라 베
냐민 사람들이 화가 자기들에게 미
친 것을 보고 심히 놀라
42 이스라엘 사람 앞에서 몸을 돌려
광야 길로 향하였으나 군사가 급히
추격하며 각 성읍에서 나온 자를
그 가운데에서 진멸하니라
43 그들이 베냐민 사람을 에워싸고 기
브아 앞 동쪽까지 추격하며 그 쉬
는 곳에서 짓밟으매
44 베냐민 중에서 엎드러진 자가 만
팔천 명이니 다 용사더라
45 그들이 몸을 돌려 광야로 도망하였
으나 림몬 바위에 이르는 큰 길에
서 이스라엘이 또 오천 명을 이삭
줍듯 하고 또 급히 그 뒤를 따라 기
돔에 이르러 또 이천 명을 죽였으니
46 이 날에 베냐민 사람으로서 칼을
빼는 자가 엎드러진 것이 모두 이
만 오천 명이니 다 용사였더라
47 베냐민 사람 육백 명이 돌이켜 광
야로 도망하여 림몬 바위에 이르러
거기에서 넉 달 동안을 지냈더라
48 이스라엘 사람이 베냐민 자손에게
로 돌아와서 온 성읍과 가축과 만
나는 자를 다 칼날로 치고 닥치는
성읍은 모두 다 불살랐더라

21

이스라엘 사람들이 미스바에서
맹세하여 이르기를 우리 중에 누구
든지 딸을 베냐민 사람에게 아내로
주지 아니하리라 하였더라
2 백성이 벧엘에 이르러 거기서 저녁
까지 하나님 앞에 앉아서 큰 소리

기록일 : . . .

로 울며
3 이르되 이스라엘의 하나님 야훼여
어찌하여 이스라엘에 이런 일이 생
겨서 오늘 이스라엘 중에 한 지파
가 없어지게 하시나이까 하더니
4 이튿날에 백성이 일찍이 일어나 거
기에 한 제단을 쌓고 번제와 화목
제를 드렸더라
5 이스라엘 자손이 이르되 이스라엘
온 지파 중에 총회와 함께 하여 야
훼 앞에 올라오지 아니한 자가 누
구냐 하니 이는 그들이 크게 맹세
하기를 미스바에 와서 야훼 앞에
이르지 아니하는 자는 반드시 죽일
것이라 하였음이라
6 이스라엘 자손이 그들의 형제 베냐
민을 위하여 뉘우쳐 이르되 오늘 이
스라엘 중에 한 지파가 끊어졌도다
7 그 남은 자들에게 우리가 어떻게
하면 아내를 얻게 하리요 우리가
전에 야훼로 맹세하여 우리의 딸을
그들의 아내로 주지 아니하리라 하
였도다
8 또 이르되 이스라엘 지파 중 미스바
에 올라와서 야훼께 이르지 아니한
자가 누구냐 하고 본즉 야베스 길르
앗에서는 한 사람도 진영에 이르러
총회에 참여하지 아니하였으니
9 백성을 계수할 때에 야베스 길르앗
주민이 하나도 거기 없음을 보았음
이라
10 회중이 큰 용사 만 이천 명을 그리
로 보내며 그들에게 명령하여 이르
되 가서 야베스 길르앗 주민과 부
녀와 어린 아이를 칼날로 치라
11 너희가 행할 일은 모든 남자 및 남
자와 잔 여자를 진멸하여 바칠 것이
니라 하였더라
12 그들이 야베스 길르앗 주민 중에서
젊은 처녀 사백 명을 얻었으니 이는
아직 남자와 동침한 일이 없어 남자
를 알지 못하는 자라 그들을 실로
진영으로 데려오니 이 곳은 가나안
땅이더라
13 온 회중이 림몬 바위에 있는 베냐
민 자손에게 사람을 보내어 평화를
공포하게 하였더니
14 그 때에 베냐민이 돌아온지라 이에
이스라엘 사람이 야베스 길르앗 여
자들 중에서 살려 둔 여자들을 그들
에게 주었으나 아직도 부족하므로
15 백성들이 베냐민을 위하여 뉘우쳤
으니 이는 야훼께서 이스라엘 지파
들 중에 한 지파가 빠지게 하셨음
이었더라
16 회중의 장로들이 이르되 베냐민의
여인이 다 멸절되었으니 이제 그 남
은 자들에게 어떻게 하여야 아내를
얻게 할까 하고
17 또 이르되 베냐민 중 도망하여 살

기록일 : . . .

아 남은 자에게 마땅히 기업이 있
어야 하리니 그리하면 이스라엘 중
에 한 지파가 사라짐이 없으리라
18 그러나 우리가 우리의 딸을 그들의
아내로 주지 못하리니 이는 이스라
엘 자손이 맹세하여 이르기를 딸을
베냐민에게 아내로 주는 자는 저주
를 받으리라 하였음이로다 하니라
19 또 이르되 보라 벧엘 북쪽 르보나
남쪽 벧엘에서 세겜으로 올라가는
큰 길 동쪽 실로에 매년 야훼의 명
절이 있도다 하고
20 베냐민 자손에게 명령하여 이르되
가서 포도원에 숨어
21 보다가 실로의 여자들이 춤을 추러
나오거든 너희는 포도원에서 나와
서 실로의 딸 중에서 각각 하나를
붙들어 가지고 자기의 아내로 삼아
베냐민 땅으로 돌아가라
22 만일 그의 아버지나 형제가 와서 우
리에게 시비하면 우리가 그에게 말
하기를 청하건대 너희는 우리에게
은혜를 베풀어 그들을 우리에게 줄
지니라 이는 우리가 전쟁할 때에 각
사람을 위하여 그의 아내를 얻어 주
지 못하였고 너희가 자의로 그들에
게 준 것이 아니니 너희에게 죄가
없을 것임이니라 하겠노라 하매
23 베냐민 자손이 그같이 행하여 춤추
는 여자들 중에서 자기들의 숫자대
로 붙들어 아내로 삼아 자기 기업
에 돌아가서 성읍들을 건축하고 거
기에 거주하였더라
24 그 때에 이스라엘 자손이 그 곳에
서 각기 자기의 지파, 자기의 가족
에게로 돌아갔으니 곧 각기 그 곳
에서 나와서 자기의 기업으로 돌아
갔더라
25 그 때에 이스라엘에 왕이 없으므로
사람이 각기 자기의 소견에 옳은
대로 행하였더라

기록일 : . . .

RUTH

룻기

저 자 미상

주 제 헌신적 신앙과 사랑으로 말미암는 하나님의 축복

기록목적
- 이방인도 구원을 받아 하나님의 백성이 될 수 있다는 것을 보여 준다.
- 하나님은 이스라엘 민족뿐만 아니라 모든 민족의 하나님이시라는 것을 일깨워 준다.

기록배경 본서의 시대적 배경은 사사 시대다. 사사 시대는 영적 타락, 도덕적 부패, 끊임없는 외세의 침략 등 불경과 혼돈의 시기였다. 그러나 룻기는 이러한 시대상과는 대조적으로, 역경 가운데서도 신앙을 지키는 한 이스라엘 가정의 이야기다.

특 징
- 에스더서와 함께 여성의 이름으로 명명된 책이다.
- 하나님의 구속 대상은 믿음으로 이스라엘 공동체의 일원이 된 이방인들도 포함됨을 보여 준다.
- 보아스가 행한 기업 무르기는 예수 그리스도로 실현된 인류 대속 사역의 예표다.

나의 기도

룻기

1 사사들이 치리하던 때에 그 땅에
흉년이 드니라 유다 베들레헴에 한
사람이 그의 아내와 두 아들을 데리
고 모압 지방에 가서 거류하였는데
2 그 사람의 이름은 엘리멜렉이요 그
의 아내의 이름은 나오미요 그의
두 아들의 이름은 말론과 기룐이
니 유다 베들레헴 에브랏 사람들이
더라 그들이 모압 지방에 들어가서
거기 살더니
3 나오미의 남편 엘리멜렉이 죽고 나
오미와 그의 두 아들이 남았으며
4 그들은 모압 여자 중에서 그들의
아내를 맞이하였는데 하나의 이름
은 오르바요 하나의 이름은 룻이더
라 그들이 거기에 거주한 지 십 년
쯤에
5 말론과 기룐 두 사람이 다 죽고 그
여인은 두 아들과 남편의 뒤에 남
았더라
6 그 여인이 모압 지방에서 야훼께서
자기 백성을 돌보시사 그들에게 양
식을 주셨다 함을 듣고 이에 두 며
느리와 함께 일어나 모압 지방에서
돌아오려 하여
7 있던 곳에서 나오고 두 며느리도
그와 함께 하여 유다 땅으로 돌아
오려고 길을 가다가
8 나오미가 두 며느리에게 이르되 너
희는 각기 너희 어머니의 집으로 돌
아가라 너희가 죽은 자들과 나를
선대한 것 같이 야훼께서 너희를
선대하시기를 원하며
9 야훼께서 너희에게 허락하사 각기
남편의 집에서 위로를 받게 하시기
를 원하노라 하고 그들에게 입 맞
추매 그들이 소리를 높여 울며
10 나오미에게 이르되 아니니이다 우
리는 어머니와 함께 어머니의 백성
에게로 돌아가겠나이다 하는지라
11 나오미가 이르되 내 딸들아 돌아가
라 너희가 어찌 나와 함께 가려느
냐 내 태중에 너희의 남편 될 아들
들이 아직 있느냐
12 내 딸들아 되돌아 가라 나는 늙었
으니 남편을 두지 못할지라 가령
내가 소망이 있다고 말한다든지 오
늘 밤에 남편을 두어 아들들을 낳
는다 하더라도
13 너희가 어찌 그들이 자라기를 기다
리겠으며 어찌 남편 없이 지내겠다
고 결심하겠느냐 내 딸들아 그렇지
아니하니라 야훼의 손이 나를 치셨
으므로 나는 너희로 말미암아 더욱
마음이 아프도다 하매
14 그들이 소리를 높여 다시 울더니 오

기록일 : . . .

르바는 그의 시어머니에게 입 맞추
되 룻은 그를 붙좇았더라
15 나오미가 또 이르되 보라 네 동서
는 그의 백성과 그의 신들에게로
돌아가나니 너도 너의 동서를 따라
돌아가라 하니
16 룻이 이르되 내게 어머니를 떠나며
어머니를 따르지 말고 돌아가라 강
권하지 마옵소서 어머니께서 가시
는 곳에 나도 가고 어머니께서 머
무시는 곳에서 나도 머물겠나이다
어머니의 백성이 나의 백성이 되고
어머니의 하나님이 나의 하나님이
되시리니
17 어머니께서 죽으시는 곳에서 나도
죽어 거기 묻힐 것이라 만일 내가
죽는 일 외에 어머니를 떠나면 야
훼께서 내게 벌을 내리시고 더 내
리시기를 원하나이다 하는지라
18 나오미가 룻이 자기와 함께 가기로
굳게 결심함을 보고 그에게 말하기
를 그치니라
19 이에 그 두 사람이 베들레헴까지
갔더라 베들레헴에 이를 때에 온
성읍이 그들로 말미암아 떠들며 이
르기를 이이가 나오미냐 하는지라
20 나오미가 그들에게 이르되 나를 나
오미라 부르지 말고 나를 마라라
부르라 이는 전능자가 나를 심히
괴롭게 하셨음이니라
21 내가 풍족하게 나갔더니 야훼께서
내게 비어 돌아오게 하셨느니라 야
훼께서 나를 징벌하셨고 전능자가
나를 괴롭게 하셨거늘 너희가 어찌
나를 나오미라 부르느냐 하니라
22 나오미가 모압 지방에서 그의 며느
리 모압 여인 룻과 함께 돌아왔는
데 그들이 보리 추수 시작할 때에
베들레헴에 이르렀더라

2 나오미의 남편 엘리멜렉의 친족
으로 유력한 자가 있으니 그의 이
름은 보아스더라
2 모압 여인 룻이 나오미에게 이르되
원하건대 내가 밭으로 가서 내가
누구에게 은혜를 입으면 그를 따라
서 이삭을 줍겠나이다 하니 나오미
가 그에게 이르되 내 딸아 갈지어
다 하매
3 룻이 가서 베는 자를 따라 밭에서
이삭을 줍는데 우연히 엘리멜렉의
친족 보아스에게 속한 밭에 이르렀
더라
4 마침 보아스가 베들레헴에서부터
와서 베는 자들에게 이르되 야훼께
서 너희와 함께 하시기를 원하노라
하니 그들이 대답하되 야훼께서 당
신에게 복 주시기를 원하나이다 하
니라
5 보아스가 베는 자들을 거느린 사
환에게 이르되 이는 누구의 소녀냐

기록일 : . . .

하니
6 베는 자를 거느린 사환이 대답하여
이르되 이는 나오미와 함께 모압
지방에서 돌아온 모압 소녀인데
7 그의 말이 나로 베는 자를 따라 단
사이에서 이삭을 줍게 하소서 하
였고 아침부터 와서는 잠시 집에서
쉰 외에 지금까지 계속하는 중이니
이다
8 보아스가 룻에게 이르되 내 딸아
들으라 이삭을 주우러 다른 밭으로
가지 말며 여기서 떠나지 말고 나
의 소녀들과 함께 있으라
9 그들이 베는 밭을 보고 그들을 따
르라 내가 그 소년들에게 명령하여
너를 건드리지 말라 하였느니라 목
이 마르거든 그릇에 가서 소년들이
길어 온 것을 마실지니라 하는지라
10 룻이 엎드려 얼굴을 땅에 대고 절
하며 그에게 이르되 나는 이방 여
인이거늘 당신이 어찌하여 내게 은
혜를 베푸시며 나를 돌보시나이까
하니
11 보아스가 그에게 대답하여 이르되
네 남편이 죽은 후로 네가 시어머니
에게 행한 모든 것과 네 부모와 고
국을 떠나 전에 알지 못하던 백성
에게로 온 일이 내게 분명히 알려졌
느니라
12 야훼께서 네가 행한 일에 보답하시
기를 원하며 이스라엘의 하나님 야
훼께서 그의 날개 아래에 보호를
받으러 온 네게 온전한 상 주시기
를 원하노라 하는지라
13 룻이 이르되 내 주여 내가 당신께
은혜 입기를 원하나이다 나는 당신
의 하녀 중의 하나와도 같지 못하
오나 당신이 이 하녀를 위로하시고
마음을 기쁘게 하는 말씀을 하셨나
이다 하니라
14 식사할 때에 보아스가 룻에게 이르
되 이리로 와서 떡을 먹으며 네 떡
조각을 초에 찍으라 하므로 룻이
곡식 베는 자 곁에 앉으니 그가 볶
은 곡식을 주매 룻이 배불리 먹고
남았더라
15 룻이 이삭을 주우러 일어날 때에
보아스가 자기 소년들에게 명령하
여 이르되 그에게 곡식 단 사이에
서 줍게 하고 책망하지 말며
16 또 그를 위하여 곡식 다발에서 조
금씩 뽑아 버려서 그에게 줍게 하
고 꾸짖지 말라 하니라
17 룻이 밭에서 저녁까지 줍고 그 주
운 것을 떠니 보리가 한 에바쯤 되
는지라
18 그것을 가지고 성읍에 들어가서 시
어머니에게 그 주운 것을 보이고
그가 배불리 먹고 남긴 것을 내어
시어머니에게 드리매

기록일 : . . .

19 시어머니가 그에게 이르되 오늘 어
디서 주웠느냐 어디서 일을 하였느
냐 너를 돌본 자에게 복이 있기를
원하노라 하니 룻이 누구에게서 일
했는지를 시어머니에게 알게 하여
이르되 오늘 일하게 한 사람의 이
름은 보아스니이다 하는지라
20 나오미가 자기 며느리에게 이르되
그가 야훼로부터 복 받기를 원하노
라 그가 살아 있는 자와 죽은 자에
게 은혜 베풀기를 그치지 아니하도
다 하고 나오미가 또 그에게 이르
되 그 사람은 우리와 가까우니 우
리 기업을 무를 자 중의 하나이니
라 하니라
21 모압 여인 룻이 이르되 그가 내게
또 이르기를 내 추수를 다 마치기
까지 너는 내 소년들에게 가까이
있으라 하더이다 하니
22 나오미가 며느리 룻에게 이르되 내
딸아 너는 그의 소녀들과 함께 나
가고 다른 밭에서 사람을 만나지
아니하는 것이 좋으니라 하는지라
23 이에 룻이 보아스의 소녀들에게 가
까이 있어서 보리 추수와 밀 추수
를 마치기까지 이삭을 주우며 그의
시어머니와 함께 거주하니라

3 룻의 시어머니 나오미가 그에게
이르되 내 딸아 내가 너를 위하여
안식할 곳을 구하여 너를 복되게
하여야 하지 않겠느냐
2 네가 함께 하던 하녀들을 둔 보아
스는 우리의 친족이 아니냐 보라
그가 오늘 밤에 타작 마당에서 보
리를 까불리라
3 그런즉 너는 목욕하고 기름을 바르
고 의복을 입고 타작 마당에 내려
가서 그 사람이 먹고 마시기를 다
하기까지는 그에게 보이지 말고
4 그가 누울 때에 너는 그가 눕는 곳
을 알았다가 들어가서 그의 발치
이불을 들고 거기 누우라 그가 네
할 일을 네게 알게 하리라 하니
5 룻이 시어머니에게 이르되 어머니
의 말씀대로 내가 다 행하리이다
하니라
6 그가 타작 마당으로 내려가서 시어
머니의 명령대로 다 하니라
7 보아스가 먹고 마시고 마음이 즐거
워 가서 곡식 단 더미의 끝에 눕는
지라 룻이 가만히 가서 그의 발치
이불을 들고 거기 누웠더라
8 밤중에 그가 놀라 몸을 돌이켜 본
즉 한 여인이 자기 발치에 누워 있
는지라
9 이르되 네가 누구냐 하니 대답하되
나는 당신의 여종 룻이오니 당신의
옷자락을 펴 당신의 여종을 덮으소
서 이는 당신이 기업을 무를 자가
됨이니이다 하니

기록일 : . . .

10 그가 이르되 내 딸아 야훼께서 네
게 복 주시기를 원하노라 네가 가
난하건 부하건 젊은 자를 따르지
아니하였으니 네가 베푼 인애가 처
음보다 나중이 더하도다
11 그리고 이제 내 딸아 두려워하지
말라 내가 네 말대로 네게 다 행하
리라 네가 현숙한 여자인 줄을 나
의 성읍 백성이 다 아느니라
12 참으로 나는 기업을 무를 자이나
기업 무를 자로서 나보다 더 가까
운 사람이 있으니
13 이 밤에 여기서 머무르라 아침에 그
가 기업 무를 자의 책임을 네게 이
행하려 하면 좋으니 그가 그 기업
무를 자의 책임을 행할 것이니라
만일 그가 기업 무를 자의 책임을
네게 이행하기를 기뻐하지 아니하
면 야훼께서 살아 계심을 두고 맹
세하노니 내가 기업 무를 자의 책
임을 네게 이행하리라 아침까지 누
워 있을지니라 하는지라
14 룻이 새벽까지 그의 발치에 누웠
다가 사람이 서로 알아보기 어려울
때에 일어났으니 보아스가 말하기
를 여인이 타작 마당에 들어온 것
을 사람이 알지 못하여야 할 것이
라 하였음이라
15 보아스가 이르되 네 겉옷을 가져다
가 그것을 펴서 잡으라 하매 그것
을 펴서 잡으니 보리를 여섯 번 되
어 룻에게 지워 주고 성읍으로 들
어가니라
16 룻이 시어머니에게 가니 그가 이르
되 내 딸아 어떻게 되었느냐 하니
룻이 그 사람이 자기에게 행한 것
을 다 알리고
17 이르되 그가 내게 이 보리를 여섯
번 되어 주며 이르기를 빈 손으로
네 시어머니에게 가지 말라 하더이
다 하니라
18 이에 시어머니가 이르되 내 딸아 이
사건이 어떻게 될지 알기까지 앉아
있으라 그 사람이 오늘 이 일을 성
취하기 전에는 쉬지 아니하리라 하
니라

4

보아스가 성문으로 올라가서 거
기 앉아 있더니 마침 보아스가 말
하던 기업 무를 자가 지나가는지라
보아스가 그에게 이르되 아무개여
이리로 와서 앉으라 하니 그가 와
서 앉으매
2 보아스가 그 성읍 장로 열 명을 청
하여 이르되 당신들은 여기 앉으라
하니 그들이 앉으매
3 보아스가 그 기업 무를 자에게 이
르되 모압 지방에서 돌아온 나오미
가 우리 형제 엘리멜렉의 소유지를
팔려 하므로
4 내가 여기 앉은 이들과 내 백성의

기록일 : . . .

장로들 앞에서 그것을 사라고 네게
말하여 알게 하려 하였노라 만일
네가 무르려면 무르려니와 만일 네
가 무르지 아니하려거든 내게 고하
여 알게 하라 네 다음은 나요 그 외
에는 무를 자가 없느니라 하니 그
가 이르되 내가 무르리라 하는지라
5 보아스가 이르되 네가 나오미의 손
에서 그 밭을 사는 날에 곧 죽은 자
의 아내 모압 여인 룻에게서 사서
그 죽은 자의 기업을 그의 이름으
로 세워야 할지니라 하니
6 그 기업 무를 자가 이르되 나는 내
기업에 손해가 있을까 하여 나를
위하여 무르지 못하노니 내가 무를
것을 네가 무르라 나는 무르지 못
하겠노라 하는지라
7 옛적 이스라엘 중에는 모든 것을
무르거나 교환하는 일을 확정하기
위하여 사람이 그의 신을 벗어 그
의 이웃에게 주더니 이것이 이스라
엘 중에 증명하는 전례가 된지라
8 이에 그 기업 무를 자가 보아스에
게 이르되 네가 너를 위하여 사라
하고 그의 신을 벗는지라
9 보아스가 장로들과 모든 백성에게
이르되 내가 엘리멜렉과 기룐과 말
론에게 있던 모든 것을 나오미의
손에서 산 일에 너희가 오늘 증인
이 되었고
10 또 말론의 아내 모압 여인 룻을 사
서 나의 아내로 맞이하고 그 죽은
자의 기업을 그의 이름으로 세워 그
의 이름이 그의 형제 중과 그 곳 성
문에서 끊어지지 아니하게 함에 너
희가 오늘 증인이 되었느니라 하니
11 성문에 있는 모든 백성과 장로들
이 이르되 우리가 증인이 되나니 야
훼께서 네 집에 들어가는 여인으로
이스라엘의 집을 세운 라헬과 레아
두 사람과 같게 하시고 네가 에브
랏에서 유력하고 베들레헴에서 유
명하게 하시기를 원하며
12 야훼께서 이 젊은 여자로 말미암아
네게 상속자를 주사 네 집이 다말
이 유다에게 낳아준 베레스의 집과
같게 하시기를 원하노라 하니라
13 이에 보아스가 룻을 맞이하여 아내
로 삼고 그에게 들어갔더니 야훼께
서 그에게 임신하게 하시므로 그가
아들을 낳은지라
14 여인들이 나오미에게 이르되 찬송
할지로다 야훼께서 오늘 네게 기업
무를 자가 없게 하지 아니하셨도다
이 아이의 이름이 이스라엘 중에
유명하게 되기를 원하노라
15 이는 네 생명의 회복자이며 네 노
년의 봉양자라 곧 너를 사랑하며
일곱 아들보다 귀한 네 며느리가
낳은 자로다 하니라

기록일 : . . .

16 나오미가 아기를 받아 품에 품고
그의 양육자가 되니
17 그의 이웃 여인들이 그에게 이름을
지어 주되 나오미에게 아들이 태어
났다 하여 그의 이름을 오벳이라
하였는데 그는 다윗의 아버지인 이
새의 아버지였더라
18 베레스의 계보는 이러하니라 베레
스는 헤스론을 낳고
19 헤스론은 람을 낳았고 람은 암미나
답을 낳았고
20 암미나답은 나손을 낳았고 나손은
살몬을 낳았고
21 살몬은 보아스를 낳았고 보아스는
오벳을 낳았고
22 오벳은 이새를 낳고 이새는 다윗을
낳았더라

기록일 : . . .

SAMUEL

사무엘상·하

저 자 익명의 선지자

주 제 사무엘상 : 이스라엘 왕정체제의 형성 과정을 통해 이스라엘의 진정한 통치자는 하나님이심을 보여 준다.

사무엘하 : 다윗 언약과 그것을 신실하게 이루어 가시는 하나님

기록목적 사무엘상 : 사사 시대 이후 왕정 시대로의 변천과 사무엘, 사울, 다윗으로 이어지는 통치 역사 속에 이스라엘을 통치하시는 하나님의 섭리를 보여 주기 위해서 기록되었다.

사무엘하 : 다윗이 통일 왕국을 확립하여 하나님의 뜻을 따라 성실과 공의로 다스리는 것을 통해 장차 왕으로 오실 예수 그리스도의 통치를 보여 준다.

시대적 배경 원래 히브리 성경에서는 사무엘상 · 하가 한 권의 책이었으나, 70인역헬라어 성경에서는 상 · 하 두 권으로 구분했다. 사무엘상은 사무엘의 탄생으로부터 사울의 죽음에 이르는 약 한 세기 동안의 역사를 다루고 있으며, 사무엘하는 다윗이 사울의 뒤를 이어 이스라엘의 제2대 왕으로 등극한 후 통치한 약 40년간의 영욕의 역사가 기록되어 있다.

특 징

- 왕정 체제로의 전환이라는 이스라엘의 역사적 변환기를 다루면서, 이 모든 것을 주관하시고 섭리하시는 분은 하나님이라는 사실을 분명히 하고 있다.
- 이스라엘의 역사적 변환기 한가운데 있는 인물들, 즉 사무엘과 사울과 다윗에 대한 전기적 자료를 풍부하게 제공해 준다.
- 다윗 통치하에서의 이스라엘의 번영과 축복, 다윗의 범죄로 인한 다윗 가문과 이스라엘의 분쟁의 역사, 다윗과 이스라엘의 관계 회복을 통해 다윗 언약7:12-16을 이루어 가시는 하나님을 증거하고 있다.
- 자신의 이름으로 된 예언서를 가진 '문서예언자'들이사야, 예레미야 등 외에 이스라엘 역사에서 활동한 많은 예언자들나단, 갓 등의 이야기가 사무엘상 · 하에 많이 등장한다.

나의 기도

사무엘상

1 에브라임 산지 라마다임소빔에
에브라임 사람 엘가나라 하는 사람
이 있었으니 그는 여로함의 아들이
요 엘리후의 손자요 도후의 증손이
요 숩의 현손이더라
2 그에게 두 아내가 있었으니 한 사람
의 이름은 한나요 한 사람의 이름은
브닌나라 브닌나에게는 자식이 있
고 한나에게는 자식이 없었더라
3 이 사람이 매년 자기 성읍에서 나와
서 실로에 올라가서 만군의 야훼께
예배하며 제사를 드렸는데 엘리의
두 아들 홉니와 비느하스가 야훼의
제사장으로 거기에 있었더라
4 엘가나가 제사를 드리는 날에는 제
물의 분깃을 그의 아내 브닌나와
그의 모든 자녀에게 주고
5 한나에게는 갑절을 주니 이는 그를
사랑함이라 그러나 야훼께서 그에
게 임신하지 못하게 하시니
6 야훼께서 그에게 임신하지 못하게
하시므로 그의 적수인 브닌나가 그
를 심히 격분하게 하여 괴롭게 하
더라
7 매년 한나가 야훼의 집에 올라갈
때마다 남편이 그같이 하매 브닌
나가 그를 격분시키므로 그가 울고
먹지 아니하니
8 그의 남편 엘가나가 그에게 이르되
한나여 어찌하여 울며 어찌하여 먹
지 아니하며 어찌하여 그대의 마음
이 슬프냐 내가 그대에게 열 아들
보다 낫지 아니하냐 하니라
9 그들이 실로에서 먹고 마신 후에
한나가 일어나니 그 때에 제사장
엘리는 야훼의 전 문설주 곁 의자
에 앉아 있었더라
10 한나가 마음이 괴로워서 야훼께 기
도하고 통곡하며
11 서원하여 이르되 만군의 야훼여
만일 주의 여종의 고통을 돌보시
고 나를 기억하사 주의 여종을 잊
지 아니하시고 주의 여종에게 아들
을 주시면 내가 그의 평생에 그를
야훼께 드리고 삭도를 그의 머리에
대지 아니하겠나이다
12 그가 야훼 앞에 오래 기도하는 동
안에 엘리가 그의 입을 주목한즉
13 한나가 속으로 말하매 입술만 움직
이고 음성은 들리지 아니하므로 엘
리는 그가 취한 줄로 생각한지라
14 엘리가 그에게 이르되 네가 언제까
지 취하여 있겠느냐 포도주를 끊으
라 하니
15 한나가 대답하여 이르되 내 주여
그렇지 아니하니이다 나는 마음이

기록일 : . . .

슬픈 여자라 포도주나 독주를 마신
것이 아니요 야훼 앞에 내 심정을
통한 것뿐이오니
16 당신의 여종을 악한 여자로 여기지
마옵소서 내가 지금까지 말한 것은
나의 원통함과 격분됨이 많기 때문
이니이다 하는지라
17 엘리가 대답하여 이르되 평안히 가
라 이스라엘의 하나님이 네가 기도
하여 구한 것을 허락하시기를 원하
노라 하니
18 이르되 당신의 여종이 당신께 은혜
입기를 원하나이다 하고 가서 먹고
얼굴에 다시는 근심 빛이 없더라
19 그들이 아침에 일찍이 일어나 야훼
앞에 경배하고 돌아가 라마의 자기
집에 이르니라 엘가나가 그의 아내
한나와 동침하매 야훼께서 그를 생
각하신지라
20 한나가 임신하고 때가 이르매 아들
을 낳아 사무엘이라 이름하였으니
이는 내가 야훼께 그를 구하였다
함이더라
21 그 사람 엘가나와 그의 온 집이 야
훼께 매년제와 서원제를 드리러 올
라갈 때에
22 오직 한나는 올라가지 아니하고 그
의 남편에게 이르되 아이를 젖 떼
거든 내가 그를 데리고 가서 야훼
앞에 뵙게 하고 거기에 영원히 있
게 하리이다 하니
23 그의 남편 엘가나가 그에게 이르되
그대의 소견에 좋은 대로 하여 그
를 젖 떼기까지 기다리라 오직 야
훼께서 그의 말씀대로 이루시기를
원하노라 하니라 이에 그 여자가
그의 아들을 양육하며 그가 젖 떼
기까지 기다리다가
24 젖을 뗀 후에 그를 데리고 올라갈
새 수소 세 마리와 밀가루 한 에바
와 포도주 한 가죽부대를 가지고
실로 야훼의 집에 나아갔는데 아이
가 어리더라
25 그들이 수소를 잡고 아이를 데리고
엘리에게 가서
26 한나가 이르되 내 주여 당신의 사
심으로 맹세하나이다 나는 여기서
내 주 당신 곁에 서서 야훼께 기도
하던 여자라
27 이 아이를 위하여 내가 기도하였더
니 내가 구하여 기도한 바를 야훼
께서 내게 허락하신지라
28 그러므로 나도 그를 야훼께 드리되
그의 평생을 야훼께 드리나이다 하
고 그가 거기서 야훼께 경배하니라

2

한나가 기도하여 이르되 내 마음
이 야훼로 말미암아 즐거워하며 내
뿔이 야훼로 말미암아 높아졌으며
내 입이 내 원수들을 향하여 크게
열렸으니 이는 내가 주의 구원으로

기록일 : . . .

말미암아 기뻐함이니이다
2 야훼와 같이 거룩하신 이가 없으시
니 이는 주 밖에 다른 이가 없고 우
리 하나님 같은 반석도 없으심이니
이다
3 심히 교만한 말을 다시 하지 말 것
이며 오만한 말을 너희의 입에서
내지 말지어다 야훼는 지식의 하나
님이시라 행동을 달아 보시느니라
4 용사의 활은 꺾이고 넘어진 자는
힘으로 띠를 띠도다
5 풍족하던 자들은 양식을 위하여 품
을 팔고 주리던 자들은 다시 주리
지 아니하도다 전에 임신하지 못하
던 자는 일곱을 낳았고 많은 자녀
를 둔 자는 쇠약하도다
6 야훼는 죽이기도 하시고 살리기도
하시며 스올에 내리게도 하시고 거
기에서 올리기도 하시는도다
7 야훼는 가난하게도 하시고 부하게
도 하시며 낮추기도 하시고 높이기
도 하시는도다
8 가난한 자를 진토에서 일으키시며
빈궁한 자를 거름더미에서 올리사
귀족들과 함께 앉게 하시며 영광의
자리를 차지하게 하시는도다 땅의
기둥들은 야훼의 것이라 야훼께서
세계를 그것들 위에 세우셨도다
9 그가 그의 거룩한 자들의 발을 지
키실 것이요 악인들을 흑암 중에서
잠잠하게 하시리니 힘으로는 이길
사람이 없음이로다
10 야훼를 대적하는 자는 산산이 깨
어질 것이라 하늘에서 우레로 그들
을 치시리로다 야훼께서 땅 끝까지
심판을 내리시고 자기 왕에게 힘을
주시며 자기의 기름 부음을 받은
자의 뿔을 높이시리로다 하니라
11 엘가나는 라마의 자기 집으로 돌아
가고 그 아이는 제사장 엘리 앞에
서 야훼를 섬기니라
12 엘리의 아들들은 행실이 나빠 야훼
를 알지 못하더라
13 그 제사장들이 백성에게 행하는 관
습은 이러하니 곧 어떤 사람이 제
사를 드리고 그 고기를 삶을 때에
제사장의 사환이 손에 세 살 갈고
리를 가지고 와서
14 그것으로 냄비에나 솥에나 큰 솥에
나 가마에 찔러 넣어 갈고리에 걸
려 나오는 것은 제사장이 자기 것
으로 가지되 실로에서 그 곳에 온
모든 이스라엘 사람에게 이같이 할
뿐 아니라
15 기름을 태우기 전에도 제사장의 사
환이 와서 제사 드리는 사람에게
이르기를 제사장에게 구워 드릴 고
기를 내라 그가 네게 삶은 고기를
원하지 아니하고 날 것을 원하신다
하다가

기록일 : . . .

16 그 사람이 이르기를 반드시 먼저 기
름을 태운 후에 네 마음에 원하는
대로 가지라 하면 그가 말하기를
아니라 지금 내게 내라 그렇지 아
니하면 내가 억지로 빼앗으리라 하
였으니
17 이 소년들의 죄가 야훼 앞에 심히
큼은 그들이 야훼의 제사를 멸시함
이었더라
18 사무엘은 어렸을 때에 세마포 에봇
을 입고 야훼 앞에서 섬겼더라
19 그의 어머니가 매년 드리는 제사를
드리러 그의 남편과 함께 올라갈
때마다 작은 겉옷을 지어다가 그에
게 주었더니
20 엘리가 엘가나와 그의 아내에게 축
복하여 이르되 야훼께서 이 여인으
로 말미암아 네게 다른 후사를 주
사 이가 야훼께 간구하여 얻어 바
친 아들을 대신하게 하시기를 원하
노라 하였더니 그들이 자기 집으로
돌아가매
21 야훼께서 한나를 돌보시사 그로 하
여금 임신하여 세 아들과 두 딸을
낳게 하셨고 아이 사무엘은 야훼
앞에서 자라니라
22 엘리가 매우 늙었더니 그의 아들들
이 온 이스라엘에게 행한 모든 일
과 회막 문에서 수종 드는 여인들
과 동침하였음을 듣고
23 그들에게 이르되 너희가 어찌하여
이런 일을 하느냐 내가 너희의 악
행을 이 모든 백성에게서 듣노라
24 내 아들들아 그리하지 말라 내게
들리는 소문이 좋지 아니하니라 너
희가 야훼의 백성으로 범죄하게 하
는도다
25 사람이 사람에게 범죄하면 하나님
이 심판하시려니와 만일 사람이 야
훼께 범죄하면 누가 그를 위하여
간구하겠느냐 하되 그들이 자기 아
버지의 말을 듣지 아니하였으니 이
는 야훼께서 그들을 죽이기로 뜻하
셨음이더라
26 아이 사무엘이 점점 자라매 야훼와
사람들에게 은총을 더욱 받더라
27 하나님의 사람이 엘리에게 와서 그
에게 이르되 야훼의 말씀에 너희
조상의 집이 애굽에서 바로의 집에
속하였을 때에 내가 그들에게 나타
나지 아니하였느냐
28 이스라엘 모든 지파 중에서 내가
그를 택하여 내 제사장으로 삼아
그가 내 제단에 올라 분향하며 내
앞에서 에봇을 입게 하지 아니하였
느냐 이스라엘 자손이 드리는 모든
화제를 내가 네 조상의 집에 주지
아니하였느냐
29 너희는 어찌하여 내가 내 처소에서
명령한 내 제물과 예물을 밟으며 네

기록일 : . . .

아들들을 나보다 더 중히 여겨 내
백성 이스라엘이 드리는 가장 좋은
것으로 너희들을 살지게 하느냐
30 그러므로 이스라엘의 하나님 나 야
훼가 말하노라 내가 전에 네 집과
네 조상의 집이 내 앞에 영원히 행
하리라 하였으나 이제 나 야훼가
말하노니 결단코 그렇게 하지 아니
하리라 나를 존중히 여기는 자를
내가 존중히 여기고 나를 멸시하는
자를 내가 경멸하리라
31 보라 내가 네 팔과 네 조상의 집 팔
을 끊어 네 집에 노인이 하나도 없
게 하는 날이 이를지라
32 이스라엘에게 모든 복을 내리는 중
에 너는 내 처소의 환난을 볼 것이
요 네 집에 영원토록 노인이 없을
것이며
33 내 제단에서 내가 끊어 버리지 아니
할 네 사람이 네 눈을 쇠잔하게 하
고 네 마음을 슬프게 할 것이요 네
집에서 출산되는 모든 자가 젊어서
죽으리라
34 네 두 아들 홉니와 비느하스가 한
날에 죽으리니 그 둘이 당할 그 일
이 네게 표징이 되리라
35 내가 나를 위하여 충실한 제사장
을 일으키리니 그 사람은 내 마음,
내 뜻대로 행할 것이라 내가 그를
위하여 견고한 집을 세우리니 그가
나의 기름 부음을 받은 자 앞에서
영구히 행하리라
36 그리고 네 집에 남은 사람이 각기
와서 은 한 조각과 떡 한 덩이를 위
하여 그에게 엎드려 이르되 청하노
니 내게 제사장의 직분 하나를 맡
겨 내게 떡 조각을 먹게 하소서 하
리라 하셨다 하니라

3 아이 사무엘이 엘리 앞에서 야훼
를 섬길 때에는 야훼의 말씀이 희귀
하여 이상이 흔히 보이지 않았더라
2 엘리의 눈이 점점 어두워 가서 잘
보지 못하는 그 때에 그가 자기 처
소에 누웠고
3 하나님의 등불은 아직 꺼지지 아니
하였으며 사무엘은 하나님의 궤 있
는 야훼의 전 안에 누웠더니
4 야훼께서 사무엘을 부르시는지라
그가 대답하되 내가 여기 있나이다
하고
5 엘리에게로 달려가서 이르되 당신
이 나를 부르셨기로 내가 여기 있나
이다 하니 그가 이르되 나는 부르
지 아니하였으니 다시 누우라 하는
지라 그가 가서 누웠더니
6 야훼께서 다시 사무엘을 부르시는
지라 사무엘이 일어나 엘리에게로
가서 이르되 당신이 나를 부르셨기
로 내가 여기 있나이다 하니 그가
대답하되 내 아들아 내가 부르지

기록일 : . . .

아니하였으니 다시 누우라 하니라
7 사무엘이 아직 야훼를 알지 못하고
야훼의 말씀도 아직 그에게 나타나
지 아니한 때라
8 야훼께서 세 번째 사무엘을 부르시
는지라 그가 일어나 엘리에게로 가
서 이르되 당신이 나를 부르셨기로
내가 여기 있나이다 하니 엘리가 야
훼께서 이 아이를 부르신 줄을 깨
닫고
9 엘리가 사무엘에게 이르되 가서 누
웠다가 그가 너를 부르시거든 네가
말하기를 야훼여 말씀하옵소서 주
의 종이 듣겠나이다 하라 하니 이
에 사무엘이 가서 자기 처소에 누
우니라
10 야훼께서 임하여 서서 전과 같이 사
무엘아 사무엘아 부르시는지라 사
무엘이 이르되 말씀하옵소서 주의
종이 듣겠나이다 하니
11 야훼께서 사무엘에게 이르시되 보
라 내가 이스라엘 중에 한 일을 행
하리니 그것을 듣는 자마다 두 귀
가 울리리라
12 내가 엘리의 집에 대하여 말한 것
을 처음부터 끝까지 그 날에 그에
게 다 이루리라
13 내가 그의 집을 영원토록 심판하겠
다고 그에게 말한 것은 그가 아는
죄악 때문이니 이는 그가 자기의
아들들이 저주를 자청하되 금하지
아니하였음이니라
14 그러므로 내가 엘리의 집에 대하여
맹세하기를 엘리 집의 죄악은 제물
로나 예물로나 영원히 속죄함을 받
지 못하리라 하였노라 하셨더라
15 사무엘이 아침까지 누웠다가 야훼의
집의 문을 열었으나 그 이상을 엘리
에게 알게 하기를 두려워하더니
16 엘리가 사무엘을 불러 이르되 내
아들 사무엘아 하니 그가 대답하되
내가 여기 있나이다 하니 그가
17 이르되 네게 무엇을 말씀하셨느냐
청하노니 내게 숨기지 말라 네게
말씀하신 모든 것을 하나라도 숨기
면 하나님이 네게 벌을 내리시고 또
내리시기를 원하노라 하는지라
18 사무엘이 그것을 그에게 자세히 말
하고 조금도 숨기지 아니하니 그가
이르되 이는 야훼이시니 선하신 대
로 하실 것이니라 하니라
19 사무엘이 자라매 야훼께서 그와 함
께 계셔서 그의 말이 하나도 땅에
떨어지지 않게 하시니
20 단에서부터 브엘세바까지의 온 이
스라엘이 사무엘은 야훼의 선지자
로 세우심을 입은 줄을 알았더라
21 야훼께서 실로에서 다시 나타나시
되 야훼께서 실로에서 야훼의 말씀
으로 사무엘에게 자기를 나타내시

기록일 : . . .

니라

4

사무엘의 말이 온 이스라엘에 전
파되니라 이스라엘은 나가서 블레
셋 사람들과 싸우려고 에벤에셀 곁
에 진 치고 블레셋 사람들은 아벡
에 진 쳤더니
2 블레셋 사람들이 이스라엘에 대하
여 전열을 벌이니라 그 둘이 싸우
다가 이스라엘이 블레셋 사람들
앞에서 패하여 그들에게 전쟁에서
죽임을 당한 군사가 사천 명 가량
이라
3 백성이 진영으로 돌아오매 이스라
엘 장로들이 이르되 야훼께서 어찌
하여 우리에게 오늘 블레셋 사람들
앞에 패하게 하셨는고 야훼의 언약
궤를 실로에서 우리에게로 가져다
가 우리 중에 있게 하여 그것으로
우리를 우리 원수들의 손에서 구원
하게 하자 하니
4 이에 백성이 실로에 사람을 보내
어 그룹 사이에 계신 만군의 야훼
의 언약궤를 거기서 가져왔고 엘리
의 두 아들 홉니와 비느하스는 하
나님의 언약궤와 함께 거기에 있었
더라
5 야훼의 언약궤가 진영에 들어올 때
에 온 이스라엘이 큰 소리로 외치
매 땅이 울린지라
6 블레셋 사람이 그 외치는 소리를
듣고 이르되 히브리 진영에서 큰 소
리로 외침은 어찌 됨이냐 하다가
야훼의 궤가 진영에 들어온 줄을
깨달은지라
7 블레셋 사람이 두려워하여 이르되
신이 진영에 이르렀도다 하고 또 이
르되 우리에게 화로다 전날에는 이
런 일이 없었도다
8 우리에게 화로다 누가 우리를 이
능한 신들의 손에서 건지리요 그들
은 광야에서 여러 가지 재앙으로
애굽인을 친 신들이니라
9 너희 블레셋 사람들아 강하게 되며
대장부가 되라 너희가 히브리 사람
의 종이 되기를 그들이 너희의 종
이 되었던 것 같이 되지 말고 대장
부 같이 되어 싸우라 하고
10 블레셋 사람들이 쳤더니 이스라엘
이 패하여 각기 장막으로 도망하였
고 살육이 심히 커서 이스라엘 보병
의 엎드러진 자가 삼만 명이었으며
11 하나님의 궤는 빼앗겼고 엘리의 두
아들 홉니와 비느하스는 죽임을 당
하였더라
12 당일에 어떤 베냐민 사람이 진영에
서 달려나와 자기의 옷을 찢고 자
기의 머리에 티끌을 덮어쓰고 실로
에 이르니라
13 그가 이를 때는 엘리가 길 옆 자기
의 의자에 앉아 기다리며 그의 마

기록일 : . . .

음이 하나님의 궤로 말미암아 떨릴
즈음이라 그 사람이 성읍에 들어오
며 알리매 온 성읍이 부르짖는지라
14 엘리가 그 부르짖는 소리를 듣고
이르되 이 떠드는 소리는 어찌 됨
이냐 그 사람이 빨리 가서 엘리에
게 말하니
15 그 때에 엘리의 나이가 구십팔 세
라 그의 눈이 어두워서 보지 못하
더라
16 그 사람이 엘리에게 말하되 나는
진중에서 나온 자라 내가 오늘 진
중에서 도망하여 왔나이다 엘리가
이르되 내 아들아 일이 어떻게 되
었느냐
17 소식을 전하는 자가 대답하여 이르
되 이스라엘이 블레셋 사람들 앞에
서 도망하였고 백성 중에는 큰 살
육이 있었고 당신의 두 아들 홉니
와 비느하스도 죽임을 당하였고 하
나님의 궤는 빼앗겼나이다
18 하나님의 궤를 말할 때에 엘리가
자기 의자에서 뒤로 넘어져 문 곁에
서 목이 부러져 죽었으니 나이가 많
고 비대한 까닭이라 그가 이스라엘
의 사사가 된 지 사십 년이었더라
19 그의 며느리인 비느하스의 아내가
임신하여 해산 때가 가까웠더니 하
나님의 궤를 빼앗긴 것과 그의 시아
버지와 남편이 죽은 소식을 듣고 갑
자기 아파서 몸을 구푸려 해산하고
20 죽어갈 때에 곁에 서 있던 여인들이
그에게 이르되 두려워하지 말라 네
가 아들을 낳았다 하되 그가 대답
하지도 아니하며 관념하지도 아니
하고
21 이르기를 영광이 이스라엘에서 떠
났다 하고 아이 이름을 이가봇이라
하였으니 하나님의 궤가 빼앗겼고
그의 시아버지와 남편이 죽었기 때
문이며
22 또 이르기를 하나님의 궤를 빼앗겼
으므로 영광이 이스라엘에서 떠났
다 하였더라

5 블레셋 사람들이 하나님의 궤를
빼앗아 가지고 에벤에셀에서부터
아스돗에 이르니라
2 블레셋 사람들이 하나님의 궤를 가
지고 다곤의 신전에 들어가서 다곤
곁에 두었더니
3 아스돗 사람들이 이튿날 일찍이 일
어나 본즉 다곤이 야훼의 궤 앞에
서 엎드러져 그 얼굴이 땅에 닿았
는지라 그들이 다곤을 일으켜 다시
그 자리에 세웠더니
4 그 이튿날 아침에 그들이 일찍이
일어나 본즉 다곤이 야훼의 궤 앞
에서 또다시 엎드러져 얼굴이 땅에
닿았고 그 머리와 두 손목은 끊어
져 문지방에 있고 다곤의 몸뚱이만

기록일 : . . .

남았더라
5 그러므로 다곤의 제사장들이나 다
곤의 신전에 들어가는 자는 오늘까
지 아스돗에 있는 다곤의 문지방을
밟지 아니하더라
6 야훼의 손이 아스돗 사람에게 엄
중히 더하사 독한 종기의 재앙으로
아스돗과 그 지역을 쳐서 망하게
하니
7 아스돗 사람들이 이를 보고 이르되
이스라엘 신의 궤를 우리와 함께
있지 못하게 할지라 그의 손이 우
리와 우리 신 다곤을 친다 하고
8 이에 사람을 보내어 블레셋 사람들
의 모든 방백을 모으고 이르되 우
리가 이스라엘 신의 궤를 어찌하랴
하니 그들이 대답하되 이스라엘 신
의 궤를 가드로 옮겨 가라 하므로
이스라엘 신의 궤를 옮겨 갔더니
9 그것을 옮겨 간 후에 야훼의 손이
심히 큰 환난을 그 성읍에 더하사
성읍 사람들의 작은 자와 큰 자를
다 쳐서 독한 종기가 나게 하신지라
10 이에 그들이 하나님의 궤를 에그론
으로 보내니라 하나님의 궤가 에
그론에 이른즉 에그론 사람이 부르
짖어 이르되 그들이 이스라엘 신의
궤를 우리에게로 가져다가 우리와
우리 백성을 죽이려 한다 하고
11 이에 사람을 보내어 블레셋 모든
방백을 모으고 이르되 이스라엘 신
의 궤를 보내어 그 있던 곳으로 돌
아가게 하고 우리와 우리 백성이
죽임 당함을 면하게 하자 하니 이
는 온 성읍이 사망의 환난을 당함
이라 거기서 하나님의 손이 엄중하
시므로
12 죽지 아니한 사람들은 독한 종기로
치심을 당해 성읍의 부르짖음이 하
늘에 사무쳤더라

6

야훼의 궤가 블레셋 사람들의 지
방에 있은 지 일곱 달이라
2 블레셋 사람들이 제사장들과 복술
자들을 불러서 이르되 우리가 야훼
의 궤를 어떻게 할까 그것을 어떻
게 그 있던 곳으로 보낼 것인지 우
리에게 가르치라
3 그들이 이르되 이스라엘 신의 궤를
보내려거든 거저 보내지 말고 그에
게 속건제를 드려야 할지니라 그리
하면 병도 낫고 그의 손을 너희에
게서 옮기지 아니하는 이유도 알리
라 하니
4 그들이 이르되 무엇으로 그에게 드
릴 속건제를 삼을까 하니 이르되
블레셋 사람의 방백의 수효대로 금
독종 다섯과 금 쥐 다섯 마리라야
하리니 너희와 너희 통치자에게 내
린 재앙이 같음이니라
5 그러므로 너희는 너희의 독한 종기

의 형상과 땅을 해롭게 하는 쥐의
형상을 만들어 이스라엘 신께 영광
을 돌리라 그가 혹 그의 손을 너희
와 너희의 신들과 너희 땅에서 가
볍게 하실까 하노라
6 애굽인과 바로가 그들의 마음을 완
악하게 한 것 같이 어찌하여 너희
가 너희의 마음을 완악하게 하겠느
냐 그가 그들 중에서 재앙을 내린
후에 그들이 백성을 가게 하므로
백성이 떠나지 아니하였느냐
7 그러므로 새 수레를 하나 만들고
멍에를 메어 보지 아니한 젖 나는
소 두 마리를 끌어다가 소에 수레
를 메우고 그 송아지들은 떼어 집
으로 돌려보내고
8 야훼의 궤를 가져다가 수레에 싣고
속건제로 드릴 금으로 만든 물건들
은 상자에 담아 궤 곁에 두고 그것
을 보내어 가게 하고
9 보고 있다가 만일 궤가 그 본 지역
길로 올라가서 벧세메스로 가면 이
큰 재앙은 그가 우리에게 내린 것
이요 그렇지 아니하면 우리를 친 것
이 그의 손이 아니요 우연히 당한
것인 줄 알리라 하니라
10 그 사람들이 그같이 하여 젖 나는
소 둘을 끌어다가 수레를 메우고
송아지들은 집에 가두고
11 야훼의 궤와 및 금 쥐와 그들의 독
종의 형상을 담은 상자를 수레 위
에 실으니
12 암소가 벧세메스 길로 바로 행하여
대로로 가며 갈 때에 울고 좌우로
치우치지 아니하였고 블레셋 방백
들은 벧세메스 경계선까지 따라 가
니라
13 벧세메스 사람들이 골짜기에서 밀
을 베다가 눈을 들어 궤를 보고 그
본 것을 기뻐하더니
14 수레가 벧세메스 사람 여호수아의
밭 큰 돌 있는 곳에 이르러 선지라
무리가 수레의 나무를 패고 그 암
소들을 번제물로 야훼께 드리고
15 레위인은 야훼의 궤와 그 궤와 함
께 있는 금 보물 담긴 상자를 내려
다가 큰 돌 위에 두매 그 날에 벧세
메스 사람들이 야훼께 번제와 다른
제사를 드리니라
16 블레셋 다섯 방백이 이것을 보고
그 날에 에그론으로 돌아갔더라
17 블레셋 사람이 야훼께 속건제물로
드린 금 독종은 이러하니 아스돗을
위하여 하나요 가사를 위하여 하나
요 아스글론을 위하여 하나요 가드
를 위하여 하나요 에그론을 위하여
하나이며
18 드린 바 금 쥐들은 견고한 성읍에
서부터 시골의 마을에까지 그리고
사람들이 야훼의 궤를 큰 돌에 이

르기까지 다섯 방백들에게 속한 블
레셋 사람들의 모든 성읍들의 수
대로였더라 그 돌은 벧세메스 사람
여호수아의 밭에 오늘까지 있더라
19 벧세메스 사람들이 야훼의 궤를 들
여다 본 까닭에 그들을 치사 (오
만) 칠십 명을 죽이신지라 야훼께서
백성을 쳐서 크게 살육하셨으므로
백성이 슬피 울었더라
20 벧세메스 사람들이 이르되 이 거룩
하신 하나님 야훼 앞에 누가 능히
서리요 그를 우리에게서 누구에게
로 올라가시게 할까 하고
21 전령들을 기럇여아림 주민에게 보
내어 이르되 블레셋 사람들이 야
훼의 궤를 도로 가져왔으니 너희는
내려와서 그것을 너희에게로 옮겨
가라

7 기럇여아림 사람들이 와서 야훼
의 궤를 옮겨 산에 사는 아비나답
의 집에 들여놓고 그의 아들 엘리
아살을 거룩하게 구별하여 야훼의
궤를 지키게 하였더니
2 궤가 기럇여아림에 들어간 날부터
이십 년 동안 오래 있은지라 이스라
엘 온 족속이 야훼를 사모하니라
3 사무엘이 이스라엘 온 족속에게 말
하여 이르되 만일 너희가 전심으로
야훼께 돌아오려거든 이방 신들과
아스다롯을 너희 중에서 제거하고
너희 마음을 야훼께로 향하여 그만
을 섬기라 그리하면 너희를 블레셋
사람의 손에서 건져내시리라
4 이에 이스라엘 자손이 바알들과 아
스다롯을 제거하고 야훼만 섬기니라
5 사무엘이 이르되 온 이스라엘은 미
스바로 모이라 내가 너희를 위하여
야훼께 기도하리라 하매
6 그들이 미스바에 모여 물을 길어
야훼 앞에 붓고 그 날 종일 금식하
고 거기에서 이르되 우리가 야훼께
범죄하였나이다 하니라 사무엘이
미스바에서 이스라엘 자손을 다스
리니라
7 이스라엘 자손이 미스바에 모였다
함을 블레셋 사람들이 듣고 그들의
방백들이 이스라엘을 치러 올라온
지라 이스라엘 자손들이 듣고 블레
셋 사람들을 두려워하여
8 이스라엘 자손이 사무엘에게 이르
되 당신은 우리를 위하여 우리 하
나님 야훼께 쉬지 말고 부르짖어
우리를 블레셋 사람들의 손에서 구
원하시게 하소서 하니
9 사무엘이 젖 먹는 어린 양 하나를
가져다가 온전한 번제를 야훼께 드
리고 이스라엘을 위하여 야훼께 부
르짖으매 야훼께서 응답하셨더라
10 사무엘이 번제를 드릴 때에 블레셋
사람이 이스라엘과 싸우려고 가까

기록일 : . . .

이 오매 그 날에 야훼께서 블레셋
사람에게 큰 우레를 발하여 그들을
어지럽게 하시니 그들이 이스라엘
앞에 패한지라
11 이스라엘 사람들이 미스바에서 나
가서 블레셋 사람들을 추격하여 벧
갈 아래에 이르기까지 쳤더라
12 사무엘이 돌을 취하여 미스바와 센
사이에 세워 이르되 야훼께서 여기
까지 우리를 도우셨다 하고 그 이
름을 에벤에셀이라 하니라
13 이에 블레셋 사람들이 굴복하여 다
시는 이스라엘 지역 안에 들어오지
못하였으며 야훼의 손이 사무엘이
사는 날 동안에 블레셋 사람을 막
으시매
14 블레셋 사람들이 이스라엘에게서
빼앗았던 성읍이 에그론부터 가드
까지 이스라엘에게 회복되니 이스
라엘이 그 사방 지역을 블레셋 사
람들의 손에서 도로 찾았고 또 이
스라엘과 아모리 사람 사이에 평화
가 있었더라
15 사무엘이 사는 날 동안에 이스라엘
을 다스렸으되
16 해마다 벧엘과 길갈과 미스바로 순
회하여 그 모든 곳에서 이스라엘을
다스렸고
17 라마로 돌아왔으니 이는 거기에 자
기 집이 있음이니라 거기서도 이스
라엘을 다스렸으며 또 거기에 야훼
를 위하여 제단을 쌓았더라

8

사무엘이 늙으매 그의 아들들을
이스라엘 사사로 삼으니
2 장자의 이름은 요엘이요 차자의 이
름은 아비야라 그들이 브엘세바에
서 사사가 되니라
3 그의 아들들이 자기 아버지의 행위
를 따르지 아니하고 이익을 따라
뇌물을 받고 판결을 굽게 하니라
4 이스라엘 모든 장로가 모여 라마에
있는 사무엘에게 나아가서
5 그에게 이르되 보소서 당신은 늙
고 당신의 아들들은 당신의 행위를
따르지 아니하니 모든 나라와 같이
우리에게 왕을 세워 우리를 다스리
게 하소서 한지라
6 우리에게 왕을 주어 우리를 다스리
게 하라 했을 때에 사무엘이 그것
을 기뻐하지 아니하여 야훼께 기도
하매
7 야훼께서 사무엘에게 이르시되 백
성이 네게 한 말을 다 들으라 이는
그들이 너를 버림이 아니요 나를 버
려 자기들의 왕이 되지 못하게 함
이니라
8 내가 그들을 애굽에서 인도하여 낸
날부터 오늘까지 그들이 모든 행사
로 나를 버리고 다른 신들을 섬김
같이 네게도 그리하는도다

9 그러므로 그들의 말을 듣되 너는
그들에게 엄히 경고하고 그들을 다
스릴 왕의 제도를 가르치라
10 사무엘이 왕을 요구하는 백성에게
야훼의 모든 말씀을 말하여
11 이르되 너희를 다스릴 왕의 제도는
이러하니라 그가 너희 아들들을 데
려다가 그의 병거와 말을 어거하게
하리니 그들이 그 병거 앞에서 달릴
것이며
12 그가 또 너희의 아들들을 천부장과
오십부장을 삼을 것이며 자기 밭을
갈게 하고 자기 추수를 하게 할 것
이며 자기 무기와 병거의 장비도 만
들게 할 것이며
13 그가 또 너희의 딸들을 데려다가
향료 만드는 자와 요리하는 자와
떡 굽는 자로 삼을 것이며
14 그가 또 너희의 밭과 포도원과 감
람원에서 제일 좋은 것을 가져다가
자기의 신하들에게 줄 것이며
15 그가 또 너희의 곡식과 포도원 소
산의 십일조를 거두어 자기의 관리
와 신하에게 줄 것이며
16 그가 또 너희의 노비와 가장 아름
다운 소년과 나귀들을 끌어다가 자
기 일을 시킬 것이며
17 너희의 양 떼의 십분의 일을 거두
어 가리니 너희가 그의 종이 될 것
이라
18 그 날에 너희는 너희가 택한 왕으
로 말미암아 부르짖되 그 날에 야
훼께서 너희에게 응답하지 아니하
시리라 하니
19 백성이 사무엘의 말 듣기를 거절하
여 이르되 아니로소이다 우리도 우
리 왕이 있어야 하리니
20 우리도 다른 나라들 같이 되어 우
리의 왕이 우리를 다스리며 우리 앞
에 나가서 우리의 싸움을 싸워야
할 것이니이다 하는지라
21 사무엘이 백성의 말을 다 듣고 야
훼께 아뢰매
22 야훼께서 사무엘에게 이르시되 그
들의 말을 들어 왕을 세우라 하시
니 사무엘이 이스라엘 사람들에게
이르되 너희는 각기 성읍으로 돌아
가라 하니라

9 베냐민 지파에 기스라 이름하는
유력한 사람이 있으니 그는 아비엘
의 아들이요 스롤의 손자요 베고랏
의 증손이요 아비아의 현손이며 베
냐민 사람이더라
2 기스에게 아들이 있으니 그의 이름
은 사울이요 준수한 소년이라 이스
라엘 자손 중에 그보다 더 준수한
자가 없고 키는 모든 백성보다 어
깨 위만큼 더 컸더라
3 사울의 아버지 기스가 암나귀들을
잃고 그의 아들 사울에게 이르되

기록일 : . . .

너는 일어나 한 사환을 데리고 가
서 암나귀들을 찾으라 하매
4 그가 에브라임 산지와 살리사 땅으
로 두루 다녀 보았으나 찾지 못하
고 사알림 땅으로 두루 다녀 보았
으나 그 곳에는 없었고 베냐민 사
람의 땅으로 두루 다녀 보았으나
찾지 못하니라
5 그들이 숩 땅에 이른 때에 사울이
함께 가던 사환에게 이르되 돌아
가자 내 아버지께서 암나귀 생각은
고사하고 우리를 위하여 걱정하실
까 두려워하노라 하니
6 그가 대답하되 보소서 이 성읍에
하나님의 사람이 있는데 존경을 받
는 사람이라 그가 말한 것은 반드
시 다 응하나니 그리로 가사이다
그가 혹 우리가 갈 길을 가르쳐 줄
까 하나이다 하는지라
7 사울이 그의 사환에게 이르되 우리
가 가면 그 사람에게 무엇을 드리
겠느냐 우리 주머니에 먹을 것이 다
하였으니 하나님의 사람에게 드릴
예물이 없도다 무엇이 있느냐 하니
8 사환이 사울에게 다시 대답하여 이
르되 보소서 내 손에 은 한 세겔의
사분의 일이 있으니 하나님의 사람
에게 드려 우리 길을 가르쳐 달라
하겠나이다 하더라
9 (옛적 이스라엘에 사람이 하나님께
가서 물으려 하면 말하기를 선견자
에게로 가자 하였으니 지금 선지자
라 하는 자를 옛적에는 선견자라
일컬었더라)
10 사울이 그의 사환에게 이르되 네
말이 옳다 가자 하고 그들이 하나
님의 사람이 있는 성읍으로 가니라
11 그들이 성읍을 향한 비탈길로 올라
가다가 물 길으러 나오는 소녀들을
만나 그들에게 묻되 선견자가 여기
있느냐 하니
12 그들이 대답하여 이르되 있나이다
보소서 그가 당신보다 앞서 갔으니
빨리 가소서 백성이 오늘 산당에서
제사를 드리므로 그가 오늘 성읍에
들어오셨나이다
13 당신들이 성읍으로 들어가면 그가
먹으러 산당에 올라가기 전에 곧
만나리이다 그가 오기 전에는 백성
이 먹지 아니하나니 이는 그가 제물
을 축사한 후에야 청함을 받은 자
가 먹음이니이다 그러므로 지금 올
라가소서 곧 그를 만나리이다 하는
지라
14 그들이 성읍으로 올라가서 그리로
들어갈 때에 사무엘이 마침 산당으
로 올라가려고 마주 나오더라
15 사울이 오기 전날에 야훼께서 사무
엘에게 알게 하여 이르시되
16 내일 이맘 때에 내가 베냐민 땅에

기록일 :　　　.　　　.　　　.

서 한 사람을 네게로 보내리니 너
는 그에게 기름을 부어 내 백성 이
스라엘의 지도자로 삼으라 그가 내
백성을 블레셋 사람들의 손에서 구
원하리라 내 백성의 부르짖음이 내
게 상달되었으므로 내가 그들을 돌
보았노라 하셨더니
17 사무엘이 사울을 볼 때에 야훼께
서 그에게 이르시되 보라 이는 내
가 네게 말한 사람이니 이가 내 백
성을 다스리리라 하시니라
18 사울이 성문 안 사무엘에게 나아가
이르되 선견자의 집이 어디인지 청
하건대 내게 가르치소서 하니
19 사무엘이 사울에게 대답하여 이르
되 내가 선견자이니라 너는 내 앞서
산당으로 올라가라 너희가 오늘 나
와 함께 먹을 것이요 아침에는 내
가 너를 보내되 네 마음에 있는 것
을 다 네게 말하리라
20 사흘 전에 잃은 네 암나귀들을 염려
하지 말라 찾았느니라 온 이스라엘
이 사모하는 자가 누구냐 너와 네
아버지의 온 집이 아니냐 하는지라
21 사울이 대답하여 이르되 나는 이스
라엘 지파의 가장 작은 지파 베냐
민 사람이 아니니이까 또 나의 가
족은 베냐민 지파 모든 가족 중에
가장 미약하지 아니하니이까 당신
이 어찌하여 내게 이같이 말씀하시
나이까 하니
22 사무엘이 사울과 그의 사환을 인도
하여 객실로 들어가서 청한 자 중
상석에 앉게 하였는데 객은 삼십
명 가량이었더라
23 사무엘이 요리인에게 이르되 내가
네게 주며 네게 두라고 말한 그 부
분을 가져오라
24 요리인이 넓적다리와 그것에 붙은
것을 가져다가 사울 앞에 놓는지라
사무엘이 이르되 보라 이는 두었던
것이니 네 앞에 놓고 먹으라 내가
백성을 청할 때부터 너를 위하여
이것을 두고 이 때를 기다리게 하
였느니라 그 날에 사울이 사무엘과
함께 먹으니라
25 그들이 산당에서 내려 성읍에 들어
가서는 사무엘이 사울과 함께 지붕
에서 담화하고
26 그들이 일찍이 일어날새 동틀 때쯤
이라 사무엘이 지붕에서 사울을 불
러 이르되 일어나라 내가 너를 보
내리라 하매 사울이 일어나고 그
두 사람 사울과 사무엘이 함께 밖
으로 나가서
27 성읍 끝에 이르매 사무엘이 사울에
게 이르되 사환에게 우리를 앞서게
하라 하니라 사환이 앞서가므로 또
이르되 너는 이제 잠깐 서 있으라
내가 하나님의 말씀을 네게 들려

기록일 : . . .

주리라 하더라

10 이에 사무엘이 기름병을 가져다
가 사울의 머리에 붓고 입맞추며
이르되 야훼께서 네게 기름을 부으
사 그의 기업의 지도자로 삼지 아
니하셨느냐
2 네가 오늘 나를 떠나가다가 베냐
민 경계 셀사에 있는 라헬의 묘실
곁에서 두 사람을 만나리니 그들
이 네게 이르기를 네가 찾으러 갔
던 암나귀들을 찾은지라 네 아버지
가 암나귀들의 염려는 놓았으나 너
희로 말미암아 걱정하여 이르되 내
아들을 위하여 어찌하리요 하더라
할 것이요
3 네가 거기서 더 나아가서 다볼 상
수리나무에 이르면 거기서 하나님
을 뵈오려고 벧엘로 올라가는 세
사람을 만나리니 한 사람은 염소
새끼 셋을 이끌었고 한 사람은 떡
세 덩이를 가졌고 한 사람은 포도
주 한 가죽부대를 가진 자라
4 그들이 네게 문안하고 떡 두 덩이
를 주겠고 너는 그의 손에서 받으
리라
5 그 후에 네가 하나님의 산에 이르
리니 그 곳에는 블레셋 사람들의
영문이 있느니라 네가 그리로 가서
그 성읍으로 들어갈 때에 선지자의
무리가 산당에서부터 비파와 소고
와 저와 수금을 앞세우고 예언하며
내려오는 것을 만날 것이요
6 네게는 야훼의 영이 크게 임하리니
너도 그들과 함께 예언을 하고 변
하여 새 사람이 되리라
7 이 징조가 네게 임하거든 너는 기회
를 따라 행하라 하나님이 너와 함
께 하시느니라
8 너는 나보다 앞서 길갈로 내려가라
내가 네게로 내려가서 번제와 화목
제를 드리리니 내가 네게 가서 네
가 행할 것을 가르칠 때까지 칠 일
동안 기다리라
9 그가 사무엘에게서 떠나려고 몸을
돌이킬 때에 하나님이 새 마음을 주
셨고 그 날 그 징조도 다 응하니라
10 그들이 산에 이를 때에 선지자의
무리가 그를 영접하고 하나님의 영
이 사울에게 크게 임하므로 그가
그들 중에서 예언을 하니
11 전에 사울을 알던 모든 사람들이
사울이 선지자들과 함께 예언함을
보고 서로 이르되 기스의 아들에게
무슨 일이 일어났느냐 사울도 선지
자들 중에 있느냐 하고
12 그 곳의 어떤 사람은 말하여 이르
되 그들의 아버지가 누구냐 한지라
그러므로 속담이 되어 이르되 사울
도 선지자들 중에 있느냐 하더라
13 사울이 예언하기를 마치고 산당으

기록일 : . . .

로 가니라
14 사울의 숙부가 사울과 그의 사환
에게 이르되 너희가 어디로 갔더냐
사울이 이르되 암나귀들을 찾다가
찾지 못하므로 사무엘에게 갔었나
이다 하니
15 사울의 숙부가 이르되 청하노니 사
무엘이 너희에게 이른 말을 내게
말하라 하니라
16 사울이 그의 숙부에게 말하되 그가
암나귀들을 찾았다고 우리에게 분명
히 말하더이다 하고 사무엘이 말하
던 나라의 일은 말하지 아니하니라
17 사무엘이 백성을 미스바로 불러 야
훼 앞에 모으고
18 이스라엘 자손에게 이르되 이스라
엘 하나님 야훼께서 이같이 말씀하
시기를 내가 이스라엘을 애굽에서
인도하여 내고 너희를 애굽인의 손
과 너희를 압제하는 모든 나라의
손에서 건져내었느니라 하셨거늘
19 너희는 너희를 모든 재난과 고통
중에서 친히 구원하여 내신 너희의
하나님을 오늘 버리고 이르기를 우
리 위에 왕을 세우라 하는도다 그
런즉 이제 너희의 지파대로 천 명
씩 야훼 앞에 나아오라 하고
20 사무엘이 이에 이스라엘 모든 지파
를 가까이 오게 하였더니 베냐민
지파가 뽑혔고
21 베냐민 지파를 그들의 가족별로 가
까이 오게 하였더니 마드리의 가족
이 뽑혔고 그 중에서 기스의 아들
사울이 뽑혔으나 그를 찾아도 찾지
못한지라
22 그러므로 그들이 또 야훼께 묻되
그 사람이 여기 왔나이까 야훼께서
대답하시되 그가 짐보따리들 사이
에 숨었느니라 하셨더라
23 그들이 달려 가서 거기서 그를 데려
오매 그가 백성 중에 서니 다른 사
람보다 어깨 위만큼 컸더라
24 사무엘이 모든 백성에게 이르되 너
희는 야훼께서 택하신 자를 보느냐
모든 백성 중에 짝할 이가 없느니
라 하니 모든 백성이 왕의 만세를
외쳐 부르니라
25 사무엘이 나라의 제도를 백성에게
말하고 책에 기록하여 야훼 앞에
두고 모든 백성을 각기 집으로 보
내매
26 사울도 기브아 자기 집으로 갈 때
에 마음이 하나님께 감동된 유력한
자들과 함께 갔느니라
27 어떤 불량배는 이르되 이 사람이
어떻게 우리를 구원하겠느냐 하고
멸시하며 예물을 바치지 아니하였
으나 그는 잠잠하였더라
11 암몬 사람 나하스가 올라와서 길
르앗 야베스에 맞서 진 치매 야베

기록일 : . . .

스 모든 사람들이 나하스에게 이르
되 우리와 언약하자 그리하면 우리
가 너를 섬기리라 하니
2 암몬 사람 나하스가 그들에게 이르
되 내가 너희 오른 눈을 다 빼야 너
희와 언약하리라 내가 온 이스라엘
을 이같이 모욕하리라
3 야베스 장로들이 그에게 이르되 우
리에게 이레 동안 말미를 주어 우리
가 이스라엘 온 지역에 전령들을 보
내게 하라 만일 우리를 구원할 자가
없으면 네게 나아가리라 하니라
4 이에 전령들이 사울이 사는 기브아
에 이르러 이 말을 백성에게 전하
매 모든 백성이 소리를 높여 울더니
5 마침 사울이 밭에서 소를 몰고 오
다가 이르되 백성이 무슨 일로 우
느냐 하니 그들이 야베스 사람의
말을 전하니라
6 사울이 이 말을 들을 때에 하나님
의 영에게 크게 감동되매 그의 노
가 크게 일어나
7 한 겨리의 소를 잡아 각을 뜨고 전
령들의 손으로 그것을 이스라엘 모
든 지역에 두루 보내어 이르되 누
구든지 나와서 사울과 사무엘을 따
르지 아니하면 그의 소들도 이와
같이 하리라 하였더니 야훼의 두려
움이 백성에게 임하매 그들이 한
사람 같이 나온지라
8 사울이 베섹에서 그들의 수를 세어
보니 이스라엘 자손이 삼십만 명이
요 유다 사람이 삼만 명이더라
9 무리가 와 있는 전령들에게 이르되
너희는 길르앗 야베스 사람에게 이
같이 이르기를 내일 해가 더울 때
에 너희가 구원을 받으리라 하라
전령들이 돌아가서 야베스 사람들
에게 전하매 그들이 기뻐하니라
10 야베스 사람들이 이에 이르되 우리
가 내일 너희에게 나아가리니 너희
생각에 좋을 대로 우리에게 다 행
하라 하니라
11 이튿날 사울이 백성을 삼 대로 나
누고 새벽에 적진 한가운데로 들어
가서 날이 더울 때까지 암몬 사람
들을 치매 남은 자가 다 흩어져서
둘도 함께 한 자가 없었더라
12 백성이 사무엘에게 이르되 사울이
어찌 우리를 다스리겠느냐 한 자가
누구니이까 그들을 끌어내소서 우
리가 죽이겠나이다
13 사울이 이르되 이 날에는 사람을 죽
이지 못하리니 야훼께서 오늘 이스
라엘 중에 구원을 베푸셨음이니라
14 사무엘이 백성에게 이르되 오라 우
리가 길갈로 가서 나라를 새롭게
하자
15 모든 백성이 길갈로 가서 거기서 야
훼 앞에서 사울을 왕으로 삼고 길

기록일 : . . .

갈에서 야훼 앞에 화목제를 드리고
사울과 이스라엘 모든 사람이 거기
서 크게 기뻐하니라

12

사무엘이 온 이스라엘에게 이르
되 보라 너희가 내게 한 말을 내가
다 듣고 너희 위에 왕을 세웠더니
2 이제 왕이 너희 앞에 출입하느니라
보라 나는 늙어 머리가 희어졌고
내 아들들도 너희와 함께 있느니라
내가 어려서부터 오늘까지 너희 앞
에 출입하였거니와
3 내가 여기 있나니 야훼 앞과 그의
기름 부음을 받은 자 앞에서 내게
대하여 증언하라 내가 누구의 소를
빼앗았느냐 누구의 나귀를 빼앗았
느냐 누구를 속였느냐 누구를 압제
하였느냐 내 눈을 흐리게 하는 뇌
물을 누구의 손에서 받았느냐 그리
하였으면 내가 그것을 너희에게 갚
으리라 하니
4 그들이 이르되 당신이 우리를 속이
지 아니하였고 압제하지 아니하였
고 누구의 손에서든지 아무것도 빼
앗은 것이 없나이다 하니라
5 사무엘이 백성에게 이르되 너희가
내 손에서 아무것도 찾아낸 것이
없음을 야훼께서 너희에게 대하여
증언하시며 그의 기름 부음을 받은
자도 오늘 증언하느니라 하니 그들
이 이르되 그가 증언하시나이다 하
니라
6 사무엘이 백성에게 이르되 모세와
아론을 세우시며 너희 조상들을 애
굽 땅에서 인도하여 내신 이는 야
훼이시니
7 그런즉 가만히 서 있으라 야훼께서
너희와 너희 조상들에게 행하신 모
든 공의로운 일에 대하여 내가 야
훼 앞에서 너희와 담론하리라
8 야곱이 애굽에 들어간 후 너희 조
상들이 야훼께 부르짖으매 야훼께
서 모세와 아론을 보내사 그 두 사
람으로 너희 조상들을 애굽에서 인
도해 내어 이 곳에 살게 하셨으나
9 그들이 그들의 하나님 야훼를 잊은
지라 야훼께서 그들을 하솔 군사령
관 시스라의 손과 블레셋 사람들의
손과 모압 왕의 손에 넘기셨더니
그들이 저희를 치매
10 백성이 야훼께 부르짖어 이르되 우
리가 야훼를 버리고 바알들과 아스
다롯을 섬김으로 범죄하였나이다
그러하오나 이제 우리를 원수들의
손에서 건져내소서 그리하시면 우
리가 주를 섬기겠나이다 하매
11 야훼께서 여룹바알과 베단과 입다
와 나 사무엘을 보내사 너희를 너
희 사방 원수의 손에서 건져내사
너희에게 안전하게 살게 하셨거늘
12 너희가 암몬 자손의 왕 나하스가

기록일 : . . .

너희를 치러 옴을 보고 너희의 하
나님 야훼께서는 너희의 왕이 되심
에도 불구하고 너희가 내게 이르기
를 아니라 우리를 다스릴 왕이 있어
야 하겠다 하였도다
13 이제 너희가 구한 왕, 너희가 택한
왕을 보라 야훼께서 너희 위에 왕
을 세우셨느니라
14 너희가 만일 야훼를 경외하여 그를
섬기며 그의 목소리를 듣고 야훼
의 명령을 거역하지 아니하며 또 너
희와 너희를 다스리는 왕이 너희의
하나님 야훼를 따르면 좋겠지마는
15 너희가 만일 야훼의 목소리를 듣지
아니하고 야훼의 명령을 거역하면
야훼의 손이 너희의 조상들을 치신
것 같이 너희를 치실 것이라
16 너희는 이제 가만히 서서 야훼께서
너희 목전에서 행하시는 이 큰 일을
보라
17 오늘은 밀 베는 때가 아니냐 내가
야훼께 아뢰리니 야훼께서 우레와
비를 보내사 너희가 왕을 구한 일
곧 야훼의 목전에서 범한 죄악이
큼을 너희에게 밝히 알게 하시리라
18 이에 사무엘이 야훼께 아뢰매 야
훼께서 그 날에 우레와 비를 보내
시니 모든 백성이 야훼와 사무엘을
크게 두려워하니라
19 모든 백성이 사무엘에게 이르되 당
신의 종들을 위하여 당신의 하나님
야훼께 기도하여 우리가 죽지 않게
하소서 우리가 우리의 모든 죄에
왕을 구하는 악을 더하였나이다
20 사무엘이 백성에게 이르되 두려워
하지 말라 너희가 과연 이 모든 악
을 행하였으나 야훼를 따르는 데에
서 돌아서지 말고 오직 너희의 마
음을 다하여 야훼를 섬기라
21 돌아서서 유익하게도 못하며 구원
하지도 못하는 헛된 것을 따르지
말라 그들은 헛되니라
22 야훼께서는 너희를 자기 백성으로
삼으신 것을 기뻐하셨으므로 야훼
께서는 그의 크신 이름을 위해서라
도 자기 백성을 버리지 아니하실 것
이요
23 나는 너희를 위하여 기도하기를 쉬
는 죄를 야훼 앞에 결단코 범하지
아니하고 선하고 의로운 길을 너희
에게 가르칠 것인즉
24 너희는 야훼께서 너희를 위하여 행
하신 그 큰 일을 생각하여 오직 그
를 경외하며 너희의 마음을 다하여
진실히 섬기라
25 만일 너희가 여전히 악을 행하면 너
희와 너희 왕이 다 멸망하리라

13

사울이 왕이 될 때에 사십세라 그
가 이스라엘을 다스린 지 이 년에
2 이스라엘 사람 삼천 명을 택하여

기록일 : . . .

그 중에서 이천 명은 자기와 함께
믹마스와 벧엘 산에 있게 하고 일
천 명은 요나단과 함께 베냐민 기
브아에 있게 하고 남은 백성은 각
기 장막으로 보내니라
3 요나단이 게바에 있는 블레셋 사
람의 수비대를 치매 블레셋 사람이
이를 들은지라 사울이 온 땅에 나
팔을 불어 이르되 히브리 사람들은
들으라 하니
4 온 이스라엘이 사울이 블레셋 사람
들의 수비대를 친 것과 이스라엘이
블레셋 사람들의 미움을 받게 되었
다 함을 듣고 그 백성이 길갈로 모
여 사울을 따르니라
5 블레셋 사람들이 이스라엘과 싸우
려고 모였는데 병거가 삼만이요 마
병이 육천 명이요 백성은 해변의 모
래 같이 많더라 그들이 올라와 벧
아웬 동쪽 믹마스에 진 치매
6 이스라엘 사람들이 위급함을 보고
절박하여 굴과 수풀과 바위 틈과
은밀한 곳과 웅덩이에 숨으며
7 어떤 히브리 사람들은 요단을 건너
갓과 길르앗 땅으로 가되 사울은
아직 길갈에 있고 그를 따른 모든
백성은 떨더라
8 사울은 사무엘이 정한 기한대로 이
레 동안을 기다렸으나 사무엘이 길
갈로 오지 아니하매 백성이 사울에
게서 흩어지는지라
9 사울이 이르되 번제와 화목제물을
이리로 가져오라 하여 번제를 드렸
더니
10 번제 드리기를 마치자 사무엘이 온
지라 사울이 나가 맞으며 문안하매
11 사무엘이 이르되 왕이 행하신 것
이 무엇이냐 하니 사울이 이르되 백
성은 내게서 흩어지고 당신은 정한
날 안에 오지 아니하고 블레셋 사
람은 믹마스에 모였음을 내가 보았
으므로
12 이에 내가 이르기를 블레셋 사람들
이 나를 치러 길갈로 내려오겠거늘
내가 야훼께 은혜를 간구하지 못하
였다 하고 부득이하여 번제를 드렸
나이다 하니라
13 사무엘이 사울에게 이르되 왕이 망
령되이 행하였도다 왕이 왕의 하나
님 야훼께서 왕에게 내리신 명령을
지키지 아니하였도다 그리하였더라
면 야훼께서 이스라엘 위에 왕의
나라를 영원히 세우셨을 것이거늘
14 지금은 왕의 나라가 길지 못할 것
이라 야훼께서 왕에게 명령하신 바
를 왕이 지키지 아니하였으므로 야
훼께서 그의 마음에 맞는 사람을
구하여 야훼께서 그를 그의 백성의
지도자로 삼으셨느니라 하고
15 사무엘이 일어나 길갈에서 떠나 베

기록일 : . . .

냐민 기브아로 올라가니라 사울이
자기와 함께 한 백성의 수를 세어
보니 육백 명 가량이라
16 사울과 그의 아들 요나단과 그들
과 함께 한 백성은 베냐민 게바에
있고 블레셋 사람들은 믹마스에 진
쳤더니
17 노략꾼들이 세 대로 블레셋 사람들
의 진영에서 나와서 한 대는 오브라
길을 따라서 수알 땅에 이르렀고
18 한 대는 벧호론 길로 향하였고 한
대는 광야쪽으로 스보임 골짜기가
내려다 보이는 지역 길로 향하였
더라
19 그 때에 이스라엘 온 땅에 철공이
없었으니 이는 블레셋 사람들이 말
하기를 히브리 사람이 칼이나 창을
만들까 두렵다 하였음이라
20 온 이스라엘 사람들이 각기 보습이
나 삽이나 도끼나 괭이를 벼리려면
블레셋 사람들에게로 내려갔었는데
21 곧 그들이 괭이나 삽이나 쇠스랑이
나 도끼나 쇠채찍이 무딜 때에 그
리하였으므로
22 싸우는 날에 사울과 요나단과 함께
한 백성의 손에는 칼이나 창이 없
고 오직 사울과 그의 아들 요나단
에게만 있었더라
23 블레셋 사람들의 부대가 나와서 믹
마스 어귀에 이르렀더라

14

하루는 사울의 아들 요나단이 자
기의 무기를 든 소년에게 이르되
우리가 건너편 블레셋 사람들의 부
대로 건너가자 하고 그의 아버지에
게는 아뢰지 아니하였더라
2 사울이 기브아 변두리 미그론에 있
는 석류나무 아래에 머물렀고 함께
한 백성은 육백 명 가량이며
3 아히야는 에봇을 입고 거기 있었으
니 그는 이가봇의 형제 아히둡의
아들이요 비느하스의 손자요 실로
에서 야훼의 제사장이 되었던 엘리
의 증손이었더라 백성은 요나단이
간 줄을 알지 못하니라
4 요나단이 블레셋 사람들에게로 건
너가려 하는 어귀 사이 이쪽에는 험
한 바위가 있고 저쪽에도 험한 바
위가 있는데 하나의 이름은 보세스
요 하나의 이름은 세네라
5 한 바위는 북쪽에서 믹마스 앞에
일어섰고 하나는 남쪽에서 게바 앞
에 일어섰더라
6 요나단이 자기의 무기를 든 소년에
게 이르되 우리가 이 할례 받지 않
은 자들에게로 건너가자 야훼께서
우리를 위하여 일하실까 하노라 야
훼의 구원은 사람이 많고 적음에
달리지 아니하였느니라
7 무기를 든 자가 그에게 이르되 당
신의 마음에 있는 대로 다 행하여

앞서 가소서 내가 당신과 마음을
같이 하여 따르리이다
8 요나단이 이르되 보라 우리가 그
사람들에게로 건너가서 그들에게
보이리니
9 그들이 만일 우리에게 이르기를 우
리가 너희에게로 가기를 기다리라
하면 우리는 우리가 있는 곳에 가
만히 서서 그들에게로 올라가지 말
것이요
10 그들이 만일 말하기를 우리에게로
올라오라 하면 우리가 올라갈 것은
야훼께서 그들을 우리 손에 넘기셨
음이니 이것이 우리에게 표징이 되
리라 하고
11 둘이 다 블레셋 사람들에게 보이매
블레셋 사람이 이르되 보라 히브리
사람이 그들이 숨었던 구멍에서 나
온다 하고
12 그 부대 사람들이 요나단과 그의
무기를 든 자에게 이르되 우리에게
로 올라오라 너희에게 보여 줄 것
이 있느니라 한지라 요나단이 자기
의 무기를 든 자에게 이르되 나를
따라 올라오라 야훼께서 그들을 이
스라엘의 손에 넘기셨느니라 하고
13 요나단이 손 발로 기어 올라갔고
그 무기를 든 자도 따랐더라 블레
셋 사람들이 요나단 앞에서 엎드러
지매 무기를 든 자가 따라가며 죽
였으니
14 요나단과 그 무기를 든 자가 반나
절 갈이 땅 안에서 처음으로 쳐죽
인 자가 이십 명 가량이라
15 들에 있는 진영과 모든 백성들이
공포에 떨었고 부대와 노략꾼들도
떨었으며 땅도 진동하였으니 이는
큰 떨림이었더라
16 베냐민 기브아에 있는 사울의 파수
꾼이 바라본즉 허다한 블레셋 사람
들이 무너져 이리 저리 흩어지더라
17 사울이 자기와 함께 한 백성에게
이르되 우리에게서 누가 나갔는지
점호하여 보라 하여 점호한즉 요나
단과 그의 무기를 든 자가 없어졌
더라
18 사울이 아히야에게 이르되 하나님
의 궤를 이리로 가져오라 하니 그
때에 하나님의 궤가 이스라엘 자손
과 함께 있음이니라
19 사울이 제사장에게 말할 때에 블레
셋 사람들의 진영에 소동이 점점 더
한지라 사울이 제사장에게 이르되
네 손을 거두라 하고
20 사울과 그와 함께 한 모든 백성이
모여 전장에 가서 본즉 블레셋 사
람들이 각각 칼로 자기의 동무들을
치므로 크게 혼란하였더라
21 전에 블레셋 사람들과 함께 하던
히브리 사람이 사방에서 블레셋 사

기록일 : . . .

람들과 함께 진영에 들어왔더니 그
들이 돌이켜 사울과 요나단과 함께
한 이스라엘 사람들과 합하였고
22 에브라임 산지에 숨었던 이스라엘
모든 사람도 블레셋 사람들이 도망
함을 듣고 싸우러 나와서 그들을
추격하였더라
23 야훼께서 그 날에 이스라엘을 구원
하시므로 전쟁이 벧아웬을 지나니라
24 이 날에 이스라엘 백성들이 피곤하
였으니 이는 사울이 백성에게 맹세
시켜 경계하여 이르기를 저녁 곧 내
가 내 원수에게 보복하는 때까지
아무 음식물이든지 먹는 사람은 저
주를 받을지어다 하였음이라 그러
므로 모든 백성이 음식물을 맛보지
못하고
25 그들이 다 수풀에 들어간즉 땅에
꿀이 있더라
26 백성이 수풀로 들어갈 때에 꿀이
흐르는 것을 보고도 그들이 맹세를
두려워하여 손을 그 입에 대는 자
가 없었으나
27 요나단은 그의 아버지가 백성에게
맹세하여 명령할 때에 듣지 못하였
으므로 손에 가진 지팡이 끝을 내
밀어 벌집의 꿀을 찍고 그의 손을
돌려 입에 대매 눈이 밝아졌더라
28 그 때에 백성 중 한 사람이 말하여
이르되 당신의 부친이 백성에게 맹
세하여 엄히 말씀하시기를 오늘 음
식물을 먹는 사람은 저주를 받을지
어다 하셨나이다 그러므로 백성이
피곤하였나이다 하니
29 요나단이 이르되 내 아버지께서 이
땅을 곤란하게 하셨도다 보라 내가
이 꿀 조금을 맛보고도 내 눈이 이
렇게 밝아졌거든
30 하물며 백성이 오늘 그 대적에게서
탈취하여 얻은 것을 임의로 먹었더
라면 블레셋 사람을 살육함이 더욱
많지 아니하였겠느냐
31 그 날에 백성이 믹마스에서부터 아
얄론에 이르기까지 블레셋 사람들을
쳤으므로 그들이 심히 피곤한지라
32 백성이 이에 탈취한 물건에 달려가
서 양과 소와 송아지들을 끌어다가
그것을 땅에서 잡아 피째 먹었더니
33 무리가 사울에게 전하여 이르되 보
소서 백성이 고기를 피째 먹어 야훼
께 범죄하였나이다 사울이 이르되
너희가 믿음 없이 행하였도다 이제
큰 돌을 내게로 굴려 오라 하고
34 또 사울이 이르되 너희는 백성 중에
흩어져 다니며 그들에게 이르기를
사람은 각기 소와 양을 이리로 끌어
다가 여기서 잡아 먹되 피째로 먹어
야훼께 범죄하지 말라 하라 하매 그
밤에 모든 백성이 각각 자기의 소를
끌어다가 거기서 잡으니라

기록일 : . . .

35 사울이 야훼를 위하여 제단을 쌓았
으니 이는 그가 야훼를 위하여 처
음 쌓은 제단이었더라
36 사울이 이르되 우리가 밤에 블레셋
사람들을 추격하여 동틀 때까지 그
들 중에서 탈취하고 한 사람도 남
기지 말자 무리가 이르되 왕의 생
각에 좋은 대로 하소서 할 때에 제
사장이 이르되 이리로 와서 하나님
께로 나아가사이다 하매
37 사울이 하나님께 묻자오되 내가 블
레셋 사람들을 추격하리이까 주께
서 그들을 이스라엘의 손에 넘기시
겠나이까 하되 그 날에 대답하지
아니하시는지라
38 사울이 이르되 너희 군대의 지휘관
들아 다 이리로 오라 오늘 이 죄가
누구에게 있나 알아보자
39 이스라엘을 구원하신 야훼께서 살
아 계심을 두고 맹세하노니 내 아
들 요나단에게 있다 할지라도 반드
시 죽으리라 하되 모든 백성 중 한
사람도 대답하지 아니하매
40 이에 그가 온 이스라엘에게 이르되
너희는 저쪽에 있으라 나와 내 아
들 요나단은 이쪽에 있으리라 백성
이 사울에게 말하되 왕의 생각에
좋은 대로 하소서 하니라
41 이에 사울이 이스라엘의 하나님 야
훼께 아뢰되 원하건대 실상을 보이
소서 하였더니 요나단과 사울이 뽑
히고 백성은 면한지라
42 사울이 이르되 나와 내 아들 요나
단 사이에 뽑으라 하였더니 요나단
이 뽑히니라
43 사울이 요나단에게 이르되 네가 행
한 것을 내게 말하라 요나단이 말
하여 이르되 내가 다만 내 손에 가
진 지팡이 끝으로 꿀을 조금 맛보
았을 뿐이오나 내가 죽을 수밖에
없나이다
44 사울이 이르되 요나단아 네가 반드
시 죽으리라 그렇지 않으면 하나님
이 내게 벌을 내리시고 또 내리시기
를 원하노라 하니
45 백성이 사울에게 말하되 이스라엘
에 이 큰 구원을 이룬 요나단이 죽
겠나이까 결단코 그렇지 아니하니
이다 야훼의 살아 계심을 두고 맹
세하옵나니 그의 머리털 하나도 땅
에 떨어지지 아니할 것은 그가 오
늘 하나님과 동역하였음이니이다
하여 백성이 요나단을 구원하여 죽
지 않게 하니라
46 사울이 블레셋 사람들 추격하기를
그치고 올라가매 블레셋 사람들이
자기 곳으로 돌아가니라
47 사울이 이스라엘 왕위에 오른 후에
사방에 있는 모든 대적 곧 모압과
암몬 자손과 에돔과 소바의 왕들과

블레셋 사람들을 쳤는데 향하는 곳
마다 이겼고
48 용감하게 아말렉 사람들을 치고 이
스라엘을 그 약탈하는 자들의 손에
서 건졌더라
49 사울의 아들은 요나단과 이스위와
말기수아요 그의 두 딸의 이름은
이러하니 맏딸의 이름은 메랍이요
작은 딸의 이름은 미갈이며
50 사울의 아내의 이름은 아히노암이
니 아히마아스의 딸이요 그의 군사
령관의 이름은 아브넬이니 사울의
숙부 넬의 아들이며
51 사울의 아버지는 기스요 아브넬의
아버지는 넬이니 아비엘의 아들이
었더라
52 사울이 사는 날 동안에 블레셋 사
람과 큰 싸움이 있었으므로 사울이
힘 센 사람이나 용감한 사람을 보
면 그들을 불러모았더라
15 사무엘이 사울에게 이르되 야훼
께서 나를 보내어 왕에게 기름을
부어 그의 백성 이스라엘 위에 왕
으로 삼으셨은즉 이제 왕은 야훼의
말씀을 들으소서
2 만군의 야훼께서 이같이 말씀하시
기를 아말렉이 이스라엘에게 행한
일 곧 애굽에서 나올 때에 길에서
대적한 일로 내가 그들을 벌하노니
3 지금 가서 아말렉을 쳐서 그들의
모든 소유를 남기지 말고 진멸하되
남녀와 소아와 젖 먹는 아이와 우
양과 낙타와 나귀를 죽이라 하셨나
이다 하니
4 사울이 백성을 소집하고 그들을 들
라임에서 세어 보니 보병이 이십만
명이요 유다 사람이 만 명이라
5 사울이 아말렉 성에 이르러 골짜기
에 복병시키니라
6 사울이 겐 사람에게 이르되 아말렉
사람 중에서 떠나 가라 그들과 함
께 너희를 멸하게 될까 하노라 이
스라엘 모든 자손이 애굽에서 올라
올 때에 너희가 그들을 선대하였느
니라 이에 겐 사람이 아말렉 사람
중에서 떠나니라
7 사울이 하윌라에서부터 애굽 앞 술
에 이르기까지 아말렉 사람을 치고
8 아말렉 사람의 왕 아각을 사로잡고
칼날로 그의 모든 백성을 진멸하였
으되
9 사울과 백성이 아각과 그의 양과
소의 가장 좋은 것 또는 기름진 것
과 어린 양과 모든 좋은 것을 남기
고 진멸하기를 즐겨 아니하고 가치
없고 하찮은 것은 진멸하니라
10 야훼의 말씀이 사무엘에게 임하니
라 이르시되
11 내가 사울을 왕으로 세운 것을 후
회하노니 그가 돌이켜서 나를 따르

기록일 : . . .

지 아니하며 내 명령을 행하지 아
니하였음이니라 하신지라 사무엘이
근심하여 온 밤을 야훼께 부르짖으
니라
12 사무엘이 사울을 만나려고 아침에
일찍이 일어났더니 어떤 사람이 사
무엘에게 말하여 이르되 사울이 갈
멜에 이르러 자기를 위하여 기념비
를 세우고 발길을 돌려 길갈로 내
려갔다 하는지라
13 사무엘이 사울에게 이른즉 사울이
그에게 이르되 원하건대 당신은 야
훼께 복을 받으소서 내가 야훼의
명령을 행하였나이다 하니
14 사무엘이 이르되 그러면 내 귀에
들려오는 이 양의 소리와 내게 들
리는 소의 소리는 어찌 됨이니이까
하니라
15 사울이 이르되 그것은 무리가 아말
렉 사람에게서 끌어 온 것인데 백
성이 당신의 하나님 야훼께 제사하
려 하여 양들과 소들 중에서 가장
좋은 것을 남김이요 그 외의 것은
우리가 진멸하였나이다 하는지라
16 사무엘이 사울에게 이르되 가만히
계시옵소서 간 밤에 야훼께서 내게
이르신 것을 왕에게 말하리이다 하
니 그가 이르되 말씀하소서
17 사무엘이 이르되 왕이 스스로 작
게 여길 그 때에 이스라엘 지파의
머리가 되지 아니하셨나이까 야훼
께서 왕에게 기름을 부어 이스라엘
왕을 삼으시고
18 또 야훼께서 왕을 길로 보내시며
이르시기를 가서 죄인 아말렉 사람
을 진멸하되 다 없어지기까지 치라
하셨거늘
19 어찌하여 왕이 야훼의 목소리를 청
종하지 아니하고 탈취하기에만 급
하여 야훼께서 악하게 여기시는 일
을 행하였나이까
20 사울이 사무엘에게 이르되 나는 실
로 야훼의 목소리를 청종하여 야훼
께서 보내신 길로 가서 아말렉 왕
아각을 끌어 왔고 아말렉 사람들을
진멸하였으나
21 다만 백성이 그 마땅히 멸할 것 중
에서 가장 좋은 것으로 길갈에서
당신의 하나님 야훼께 제사하려고
양과 소를 끌어 왔나이다 하는지라
22 사무엘이 이르되 야훼께서 번제와
다른 제사를 그의 목소리를 청종하
는 것을 좋아하심 같이 좋아하시겠
나이까 순종이 제사보다 낫고 듣는
것이 숫양의 기름보다 나으니
23 이는 거역하는 것은 점치는 죄와 같
고 완고한 것은 사신 우상에게 절
하는 죄와 같음이라 왕이 야훼의
말씀을 버렸으므로 야훼께서도 왕
을 버려 왕이 되지 못하게 하셨나이

기록일 : . . .

다 하니
24 사울이 사무엘에게 이르되 내가 범
죄하였나이다 내가 야훼의 명령과
당신의 말씀을 어긴 것은 내가 백
성을 두려워하여 그들의 말을 청종
하였음이니이다
25 청하오니 지금 내 죄를 사하고 나
와 함께 돌아가서 나로 하여금 야
훼께 경배하게 하소서 하니
26 사무엘이 사울에게 이르되 나는 왕
과 함께 돌아가지 아니하리니 이
는 왕이 야훼의 말씀을 버렸으므로
야훼께서 왕을 버려 이스라엘 왕이
되지 못하게 하셨음이니이다 하고
27 사무엘이 가려고 돌아설 때에 사울
이 그의 겉옷자락을 붙잡으매 찢어
진지라
28 사무엘이 그에게 이르되 야훼께서
오늘 이스라엘 나라를 왕에게서 떼
어 왕보다 나은 왕의 이웃에게 주
셨나이다
29 이스라엘의 지존자는 거짓이나 변
개함이 없으시니 그는 사람이 아니
시므로 결코 변개하지 않으심이니
이다 하니
30 사울이 이르되 내가 범죄하였을지
라도 이제 청하옵나니 내 백성의
장로들 앞과 이스라엘 앞에서 나를
높이사 나와 함께 돌아가서 내가
당신의 하나님 야훼께 경배하게 하
소서 하더라
31 이에 사무엘이 돌이켜 사울을 따라
가매 사울이 야훼께 경배하니라
32 사무엘이 이르되 너희는 아말렉 사
람의 왕 아각을 내게로 끌어 오라
하였더니 아각이 즐거이 오며 이르
되 진실로 사망의 괴로움이 지났도
다 하니라
33 사무엘이 이르되 네 칼이 여인들에
게 자식이 없게 한 것 같이 여인 중
네 어미에게 자식이 없으리라 하고
그가 길갈에서 야훼 앞에서 아각을
찍어 쪼개니라
34 이에 사무엘은 라마로 가고 사울은
사울 기브아 자기의 집으로 올라가
니라
35 사무엘이 죽는 날까지 사울을 다시
가서 보지 아니하였으니 이는 그가
사울을 위하여 슬퍼함이었고 야훼
께서는 사울을 이스라엘 왕으로 삼
으신 것을 후회하셨더라

16 야훼께서 사무엘에게 이르시되
내가 이미 사울을 버려 이스라엘
왕이 되지 못하게 하였거늘 네가
그를 위하여 언제까지 슬퍼하겠느
냐 너는 뿔에 기름을 채워 가지고
가라 내가 너를 베들레헴 사람 이
새에게로 보내리니 이는 내가 그의
아들 중에서 한 왕을 보았느니라
하시는지라

기록일 : . . .

2 사무엘이 이르되 내가 어찌 갈 수
있으리이까 사울이 들으면 나를 죽
이리이다 하니 야훼께서 이르시되
너는 암송아지를 끌고 가서 말하기
를 내가 야훼께 제사를 드리러 왔
다 하고
3 이새를 제사에 청하라 내가 네게
행할 일을 가르치리니 내가 네게
알게 하는 자에게 나를 위하여 기
름을 부을지니라
4 사무엘이 야훼의 말씀대로 행하여
베들레헴에 이르매 성읍 장로들이
떨며 그를 영접하여 이르되 평강을
위하여 오시나이까
5 이르되 평강을 위함이니라 내가 야
훼께 제사하러 왔으니 스스로 성결
하게 하고 와서 나와 함께 제사하
자 하고 이새와 그의 아들들을 성
결하게 하고 제사에 청하니라
6 그들이 오매 사무엘이 엘리압을 보
고 마음에 이르기를 야훼의 기름
부으실 자가 과연 주님 앞에 있도
다 하였더니
7 야훼께서 사무엘에게 이르시되 그
의 용모와 키를 보지 말라 내가 이
미 그를 버렸노라 내가 보는 것은
사람과 같지 아니하니 사람은 외모
를 보거니와 나 야훼는 중심을 보
느니라 하시더라
8 이새가 아비나답을 불러 사무엘 앞
을 지나가게 하매 사무엘이 이르되
이도 야훼께서 택하지 아니하셨느
니라 하니
9 이새가 삼마로 지나게 하매 사무
엘이 이르되 이도 야훼께서 택하지
아니하셨느니라 하니라
10 이새가 그의 아들 일곱을 다 사무
엘 앞으로 지나가게 하나 사무엘이
이새에게 이르되 야훼께서 이들을
택하지 아니하셨느니라 하고
11 또 사무엘이 이새에게 이르되 네
아들들이 다 여기 있느냐 이새가 이
르되 아직 막내가 남았는데 그는
양을 지키나이다 사무엘이 이새에
게 이르되 사람을 보내어 그를 데
려오라 그가 여기 오기까지는 우리
가 식사 자리에 앉지 아니하겠노라
12 이에 사람을 보내어 그를 데려오매
그의 빛이 붉고 눈이 빼어나고 얼
굴이 아름답더라 야훼께서 이르시
되 이가 그니 일어나 기름을 부으
라 하시는지라
13 사무엘이 기름 뿔병을 가져다가 그
의 형제 중에서 그에게 부었더니 이
날 이후로 다윗이 야훼의 영에게
크게 감동되니라 사무엘이 떠나서
라마로 가니라
14 야훼의 영이 사울에게서 떠나고 야
훼께서 부리시는 악령이 그를 번뇌
하게 한지라

기록일 : . . .

15 사울의 신하들이 그에게 이르되 보
소서 하나님께서 부리시는 악령이
왕을 번뇌하게 하온즉
16 원하건대 우리 주께서는 당신 앞에
서 모시는 신하들에게 명령하여 수
금을 잘 타는 사람을 구하게 하소
서 하나님께서 부리시는 악령이 왕
에게 이를 때에 그가 손으로 타면
왕이 나으시리이다 하는지라
17 사울이 신하에게 이르되 나를 위하
여 잘 타는 사람을 구하여 내게로
데려오라 하니
18 소년 중 한 사람이 대답하여 이르
되 내가 베들레헴 사람 이새의 아
들을 본즉 수금을 탈 줄 알고 용기
와 무용과 구변이 있는 준수한 자
라 야훼께서 그와 함께 계시더이다
하더라
19 사울이 이에 전령들을 이새에게 보
내어 이르되 양 치는 네 아들 다윗
을 내게로 보내라 하매
20 이새가 떡과 한 가죽부대의 포도주
와 염소 새끼를 나귀에 실리고 그
의 아들 다윗을 시켜 사울에게 보
내니
21 다윗이 사울에게 이르러 그 앞에 모
셔 서매 사울이 그를 크게 사랑하여
자기의 무기를 드는 자로 삼고
22 또 사울이 이새에게 사람을 보내어
이르되 원하건대 다윗을 내 앞에
모셔 서게 하라 그가 내게 은총을
얻었느니라 하니라
23 하나님께서 부리시는 악령이 사울
에게 이를 때에 다윗이 수금을 들
고 와서 손으로 탄즉 사울이 상쾌하
여 낫고 악령이 그에게서 떠나더라

17 블레셋 사람들이 그들의 군대를
모으고 싸우고자 하여 유다에 속한
소고에 모여 소고와 아세가 사이의
에베스담밈에 진 치매
2 사울과 이스라엘 사람들이 모여서
엘라 골짜기에 진 치고 블레셋 사
람들을 대하여 전열을 벌였으니
3 블레셋 사람들은 이쪽 산에 섰고
이스라엘은 저쪽 산에 섰고 그 사
이에는 골짜기가 있었더라
4 블레셋 사람들의 진영에서 싸움을
돋우는 자가 왔는데 그의 이름은
골리앗이요 가드 사람이라 그의 키
는 여섯 규빗 한 뼘이요
5 머리에는 놋 투구를 썼고 몸에는
비늘 갑옷을 입었으니 그 갑옷의
무게가 놋 오천 세겔이며
6 그의 다리에는 놋 각반을 쳤고 어
깨 사이에는 놋 단창을 메었으니
7 그 창 자루는 베틀 채 같고 창 날은
철 육백 세겔이며 방패 든 자가 앞
서 행하더라
8 그가 서서 이스라엘 군대를 향하여
외쳐 이르되 너희가 어찌하여 나

기록일 : . . .

와서 전열을 벌였느냐 나는 블레셋
사람이 아니며 너희는 사울의 신복
이 아니냐 너희는 한 사람을 택하
여 내게로 내려보내라
9 그가 나와 싸워서 나를 죽이면 우
리가 너희의 종이 되겠고 만일 내
가 이겨 그를 죽이면 너희가 우리의
종이 되어 우리를 섬길 것이니라
10 그 블레셋 사람이 또 이르되 내가
오늘 이스라엘의 군대를 모욕하였
으니 사람을 보내어 나와 더불어
싸우게 하라 한지라
11 사울과 온 이스라엘이 블레셋 사람
의 이 말을 듣고 놀라 크게 두려워
하니라
12 다윗은 유다 베들레헴 에브랏 사람
이새라 하는 사람의 아들이었는데
이새는 사울 당시 사람 중에 나이
가 많아 늙은 사람으로서 여덟 아
들이 있는 중
13 그 장성한 세 아들은 사울을 따라
싸움에 나갔으니 싸움에 나간 세 아
들의 이름은 장자 엘리압이요 그 다
음은 아비나답이요 셋째는 삼마며
14 다윗은 막내라 장성한 세 사람은
사울을 따랐고
15 다윗은 사울에게로 왕래하며 베들
레헴에서 그의 아버지의 양을 칠
때에
16 그 블레셋 사람이 사십 일을 조석
으로 나와서 몸을 나타내었더라
17 이새가 그의 아들 다윗에게 이르되
지금 네 형들을 위하여 이 볶은 곡
식 한 에바와 이 떡 열 덩이를 가지
고 진영으로 속히 가서 네 형들에
게 주고
18 이 치즈 열 덩이를 가져다가 그들의
천부장에게 주고 네 형들의 안부를
살피고 증표를 가져오라
19 그 때에 사울과 그들과 이스라엘
모든 사람들은 엘라 골짜기에서 블
레셋 사람들과 싸우는 중이더라
20 다윗이 아침에 일찍이 일어나서 양
을 양 지키는 자에게 맡기고 이새
가 명령한 대로 가지고 가서 진영에
이른즉 마침 군대가 전장에 나와서
싸우려고 고함치며,
21 이스라엘과 블레셋 사람들이 전열을
벌이고 양군이 서로 대치하였더라
22 다윗이 자기의 짐을 짐 지키는 자의
손에 맡기고 군대로 달려가서 형들
에게 문안하고
23 그들과 함께 말할 때에 마침 블레
셋 사람의 싸움 돋우는 가드 사람
골리앗이라 하는 자가 그 전열에서
나와서 전과 같은 말을 하매 다윗
이 들으니라
24 이스라엘 모든 사람이 그 사람을
보고 심히 두려워하여 그 앞에서
도망하며

기록일 : . . .

25 이스라엘 사람들이 이르되 너희가
이 올라 온 사람을 보았느냐 참으
로 이스라엘을 모욕하러 왔도다 그
를 죽이는 사람은 왕이 많은 재물
로 부하게 하고 그의 딸을 그에게
주고 그 아버지의 집을 이스라엘
중에서 세금을 면제하게 하시리라
26 다윗이 곁에 서 있는 사람들에게
말하여 이르되 이 블레셋 사람을
죽여 이스라엘의 치욕을 제거하는
사람에게는 어떠한 대우를 하겠느
냐 이 할례 받지 않은 블레셋 사람
이 누구이기에 살아 계시는 하나님
의 군대를 모욕하겠느냐
27 백성이 전과 같이 말하여 이르되 그
를 죽이는 사람에게는 이러이러하
게 하시리라 하니라
28 큰형 엘리압이 다윗이 사람들에게
하는 말을 들은지라 그가 다윗에게
노를 발하여 이르되 네가 어찌하여
이리로 내려왔느냐 들에 있는 양들
을 누구에게 맡겼느냐 나는 네 교
만과 네 마음의 완악함을 아노니
네가 전쟁을 구경하러 왔도다
29 다윗이 이르되 내가 무엇을 하였나
이까 어찌 이유가 없으리이까 하고
30 돌아서서 다른 사람을 향하여 전과
같이 말하매 백성이 전과 같이 대
답하니라
31 어떤 사람이 다윗이 한 말을 듣고
그것을 사울에게 전하였으므로 사
울이 다윗을 부른지라
32 다윗이 사울에게 말하되 그로 말
미암아 사람이 낙담하지 말 것이라
주의 종이 가서 저 블레셋 사람과
싸우리이다 하니
33 사울이 다윗에게 이르되 네가 가서
저 블레셋 사람과 싸울 수 없으리
니 너는 소년이요 그는 어려서부터
용사임이니라
34 다윗이 사울에게 말하되 주의 종이
아버지의 양을 지킬 때에 사자나
곰이 와서 양 떼에서 새끼를 물어
가면
35 내가 따라가서 그것을 치고 그 입
에서 새끼를 건져내었고 그것이 일
어나 나를 해하고자 하면 내가 그
수염을 잡고 그것을 쳐죽였나이다
36 주의 종이 사자와 곰도 쳤은즉 살
아 계시는 하나님의 군대를 모욕한
이 할례 받지 않은 블레셋 사람이
리이까 그가 그 짐승의 하나와 같
이 되리이다
37 또 다윗이 이르되 야훼께서 나를
사자의 발톱과 곰의 발톱에서 건
져내셨은즉 나를 이 블레셋 사람의
손에서도 건져내시리이다 사울이
다윗에게 이르되 가라 야훼께서 너
와 함께 계시기를 원하노라
38 이에 사울이 자기 군복을 다윗에게

기록일 : . . .

입히고 놋 투구를 그의 머리에 씌
우고 또 그에게 갑옷을 입히매
39 다윗이 칼을 군복 위에 차고는 익
숙하지 못하므로 시험적으로 걸어
보다가 사울에게 말하되 익숙하지
못하니 이것을 입고 가지 못하겠나
이다 하고 곧 벗고
40 손에 막대기를 가지고 시내에서 매
끄러운 돌 다섯을 골라서 자기 목
자의 제구 곧 주머니에 넣고 손에
물매를 가지고 블레셋 사람에게로
나아가니라
41 블레셋 사람이 방패 든 사람을 앞
세우고 다윗에게로 점점 가까이 나
아가니라
42 그 블레셋 사람이 둘러보다가 다윗
을 보고 업신여기니 이는 그가 젊고
붉고 용모가 아름다움이라
43 블레셋 사람이 다윗에게 이르되 네
가 나를 개로 여기고 막대기를 가
지고 내게 나아왔느냐 하고 그의
신들의 이름으로 다윗을 저주하고
44 그 블레셋 사람이 또 다윗에게 이
르되 내게로 오라 내가 네 살을 공
중의 새들과 들짐승들에게 주리라
하는지라
45 다윗이 블레셋 사람에게 이르되 너
는 칼과 창과 단창으로 내게 나아
오거니와 나는 만군의 야훼의 이름
곧 네가 모욕하는 이스라엘 군대의
하나님의 이름으로 네게 나아가노라
46 오늘 야훼께서 너를 내 손에 넘기
시리니 내가 너를 쳐서 네 목을 베
고 블레셋 군대의 시체를 오늘 공
중의 새와 땅의 들짐승에게 주어
온 땅으로 이스라엘에 하나님이 계
신 줄 알게 하겠고
47 또 야훼의 구원하심이 칼과 창에
있지 아니함을 이 무리에게 알게
하리라 전쟁은 야훼께 속한 것인즉
그가 너희를 우리 손에 넘기시리라
48 블레셋 사람이 일어나 다윗에게로
마주 가까이 올 때에 다윗이 블레
셋 사람을 향하여 빨리 달리며
49 손을 주머니에 넣어 돌을 가지고
물매로 던져 블레셋 사람의 이마를
치매 돌이 그의 이마에 박히니 땅
에 엎드러지니라
50 다윗이 이같이 물매와 돌로 블레셋
사람을 이기고 그를 쳐죽였으나 자
기 손에는 칼이 없었더라
51 다윗이 달려가서 블레셋 사람을 밟
고 그의 칼을 그 칼 집에서 빼내어
그 칼로 그를 죽이고 그의 머리를
베니 블레셋 사람들이 자기 용사의
죽음을 보고 도망하는지라
52 이스라엘과 유다 사람들이 일어나
서 소리 지르며 블레셋 사람들을
쫓아 가이와 에그론 성문까지 이르
렀고 블레셋 사람들의 부상자들은

기록일 : . . .

사아라임 가는 길에서부터 가드와
에그론까지 엎드러졌더라
53 이스라엘 자손이 블레셋 사람들을
쫓다가 돌아와서 그들의 진영을 노
략하였고
54 다윗은 그 블레셋 사람의 머리를
예루살렘으로 가져가고 갑주는 자
기 장막에 두니라
55 사울은 다윗이 블레셋 사람을 향하
여 나아감을 보고 군사령관 아브넬
에게 묻되 아브넬아 이 소년이 누
구의 아들이냐 아브넬이 이르되 왕
이여 왕의 사심으로 맹세하옵나니
내가 알지 못하나이다 하매
56 왕이 이르되 너는 이 청년이 누구의
아들인가 물어보라 하였더니
57 다윗이 그 블레셋 사람을 죽이고
돌아올 때에 그 블레셋 사람의 머
리가 그의 손에 있는 채 아브넬이
그를 사울 앞으로 인도하니
58 사울이 그에게 묻되 소년이여 누구
의 아들이냐 하니 다윗이 대답하되
나는 주의 종 베들레헴 사람 이새
의 아들이니이다 하니라

18 다윗이 사울에게 말하기를 마치
매 요나단의 마음이 다윗의 마음과
하나가 되어 요나단이 그를 자기
생명 같이 사랑하니라
2 그 날에 사울은 다윗을 머무르게
하고 그의 아버지의 집으로 다시
돌아가기를 허락하지 아니하였고
3 요나단은 다윗을 자기 생명 같이
사랑하여 더불어 언약을 맺었으며
4 요나단이 자기가 입었던 겉옷을 벗
어 다윗에게 주었고 자기의 군복과
칼과 활과 띠도 그리하였더라
5 다윗은 사울이 보내는 곳마다 가서
지혜롭게 행하매 사울이 그를 군대
의 장으로 삼았더니 온 백성이 합
당히 여겼고 사울의 신하들도 합당
히 여겼더라
6 무리가 돌아올 때 곧 다윗이 블레
셋 사람을 죽이고 돌아올 때에 여
인들이 이스라엘 모든 성읍에서 나
와서 노래하며 춤추며 소고와 경쇠
를 가지고 왕 사울을 환영하는데
7 여인들이 뛰놀며 노래하여 이르되
사울이 죽인 자는 천천이요 다윗은
만만이로다 한지라
8 사울이 그 말에 불쾌하여 심히 노
하여 이르되 다윗에게는 만만을 돌
리고 내게는 천천만 돌리니 그가 더
얻을 것이 나라 말고 무엇이냐 하고
9 그 날 후로 사울이 다윗을 주목하
였더라
10 그 이튿날 하나님께서 부리시는 악
령이 사울에게 힘 있게 내리매 그
가 집 안에서 정신 없이 떠들어대므
로 다윗이 평일과 같이 손으로 수
금을 타는데 그 때에 사울의 손에

창이 있는지라
11 그가 스스로 이르기를 내가 다윗
을 벽에 박으리라 하고 사울이 그
창을 던졌으나 다윗이 그의 앞에서
두 번 피하였더라
12 야훼께서 사울을 떠나 다윗과 함
께 계시므로 사울이 그를 두려워한
지라
13 그러므로 사울이 그를 자기 곁에서
떠나게 하고 그를 천부장으로 삼으
매 그가 백성 앞에 출입하며
14 다윗이 그의 모든 일을 지혜롭게
행하니라 야훼께서 그와 함께 계시
니라
15 사울은 다윗이 크게 지혜롭게 행함
을 보고 그를 두려워하였으나
16 온 이스라엘과 유다는 다윗을 사랑
하였으니 그가 자기들 앞에 출입하
기 때문이었더라
17 사울이 다윗에게 이르되 내 맏딸
메랍을 네게 아내로 주리니 오직
너는 나를 위하여 용기를 내어 야
훼의 싸움을 싸우라 하니 이는 그
가 생각하기를 내 손을 그에게 대
지 않고 블레셋 사람들의 손을 그
에게 대게 하리라 함이라
18 다윗이 사울에게 이르되 내가 누구
며 이스라엘 중에 내 친속이나 내
아버지의 집이 무엇이기에 내가 왕
의 사위가 되리이까 하였더니
19 사울의 딸 메랍을 다윗에게 줄 시
기에 므홀랏 사람 아드리엘에게 아
내로 주었더라
20 사울의 딸 미갈이 다윗을 사랑하매
어떤 사람이 사울에게 알린지라 사
울이 그 일을 좋게 여겨
21 스스로 이르되 내가 딸을 그에게
주어서 그에게 올무가 되게 하고
블레셋 사람들의 손으로 그를 치게
하리라 하고 이에 사울이 다윗에게
이르되 네가 오늘 다시 내 사위가
되리라 하니라
22 사울이 그의 신하들에게 명령하되
너희는 다윗에게 비밀히 말하여 이
르기를 보라 왕이 너를 기뻐하시고
모든 신하도 너를 사랑하나니 그런
즉 네가 왕의 사위가 되는 것이 가
하니라 하라
23 사울의 신하들이 이 말을 다윗의
귀에 전하매 다윗이 이르되 왕의
사위 되는 것을 너희는 작은 일로
보느냐 나는 가난하고 천한 사람이
라 한지라
24 사울의 신하들이 사울에게 말하여
이르되 다윗이 이러이러하게 말하
더이다 하니
25 사울이 이르되 너희는 다윗에게 이
같이 말하기를 왕이 아무 것도 원
하지 아니하고 다만 왕의 원수의
보복으로 블레셋 사람들의 포피 백

기록일 : . . .

개를 원하신다 하라 하였으니 이는
사울의 생각에 다윗을 블레셋 사람
들의 손에 죽게 하리라 함이라
26 사울의 신하들이 이 말을 다윗에게
아뢰매 다윗이 왕의 사위 되는 것
을 좋게 여기므로 결혼할 날이 차
기 전에
27 다윗이 일어나서 그의 부하들과 함
께 가서 블레셋 사람 이백 명을 죽
이고 그들의 포피를 가져다가 수대
로 왕께 드려 왕의 사위가 되고자
하니 사울이 그의 딸 미갈을 다윗
에게 아내로 주었더라
28 야훼께서 다윗과 함께 계심을 사울
이 보고 알았고 사울의 딸 미갈도
그를 사랑하므로
29 사울이 다윗을 더욱더욱 두려워하
여 평생에 다윗의 대적이 되니라
30 블레셋 사람들의 방백들이 싸우러
나오면 그들이 나올 때마다 다윗이
사울의 모든 신하보다 더 지혜롭게
행하매 이에 그의 이름이 심히 귀
하게 되니라

19 사울이 그의 아들 요나단과 그의
모든 신하에게 다윗을 죽이라 말하
였더니 사울의 아들 요나단이 다윗
을 심히 좋아하므로
2 그가 다윗에게 말하여 이르되 내
아버지 사울이 너를 죽이기를 꾀하
시느니라 그러므로 이제 청하노니
아침에 조심하여 은밀한 곳에 숨어
있으라
3 내가 나가서 네가 있는 들에서 내
아버지 곁에 서서 네 일을 내 아버
지와 말하다가 무엇을 보면 네게
알려 주리라 하고
4 요나단이 그의 아버지 사울에게 다
윗을 칭찬하여 이르되 원하건대 왕
은 신하 다윗에게 범죄하지 마옵소
서 그는 왕께 득죄하지 아니하였고
그가 왕께 행한 일은 심히 선함이
니이다
5 그가 자기 생명을 아끼지 아니하
고 블레셋 사람을 죽였고 야훼께
서는 온 이스라엘을 위하여 큰 구
원을 이루셨으므로 왕이 이를 보고
기뻐하셨거늘 어찌 까닭 없이 다윗
을 죽여 무죄한 피를 흘려 범죄하
려 하시나이까
6 사울이 요나단의 말을 듣고 맹세하
되 야훼께서 살아 계심을 두고 맹
세하거니와 그가 죽임을 당하지 아
니하리라
7 요나단이 다윗을 불러 그 모든 일
을 그에게 알리고 요나단이 그를
사울에게로 인도하니 그가 사울 앞
에 전과 같이 있었더라
8 전쟁이 다시 있으므로 다윗이 나가
서 블레셋 사람들과 싸워 그들을
크게 쳐죽이매 그들이 그 앞에서

도망하니라
9 사울이 손에 단창을 가지고 그의
집에 앉았을 때에 야훼께서 부리시
는 악령이 사울에게 접하였으므로
다윗이 손으로 수금을 탈 때에
10 사울이 단창으로 다윗을 벽에 박으
려 하였으나 그는 사울의 앞을 피
하고 사울의 창은 벽에 박힌지라
다윗이 그 밤에 도피하매
11 사울이 전령들을 다윗의 집에 보내
어 그를 지키다가 아침에 그를 죽
이게 하려 한지라 다윗의 아내 미
갈이 다윗에게 말하여 이르되 당신
이 이 밤에 당신의 생명을 구하지
아니하면 내일에는 죽임을 당하리
라 하고
12 미갈이 다윗을 창에서 달아 내리매
그가 피하여 도망하니라
13 미갈이 우상을 가져다가 침상에 누
이고 염소 털로 엮은 것을 그 머리에
씌우고 의복으로 그것을 덮었더니
14 사울이 전령들을 보내어 다윗을 잡
으려 하매 미갈이 이르되 그가 병
들었느니라
15 사울이 또 전령들을 보내어 다윗을
보라 하며 이르되 그를 침상째 내게
로 들고 오라 내가 그를 죽이리라
16 전령들이 들어가 본즉 침상에는 우
상이 있고 염소 털로 엮은 것이 그
머리에 있었더라
17 사울이 미갈에게 이르되 너는 어찌
하여 이처럼 나를 속여 내 대적을
놓아 피하게 하였느냐 미갈이 사울
에게 대답하되 그가 내게 이르기를
나를 놓아 가게 하라 어찌하여 나
로 너를 죽이게 하겠느냐 하더이다
하니라
18 다윗이 도피하여 라마로 가서 사무
엘에게로 나아가서 사울이 자기에
게 행한 일을 다 전하였고 다윗과
사무엘이 나욧으로 가서 살았더라
19 어떤 사람이 사울에게 전하여 이르
되 다윗이 라마 나욧에 있더이다
하매
20 사울이 다윗을 잡으러 전령들을 보
냈더니 그들이 선지자 무리가 예언
하는 것과 사무엘이 그들의 수령으
로 선 것을 볼 때에 하나님의 영이
사울의 전령들에게 임하매 그들도
예언을 한지라
21 어떤 사람이 그것을 사울에게 알리
매 사울이 다른 전령들을 보냈더니
그들도 예언을 했으므로 사울이 세
번째 다시 전령들을 보냈더니 그들
도 예언을 한지라
22 이에 사울도 라마로 가서 세구에
있는 큰 우물에 도착하여 물어 이
르되 사무엘과 다윗이 어디 있느냐
어떤 사람이 이르되 라마 나욧에
있나이다

기록일 : . . .

23 사울이 라마 나욧으로 가니라 하나
님의 영이 그에게도 임하시니 그가
라마 나욧에 이르기까지 걸어가며
예언을 하였으며
24 그가 또 그의 옷을 벗고 사무엘 앞
에서 예언을 하며 하루 밤낮을 벗
은 몸으로 누웠더라 그러므로 속
담에 이르기를 사울도 선지자 중에
있느냐 하니라

20

다윗이 라마 나욧에서 도망하여
요나단에게 이르되 내가 무엇을 하
였으며 내 죄악이 무엇이며 네 아버
지 앞에서 내 죄가 무엇이기에 그
가 내 생명을 찾느냐
2 요나단이 그에게 이르되 결단코 아
니라 네가 죽지 아니하리라 내 아
버지께서 크고 작은 일을 내게 알
리지 아니하고는 행하지 아니하나
니 내 아버지께서 어찌하여 이 일은
내게 숨기리요 그렇지 아니하니라
3 다윗이 또 맹세하여 이르되 내가
네게 은혜 받은 줄을 네 아버지께
서 밝히 알고 스스로 이르기를 요
나단이 슬퍼할까 두려운즉 그에게
이것을 알리지 아니하리라 함이니
라 그러나 진실로 야훼의 살아 계
심과 네 생명을 두고 맹세하노니
나와 죽음의 사이는 한 걸음 뿐이
니라
4 요나단이 다윗에게 이르되 네 마
음의 소원이 무엇이든지 내가 너를
위하여 그것을 이루리라
5 다윗이 요나단에게 이르되 내일은
초하루인즉 내가 마땅히 왕을 모시
고 앉아 식사를 하여야 할 것이나
나를 보내어 셋째 날 저녁까지 들
에 숨게 하고
6 네 아버지께서 만일 나에 대하여
자세히 묻거든 그 때에 너는 말하
기를 다윗이 자기 성읍 베들레헴으
로 급히 가기를 내게 허락하라 간
청하였사오니 이는 온 가족을 위하
여 거기서 매년제를 드릴 때가 됨이
니이다 하라
7 그의 말이 좋다 하면 네 종이 평안
하려니와 그가 만일 노하면 나를
해하려고 결심한 줄을 알지니
8 그런즉 바라건대 네 종에게 인자하
게 행하라 네가 네 종에게 야훼 앞
에서 너와 맹약하게 하였음이니라
그러나 내게 죄악이 있으면 네가
친히 나를 죽이라 나를 네 아버지
에게로 데려갈 이유가 무엇이냐 하
니라
9 요나단이 이르되 이 일이 결코 네
게 일어나지 아니하리라 내 아버지
께서 너를 해치려 확실히 결심한 줄
알면 내가 네게 와서 그것을 네게
이르지 아니하겠느냐 하니
10 다윗이 요나단에게 이르되 네 아버

기록일 : . . .

지께서 혹 엄하게 네게 대답하면 누
가 그것을 내게 알리겠느냐 하더라
11 요나단이 다윗에게 이르되 오라 우
리가 들로 가자 하고 두 사람이 들
로 가니라
12 요나단이 다윗에게 이르되 이스라
엘의 하나님 야훼께서 증언하시거
니와 내가 내일이나 모레 이맘때
에 내 아버지를 살펴서 너 다윗에
게 대한 의향이 선하면 내가 사람
을 보내어 네게 알리지 않겠느냐
13 그러나 만일 내 아버지께서 너를
해치려 하는데도 내가 이 일을 네
게 알려 주어 너를 보내어 평안히
가게 하지 아니하면 야훼께서 나
요나단에게 벌을 내리시고 또 내리
시기를 원하노라 야훼께서 내 아버
지와 함께 하신 것 같이 너와 함께
하시기를 원하노니
14 너는 내가 사는 날 동안에 야훼의
인자하심을 내게 베풀어서 나를 죽
지 않게 할 뿐 아니라
15 야훼께서 너 다윗의 대적들을 지면
에서 다 끊어 버리신 때에도 너는
네 인자함을 내 집에서 영원히 끊어
버리지 말라 하고
16 이에 요나단이 다윗의 집과 언약하
기를 야훼께서는 다윗의 대적들을
치실지어다 하니라
17 다윗에 대한 요나단의 사랑이 그를
다시 맹세하게 하였으니 이는 자기
생명을 사랑함 같이 그를 사랑함이
었더라
18 요나단이 다윗에게 이르되 내일은
초하루인즉 네 자리가 비므로 네가
없음을 자세히 물으실 것이라
19 너는 사흘 동안 있다가 빨리 내려
가서 그 일이 있던 날에 숨었던 곳
에 이르러 에셀 바위 곁에 있으라
20 내가 과녁을 쏘려 함 같이 화살 셋
을 그 바위 곁에 쏘고
21 아이를 보내어 가서 화살을 찾으라
하며 내가 짐짓 아이에게 이르기를
보라 화살이 네 이쪽에 있으니 가
져오라 하거든 너는 돌아올지니 야
훼께서 살아 계심을 두고 맹세하노
니 네가 평안 무사할 것이요
22 만일 아이에게 이르기를 보라 화살
이 네 앞쪽에 있다 하거든 네 길을
가라 야훼께서 너를 보내셨음이니라
23 너와 내가 말한 일에 대하여는 야
훼께서 너와 나 사이에 영원토록
계시느니라 하니라
24 다윗이 들에 숨으니라 초하루가 되
매 왕이 앉아 음식을 먹을 때에
25 왕은 평시와 같이 벽 곁 자기 자리
에 앉아 있고 요나단은 서 있고 아
브넬은 사울 곁에 앉아 있고 다윗
의 자리는 비었더라
26 그러나 그 날에는 사울이 아무 말

기록일 : . . .

도 하지 아니하였으니 이는 생각하
기를 그에게 무슨 사고가 있어서
부정한가보다 정녕히 부정한가보다
하였음이더니
27 이튿날 곧 그 달의 둘째 날에도 다
윗의 자리가 여전히 비었으므로 사
울이 그의 아들 요나단에게 묻되
이새의 아들이 어찌하여 어제와 오
늘 식사에 나오지 아니하느냐 하니
28 요나단이 사울에게 대답하되 다윗
이 내게 베들레헴으로 가기를 간청
하여
29 이르되 원하건대 나에게 가게 하라
우리 가족이 그 성읍에서 제사할 일
이 있으므로 나의 형이 내게 오기를
명령하였으니 내가 네게 사랑을 받
거든 내가 가서 내 형들을 보게 하
라 하였으므로 그가 왕의 식사 자리
에 오지 아니하였나이다 하니
30 사울이 요나단에게 화를 내며 그에
게 이르되 패역무도한 계집의 소생
아 네가 이새의 아들을 택한 것이
네 수치와 네 어미의 벌거벗은 수치
됨을 내가 어찌 알지 못하랴
31 이새의 아들이 땅에 사는 동안은
너와 네 나라가 든든히 서지 못하
리라 그런즉 이제 사람을 보내어
그를 내게로 끌어 오라 그는 죽어
야 할 자이니라 한지라
32 요나단이 그의 아버지 사울에게 대
답하여 이르되 그가 죽을 일이 무
엇이니이까 무엇을 행하였나이까
33 사울이 요나단에게 단창을 던져 죽
이려 한지라 요나단이 그의 아버지
가 다윗을 죽이기로 결심한 줄 알고
34 심히 노하여 식탁에서 떠나고 그
달의 둘째 날에는 먹지 아니하였으
니 이는 그의 아버지가 다윗을 욕
되게 하였으므로 다윗을 위하여 슬
퍼함이었더라
35 아침에 요나단이 작은 아이를 데리
고 다윗과 정한 시간에 들로 나가서
36 아이에게 이르되 달려가서 내가 쏘
는 화살을 찾으라 하고 아이가 달
려갈 때에 요나단이 화살을 그의
위로 지나치게 쏘니라
37 아이가 요나단이 쏜 화살 있는 곳
에 이를 즈음에 요나단이 아이 뒤
에서 외쳐 이르되 화살이 네 앞쪽
에 있지 아니하냐 하고
38 요나단이 아이 뒤에서 또 외치되
지체 말고 빨리 달음질하라 하매
요나단의 아이가 화살을 주워 가지
고 주인에게로 돌아왔으나
39 그 아이는 아무것도 알지 못하고
요나단과 다윗만 그 일을 알았더라
40 요나단이 그의 무기를 아이에게 주
며 이르되 이것을 가지고 성읍으로
가라 하니
41 아이가 가매 다윗이 곧 바위 남쪽

기록일 : . . .

에서 일어나서 땅에 엎드려 세 번
절한 후에 서로 입 맞추고 같이 울
되 다윗이 더욱 심하더니
42 요나단이 다윗에게 이르되 평안히
가라 우리 두 사람이 야훼의 이름으
로 맹세하여 이르기를 야훼께서 영
원히 나와 너 사이에 계시고 내 자
손과 네 자손 사이에 계시리라 하였
느니라 하니 다윗은 일어나 떠나고
요나단은 성읍으로 들어가니라

21 다윗이 놉에 가서 제사장 아히멜
렉에게 이르니 아히멜렉이 떨며 다
윗을 영접하여 그에게 이르되 어찌
하여 네가 홀로 있고 함께 하는 자
가 아무도 없느냐 하니
2 다윗이 제사장 아히멜렉에게 이르
되 왕이 내게 일을 명령하고 이르시
기를 내가 너를 보내는 것과 네게
명령한 일은 아무것도 사람에게 알
리지 말라 하시기로 내가 나의 소
년들을 이러이러한 곳으로 오라고
말하였나이다
3 이제 당신의 수중에 무엇이 있나이
까 떡 다섯 덩이나 무엇이나 있는
대로 내 손에 주소서 하니
4 제사장이 다윗에게 대답하여 이르
되 보통 떡은 내 수중에 없으나 거
룩한 떡은 있나니 그 소년들이 여
자를 가까이만 하지 아니하였으면
주리라 하는지라
5 다윗이 제사장에게 대답하여 이르
되 우리가 참으로 삼 일 동안이나
여자를 가까이 하지 아니하였나이
다 내가 떠난 길이 보통 여행이라
도 소년들의 그릇이 성결하겠거든
하물며 오늘 그들의 그릇이 성결하
지 아니하겠나이까 하매
6 제사장이 그 거룩한 떡을 주었으니
거기는 진설병 곧 야훼 앞에서 물려
낸 떡밖에 없었음이라 이 떡은 더
운 떡을 드리는 날에 물려 낸 것이
더라
7 그 날에 사울의 신하 한 사람이 야
훼 앞에 머물러 있었는데 그는 도
엑이라 이름하는 에돔 사람이요 사
울의 목자장이었더라
8 다윗이 아히멜렉에게 이르되 여기
당신의 수중에 창이나 칼이 없나
이까 왕의 일이 급하므로 내가 내
칼과 무기를 가지지 못하였나이다
하니
9 제사장이 이르되 네가 엘라 골짜
기에서 죽인 블레셋 사람 골리앗의
칼이 보자기에 싸여 에봇 뒤에 있
으니 네가 그것을 가지려거든 가지
라 여기는 그것밖에 다른 것이 없느
니라 하는지라 다윗이 이르되 그같
은 것이 또 없나니 내게 주소서 하
더라
10 그 날에 다윗이 사울을 두려워하여

기록일 : . . .

일어나 도망하여 가드 왕 아기스에
게로 가니
11 아기스의 신하들이 아기스에게 말
하되 이는 그 땅의 왕 다윗이 아니
니이까 무리가 춤추며 이 사람의
일을 노래하여 이르되 사울이 죽인
자는 천천이요 다윗은 만만이로다
하지 아니하였나이까 한지라
12 다윗이 이 말을 그의 마음에 두고
가드 왕 아기스를 심히 두려워하여
13 그들 앞에서 그의 행동을 변하여
미친 체하고 대문짝에 그적거리며
침을 수염에 흘리매
14 아기스가 그의 신하에게 이르되 너
희도 보거니와 이 사람이 미치광이
로다 어찌하여 그를 내게로 데려왔
느냐
15 내게 미치광이가 부족하여서 너희
가 이 자를 데려다가 내 앞에서 미
친 짓을 하게 하느냐 이 자가 어찌
내 집에 들어오겠느냐 하니라

22

그러므로 다윗이 그 곳을 떠나 아
둘람 굴로 도망하매 그의 형제와
아버지의 온 집이 듣고 그리로 내려
가서 그에게 이르렀고
2 환난 당한 모든 자와 빚진 모든 자
와 마음이 원통한 자가 다 그에게
로 모였고 그는 그들의 우두머리가
되었는데 그와 함께 한 자가 사백
명 가량이었더라
3 다윗이 거기서 모압 미스베로 가서
모압 왕에게 이르되 하나님이 나를
위하여 어떻게 하실지를 내가 알기
까지 나의 부모가 나와서 당신들과
함께 있게 하기를 청하나이다 하고
4 부모를 인도하여 모압 왕 앞에 나아
갔더니 그들은 다윗이 요새에 있을
동안에 모압 왕과 함께 있었더라
5 선지자 갓이 다윗에게 이르되 너는
이 요새에 있지 말고 떠나 유다 땅
으로 들어가라 다윗이 떠나 헤렛
수풀에 이르니라
6 사울이 다윗과 그와 함께 있는 사
람들이 나타났다 함을 들으니라 그
때에 사울이 기브아 높은 곳에서
손에 단창을 들고 에셀 나무 아래
에 앉았고 모든 신하들은 그의 곁
에 섰더니
7 사울이 곁에 선 신하들에게 이르되
너희 베냐민 사람들아 들으라 이새
의 아들이 너희에게 각기 밭과 포
도원을 주며 너희를 천부장, 백부
장을 삼겠느냐
8 너희가 다 공모하여 나를 대적하며
내 아들이 이새의 아들과 맹약하였
으되 내게 고발하는 자가 하나도
없고 나를 위하여 슬퍼하거나 내
아들이 내 신하를 선동하여 오늘이
라도 매복하였다가 나를 치려 하는
것을 내게 알리는 자가 하나도 없

기록일 :   .   .   .

도다 하니
9 그 때에 에돔 사람 도엑이 사울의
신하 중에 섰더니 대답하여 이르되
이새의 아들이 놉에 와서 아히둡의
아들 아히멜렉에게 이른 것을 내가
보았는데
10 아히멜렉이 그를 위하여 야훼께 묻
고 그에게 음식도 주고 블레셋 사
람 골리앗의 칼도 주더이다
11 왕이 사람을 보내어 아히둡의 아들
제사장 아히멜렉과 그의 아버지의
온 집 곧 놉에 있는 제사장들을 부
르매 그들이 다 왕께 이른지라
12 사울이 이르되 너 아히둡의 아들아
들으라 대답하되 내 주여 내가 여
기 있나이다
13 사울이 그에게 이르되 네가 어찌
하여 이새의 아들과 공모하여 나를
대적하여 그에게 떡과 칼을 주고
그를 위하여 하나님께 물어서 그에
게 오늘이라도 매복하였다가 나를
치게 하려 하였느냐 하니
14 아히멜렉이 왕에게 대답하여 이르
되 왕의 모든 신하 중에 다윗 같이
충실한 자가 누구인지요 그는 왕의
사위도 되고 왕의 호위대장도 되고
왕실에서 존귀한 자가 아니니이까
15 내가 그를 위하여 하나님께 물은
것이 오늘이 처음이니이까 결단코
아니니이다 원하건대 왕은 종과 종
의 아비의 온 집에 아무것도 돌리
지 마옵소서 왕의 종은 이 모든 크
고 작은 일에 관하여 아는 것이 없
나이다 하니라
16 왕이 이르되 아히멜렉아 네가 반드
시 죽을 것이요 너와 네 아비의 온
집도 그러하리라 하고
17 왕이 좌우의 호위병에게 이르되 돌
아가서 야훼의 제사장들을 죽이라
그들도 다윗과 합력하였고 또 그들
이 다윗이 도망한 것을 알고도 내
게 알리지 아니하였음이니라 하나
왕의 신하들이 손을 들어 야훼의
제사장들 죽이기를 싫어한지라
18 왕이 도엑에게 이르되 너는 돌아가
서 제사장들을 죽이라 하매 에돔
사람 도엑이 돌아가서 제사장들을
쳐서 그 날에 세마포 에봇 입은 자
팔십오 명을 죽였고
19 제사장들의 성읍 놉의 남녀와 아이
들과 젖 먹는 자들과 소와 나귀와
양을 칼로 쳤더라
20 아히둡의 아들 아히멜렉의 아들 중
하나가 피하였으니 그의 이름은 아
비아달이라 그가 도망하여 다윗에
게로 가서
21 사울이 야훼의 제사장들 죽인 일을
다윗에게 알리매
22 다윗이 아비아달에게 이르되 그 날
에 에돔 사람 도엑이 거기 있기로

기록일 : . . .

그가 반드시 사울에게 말할 줄 내
가 알았노라 네 아버지 집의 모든
사람 죽은 것이 나의 탓이로다
23 두려워하지 말고 내게 있으라 내
생명을 찾는 자가 네 생명도 찾는
자니 네가 나와 함께 있으면 안전
하리라 하니라

23 사람들이 다윗에게 전하여 이르
되 보소서 블레셋 사람이 그일라를
쳐서 그 타작 마당을 탈취하더이다
하니
2 이에 다윗이 야훼께 묻자와 이르되
내가 가서 이 블레셋 사람들을 치
리이까 야훼께서 다윗에게 이르시
되 가서 블레셋 사람들을 치고 그
일라를 구원하라 하시니
3 다윗의 사람들이 그에게 이르되 보
소서 우리가 유다에 있기도 두렵거
든 하물며 그일라에 가서 블레셋
사람들의 군대를 치는 일이리이까
한지라
4 다윗이 야훼께 다시 묻자온대 야훼
께서 대답하여 이르시되 일어나 그
일라로 내려가라 내가 블레셋 사람
들을 네 손에 넘기리라 하신지라
5 다윗과 그의 사람들이 그일라로 가
서 블레셋 사람들과 싸워 그들을
크게 쳐서 죽이고 그들의 가축을
끌어 오니라 다윗이 이와 같이 그일
라 주민을 구원하니라
6 아히멜렉의 아들 아비아달이 그일
라 다윗에게로 도망할 때에 손에
에봇을 가지고 내려왔더라
7 다윗이 그일라에 온 것을 어떤 사
람이 사울에게 알리매 사울이 이르
되 하나님이 그를 내 손에 넘기셨
도다 그가 문과 문 빗장이 있는 성
읍에 들어갔으니 갇혔도다
8 사울이 모든 백성을 군사로 불러모
으고 그일라로 내려가서 다윗과 그
의 사람들을 에워싸려 하더니
9 다윗은 사울이 자기를 해하려 하
는 음모를 알고 제사장 아비아달
에게 이르되 에봇을 이리로 가져오
라 하고
10 다윗이 이르되 이스라엘 하나님 야
훼여 사울이 나 때문에 이 성읍을
멸하려고 그일라로 내려오기를 꾀
한다 함을 주의 종이 분명히 들었
나이다
11 그일라 사람들이 나를 그의 손에
넘기겠나이까 주의 종이 들은 대
로 사울이 내려 오겠나이까 이스라
엘의 하나님 야훼여 원하건대 주의
종에게 일러 주옵소서 하니 야훼께
서 이르시되 그가 내려오리라 하신
지라
12 다윗이 이르되 그일라 사람들이 나
와 내 사람들을 사울의 손에 넘기
겠나이까 하니 야훼께서 이르시되

기록일 : . . .

그들이 너를 넘기리라 하신지라
13 다윗과 그의 사람 육백 명 가량이
일어나 그일라를 떠나서 갈 수 있
는 곳으로 갔더니 다윗이 그일라에
서 피한 것을 어떤 사람이 사울에
게 말하매 사울이 가기를 그치니라
14 다윗이 광야의 요새에도 있었고 또
십 광야 산골에도 머물렀으므로 사
울이 매일 찾되 하나님이 그를 그
의 손에 넘기지 아니하시니라
15 다윗이 사울이 자기의 생명을 빼앗
으려고 나온 것을 보았으므로 그가
십 광야 수풀에 있었더니
16 사울의 아들 요나단이 일어나 수풀
에 들어가서 다윗에게 이르러 그에
게 하나님을 힘 있게 의지하게 하
였는데
17 곧 요나단이 그에게 이르기를 두려
워하지 말라 내 아버지 사울의 손
이 네게 미치지 못할 것이요 너는
이스라엘 왕이 되고 나는 네 다음
이 될 것을 내 아버지 사울도 안다
하니라
18 두 사람이 야훼 앞에서 언약하고
다윗은 수풀에 머물고 요나단은 자
기 집으로 돌아가니라
19 그 때에 십 사람들이 기브아에 이르
러 사울에게 나아와 이르되 다윗이
우리와 함께 광야 남쪽 하길라 산
수풀 요새에 숨지 아니하였나이까
20 그러하온즉 왕은 내려오시기를 원
하시는 대로 내려오소서 그를 왕의
손에 넘길 것이 우리의 의무니이다
하니
21 사울이 이르되 너희가 나를 긍휼히
여겼으니 야훼께 복 받기를 원하
노라
22 어떤 사람이 내게 말하기를 그는
심히 지혜롭게 행동한다 하나니 너
희는 가서 더 자세히 살펴서 그가
어디에 숨었으며 누가 거기서 그를
보았는지 알아보고
23 그가 숨어 있는 모든 곳을 정탐하
고 실상을 내게 보고하라 내가 너
희와 함께 가리니 그가 이 땅에 있
으면 유다 몇 천 명 중에서라도 그
를 찾아내리라 하더라
24 그들이 일어나 사울보다 먼저 십으
로 가니라 다윗과 그의 사람들이
광야 남쪽 마온 광야 아라바에 있
더니
25 사울과 그의 사람들이 찾으러 온
것을 어떤 사람이 다윗에게 아뢰매
이에 다윗이 바위로 내려가 마온
황무지에 있더니 사울이 듣고 마온
황무지로 다윗을 따라가서는
26 사울이 산 이쪽으로 가매 다윗과
그의 사람들은 산 저쪽으로 가며
다윗이 사울을 두려워하여 급히 피
하려 하였으니 이는 사울과 그의

기록일 : . . .

사람들이 다윗과 그의 사람들을 에
워싸고 잡으려 함이었더라
27 전령이 사울에게 와서 이르되 급히
오소서 블레셋 사람들이 땅을 침노
하나이다
28 이에 사울이 다윗 뒤쫓기를 그치고
돌아와 블레셋 사람들을 치러 갔으
므로 그 곳을 셀라하마느곳이라 칭
하니라
29 다윗이 거기서 올라가서 엔게디 요
새에 머무니라

24

사울이 블레셋 사람을 쫓다가 돌
아오매 어떤 사람이 그에게 말하여
이르되 보소서 다윗이 엔게디 광야
에 있더이다 하니
2 사울이 온 이스라엘에서 택한 사람
삼천 명을 거느리고 다윗과 그의 사
람들을 찾으러 들염소 바위로 갈새
3 길 가 양의 우리에 이른즉 굴이 있
는지라 사울이 뒤를 보러 들어가니
라 다윗과 그의 사람들이 그 굴 깊
은 곳에 있더니
4 다윗의 사람들이 이르되 보소서 야
훼께서 당신에게 이르시기를 내가
원수를 네 손에 넘기리니 네 생각
에 좋은 대로 그에게 행하라 하시
더니 이것이 그 날이니이다 하니 다
윗이 일어나서 사울의 겉옷 자락을
가만히 베니라
5 그리 한 후에 사울의 옷자락 벰으
로 말미암아 다윗의 마음이 찔려
6 자기 사람들에게 이르되 내가 손을
들어 야훼의 기름 부음을 받은 내
주를 치는 것은 야훼께서 금하시는
것이니 그는 야훼의 기름 부음을
받은 자가 됨이니라 하고
7 다윗이 이 말로 자기 사람들을 금
하여 사울을 해하지 못하게 하니라
사울이 일어나 굴에서 나가 자기 길
을 가니라
8 그 후에 다윗도 일어나 굴에서 나
가 사울의 뒤에서 외쳐 이르되 내
주 왕이여 하매 사울이 돌아보는지
라 다윗이 땅에 엎드려 절하고
9 다윗이 사울에게 이르되 보소서 다
윗이 왕을 해하려 한다고 하는 사
람들의 말을 왕은 어찌하여 들으시
나이까
10 오늘 야훼께서 굴에서 왕을 내 손
에 넘기신 것을 왕이 아셨을 것이니
이다 어떤 사람이 나를 권하여 왕
을 죽이라 하였으나 내가 왕을 아
껴 말하기를 나는 내 손을 들어 내
주를 해하지 아니하리니 그는 야훼
의 기름 부음을 받은 자이기 때문
이라 하였나이다
11 내 아버지여 보소서 내 손에 있는
왕의 옷자락을 보소서 내가 왕을
죽이지 아니하고 겉옷 자락만 베었
은즉 내 손에 악이나 죄과가 없는

기록일 : . . .

줄을 오늘 아실지니이다 왕은 내
생명을 찾아 해하려 하시나 나는
왕에게 범죄한 일이 없나이다
12 야훼께서는 나와 왕 사이를 판단
하사 야훼께서 나를 위하여 왕에게
보복하시려니와 내 손으로는 왕을
해하지 않겠나이다
13 옛 속담에 말하기를 악은 악인에게
서 난다 하였으니 내 손이 왕을 해
하지 아니하리이다
14 이스라엘 왕이 누구를 따라 나왔으
며 누구의 뒤를 쫓나이까 죽은 개
나 벼룩을 쫓음이니이다
15 그런즉 야훼께서 재판장이 되어 나
와 왕 사이에 심판하사 나의 사정
을 살펴 억울함을 풀어 주시고 나
를 왕의 손에서 건지시기를 원하나
이다 하니라
16 다윗이 사울에게 이같이 말하기를
마치매 사울이 이르되 내 아들 다
윗아 이것이 네 목소리냐 하고 소
리를 높여 울며
17 다윗에게 이르되 나는 너를 학대하
되 너는 나를 선대하니 너는 나보
다 의롭도다
18 네가 나 선대한 것을 오늘 나타냈
나니 야훼께서 나를 네 손에 넘기
셨으나 네가 나를 죽이지 아니하였
도다
19 사람이 그의 원수를 만나면 그를
평안히 가게 하겠느냐 네가 오늘
내게 행한 일로 말미암아 야훼께서
네게 선으로 갚으시기를 원하노라
20 보라 나는 네가 반드시 왕이 될 것
을 알고 이스라엘 나라가 네 손에
견고히 설 것을 아노니
21 그런즉 너는 내 후손을 끊지 아니
하며 내 아버지의 집에서 내 이름을
멸하지 아니할 것을 이제 야훼의 이
름으로 내게 맹세하라 하니라
22 다윗이 사울에게 맹세하매 사울은
집으로 돌아가고 다윗과 그의 사람
들은 요새로 올라가니라

25 사무엘이 죽으매 온 이스라엘 무
리가 모여 그를 두고 슬피 울며 라
마 그의 집에서 그를 장사한지라
다윗이 일어나 바란 광야로 내려가
니라
2 마온에 한 사람이 있는데 그의 생
업이 갈멜에 있고 심히 부하여 양이
삼천 마리요 염소가 천 마리이므로
그가 갈멜에서 그의 양 털을 깎고
있었으니
3 그 사람의 이름은 나발이요 그의
아내의 이름은 아비가일이라 그 여
자는 총명하고 용모가 아름다우나
남자는 완고하고 행실이 악하며 그
는 갈렙 족속이었더라
4 다윗이 나발이 자기 양 털을 깎는
다 함을 광야에서 들은지라

기록일 : . . .

5 다윗이 이에 소년 열 명을 보내며 그 소년들에게 이르되 너희는 갈멜로 올라가 나발에게 이르러 내 이름으로 그에게 문안하고

6 그 부하게 사는 자에게 이르기를 너는 평강하라 네 집도 평강하라 네 소유의 모든 것도 평강하라

7 네게 양 털 깎는 자들이 있다 함을 이제 내가 들었노라 네 목자들이 우리와 함께 있었으나 우리가 그들을 해하지 아니하였고 그들이 갈멜에 있는 동안에 그들의 것을 하나도 잃지 아니하였나니

8 네 소년들에게 물으면 그들이 네게 말하리라 그런즉 내 소년들이 네게 은혜를 얻게 하라 우리가 좋은 날에 왔은즉 네 손에 있는 대로 네 종들과 네 아들 다윗에게 주기를 원하노라 하더라 하라

9 다윗의 소년들이 가서 다윗의 이름으로 이 모든 말을 나발에게 말하기를 마치매

10 나발이 다윗의 사환들에게 대답하여 이르되 다윗은 누구며 이새의 아들은 누구냐 요즈음에 각기 주인에게서 억지로 떠나는 종이 많도다

11 내가 어찌 내 떡과 물과 내 양 털 깎는 자를 위하여 잡은 고기를 가져다가 어디서 왔는지도 알지 못하는 자들에게 주겠느냐 한지라

12 이에 다윗의 소년들이 돌아서 자기 길로 행하여 돌아와 이 모든 말을 그에게 전하매

13 다윗이 자기 사람들에게 이르되 너희는 각기 칼을 차라 하니 각기 칼을 차매 다윗도 자기 칼을 차고 사백 명 가량은 데리고 올라가고 이백 명은 소유물 곁에 있게 하니라

14 하인들 가운데 하나가 나발의 아내 아비가일에게 말하여 이르되 다윗이 우리 주인에게 문안하러 광야에서 전령들을 보냈거늘 주인이 그들을 모욕하였나이다

15 우리가 들에 있어 그들과 상종할 동안에 그 사람들이 우리를 매우 선대하였으므로 우리가 다치거나 잃은 것이 없었으니

16 우리가 양을 지키는 동안에 그들이 우리와 함께 있어 밤낮 우리에게 담이 되었음이라

17 그런즉 이제 당신은 어떻게 할지를 알아 생각하실지니 이는 다윗이 우리 주인과 주인의 온 집을 해하기로 결정하였음이니이다 주인은 불량한 사람이라 더불어 말할 수 없나이다 하는지라

18 아비가일이 급히 떡 이백 덩이와 포도주 두 가죽 부대와 잡아서 요리한 양 다섯 마리와 볶은 곡식 다섯 세아와 건포도 백 송이와 무화과

뭉치 이백 개를 가져다가 나귀들에
게 싣고
19 소년들에게 이르되 나를 앞서 가라
나는 너희 뒤에 가리라 하고 그의
남편 나발에게는 말하지 아니하니라
20 아비가일이 나귀를 타고 산 호젓한
곳을 따라 내려가더니 다윗과 그의
사람들이 자기에게로 마주 내려오
는 것을 만나니라
21 다윗이 이미 말하기를 내가 이 자
의 소유물을 광야에서 지켜 그 모
든 것을 하나도 손실이 없게 한 것
이 진실로 허사라 그가 악으로 나
의 선을 갚는도다
22 내가 그에게 속한 모든 남자 가운
데 한 사람이라도 아침까지 남겨
두면 하나님은 다윗에게 벌을 내리
시고 또 내리시기를 원하노라 하였
더라
23 아비가일이 다윗을 보고 급히 나귀
에서 내려 다윗 앞에 엎드려 그의
얼굴을 땅에 대니라
24 그가 다윗의 발에 엎드려 이르되
내 주여 원하건대 이 죄악을 나 곧
내게로 돌리시고 여종에게 주의 귀
에 말하게 하시고 이 여종의 말을
들으소서
25 원하옵나니 내 주는 이 불량한 사
람 나발을 개의치 마옵소서 그의
이름이 그에게 적당하니 그의 이름
이 나발이라 그는 미련한 자니이다
여종은 내 주께서 보내신 소년들을
보지 못하였나이다
26 내 주여 야훼께서 살아 계심을 두
고 맹세하노니 내 주도 살아 계시
거니와 내 주의 손으로 피를 흘려
친히 보복하시는 일을 야훼께서 막
으셨으니 내 주의 원수들과 내 주
를 해하려 하는 자들은 나발과 같
이 되기를 원하나이다
27 여종이 내 주께 가져온 이 예물을
내 주를 따르는 이 소년들에게 주
게 하시고
28 주의 여종의 허물을 용서하여 주옵
소서 야훼께서 반드시 내 주를 위
하여 든든한 집을 세우시리니 이는
내 주께서 야훼의 싸움을 싸우심이
요 내 주의 일생에 내 주에게서 악
한 일을 찾을 수 없음이니이다
29 사람이 일어나서 내 주를 쫓아 내
주의 생명을 찾을지라도 내 주의
생명은 내 주의 하나님 야훼와 함
께 생명 싸개 속에 싸였을 것이요
내 주의 원수들의 생명은 물매로
던지듯 야훼께서 그것을 던지시리
이다
30 야훼께서 내 주에 대하여 하신 말
씀대로 모든 선을 내 주에게 행하
사 내 주를 이스라엘의 지도자로
세우실 때에

기록일 : . . .

31 내 주께서 무죄한 피를 흘리셨다든
지 내 주께서 친히 보복하셨다든지
함으로 말미암아 슬퍼하실 것도 없
고 내 주의 마음에 걸리는 것도 없
으시리니 다만 야훼께서 내 주를
후대하실 때에 원하건대 내 주의
여종을 생각하소서 하니라
32 다윗이 아비가일에게 이르되 오늘
너를 보내어 나를 영접하게 하신 이
스라엘의 하나님 야훼를 찬송할지
로다
33 또 네 지혜를 칭찬할지며 또 네게
복이 있을지로다 오늘 내가 피를
흘릴 것과 친히 복수하는 것을 네
가 막았느니라
34 나를 막아 너를 해하지 않게 하신
이스라엘의 하나님 야훼의 살아 계
심을 두고 맹세하노니 네가 급히
와서 나를 영접하지 아니하였더면
밝는 아침에는 과연 나발에게 한
남자도 남겨 두지 아니하였으리라
하니라
35 다윗이 그가 가져온 것을 그의 손
에서 받고 그에게 이르되 네 집으
로 평안히 올라가라 내가 네 말을
듣고 네 청을 허락하노라
36 아비가일이 나발에게로 돌아오니
그가 왕의 잔치와 같은 잔치를 그
의 집에 배설하고 크게 취하여 마
음에 기뻐하므로 아비가일이 밝는
아침까지는 아무 말도 하지 아니하
다가
37 아침에 나발이 포도주에서 깬 후에
그의 아내가 그에게 이 일을 말하
매 그가 낙담하여 몸이 돌과 같이
되었더니
38 한 열흘 후에 야훼께서 나발을 치
시매 그가 죽으니라
39 나발이 죽었다 함을 다윗이 듣고
이르되 나발에게 당한 나의 모욕을
갚아 주사 종으로 악한 일을 하지
않게 하신 야훼를 찬송할지로다 야
훼께서 나발의 악행을 그의 머리에
돌리셨도다 하니라 다윗이 아비가
일을 자기 아내로 삼으려고 사람을
보내어 그에게 말하게 하매
40 다윗의 전령들이 갈멜에 가서 아비
가일에게 이르러 그에게 말하여 이
르되 다윗이 당신을 아내로 삼고
자 하여 우리를 당신께 보내더이다
하니
41 아비가일이 일어나 몸을 굽혀 얼굴
을 땅에 대고 이르되 내 주의 여종
은 내 주의 전령들의 발 씻길 종이
니이다 하고
42 아비가일이 급히 일어나서 나귀를
타고 그를 뒤따르는 처녀 다섯과
함께 다윗의 전령들을 따라가서 다
윗의 아내가 되니라
43 다윗이 또 이스르엘 아히노암을 아

기록일 : . . .

내로 맞았더니 그들 두 사람이 그
의 아내가 되니라
44 사울이 그의 딸 다윗의 아내 미갈
을 갈림에 사는 라이스의 아들 발
디에게 주었더라

26

십 사람이 기브아에 와서 사울에
게 말하여 이르되 다윗이 광야 앞
하길라 산에 숨지 아니하였나이까
하매
2 사울이 일어나 십 광야에서 다윗을
찾으려고 이스라엘에서 택한 사람
삼천 명과 함께 십 광야로 내려가서
3 사울이 광야 앞 하길라 산 길 가에
진 치니라 다윗이 광야에 있더니 사
울이 자기를 따라 광야로 들어옴을
알고
4 이에 다윗이 정탐꾼을 보내어 사울
이 과연 이른 줄 알고
5 다윗이 일어나 사울이 진 친 곳에
이르러 사울과 넬의 아들 군사령관
아브넬이 머무는 곳을 본즉 사울이
진영 가운데에 누웠고 백성은 그를
둘러 진 쳤더라
6 이에 다윗이 헷 사람 아히멜렉과
스루야의 아들 요압의 아우 아비새
에게 물어 이르되 누가 나와 더불
어 진영에 내려가서 사울에게 이르
겠느냐 하니 아비새가 이르되 내가
함께 가겠나이다
7 다윗과 아비새가 밤에 그 백성에게
나아가 본즉 사울이 진영 가운데
누워 자고 창은 머리 곁 땅에 꽂혀
있고 아브넬과 백성들은 그를 둘러
누웠는지라
8 아비새가 다윗에게 이르되 하나님
이 오늘 당신의 원수를 당신의 손
에 넘기셨나이다 그러므로 청하오
니 내가 창으로 그를 찔러서 단번
에 땅에 꽂게 하소서 내가 그를 두
번 찌를 것이 없으리이다 하니
9 다윗이 아비새에게 이르되 죽이지
말라 누구든지 손을 들어 야훼의
기름 부음 받은 자를 치면 죄가 없
겠느냐 하고
10 다윗이 또 이르되 야훼께서 살아
계심을 두고 맹세하노니 야훼께서
그를 치시리니 혹은 죽을 날이 이르
거나 또는 전장에 나가서 망하리라
11 내가 손을 들어 야훼의 기름 부음
받은 자를 치는 것을 야훼께서 금
하시나니 너는 그의 머리 곁에 있는
창과 물병만 가지고 가자 하고
12 다윗이 사울의 머리 곁에서 창과
물병을 가지고 떠나가되 아무도 보
거나 눈치 채지 못하고 깨어 있는
사람도 없었으니 이는 야훼께서 그
들을 깊이 잠들게 하셨으므로 그들
이 다 잠들어 있었기 때문이었더라
13 이에 다윗이 건너편으로 가서 멀리
산 꼭대기에 서니 거리가 멀더라

기록일 : . . .

14 다윗이 백성과 넬의 아들 아브넬을
대하여 외쳐 이르되 아브넬아 너
는 대답하지 아니하느냐 하니 아브
넬이 대답하여 이르되 왕을 부르는
너는 누구냐 하더라
15 다윗이 아브넬에게 이르되 네가 용
사가 아니냐 이스라엘 가운데에 너
같은 자가 누구냐 그러한데 네가 어
찌하여 네 주 왕을 보호하지 아니하
느냐 백성 가운데 한 사람이 네 주
왕을 죽이려고 들어갔었느니라
16 네가 행한 이 일이 옳지 못하도다
야훼께서 살아 계심을 두고 맹세하
노니 야훼의 기름 부음 받은 너희
주를 보호하지 아니하였으니 너희
는 마땅히 죽을 자이니라 이제 왕
의 창과 왕의 머리 곁에 있던 물병
이 어디 있나 보라 하니
17 사울이 다윗의 음성을 알아 듣고
이르되 내 아들 다윗아 이것이 네
음성이냐 하는지라 다윗이 이르되
내 주 왕이여 내 음성이니이다 하고
18 또 이르되 내 주는 어찌하여 주의
종을 쫓으시나이까 내가 무엇을 하
였으며 내 손에 무슨 악이 있나이까
19 원하건대 내 주 왕은 이제 종의 말
을 들으소서 만일 왕을 충동시켜
나를 해하려 하는 이가 야훼시면
야훼께서는 제물을 받으시기를 원
하나이다마는 만일 사람들이면 그
들이 야훼 앞에 저주를 받으리니
이는 그들이 이르기를 너는 가서 다
른 신들을 섬기라 하고 오늘 나를
쫓아내어 야훼의 기업에 참여하지
못하게 함이니이다
20 그런즉 청하건대 야훼 앞에서 먼 이
곳에서 이제 나의 피가 땅에 흐르
지 말게 하옵소서 이는 산에서 메
추라기를 사냥하는 자와 같이 이스
라엘 왕이 한 벼룩을 수색하러 나
오셨음이니이다
21 사울이 이르되 내가 범죄하였도다
내 아들 다윗아 돌아오라 네가 오
늘 내 생명을 귀하게 여겼은즉 내
가 다시는 너를 해하려 하지 아니
하리라 내가 어리석은 일을 하였으
니 대단히 잘못되었도다 하는지라
22 다윗이 대답하여 이르되 왕은 창을
보소서 한 소년을 보내어 가져가게
하소서
23 야훼께서 사람에게 그의 공의와 신
실을 따라 갚으시리니 이는 야훼께
서 오늘 왕을 내 손에 넘기셨으되
나는 손을 들어 야훼의 기름 부음
을 받은 자 치기를 원하지 아니하
였음이니이다
24 오늘 왕의 생명을 내가 중히 여긴
것 같이 내 생명을 야훼께서 중히
여기셔서 모든 환난에서 나를 구하
여 내시기를 바라나이다 하니라

기록일 : . . .

25 사울이 다윗에게 이르되 내 아들 다
윗아 네게 복이 있을지로다 네가 큰
일을 행하겠고 반드시 승리를 얻으
리라 하니라 다윗은 자기 길로 가고
사울은 자기 곳으로 돌아가니라

27

다윗이 그 마음에 생각하기를 내
가 후일에는 사울의 손에 붙잡히리
니 블레셋 사람들의 땅으로 피하
여 들어가는 것이 좋으리로다 사울
이 이스라엘 온 영토 내에서 다시
나를 찾다가 단념하리니 내가 그의
손에서 벗어나리라 하고
2 다윗이 일어나 함께 있는 사람 육
백 명과 더불어 가드 왕 마옥의 아
들 아기스에게로 건너가니라
3 다윗과 그의 사람들이 저마다 가족
을 거느리고 가드에서 아기스와 동
거하였는데 다윗이 그의 두 아내
이스르엘 여자 아히노암과 나발의
아내였던 갈멜 여자 아비가일과 함
께 하였더니
4 다윗이 가드에 도망한 것을 어떤
사람이 사울에게 전하매 사울이 다
시는 그를 수색하지 아니하니라
5 다윗이 아기스에게 이르되 바라건
대 내가 당신께 은혜를 입었다면
지방 성읍 가운데 한 곳을 내게 주
어 내가 살게 하소서 당신의 종이
어찌 당신과 함께 왕도에 살리이까
하니
6 아기스가 그 날에 시글락을 그에게
주었으므로 시글락이 오늘까지 유
다 왕에게 속하니라
7 다윗이 블레셋 사람들의 지방에 산
날 수는 일 년 사 개월이었더라
8 다윗과 그의 사람들이 올라가서 그
술 사람과 기르스 사람과 아말렉
사람을 침노하였으니 그들은 옛적
부터 술과 애굽 땅으로 지나가는
지방의 주민이라
9 다윗이 그 땅을 쳐서 남녀를 살려
두지 아니하고 양과 소와 나귀와
낙타와 의복을 빼앗아 가지고 돌아
와 아기스에게 이르매
10 아기스가 이르되 너희가 오늘은 누
구를 침노하였느냐 하니 다윗이 이
르되 유다 네겝과 여라무엘 사람의
네겝과 겐 사람의 네겝이니이다 하
였더라
11 다윗이 그 남녀를 살려서 가드로
데려가지 아니한 것은 그의 생각에
그들이 우리에게 대하여 이르기를
다윗이 행한 일이 이러하니라 하여
블레셋 사람들의 지방에 거주하는
동안에 이같이 행하는 습관이 있었
다 할까 두려워함이었더라
12 아기스가 다윗을 믿고 말하기를 다
윗이 자기 백성 이스라엘에게 심히
미움을 받게 되었으니 그는 영원히
내 부하가 되리라고 생각하니라

기록일 : . . .

28

그 때에 블레셋 사람들이 이스라
엘과 싸우려고 군대를 모집한지라
아기스가 다윗에게 이르되 너는 밝
히 알라 너와 네 사람들이 나와 함
께 나가서 군대에 참가할 것이니라
2 다윗이 아기스에게 이르되 그러면
당신의 종이 행할 바를 아시리이다
하니 아기스가 다윗에게 이르되 그
러면 내가 너를 영원히 내 머리 지
키는 자를 삼으리라 하니라
3 사무엘이 죽었으므로 온 이스라엘이
그를 두고 슬피 울며 그의 고향 라
마에 장사하였고 사울은 신접한 자
와 박수를 그 땅에서 쫓아내었더라
4 블레셋 사람들이 모여 수넴에 이르
러 진 치매 사울이 온 이스라엘을
모아 길보아에 진 쳤더니
5 사울이 블레셋 사람들의 군대를 보
고 두려워서 그의 마음이 크게 떨
린지라
6 사울이 야훼께 묻자오되 야훼께서
꿈으로도, 우림으로도, 선지자로도
그에게 대답하지 아니하시므로
7 사울이 그의 신하들에게 이르되 나
를 위하여 신접한 여인을 찾으라
내가 그리로 가서 그에게 물으리라
하니 그의 신하들이 그에게 이르되
보소서 엔돌에 신접한 여인이 있나
이다
8 사울이 다른 옷을 입어 변장하고
두 사람과 함께 갈새 그들이 밤에
그 여인에게 이르러서는 사울이 이
르되 청하노니 나를 위하여 신접한
술법으로 내가 네게 말하는 사람을
불러 올리라 하니
9 여인이 그에게 이르되 네가 사울이
행한 일 곧 그가 신접한 자와 박수
를 이 땅에서 멸절시켰음을 아나니
네가 어찌하여 내 생명에 올무를
놓아 나를 죽게 하려느냐 하는지라
10 사울이 야훼의 이름으로 그에게 맹
세하여 이르되 야훼께서 살아 계심
을 두고 맹세하노니 네가 이 일로
는 벌을 당하지 아니하리라 하니
11 여인이 이르되 내가 누구를 네게로
불러 올리랴 하니 사울이 이르되
사무엘을 불러 올리라 하는지라
12 여인이 사무엘을 보고 큰 소리로
외치며 사울에게 말하여 이르되 당
신이 어찌하여 나를 속이셨나이까
당신이 사울이시니이다
13 왕이 그에게 이르되 두려워하지 말
라 네가 무엇을 보았느냐 하니 여
인이 사울에게 이르되 내가 영이
땅에서 올라오는 것을 보았나이다
하는지라
14 사울이 그에게 이르되 그의 모양이
어떠하냐 하니 그가 이르되 한 노
인이 올라오는데 그가 겉옷을 입었
나이다 하더라 사울이 그가 사무엘

기록일 : . . .

인 줄 알고 그의 얼굴을 땅에 대고
절하니라
15 사무엘이 사울에게 이르되 네가 어
찌하여 나를 불러 올려서 나를 성
가시게 하느냐 하니 사울이 대답하
되 나는 심히 다급하니이다 블레셋
사람들은 나를 향하여 군대를 일으
켰고 하나님은 나를 떠나서 다시는
선지자로도, 꿈으로도 내게 대답
하지 아니하시기로 내가 행할 일을
알아보려고 당신을 불러 올렸나이
다 하더라
16 사무엘이 이르되 야훼께서 너를 떠
나 네 대적이 되셨거늘 네가 어찌
하여 내게 묻느냐
17 야훼께서 나를 통하여 말씀하신 대
로 네게 행하사 나라를 네 손에서
떼어 네 이웃 다윗에게 주셨느니라
18 네가 야훼의 목소리를 순종하지 아
니하고 그의 진노를 아말렉에게 쏟
지 아니하였으므로 야훼께서 오늘
이 일을 네게 행하셨고
19 야훼께서 이스라엘을 너와 함께 블
레셋 사람들의 손에 넘기시리니 내
일 너와 네 아들들이 나와 함께 있
으리라 야훼께서 또 이스라엘 군대
를 블레셋 사람들의 손에 넘기시리
라 하는지라
20 사울이 갑자기 땅에 완전히 엎드러
지니 이는 사무엘의 말로 말미암아
심히 두려워함이요 또 그의 기력이
다하였으니 이는 그가 하루 밤낮을
음식을 먹지 못하였음이니라
21 그 여인이 사울에게 이르러 그가 심
히 고통 당함을 보고 그에게 이르
되 여종이 왕의 말씀을 듣고 내 생
명을 아끼지 아니하고 왕이 내게
이르신 말씀을 순종하였사오니
22 그런즉 청하건대 이제 당신도 여종
의 말을 들으사 내가 왕 앞에 한 조
각 떡을 드리게 하시고 왕은 잡수
시고 길 가실 때에 기력을 얻으소서
하니
23 사울이 거절하여 이르되 내가 먹지
아니하겠노라 하니라 그의 신하들
과 여인이 강권하매 그들의 말을 듣
고 땅에서 일어나 침상에 앉으니라
24 여인의 집에 살진 송아지가 있으므
로 그것을 급히 잡고 가루를 가져
다가 뭉쳐 무교병을 만들고 구워서
25 사울 앞에와 그의 신하들 앞에 내
놓으니 그들이 먹고 일어나서 그 밤
에 가니라

29 블레셋 사람들은 그들의 모든 군
대를 아벡에 모았고 이스라엘 사람
들은 이스르엘에 있는 샘 곁에 진
쳤더라
2 블레셋 사람들의 수령들은 수백 명
씩 수천 명씩 인솔하여 나아가고
다윗과 그의 사람들은 아기스와 함

기록일 : . . .

께 그 뒤에서 나아가더니
3 블레셋 사람들의 방백들이 이르되
이 히브리 사람들이 무엇을 하려느
냐 하니 아기스가 블레셋 사람들
의 방백들에게 이르되 이는 이스라
엘 왕 사울의 신하 다윗이 아니냐
그가 나와 함께 있은 지 여러 날 여
러 해로되 그가 망명하여 온 날부
터 오늘까지 내가 그의 허물을 보
지 못하였노라
4 블레셋 사람의 방백들이 그에게 노
한지라 블레셋 방백들이 그에게 이
르되 이 사람을 돌려보내어 왕이
그에게 정하신 그 처소로 가게 하
소서 그는 우리와 함께 싸움에 내
려가지 못하리니 그가 전장에서 우
리의 대적이 될까 하나이다 그가
무엇으로 그 주와 다시 화합하리이
까 이 사람들의 머리로 하지 아니
하겠나이까
5 그들이 춤추며 노래하여 이르되 사
울이 죽인 자는 천천이요 다윗은
만만이로다 하던 그 다윗이 아니니
이까 하니
6 아기스가 다윗을 불러 그에게 이르
되 야훼께서 살아 계심을 두고 맹
세하노니 네가 정직하여 내게 온
날부터 오늘까지 네게 악이 있음을
보지 못하였으니 나와 함께 진중에
출입하는 것이 내 생각에는 좋으나
수령들이 너를 좋아하지 아니하니
7 그러므로 이제 너는 평안히 돌아가
서 블레셋 사람들의 수령들에게 거
슬러 보이게 하지 말라 하니라
8 다윗이 아기스에게 이르되 내가 무
엇을 하였나이까 내가 당신 앞에
오늘까지 있는 동안에 당신이 종
에게서 무엇을 보셨기에 내가 가서
내 주 왕의 원수와 싸우지 못하게
하시나이까 하니
9 아기스가 다윗에게 대답하여 이르
되 네가 내 목전에 하나님의 전령
같이 선한 것을 내가 아나 블레셋
사람들의 방백들은 말하기를 그가
우리와 함께 전장에 올라가지 못하
리라 하니
10 그런즉 너는 너와 함께 온 네 주의
신하들과 더불어 새벽에 일어나라
너희는 새벽에 일어나서 밝거든 곧
떠나라 하니라
11 이에 다윗이 자기 사람들과 더불어
아침에 일찍이 일어나서 떠나 블레
셋 사람들의 땅으로 돌아가고 블레
셋 사람들은 이스르엘로 올라가니라

30 다윗과 그의 사람들이 사흘 만에
시글락에 이른 때에 아말렉 사람
들이 이미 네겝과 시글락을 침노하
였는데 그들이 시글락을 쳐서 불사
르고
2 거기에 있는 젊거나 늙은 여인들은

한 사람도 죽이지 아니하고 다 사
로잡아 끌고 자기 길을 갔더라
3 다윗과 그의 사람들이 성읍에 이
르러 본즉 성읍이 불탔고 자기들의
아내와 자녀들이 사로잡혔는지라
4 다윗과 그와 함께 한 백성이 울 기
력이 없도록 소리를 높여 울었더라
5 (다윗의 두 아내 이스르엘 여인 아
히노암과 갈멜 사람 나발의 아내였
던 아비가일도 사로잡혔더라)
6 백성들이 자녀들 때문에 마음이 슬
퍼서 다윗을 돌로 치자 하니 다윗
이 크게 다급하였으나 그의 하나님
야훼를 힘입고 용기를 얻었더라
7 다윗이 아히멜렉의 아들 제사장 아
비아달에게 이르되 원하건대 에봇
을 내게로 가져오라 아비아달이 에
봇을 다윗에게로 가져가매
8 다윗이 야훼께 묻자와 이르되 내가
이 군대를 추격하면 따라잡겠나이
까 하니 야훼께서 그에게 대답하시
되 그를 쫓아가라 네가 반드시 따
라잡고 도로 찾으리라
9 이에 다윗과 또 그와 함께 한 육백
명이 가서 브솔 시내에 이르러 뒤
떨어진 자를 거기 머물게 했으되
10 곧 피곤하여 브솔 시내를 건너지 못
하는 이백 명을 머물게 했고 다윗
은 사백 명을 거느리고 쫓아가니라
11 무리가 들에서 애굽 사람 하나를 만
나 그를 다윗에게로 데려다가 떡을
주어 먹게 하며 물을 마시게 하고
12 그에게 무화과 뭉치에서 뗀 덩이
하나와 건포도 두 송이를 주었으니
그가 밤낮 사흘 동안 떡도 먹지 못
하였고 물도 마시지 못하였음이니
라 그가 먹고 정신을 차리매
13 다윗이 그에게 이르되 너는 누구에
게 속하였으며 어디에서 왔느냐 하
니 그가 이르되 나는 애굽 소년이요
아말렉 사람의 종이더니 사흘 전에
병이 들매 주인이 나를 버렸나이다
14 우리가 그렛 사람의 남방과 유다에
속한 지방과 갈렙 남방을 침노하고
시글락을 불살랐나이다
15 다윗이 그에게 이르되 네가 나를 그
군대로 인도하겠느냐 하니 그가 이
르되 당신이 나를 죽이지도 아니하
고 내 주인의 수중에 넘기지도 아니
하겠다고 하나님의 이름으로 내게
맹세하소서 그리하면 내가 당신을
그 군대로 인도하리이다 하니라
16 그가 다윗을 인도하여 내려가니 그
들이 온 땅에 편만하여 블레셋 사
람들의 땅과 유다 땅에서 크게 약
탈하였음으로 말미암아 먹고 마시
며 춤추는지라
17 다윗이 새벽부터 이튿날 저물 때까
지 그들을 치매 낙타를 타고 도망
한 소년 사백 명 외에는 피한 사람

기록일 : . . .

이 없었더라
18 다윗이 아말렉 사람들이 빼앗아 갔
던 모든 것을 도로 찾고 그의 두 아
내를 구원하였고
19 그들이 약탈하였던 것 곧 무리의 자
녀들이나 빼앗겼던 것은 크고 작은
것을 막론하고 아무것도 잃은 것이
없이 모두 다윗이 도로 찾아왔고
20 다윗이 또 양 떼와 소 떼를 다 되
찾았더니 무리가 그 가축들을 앞에
몰고 가며 이르되 이는 다윗의 전
리품이라 하였더라
21 다윗이 전에 피곤하여 능히 자기를
따르지 못하므로 브솔 시내에 머물
게 한 이백 명에게 오매 그들이 다
윗과 그와 함께 한 백성을 영접하
러 나오는지라 다윗이 그 백성에게
이르러 문안하매
22 다윗과 함께 갔던 자들 가운데 악
한 자와 불량배들이 다 이르되 그들
이 우리와 함께 가지 아니하였은즉
우리가 도로 찾은 물건은 무엇이든
지 그들에게 주지 말고 각자의 처자
만 데리고 떠나가게 하라 하는지라
23 다윗이 이르되 나의 형제들아 여호와
께서 우리를 보호하시고 우리를 치
러 온 그 군대를 우리 손에 넘기셨
은즉 그가 우리에게 주신 것을 너
희가 이같이 못하리라
24 이 일에 누가 너희에게 듣겠느냐 전
장에 내려갔던 자의 분깃이나 소유
물 곁에 머물렀던 자의 분깃이 동일
할지니 같이 분배할 것이니라 하고
25 그 날부터 다윗이 이것으로 이스라
엘의 율례와 규례를 삼았더니 오늘
까지 이르니라
26 다윗이 시글락에 이르러 전리품을
그의 친구 유다 장로들에게 보내
어 이르되 보라 여호와의 원수에게서
탈취한 것을 너희에게 선사하노라
하고
27 벧엘에 있는 자와 남방 라못에 있
는 자와 얏딜에 있는 자와
28 아로엘에 있는 자와 십못에 있는
자와 에스드모아에 있는 자와
29 라갈에 있는 자와 여라므엘 사람의
성읍들에 있는 자와 겐 사람의 성
읍들에 있는 자와
30 홀마에 있는 자와 고라산에 있는
자와 아닥에 있는 자와
31 헤브론에 있는 자에게와 다윗과 그
의 사람들이 왕래하던 모든 곳에
보내었더라

31

블레셋 사람들이 이스라엘을 치
매 이스라엘 사람들이 블레셋 사람
들 앞에서 도망하여 길보아 산에서
엎드러져 죽으니라
2 블레셋 사람들이 사울과 그의 아들
들을 추격하여 사울의 아들 요나단
과 아비나답과 말기수아를 죽이니라

기록일 : . . .

3 사울이 패전하매 활 쏘는 자가 따라잡으니 사울이 그 활 쏘는 자에게 중상을 입은지라

4 그가 무기를 든 자에게 이르되 네 칼을 빼어 그것으로 나를 찌르라 할례 받지 않은 자들이 와서 나를 찌르고 모욕할까 두려워하노라 하나 무기를 든 자가 심히 두려워하여 감히 행하지 아니하는지라 이에 사울이 자기의 칼을 뽑아서 그 위에 엎드러지매

5 무기를 든 자가 사울이 죽음을 보고 자기도 자기 칼 위에 엎드러져 그와 함께 죽으니라

6 사울과 그의 세 아들과 무기를 든 자와 그의 모든 사람이 다 그 날에 함께 죽었더라

7 골짜기 저쪽에 있는 이스라엘 사람과 요단 건너쪽에 있는 자들이 이스라엘 사람들이 도망한 것과 사울과 그의 아들들이 죽었음을 보고 성읍들을 버리고 도망하매 블레셋 사람들이 이르러 거기에서 사니라

8 그 이튿날 블레셋 사람들이 죽은 자를 벗기러 왔다가 사울과 그의 세 아들이 길보아 산에서 죽은 것을 보고

9 사울의 머리를 베고 그의 갑옷을 벗기고 자기들의 신당과 백성에게 알리기 위하여 그것을 블레셋 사람들의 땅 사방에 보내고

10 그의 갑옷은 아스다롯의 집에 두고 그의 시체는 벧산 성벽에 못 박으매

11 길르앗 야베스 주민들이 블레셋 사람들이 사울에게 행한 일을 듣고

12 모든 장사들이 일어나 밤새도록 달려가서 사울의 시체와 그의 아들들의 시체를 벧산 성벽에서 내려 가지고 야베스에 돌아가서 거기서 불사르고

13 그의 뼈를 가져다가 야베스 에셀 나무 아래에 장사하고 칠 일 동안 금식하였더라

사무엘하

1 사울이 죽은 후에 다윗이 아말렉
사람을 쳐죽이고 돌아와 다윗이 시
글락에서 이틀을 머물더니
2 사흘째 되는 날에 한 사람이 사울
의 진영에서 나왔는데 그의 옷은
찢어졌고 머리에는 흙이 있더라 그
가 다윗에게 나아와 땅에 엎드려
절하매
3 다윗이 그에게 묻되 너는 어디서
왔느냐 하니 대답하되 이스라엘 진
영에서 도망하여 왔나이다 하니라
4 다윗이 그에게 이르되 일이 어떻게
되었느냐 너는 내게 말하라 그가 대
답하되 군사가 전쟁 중에 도망하기
도 하였고 무리 가운데에 엎드러져
죽은 자도 많았고 사울과 그의 아
들 요나단도 죽었나이다 하는지라
5 다윗이 자기에게 알리는 청년에게
묻되 사울과 그의 아들 요나단이
죽은 줄을 네가 어떻게 아느냐
6 그에게 알리는 청년이 이르되 내가
우연히 길보아 산에 올라가 보니
사울이 자기 창에 기대고 병거와 기
병은 그를 급히 따르는데
7 사울이 뒤로 돌아 나를 보고 부르
시기로 내가 대답하되 내가 여기
있나이다 한즉
8 내게 이르되 너는 누구냐 하시기로
내가 그에게 대답하되 나는 아말렉
사람이니이다 한즉
9 또 내게 이르시되 내 목숨이 아직
내게 완전히 있으므로 내가 고통
중에 있나니 청하건대 너는 내 곁에
서서 나를 죽이라 하시기로
10 그가 엎드러진 후에는 살 수 없는
줄을 내가 알고 그의 곁에 서서 죽
이고 그의 머리에 있는 왕관과 팔
에 있는 고리를 벗겨서 내 주께로
가져왔나이다 하니라
11 이에 다윗이 자기 옷을 잡아 찢으매
함께 있는 모든 사람도 그리하고
12 사울과 그의 아들 요나단과 야훼의
백성과 이스라엘 족속이 칼에 죽음
으로 말미암아 저녁 때까지 슬퍼하
여 울며 금식하니라
13 다윗이 그 소식을 전한 청년에게
묻되 너는 어디 사람이냐 대답하되
나는 아말렉 사람 곧 외국인의 아
들이니이다 하니
14 다윗이 그에게 이르되 네가 어찌하
여 손을 들어 야훼의 기름 부음 받
은 자 죽이기를 두려워하지 아니하
였느냐 하고
15 다윗이 청년 중 한 사람을 불러 이
르되 가까이 가서 그를 죽이라 하
매 그가 치매 곧 죽으니라

기록일 : . . .

16 다윗이 그에게 이르기를 네 피가
네 머리로 돌아갈지어다 네 입이 네
게 대하여 증언하기를 내가 야훼의
기름 부음 받은 자를 죽였노라 함
이니라 하였더라
17 다윗이 이 슬픈 노래로 사울과 그
의 아들 요나단을 조상하고
18 명령하여 그것을 유다 족속에게 가
르치라 하였으니 곧 활 노래라 야
살의 책에 기록되었으되
19 이스라엘아 네 영광이 산 위에서
죽임을 당하였도다 오호라 두 용사
가 엎드러졌도다
20 이 일을 가드에도 알리지 말며 아
스글론 거리에도 전파하지 말지어
다 블레셋 사람들의 딸들이 즐거워
할까, 할례 받지 못한 자의 딸들이
개가를 부를까 염려로다
21 길보아 산들아 너희 위에 이슬과
비가 내리지 아니하며 제물 낼 밭
도 없을지어다 거기서 두 용사의 방
패가 버린 바 됨이니라 곧 사울의
방패가 기름 부음을 받지 아니함
같이 됨이로다
22 죽은 자의 피에서, 용사의 기름에서
요나단의 활이 뒤로 물러가지 아니
하였으며 사울의 칼이 헛되이 돌아
오지 아니하였도다
23 사울과 요나단이 생전에 사랑스럽
고 아름다운 자이러니 죽을 때에도
서로 떠나지 아니하였도다 그들은
독수리보다 빠르고 사자보다 강하
였도다
24 이스라엘 딸들아 사울을 슬퍼하여
울지어다 그가 붉은 옷으로 너희
에게 화려하게 입혔고 금 노리개를
너희 옷에 채웠도다
25 오호라 두 용사가 전쟁 중에 엎드
러졌도다 요나단이 네 산 위에서
죽임을 당하였도다
26 내 형 요나단이여 내가 그대를 애
통함은 그대는 내게 심히 아름다움
이라 그대가 나를 사랑함이 기이하
여 여인의 사랑보다 더하였도다
27 오호라 두 용사가 엎드러졌으며 싸
우는 무기가 망하였도다 하였더라

2 그 후에 다윗이 야훼께 여쭈어 아
뢰되 내가 유다 한 성읍으로 올라
가리이까 야훼께서 이르시되 올라
가라 다윗이 아뢰되 어디로 가리이
까 이르시되 헤브론으로 갈지니라
2 다윗이 그의 두 아내 이스르엘 여
인 아히노암과 갈멜 사람 나발의
아내였던 아비가일을 데리고 그리
로 올라갈 때에
3 또 자기와 함께 한 추종자들과 그
들의 가족들을 다윗이 다 데리고
올라가서 헤브론 각 성읍에 살게
하니라
4 유다 사람들이 와서 거기서 다윗에

기록일 : . . .

게 기름을 부어 유다 족속의 왕으
로 삼았더라 어떤 사람이 다윗에게
말하여 이르되 사울을 장사한 사람
은 길르앗 야베스 사람들이니이다
하매
5 다윗이 길르앗 야베스 사람들에게
전령들을 보내 그들에게 이르되 너
희가 너희 주 사울에게 이처럼 은
혜를 베풀어 그를 장사하였으니 야
훼께 복을 받을지어다
6 너희가 이 일을 하였으니 이제 야훼
께서 은혜와 진리로 너희에게 베푸
시기를 원하고 나도 이 선한 일을
너희에게 갚으리니
7 이제 너희는 손을 강하게 하고 담
대히 할지어다 너희 주 사울이 죽었
고 또 유다 족속이 내게 기름을 부
어 그들의 왕으로 삼았음이니라 하
니라
8 사울의 군사령관 넬의 아들 아브
넬이 이미 사울의 아들 이스보셋을
데리고 마하나임으로 건너가
9 길르앗과 아술과 이스르엘과 에브
라임과 베냐민과 온 이스라엘의 왕
으로 삼았더라
10 사울의 아들 이스보셋이 이스라엘
왕이 될 때에 나이가 사십 세이며
두 해 동안 왕위에 있으니라 유다
족속은 다윗을 따르니
11 다윗이 헤브론에서 유다 족속의 왕
이 된 날 수는 칠 년 육 개월이더라
12 넬의 아들 아브넬과 사울의 아들
이스보셋의 신복들은 마하나임에서
나와 기브온에 이르고
13 스루야의 아들 요압과 다윗의 신복
들도 나와 기브온 못 가에서 그들
을 만나 함께 앉으니 이는 못 이쪽
이요 그는 못 저쪽이라
14 아브넬이 요압에게 이르되 원하건
대 청년들에게 일어나서 우리 앞에
서 겨루게 하자 요압이 이르되 일어
나게 하자 하매
15 그들이 일어나 그 수대로 나아가니
베냐민과 사울의 아들 이스보셋의
편에 열두 명이요 다윗의 신복 중
에 열두 명이라
16 각기 상대방의 머리를 잡고 칼로
상대방의 옆구리를 찌르매 일제히
쓰러진지라 그러므로 그 곳을 헬갓
핫수림이라 일컬었으며 기브온에
있더라
17 그 날에 싸움이 심히 맹렬하더니
아브넬과 이스라엘 사람들이 다윗
의 신복들 앞에서 패하니라
18 그 곳에 스루야의 세 아들 요압과
아비새와 아사헬이 있었는데 아사
헬의 발은 들노루 같이 빠르더라
19 아사헬이 아브넬을 쫓아 달려가되
좌우로 치우치지 않고 아브넬의 뒤
를 쫓으니

기록일 : . . .

20 아브넬이 뒤를 돌아보며 이르되 아
사헬아 너냐 대답하되 나로라
21 아브넬이 그에게 이르되 너는 왼쪽
으로나 오른쪽으로나 가서 청년 하
나를 붙잡아 그의 군복을 빼앗으라
하되 아사헬이 그렇게 하기를 원하
지 아니하고 그의 뒤를 쫓으매
22 아브넬이 다시 아사헬에게 이르되
너는 나 쫓기를 그치라 내가 너를
쳐서 땅에 엎드러지게 할 까닭이
무엇이냐 그렇게 하면 내가 어떻게
네 형 요압을 대면하겠느냐 하되
23 그가 물러가기를 거절하매 아브넬
이 창 뒤 끝으로 그의 배를 찌르
니 창이 그의 등을 꿰뚫고 나간지
라 곧 그 곳에 엎드러져 죽으매 아
사헬이 엎드러져 죽은 곳에 이르는
자마다 머물러 섰더라
24 요압과 아비새가 아브넬의 뒤를 쫓
아 기브온 거친 땅의 길 가 기아
맞은쪽 암마 산에 이를 때에 해가
졌고
25 베냐민 족속은 함께 모여 아브넬을
따라 한 무리를 이루고 작은 산 꼭
대기에 섰더라
26 아브넬이 요압에게 외쳐 이르되 칼
이 영원히 사람을 상하겠느냐 마침
내 참혹한 일이 생길 줄을 알지 못
하느냐 네가 언제 무리에게 그의
형제 쫓기를 그치라 명령하겠느냐
27 요압이 이르되 하나님이 살아 계심
을 두고 맹세하노니 네가 말하지
아니하였더면 무리가 아침에 각각
다 돌아갔을 것이요 그의 형제를
쫓지 아니하였으리라 하고
28 요압이 나팔을 불매 온 무리가 머
물러 서고 다시는 이스라엘을 쫓아
가지 아니하고 다시는 싸우지도 아
니하니라
29 아브넬과 그의 부하들이 밤새도록
걸어서 아라바를 지나 요단을 건너
비드론 온 땅을 지나 마하나임에
이르니라
30 요압이 아브넬 쫓기를 그치고 돌아
와 무리를 다 모으니 다윗의 신복
중에 열아홉 명과 아사헬이 없어졌
으나
31 다윗의 신복들이 베냐민과 아브넬
에게 속한 자들을 쳐서 삼백육십
명을 죽였더라
32 무리가 아사헬을 들어올려 베들레
헴에 있는 그의 조상 묘에 장사하
고 요압과 그의 부하들이 밤새도록
걸어서 헤브론에 이른 때에 날이
밝았더라

3

사울의 집과 다윗의 집 사이에 전
쟁이 오래매 다윗은 점점 강하여
가고 사울의 집은 점점 약하여 가
니라
2 다윗이 헤브론에서 아들들을 낳았

기록일 : . . .

으되 맏아들은 암논이라 이스르엘
여인 아히노암의 소생이요
3 둘째는 길르압이라 갈멜 사람 나발
의 아내였던 아비가일의 소생이요
셋째는 압살롬이라 그술 왕 달매의
딸 마아가의 아들이요
4 넷째는 아도니야라 학깃의 아들이
요 다섯째는 스바댜라 아비달의 아
들이요
5 여섯째는 이드르암이라 다윗의 아
내 에글라의 소생이니 이들은 다윗
이 헤브론에서 낳은 자들이더라
6 사울의 집과 다윗의 집 사이에 전
쟁이 있는 동안에 아브넬이 사울의
집에서 점점 권세를 잡으니라
7 사울에게 첩이 있었으니 이름은 리
스바요 아야의 딸이더라 이스보셋
이 아브넬에게 이르되 네가 어찌하
여 내 아버지의 첩과 통간하였느냐
하니
8 아브넬이 이스보셋의 말을 매우 분
하게 여겨 이르되 내가 유다의 개
머리냐 내가 오늘 당신의 아버지
사울의 집과 그의 형제와 그의 친
구에게 은혜를 베풀어 당신을 다윗
의 손에 내주지 아니하였거늘 당신
이 오늘 이 여인에게 관한 허물을
내게 돌리는도다
9 야훼께서 다윗에게 맹세하신 대로
내가 이루게 하지 아니하면 하나님
이 아브넬에게 벌 위에 벌을 내리
심이 마땅하니라
10 그 맹세는 곧 이 나라를 사울의 집
에서 다윗에게 옮겨서 그의 왕위
를 단에서 브엘세바까지 이스라엘
과 유다에 세우리라 하신 것이니라
하매
11 이스보셋이 아브넬을 두려워하여
감히 한 마디도 대답하지 못하니라
12 아브넬이 자기를 대신하여 전령들
을 다윗에게 보내어 이르되 이 땅
이 누구의 것이니이까 또 이르되
당신은 나와 더불어 언약을 맺사이
다 내 손이 당신을 도와 온 이스라
엘이 당신에게 돌아가게 하리이다
하니
13 다윗이 이르되 좋다 내가 너와 언
약을 맺거니와 내가 네게 한 가지
일을 요구하노니 나를 보러올 때
에 우선 사울의 딸 미갈을 데리고
오라 그리하지 아니하면 내 얼굴을
보지 못하리라 하고
14 다윗이 사울의 아들 이스보셋에게
전령들을 보내 이르되 내 처 미갈
을 내게로 돌리라 그는 내가 전에
블레셋 사람의 포피 백 개로 나와
정혼한 자니라 하니
15 이스보셋이 사람을 보내 그의 남편
라이스의 아들 발디엘에게서 그를
빼앗아 오매

기록일 : . . .

16 그의 남편이 그와 함께 오되 울며
바후림까지 따라왔더니 아브넬이
그에게 돌아가라 하매 돌아가니라
17 아브넬이 이스라엘 장로들에게 말
하여 이르되 너희가 여러 번 다윗을
너희의 임금으로 세우기를 구하였
으니
18 이제 그대로 하라 야훼께서 이미
다윗에 대하여 말씀하시기를 내가
내 종 다윗의 손으로 내 백성 이스
라엘을 구원하여 블레셋 사람의 손
과 모든 대적의 손에서 벗어나게
하리라 하셨음이니라 하고
19 아브넬이 또 베냐민 사람의 귀에
말하고 아브넬이 이스라엘과 베냐
민의 온 집이 선하게 여기는 모든
것을 다윗의 귀에 말하려고 헤브론
으로 가니라
20 아브넬이 부하 이십 명과 더불어 헤
브론에 이르러 다윗에게 나아가니
다윗이 아브넬과 그와 함께 한 사
람을 위하여 잔치를 배설하였더라
21 아브넬이 다윗에게 말하되 내가 일
어나 가서 온 이스라엘 무리를 내
주 왕의 앞에 모아 더불어 언약을
맺게 하고 마음에 원하시는 대로
모든 것을 다스리시게 하리이다 하
니 이에 다윗이 아브넬을 보내매
그가 평안히 가니라
22 다윗의 신복들과 요압이 적군을 치
고 크게 노략한 물건을 가지고 돌
아오니 아브넬은 이미 보냄을 받아
평안히 갔고 다윗과 함께 헤브론에
있지 아니한 때라
23 요압 및 요압과 함께 한 모든 군사
가 돌아오매 어떤 사람이 요압에게
말하여 이르되 넬의 아들 아브넬이
왕에게 왔더니 왕이 보내매 그가
평안히 갔나이다 하니
24 요압이 왕에게 나아가 이르되 어찌
하심이니이까 아브넬이 왕에게 나
아왔거늘 어찌하여 그를 보내 잘
가게 하셨나이까
25 왕도 아시려니와 넬의 아들 아브넬
이 온 것은 왕을 속임이라 그가 왕
이 출입하는 것을 알고 왕이 하시는
모든 것을 알려 함이니이다 하고
26 이에 요압이 다윗에게서 나와 전령
들을 보내 아브넬을 쫓아가게 하였
더니 시라 우물 가에서 그를 데리
고 돌아왔으나 다윗은 알지 못하였
더라
27 아브넬이 헤브론으로 돌아오매 요
압이 더불어 조용히 말하려는 듯이
그를 데리고 성문 안으로 들어가
거기서 배를 찔러 죽이니 이는 자기
의 동생 아사헬의 피로 말미암음이
더라
28 그 후에 다윗이 듣고 이르되 넬의
아들 아브넬의 피에 대하여 나와

기록일 : . . .

내 나라는 야훼 앞에 영원히 무죄
하니
29 그 죄가 요압의 머리와 그의 아버
지의 온 집으로 돌아갈지어다 또
요압의 집에서 백탁병자나 나병 환
자나 지팡이를 의지하는 자나 칼에
죽는 자나 양식이 떨어진 자가 끊
어지지 아니할지로다 하니라
30 요압과 그의 동생 아비새가 아브넬
을 죽인 것은 그가 기브온 전쟁에
서 자기 동생 아사헬을 죽인 까닭
이었더라
31 다윗이 요압과 및 자기와 함께 있
는 모든 백성에게 이르되 너희는
옷을 찢고 굵은 베를 띠고 아브넬
앞에서 애도하라 하니라 다윗 왕이
상여를 따라가
32 아브넬을 헤브론에 장사하고 아브
넬의 무덤에서 왕이 소리를 높여
울고 백성도 다 우니라
33 왕이 아브넬을 위하여 애가를 지어
이르되 아브넬의 죽음이 어찌하여
미련한 자의 죽음 같은고
34 네 손이 결박되지 아니하였고 네
발이 차꼬에 채이지 아니하였거늘
불의한 자식의 앞에 엎드러짐 같이
네가 엎드러졌도다 하매 온 백성이
다시 그를 슬퍼하여 우니라
35 석양에 뭇 백성이 나아와 다윗에게
음식을 권하니 다윗이 맹세하여 이
르되 만일 내가 해 지기 전에 떡이
나 다른 모든 것을 맛보면 하나님
이 내게 벌 위에 벌을 내리심이 마
땅하니라 하매
36 온 백성이 보고 기뻐하며 왕이 무
슨 일을 하든지 무리가 다 기뻐하
므로
37 이 날에야 온 백성과 온 이스라엘
이 넬의 아들 아브넬을 죽인 것이
왕이 한 것이 아닌 줄을 아니라
38 왕이 그의 신복에게 이르되 오늘
이스라엘의 지도자요 큰 인물이 죽
은 것을 알지 못하느냐
39 내가 기름 부음을 받은 왕이 되었
으나 오늘 약하여서 스루야의 아들
인 이 사람들을 제어하기가 너무 어
려우니 야훼는 악행한 자에게 그
악한 대로 갚으실지로다 하니라

4

사울의 아들 이스보셋은 아브넬
이 헤브론에서 죽었다 함을 듣고
손의 맥이 풀렸고 온 이스라엘이
놀라니라
2 사울의 아들 이스보셋에게 군지휘
관 두 사람이 있으니 한 사람의 이
름은 바아나요 한 사람의 이름은
레갑이라 베냐민 족속 브에롯 사람
림몬의 아들들이더라 브에롯도 베
냐민 지파에 속하였으니
3 일찍이 브에롯 사람들이 깃다임으
로 도망하여 오늘까지 거기에 우거

기록일 : . . .

함이더라
4 사울의 아들 요나단에게 다리 저
는 아들 하나가 있었으니 이름은
므비보셋이라 전에 사울과 요나단
이 죽은 소식이 이스르엘에서 올
때에 그의 나이가 다섯 살이었는데
그 유모가 안고 도망할 때 급히 도
망하다가 아이가 떨어져 절게 되었
더라
5 브에롯 사람 림몬의 아들 레갑과
바아나가 길을 떠나 볕이 쬘 때 즈
음에 이스보셋의 집에 이르니 마침
그가 침상에서 낮잠을 자는지라
6 레갑과 그의 형제 바아나가 밀을
가지러 온 체하고 집 가운데로 들
어가서 그의 배를 찌르고 도망하였
더라
7 그들이 집에 들어가니 이스보셋이
침실에서 침상 위에 누워 있는지라
그를 쳐죽이고 목을 베어 그의 머리
를 가지고 밤새도록 아라바 길로 가
8 헤브론에 이르러 다윗 왕에게 이스
보셋의 머리를 드리며 아뢰되 왕의
생명을 해하려 하던 원수 사울의
아들 이스보셋의 머리가 여기 있나
이다 야훼께서 오늘 우리 주 되신
왕의 원수를 사울과 그의 자손에게
갚으셨나이다 하니
9 다윗이 브에롯 사람 림몬의 아들
레갑과 그의 형제 바아나에게 대
답하여 그들에게 이르되 내 생명을
여러 환난 가운데서 건지신 야훼께
서 살아 계심을 두고 맹세하노니
10 전에 사람이 내게 알리기를 보라
사울이 죽었다 하며 그가 좋은 소
식을 전하는 줄로 생각하였어도 내
가 그를 잡아 시글락에서 죽여서
그것을 그 소식을 전한 갚음으로
삼았거든
11 하물며 악인이 의인을 그의 집 침
상 위에서 죽인 것이겠느냐 그런즉
내가 악인의 피흘린 죄를 너희에게
갚아서 너희를 이 땅에서 없이하지
아니하겠느냐 하고
12 청년들에게 명령하매 곧 그들을 죽
이고 수족을 베어 헤브론 못 가에
매달고 이스보셋의 머리를 가져다
가 헤브론에서 아브넬의 무덤에 매
장하였더라

5

이스라엘 모든 지파가 헤브론에
이르러 다윗에게 나아와 이르되 보
소서 우리는 왕의 한 골육이니이다
2 전에 곧 사울이 우리의 왕이 되었
을 때에도 이스라엘을 거느려 출입
하게 하신 분은 왕이시었고 야훼께
서도 왕에게 말씀하시기를 네가 내
백성 이스라엘의 목자가 되며 네가
이스라엘의 주권자가 되리라 하셨
나이다 하니라
3 이에 이스라엘 모든 장로가 헤브론

기록일 : . . .

에 이르러 왕에게 나아오매 다윗 왕
이 헤브론에서 야훼 앞에 그들과 언
약을 맺으매 그들이 다윗에게 기름
을 부어 이스라엘 왕으로 삼으니라
4 다윗이 나이가 삼십 세에 왕위에
올라 사십 년 동안 다스렸으되
5 헤브론에서 칠 년 육 개월 동안 유
다를 다스렸고 예루살렘에서 삼십
삼 년 동안 온 이스라엘과 유다를
다스렸더라
6 왕과 그의 부하들이 예루살렘으로
가서 그 땅 주민 여부스 사람을 치
려 하매 그 사람들이 다윗에게 이
르되 네가 결코 이리로 들어오지
못하리라 맹인과 다리 저는 자라도
너를 물리치리라 하니 그들 생각에
는 다윗이 이리로 들어오지 못하리
라 함이나
7 다윗이 시온 산성을 빼앗았으니 이
는 다윗 성이더라
8 그 날에 다윗이 이르기를 누구든지
여부스 사람을 치거든 물 긷는 데
로 올라가서 다윗의 마음에 미워하
는 다리 저는 사람과 맹인을 치라
하였으므로 속담이 되어 이르기를
맹인과 다리 저는 사람은 집에 들
어오지 못하리라 하더라
9 다윗이 그 산성에 살면서 다윗 성이
라 이름하고 다윗이 밀로에서부터
안으로 성을 둘러 쌓으니라

10 만군의 하나님 야훼께서 함께 계시
니 다윗이 점점 강성하여 가니라
11 두로 왕 히람이 다윗에게 사절들과
백향목과 목수와 석수를 보내매 그
들이 다윗을 위하여 집을 지으니
12 다윗이 야훼께서 자기를 세우사 이
스라엘 왕으로 삼으신 것과 그의
백성 이스라엘을 위하여 그 나라를
높이신 것을 알았더라
13 다윗이 헤브론에서 올라온 후에 예
루살렘에서 처첩들을 더 두었으므
로 아들과 딸들이 또 다윗에게서
나니
14 예루살렘에서 그에게서 난 자들의
이름은 삼무아와 소밥과 나단과 솔
로몬과
15 입할과 엘리수아와 네벡과 야비아와
16 엘리사마와 엘랴다와 엘리벨렛이었
더라
17 이스라엘이 다윗에게 기름을 부어
이스라엘 왕으로 삼았다 함을 블레
셋 사람들이 듣고 블레셋 사람들이
다윗을 찾으러 다 올라오매 다윗이
듣고 요새로 나가니라
18 블레셋 사람들이 이미 이르러 르바
임 골짜기에 가득한지라
19 다윗이 야훼께 여쭈어 이르되 내가
블레셋 사람에게로 올라가리이까
야훼께서 그들을 내 손에 넘기시겠
나이까 하니 야훼께서 다윗에게 말

기록일 : . . .

쓸하시되 올라가라 내가 반드시 블
레셋 사람을 네 손에 넘기리라 하
신지라
20 다윗이 바알브라심에 이르러 거기
서 그들을 치고 다윗이 말하되 야
훼께서 물을 흩음 같이 내 앞에서
내 대적을 흩으셨다 하므로 그 곳
이름을 바알브라심이라 부르니라
21 거기서 블레셋 사람들이 그들의 우
상을 버렸으므로 다윗과 그의 부하
들이 치우니라
22 블레셋 사람들이 다시 올라와서 르
바임 골짜기에 가득한지라
23 다윗이 야훼께 여쭈니 이르시되 올
라가지 말고 그들 뒤로 돌아서 뽕
나무 수풀 맞은편에서 그들을 기습
하되
24 뽕나무 꼭대기에서 걸음 걷는 소리
가 들리거든 곧 공격하라 그 때에
야훼가 너보다 앞서 나아가서 블레
셋 군대를 치리라 하신지라
25 이에 다윗이 야훼의 명령대로 행하
여 블레셋 사람을 쳐서 게바에서
게셀까지 이르니라

6

다윗이 이스라엘에서 뽑은 무리
삼만 명을 다시 모으고
2 다윗이 일어나 자기와 함께 있는
모든 사람과 더불어 바알레유다로
가서 거기서 하나님의 궤를 메어 오
려 하니 그 궤는 그룹들 사이에 좌
정하신 만군의 야훼의 이름으로 불
리는 것이라
3 그들이 하나님의 궤를 새 수레에
싣고 산에 있는 아비나답의 집에서
나오는데 아비나답의 아들 웃사와
아효가 그 새 수레를 모니라
4 그들이 산에 있는 아비나답의 집에
서 하나님의 궤를 싣고 나올 때에
아효는 궤 앞에서 가고
5 다윗과 이스라엘 온 족속은 잣나무
로 만든 여러 가지 악기와 수금과
비파와 소고와 양금과 제금으로 야
훼 앞에서 연주하더라
6 그들이 나곤의 타작 마당에 이르러
서는 소들이 뛰므로 웃사가 손을
들어 하나님의 궤를 붙들었더니
7 야훼 하나님이 웃사가 잘못함으로
말미암아 진노하사 그를 그 곳에서
치시니 그가 거기 하나님의 궤 곁에
서 죽으니라
8 야훼께서 웃사를 치시므로 다윗이
분하여 그 곳을 베레스웃사라 부르
니 그 이름이 오늘까지 이르니라
9 다윗이 그 날에 야훼를 두려워하여
이르되 야훼의 궤가 어찌 내게로
오리요 하고
10 다윗이 야훼의 궤를 옮겨 다윗 성
자기에게로 메어 가기를 즐겨하지
아니하고 가드 사람 오벧에돔의 집
으로 메어 간지라

기록일 : . . .

11 야훼의 궤가 가드 사람 오벧에돔의
집에 석 달을 있었는데 야훼께서
오벧에돔과 그의 온 집에 복을 주
시니라
12 어떤 사람이 다윗 왕에게 아뢰어
이르되 야훼께서 하나님의 궤로 말
미암아 오벧에돔의 집과 그의 모든
소유에 복을 주셨다 한지라 다윗이
가서 하나님의 궤를 기쁨으로 메고
오벧에돔의 집에서 다윗 성으로 올
라갈새
13 야훼의 궤를 멘 사람들이 여섯 걸
음을 가매 다윗이 소와 살진 송아
지로 제사를 드리고
14 다윗이 야훼 앞에서 힘을 다하여
춤을 추는데 그 때에 다윗이 베 에
봇을 입었더라
15 다윗과 온 이스라엘 족속이 즐거이
환호하며 나팔을 불고 야훼의 궤를
메어오니라
16 야훼의 궤가 다윗 성으로 들어올
때에 사울의 딸 미갈이 창으로 내
다보다가 다윗 왕이 야훼 앞에서
뛰놀며 춤추는 것을 보고 심중에
그를 업신여기니라
17 야훼의 궤를 메고 들어가서 다윗
이 그것을 위하여 친 장막 가운데
그 준비한 자리에 그것을 두매 다
윗이 번제와 화목제를 야훼 앞에
드리니라
18 다윗이 번제와 화목제 드리기를 마
치고 만군의 야훼의 이름으로 백성
에게 축복하고
19 모든 백성 곧 온 이스라엘 무리에
게 남녀를 막론하고 떡 한 개와 고
기 한 조각과 건포도 떡 한 덩이씩
나누어 주매 모든 백성이 각기 집
으로 돌아가니라
20 다윗이 자기의 가족에게 축복하러
돌아오매 사울의 딸 미갈이 나와서
다윗을 맞으며 이르되 이스라엘 왕
이 오늘 어떻게 영화로우신지 방탕
한 자가 염치 없이 자기의 몸을 드
러내는 것처럼 오늘 그의 신복의
계집종의 눈앞에서 몸을 드러내셨
도다 하니
21 다윗이 미갈에게 이르되 이는 야훼
앞에서 한 것이니라 그가 네 아버지
와 그의 온 집을 버리시고 나를 택
하사 나를 야훼의 백성 이스라엘의
주권자로 삼으셨으니 내가 야훼 앞
에서 뛰놀리라
22 내가 이보다 더 낮아져서 스스로
천하게 보일지라도 네가 말한 바
계집종에게는 내가 높임을 받으리
라 한지라
23 그러므로 사울의 딸 미갈이 죽는
날까지 그에게 자식이 없으니라
7 야훼께서 주위의 모든 원수를 무
찌르사 왕으로 궁에 평안히 살게

기록일 : . . .

하신 때에
2 왕이 선지자 나단에게 이르되 볼지
어다 나는 백향목 궁에 살거늘 하
나님의 궤는 휘장 가운데에 있도다
3 나단이 왕께 아뢰되 야훼께서 왕과
함께 계시니 마음에 있는 모든 것
을 행하소서 하니라
4 그 밤에 야훼의 말씀이 나단에게
임하여 이르시되
5 가서 내 종 다윗에게 말하기를 야
훼께서 이와 같이 말씀하시되 네가
나를 위하여 내가 살 집을 건축하
겠느냐
6 내가 이스라엘 자손을 애굽에서 인
도하여 내던 날부터 오늘까지 집에
살지 아니하고 장막과 성막 안에서
다녔나니
7 이스라엘 자손과 더불어 다니는 모
든 곳에서 내가 내 백성 이스라엘
을 먹이라고 명령한 이스라엘 어느
지파들 가운데 하나에게 내가 말하
기를 너희가 어찌하여 나를 위하여
백향목 집을 건축하지 아니하였느
냐고 말하였느냐
8 그러므로 이제 내 종 다윗에게 이
와 같이 말하라 만군의 야훼께서
이와 같이 말씀하시기를 내가 너를
목장 곧 양을 따르는 데에서 데려
다가 내 백성 이스라엘의 주권자로
삼고
9 네가 가는 모든 곳에서 내가 너와
함께 있어 네 모든 원수를 네 앞에
서 멸하였은즉 땅에서 위대한 자들
의 이름 같이 네 이름을 위대하게
만들어 주리라
10 내가 또 내 백성 이스라엘을 위하
여 한 곳을 정하여 그를 심고 그를
거주하게 하고 다시 옮기지 못하게
하며 악한 종류로 전과 같이 그들
을 해하지 못하게 하여
11 전에 내가 사사에게 명령하여 내
백성 이스라엘을 다스리던 때와 같
지 아니하게 하고 너를 모든 원수
에게서 벗어나 편히 쉬게 하리라 야
훼가 또 네게 이르노니 야훼가 너
를 위하여 집을 짓고
12 네 수한이 차서 네 조상들과 함께
누울 때에 내가 네 몸에서 날 네
씨를 네 뒤에 세워 그의 나라를 견
고하게 하리라
13 그는 내 이름을 위하여 집을 건축
할 것이요 나는 그의 나라 왕위를
영원히 견고하게 하리라
14 나는 그에게 아버지가 되고 그는
내게 아들이 되리니 그가 만일 죄
를 범하면 내가 사람의 매와 인생
의 채찍으로 징계하려니와
15 내가 네 앞에서 물러나게 한 사울
에게서 내 은총을 빼앗은 것처럼
그에게서 빼앗지는 아니하리라

기록일 : . . .

16 네 집과 네 나라가 내 앞에서 영원
히 보전되고 네 왕위가 영원히 견
고하리라 하셨다 하라
17 나단이 이 모든 말씀들과 이 모든
계시대로 다윗에게 말하니라
18 다윗 왕이 야훼 앞에 들어가 앉아
서 이르되 주 야훼여 나는 누구이
오며 내 집은 무엇이기에 나를 여기
까지 이르게 하셨나이까
19 주 야훼여 주께서 이것을 오히려 적
게 여기시고 또 종의 집에 있을 먼
장래의 일까지도 말씀하셨나이다 주
야훼여 이것이 사람의 법이니이다
20 주 야훼는 주의 종을 아시오니 다
윗이 다시 주께 무슨 말씀을 하오
리이까
21 주의 말씀으로 말미암아 주의 뜻대
로 이 모든 큰 일을 행하사 주의 종
에게 알게 하셨나이다
22 그런즉 주 야훼여 이러므로 주는
위대하시니 이는 우리 귀로 들은
대로는 주와 같은 이가 없고 주 외
에는 신이 없음이니이다
23 땅의 어느 한 나라가 주의 백성 이
스라엘과 같으리이까 하나님이 가
서 구속하사 자기 백성으로 삼아
주의 명성을 내시며 그들을 위하여
큰 일을, 주의 땅을 위하여 두려운
일을 애굽과 많은 나라들과 그의
신들에게서 구속하신 백성 앞에서
행하셨사오며
24 주께서 주의 백성 이스라엘을 세우
사 영원히 주의 백성으로 삼으셨사
오니 야훼여 주께서 그들의 하나님
이 되셨나이다
25 야훼 하나님이여 이제 주의 종과
종의 집에 대하여 말씀하신 것을
영원히 세우셨사오며 말씀하신 대
로 행하사
26 사람이 영원히 주의 이름을 크게
높여 이르기를 만군의 야훼는 이스
라엘의 하나님이라 하게 하옵시며
주의 종 다윗의 집이 주 앞에 견고
하게 하옵소서
27 만군의 야훼 이스라엘의 하나님이
여 주의 종의 귀를 여시고 이르시기
를 내가 너를 위하여 집을 세우리
라 하셨으므로 주의 종이 이 기도
로 주께 간구할 마음이 생겼나이다
28 주 야훼여 오직 주는 하나님이시며
주의 말씀들이 참되시니이다 주께
서 이 좋은 것을 주의 종에게 말씀
하셨사오니
29 이제 청하건대 종의 집에 복을 주
사 주 앞에 영원히 있게 하옵소서
주 야훼께서 말씀하셨사오니 주의
종의 집이 영원히 복을 받게 하옵
소서 하니라

8 그 후에 다윗이 블레셋 사람들을
쳐서 항복을 받고 블레셋 사람들의

손에서 메덱암마를 빼앗으니라
2 다윗이 또 모압을 쳐서 그들로 땅에
엎드리게 하고 줄로 재어 그 두 줄
길이의 사람은 죽이고 한 줄 길이의
사람은 살리니 모압 사람들이 다윗
의 종들이 되어 조공을 드리니라
3 르홉의 아들 소바 왕 하닷에셀이
자기 권세를 회복하려고 유브라데
강으로 갈 때에 다윗이 그를 쳐서
4 그에게서 마병 천칠백 명과 보병 이
만 명을 사로잡고 병거 일백 대의
말만 남기고 다윗이 그 외의 병거
의 말은 다 발의 힘줄을 끊었더니
5 다메섹의 아람 사람들이 소바 왕
하닷에셀을 도우러 온지라 다윗이
아람 사람 이만 이천 명을 죽이고
6 다윗이 다메섹 아람에 수비대를 두
매 아람 사람이 다윗의 종이 되어
조공을 바치니라 다윗이 어디로 가
든지 야훼께서 이기게 하시니라
7 다윗이 하닷에셀의 신복들이 가진
금 방패를 빼앗아 예루살렘으로 가
져오고
8 또 다윗 왕이 하닷에셀의 고을 베
다와 베로대에서 매우 많은 놋을
빼앗으니라
9 하맛 왕 도이가 다윗이 하닷에셀의
온 군대를 쳐서 무찔렀다 함을 듣고
10 도이가 그의 아들 요람을 보내 다윗
왕에게 문안하고 축복하게 하니 이

는 하닷에셀이 도이와 더불어 전쟁
이 있던 터에 다윗이 하닷에셀을 쳐
서 무찌름이라 요람이 은 그릇과 금
그릇과 놋 그릇을 가지고 온지라
11 다윗 왕이 그것도 야훼께 드리되
그가 정복한 모든 나라에서 얻은
은금
12 곧 아람과 모압과 암몬 자손과 블레
셋 사람과 아말렉에게서 얻은 것들
과 소바 왕 르홉의 아들 하닷에셀에
게서 노략한 것과 같이 드리니라
13 다윗이 소금 골짜기에서 에돔 사람
만 팔천 명을 쳐죽이고 돌아와서 명
성을 떨치니라
14 다윗이 에돔에 수비대를 두되 온
에돔에 수비대를 두니 에돔 사람이
다 다윗의 종이 되니라 다윗이 어
디로 가든지 야훼께서 이기게 하셨
더라
15 다윗이 온 이스라엘을 다스려 다윗
이 모든 백성에게 정의와 공의를
행할새
16 스루야의 아들 요압은 군사령관이
되고 아힐룻의 아들 여호사밧은 사
관이 되고
17 아히둡의 아들 사독과 아비아달의
아들 아히멜렉은 제사장이 되고 스
라야는 서기관이 되고
18 여호야다의 아들 브나야는 그렛 사
람과 블렛 사람을 관할하고 다윗의

기록일 : . . .

아들들은 대신들이 되니라

9 다윗이 이르되 사울의 집에 아직
도 남은 사람이 있느냐 내가 요나
단으로 말미암아 그 사람에게 은총
을 베풀리라 하니라
2 사울의 집에는 종 한 사람이 있으
니 그의 이름은 시바라 그를 다윗
의 앞으로 부르매 왕이 그에게 말
하되 네가 시바냐 하니 이르되 당
신의 종이니이다 하니라
3 왕이 이르되 사울의 집에 아직도
남은 사람이 없느냐 내가 그 사람
에게 하나님의 은총을 베풀고자 하
노라 하니 시바가 왕께 아뢰되 요
나단의 아들 하나가 있는데 다리
저는 자니이다 하니라
4 왕이 그에게 말하되 그가 어디 있
느냐 하니 시바가 왕께 아뢰되 로
드발 암미엘의 아들 마길의 집에
있나이다 하니라
5 다윗 왕이 사람을 보내어 로드발
암미엘의 아들 마길의 집에서 그를
데려오니
6 사울의 손자 요나단의 아들 므비보
셋이 다윗에게 나아와 그 앞에 엎
드려 절하매 다윗이 이르되 므비보
셋이여 하니 그가 이르기를 보소서
당신의 종이니이다
7 다윗이 그에게 이르되 무서워하지
말라 내가 반드시 네 아버지 요나
단으로 말미암아 네게 은총을 베풀
리라 내가 네 할아버지 사울의 모
든 밭을 다 네게 도로 주겠고 또 너
는 항상 내 상에서 떡을 먹을지니
라 하니
8 그가 절하여 이르되 이 종이 무엇이
기에 왕께서 죽은 개 같은 나를 돌
아보시나이까 하니라
9 왕이 사울의 시종 시바를 불러 그
에게 이르되 사울과 그의 온 집에
속한 것은 내가 다 네 주인의 아들
에게 주었노니
10 너와 네 아들들과 네 종들은 그를
위하여 땅을 갈고 거두어 네 주인
의 아들에게 양식을 대주어 먹게
하라 그러나 네 주인의 아들 므비
보셋은 항상 내 상에서 떡을 먹으
리라 하니라 시바는 아들이 열다섯
명이요 종이 스무 명이라
11 시바가 왕께 아뢰되 내 주 왕께서
모든 일을 종에게 명령하신 대로
종이 준행하겠나이다 하니라 므비
보셋은 왕자 중 하나처럼 왕의 상
에서 먹으니라
12 므비보셋에게 어린 아들 하나가 있
으니 이름은 미가더라 시바의 집에
사는 자마다 므비보셋의 종이 되
니라
13 므비보셋이 항상 왕의 상에서 먹으
므로 예루살렘에 사니라 그는 두

기록일 : . . .

발을 다 절더라

10 그 후에 암몬 자손의 왕이 죽고
그의 아들 하눈이 대신하여 왕이
되니
2 다윗이 이르되 내가 나하스의 아들
하눈에게 은총을 베풀되 그의 아버
지가 내게 은총을 베푼 것 같이 하
리라 하고 다윗이 그의 신하들을
보내 그의 아버지를 조상하라 하니
라 다윗의 신하들이 암몬 자손의
땅에 이르매
3 암몬 자손의 관리들이 그들의 주
하눈에게 말하되 왕은 다윗이 조객
을 당신에게 보낸 것이 왕의 아버
지를 공경함인 줄로 여기시나이까
다윗이 그의 신하들을 당신에게 보
내 이 성을 엿보고 탐지하여 함락시
키고자 함이 아니니이까 하니
4 이에 하눈이 다윗의 신하들을 잡아
그들의 수염 절반을 깎고 그들의
의복의 중동볼기까지 자르고 돌려
보내매
5 사람들이 이 일을 다윗에게 알리니
라 그 사람들이 크게 부끄러워하므
로 왕이 그들을 맞으러 보내 이르기
를 너희는 수염이 자라기까지 여리
고에서 머물다가 돌아오라 하니라
6 암몬 자손들이 자기들이 다윗에게
미움이 된 줄 알고 암몬 자손들이
사람을 보내 벧르홉 아람 사람과
소바 아람 사람의 보병 이만 명과
마아가 왕과 그의 사람 천 명과 돕
사람 만 이천 명을 고용한지라
7 다윗이 듣고 요압과 용사의 온 무
리를 보내매
8 암몬 자손은 나와서 성문 어귀에
진을 쳤고 소바와 르홉 아람 사람
과 돕과 마아가 사람들은 따로 들
에 있더라
9 요압이 자기와 맞서 앞뒤에 친 적진
을 보고 이스라엘의 선발한 자 중
에서 또 엄선하여 아람 사람과 싸
우려고 진 치고
10 그 백성의 남은 자를 그 아우 아비
새의 수하에 맡겨 암몬 자손과 싸
우려고 진 치게 하고
11 이르되 만일 아람 사람이 나보다
강하면 네가 나를 돕고 만일 암몬
자손이 너보다 강하면 내가 가서
너를 도우리라
12 너는 담대하라 우리가 우리 백성과
우리 하나님의 성읍들을 위하여 담
대히 하자 야훼께서 선히 여기시는
대로 행하시기를 원하노라 하고
13 요압과 그와 함께 한 백성이 아람
사람을 대항하여 싸우려고 나아가
니 그들이 그 앞에서 도망하고
14 암몬 자손은 아람 사람이 도망함을
보고 그들도 아비새 앞에서 도망하
여 성읍으로 들어간지라 요압이 암

몬 자손을 떠나 예루살렘으로 돌아
가니라
15 아람 사람이 자기가 이스라엘 앞에
서 패하였음을 보고 다 모이매
16 하닷에셀이 사람을 보내 강 건너쪽
에 있는 아람 사람을 불러 내매 그
들이 헬람에 이르니 하닷에셀의 군
사령관 소박이 그들을 거느린지라
17 어떤 사람이 다윗에게 알리매 그가
온 이스라엘을 모으고 요단을 건너
헬람에 이르매 아람 사람들이 다윗
을 향하여 진을 치고 더불어 싸우
더니
18 아람 사람이 이스라엘 앞에서 도망
한지라 다윗이 아람 병거 칠백 대와
마병 사만 명을 죽이고 또 그 군사
령관 소박을 치매 거기서 죽으니라
19 하닷에셀에게 속한 왕들이 자기가
이스라엘 앞에서 패함을 보고 이스
라엘과 화친하고 섬기니 그러므로
아람 사람들이 두려워하여 다시는
암몬 자손을 돕지 아니하니라

11 그 해가 돌아와 왕들이 출전할 때
가 되매 다윗이 요압과 그에게 있
는 그의 부하들과 온 이스라엘 군
대를 보내니 그들이 암몬 자손을
멸하고 랍바를 에워쌌고 다윗은 예
루살렘에 그대로 있더라
2 저녁 때에 다윗이 그의 침상에서
일어나 왕궁 옥상에서 거닐다가 그
곳에서 보니 한 여인이 목욕을 하
는데 심히 아름다워 보이는지라
3 다윗이 사람을 보내 그 여인을 알
아보게 하였더니 그가 아뢰되 그는
엘리암의 딸이요 헷 사람 우리아의
아내 밧세바가 아니니이까 하니
4 다윗이 전령을 보내어 그 여자를
자기에게로 데려오게 하고 그 여자
가 그 부정함을 깨끗하게 하였으므
로 더불어 동침하매 그 여자가 자
기 집으로 돌아가니라
5 그 여인이 임신하매 사람을 보내
다윗에게 말하여 이르되 내가 임신
하였나이다 하니라
6 다윗이 요압에게 기별하여 헷 사람
우리아를 내게 보내라 하매 요압이
우리아를 다윗에게로 보내니
7 우리아가 다윗에게 이르매 다윗이
요압의 안부와 군사의 안부와 싸움
이 어떠했는지를 묻고
8 그가 또 우리아에게 이르되 네 집
으로 내려가서 발을 씻으라 하니
우리아가 왕궁에서 나가매 왕의 음
식물이 뒤따라 가니라
9 그러나 우리아는 집으로 내려가지
아니하고 왕궁 문에서 그의 주의
모든 부하들과 더불어 잔지라
10 어떤 사람이 다윗에게 아뢰되 우리
아가 그의 집으로 내려가지 아니하
였나이다 다윗이 우리아에게 이르

되 네가 길 갔다가 돌아온 것이 아
니냐 어찌하여 네 집으로 내려가지
아니하였느냐 하니
11 우리아가 다윗에게 아뢰되 언약궤
와 이스라엘과 유다가 야영 중에
있고 내 주 요압과 내 왕의 부하
들이 바깥 들에 진 치고 있거늘 내
가 어찌 내 집으로 가서 먹고 마시
고 내 처와 같이 자리이까 내가 이
일을 행하지 아니하기로 왕의 살아
계심과 왕의 혼의 살아 계심을 두
고 맹세하나이다 하니라
12 다윗이 우리아에게 이르되 오늘도
여기 있으라 내일은 내가 너를 보
내리라 우리아가 그 날에 예루살렘
에 머무니라 이튿날
13 다윗이 그를 불러서 그로 그 앞에
서 먹고 마시고 취하게 하니 저녁
때에 그가 나가서 그의 주의 부하
들과 더불어 침상에 눕고 그의 집
으로 내려가지 아니하니라
14 아침이 되매 다윗이 편지를 써서 우
리아의 손에 들려 요압에게 보내니
15 그 편지에 써서 이르기를 너희가
우리아를 맹렬한 싸움에 앞세워 두
고 너희는 뒤로 물러가서 그로 맞
아 죽게 하라 하였더라
16 요압이 그 성을 살펴 용사들이 있는
것을 아는 그 곳에 우리아를 두니
17 그 성 사람들이 나와서 요압과 더
불어 싸울 때에 다윗의 부하 중 몇
사람이 엎드러지고 헷 사람 우리아
도 죽으니라
18 요압이 사람을 보내 그 전쟁의 모
든 일을 다윗에게 보고할새
19 그 전령에게 명령하여 이르되 전쟁
의 모든 일을 네가 왕께 보고하기
를 마친 후에
20 혹시 왕이 노하여 네게 말씀하기를
너희가 어찌하여 성에 그처럼 가까
이 가서 싸웠느냐 그들이 성 위에
서 쏠 줄을 알지 못하였느냐
21 여룹베셋의 아들 아비멜렉을 쳐죽
인 자가 누구냐 여인 하나가 성에
서 맷돌 위짝을 그 위에 던지매 그
가 데벳스에서 죽지 아니하였느냐
어찌하여 성에 가까이 갔더냐 하시
거든 네가 말하기를 왕의 종 헷 사
람 우리아도 죽었나이다 하라
22 전령이 가서 다윗에게 이르러 요압
이 그를 보낸 모든 일을 다윗에게
아뢰어
23 이르되 그 사람들이 우리보다 우세
하여 우리를 향하여 들로 나오므로
우리가 그들을 쳐서 성문 어귀까지
미쳤더니
24 활 쏘는 자들이 성 위에서 왕의 부
하들을 향하여 쏘매 왕의 부하 중
몇 사람이 죽고 왕의 종 헷 사람 우
리아도 죽었나이다 하니

25 다윗이 전령에게 이르되 너는 요압
에게 이같이 말하기를 이 일로 걱정
하지 말라 칼은 이 사람이나 저 사
람이나 삼키느니라 그 성을 향하여
더욱 힘써 싸워 함락시키라 하여
너는 그를 담대하게 하라 하니라
26 우리아의 아내는 그 남편 우리아가
죽었음을 듣고 그의 남편을 위하여
소리내어 우니라
27 그 장례를 마치매 다윗이 사람을
보내 그를 왕궁으로 데려오니 그가
그의 아내가 되어 그에게 아들을
낳으니라 다윗이 행한 그 일이 야
훼 보시기에 악하였더라
12 야훼께서 나단을 다윗에게 보내
시니 그가 다윗에게 가서 그에게
이르되 한 성읍에 두 사람이 있는
데 한 사람은 부하고 한 사람은 가
난하니
2 그 부한 사람은 양과 소가 심히 많
으나
3 가난한 사람은 아무것도 없고 자
기가 사서 기르는 작은 암양 새끼
한 마리뿐이라 그 암양 새끼는 그
와 그의 자식과 함께 자라며 그가
먹는 것을 먹으며 그의 잔으로 마
시며 그의 품에 누우므로 그에게는
딸처럼 되었거늘
4 어떤 행인이 그 부자에게 오매 부
자가 자기에게 온 행인을 위하여
자기의 양과 소를 아껴 잡지 아니
하고 가난한 사람의 양 새끼를 빼
앗아다가 자기에게 온 사람을 위하
여 잡았나이다 하니
5 다윗이 그 사람으로 말미암아 노하
여 나단에게 이르되 야훼의 살아
계심을 두고 맹세하노니 이 일을
행한 그 사람은 마땅히 죽을 자라
6 그가 불쌍히 여기지 아니하고 이런
일을 행하였으니 그 양 새끼를 네
배나 갚아 주어야 하리라 한지라
7 나단이 다윗에게 이르되 당신이 그
사람이라 이스라엘의 하나님 야훼
께서 이와 같이 이르시기를 내가 너
를 이스라엘 왕으로 기름 붓기 위
하여 너를 사울의 손에서 구원하고
8 네 주인의 집을 네게 주고 네 주인
의 아내들을 네 품에 두고 이스라엘
과 유다 족속을 네게 맡겼느니라 만
일 그것이 부족하였을 것 같으면 내
가 네게 이것 저것을 더 주었으리라
9 그러한데 어찌하여 네가 야훼의 말
씀을 업신여기고 나 보기에 악을
행하였느냐 네가 칼로 헷 사람 우
리아를 치되 암몬 자손의 칼로 죽
이고 그의 아내를 빼앗아 네 아내
로 삼았도다
10 이제 네가 나를 업신여기고 헷 사
람 우리아의 아내를 빼앗아 네 아
내로 삼았은즉 칼이 네 집에서 영

원토록 떠나지 아니하리라 하셨고
11 야훼께서 또 이와 같이 이르시기를
보라 내가 너와 네 집에 재앙을 일
으키고 내가 네 눈앞에서 네 아내
를 빼앗아 네 이웃들에게 주리니
그 사람들이 네 아내들과 더불어
백주에 동침하리라
12 너는 은밀히 행하였으나 나는 온
이스라엘 앞에서 백주에 이 일을
행하리라 하셨나이다 하니
13 다윗이 나단에게 이르되 내가 야
훼께 죄를 범하였노라 하매 나단
이 다윗에게 말하되 야훼께서도 당
신의 죄를 사하셨나니 당신이 죽지
아니하려니와
14 이 일로 말미암아 야훼의 원수가
크게 비방할 거리를 얻게 하였으니
당신이 낳은 아이가 반드시 죽으리
이다 하고
15 나단이 자기 집으로 돌아가니라
우리아의 아내가 다윗에게 낳은
아이를 야훼께서 치시매 심히 앓는
지라
16 다윗이 그 아이를 위하여 하나님께
간구하되 다윗이 금식하고 안에 들
어가서 밤새도록 땅에 엎드렸으니
17 그 집의 늙은 자들이 그 곁에 서서
다윗을 땅에서 일으키려 하되 왕이
듣지 아니하고 그들과 더불어 먹지
도 아니하더라
18 이레 만에 그 아이가 죽으니라 그
러나 다윗의 신하들이 아이가 죽은
것을 왕에게 아뢰기를 두려워하니
이는 그들이 말하기를 아이가 살았
을 때에 우리가 그에게 말하여도
왕이 그 말을 듣지 아니하셨나니 어
떻게 그 아이가 죽은 것을 그에게
아뢸 수 있으랴 왕이 상심하시리로
다 함이라
19 다윗이 그의 신하들이 서로 수군거
리는 것을 보고 그 아이가 죽은 줄
을 다윗이 깨닫고 그의 신하들에게
묻되 아이가 죽었느냐 하니 대답하
되 죽었나이다 하는지라
20 다윗이 땅에서 일어나 몸을 씻고
기름을 바르고 의복을 갈아입고 야
훼의 전에 들어가서 경배하고 왕궁
으로 돌아와 명령하여 음식을 그
앞에 차리게 하고 먹은지라
21 그의 신하들이 그에게 이르되 아이
가 살았을 때에는 그를 위하여 금
식하고 우시더니 죽은 후에는 일어
나서 잡수시니 이 일이 어찌 됨이니
이까 하니
22 이르되 아이가 살았을 때에 내가
금식하고 운 것은 혹시 야훼께서 나
를 불쌍히 여기사 아이를 살려 주실
는지 누가 알까 생각함이거니와
23 지금은 죽었으니 내가 어찌 금식하
랴 내가 다시 돌아오게 할 수 있느

기록일 : . . .

냐 나는 그에게로 가려니와 그는 내
게로 돌아오지 아니하리라 하니라
24 다윗이 그의 아내 밧세바를 위로하
고 그에게 들어가 그와 동침하였더
니 그가 아들을 낳으매 그의 이름
을 솔로몬이라 하니라 야훼께서 그
를 사랑하사
25 선지자 나단을 보내 그의 이름을
여디디야라 하시니 이는 야훼께서
사랑하셨기 때문이더라
26 요압이 암몬 자손의 랍바를 쳐서
그 왕성을 점령하매
27 요압이 전령을 다윗에게 보내 이르
되 내가 랍바 곧 물들의 성읍을 쳐
서 점령하였으니
28 이제 왕은 그 백성의 남은 군사를
모아 그 성에 맞서 진 치고 이 성읍
을 쳐서 점령하소서 내가 이 성읍을
점령하면 이 성읍이 내 이름으로 일
컬음을 받을까 두려워하나이다 하니
29 다윗이 모든 군사를 모아 랍바로
가서 그 곳을 쳐서 점령하고
30 그 왕의 머리에서 보석 박힌 왕관
을 가져오니 그 중량이 금 한 달란
트라 다윗이 자기의 머리에 쓰니라
다윗이 또 그 성읍에서 노략한 물
건을 무수히 내오고
31 그 안에 있는 백성들을 끌어내어
톱질과 써레질과 철도끼질과 벽돌
구이를 그들에게 하게 하니라 암몬
자손의 모든 성읍을 이같이 하고
다윗과 모든 백성이 예루살렘으로
돌아가니라

13 그 후에 이 일이 있으니라 다윗의
아들 압살롬에게 아름다운 누이가
있으니 이름은 다말이라 다윗의 다
른 아들 암논이 그를 사랑하나
2 그는 처녀이므로 어찌할 수 없는 줄
을 알고 암논이 그의 누이 다말 때
문에 울화로 말미암아 병이 되니라
3 암논에게 요나답이라 하는 친구가
있으니 그는 다윗의 형 시므아의
아들이요 심히 간교한 자라
4 그가 암논에게 이르되 왕자여 당신
은 어찌하여 나날이 이렇게 파리하
여 가느냐 내게 말해 주지 아니하
겠느냐 하니 암논이 말하되 내가
아우 압살롬의 누이 다말을 사랑함
이니라 하니라
5 요나답이 그에게 이르되 침상에 누
워 병든 체하다가 네 아버지가 너
를 보러 오거든 너는 그에게 말하
기를 원하건대 내 누이 다말이 와
서 내게 떡을 먹이되 내가 보는 데
에서 떡을 차려 그의 손으로 먹여
주게 하옵소서 하라 하니
6 암논이 곧 누워 병든 체하다가 왕
이 와서 그를 볼 때에 암논이 왕께
아뢰되 원하건대 내 누이 다말이
와서 내가 보는 데에서 과자 두어

개를 만들어 그의 손으로 내게 먹
여 주게 하옵소서 하니
7 다윗이 사람을 그의 집으로 보내
다말에게 이르되 이제 네 오라버니
암논의 집으로 가서 그를 위하여
음식을 차리라 한지라
8 다말이 그 오라버니 암논의 집에 이
르매 그가 누웠더라 다말이 밀가루
를 가지고 반죽하여 그가 보는 데서
과자를 만들고 그 과자를 굽고
9 그 냄비를 가져다가 그 앞에 쏟아
놓아도 암논이 먹기를 거절하고 암
논이 이르되 모든 사람을 내게서
나가게 하라 하니 다 그를 떠나 나
가니라
10 암논이 다말에게 이르되 음식물을
가지고 침실로 들어오라 내가 네 손
에서 먹으리라 하니 다말이 자기가
만든 과자를 가지고 침실에 들어가
그의 오라버니 암논에게 이르러
11 그에게 먹이려고 가까이 가지고 갈
때에 암논이 그를 붙잡고 그에게
이르되 나의 누이야 와서 나와 동
침하자 하는지라
12 그가 그에게 대답하되 아니라 내
오라버니여 나를 욕되게 하지 말라
이런 일은 이스라엘에서 마땅히 행
하지 못할 것이니 이 어리석은 일을
행하지 말라
13 내가 이 수치를 지니고 어디로 가겠
느냐 너도 이스라엘에서 어리석은
자 중의 하나가 되리라 이제 청하건
대 왕께 말하라 그가 나를 네게 주
기를 거절하지 아니하시리라 하되
14 암논이 그 말을 듣지 아니하고 다
말보다 힘이 세므로 억지로 그와
동침하니라
15 그리하고 암논이 그를 심히 미워하
니 이제 미워하는 미움이 전에 사랑
하던 사랑보다 더한지라 암논이 그
에게 이르되 일어나 가라 하니
16 다말이 그에게 이르되 옳지 아니하
다 나를 쫓아보내는 이 큰 악은 아
까 내게 행한 그 악보다 더하다 하
되 암논이 그를 듣지 아니하고
17 그가 부리는 종을 불러 이르되 이
계집을 내게서 이제 내보내고 곧
문빗장을 지르라 하니
18 암논의 하인이 그를 끌어내고 곧
문빗장을 지르니라 다말이 채색옷
을 입었으니 출가하지 아니한 공주
는 이런 옷으로 단장하는 법이라
19 다말이 재를 자기의 머리에 덮어쓰
고 그의 채색옷을 찢고 손을 머리
위에 얹고 가서 크게 울부짖으니라
20 그의 오라버니 압살롬이 그에게 이
르되 네 오라버니 암논이 너와 함
께 있었느냐 그러나 그는 네 오라
버니이니 누이야 지금은 잠잠히 있
고 이것으로 말미암아 근심하지 말

기록일 : . . .

라 하니라 이에 다말이 그의 오라
버니 압살롬의 집에 있어 처량하게
지내니라
21 다윗 왕이 이 모든 일을 듣고 심히
노하니라
22 압살롬은 암논이 그의 누이 다말을
욕되게 하였으므로 그를 미워하여
암논에 대하여 잘잘못을 압살롬이
말하지 아니하니라
23 만 이 년 후에 에브라임 곁 바알하
솔에서 압살롬이 양 털을 깎는 일
이 있으매 압살롬이 왕의 모든 아
들을 청하고
24 압살롬이 왕께 나아가 말하되 이제
종에게 양 털 깎는 일이 있사오니
청하건대 왕은 신하들을 데리시고
당신의 종과 함께 가사이다 하니
25 왕이 압살롬에게 이르되 아니라 내
아들아 이제 우리가 다 갈 것 없다
네게 누를 끼칠까 하노라 하니라
압살롬이 그에게 간청하였으나 그
가 가지 아니하고 그에게 복을 비
는지라
26 압살롬이 이르되 그렇게 하지 아니
하시려거든 청하건대 내 형 암논이
우리와 함께 가게 하옵소서 왕이
그에게 이르되 그가 너와 함께 갈
것이 무엇이냐 하되
27 압살롬이 간청하매 왕이 암논과 왕
의 모든 아들을 그와 함께 그에게
보내니라
28 압살롬이 이미 그의 종들에게 명령
하여 이르기를 너희는 이제 암논의
마음이 술로 즐거워할 때를 자세히
보다가 내가 너희에게 암논을 치라
하거든 그를 죽이라 두려워하지 말
라 내가 너희에게 명령한 것이 아니
냐 너희는 담대히 용기를 내라 한
지라
29 압살롬의 종들이 압살롬의 명령대
로 암논에게 행하매 왕의 모든 아
들들이 일어나 각기 노새를 타고
도망하니라
30 그들이 길에 있을 때에 압살롬이
왕의 모든 아들들을 죽이고 하나도
남기지 아니하였다는 소문이 다윗
에게 이르매
31 왕이 곧 일어나서 자기의 옷을 찢
고 땅에 드러눕고 그의 신하들도
다 옷을 찢고 모셔 선지라
32 다윗의 형 시므아의 아들 요나답
이 아뢰어 이르되 내 주여 젊은 왕
자들이 다 죽임을 당한 줄로 생각
하지 마옵소서 오직 암논만 죽었으
리이다 그가 압살롬의 누이 다말을
욕되게 한 날부터 압살롬이 결심한
것이니이다
33 그러하온즉 내 주 왕이여 왕자들이
다 죽은 줄로 생각하여 상심하지
마옵소서 오직 암논만 죽었으리이

기록일 : . . .

다 하니라
34 이에 압살롬은 도망하니라 파수하는
청년이 눈을 들어 보니 보아라 뒷산
언덕길로 여러 사람이 오는도다
35 요나답이 왕께 아뢰되 보소서 왕
자들이 오나이다 당신의 종이 말한
대로 되었나이다 하고
36 말을 마치자 왕자들이 이르러 소리
를 높여 통곡하니 왕과 그의 모든
신하들도 심히 통곡하니라
37 압살롬은 도망하여 그술 왕 암미훌
의 아들 달매에게로 갔고 다윗은
날마다 그의 아들로 말미암아 슬퍼
하니라
38 압살롬이 도망하여 그술로 가서 거
기에 산 지 삼 년이라
39 다윗 왕의 마음이 압살롬을 향하여
간절하니 암논은 이미 죽었으므로
왕이 위로를 받았음이더라

14 스루야의 아들 요압이 왕의 마음
이 압살롬에게로 향하는 줄 알고
2 드고아에 사람을 보내 거기서 지혜
로운 여인 하나를 데려다가 그에게
이르되 청하건대 너는 상주가 된
것처럼 상복을 입고 기름을 바르지
말고 죽은 사람을 위하여 오래 슬
퍼하는 여인 같이 하고
3 왕께 들어가서 그에게 이러이러하
게 말하라고 요압이 그의 입에 할
말을 넣어 주니라
4 드고아 여인이 왕께 아뢸 때에 얼
굴을 땅에 대고 엎드려 이르되 왕
이여 도우소서 하니
5 왕이 그에게 이르되 무슨 일이냐
하니라 대답하되 나는 진정으로 과
부니이다 남편은 죽고
6 이 여종에게 아들 둘이 있더니 그
들이 들에서 싸우나 그들을 말리는
사람이 아무도 없으므로 한 아이가
다른 아이를 쳐죽인지라
7 온 족속이 일어나서 당신의 여종 나
를 핍박하여 말하기를 그의 동생을
쳐죽인 자를 내놓으라 우리가 그의
동생 죽인 죄를 갚아 그를 죽여 상
속자 될 것까지 끊겠노라 하오니 그
러한즉 그들이 내게 남아 있는 숯불
을 꺼서 내 남편의 이름과 씨를 세
상에 남겨두지 아니하겠나이다 하니
8 왕이 여인에게 이르되 네 집으로
가라 내가 너를 위하여 명령을 내
리리라 하는지라
9 드고아 여인이 왕께 아뢰되 내 주
왕이여 그 죄는 나와 내 아버지의
집으로 돌릴 것이니 왕과 왕위는 허
물이 없으리이다
10 왕이 이르되 누구든지 네게 말하는
자를 내게로 데려오라 그가 다시는
너를 건드리지도 못하리라 하니라
11 여인이 이르되 청하건대 왕은 왕의
하나님 여호와를 기억하사 원수 갚는

자가 더 죽이지 못하게 하옵소서
내 아들을 죽일까 두렵나이다 하니
왕이 이르되 야훼께서 살아 계심을
두고 맹세하노니 네 아들의 머리카
락 하나도 땅에 떨어지지 아니하리
라 하니라
12 여인이 이르되 청하건대 당신의 여
종을 용납하여 한 말씀을 내 주 왕
께 여쭙게 하옵소서 하니 그가 이
르되 말하라 하니라
13 여인이 이르되 그러면 어찌하여 왕
께서 하나님의 백성에게 대하여 이
같은 생각을 하셨나이까 이 말씀을
하심으로 왕께서 죄 있는 사람 같
이 되심은 그 내쫓긴 자를 왕께서
집으로 돌아오게 하지 아니하심이
니이다
14 우리는 필경 죽으리니 땅에 쏟아
진 물을 다시 담지 못함 같을 것이
오나 하나님은 생명을 빼앗지 아니
하시고 방책을 베푸사 내쫓긴 자가
하나님께 버린 자가 되지 아니하게
하시나이다
15 이제 내가 와서 내 주 왕께 이 말씀
을 여쭙는 것은 백성들이 나를 두
렵게 하므로 당신의 여종이 스스로
말하기를 내가 왕께 여쭈오면 혹시
종이 청하는 것을 왕께서 시행하실
것이라
16 왕께서 들으시고 나와 내 아들을
함께 하나님의 기업에서 끊을 자의
손으로부터 주의 종을 구원하시리
라 함이니이다
17 당신의 여종이 또 스스로 말하기를
내 주 왕의 말씀이 나의 위로가 되
기를 원한다 하였사오니 이는 내
주 왕께서 하나님의 사자 같이 선
과 악을 분간하심이니이다 원하건
대 왕의 하나님 야훼께서 왕과 같
이 계시옵소서
18 왕이 그 여인에게 대답하여 이르되
바라노니 내가 네게 묻는 것을 내
게 숨기지 말라 여인이 이르되 내
주 왕은 말씀하옵소서
19 왕이 이르되 이 모든 일에 요압
이 너와 함께 하였느냐 하니 여인
이 대답하여 이르되 내 주 왕의 살
아 계심을 두고 맹세하옵나니 내
주 왕의 말씀을 좌로나 우로나 옮
길 자가 없으리이다 왕의 종 요압
이 내게 명령하였고 그가 이 모든
말을 왕의 여종의 입에 넣어 주었
사오니
20 이는 왕의 종 요압이 이 일의 형편
을 바꾸려 하여 이렇게 함이니이다
내 주 왕의 지혜는 하나님의 사자
의 지혜와 같아서 땅에 있는 일을
다 아시나이다 하니라
21 왕이 요압에게 이르되 내가 이 일
을 허락하였으니 가서 청년 압살롬

기록일 : . . .

을 데려오라 하니라
22 요압이 땅에 엎드려 절하고 왕을
위하여 복을 빌고 요압이 이르되
내 주 왕이여 종의 구함을 왕이 허
락하시니 종이 왕 앞에서 은혜 입
은 줄을 오늘 아나이다 하고
23 요압이 일어나 그술로 가서 압살롬
을 데리고 예루살렘으로 오니
24 왕이 이르되 그를 그의 집으로 물러
가게 하여 내 얼굴을 볼 수 없게 하
라 하매 압살롬이 자기 집으로 돌아
가고 왕의 얼굴을 보지 못하니라
25 온 이스라엘 가운데에서 압살롬 같
이 아름다움으로 크게 칭찬 받는
자가 없었으니 그는 발바닥부터 정
수리까지 흠이 없음이라
26 그의 머리털이 무거우므로 연말마
다 깎았으며 그의 머리 털을 깎을
때에 그것을 달아본즉 그의 머리털
이 왕의 저울로 이백 세겔이었더라
27 압살롬이 아들 셋과 딸 하나를 낳
았는데 딸의 이름은 다말이라 그는
얼굴이 아름다운 여자더라
28 압살롬이 이태 동안 예루살렘에
있으되 왕의 얼굴을 보지 못하였으
므로
29 압살롬이 요압을 왕께 보내려 하여
압살롬이 요압에게 사람을 보내 부
르되 그에게 오지 아니하고 또 다시
그에게 보내되 오지 아니하는지라
30 압살롬이 자기의 종들에게 이르되
보라 요압의 밭이 내 밭 근처에 있
고 거기 보리가 있으니 가서 불을
지르라 하니라 압살롬의 종들이 그
밭에 불을 질렀더니
31 요압이 일어나 압살롬의 집으로 가
서 그에게 이르되 어찌하여 네 종
들이 내 밭에 불을 질렀느냐 하니
32 압살롬이 요압에게 대답하되 내가
일찍이 사람을 네게 보내 너를 이
리로 오라고 청한 것은 내가 너를
왕께 보내 아뢰게 하기를 어찌하여
내가 그술에서 돌아오게 되었나이
까 이 때까지 거기에 있는 것이 내
게 나았으리이다 하려 함이로라 이
제는 네가 나로 하여금 왕의 얼굴
을 볼 수 있게 하라 내가 만일 죄가
있으면 왕이 나를 죽이시는 것이 옳
으니라 하는지라
33 요압이 왕께 나아가서 그에게 아뢰
매 왕이 압살롬을 부르니 그가 왕
께 나아가 그 앞에서 얼굴을 땅에
대어 그에게 절하매 왕이 압살롬과
입을 맞추니라

15

그 후에 압살롬이 자기를 위하여
병거와 말들을 준비하고 호위병 오
십 명을 그 앞에 세우니라
2 압살롬이 일찍이 일어나 성문 길 곁
에 서서 어떤 사람이든지 송사가
있어 왕에게 재판을 청하러 올 때

기록일 :   .   .   .

에 그 사람을 불러 이르되 너는 어
느 성읍 사람이냐 하니 그 사람의
대답이 종은 이스라엘 아무 지파에
속하였나이다 하면
3 압살롬이 그에게 이르기를 보라 네
일이 옳고 바르다마는 네 송사를
들을 사람을 왕께서 세우지 아니하
셨다 하고
4 또 압살롬이 이르기를 내가 이 땅
에서 재판관이 되고 누구든지 송사
나 재판할 일이 있어 내게로 오는
자에게 내가 정의 베풀기를 원하노
라 하고
5 사람이 가까이 와서 그에게 절하려
하면 압살롬이 손을 펴서 그 사람
을 붙들고 그에게 입을 맞추니
6 이스라엘 무리 중에 왕께 재판을
청하러 오는 자들마다 압살롬의 행
함이 이와 같아서 이스라엘 사람의
마음을 압살롬이 훔치니라
7 사 년 만에 압살롬이 왕께 아뢰되
내가 야훼께 서원한 것이 있사오니
청하건대 내가 헤브론에 가서 그
서원을 이루게 하소서
8 당신의 종이 아람 그술에 있을 때
에 서원하기를 만일 야훼께서 반드
시 나를 예루살렘으로 돌아가게 하
시면 내가 야훼를 섬기리이다 하였
나이다
9 왕이 그에게 이르되 평안히 가라 하
니 그가 일어나 헤브론으로 가니라
10 이에 압살롬이 정탐을 이스라엘 모
든 지파 가운데에 두루 보내 이르
기를 너희는 나팔 소리를 듣거든
곧 말하기를 압살롬이 헤브론에서
왕이 되었다 하라 하니라
11 그 때 청함을 받은 이백 명이 압살
롬과 함께 예루살렘에서부터 헤브
론으로 내려갔으니 그들은 압살롬
이 꾸민 그 모든 일을 알지 못하고
그저 따라가기만 한 사람들이라
12 제사 드릴 때에 압살롬이 사람을
보내 다윗의 모사 길로 사람 아히
도벨을 그의 성읍 길로에서 청하여
온지라 반역하는 일이 커가매 압살
롬에게로 돌아오는 백성이 많아지
니라
13 전령이 다윗에게 와서 말하되 이스
라엘의 인심이 다 압살롬에게로 돌
아갔나이다 한지라
14 다윗이 예루살렘에 함께 있는 그
의 모든 신하들에게 이르되 일어나
도망하자 그렇지 아니하면 우리 중
한 사람도 압살롬에게서 피하지 못
하리라 빨리 가자 두렵건대 그가
우리를 급히 따라와 우리를 해하고
칼날로 성읍을 칠까 하노라
15 왕의 신하들이 왕께 이르되 우리
주 왕께서 하고자 하시는 대로 우
리가 행하리이다 보소서 당신의 종

기록일 : . . .

들이니이다 하더라
16 왕이 나갈 때에 그의 가족을 다 따
르게 하고 후궁 열 명을 왕이 남겨
두어 왕궁을 지키게 하니라
17 왕이 나가매 모든 백성이 다 따라
서 벧메르학에 이르러 멈추어 서니
18 그의 모든 신하들이 그의 곁으로
지나가고 모든 그렛 사람과 모든
블렛 사람과 및 왕을 따라 가드에
서 온 모든 가드 사람 육백 명이 왕
앞으로 행진하니라
19 그 때에 왕이 가드 사람 잇대에게
이르되 어찌하여 너도 우리와 함께
가느냐 너는 쫓겨난 나그네이니 돌
아가서 왕과 함께 네 곳에 있으라
20 너는 어제 왔고 나는 정처 없이 가
니 오늘 어찌 너를 우리와 함께 떠
돌아다니게 하리요 너도 돌아가고
네 동포들도 데려가라 은혜와 진리
가 너와 함께 있기를 원하노라 하
니라
21 잇대가 왕께 대답하여 이르되 야훼
의 살아 계심과 내 주 왕의 살아 계
심으로 맹세하옵나니 진실로 내 주
왕께서 어느 곳에 계시든지 사나
죽으나 종도 그 곳에 있겠나이다
하니
22 다윗이 잇대에게 이르되 앞서 건너
가라 하매 가드 사람 잇대와 그의
수행자들과 그와 함께 한 아이들이
다 건너가고
23 온 땅 사람이 큰 소리로 울며 모든
백성이 앞서 건너가매 왕도 기드론
시내를 건너가니 건너간 모든 백성
이 광야 길로 향하니라
24 보라 사독과 그와 함께 한 모든 레
위 사람도 하나님의 언약궤를 메어
다가 하나님의 궤를 내려놓고 아비
아달도 올라와서 모든 백성이 성에
서 나오기를 기다리도다
25 왕이 사독에게 이르되 보라 하나님
의 궤를 성읍으로 도로 메어 가라
만일 내가 야훼 앞에서 은혜를 입
으면 도로 나를 인도하사 내게 그
궤와 그 계신 데를 보이시리라
26 그러나 그가 이와 같이 말씀하시기
를 내가 너를 기뻐하지 아니한다
하시면 종이 여기 있사오니 선히 여
기시는 대로 내게 행하시옵소서 하
리라
27 왕이 또 제사장 사독에게 이르되
네가 선견자가 아니냐 너는 너희의
두 아들 곧 네 아들 아히마아스와
아비아달의 아들 요나단을 데리고
평안히 성읍으로 돌아가라
28 너희에게서 내게 알리는 소식이 올
때까지 내가 광야 나루터에서 기다
리리라 하니라
29 사독과 아비아달이 하나님의 궤를
예루살렘으로 도로 메어다 놓고 거

기록일 : . . .

기 머물러 있으니라
30 다윗이 감람 산 길로 올라갈 때에
그의 머리를 그가 가리고 맨발로
울며 가고 그와 함께 가는 모든 백
성들도 각각 자기의 머리를 가리고
울며 올라가니라
31 어떤 사람이 다윗에게 알리되 압살
롬과 함께 모반한 자들 가운데 아히
도벨이 있나이다 하니 다윗이 이르
되 야훼여 원하옵건대 아히도벨의
모략을 어리석게 하옵소서 하니라
32 다윗이 하나님을 경배하는 마루턱
에 이를 때에 아렉 사람 후새가 옷
을 찢고 흙을 머리에 덮어쓰고 다
윗을 맞으러 온지라
33 다윗이 그에게 이르되 네가 만일
나와 함께 나아가면 내게 누를 끼
치리라
34 그러나 네가 만일 성읍으로 돌아가
서 압살롬에게 말하기를 왕이여 내
가 왕의 종이니이다 전에는 내가
왕의 아버지의 종이었더니 이제는
내가 왕의 종이니이다 하면 네가
나를 위하여 아히도벨의 모략을 패
하게 하리라
35 사독과 아비아달 두 제사장이 너와
함께 거기 있지 아니하냐 네가 왕
의 궁중에서 무엇을 듣든지 사독과
아비아달 두 제사장에게 알리라
36 그들의 두 아들 곧 사독의 아히마
아스와 아비아달의 요나단이 그들
과 함께 거기 있나니 너희가 듣는
모든 것을 그들 편에 내게 소식을
알릴지니라 하는지라
37 다윗의 친구 후새가 곧 성읍으로
들어가고 압살롬도 예루살렘으로
들어갔더라

16

다윗이 마루턱을 조금 지나니 므
비보셋의 종 시바가 안장 지운 두
나귀에 떡 이백 개와 건포도 백 송
이와 여름 과일 백 개와 포도주 한
가죽부대를 싣고 다윗을 맞는지라
2 왕이 시바에게 이르되 네가 무슨
뜻으로 이것을 가져왔느냐 하니 시
바가 이르되 나귀는 왕의 가족들이
타게 하고 떡과 과일은 청년들이
먹게 하고 포도주는 들에서 피곤한
자들에게 마시게 하려 함이니이다
3 왕이 이르되 네 주인의 아들이 어디
있느냐 하니 시바가 왕께 아뢰되
예루살렘에 있는데 그가 말하기를
이스라엘 족속이 오늘 내 아버지의
나라를 내게 돌리리라 하나이다 하
는지라
4 왕이 시바에게 이르되 므비보셋에
게 있는 것이 다 네 것이니라 하니
라 시바가 이르되 내가 절하나이다
내 주 왕이여 내가 왕 앞에서 은혜
를 입게 하옵소서 하니라
5 다윗 왕이 바후림에 이르매 거기서

기록일 : . . .

사울의 친족 한 사람이 나오니 게
라의 아들이요 이름은 시므이라 그
가 나오면서 계속하여 저주하고
6 또 다윗과 다윗 왕의 모든 신하들
을 향하여 돌을 던지니 그 때에 모
든 백성과 용사들은 다 왕의 좌우
에 있었더라
7 시므이가 저주하는 가운데 이와 같
이 말하니라 피를 흘린 자여 사악
한 자여 가거라 가거라
8 사울의 족속의 모든 피를 야훼께서
네게로 돌리셨도다 그를 이어서 네
가 왕이 되었으나 야훼께서 나라를
네 아들 압살롬의 손에 넘기셨도다
보라 너는 피를 흘린 자이므로 화
를 자초하였느니라 하는지라
9 스루야의 아들 아비새가 왕께 여짜
오되 이 죽은 개가 어찌 내 주 왕을
저주하리이까 청하건대 내가 건너
가서 그의 머리를 베게 하소서 하니
10 왕이 이르되 스루야의 아들들아 내
가 너희와 무슨 상관이 있느냐 그
가 저주하는 것은 야훼께서 그에게
다윗을 저주하라 하심이니 네가 어
찌 그리하였느냐 할 자가 누구겠느
냐 하고
11 또 다윗이 아비새와 모든 신하들에
게 이르되 내 몸에서 난 아들도 내
생명을 해하려 하거든 하물며 이
베냐민 사람이랴 야훼께서 그에게
명령하신 것이니 그가 저주하게 버
려두라
12 혹시 야훼께서 나의 원통함을 감찰
하시리니 오늘 그 저주 때문에 야
훼께서 선으로 내게 갚아 주시리라
하고
13 다윗과 그의 추종자들이 길을 갈
때에 시므이는 산비탈로 따라가면
서 저주하고 그를 향하여 돌을 던
지며 먼지를 날리더라
14 왕과 그와 함께 있는 백성들이 다
피곤하여 한 곳에 이르러 거기서 쉬
니라
15 압살롬과 모든 이스라엘 백성들이
예루살렘에 이르고 아히도벨도 그
와 함께 이른지라
16 다윗의 친구 아렉 사람 후새가 압
살롬에게 나갈 때에 그에게 말하기
를 왕이여 만세, 왕이여 만세 하니
17 압살롬이 후새에게 이르되 이것이
네가 친구를 후대하는 것이냐 네가
어찌하여 네 친구와 함께 가지 아
니하였느냐 하니
18 후새가 압살롬에게 이르되 그렇지
아니하니이다 내가 야훼와 이 백성
모든 이스라엘의 택한 자에게 속하
여 그와 함께 있을 것이니이다
19 또 내가 이제 누구를 섬기리이까
그의 아들이 아니니이까 내가 전에
왕의 아버지를 섬긴 것 같이 왕을

기록일 : . . .

섬기리이다 하니라
20 압살롬이 아히도벨에게 이르되 너
는 어떻게 행할 계략을 우리에게
가르치라 하니
21 아히도벨이 압살롬에게 이르되 왕
의 아버지가 남겨 두어 왕궁을 지키
게 한 후궁들과 더불어 동침하소서
그리하면 왕께서 왕의 아버지가 미
워하는 바 됨을 온 이스라엘이 들으
리니 왕과 함께 있는 모든 사람의
힘이 더욱 강하여지리이다 하니라
22 이에 사람들이 압살롬을 위하여 옥
상에 장막을 치니 압살롬이 온 이
스라엘 무리의 눈앞에서 그 아버지
의 후궁들과 더불어 동침하니라
23 그 때에 아히도벨이 베푸는 계략은
사람이 하나님께 물어서 받은 말씀
과 같은 것이라 아히도벨의 모든
계략은 다윗에게나 압살롬에게나
그와 같이 여겨졌더라

17 아히도벨이 또 압살롬에게 이르
되 이제 내가 사람 만 이천 명을 택
하게 하소서 오늘 밤에 내가 일어
나서 다윗의 뒤를 추적하여
2 그가 곤하고 힘이 빠졌을 때에 기
습하여 그를 무섭게 하면 그와 함
께 있는 모든 백성이 도망하리니
내가 다윗 왕만 쳐죽이고
3 모든 백성이 당신께 돌아오게 하리
니 모든 사람이 돌아오기는 왕이 찾
는 이 사람에게 달렸음이라 그리하
면 모든 백성이 평안하리이다 하니
4 압살롬과 이스라엘 장로들이 다 그
말을 옳게 여기더라
5 압살롬이 이르되 아렉 사람 후새도
부르라 우리가 이제 그의 말도 듣
자 하니라
6 후새가 압살롬에게 이르매 압살롬
이 그에게 말하여 이르되 아히도벨
이 이러이러하게 말하니 우리가 그
말대로 행하랴 그렇지 아니하거든
너는 말하라 하니
7 후새가 압살롬에게 이르되 이번에
는 아히도벨이 베푼 계략이 좋지
아니하니이다 하고
8 또 후새가 말하되 왕도 아시거니와
왕의 아버지와 그의 추종자들은 용
사라 그들은 들에 있는 곰이 새끼
를 빼앗긴 것 같이 격분하였고 왕
의 부친은 전쟁에 익숙한 사람인즉
백성과 함께 자지 아니하고
9 지금 그가 어느 굴에나 어느 곳
에 숨어 있으리니 혹 무리 중에 몇
이 먼저 엎드러지면 그 소문을 듣
는 자가 말하기를 압살롬을 따르
는 자 가운데에서 패함을 당하였
다 할지라
10 비록 그가 사자 같은 마음을 가진
용사의 아들일지라도 낙심하리니
이는 이스라엘 무리가 왕의 아버지

는 영웅이요 그의 추종자들도 용사
인 줄 앎이니이다
11 나는 이렇게 계략을 세웠나이다 온
이스라엘을 단부터 브엘세바까지
바닷가의 많은 모래 같이 당신께로
모으고 친히 전장에 나가시고
12 우리가 그 만날 만한 곳에서 그를
기습하기를 이슬이 땅에 내림 같이
우리가 그의 위에 덮여 그와 그 함
께 있는 모든 사람을 하나도 남겨
두지 아니할 것이요
13 또 만일 그가 어느 성에 들었으면
온 이스라엘이 밧줄을 가져다가 그
성을 강으로 끌어들여서 그 곳에
작은 돌 하나도 보이지 아니하게
할 것이니이다 하매
14 압살롬과 온 이스라엘 사람들이 이
르되 아렉 사람 후새의 계략은 아
히도벨의 계략보다 낫다 하니 이는
야훼께서 압살롬에게 화를 내리려
하사 아히도벨의 좋은 계략을 물리
치라고 명령하셨음이더라
15 이에 후새가 사독과 아비아달 두
제사장에게 이르되 아히도벨이 압
살롬과 이스라엘 장로들에게 이러
이러하게 계략을 세웠고 나도 이러
이러하게 계략을 세웠으니
16 이제 너희는 빨리 사람을 보내 다
윗에게 전하기를 오늘밤에 광야 나
루터에서 자지 말고 아무쪼록 건너
가소서 하라 혹시 왕과 그를 따르
는 모든 백성이 몰사할까 하노라
하니라
17 그 때에 요나단과 아히마아스가 사
람이 볼까 두려워하여 감히 성에
들어가지 못하고 에느로겔 가에 머
물고 어떤 여종은 그들에게 나와서
말하고 그들은 가서 다윗 왕에게
알리더니
18 한 청년이 그들을 보고 압살롬에게
알린지라 그 두 사람이 빨리 달려
서 바후림 어떤 사람의 집으로 들
어가서 그의 뜰에 있는 우물 속으
로 내려가니
19 그 집 여인이 덮을 것을 가져다가
우물 아귀를 덮고 찧은 곡식을 그
위에 널매 전혀 알지 못하더라
20 압살롬의 종들이 그 집에 와서 여
인에게 묻되 아히마아스와 요나단
이 어디 있느냐 하니 여인이 그들에
게 이르되 그들이 시내를 건너가더
라 하니 그들이 찾아도 만나지 못
하고 예루살렘으로 돌아가니라
21 그들이 간 후에 두 사람이 우물에
서 올라와서 다윗 왕에게 가서 다
윗 왕에게 말하여 이르되 당신들은
일어나 빨리 물을 건너가소서 아히
도벨이 당신들을 해하려고 이러이
러하게 계략을 세웠나이다
22 다윗이 일어나 모든 백성과 함께

기록일 : . . .

요단을 건널새 새벽까지 한 사람도
요단을 건너지 못한 자가 없었더라
23 아히도벨이 자기 계략이 시행되지
못함을 보고 나귀에 안장을 지우고
일어나 고향으로 돌아가 자기 집에
이르러 집을 정리하고 스스로 목매
어 죽으매 그의 조상의 묘에 장사
되니라
24 이에 다윗은 마하나임에 이르고 압
살롬은 모든 이스라엘 사람과 함께
요단을 건너니라
25 압살롬이 아마사로 요압을 대신하
여 군지휘관으로 삼으니라 아마사
는 이스라엘 사람 이드라라 하는
자의 아들이라 이드라가 나하스의
딸 아비갈과 동침하여 그를 낳았으
며 아비갈은 요압의 어머니 스루야
의 동생이더라
26 이에 이스라엘 무리와 압살롬이 길
르앗 땅에 진 치니라
27 다윗이 마하나임에 이르렀을 때에
암몬 족속에게 속한 랍바 사람 나
하스의 아들 소비와 로데발 사람
암미엘의 아들 마길과 로글림 길르
앗 사람 바르실래가
28 침상과 대야와 질그릇과 밀과 보리
와 밀가루와 볶은 곡식과 콩과 팥
과 볶은 녹두와
29 꿀과 버터와 양과 치즈를 가져다가
다윗과 그와 함께 한 백성에게 먹
게 하였으니 이는 그들 생각에 백
성이 들에서 시장하고 곤하고 목마
르겠다 함이더라

18

이에 다윗이 그와 함께 한 백성을
찾아가서 천부장과 백부장을 그들
위에 세우고
2 다윗이 그의 백성을 내보낼새 삼분
의 일은 요압의 휘하에, 삼분의 일
은 스루야의 아들 요압의 동생 아
비새의 휘하에 넘기고 삼분의 일은
가드 사람 잇대의 휘하에 넘기고
왕이 백성에게 이르되 나도 반드시
너희와 함께 나가리라 하니
3 백성들이 이르되 왕은 나가지 마소
서 우리가 도망할지라도 그들은 우
리에게 마음을 쓰지 아니할 터이
요 우리가 절반이나 죽을지라도 우
리에게 마음을 쓰지 아니할 터이라
왕은 우리 만 명보다 중하시오니
왕은 성읍에 계시다가 우리를 도우
심이 좋으니이다 하니라
4 왕이 그들에게 이르되 너희가 좋게
여기는 대로 내가 행하리라 하고 문
곁에 왕이 서매 모든 백성이 백 명
씩 천 명씩 대를 지어 나가는지라
5 왕이 요압과 아비새와 잇대에게 명
령하여 이르되 나를 위하여 젊은
압살롬을 너그러이 대우하라 하니
왕이 압살롬을 위하여 모든 군지휘
관에게 명령할 때에 백성들이 다

기록일 : . . .

들으니라
6 이에 백성이 이스라엘을 치러 들로
나가서 에브라임 수풀에서 싸우더니
7 거기서 이스라엘 백성이 다윗의 부
하들에게 패하매 그 날 그 곳에서
전사자가 많아 이만 명에 이르렀고
8 그 땅에서 사면으로 퍼져 싸웠으므
로 그 날에 수풀에서 죽은 자가 칼
에 죽은 자보다 많았더라
9 압살롬이 다윗의 부하들과 마주치
니라 압살롬이 노새를 탔는데 그
노새가 큰 상수리나무 번성한 가지
아래로 지날 때에 압살롬의 머리가
그 상수리나무에 걸리매 그가 공중
과 그 땅 사이에 달리고 그가 탔던
노새는 그 아래로 빠져나간지라
10 한 사람이 보고 요압에게 알려 이
르되 내가 보니 압살롬이 상수리나
무에 달렸더이다 하니
11 요압이 그 알린 사람에게 이르되
네가 보고 어찌하여 당장에 쳐서
땅에 떨어뜨리지 아니하였느냐 내
가 네게 은 열 개와 띠 하나를 주었
으리라 하는지라
12 그 사람이 요압에게 대답하되 내가
내 손에 은 천 개를 받는다 할지라
도 나는 왕의 아들에게 손을 대지
아니하겠나이다 우리가 들었거니와
왕이 당신과 아비새와 잇대에게 명
령하여 이르시기를 삼가 누구든지
젊은 압살롬을 해하지 말라 하셨나
이다
13 아무 일도 왕 앞에는 숨길 수 없나
니 내가 만일 거역하여 그의 생명을
해하였더라면 당신도 나를 대적하
였으리이다 하니
14 요압이 이르되 나는 너와 같이 지
체할 수 없다 하고 손에 작은 창 셋
을 가지고 가서 상수리나무 가운데
서 아직 살아 있는 압살롬의 심장
을 찌르니
15 요압의 무기를 든 청년 열 명이 압
살롬을 에워싸고 쳐죽이니라
16 요압이 나팔을 불어 백성들에게 그
치게 하니 그들이 이스라엘을 추격
하지 아니하고 돌아오니라
17 그들이 압살롬을 옮겨다가 수풀 가
운데 큰 구멍에 그를 던지고 그 위
에 매우 큰 돌무더기를 쌓으니라
온 이스라엘 무리가 각기 장막으로
도망하니라
18 압살롬이 살았을 때에 자기를 위하
여 한 비석을 마련하여 세웠으니 이
는 그가 자기 이름을 전할 아들이
내게 없다고 말하였음이더라 그러
므로 자기 이름을 기념하여 그 비석
에 이름을 붙였으며 그 비석이 왕의
골짜기에 있고 이제까지 그것을 압
살롬의 기념비라 일컫더라
19 사독의 아들 아히마아스가 이르되

기록일 : . . .

청하건대 내가 빨리 왕에게 가서
야훼께서 왕의 원수 갚아 주신 소
식을 전하게 하소서
20 요압이 그에게 이르되 너는 오늘
소식을 전하는 자가 되지 말고 다
른 날에 전할 것이니라 왕의 아들
이 죽었나니 네가 오늘 소식을 전
하지 못하리라 하고
21 요압이 구스 사람에게 이르되 네가
가서 본 것을 왕께 아뢰라 하매 구
스 사람이 요압에게 절하고 달음질
하여 가니
22 사독의 아들 아히마아스가 다시 요
압에게 이르되 청하건대 아무쪼록
내가 또한 구스 사람의 뒤를 따라
달려가게 하소서 하니 요압이 이르
되 내 아들아 너는 왜 달려가려 하
느냐 이 소식으로 말미암아서는 너
는 상을 받지 못하리라 하되
23 그가 한사코 달려가겠노라 하는지
라 요압이 이르되 그리하라 하니
아히마아스가 들길로 달음질하여
구스 사람보다 앞질러가니라
24 때에 다윗이 두 문 사이에 앉아 있
더라 파수꾼이 성 문 위층에 올라
가서 눈을 들어 보니 어떤 사람이
홀로 달려오는지라
25 파수꾼이 외쳐 왕께 아뢰매 왕이
이르되 그가 만일 혼자면 그의 입
에 소식이 있으리라 할 때에 그가
점점 가까이 오니라
26 파수꾼이 본즉 한 사람이 또 달려
오는지라 파수꾼이 문지기에게 외
쳐 이르되 보라 한 사람이 또 혼자
달려온다 하니 왕이 이르되 그도
소식을 가져오느니라
27 파수꾼이 이르되 내가 보기에는 앞
선 사람의 달음질이 사독의 아들
아히마아스의 달음질과 같으니이다
하니 왕이 이르되 그는 좋은 사람
이니 좋은 소식을 가져오느니라 하
니라
28 아히마아스가 외쳐 왕께 아뢰되 평
강하옵소서 하고 왕 앞에서 얼굴을
땅에 대고 절하며 이르되 왕의 하
나님 야훼를 찬양하리로소이다 그
의 손을 들어 내 주 왕을 대적하는
자들을 넘겨 주셨나이다 하니
29 왕이 이르되 젊은 압살롬은 잘 있
느냐 하니라 아히마아스가 대답하
되 요압이 왕의 종 나를 보낼 때에
크게 소동하는 것을 보았사오나 무
슨 일인지 알지 못하였나이다 하니
30 왕이 이르되 물러나 거기 서 있으라
하매 물러나서 서 있더라
31 구스 사람이 이르러 말하되 내 주
왕께 아뢸 소식이 있나이다 야훼께
서 오늘 왕을 대적하던 모든 원수
를 갚으셨나이다 하니
32 왕이 구스 사람에게 묻되 젊은 압

살롬은 잘 있느냐 구스 사람이 대
답하되 내 주 왕의 원수와 일어나
서 왕을 대적하는 자들은 다 그 청
년과 같이 되기를 원하나이다 하니
33 왕의 마음이 심히 아파 문 위층으
로 올라가서 우니라 그가 올라갈
때에 말하기를 내 아들 압살롬아
내 아들 내 아들 압살롬아 차라리
내가 너를 대신하여 죽었더면, 압살
롬 내 아들아 내 아들아 하였더라
19 어떤 사람이 요압에게 아뢰되 왕
이 압살롬을 위하여 울며 슬퍼하시
나이다 하니
2 왕이 그 아들을 위하여 슬퍼한다
함이 그 날에 백성들에게 들리매
그 날의 승리가 모든 백성에게 슬
픔이 된지라
3 그 날에 백성들이 싸움에 쫓겨 부
끄러워 도망함 같이 가만히 성읍으
로 들어가니라
4 왕이 그의 얼굴을 가리고 큰 소리
로 부르되 내 아들 압살롬아 압살
롬아 내 아들아 내 아들아 하니
5 요압이 집에 들어가서 왕께 말씀
드리되 왕께서 오늘 왕의 생명과
왕의 자녀의 생명과 처첩과 비빈들
의 생명을 구원한 모든 부하들의
얼굴을 부끄럽게 하시니
6 이는 왕께서 미워하는 자는 사랑하
시며 사랑하는 자는 미워하시고 오
늘 지휘관들과 부하들을 멸시하심
을 나타내심이라 오늘 내가 깨달으
니 만일 압살롬이 살고 오늘 우리
가 다 죽었더면 왕이 마땅히 여기실
뻔하였나이다
7 이제 곧 일어나 나가 왕의 부하들
의 마음을 위로하여 말씀하옵소서
내가 야훼를 두고 맹세하옵나니 왕
이 만일 나가지 아니하시면 오늘 밤
에 한 사람도 왕과 함께 머물지 아
니할지라 그리하면 그 화가 왕이 젊
었을 때부터 지금까지 당하신 모든
화보다 더욱 심하리이다 하니
8 왕이 일어나 성문에 앉으매 어떤
사람이 모든 백성에게 말하되 왕
이 문에 앉아 계신다 하니 모든 백
성이 왕 앞으로 나아오니라
이스라엘은 이미 각기 장막으로 도
망하였더라
9 이스라엘 모든 지파 백성들이 변론
하여 이르되 왕이 우리를 원수의
손에서 구원하여 내셨고 또 우리를
블레셋 사람들의 손에서 구원하셨
으나 이제 압살롬을 피하여 그 땅
에서 나가셨고
10 우리가 기름을 부어 우리를 다스리
게 한 압살롬은 싸움에서 죽었거늘
이제 너희가 어찌하여 왕을 도로
모셔 올 일에 잠잠하고 있느냐 하
니라

기록일 : . . .

11 다윗 왕이 사독과 아비아달 두 제
사장에게 소식을 전하여 이르되 너
희는 유다 장로들에게 말하여 이
르기를 왕의 말씀이 온 이스라엘이
왕을 왕궁으로 도로 모셔오자 하는
말이 왕께 들렸거늘 너희는 어찌하
여 왕을 궁으로 모시는 일에 나중
이 되느냐
12 너희는 내 형제요 내 골육이거늘 너
희는 어찌하여 왕을 도로 모셔오는
일에 나중이 되리요 하셨다 하고
13 너희는 또 아마사에게 이르기를 너
는 내 골육이 아니냐 네가 요압을
이어서 항상 내 앞에서 지휘관이 되
지 아니하면 하나님이 내게 벌 위에
벌을 내리시기를 바라노라 하셨다
하라 하여
14 모든 유다 사람들의 마음을 하나
같이 기울게 하매 그들이 왕께 전
갈을 보내어 이르되 당신께서는 모
든 부하들과 더불어 돌아오소서 한
지라
15 왕이 돌아와 요단에 이르매 유다
족속이 왕을 맞아 요단을 건너가게
하려고 길갈로 오니라
16 바후림에 있는 베냐민 사람 게라의
아들 시므이가 급히 유다 사람과 함
께 다윗 왕을 맞으러 내려올 때에
17 베냐민 사람 천 명이 그와 함께 하
고 사울 집안의 종 시바도 그의 아
들 열다섯과 종 스무 명과 더불어
그와 함께 하여 요단 강을 밟고 건
너 왕 앞으로 나아오니라
18 왕의 가족을 건너가게 하며 왕이
좋게 여기는 대로 쓰게 하려 하여
나룻배로 건너가니 왕이 요단을 건
너가게 할 때에 게라의 아들 시므
이가 왕 앞에 엎드려
19 왕께 아뢰되 내 주여 원하건대 내
게 죄를 돌리지 마옵소서 내 주 왕
께서 예루살렘에서 나오시던 날에
종의 패역한 일을 기억하지 마시오
며 왕의 마음에 두지 마옵소서
20 왕의 종 내가 범죄한 줄 아옵기에
오늘 요셉의 온 족속 중 내가 먼저
내려와서 내 주 왕을 영접하나이다
하니
21 스루야의 아들 아비새가 대답하여
이르되 시므이가 야훼의 기름 부으
신 자를 저주하였으니 그로 말미암
아 죽어야 마땅하지 아니하니이까
하니라
22 다윗이 이르되 스루야의 아들들
아 내가 너희와 무슨 상관이 있기
에 너희가 오늘 나의 원수가 되느
냐 오늘 어찌하여 이스라엘 가운데
에서 사람을 죽이겠느냐 내가 오늘
이스라엘의 왕이 된 것을 내가 알
지 못하리요 하고
23 왕이 시므이에게 이르되 네가 죽지

기록일 : . . .

아니하리라 하고 그에게 맹세하니라
24 사울의 손자 므비보셋이 내려와 왕
을 맞으니 그는 왕이 떠난 날부터
평안히 돌아오는 날까지 그의 발을
맵시 내지 아니하며 그의 수염을
깎지 아니하며 옷을 빨지 아니하였
더라
25 예루살렘에서 와서 왕을 맞을 때에
왕이 그에게 물어 이르되 므비보셋
이여 네가 어찌하여 나와 함께 가
지 아니하였더냐 하니
26 대답하되 내 주 왕이여 왕의 종인
나는 다리를 절므로 내 나귀에 안
장을 지워 그 위에 타고 왕과 함께
가려 하였더니 내 종이 나를 속이고
27 종인 나를 내 주 왕께 모함하였나
이다 내 주 왕께서는 하나님의 사
자와 같으시니 왕의 처분대로 하옵
소서
28 내 아버지의 온 집이 내 주 왕 앞에
서는 다만 죽을 사람이 되지 아니
하였나이까 그러나 종을 왕의 상에
서 음식 먹는 자 가운데에 두셨사
오니 내게 아직 무슨 공의가 있어
서 다시 왕께 부르짖을 수 있사오
리이까 하니라
29 왕이 그에게 이르되 네가 어찌하여
또 네 일을 말하느냐 내가 이르노
니 너는 시바와 밭을 나누라 하니
30 므비보셋이 왕께 아뢰되 내 주 왕
께서 평안히 왕궁에 돌아오시게 되
었으니 그로 그 전부를 차지하게
하옵소서 하니라
31 길르앗 사람 바르실래가 왕이 요단
을 건너가게 하려고 로글림에서 내
려와 함께 요단에 이르니
32 바르실래는 매우 늙어 나이가 팔십
세라 그는 큰 부자이므로 왕이 마
하나임에 머물 때에 그가 왕을 공
궤하였더라
33 왕이 바르실래에게 이르되 너는 나
와 함께 건너가자 예루살렘에서 내
가 너를 공궤하리라
34 바르실래가 왕께 아뢰되 내 생명
의 날이 얼마나 있사옵겠기에 어찌
왕과 함께 예루살렘으로 올라가리
이까
35 내 나이가 이제 팔십 세라 어떻게
좋고 흉한 것을 분간할 수 있사오
며 음식의 맛을 알 수 있사오리이
까 이 종이 어떻게 다시 노래하는
남자나 여인의 소리를 알아들을 수
있사오리이까 어찌하여 종이 내 주
왕께 아직도 누를 끼치리이까
36 당신의 종은 왕을 모시고 요단을
건너려는 것뿐이거늘 왕께서 어찌
하여 이같은 상으로 내게 갚으려
하시나이까
37 청하건대 당신의 종을 돌려보내옵
소서 내가 내 고향 부모의 묘 곁에

기록일 : . . .

서 죽으려 하나이다 그러나 왕의
종 김함이 여기 있사오니 청하건대
그가 내 주 왕과 함께 건너가게 하
시옵고 왕의 처분대로 그에게 베푸
소서 하니라
38 왕이 대답하되 김함이 나와 함께
건너가리니 나는 네가 좋아하는 대
로 그에게 베풀겠고 또 네가 내게
구하는 것은 다 너를 위하여 시행
하리라 하니라
39 백성이 다 요단을 건너매 왕도 건너
가서 왕이 바르실래에게 입을 맞추
고 그에게 복을 비니 그가 자기 곳
으로 돌아가니라
40 왕이 길갈로 건너오고 김함도 함께
건너오니 온 유다 백성과 이스라엘
백성의 절반이나 왕과 함께 건너니라
41 온 이스라엘 사람이 왕께 나아와
왕께 아뢰되 우리 형제 유다 사람
들이 어찌 왕을 도둑하여 왕과 왕
의 집안과 왕을 따르는 모든 사람
을 인도하여 요단을 건너가게 하였
나이까 하매
42 모든 유다 사람이 이스라엘 사람
에게 대답하되 왕은 우리의 종친인
까닭이라 너희가 어찌 이 일에 대
하여 분 내느냐 우리가 왕의 것을
조금이라도 얻어 먹었느냐 왕께서
우리에게 선물로 주신 것이 있느냐
43 이스라엘 사람이 유다 사람에게 대
답하여 이르되 우리는 왕에 대하여
열 몫을 가졌으니 다윗에게 대하여
너희보다 더욱 관계가 있거늘 너희
가 어찌 우리를 멸시하여 우리 왕
을 모셔 오는 일에 먼저 우리와 의
논하지 아니하였느냐 하나 유다 사
람의 말이 이스라엘 사람의 말보다
더 강경하였더라

20 마침 거기에 불량배 하나가 있으
니 그의 이름은 세바인데 베냐민
사람 비그리의 아들이었더라 그가
나팔을 불며 이르되 우리는 다윗과
나눌 분깃이 없으며 이새의 아들에
게서 받을 유산이 우리에게 없도다
이스라엘아 각각 장막으로 돌아가
라 하매
2 이에 온 이스라엘 사람들이 다윗
따르기를 그치고 올라가 비그리의
아들 세바를 따르나 유다 사람들은
그들의 왕과 합하여 요단에서 예루
살렘까지 따르니라
3 다윗이 예루살렘 본궁에 이르러 전
에 머물러 왕궁을 지키게 한 후궁
열 명을 잡아 별실에 가두고 먹을
것만 주고 그들에게 관계하지 아
니하니 그들이 죽는 날까지 갇혀서
생과부로 지내니라
4 왕이 아마사에게 이르되 너는 나를
위하여 삼 일 내로 유다 사람을 큰
소리로 불러 모으고 너도 여기 있으

기록일 : . . .

라 하니라
5 아마사가 유다 사람을 모으러 가더
니 왕이 정한 기일에 지체된지라
6 다윗이 이에 아비새에게 이르되 이
제 비그리의 아들 세바가 압살롬보
다 우리를 더 해하리니 너는 네 주
의 부하들을 데리고 그의 뒤를 쫓
아가라 그가 견고한 성읍에 들어가
우리들을 피할까 염려하노라 하매
7 요압을 따르는 자들과 그렛 사람
들과 블렛 사람들과 모든 용사들
이 다 아비새를 따라 비그리의 아
들 세바를 뒤쫓으려고 예루살렘에
서 나와
8 기브온 큰 바위 곁에 이르매 아마
사가 맞으러 오니 그 때에 요압이
군복을 입고 띠를 띠고 칼집에 꽂
은 칼을 허리에 맸는데 그가 나아
갈 때에 칼이 빠져 떨어졌더라
9 요압이 아마사에게 이르되 내 형은
평안하냐 하며 오른손으로 아마사
의 수염을 잡고 그와 입을 맞추려
는 체하매
10 아마사가 요압의 손에 있는 칼은
주의하지 아니한지라 요압이 칼로
그의 배를 찌르매 그의 창자가 땅
에 쏟아지니 그를 다시 치지 아니
하여도 죽으니라 요압과 그의 동생
아비새가 비그리의 아들 세바를 뒤
쫓을새
11 요압의 청년 중 하나가 아마사 곁
에 서서 이르되 요압을 좋아하는
자가 누구이며 요압을 따라 다윗을
위하는 자는 누구냐 하니
12 아마사가 길 가운데 피 속에 놓여
있는지라 그 청년이 모든 백성이 서
있는 것을 보고 아마사를 큰길에서
부터 밭으로 옮겼으나 거기에 이르
는 자도 다 멈추어 서는 것을 보고
옷을 그 위에 덮으니라
13 아마사를 큰길에서 옮겨가매 사람
들이 다 요압을 따라 비그리의 아
들 세바를 뒤쫓아가니라
14 세바가 이스라엘 모든 지파 가운데
두루 다녀서 아벨과 벧마아가와 베
림 온 땅에 이르니 그 무리도 다 모
여 그를 따르더라
15 이에 그들이 벧마아가 아벨로 가서
세바를 에우고 그 성읍을 향한 지
역 언덕 위에 토성을 쌓고 요압과
함께 한 모든 백성이 성벽을 쳐서
헐고자 하더니
16 그 성읍에서 지혜로운 여인 한 사
람이 외쳐 이르되 들을지어다 들을
지어다 청하건대 너희는 요압에게
이르기를 이리로 가까이 오라 내가
네게 말하려 하노라 한다 하라
17 요압이 그 여인에게 가까이 가니
여인이 이르되 당신이 요압이니이
까 하니 대답하되 그러하다 하니라

기록일 : . . .

여인이 그에게 이르되 여종의 말을
들으소서 하니 대답하되 내가 들으
리라 하니라
18 여인이 말하여 이르되 옛 사람들이
흔히 말하기를 아벨에게 가서 물을
것이라 하고 그 일을 끝내었나이다
19 나는 이스라엘의 화평하고 충성된
자 중 하나이거늘 당신이 이스라엘
가운데 어머니 같은 성을 멸하고자
하시는도다 어찌하여 당신이 야훼의
기업을 삼키고자 하시나이까 하니
20 요압이 대답하여 이르되 결단코 그
렇지 아니하다 결단코 그렇지 아니
하다 삼키거나 멸하거나 하려 함이
아니니
21 그 일이 그러한 것이 아니니라 에브
라임 산지 사람 비그리의 아들 그
의 이름을 세바라 하는 자가 손을
들어 왕 다윗을 대적하였나니 너희
가 그만 내주면 내가 이 성벽에서
떠나가리라 하니라 여인이 요압에
게 이르되 그의 머리를 성벽에서 당
신에게 내어던지리이다 하고
22 이에 여인이 그의 지혜를 가지고 모
든 백성에게 나아가매 그들이 비그
리의 아들 세바의 머리를 베어 요
압에게 던진지라 이에 요압이 나팔
을 불매 무리가 흩어져 성읍에서
물러나 각기 장막으로 돌아가고 요
압은 예루살렘으로 돌아와 왕에게
나아가니라
23 요압은 이스라엘 온 군대의 지휘관
이 되고 여호야다의 아들 브나야는
그렛 사람과 블렛 사람의 지휘관이
되고
24 아도람은 감역관이 되고 아힐룻의
아들 여호사밧은 사관이 되고
25 스와는 서기관이 되고 사독과 아비
아달은 제사장이 되고
26 야일 사람 이라는 다윗의 대신이
되니라

21 다윗의 시대에 해를 거듭하여 삼
년 기근이 있으므로 다윗이 야훼
앞에 간구하매 야훼께서 이르시되
이는 사울과 피를 흘린 그의 집으
로 말미암음이니 그가 기브온 사람
을 죽였음이니라 하시니라
2 기브온 사람은 이스라엘 족속이 아
니요 그들은 아모리 사람 중에서
남은 자라 이스라엘 족속들이 전에
그들에게 맹세하였거늘 사울이 이
스라엘과 유다 족속을 위하여 열심
이 있으므로 그들을 죽이고자 하였
더라 이에 왕이 기브온 사람을 불
러 그들에게 물으니라
3 다윗이 그들에게 묻되 내가 너희를
위하여 어떻게 하랴 내가 어떻게
속죄하여야 너희가 야훼의 기업을
위하여 복을 빌겠느냐 하니
4 기브온 사람이 그에게 대답하되 사

울과 그의 집과 우리 사이의 문제
는 은금에 있지 아니하오며 이스라
엘 가운데에서 사람을 죽이는 문제
도 우리에게 있지 아니하니이다 하
니라 왕이 이르되 너희가 말하는
대로 시행하리라
5 그들이 왕께 아뢰되 우리를 학살하
였고 또 우리를 멸하여 이스라엘 영
토 내에 머물지 못하게 하려고 모
해한 사람의
6 자손 일곱 사람을 우리에게 내주
소서 야훼께서 택하신 사울의 고을
기브아에서 우리가 그들을 야훼 앞
에서 목 매어 달겠나이다 하니 왕
이 이르되 내가 내주리라 하니라
7 그러나 다윗과 사울의 아들 요나단
사이에 서로 야훼를 두고 맹세한 것
이 있으므로 왕이 사울의 손자 요나
단의 아들 므비보셋은 아끼고
8 왕이 이에 아야의 딸 리스바에게
서 난 자 곧 사울의 두 아들 알모
니와 므비보셋과 사울의 딸 메랍
에게서 난 자 곧 므홀랏 사람 바르
실래의 아들 아드리엘의 다섯 아
들을 붙잡아
9 그들을 기브온 사람의 손에 넘기
니 기브온 사람이 그들을 산 위에
서 야훼 앞에 목 매어 달매 그들 일
곱 사람이 동시에 죽으니 죽은 때
는 곡식 베는 첫날 곧 보리를 베기
시작하는 때더라
10 아야의 딸 리스바가 굵은 베를 가
져다가 자기를 위하여 바위 위에
펴고 곡식 베기 시작할 때부터 하
늘에서 비가 시체에 쏟아지기까지
그 시체에 낮에는 공중의 새가 앉
지 못하게 하고 밤에는 들짐승이
범하지 못하게 한지라
11 이에 아야의 딸 사울의 첩 리스바
가 행한 일이 다윗에게 알려지매
12 다윗이 가서 사울의 뼈와 그의 아
들 요나단의 뼈를 길르앗 야베스
사람에게서 가져가니 이는 전에 블
레셋 사람들이 사울을 길보아에서
죽여 블레셋 사람들이 벧산 거리에
매단 것을 그들이 가만히 가져온
것이라
13 다윗이 그 곳에서 사울의 뼈와 그
의 아들 요나단의 뼈를 가지고 올
라오매 사람들이 그 달려 죽은 자
들의 뼈를 거두어다가
14 사울과 그의 아들 요나단의 뼈와
함께 베냐민 땅 셀라에서 그의 아
버지 기스의 묘에 장사하되 모두
왕의 명령을 따라 행하니라 그 후
에야 하나님이 그 땅을 위한 기도
를 들으시니라
15 블레셋 사람이 다시 이스라엘을 치
거늘 다윗이 그의 부하들과 함께
내려가서 블레셋 사람과 싸우더니

기록일 : . . .

다윗이 피곤하매
16 거인족의 아들 중에 무게가 삼백 세
겔 되는 놋 창을 들고 새 칼을 찬 이
스비브놉이 다윗을 죽이려 하므로
17 스루야의 아들 아비새가 다윗을 도
와 그 블레셋 사람들을 쳐죽이니
그 때에 다윗의 추종자들이 그에게
맹세하여 이르되 왕은 다시 우리와
함께 전장에 나가지 마옵소서 이스
라엘의 등불이 꺼지지 말게 하옵소
서 하니라
18 그 후에 다시 블레셋 사람과 곱에
서 전쟁할 때에 후사 사람 십브개
는 거인족의 아들 중의 삽을 쳐죽
였고
19 또 다시 블레셋 사람과 곱에서 전
쟁할 때에 베들레헴 사람 야레오르
김의 아들 엘하난은 가드 골리앗의
아우 라흐미를 죽였는데 그 자의
창 자루는 베틀 채 같았더라
20 또 가드에서 전쟁할 때에 그 곳에
키가 큰 자 하나는 손가락과 발가락
이 각기 여섯 개씩 모두 스물 네 개
가 있는데 그도 거인족의 소생이라
21 그가 이스라엘 사람을 능욕하므로
다윗의 형 삼마의 아들 요나단이
그를 죽이니라
22 이 네 사람 가드의 거인족의 소생
이 다윗의 손과 그의 부하들의 손
에 다 넘어졌더라

22

야훼께서 다윗을 모든 원수의 손
과 사울의 손에서 구원하신 그 날
에 다윗이 이 노래의 말씀으로 야
훼께 아뢰어
2 이르되 야훼는 나의 반석이시요 나
의 요새시요 나를 위하여 나를 건
지시는 자시요
3 내가 피할 나의 반석의 하나님이시
요 나의 방패시요 나의 구원의 뿔
이시요 나의 높은 망대시요 그에게
피할 나의 피난처시요 나의 구원자
시라 나를 폭력에서 구원하셨도다
4 내가 찬송 받으실 야훼께 아뢰리니
내 원수들에게서 구원을 받으리로다
5 사망의 물결이 나를 에우고 불의의
창수가 나를 두렵게 하였으며
6 스올의 줄이 나를 두르고 사망의
올무가 내게 이르렀도다
7 내가 환난 중에서 야훼께 아뢰며 나
의 하나님께 아뢰었더니 그가 그의
성전에서 내 소리를 들으심이여 나
의 부르짖음이 그의 귀에 들렸도다
8 이에 땅이 진동하고 떨며 하늘의
기초가 요동하고 흔들렸으니 그의
진노로 말미암음이로다
9 그의 코에서 연기가 오르고 입에서
불이 나와 사름이여 그 불에 숯이
피었도다
10 그가 또 하늘을 드리우고 강림하
시니 그의 발 아래는 어두캄캄하였

도다
11 그룹을 타고 날으심이여 바람 날개
위에 나타나셨도다
12 그가 흑암 곧 모인 물과 공중의 빽
빽한 구름으로 둘린 장막을 삼으심
이여
13 그 앞에 있는 광채로 말미암아 숯
불이 피었도다
14 야훼께서 하늘에서 우렛소리를 내시
며 지존하신 자가 음성을 내심이여
15 화살을 날려 그들을 흩으시며 번개
로 무찌르셨도다
16 이럴 때에 야훼의 꾸지람과 콧김으
로 말미암아 물 밑이 드러나고 세
상의 기초가 나타났도다
17 그가 위에서 손을 내미사 나를 붙
드심이여 많은 물에서 나를 건져내
셨도다
18 나를 강한 원수와 미워하는 자에게
서 건지셨음이여 그들은 나보다 강
했기 때문이로다
19 그들이 나의 재앙의 날에 내게 이
르렀으나 야훼께서 나의 의지가 되
셨도다
20 나를 또 넓은 곳으로 인도하시고
나를 기뻐하시므로 구원하셨도다
21 야훼께서 내 공의를 따라 상 주시
며 내 손의 깨끗함을 따라 갚으셨
으니
22 이는 내가 야훼의 도를 지키고 악
을 행함으로 내 하나님을 떠나지
아니하였으며
23 그의 모든 법도를 내 앞에 두고 그
의 규례를 버리지 아니하였음이로다
24 내가 또 그의 앞에 완전하여 스스
로 지켜 죄악을 피하였나니
25 그러므로 야훼께서 내 의대로, 그
의 눈앞에서 내 깨끗한 대로 내게
갚으셨도다
26 자비한 자에게는 주의 자비하심을
나타내시며 완전한 자에게는 주의
완전하심을 보이시며
27 깨끗한 자에게는 주의 깨끗하심을
보이시며 사악한 자에게는 주의 거
스르심을 보이시리이다
28 주께서 곤고한 백성은 구원하시고
교만한 자를 살피사 낮추시리이다
29 야훼여 주는 나의 등불이시니 야훼
께서 나의 어둠을 밝히시리이다
30 내가 주를 의뢰하고 적진으로 달
리며 내 하나님을 의지하고 성벽을
뛰어넘나이다
31 하나님의 도는 완전하고 야훼의 말
씀은 진실하니 그는 자기에게 피하
는 모든 자에게 방패시로다
32 야훼 외에 누가 하나님이며 우리
하나님 외에 누가 반석이냐
33 하나님은 나의 견고한 요새시며 나
를 안전한 곳으로 인도하시며
34 나의 발로 암사슴 발 같게 하시며

기록일 : . . .

나를 나의 높은 곳에 세우시며
35 내 손을 가르쳐 싸우게 하시니 내
팔이 놋 활을 당기도다
36 주께서 또 주의 구원의 방패를 내
게 주시며 주의 온유함이 나를 크
게 하셨나이다
37 내 걸음을 넓게 하셨고 내 발이 미
끄러지지 아니하게 하셨나이다
38 내가 내 원수를 뒤쫓아 멸하였사오
며 그들을 무찌르기 전에는 돌이키
지 아니하였나이다
39 내가 그들을 무찔러 전멸시켰더니
그들이 내 발 아래에 엎드러지고
능히 일어나지 못하였나이다
40 이는 주께서 내게 전쟁하게 하려고
능력으로 내게 띠 띠우사 일어나
나를 치는 자를 내게 굴복하게 하
셨사오며
41 주께서 또 내 원수들이 등을 내게
로 향하게 하시고 내게 나를 미워
하는 자를 끊어 버리게 하셨음이니
이다
42 그들이 도움을 구해도 구원할 자가
없었고 야훼께 부르짖어도 대답하
지 아니하셨나이다
43 내가 그들을 땅의 티끌 같이 부스
러뜨리고 거리의 진흙 같이 밟아 헤
쳤나이다
44 주께서 또 나를 내 백성의 다툼에
서 건지시고 나를 보전하사 모든 민
족의 으뜸으로 삼으셨으니 내가 알
지 못하는 백성이 나를 섬기리이다
45 이방인들이 내게 굴복함이여 그들
이 내 소문을 귀로 듣고 곧 내게 순
복하리로다
46 이방인들이 쇠약하여 그들의 견고
한 곳에서 떨며 나오리로다
47 야훼의 사심을 두고 나의 반석을
찬송하며 내 구원의 반석이신 하나
님을 높일지로다
48 이 하나님이 나를 위하여 보복하시
고 민족들이 내게 복종하게 하시며
49 나를 원수들에게서 이끌어 내시며
나를 대적하는 자 위에 나를 높이
시고 나를 강포한 자에게서 건지시
는도다
50 이러므로 야훼여 내가 모든 민족
중에서 주께 감사하며 주의 이름을
찬양하리이다
51 야훼께서 그의 왕에게 큰 구원을
주시며 기름 부음 받은 자에게 인
자를 베푸심이여 영원하도록 다윗
과 그 후손에게로다 하였더라

23

이는 다윗의 마지막 말이라 이새
의 아들 다윗이 말함이여 높이 세
워진 자, 야곱의 하나님께로부터
기름 부음 받은 자, 이스라엘의 노
래 잘 하는 자가 말하노라
2 야훼의 영이 나를 통하여 말씀하심
이여 그의 말씀이 내 혀에 있도다

기록일 : . . .

3 이스라엘의 하나님이 말씀하시며
이스라엘의 반석이 내게 이르시기
를 사람을 공의로 다스리는 자, 하
나님을 경외함으로 다스리는 자여
4 그는 돋는 해의 아침 빛 같고 구름
없는 아침 같고 비 내린 후의 광선
으로 땅에서 움이 돋는 새 풀 같으
니라 하시도다
5 내 집이 하나님 앞에 이같지 아니
하냐 하나님이 나와 더불어 영원한
언약을 세우사 만사에 구비하고 견
고하게 하셨으니 나의 모든 구원과
나의 모든 소원을 어찌 이루지 아
니하시랴
6 그러나 사악한 자는 다 내버려질
가시나무 같으니 이는 손으로 잡을
수 없음이로다
7 그것들을 만지는 자는 철과 창자루
를 가져야 하리니 그것들이 당장에
불살리리로다 하니라
8 다윗의 용사들의 이름은 이러하니
라 다그몬 사람 요셉밧세벳이라고
도 하고 에센 사람 아디노라고도
하는 자는 군지휘관의 두목이라 그
가 단번에 팔백 명을 쳐죽였더라
9 그 다음은 아호아 사람 도대의 아
들 엘르아살이니 다윗과 함께 한
세 용사 중의 한 사람이라 블레셋
사람들이 싸우려고 거기에 모이매
이스라엘 사람들이 물러간지라 세
용사가 싸움을 돋우고
10 그가 나가서 손이 피곤하여 그의
손이 칼에 붙기까지 블레셋 사람을
치니라 그 날에 야훼께서 크게 이
기게 하셨으므로 백성들은 돌아와
그의 뒤를 따라가며 노략할 뿐이었
더라
11 그 다음은 하랄 사람 아게의 아들
삼마라 블레셋 사람들이 사기가 올
라 거기 녹두나무가 가득한 한쪽
밭에 모이매 백성들은 블레셋 사람
들 앞에서 도망하되
12 그는 그 밭 가운데 서서 막아 블레
셋 사람들을 친지라 야훼께서 큰
구원을 이루시니라
13 또 삼십 두목 중 세 사람이 곡식 벨
때에 아둘람 굴에 내려가 다윗에게
나아갔는데 때에 블레셋 사람의 한
무리가 르바임 골짜기에 진 쳤더라
14 그 때에 다윗은 산성에 있고 그 때
에 블레셋 사람의 요새는 베들레헴
에 있는지라
15 다윗이 소원하여 이르되 베들레헴
성문 곁 우물 물을 누가 내게 마시
게 할까 하매
16 세 용사가 블레셋 사람의 진영을
돌파하고 지나가서 베들레헴 성문
곁 우물 물을 길어 가지고 다윗에
게로 왔으나 다윗이 마시기를 기뻐
하지 아니하고 그 물을 야훼께 부

기록일 : . . .

어 드리며
17 이르되 야훼여 내가 나를 위하여
결단코 이런 일을 하지 아니하리이
다 이는 목숨을 걸고 갔던 사람들
의 피가 아니니이까 하고 마시기를
즐겨하지 아니하니라 세 용사가 이
런 일을 행하였더라
18 또 스루야의 아들 요압의 아우 아
비새이니 그는 그 세 사람의 우두
머리라 그가 그의 창을 들어 삼백
명을 죽이고 세 사람 중에 이름을
얻었으니
19 그는 세 사람 중에 가장 존귀한 자
가 아니냐 그가 그들의 우두머리가
되었으나 그러나 첫 세 사람에게는
미치지 못하였더라
20 또 갑스엘 용사의 손자 여호야다의
아들 브나야이니 그는 용맹스런 일
을 행한 자라 일찍이 모압 아리엘
의 아들 둘을 죽였고 또 눈이 올 때
에 구덩이에 내려가서 사자 한 마
리를 쳐죽였으며
21 또 장대한 애굽 사람을 죽였는데
그의 손에 창이 있어도 그가 막대
기를 가지고 내려가 그 애굽 사람
의 손에서 창을 빼앗아 그 창으로
그를 죽였더라
22 여호야다의 아들 브나야가 이런 일
을 행하였으므로 세 용사 중에 이
름을 얻고
23 삼십 명보다 존귀하나 그러나 세
사람에게는 미치지 못하였더라 다
윗이 그를 세워 시위대 대장을 삼
았더라
24 요압의 아우 아사헬은 삼십 명 중
의 하나요 또 베들레헴 도도의 아
들 엘하난과
25 하롯 사람 삼훗과 하롯 사람 엘리
가와
26 발디 사람 헬레스와 드고아 사람
익게스의 아들 이라와
27 아나돗 사람 아비에셀과 후사 사람
므분내와
28 아호아 사람 살몬과 느도바 사람
마하래와
29 느도바 사람 바아나의 아들 헬렙과
베냐민 자손에 속한 기브아 사람
리배의 아들 잇대와
30 비라돈 사람 브나야와 가아스 시냇
가에 사는 힛대와
31 아르바 사람 아비알본과 바르훔 사
람 아스마웻과
32 사알본 사람 엘리아바와 야센의 아
들 요나단과
33 하랄 사람 삼마와 아랄 사람 사랄
의 아들 아히암과
34 마아가 사람의 손자 아하스배의 아
들 엘리벨렛과 길로 사람 아히도벨
의 아들 엘리암과
35 갈멜 사람 헤스래와 아랍 사람 바

기록일 : . . .

아래와
36 소바 사람 나단의 아들 이갈과 갓
사람 바니와
37 암몬 사람 셀렉과 스루야의 아들
요압의 무기를 잡은 자 브에롯 사
람 나하래와
38 이델 사람 이라와 이델 사람 가렙과
39 헷 사람 우리아라 이상 총수가 삼
십칠 명이었더라

24 야훼께서 다시 이스라엘을 향하
여 진노하사 그들을 치시려고 다윗
을 격동시키사 가서 이스라엘과 유
다의 인구를 조사하라 하신지라
2 이에 왕이 그 곁에 있는 군사령관
요압에게 이르되 너는 이스라엘 모
든 지파 가운데로 다니며 이제 단에
서부터 브엘세바까지 인구를 조사하
여 백성의 수를 내게 보고하라 하니
3 요압이 왕께 아뢰되 이 백성이 얼
마든지 왕의 하나님 야훼께서 백
배나 더하게 하사 내 주 왕의 눈으
로 보게 하시기를 원하나이다 그런
데 내 주 왕은 어찌하여 이런 일을
기뻐하시나이까 하되
4 왕의 명령이 요압과 군대 사령관들
을 재촉한지라 요압과 사령관들이
이스라엘 인구를 조사하려고 왕 앞
에서 물러나
5 요단을 건너 갓 골짜기 가운데 성
읍 아로엘 오른쪽 곧 야셀 맞은쪽
에 이르러 장막을 치고
6 길르앗에 이르고 닷딤홋시 땅에 이
르고 또 다냐안에 이르러서는 시돈
으로 돌아
7 두로 견고한 성에 이르고 히위 사
람과 가나안 사람의 모든 성읍에
이르고 유다 남쪽으로 나와 브엘세
바에 이르니라
8 그들 무리가 국내를 두루 돌아 아
홉 달 스무 날 만에 예루살렘에 이
르러
9 요압이 백성의 수를 왕께 보고하니
곧 이스라엘에서 칼을 빼는 담대한
자가 팔십만 명이요 유다 사람이
오십만 명이었더라
10 다윗이 백성을 조사한 후에 그의
마음에 자책하고 다윗이 야훼께 아
뢰되 내가 이 일을 행함으로 큰 죄
를 범하였나이다 야훼여 이제 간구
하옵나니 종의 죄를 사하여 주옵소
서 내가 심히 미련하게 행하였나이
다 하니라
11 다윗이 아침에 일어날 때에 야훼의
말씀이 다윗의 선견자 된 선지자
갓에게 임하여 이르시되
12 가서 다윗에게 말하기를 야훼께서
이와 같이 말씀하시기를 내가 네게
세 가지를 보이노니 너를 위하여 너
는 그 중에서 하나를 택하라 내가
그것을 네게 행하리라 하셨다 하라

기록일 : . . .

하시니
13 갓이 다윗에게 이르러 아뢰어 이르
되 왕의 땅에 칠 년 기근이 있을 것
이니이까 혹은 왕이 왕의 원수에
게 쫓겨 석 달 동안 그들 앞에서 도
망하실 것이니이까 혹은 왕의 땅에
사흘 동안 전염병이 있을 것이니이
까 왕은 생각하여 보고 나를 보내
신 이에게 무엇을 대답하게 하소서
하는지라
14 다윗이 갓에게 이르되 내가 고통
중에 있도다 청하건대 야훼께서는
긍휼이 크시니 우리가 야훼의 손에
빠지고 내가 사람의 손에 빠지지
아니하기를 원하노라 하는지라
15 이에 야훼께서 그 아침부터 정하신
때까지 전염병을 이스라엘에게 내
리시니 단에서부터 브엘세바까지
백성의 죽은 자가 칠만 명이라
16 천사가 예루살렘을 향하여 그의 손
을 들어 멸하려 하더니 야훼께서 이
재앙 내리심을 뉘우치사 백성을 멸
하는 천사에게 이르시되 족하다 이
제는 네 손을 거두라 하시니 야훼
의 사자가 여부스 사람 아라우나의
타작 마당 곁에 있는지라
17 다윗이 백성을 치는 천사를 보고
곧 야훼께 아뢰어 이르되 나는 범
죄하였고 악을 행하였거니와 이 양
무리는 무엇을 행하였나이까 청하
건대 주의 손으로 나와 내 아버지
의 집을 치소서 하니라
18 이 날에 갓이 다윗에게 이르러 그
에게 아뢰되 올라가서 여부스 사람
아라우나의 타작 마당에서 야훼를
위하여 제단을 쌓으소서 하매
19 다윗이 야훼께서 명령하신 바 갓의
말대로 올라가니라
20 아라우나가 바라보다가 왕과 그의
부하들이 자기를 향하여 건너옴을
보고 나가서 왕 앞에서 얼굴을 땅
에 대고 절하며
21 이르되 어찌하여 내 주 왕께서 종에
게 임하시나이까 하니 다윗이 이르
되 네게서 타작 마당을 사서 야훼께
제단을 쌓아 백성에게 내리는 재앙
을 그치게 하려 함이라 하는지라
22 아라우나가 다윗에게 아뢰되 원하
건대 내 주 왕은 좋게 여기시는 대
로 취하여 드리소서 번제에 대하여
는 소가 있고 땔 나무에 대하여는
마당질 하는 도구와 소의 멍에가
있나이다
23 왕이여 아라우나가 이것을 다 왕께
드리나이다 하고 또 왕께 아뢰되
왕의 하나님 야훼께서 왕을 기쁘게
받으시기를 원하나이다
24 왕이 아라우나에게 이르되 그렇지
아니하다 내가 값을 주고 네게서
사리라 값 없이는 내 하나님 야훼

기록일 : . . .

께 번제를 드리지 아니하리라 하고
다윗이 은 오십 세겔로 타작 마당
과 소를 사고
25 그 곳에서 야훼를 위하여 제단을
쌓고 번제와 화목제를 드렸더니 이
에 야훼께서 그 땅을 위한 기도를
들으시매 이스라엘에게 내리는 재
앙이 그쳤더라

기록일 : . . .

KINGS

열왕기상 · 하

저 자 예레미야

주 제 왕국의 역사를 주관하시는 하나님

기록목적
- 남북 왕국의 멸망 과정을 통해 나라의 흥망성쇠는 하나님과 율법에 대한 왕과 백성들의 순종 여부에 달려 있음을 알리기 위함이다.
- 하나님께서는 이스라엘 백성의 죄악에도 불구하고 은혜를 베풀어 구원의 언약을 이루시는 분임을 후손들에게 전하기 위함이다.

기록배경 열왕기서는 솔로몬 시대주전 970년-931년부터 남유다가 바벨론에게 멸망당할 때주전 586년까지 약 380년간의 통일 왕국과 분열 왕국의 역사를 다루고 있다. 다윗과 솔로몬 시대에 최대의 번영을 누리던 이스라엘은 솔로몬 통치 말기에 우상을 숭배함으로 인해 하나님의 진노를 받아 남북 왕국으로 분열되었다. 이후로 종교적, 사회적 죄악이 만연했던 북이스라엘은 당시의 최대 강국이던 앗수르에 대적하다가 멸망하고 말았다. 이후 130여 년 뒤, 유다 역시 회개하고 돌이키지 않다가 새롭게 부상한 강국 바벨론에 의해 멸망되어 시드기야 왕을 비롯한 수많은 백성들이 포로로 끌려가게 되었다.

특 징
- 선지자적 관점으로 하나님께 신실한 왕과 그렇지 못한 왕들에 대한 평가를 기록한 역사적인 기록물이다.
- 왕의 행적뿐만 아니라 그들에게 예언한 선지자들의 활동도 보여 준다.
- 왕을 평가함에 있어서 남왕국 유다는 다윗의 신실함이 기준이었고, 북왕국 이스라엘은 여로보암의 죄악을 답습하는 여부로 평가되었다.

나의 기도

열왕기상

1
다윗 왕이 나이가 많아 늙으니 이
불을 덮어도 따뜻하지 아니한지라
2 그의 시종들이 왕께 아뢰되 우리
주 왕을 위하여 젊은 처녀 하나를
구하여 그로 왕을 받들어 모시게
하고 왕의 품에 누워 우리 주 왕으
로 따뜻하시게 하리이다 하고
3 이스라엘 사방 영토 내에 아리따운
처녀를 구하던 중 수넴 여자 아비
삭을 얻어 왕께 데려왔으니
4 이 처녀는 심히 아름다워 그가 왕
을 받들어 시중들었으나 왕이 잠자
리는 같이 하지 아니하였더라
5 그 때에 학깃의 아들 아도니야가
스스로 높여서 이르기를 내가 왕이
되리라 하고 자기를 위하여 병거와
기병과 호위병 오십 명을 준비하니
6 그는 압살롬 다음에 태어난 자요
용모가 심히 준수한 자라 그의 아
버지가 네가 어찌하여 그리 하였느
냐고 하는 말로 한 번도 그를 섭섭
하게 한 일이 없었더라
7 아도니야가 스루야의 아들 요압과
제사장 아비아달과 모의하니 그들
이 따르고 도우나
8 제사장 사독과 여호야다의 아들 브
나야와 선지자 나단과 시므이와 레
이와 다윗의 용사들은 아도니야와
같이 하지 아니하였더라
9 아도니야가 에느로겔 근방 소헬렛
바위 곁에서 양과 소와 살찐 송아
지를 잡고 왕자 곧 자기의 모든 동
생과 왕의 신하 된 유다 모든 사람
을 다 청하였으나
10 선지자 나단과 브나야와 용사들과
자기 동생 솔로몬은 청하지 아니하
였더라
11 나단이 솔로몬의 어머니 밧세바에
게 말하여 이르되 학깃의 아들 아
도니야가 왕이 되었음을 듣지 못하
였나이까 우리 주 다윗은 알지 못
하시나이다
12 이제 내게 당신의 생명과 당신의
아들 솔로몬의 생명을 구할 계책을
말하도록 허락하소서
13 당신은 다윗 왕 앞에 들어가서 아뢰
기를 내 주 왕이여 전에 왕이 여종
에게 맹세하여 이르시기를 네 아들
솔로몬이 반드시 나를 이어 왕이 되
어 내 왕위에 앉으리라 하지 아니하
셨나이까 그런데 아도니야가 무슨
이유로 왕이 되었나이까 하소서
14 당신이 거기서 왕과 말씀하실 때에
나도 뒤이어 들어가서 당신의 말씀
을 확증하리이다
15 밧세바가 이에 침실에 들어가 왕에

기록일 : . . .

게 이르니 왕이 심히 늙었으므로 수
넴 여자 아비삭이 시중들었더라
16 밧세바가 몸을 굽혀 왕께 절하니
왕이 이르되 어찌 됨이냐
17 그가 왕께 대답하되 내 주여 왕이
전에 왕의 하나님 야훼를 가리켜
여종에게 맹세하시기를 네 아들 솔
로몬이 반드시 나를 이어 왕이 되어
내 왕위에 앉으리라 하셨거늘
18 이제 아도니야가 왕이 되었어도 내
주 왕은 알지 못하시나이다
19 그가 수소와 살찐 송아지와 양을
많이 잡고 왕의 모든 아들과 제사
장 아비아달과 군사령관 요압을 청
하였으나 왕의 종 솔로몬은 청하지
아니하였나이다
20 내 주 왕이여 온 이스라엘이 왕에
게 다 주목하고 누가 내 주 왕을 이
어 그 왕위에 앉을지를 공포하시기
를 기다리나이다
21 그렇지 아니하면 내 주 왕께서 그
의 조상들과 함께 잘 때에 나와 내
아들 솔로몬은 죄인이 되리이다
22 밧세바가 왕과 말할 때에 선지자
나단이 들어온지라
23 어떤 사람이 왕께 말하여 이르되
선지자 나단이 여기 있나이다 하니
그가 왕 앞에 들어와서 얼굴을 땅
에 대고 왕께 절하고
24 이르되 내 주 왕께서 이르시기를
아도니야가 나를 이어 왕이 되어
내 왕위에 앉으리라 하셨나이까
25 그가 오늘 내려가서 수소와 살찐
송아지와 양을 많이 잡고 왕의 모든
아들과 군사령관들과 제사장 아비
아달을 청하였는데 그들이 아도니
야 앞에서 먹고 마시며 아도니야 왕
은 만세수를 하옵소서 하였나이다
26 그러나 왕의 종 나와 제사장 사독과
여호야다의 아들 브나야와 왕의 종
솔로몬은 청하지 아니하였사오니
27 이것이 내 주 왕께서 정하신 일이니
이까 그런데 왕께서 내 주 왕을 이
어 그 왕위에 앉을 자를 종에게 알
게 하지 아니하셨나이다
28 다윗 왕이 명령하여 이르되 밧세바
를 내 앞으로 부르라 하매 그가 왕
의 앞으로 들어가 그 앞에 서는지라
29 왕이 이르되 내 생명을 모든 환난
에서 구하신 야훼께서 살아 계심을
두고 맹세하노라
30 내가 이전에 이스라엘의 하나님 야
훼를 가리켜 네게 맹세하여 이르기
를 네 아들 솔로몬이 반드시 나를
이어 왕이 되고 나를 대신하여 내
왕위에 앉으리라 하였으니 내가 오
늘 그대로 행하리라
31 밧세바가 얼굴을 땅에 대고 절하며
내 주 다윗 왕은 만세수를 하옵소
서 하니라

32 다윗 왕이 이르되 제사장 사독과
선지자 나단과 여호야다의 아들 브
나야를 내 앞으로 부르라 하니 그
들이 왕 앞에 이른지라
33 왕이 그들에게 이르되 너희는 너희
주의 신하들을 데리고 내 아들 솔
로몬을 내 노새에 태우고 기혼으로
인도하여 내려가고
34 거기서 제사장 사독과 선지자 나단
은 그에게 기름을 부어 이스라엘 왕
으로 삼고 너희는 뿔나팔을 불며 솔
로몬 왕은 만세수를 하옵소서 하고
35 그를 따라 올라오라 그가 와서 내
왕위에 앉아 나를 대신하여 왕이
되리라 내가 그를 세워 이스라엘과
유다의 통치자로 지명하였느니라
36 여호야다의 아들 브나야가 왕께 대
답하여 이르되 아멘 내 주 왕의 하
나님 야훼께서도 이렇게 말씀하시
기를 원하오며
37 또 야훼께서 내 주 왕과 함께 계심
같이 솔로몬과 함께 계셔서 그의 왕
위를 내 주 다윗 왕의 왕위보다 더
크게 하시기를 원하나이다 하니라
38 제사장 사독과 선지자 나단과 여호
야다의 아들 브나야와 그렛 사람
과 블렛 사람이 내려가서 솔로몬을
다윗 왕의 노새에 태우고 인도하여
기혼으로 가서
39 제사장 사독이 성막 가운데에서 기
름 담은 뿔을 가져다가 솔로몬에게
기름을 부으니 이에 뿔나팔을 불고
모든 백성이 솔로몬 왕은 만세수를
하옵소서 하니라
40 모든 백성이 그를 따라 올라와서
피리를 불며 크게 즐거워하므로 땅
이 그들의 소리로 말미암아 갈라질
듯하니
41 아도니야와 그와 함께 한 손님들
이 먹기를 마칠 때에 다 들은지라
요압이 뿔나팔 소리를 듣고 이르되
어찌하여 성읍 중에서 소리가 요란
하냐
42 말할 때에 제사장 아비아달의 아들
요나단이 오는지라 아도니야가 이
르되 들어오라 너는 용사라 아름다
운 소식을 가져오는도다
43 요나단이 아도니야에게 대답하여
이르되 과연 우리 주 다윗 왕이 솔
로몬을 왕으로 삼으셨나이다
44 왕께서 제사장 사독과 선지자 나단
과 여호야다의 아들 브나야와 그렛
사람과 블렛 사람을 솔로몬과 함께
보내셨는데 그들 무리가 왕의 노새
에 솔로몬을 태워다가
45 제사장 사독과 선지자 나단이 기혼
에서 기름을 부어 왕으로 삼고 무
리가 그 곳에서 올라오며 즐거워하
므로 성읍이 진동하였나니 당신들
에게 들린 소리가 이것이라

기록일 : . . .

46 또 솔로몬도 왕좌에 앉아 있고
47 왕의 신하들도 와서 우리 주 다윗
왕에게 축복하여 이르기를 왕의 하
나님이 솔로몬의 이름을 왕의 이름
보다 더 아름답게 하시고 그의 왕
위를 왕의 위보다 크게 하시기를
원하나이다 하매 왕이 침상에서 몸
을 굽히고
48 또한 이르시기를 이스라엘의 하나
님 야훼를 찬송하리로다 야훼께서
오늘 내 왕위에 앉을 자를 주사 내
눈으로 보게 하셨도다 하셨나이다
하니
49 아도니야와 함께 한 손님들이 다
놀라 일어나 각기 갈 길로 간지라
50 아도니야도 솔로몬을 두려워하여
일어나 가서 제단 뿔을 잡으니
51 어떤 사람이 솔로몬에게 말하여 이
르되 아도니야가 솔로몬 왕을 두려
워하여 지금 제단 뿔을 잡고 말하
기를 솔로몬 왕이 오늘 칼로 자기
종을 죽이지 않겠다고 내게 맹세하
기를 원한다 하나이다
52 솔로몬이 이르되 그가 만일 선한
사람일진대 그의 머리털 하나도 땅
에 떨어지지 아니하려니와 그에게
악한 것이 보이면 죽으리라 하고
53 사람을 보내어 그를 제단에서 이끌
어 내리니 그가 와서 솔로몬 왕께
절하매 솔로몬이 이르기를 네 집으
로 가라 하였더라

2

다윗이 죽을 날이 임박하매 그의
아들 솔로몬에게 명령하여 이르되
2 내가 이제 세상 모든 사람이 가는
길로 가게 되었노니 너는 힘써 대
장부가 되고
3 네 하나님 야훼의 명령을 지켜 그
길로 행하여 그 법률과 계명과 율
례와 증거를 모세의 율법에 기록된
대로 지키라 그리하면 네가 무엇을
하든지 어디로 가든지 형통할지라
4 야훼께서 내 일에 대하여 말씀하시
기를 만일 네 자손들이 그들의 길
을 삼가 마음을 다하고 성품을 다
하여 진실히 내 앞에서 행하면 이
스라엘 왕위에 오를 사람이 네게서
끊어지지 아니하리라 하신 말씀을
확실히 이루게 하시리라
5 스루야의 아들 요압이 내게 행한
일 곧 이스라엘 군대의 두 사령관
넬의 아들 아브넬과 예델의 아들
아마사에게 행한 일을 네가 알거니
와 그가 그들을 죽여 태평 시대에
전쟁의 피를 흘리고 전쟁의 피를
자기의 허리에 띤 띠와 발에 신은
신에 묻혔으니
6 네 지혜대로 행하여 그의 백발이 평
안히 스올에 내려가지 못하게 하라
7 마땅히 길르앗 바르실래의 아들들
에게 은총을 베풀어 그들이 네 상에

서 먹는 자 중에 참여하게 하라 내
가 네 형 압살롬의 낯을 피하여 도
망할 때에 그들이 내게 나왔느니라
8 바후림 베냐민 사람 게라의 아들
시므이가 너와 함께 있나니 그는
내가 마하나임으로 갈 때에 악독
한 말로 나를 저주하였느니라 그러
나 그가 요단에 내려와서 나를 영
접하므로 내가 야훼를 두고 맹세하
여 이르기를 내가 칼로 너를 죽이지
아니하리라 하였노라
9 그러나 그를 무죄한 자로 여기지
말지어다 너는 지혜 있는 사람이므
로 그에게 행할 일을 알지니 그의
백발이 피 가운데 스올에 내려가게
하라
10 다윗이 그의 조상들과 함께 누워
다윗 성에 장사되니
11 다윗이 이스라엘 왕이 된 지 사십
년이라 헤브론에서 칠 년 동안 다
스렸고 예루살렘에서 삼십삼 년 동
안 다스렸더라
12 솔로몬이 그의 아버지 다윗의 왕위
에 앉으니 그의 나라가 심히 견고
하니라
13 학깃의 아들 아도니야가 솔로몬의
어머니 밧세바에게 나아온지라 밧
세바가 이르되 네가 화평한 목적으
로 왔느냐 대답하되 화평한 목적이
니이다
14 또 이르되 내가 말씀드릴 일이 있
나이다 밧세바가 이르되 말하라
15 그가 이르되 당신도 아시는 바이거
니와 이 왕위는 내 것이었고 온 이
스라엘은 다 얼굴을 내게로 향하여
왕으로 삼으려 하였는데 그 왕권이
돌아가 내 아우의 것이 되었음은
야훼께로 말미암음이니이다
16 이제 내가 한 가지 소원을 당신에
게 구하오니 내 청을 거절하지 마
옵소서 밧세바가 이르되 말하라
17 그가 이르되 청하건대 솔로몬 왕에
게 말씀하여 그가 수넴 여자 아비
삭을 내게 주어 아내를 삼게 하소
서 왕이 당신의 청을 거절하지 아니
하리이다
18 밧세바가 이르되 좋다 내가 너를
위하여 왕께 말하리라
19 밧세바가 이에 아도니야를 위하여
말하려고 솔로몬 왕에게 이르니 왕
이 일어나 영접하여 절한 후에 다시
왕좌에 앉고 그의 어머니를 위하여
자리를 베푸니 그가 그의 오른쪽에
앉는지라
20 밧세바가 이르되 내가 한 가지 작
은 일로 왕께 구하오니 내 청을 거
절하지 마소서 왕이 대답하되 내
어머니여 구하소서 내가 어머니의
청을 거절하지 아니하리이다
21 이르되 청하건대 수넴 여자 아비삭

기록일 : . . .

을 아도니야에게 주어 아내로 삼게
하소서
22 솔로몬 왕이 그의 어머니에게 대답
하여 이르되 어찌하여 아도니야를
위하여 수넴 여자 아비삭을 구하시
나이까 그는 나의 형이오니 그를
위하여 왕권도 구하옵소서 그뿐 아
니라 제사장 아비아달과 스루야의
아들 요압을 위해서도 구하옵소서
하고
23 야훼를 두고 맹세하여 이르되 아
도니야가 이런 말을 하였은즉 그의
생명을 잃지 아니하면 하나님은 내
게 벌 위에 벌을 내리심이 마땅하
니이다
24 그러므로 이제 나를 세워 내 아버
지 다윗의 왕위에 오르게 하시고
허락하신 말씀대로 나를 위하여 집
을 세우신 야훼께서 살아 계심을
두고 맹세하노니 아도니야는 오늘
죽임을 당하리라 하고
25 여호야다의 아들 브나야를 보내매
그가 아도니야를 쳐서 죽였더라
26 왕이 제사장 아비아달에게 이르되
네 고향 아나돗으로 가라 너는 마
땅히 죽을 자이로되 네가 내 아버
지 다윗 앞에서 주 야훼의 궤를 메
었고 또 내 아버지가 모든 환난을
받을 때에 너도 환난을 받았은즉
내가 오늘 너를 죽이지 아니하노라
하고
27 아비아달을 쫓아내어 야훼의 제사
장 직분을 파면하니 야훼께서 실로
에서 엘리의 집에 대하여 하신 말
씀을 응하게 함이더라
28 그 소문이 요압에게 들리매 그가
야훼의 장막으로 도망하여 제단 뿔
을 잡으니 이는 그가 다윗을 떠나
압살롬을 따르지 아니하였으나 아
도니야를 따랐음이더라
29 어떤 사람이 솔로몬 왕에게 아뢰되
요압이 야훼의 장막으로 도망하여
제단 곁에 있나이다 솔로몬이 여호
야다의 아들 브나야를 보내며 이르
되 너는 가서 그를 치라
30 브나야가 야훼의 장막에 이르러 그
에게 이르되 왕께서 나오라 하시느
니라 그가 대답하되 아니라 내가
여기서 죽겠노라 브나야가 돌아가
서 왕께 아뢰어 이르되 요압이 이
리이리 내게 대답하더이다
31 왕이 이르되 그의 말과 같이 하여
그를 죽여 묻으라 요압이 까닭 없
이 흘린 피를 나와 내 아버지의 집
에서 네가 제하리라
32 야훼께서 요압의 피를 그의 머리로
돌려보내실 것은 그가 자기보다 의
롭고 선한 두 사람을 쳤음이니 곧
이스라엘 군사령관 넬의 아들 아브
넬과 유다 군사령관 예델의 아들

기록일 : . . .

아마사를 칼로 죽였음이라 이 일을
내 아버지 다윗은 알지 못하셨나니
33 그들의 피는 영영히 요압의 머리와
그의 자손의 머리로 돌아갈지라도
다윗과 그의 자손과 그의 집과 그
의 왕위에는 야훼께로 말미암는 평
강이 영원히 있으리라
34 여호야다의 아들 브나야가 곧 올
라가서 그를 쳐죽이매 그가 광야에
있는 자기의 집에 매장되니라
35 왕이 이에 여호야다의 아들 브나야
를 요압을 대신하여 군사령관으로
삼고 또 제사장 사독으로 아비아달
을 대신하게 하니라
36 왕이 사람을 보내어 시므이를 불러
서 이르되 너는 예루살렘에서 너를
위하여 집을 짓고 거기서 살고 어디
든지 나가지 말라
37 너는 분명히 알라 네가 나가서 기
드론 시내를 건너는 날에는 반드시
죽임을 당하리니 네 피가 네 머리로
돌아가리라
38 시므이가 왕께 대답하되 이 말씀이
좋사오니 내 주 왕의 말씀대로 종
이 그리 하겠나이다 하고 이에 날
이 오래도록 예루살렘에 머무니라
39 삼 년 후에 시므이의 두 종이 가드
왕 마아가의 아들 아기스에게로 도
망하여 간지라 어떤 사람이 시므이
에게 말하여 이르되 당신의 종이
가드에 있나이다
40 시므이가 그 종을 찾으려고 일어나
그의 나귀에 안장을 지우고 가드로
가서 아기스에게 나아가 그의 종을
가드에서 데려왔더니
41 시므이가 예루살렘에서부터 가드에
갔다가 돌아온 일을 어떤 사람이
솔로몬에게 말한지라
42 왕이 사람을 보내어 시므이를 불러
서 이르되 내가 너에게 야훼를 두
고 맹세하게 하고 경고하여 이르기
를 너는 분명히 알라 네가 밖으로
나가서 어디든지 가는 날에는 죽임
을 당하리라 하지 아니하였느냐 너
도 내게 말하기를 내가 들은 말씀
이 좋으니이다 하였거늘
43 네가 어찌하여 야훼를 두고 한 맹
세와 내가 네게 이른 명령을 지키지
아니하였느냐
44 왕이 또 시므이에게 이르되 네가
네 마음으로 아는 모든 악 곧 내 아
버지에게 행한 바를 네가 스스로
아나니 야훼께서 네 악을 네 머리
로 돌려보내시리라
45 그러나 솔로몬 왕은 복을 받고 다
윗의 왕위는 영원히 야훼 앞에서
견고히 서리라 하고
46 여호야다의 아들 브나야에게 명령
하매 그가 나가서 시므이를 치니
그가 죽은지라 이에 나라가 솔로몬

기록일 : . . .

의 손에 견고하여지니라

3

솔로몬이 애굽의 왕 바로와 더불
어 혼인 관계를 맺어 그의 딸을 맞
이하고 다윗 성에 데려다가 두고
자기의 왕궁과 야훼의 성전과 예루
살렘 주위의 성의 공사가 끝나기를
기다리니라
2 그 때까지 야훼의 이름을 위하여
성전을 아직 건축하지 아니하였으
므로 백성들이 산당에서 제사하며
3 솔로몬이 야훼를 사랑하고 그의 아
버지 다윗의 법도를 행하였으나 산
당에서 제사하며 분향하더라
4 이에 왕이 제사하러 기브온으로 가
니 거기는 산당이 큼이라 솔로몬이
그 제단에 일천 번제를 드렸더니
5 기브온에서 밤에 야훼께서 솔로몬
의 꿈에 나타나시니라 하나님이 이
르시되 내가 네게 무엇을 줄꼬 너
는 구하라
6 솔로몬이 이르되 주의 종 내 아버
지 다윗이 성실과 공의와 정직한
마음으로 주와 함께 주 앞에서 행
하므로 주께서 그에게 큰 은혜를
베푸셨고 주께서 또 그를 위하여
이 큰 은혜를 항상 주사 오늘과 같
이 그의 자리에 앉을 아들을 그에
게 주셨나이다
7 나의 하나님 야훼여 주께서 종으로
종의 아버지 다윗을 대신하여 왕이
되게 하셨사오나 종은 작은 아이라
출입할 줄을 알지 못하고
8 주께서 택하신 백성 가운데 있나이
다 그들은 큰 백성이라 수효가 많
아서 셀 수도 없고 기록할 수도 없
사오니
9 누가 주의 이 많은 백성을 재판할
수 있사오리이까 듣는 마음을 종에
게 주사 주의 백성을 재판하여 선
악을 분별하게 하옵소서
10 솔로몬이 이것을 구하매 그 말씀이
주의 마음에 든지라
11 이에 하나님이 그에게 이르시되 네
가 이것을 구하도다 자기를 위하여
장수하기를 구하지 아니하며 부도
구하지 아니하며 자기 원수의 생명
을 멸하기도 구하지 아니하고 오직
송사를 듣고 분별하는 지혜를 구하
였으니
12 내가 네 말대로 하여 네게 지혜롭
고 총명한 마음을 주노니 네 앞에
도 너와 같은 자가 없었거니와 네
뒤에도 너와 같은 자가 일어남이
없으리라
13 내가 또 네가 구하지 아니한 부귀
와 영광도 네게 주노니 네 평생에
왕들 중에 너와 같은 자가 없을 것
이라
14 네가 만일 네 아버지 다윗이 행함
같이 내 길로 행하며 내 법도와 명

기록일 : . . .

령을 지키면 내가 또 네 날을 길게
하리라
15 솔로몬이 깨어 보니 꿈이더라 이에
예루살렘에 이르러 야훼의 언약궤
앞에 서서 번제와 감사의 제물을
드리고 모든 신하들을 위하여 잔치
하였더라
16 그 때에 창기 두 여자가 왕에게 와
서 그 앞에 서며
17 한 여자는 말하되 내 주여 나와 이
여자가 한집에서 사는데 내가 그와
함께 집에 있으며 해산하였더니
18 내가 해산한 지 사흘 만에 이 여자
도 해산하고 우리가 함께 있었고
우리 둘 외에는 집에 다른 사람이
없었나이다
19 그런데 밤에 저 여자가 그의 아들
위에 누우므로 그의 아들이 죽으니
20 그가 밤중에 일어나서 이 여종 내
가 잠든 사이에 내 아들을 내 곁에
서 가져다가 자기의 품에 누이고
자기의 죽은 아들을 내 품에 뉘었
나이다
21 아침에 내가 내 아들을 젖 먹이려
고 일어나 본즉 죽었기로 내가 아
침에 자세히 보니 내가 낳은 아들
이 아니더이다 하매
22 다른 여자는 이르되 아니라 산 것
은 내 아들이요 죽은 것은 네 아들
이라 하고 이 여자는 이르되 아니
라 죽은 것이 네 아들이요 산 것이
내 아들이라 하며 왕 앞에서 그와
같이 쟁론하는지라
23 왕이 이르되 이 여자는 말하기를
산 것은 내 아들이요 죽은 것은 네
아들이라 하고 저 여자는 말하기를
아니라 죽은 것이 네 아들이요 산
것이 내 아들이라 하는도다 하고
24 또 이르되 칼을 내게로 가져오라
하니 칼을 왕 앞으로 가져온지라
25 왕이 이르되 산 아이를 둘로 나누
어 반은 이 여자에게 주고 반은 저
여자에게 주라
26 그 산 아들의 어머니 되는 여자가
그 아들을 위하여 마음이 불붙는
것 같아서 왕께 아뢰어 청하건대
내 주여 산 아이를 그에게 주시고
아무쪼록 죽이지 마옵소서 하되 다
른 여자는 말하기를 내 것도 되게
말고 네 것도 되게 말고 나누게 하
라 하는지라
27 왕이 대답하여 이르되 산 아이를
저 여자에게 주고 결코 죽이지 말
라 저가 그의 어머니이니라 하매
28 온 이스라엘이 왕이 심리하여 판결
함을 듣고 왕을 두려워하였으니 이
는 하나님의 지혜가 그의 속에 있
어 판결함을 봄이더라

4 솔로몬 왕이 온 이스라엘의 왕이
되었고

기록일 : . . .

2 그의 신하들은 이러하니라 사독의
아들 아사리아는 제사장이요
3 시사의 아들 엘리호렙과 아히야는
서기관이요 아힐룻의 아들 여호사
밧은 사관이요
4 여호야다의 아들 브나야는 군사령
관이요 사독과 아비아달은 제사장
이요
5 나단의 아들 아사리아는 지방 관장
의 두령이요 나단의 아들 사붓은
제사장이니 왕의 벗이요
6 아히살은 궁내대신이요 압다의 아
들 아도니람은 노동 감독관이더라
7 솔로몬이 또 온 이스라엘에 열두
지방 관장을 두매 그 사람들이 왕
과 왕실을 위하여 양식을 공급하되
각기 일 년에 한 달씩 양식을 공급
하였으니
8 그들의 이름은 이러하니라 에브라
임 산지에는 벤훌이요
9 마가스와 사알빔과 벧세메스와 엘
론벧하난에는 벤데겔이요
10 아룹봇에는 벤헤셋이니 소고와 헤
벨 온 땅을 그가 주관하였으며
11 나밧 돌 높은 땅 온 지방에는 벤아
비나답이니 그는 솔로몬의 딸 다밧
을 아내로 삼았으며
12 다아낙과 므깃도와 이스르엘 아래
사르단 가에 있는 벧스안 온 땅은
아힐룻의 아들 바아나가 맡았으니
벧스안에서부터 아벨므홀라에 이르
고 욕느암 바깥까지 미쳤으며
13 길르앗 라못에는 벤게벨이니 그는
길르앗에 있는 므낫세의 아들 야일
의 모든 마을을 주관하였고 또 바
산 아르곱 땅의 성벽과 놋빗장 있
는 육십 개의 큰 성읍을 주관하였
으며
14 마하나임에는 잇도의 아들 아히나
답이요
15 납달리에는 아히마아스이니 그는
솔로몬의 딸 바스맛을 아내로 삼았
으며
16 아셀과 아롯에는 후새의 아들 바아
나요
17 잇사갈에는 바루아의 아들 여호사
밧이요
18 베냐민에는 엘라의 아들 시므이요
19 아모리 사람의 왕 시혼과 바산 왕
옥의 나라 길르앗 땅에는 우리의
아들 게벨이니 그 땅에서는 그 한
사람만 지방 관장이 되었더라
20 유다와 이스라엘의 인구가 바닷가
의 모래 같이 많게 되매 먹고 마시
며 즐거워하였으며
21 솔로몬이 그 강에서부터 블레셋 사
람의 땅에 이르기까지와 애굽 지
경에 미치기까지의 모든 나라를 다
스리므로 솔로몬이 사는 동안에 그
나라들이 조공을 바쳐 섬겼더라

기록일 : . . .

22 솔로몬의 하루의 음식물은 가는 밀
가루가 삼십 고르요 굵은 밀가루가
육십 고르요
23 살진 소가 열 마리요 초장의 소가
스무 마리요 양이 백 마리이며 그
외에 수사슴과 노루와 암사슴과 살
진 새들이었더라
24 솔로몬이 그 강 건너편을 딥사에서
부터 가사까지 모두, 그 강 건너편
의 왕을 모두 다스리므로 그가 사
방에 둘린 민족과 평화를 누렸으니
25 솔로몬이 사는 동안에 유다와 이
스라엘이 단에서부터 브엘세바에
이르기까지 각기 포도나무 아래와
무화과나무 아래에서 평안히 살았
더라
26 솔로몬의 병거의 말 외양간이 사만
이요 마병이 만 이천 명이며
27 그 지방 관장들은 각각 자기가 맡
은 달에 솔로몬 왕과 왕의 상에 참
여하는 모든 자를 위하여 먹을 것을
공급하여 부족함이 없게 하였으며
28 또 그들이 각기 직무를 따라 말과
준마에게 먹일 보리와 꼴을 그 말
들이 있는 곳으로 가져왔더라
29 하나님이 솔로몬에게 지혜와 총명
을 심히 많이 주시고 또 넓은 마음
을 주시되 바닷가의 모래 같이 하
시니
30 솔로몬의 지혜가 동쪽 모든 사람의
지혜와 애굽의 모든 지혜보다 뛰어
난지라
31 그는 모든 사람보다 지혜로워서 예
스라 사람 에단과 마홀의 아들 헤
만과 갈골과 다르다보다 나으므로
그의 이름이 사방 모든 나라에 들
렸더라
32 그가 잠언 삼천 가지를 말하였고
그의 노래는 천다섯 편이며
33 그가 또 초목에 대하여 말하되 레
바논의 백향목으로부터 담에 나는
우슬초까지 하고 그가 또 짐승과
새와 기어다니는 것과 물고기에 대
하여 말한지라
34 사람들이 솔로몬의 지혜를 들으러
왔으니 이는 그의 지혜의 소문을
들은 천하 모든 왕들이 보낸 자들
이더라

5 솔로몬이 기름 부음을 받고 그의
아버지를 이어 왕이 되었다 함을 두
로 왕 히람이 듣고 그의 신하들을
솔로몬에게 보냈으니 이는 히람이
평생에 다윗을 사랑하였음이라
2 이에 솔로몬이 히람에게 사람을 보
내어 이르되
3 당신도 알거니와 내 아버지 다윗이
사방의 전쟁으로 말미암아 그의 하
나님 야훼의 이름을 위하여 성전을
건축하지 못하고 야훼께서 그의 원
수들을 그의 발바닥 밑에 두시기를

기록일 : . . .

기다렸나이다
4 이제 내 하나님 야훼께서 내게 사
방의 태평을 주시매 원수도 없고
재앙도 없도다
5 야훼께서 내 아버지 다윗에게 하신
말씀에 내가 너를 이어 네 자리에
오르게 할 네 아들 그가 내 이름을
위하여 성전을 건축하리라 하신 대
로 내가 내 하나님 야훼의 이름을
위하여 성전을 건축하려 하오니
6 당신은 명령을 내려 나를 위하여
레바논에서 백향목을 베어내게 하
소서 내 종과 당신의 종이 함께 할
것이요 또 내가 당신의 모든 말씀
대로 당신의 종의 삯을 당신에게
드리리이다 당신도 알거니와 우리
중에는 시돈 사람처럼 벌목을 잘하
는 자가 없나이다
7 히람이 솔로몬의 말을 듣고 크게
기뻐하여 이르되 오늘 야훼를 찬양
할지로다 그가 다윗에게 지혜로운
아들을 주사 그 많은 백성을 다스
리게 하셨도다 하고
8 이에 솔로몬에게 사람을 보내어 이
르되 당신이 사람을 보내어 하신
말씀을 내가 들었거니와 내 백향목
재목과 잣나무 재목에 대하여는 당
신이 바라시는 대로 할지라
9 내 종이 레바논에서 바다로 운반하
겠고 내가 그것을 바다에서 뗏목으
로 엮어 당신이 지정하는 곳으로 보
내고 거기서 그것을 풀리니 당신은
받으시고 내 원을 이루어 나의 궁
정을 위하여 음식물을 주소서 하고
10 솔로몬의 모든 원대로 백향목 재목
과 잣나무 재목을 주매
11 솔로몬이 히람에게 그의 궁정의 음
식물로 밀 이만 고르와 맑은 기름
이십 고르를 주고 해마다 그와 같
이 주었더라
12 야훼께서 그의 말씀대로 솔로몬에
게 지혜를 주신 고로 히람과 솔로
몬이 친목하여 두 사람이 함께 약
조를 맺었더라
13 이에 솔로몬 왕이 온 이스라엘 가
운데서 역군을 불러일으키니 그 역
군의 수가 삼만 명이라
14 솔로몬이 그들을 한 달에 만 명씩
번갈아 레바논으로 보내매 그들이
한 달은 레바논에 있고 두 달은 집에
있으며 아도니람은 감독이 되었고
15 솔로몬에게 또 짐꾼이 칠만 명이요
산에서 돌을 뜨는 자가 팔만 명이며
16 이 외에 그 사역을 감독하는 관리
가 삼천삼백 명이라 그들이 일하는
백성을 거느렸더라
17 이에 왕이 명령을 내려 크고 귀한
돌을 떠다가 다듬어서 성전의 기초
석으로 놓게 하매
18 솔로몬의 건축자와 히람의 건축자

기록일 : . . .

와 그발 사람이 그 돌을 다듬고 성
전을 건축하기 위하여 재목과 돌들
을 갖추니라

6

이스라엘 자손이 애굽 땅에서 나
온 지 사백팔십 년이요 솔로몬이 이
스라엘 왕이 된 지 사 년 시브월 곧
둘째 달에 솔로몬이 야훼를 위하여
성전 건축하기를 시작하였더라
2 솔로몬 왕이 야훼를 위하여 건축한
성전은 길이가 육십 규빗이요 너비
가 이십 규빗이요 높이가 삼십 규빗
이며
3 성전의 성소 앞 주랑의 길이는 성전
의 너비와 같이 이십 규빗이요 그 너
비는 성전 앞에서부터 십 규빗이며
4 성전을 위하여 창틀 있는 붙박이
창문을 내고
5 또 성전의 벽 곧 성소와 지성소의
벽에 연접하여 돌아가며 다락들을
건축하되 다락마다 돌아가며 골방
들을 만들었으니
6 하층 다락의 너비는 다섯 규빗이요
중층 다락의 너비는 여섯 규빗이요
셋째 층 다락의 너비는 일곱 규빗
이라 성전의 벽 바깥으로 돌아가며
턱을 내어 골방 들보들로 성전의
벽에 박히지 아니하게 하였으며
7 이 성전은 건축할 때에 돌을 그 뜨
는 곳에서 다듬고 가져다가 건축하
였으므로 건축하는 동안에 성전 속
에서는 방망이나 도끼나 모든 철
연장 소리가 들리지 아니하였으며
8 중층 골방의 문은 성전 오른쪽에
있는데 나사 모양 층계로 말미암아
하층에서 중층에 오르고 중층에서
셋째 층에 오르게 하였더라
9 성전의 건축을 마치니라 그 성전은
백향목 서까래와 널판으로 덮었고
10 또 온 성전으로 돌아가며 높이가
다섯 규빗 되는 다락방을 건축하되
백향목 들보로 성전에 연접하게 하
였더라
11 야훼의 말씀이 솔로몬에게 임하여
이르시되
12 네가 지금 이 성전을 건축하니 네
가 만일 내 법도를 따르며 내 율례
를 행하며 내 모든 계명을 지켜 그
대로 행하면 내가 네 아버지 다윗
에게 한 말을 네게 확실히 이룰 것
이요
13 내가 또한 이스라엘 자손 가운데에
거하며 내 백성 이스라엘을 버리지
아니하리라 하셨더라
14 솔로몬이 성전 건축하기를 마치고
15 백향목 널판으로 성전의 안벽 곧
성전 마루에서 천장까지의 벽에 입
히고 또 잣나무 널판으로 성전 마
루를 놓고
16 또 성전 뒤쪽에서부터 이십 규빗 되
는 곳에 마루에서 천장까지 백향목

기록일 : . . .

널판으로 가로막아 성전의 내소 곧
지성소를 만들었으며
17 내소 앞에 있는 외소 곧 성소의 길
이가 사십 규빗이며
18 성전 안에 입힌 백향목에는 박과
핀 꽃을 아로새겼고 모두 백향목이
라 돌이 보이지 아니하며
19 야훼의 언약궤를 두기 위하여 성전
안에 내소를 마련하였는데
20 그 내소의 안은 길이가 이십 규빗이
요 너비가 이십 규빗이요 높이가 이
십 규빗이라 정금으로 입혔고 백향
목 제단에도 입혔더라
21 솔로몬이 정금으로 외소 안에 입히
고 내소 앞에 금사슬로 건너지르고
내소를 금으로 입히고
22 온 성전을 금으로 입히기를 마치고
내소에 속한 제단의 전부를 금으로
입혔더라
23 내소 안에 감람나무로 두 그룹을
만들었는데 그 높이가 각각 십 규
빗이라
24 한 그룹의 이쪽 날개도 다섯 규빗
이요 저쪽 날개도 다섯 규빗이니 이
쪽 날개 끝으로부터 저쪽 날개 끝
까지 십 규빗이며
25 다른 그룹도 십 규빗이니 그 두 그
룹은 같은 크기와 같은 모양이요
26 이 그룹의 높이가 십 규빗이요 저
그룹도 같았더라
27 솔로몬이 내소 가운데에 그룹을 두
었으니 그룹들의 날개가 펴져 있는
데 이쪽 그룹의 날개는 이쪽 벽에
닿았고 저쪽 그룹의 날개는 저쪽
벽에 닿았으며 두 날개는 성전의
중앙에서 서로 닿았더라
28 그가 금으로 그룹을 입혔더라
29 내 외소 사방 벽에는 모두 그룹들
과 종려와 핀 꽃 형상을 아로새겼고
30 내외 성전 마루에는 금으로 입혔
으며
31 내소에 들어가는 곳에는 감람나무
로 문을 만들었는데 그 문인방과
문설주는 벽의 오분의 일이요
32 감람나무로 만든 그 두 문짝에 그
룹과 종려와 핀 꽃을 아로새기고
금으로 입히되 곧 그룹들과 종려에
금으로 입혔더라
33 또 외소의 문을 위하여 감람나무로
문설주를 만들었으니 곧 벽의 사분
의 일이며
34 그 두 문짝은 잣나무라 이쪽 문짝
도 두 짝으로 접게 되었고 저쪽 문
짝도 두 짝으로 접게 되었으며
35 그 문짝에 그룹들과 종려와 핀 꽃
을 아로새기고 금으로 입히되 그
새긴 데에 맞게 하였고
36 또 다듬은 돌 세 켜와 백향목 두꺼
운 판자 한 켜로 둘러 안뜰을 만들
었더라

기록일 : . . .

37 넷째 해 시브월에 야훼의 성전 기
초를 쌓았고
38 열한째 해 불월 곧 여덟째 달에 그
설계와 식양대로 성전 건축이 다 끝
났으니 솔로몬이 칠 년 동안 성전을
건축하였더라

7 솔로몬이 자기의 왕궁을 십삼 년
동안 건축하여 그 전부를 준공하
니라
2 그가 레바논 나무로 왕궁을 지었으
니 길이가 백 규빗이요 너비가 오십
규빗이요 높이가 삼십 규빗이라 백
향목 기둥이 네 줄이요 기둥 위에
백향목 들보가 있으며
3 기둥 위에 있는 들보 사십오 개를
백향목으로 덮었는데 들보는 한 줄
에 열 다섯이요
4 또 창틀이 세 줄로 있는데 창과 창
이 세 층으로 서로 마주 대하였고
5 모든 문과 문설주를 다 큰 나무로
네모지게 만들었는데 창과 창이 세
층으로 서로 마주 대하였으며
6 또 기둥을 세워 주랑을 지었으니 길
이가 오십 규빗이요 너비가 삼십 규
빗이며 또 기둥 앞에 한 주랑이 있고
또 그 앞에 기둥과 섬돌이 있으며
7 또 심판하기 위하여 보좌의 주랑
곧 재판하는 주랑을 짓고 온 마루
를 백향목으로 덮었고
8 솔로몬이 거처할 왕궁은 그 주랑
뒤 다른 뜰에 있으니 그 양식이 동
일하며 솔로몬이 또 그가 장가 든
바로의 딸을 위하여 집을 지었는데
이 주랑과 같더라
9 이 집들은 안팎을 모두 귀하고 다
듬은 돌로 지었으니 크기대로 톱으
로 켠 것이라 그 초석에서 처마까
지와 외면에서 큰 뜰에 이르기까지
다 그러하니
10 그 초석은 귀하고 큰 돌 곧 십 규빗
되는 돌과 여덟 규빗 되는 돌이라
11 그 위에는 크기대로 다듬은 귀한
돌도 있고 백향목도 있으며
12 또 큰 뜰 주위에는 다듬은 돌 세 켜
와 백향목 두꺼운 판자 한 켜를 놓
았으니 마치 야훼의 성전 안뜰과
주랑에 놓은 것 같더라
13 솔로몬 왕이 사람을 보내어 히람을
두로에서 데려오니
14 그는 납달리 지파 과부의 아들이요
그의 아버지는 두로 사람이니 놋쇠
대장장이라 이 히람은 모든 놋 일
에 지혜와 총명과 재능을 구비한
자이더니 솔로몬 왕에게 와서 그
모든 공사를 하니라
15 그가 놋기둥 둘을 만들었으니 그
높이는 각각 십팔 규빗이라 각각
십이 규빗 되는 줄을 두를 만하며
16 또 놋을 녹여 부어서 기둥 머리를
만들어 기둥 꼭대기에 두었으니 한

기록일 : . . .

쪽 머리의 높이도 다섯 규빗이요 다
른쪽 머리의 높이도 다섯 규빗이며
17 기둥 꼭대기에 있는 머리를 위하여
바둑판 모양으로 얽은 그물과 사
슬 모양으로 땋은 것을 만들었으
니 이 머리에 일곱이요 저 머리에
일곱이라
18 기둥을 이렇게 만들었고 또 두 줄
석류를 한 그물 위에 둘러 만들어
서 기둥 꼭대기에 있는 머리에 두르
게 하였고 다른 기둥 머리에도 그
렇게 하였으며
19 주랑 기둥 꼭대기에 있는 머리의
네 규빗은 백합화 모양으로 만들었
으며
20 이 두 기둥 머리에 있는 그물 곁 곧
그 머리의 공 같이 둥근 곳으로 돌
아가며 각기 석류 이백 개가 줄을
지었더라
21 이 두 기둥을 성전의 주랑 앞에 세
우되 오른쪽 기둥을 세우고 그 이름
을 야긴이라 하고 왼쪽의 기둥을 세
우고 그 이름을 보아스라 하였으며
22 그 두 기둥 꼭대기에는 백합화 형
상이 있더라 두 기둥의 공사가 끝
나니라
23 또 바다를 부어 만들었으니 그 직
경이 십 규빗이요 그 모양이 둥글며
그 높이는 다섯 규빗이요 주위는
삼십 규빗 줄을 두를 만하며
24 그 가장자리 아래에는 돌아가며 박
이 있는데 매 규빗에 열 개씩 있어
서 바다 주위에 둘렸으니 그 박은
바다를 부어 만들 때에 두 줄로 부
어 만들었으며
25 그 바다를 소 열두 마리가 받쳤으
니 셋은 북쪽을 향하였고 셋은 서
쪽을 향하였고 셋은 남쪽을 향하였
고 셋은 동쪽을 향하였으며 바다를
그 위에 놓았고 소의 뒤는 다 안으
로 두었으며
26 바다의 두께는 한 손 너비만 하고
그것의 가는 백합화의 양식으로 잔
가와 같이 만들었으니 그 바다에는
이천 밧을 담겠더라
27 또 놋으로 받침 수레 열을 만들었
으니 매 받침 수레의 길이가 네 규
빗이요 너비가 네 규빗이요 높이가
세 규빗이라
28 그 받침 수레의 구조는 이러하니
사면 옆 가장자리 가운데에는 판이
있고
29 가장자리 가운데 판에는 사자와 소
와 그룹들이 있고 또 가장자리 위
에는 놓는 자리가 있고 사자와 소
아래에는 화환 모양이 있으며
30 그 받침 수레에 각각 네 놋바퀴와
놋축이 있고 받침 수레 네 발 밑에
는 어깨 같은 것이 있으며 그 어깨
같은 것은 물두멍 아래쪽에 부어

기록일 : . . .

만들었고 화환은 각각 그 옆에 있
으며
31 그 받침 수레 위로 들이켜 높이가
한 규빗 되게 내민 것이 있고 그 면
은 직경 한 규빗 반 되게 반원형으
로 우묵하며 그 나머지 면에는 아
로새긴 것이 있으며 그 내민 판들은
네모지고 둥글지 아니하며
32 네 바퀴는 옆판 밑에 있고 바퀴 축
은 받침 수레에 연결되었는데 바퀴
의 높이는 각각 한 규빗 반이며
33 그 바퀴의 구조는 병거 바퀴의 구
조 같은데 그 축과 테와 살과 통이
다 부어 만든 것이며
34 받침 수레 네 모퉁이에 어깨 같은
것 넷이 있는데 그 어깨는 받침 수
레와 연결되었고
35 받침 수레 위에 둥근 테두리가 있
는데 높이가 반 규빗이요 또 받침
수레 위의 버팀대와 옆판들이 받침
수레와 연결되었고
36 버팀대 판과 옆판에는 각각 빈 곳
을 따라 그룹들과 사자와 종려나무
를 아로새겼고 또 그 둘레에 화환
모양이 있더라
37 이와 같이 받침 수레 열 개를 만들
었는데 그 부어 만든 법과 크기와
양식을 다 동일하게 만들었더라
38 또 물두멍 열 개를 놋으로 만들었
는데 물두멍마다 각각 사십 밧을
담게 하였으며 매 물두멍의 직경은
네 규빗이라 열 받침 수레 위에 각
각 물두멍이 하나씩이더라
39 그 받침 수레 다섯은 성전 오른쪽
에 두었고 다섯은 성전 왼쪽에 두
었고 성전 오른쪽 동남쪽에는 그
바다를 두었더라
40 히람이 또 물두멍과 부삽과 대접들
을 만들었더라 이와 같이 히람이 솔
로몬 왕을 위하여 야훼의 전의 모
든 일을 마쳤으니
41 곧 기둥 둘과 그 기둥 꼭대기의 공
같은 머리 둘과 또 기둥 꼭대기의
공 같은 머리를 가리는 그물 둘과
42 또 그 그물들을 위하여 만든 바 매
그물에 두 줄씩으로 기둥 위의 공
같은 두 머리를 가리게 한 석류 사
백 개와
43 또 열 개의 받침 수레와 받침 수레
위의 열 개의 물두멍과
44 한 바다와 그 바다 아래의 소 열두
마리와
45 솥과 부삽과 대접들이라 히람이 솔
로몬 왕을 위하여 야훼의 성전에
이 모든 그릇을 빛난 놋으로 만드
니라
46 왕이 요단 평지에서 숙곳과 사르단
사이의 차진 흙에 그것들을 부어
내었더라
47 기구가 심히 많으므로 솔로몬이 다

기록일 : . . .

달아보지 아니하고 두었으니 그 놋
무게를 능히 측량할 수 없었더라
48 솔로몬이 또 야훼의 성전의 모든
기구를 만들었으니 곧 금 단과 진
설병의 금 상과
49 내소 앞에 좌우로 다섯씩 둘 정금
등잔대며 또 금 꽃과 등잔과 불집
게며
50 또 정금 대접과 불집게와 주발과
숟가락과 불을 옮기는 그릇이며 또
내소 곧 지성소 문의 금 돌쩌귀와
성전 곧 외소 문의 금 돌쩌귀더라
51 솔로몬 왕이 야훼의 성전을 위하여
만드는 모든 일을 마친지라 이에
솔로몬이 그의 아버지 다윗이 드린
물건 곧 은과 금과 기구들을 가져
다가 야훼의 성전 곳간에 두었더라

8 이에 솔로몬이 야훼의 언약궤를
다윗 성 곧 시온에서 메어 올리고
자 하여 이스라엘 장로와 모든 지
파의 우두머리 곧 이스라엘 자손의
족장들을 예루살렘에 있는 자기에
게로 소집하니
2 이스라엘 모든 사람이 다 에다님월
곧 일곱째 달 절기에 솔로몬 왕에
게 모이고
3 이스라엘 장로들이 다 이르매 제사
장들이 궤를 메니라
4 야훼의 궤와 회막과 성막 안의 모
든 거룩한 기구들을 메고 올라가되
제사장과 레위 사람이 그것들을 메
고 올라가매
5 솔로몬 왕과 그 앞에 모인 이스라
엘 회중이 그와 함께 그 궤 앞에 있
어 양과 소로 제사를 지냈으니 그
수가 많아 기록할 수도 없고 셀 수
도 없었더라
6 제사장들이 야훼의 언약궤를 자기의
처소로 메어 들였으니 곧 성전의 내
소인 지성소 그룹들의 날개 아래라
7 그룹들이 그 궤 처소 위에서 날개
를 펴서 궤와 그 채를 덮었는데
8 채가 길므로 채 끝이 내소 앞 성소
에서 보이나 밖에서는 보이지 아니
하며 그 채는 오늘까지 그 곳에 있
으며
9 그 궤 안에는 두 돌판 외에 아무것
도 없으니 이것은 이스라엘 자손이
애굽 땅에서 나온 후 야훼께서 저
희와 언약을 맺으실 때에 모세가
호렙에서 그 안에 넣은 것이더라
10 제사장이 성소에서 나올 때에 구름
이 야훼의 성전에 가득하매
11 제사장이 그 구름으로 말미암아 능
히 서서 섬기지 못하였으니 이는 야
훼의 영광이 야훼의 성전에 가득함
이었더라
12 그 때에 솔로몬이 이르되 야훼께서
캄캄한 데 계시겠다 말씀하셨사오나
13 내가 참으로 주를 위하여 계실 성

기록일 : . . .

전을 건축하였사오니 주께서 영원
히 계실 처소로소이다 하고
14 얼굴을 돌이켜 이스라엘의 온 회중
을 위하여 축복하니 그 때에 이스
라엘의 온 회중이 서 있더라
15 왕이 이르되 이스라엘의 하나님 야
훼를 송축할지로다 야훼께서 그의
입으로 내 아버지 다윗에게 말씀하
신 것을 이제 그의 손으로 이루셨
도다 이르시기를
16 내가 내 백성 이스라엘을 애굽에서
인도하여 낸 날부터 내 이름을 둘
만한 집을 건축하기 위하여 이스라
엘 모든 지파 가운데에서 아무 성
읍도 택하지 아니하고 다만 다윗을
택하여 내 백성 이스라엘을 다스리
게 하였노라 하신지라
17 내 아버지 다윗이 이스라엘의 하나
님 야훼의 이름을 위하여 성전을 건
축할 마음이 있었더니
18 야훼께서 내 아버지 다윗에게 이르
시되 네가 내 이름을 위하여 성전
을 건축할 마음이 있으니 이 마음이
네게 있는 것이 좋도다
19 그러나 너는 그 성전을 건축하지 못
할 것이요 네 몸에서 낳을 네 아들
그가 내 이름을 위하여 성전을 건
축하리라 하시더니
20 이제 야훼께서 말씀하신 대로 이루
시도다 내가 야훼께서 말씀하신 대
로 내 아버지 다윗을 이어서 일어
나 이스라엘의 왕위에 앉고 이스라
엘의 하나님 야훼의 이름을 위하여
성전을 건축하고
21 내가 또 그 곳에 우리 조상들을 애
굽 땅에서 인도하여 내실 때에 그
들과 세우신 바 야훼의 언약을 넣
은 궤를 위하여 한 처소를 설치하
였노라
22 솔로몬이 야훼의 제단 앞에서 이스
라엘의 온 회중과 마주서서 하늘을
향하여 손을 펴고
23 이르되 이스라엘의 하나님 야훼여
위로 하늘과 아래로 땅에 주와 같
은 신이 없나이다 주께서는 온 마
음으로 주의 앞에서 행하는 종들에
게 언약을 지키시고 은혜를 베푸시
나이다
24 주께서 주의 종 내 아버지 다윗에
게 하신 말씀을 지키사 주의 입으
로 말씀하신 것을 손으로 이루심이
오늘과 같으니이다
25 이스라엘의 하나님 야훼여 주께서
주의 종 내 아버지 다윗에게 말씀
하시기를 네 자손이 자기 길을 삼
가서 네가 내 앞에서 행한 것 같이
내 앞에서 행하기만 하면 네게서
나서 이스라엘의 왕위에 앉을 사람
이 내 앞에서 끊어지지 아니하리라
하셨사오니 이제 다윗을 위하여 그

기록일 : . . .

하신 말씀을 지키시옵소서
26 그런즉 이스라엘의 하나님이여 원
하건대 주는 주의 종 내 아버지 다
윗에게 하신 말씀이 확실하게 하옵
소서
27 하나님이 참으로 땅에 거하시리이
까 하늘과 하늘들의 하늘이라도 주
를 용납하지 못하겠거든 하물며 내
가 건축한 이 성전이오리이까
28 그러나 내 하나님 야훼여 주의 종
의 기도와 간구를 돌아보시며 이
종이 오늘 주 앞에서 부르짖음과
비는 기도를 들으시옵소서
29 주께서 전에 말씀하시기를 내 이름
이 거기 있으리라 하신 곳 이 성전
을 향하여 주의 눈이 주야로 보시
오며 주의 종이 이 곳을 향하여 비
는 기도를 들으시옵소서
30 주의 종과 주의 백성 이스라엘이
이 곳을 향하여 기도할 때에 주는
그 간구함을 들으시되 주께서 계신
곳 하늘에서 들으시고 들으시사 사
하여 주옵소서
31 만일 어떤 사람이 그 이웃에게 범
죄함으로 맹세시킴을 받고 그가 와
서 이 성전에 있는 주의 제단 앞에
서 맹세하거든
32 주는 하늘에서 들으시고 행하시되
주의 종들을 심판하사 악한 자의
죄를 정하여 그 행위대로 그 머리
에 돌리시고 공의로운 자를 의롭다
하사 그의 의로운 바대로 갚으시옵
소서
33 만일 주의 백성 이스라엘이 주께
범죄하여 적국 앞에 패하게 되므로
주께로 돌아와서 주의 이름을 인
정하고 이 성전에서 주께 기도하며
간구하거든
34 주는 하늘에서 들으시고 주의 백성
이스라엘의 죄를 사하시고 그들의
조상들에게 주신 땅으로 돌아오게
하옵소서
35 만일 그들이 주께 범죄함으로 말미
암아 하늘이 닫히고 비가 없어서 주
께 벌을 받을 때에 이 곳을 향하여
기도하며 주의 이름을 찬양하고 그
들의 죄에서 떠나거든
36 주는 하늘에서 들으사 주의 종들과
주의 백성 이스라엘의 죄를 사하시
고 그들이 마땅히 행할 선한 길을
가르쳐 주시오며 주의 백성에게 기
업으로 주신 주의 땅에 비를 내리
시옵소서
37 만일 이 땅에 기근이나 전염병이 있
거나 곡식이 시들거나 깜부기가 나
거나 메뚜기나 황충이 나거나 적국
이 와서 성읍을 에워싸거나 무슨
재앙이나 무슨 질병이 있든지 막론
하고
38 한 사람이나 혹 주의 온 백성 이스

기록일 : . . .

라엘이 다 각각 자기의 마음에 재
앙을 깨닫고 이 성전을 향하여 손
을 펴고 무슨 기도나 무슨 간구를
하거든
39 주는 계신 곳 하늘에서 들으시고
사하시며 각 사람의 마음을 아시오
니 그들의 모든 행위대로 행하사
갚으시옵소서 주만 홀로 사람의 마
음을 다 아심이니이다
40 그리하시면 그들이 주께서 우리 조
상들에게 주신 땅에서 사는 동안에
항상 주를 경외하리이다
41 또 주의 백성 이스라엘에 속하지
아니한 자 곧 주의 이름을 위하여
먼 지방에서 온 이방인이라도
42 그들이 주의 크신 이름과 주의 능한
손과 주의 펴신 팔의 소문을 듣고
와서 이 성전을 향하여 기도하거든
43 주는 계신 곳 하늘에서 들으시고
이방인이 주께 부르짖는 대로 이루
사 땅의 만민이 주의 이름을 알고
주의 백성 이스라엘처럼 경외하게
하시오며 또 내가 건축한 이 성전을
주의 이름으로 일컫는 줄을 알게
하옵소서
44 주의 백성이 그들의 적국과 더불어
싸우고자 하여 주께서 보내신 길
로 나갈 때에 그들이 주께서 택하
신 성읍과 내가 주의 이름을 위하
여 건축한 성전이 있는 쪽을 향하여
야훼께 기도하거든
45 주는 하늘에서 그들의 기도와 간구
를 들으시고 그들의 일을 돌아보옵
소서
46 범죄하지 아니하는 사람이 없사오
니 그들이 주께 범죄함으로 주께서
그들에게 진노하사 그들을 적국에
게 넘기시매 적국이 그들을 사로잡
아 원근을 막론하고 적국의 땅으로
끌어간 후에
47 그들이 사로잡혀 간 땅에서 스스로
깨닫고 그 사로잡은 자의 땅에서
돌이켜 주께 간구하기를 우리가 범
죄하여 반역을 행하며 악을 지었나
이다 하며
48 자기를 사로잡아 간 적국의 땅에서
온 마음과 온 뜻으로 주께 돌아와
서 주께서 그들의 조상들에게 주신
땅 곧 주께서 택하신 성읍과 내가
주의 이름을 위하여 건축한 성전 있
는 쪽을 향하여 주께 기도하거든
49 주는 계신 곳 하늘에서 그들의 기
도와 간구를 들으시고 그들의 일을
돌아보시오며
50 주께 범죄한 백성을 용서하시며 주
께 범한 그 모든 허물을 사하시고
그들을 사로잡아 간 자 앞에서 그
들로 불쌍히 여김을 얻게 하사 그
사람들로 그들을 불쌍히 여기게 하
옵소서

기록일 : . . .

51 그들은 주께서 철 풀무 같은 애굽
에서 인도하여 내신 주의 백성, 주
의 소유가 됨이니이다
52 원하건대 주는 눈을 들어 종의 간
구함과 주의 백성 이스라엘의 간구
함을 보시고 주께 부르짖는 대로
들으시옵소서
53 주 야훼여 주께서 우리 조상을 애
굽에서 인도하여 내실 때에 주의
종 모세를 통하여 말씀하심 같이
주께서 세상 만민 가운데에서 그들
을 구별하여 주의 기업으로 삼으셨
나이다
54 솔로몬이 무릎을 꿇고 손을 펴서
하늘을 향하여 이 기도와 간구로
야훼께 아뢰기를 마치고 야훼의 제
단 앞에서 일어나
55 서서 큰 소리로 이스라엘의 온 회
중을 위하여 축복하며 이르되
56 야훼를 찬송할지로다 그가 말씀하
신 대로 그의 백성 이스라엘에게
태평을 주셨으니 그 종 모세를 통
하여 무릇 말씀하신 그 모든 좋은
약속이 하나도 이루어지지 아니함
이 없도다
57 우리 하나님 야훼께서 우리 조상들
과 함께 계시던 것 같이 우리와 함
께 계시옵고 우리를 떠나지 마시오
며 버리지 마시옵고
58 우리의 마음을 주께로 향하여 그의
모든 길로 행하게 하시오며 우리 조
상들에게 명령하신 계명과 법도와
율례를 지키게 하시기를 원하오며
59 야훼 앞에서 내가 간구한 이 말씀
이 주야로 우리 하나님 야훼께 가
까이 있게 하시옵고 또 주의 종의
일과 주의 백성 이스라엘의 일을
날마다 필요한 대로 돌아보사
60 이에 세상 만민에게 야훼께서만 하
나님이시고 그 외에는 없는 줄을
알게 하시기를 원하노라
61 그런즉 너희의 마음을 우리 하나님
야훼께 온전히 바쳐 완전하게 하여
오늘과 같이 그의 법도를 행하며
그의 계명을 지킬지어다
62 이에 왕과 및 왕과 함께 한 이스라
엘이 다 야훼 앞에 희생제물을 드
리니라
63 솔로몬이 화목제의 희생제물을 드
렸으니 곧 야훼께 드린 소가 이만
이천 마리요 양이 십이만 마리라 이
와 같이 왕과 모든 이스라엘 자손
이 야훼의 성전의 봉헌식을 행하였
는데
64 그 날에 왕이 야훼의 성전 앞뜰 가
운데를 거룩히 구별하고 거기서 번
제와 소제와 감사제물의 기름을 드
렸으니 이는 야훼의 앞 놋제단이 작
으므로 번제물과 소제물과 화목제
의 기름을 다 용납할 수 없음이라

65 그 때에 솔로몬이 칠 일과 칠 일 도
합 십사 일간을 우리 하나님 야훼
앞에서 절기로 지켰는데 하맛 어귀
에서부터 애굽 강까지의 온 이스라
엘의 큰 회중이 모여 그와 함께 하
였더니
66 여덟째 날에 솔로몬이 백성을 돌려
보내매 백성이 왕을 위하여 축복하
고 자기 장막으로 돌아가는데 야훼
께서 그의 종 다윗과 그의 백성 이
스라엘에게 베푸신 모든 은혜로 말
미암아 기뻐하며 마음에 즐거워하
였더라

9 솔로몬이 야훼의 성전과 왕궁 건
축하기를 마치며 자기가 이루기를
원하던 모든 것을 마친 때에
2 야훼께서 전에 기브온에서 나타나
심 같이 다시 솔로몬에게 나타나사
3 야훼께서 그에게 이르시되 네 기도
와 네가 내 앞에서 간구한 바를 내
가 들었은즉 나는 네가 건축한 이
성전을 거룩하게 구별하여 내 이름
을 영원히 그 곳에 두며 내 눈길과
내 마음이 항상 거기에 있으리니
4 네가 만일 네 아버지 다윗이 행함
같이 마음을 온전히 하고 바르게
하여 내 앞에서 행하며 내가 네게
명령한 대로 온갖 일에 순종하여
내 법도와 율례를 지키면
5 내가 네 아버지 다윗에게 말하기를
이스라엘의 왕위에 오를 사람이 네
게서 끊어지지 아니하리라 한 대로
네 이스라엘의 왕위를 영원히 견고
하게 하려니와
6 만일 너희나 너희의 자손이 아주
돌아서서 나를 따르지 아니하며 내
가 너희 앞에 둔 나의 계명과 법도
를 지키지 아니하고 가서 다른 신을
섬겨 그것을 경배하면
7 내가 이스라엘을 내가 그들에게 준
땅에서 끊어 버릴 것이요 내 이름을
위하여 내가 거룩하게 구별한 이
성전이라도 내 앞에서 던져버리리
니 이스라엘은 모든 민족 가운데에
서 속담거리와 이야기거리가 될 것
이며
8 이 성전이 높을지라도 지나가는 자
마다 놀라며 비웃어 이르되 야훼께
서 무슨 까닭으로 이 땅과 이 성전
에 이같이 행하셨는고 하면
9 대답하기를 그들이 그들의 조상들
을 애굽 땅에서 인도하여 내신 그들
의 하나님 야훼를 버리고 다른 신을
따라가서 그를 경배하여 섬기므로
야훼께서 이 모든 재앙을 그들에게
내리심이라 하리라 하셨더라
10 솔로몬이 두 집 곧 야훼의 성전과
왕궁을 이십 년 만에 건축하기를
마치고
11 갈릴리 땅의 성읍 스무 곳을 히람

기록일 : . . .

에게 주었으니 이는 두로 왕 히람
이 솔로몬에게 그 온갖 소원대로
백향목과 잣나무와 금을 제공하였
음이라
12 히람이 두로에서 와서 솔로몬이 자
기에게 준 성읍들을 보고 눈에 들
지 아니하여
13 이르기를 내 형제여 내게 준 이 성
읍들이 이러한가 하고 이름하여 가
불 땅이라 하였더니 그 이름이 오
늘까지 있느니라
14 히람이 금 일백이십 달란트를 왕에
게 보내었더라
15 솔로몬 왕이 역군을 일으킨 까닭은
이러하니 야훼의 성전과 자기 왕궁
과 밀로와 예루살렘 성과 하솔과 므
깃도와 게셀을 건축하려 하였음이라
16 전에 애굽 왕 바로가 올라와서 게
셀을 탈취하여 불사르고 그 성읍에
사는 가나안 사람을 죽이고 그 성
읍을 자기 딸 솔로몬의 아내에게
예물로 주었더니
17 솔로몬이 게셀과 아래 벧호론을 건
축하고
18 또 바알랏과 그 땅의 들에 있는 다
드몰과
19 자기에게 있는 모든 국고성과 병거
성들과 마병의 성들을 건축하고 솔
로몬이 또 예루살렘과 레바논과 그
가 다스리는 온 땅에 건축하고자
하던 것을 다 건축하였는데
20 이스라엘 자손이 아닌 아모리 사람
과 헷 사람과 브리스 사람과 히위
사람과 여부스 사람 중 남아 있는
모든 사람
21 곧 이스라엘 자손이 다 멸하지 못
하므로 그 땅에 남아 있는 그들의
자손들을 솔로몬이 노예로 역군을
삼아 오늘까지 이르렀으되
22 다만 이스라엘 자손은 솔로몬이 노
예를 삼지 아니하였으니 그들은 군
사와 그 신하와 고관과 대장이며 병
거와 마병의 지휘관이 됨이었더라
23 솔로몬에게 일을 감독하는 우두머
리 오백오십 명이 있어 일하는 백성
을 다스렸더라
24 바로의 딸이 다윗 성에서부터 올라
와 솔로몬이 그를 위하여 건축한
궁에 이를 때에 솔로몬이 밀로를
건축하였더라
25 솔로몬이 야훼를 위하여 쌓은 제
단 위에 해마다 세 번씩 번제와 감
사의 제물을 드리고 또 야훼 앞에
있는 제단에 분향하니라 이에 성전
짓는 일을 마치니라
26 솔로몬 왕이 에돔 땅 홍해 물 가의
엘롯 근처 에시온게벨에서 배들을
지은지라
27 히람이 자기 종 곧 바다에 익숙한
사공들을 솔로몬의 종과 함께 그

배로 보내매
28 그들이 오빌에 이르러 거기서 금 사
백이십 달란트를 얻고 솔로몬 왕에
게로 가져왔더라

10 스바의 여왕이 야훼의 이름으로
말미암은 솔로몬의 명성을 듣고
와서 어려운 문제로 그를 시험하고
자 하여
2 예루살렘에 이르니 수행하는 자가
심히 많고 향품과 심히 많은 금과
보석을 낙타에 실었더라 그가 솔로
몬에게 나아와 자기 마음에 있는
것을 다 말하매
3 솔로몬이 그가 묻는 말에 다 대답
하였으니 왕이 알지 못하여 대답하
지 못한 것이 하나도 없었더라
4 스바의 여왕이 솔로몬의 모든 지혜
와 그 건축한 왕궁과
5 그 상의 식물과 그의 신하들의 좌
석과 그의 시종들이 시립한 것과
그들의 관복과 술 관원들과 야훼의
성전에 올라가는 층계를 보고 크게
감동되어
6 왕께 말하되 내가 내 나라에서 당
신의 행위와 당신의 지혜에 대하여
들은 소문이 사실이로다
7 내가 그 말들을 믿지 아니하였더니
이제 와서 친히 본즉 내게 말한 것
은 절반도 못되니 당신의 지혜와
복이 내가 들은 소문보다 더하도다
8 복되도다 당신의 사람들이여 복되
도다 당신의 이 신하들이여 항상
당신 앞에 서서 당신의 지혜를 들
음이로다
9 당신의 하나님 야훼를 송축할지로
다 야훼께서 당신을 기뻐하사 이스
라엘 왕위에 올리셨고 야훼께서 영
원히 이스라엘을 사랑하시므로 당
신을 세워 왕으로 삼아 정의와 공
의를 행하게 하셨도다 하고
10 이에 그가 금 일백이십 달란트와
심히 많은 향품과 보석을 왕에게
드렸으니 스바의 여왕이 솔로몬 왕
에게 드린 것처럼 많은 향품이 다시
오지 아니하였더라
11 오빌에서부터 금을 실어온 히람의
배들이 오빌에서 많은 백단목과 보
석을 운반하여 오매
12 왕이 백단목으로 야훼의 성전과 왕
궁의 난간을 만들고 또 노래하는
자를 위하여 수금과 비파를 만들
었으니 이같은 백단목은 전에도 온
일이 없었고 오늘까지도 보지 못하
였더라
13 솔로몬 왕이 왕의 규례대로 스바의
여왕에게 물건을 준 것 외에 또 그
의 소원대로 구하는 것을 주니 이
에 그가 그의 신하들과 함께 본국
으로 돌아갔더라
14 솔로몬의 세입금의 무게가 금 육백

기록일 : . . .

육십육 달란트요
15 그 외에 또 상인들과 무역하는 객
상과 아라비아의 모든 왕들과 나라
의 고관들에게서도 가져온지라
16 솔로몬 왕이 쳐서 늘인 금으로 큰
방패 이백 개를 만들었으니 매 방
패에 든 금이 육백 세겔이며
17 또 쳐서 늘인 금으로 작은 방패 삼
백 개를 만들었으니 매 방패에 든
금이 삼 마네라 왕이 이것들을 레
바논 나무 궁에 두었더라
18 왕이 또 상아로 큰 보좌를 만들고
정금으로 입혔으니
19 그 보좌에는 여섯 층계가 있고 보
좌 뒤에 둥근 머리가 있고 앉는 자
리 양쪽에는 팔걸이가 있고 팔걸이
곁에는 사자가 하나씩 서 있으며
20 또 열두 사자가 있어 그 여섯 층계
좌우편에 서 있으니 어느 나라에도
이같이 만든 것이 없었더라
21 솔로몬 왕이 마시는 그릇은 다 금
이요 레바논 나무 궁의 그릇들도
다 정금이라 은 기물이 없으니 솔로
몬의 시대에 은을 귀히 여기지 아니
함은
22 왕이 바다에 다시스 배들을 두어
히람의 배와 함께 있게 하고 그 다
시스 배로 삼 년에 한 번씩 금과 은
과 상아와 원숭이와 공작을 실어
왔음이더라
23 솔로몬 왕의 재산과 지혜가 세상의
그 어느 왕보다 큰지라
24 온 세상 사람들이 다 하나님께서
솔로몬의 마음에 주신 지혜를 들으
며 그의 얼굴을 보기 원하여
25 그들이 각기 예물을 가지고 왔으니
곧 은 그릇과 금 그릇과 의복과 갑
옷과 향품과 말과 노새라 해마다
그리하였더라
26 솔로몬이 병거와 마병을 모으매 병
거가 천사백 대요 마병이 만이천 명
이라 병거성에도 두고 예루살렘 왕
에게도 두었으며
27 왕이 예루살렘에서 은을 돌 같이
흔하게 하고 백향목을 평지의 뽕나
무 같이 많게 하였더라
28 솔로몬의 말들은 애굽에서 들여왔
으니 왕의 상인들이 값주고 산 것
이며
29 애굽에서 들여온 병거는 한 대에
은 육백 세겔이요 말은 한 필에 백
오십 세겔이라 이와 같이 헷 사람
의 모든 왕과 아람 왕들에게 그것
들을 되팔기도 하였더라

11 솔로몬 왕이 바로의 딸 외에 이
방의 많은 여인을 사랑하였으니 곧
모압과 암몬과 에돔과 시돈과 헷
여인이라
2 야훼께서 일찍이 이 여러 백성에
대하여 이스라엘 자손에게 말씀하

기록일 : . . .

시기를 너희는 그들과 서로 통혼하
지 말며 그들도 너희와 서로 통혼
하게 하지 말라 그들이 반드시 너
희의 마음을 돌려 그들의 신들을
따르게 하리라 하셨으나 솔로몬이
그들을 사랑하였더라
3 왕은 후궁이 칠백 명이요 첩이 삼백
명이라 그의 여인들이 왕의 마음을
돌아서게 하였더라
4 솔로몬의 나이가 많을 때에 그의
여인들이 그의 마음을 돌려 다른
신들을 따르게 하였으므로 왕의 마
음이 그의 아버지 다윗의 마음과
같지 아니하여 그의 하나님 야훼
앞에 온전하지 못하였으니
5 이는 시돈 사람의 여신 아스다롯을
따르고 암몬 사람의 가증한 밀곰을
따름이라
6 솔로몬이 야훼의 눈앞에서 악을 행
하여 그의 아버지 다윗이 야훼를
온전히 따름 같이 따르지 아니하고
7 모압의 가증한 그모스를 위하여 예
루살렘 앞 산에 산당을 지었고 또
암몬 자손의 가증한 몰록을 위하여
그와 같이 하였으며
8 그가 또 그의 이방 여인들을 위하
여 다 그와 같이 한지라 그들이 자
기의 신들에게 분향하며 제사하였
더라
9 솔로몬이 마음을 돌려 이스라엘의
하나님 야훼를 떠나므로 야훼께서
그에게 진노하시니라 야훼께서 일
찍이 두 번이나 그에게 나타나시고
10 이 일에 대하여 명령하사 다른 신을
따르지 말라 하셨으나 그가 야훼의
명령을 지키지 않았으므로
11 야훼께서 솔로몬에게 말씀하시되
네게 이러한 일이 있었고 또 네가
내 언약과 내가 네게 명령한 법도
를 지키지 아니하였으니 내가 반드
시 이 나라를 네게서 빼앗아 네 신
하에게 주리라
12 그러나 네 아버지 다윗을 위하여 네
세대에는 이 일을 행하지 아니하고
네 아들의 손에서 빼앗으려니와
13 오직 내가 이 나라를 다 빼앗지 아
니하고 내 종 다윗과 내가 택한 예
루살렘을 위하여 한 지파를 네 아
들에게 주리라 하셨더라
14 야훼께서 에돔 사람 하닷을 일으켜
솔로몬의 대적이 되게 하시니 그는
왕의 자손으로서 에돔에 거하였더라
15 전에 다윗이 에돔에 있을 때에 군
대 지휘관 요압이 가서 죽임을 당
한 자들을 장사하고 에돔의 남자를
다 쳐서 죽였는데
16 요압은 에돔의 남자를 다 없애기까
지 이스라엘 무리와 함께 여섯 달
동안 그 곳에 머물렀더라
17 그 때에 하닷은 작은 아이라 그의

기록일 : . . .

아버지 신하 중 에돔 사람 몇몇과
함께 도망하여 애굽으로 가려 하여
18 미디안을 떠나 바란에 이르고 거기
서 사람을 데리고 애굽으로 가서
애굽 왕 바로에게 나아가매 바로가
그에게 집과 먹을 양식을 주며 또
토지를 주었더라
19 하닷이 바로의 눈 앞에 크게 은총
을 얻었으므로 바로가 자기의 처제
곧 왕비 다브네스의 아우를 그의
아내로 삼으매
20 다브네스의 아우가 그로 말미암아
아들 그누밧을 낳았더니 다브네스
가 그 아이를 바로의 궁중에서 젖
을 떼게 하매 그누밧이 바로의 궁
에서 바로의 아들 가운데 있었더라
21 하닷이 애굽에 있어서 다윗이 그의
조상들과 함께 잔 것과 군대 지휘
관 요압이 죽은 것을 듣고 바로에
게 아뢰되 나를 보내어 내 고국으
로 가게 하옵소서
22 바로가 그에게 이르되 네가 나와
함께 있어 무슨 부족함이 있기에
네 고국으로 가기를 구하느냐 대답
하되 없나이다 그러나 아무쪼록 나
를 보내옵소서 하였더라
23 하나님이 또 엘리아다의 아들 르손
을 일으켜 솔로몬의 대적자가 되게
하시니 그는 그의 주인 소바 왕 하
닷에셀에게서 도망한 자라
24 다윗이 소바 사람을 죽일 때에 르
손이 사람들을 자기에게 모으고 그
무리의 괴수가 되어 다메섹으로 가
서 살다가 거기서 왕이 되었더라
25 솔로몬의 일평생에 하닷이 끼친 환
난 외에 르손이 수리아 왕이 되어
이스라엘을 대적하고 미워하였더라
26 솔로몬의 신하 느밧의 아들 여로보
암이 또한 손을 들어 왕을 대적하
였으니 그는 에브라임 족속인 스레
다 사람이요 그의 어머니의 이름은
스루아이니 과부더라
27 그가 손을 들어 왕을 대적하는 까
닭은 이러하니라 솔로몬이 밀로를
건축하고 그의 아버지 다윗의 성읍
이 무너진 것을 수축하였는데
28 이 사람 여로보암은 큰 용사라 솔
로몬이 이 청년의 부지런함을 보고
세워 요셉 족속의 일을 감독하게
하였더니
29 그 즈음에 여로보암이 예루살렘에
서 나갈 때에 실로 사람 선지자 아
히야가 길에서 그를 만나니 아히야
가 새 의복을 입었고 그 두 사람만
들에 있었더라
30 아히야가 자기가 입은 새 옷을 잡
아 열두 조각으로 찢고
31 여로보암에게 이르되 너는 열 조각
을 가지라 이스라엘의 하나님 야훼
의 말씀이 내가 이 나라를 솔로몬

기록일 : . . .

의 손에서 찢어 빼앗아 열 지파를
네게 주고
32 오직 내 종 다윗을 위하고 이스라
엘 모든 지파 중에서 택한 성읍 예
루살렘을 위하여 한 지파를 솔로몬
에게 주리니
33 이는 그들이 나를 버리고 시돈 사람
의 여신 아스다롯과 모압의 신 그모
스와 암몬 자손의 신 밀곰을 경배
하며 그의 아버지 다윗이 행함 같지
아니하여 내 길로 행하지 아니하며
나 보기에 정직한 일과 내 법도와
내 율례를 행하지 아니함이니라
34 그러나 내가 택한 내 종 다윗이 내
명령과 내 법도를 지켰으므로 내가
그를 위하여 솔로몬의 생전에는 온
나라를 그의 손에서 빼앗지 아니하
고 주관하게 하려니와
35 내가 그의 아들의 손에서 나라를 빼
앗아 그 열 지파를 네게 줄 것이요
36 그의 아들에게는 내가 한 지파를
주어서 내가 거기에 내 이름을 두
고자 하여 택한 성읍 예루살렘에서
내 종 다윗이 항상 내 앞에 등불을
가지고 있게 하리라
37 내가 너를 취하리니 너는 네 마음
에 원하는 대로 다스려 이스라엘
위에 왕이 되되
38 네가 만일 내가 명령한 모든 일에
순종하고 내 길로 행하며 내 눈에
합당한 일을 하며 내 종 다윗이 행
함 같이 내 율례와 명령을 지키면
내가 너와 함께 있어 내가 다윗을
위하여 세운 것 같이 너를 위하여
견고한 집을 세우고 이스라엘을 네
게 주리라
39 내가 이로 말미암아 다윗의 자손을
괴롭게 할 것이나 영원히 하지는
아니하리라 하셨느니라 한지라
40 이러므로 솔로몬이 여로보암을 죽
이려 하매 여로보암이 일어나 애굽
으로 도망하여 애굽 왕 시삭에게
이르러 솔로몬이 죽기까지 애굽에
있으니라
41 솔로몬의 남은 사적과 그의 행한
모든 일과 그의 지혜는 솔로몬의
실록에 기록되지 아니하였느냐
42 솔로몬이 예루살렘에서 온 이스라
엘을 다스린 날 수가 사십 년이라
43 솔로몬이 그의 조상들과 함께 자매
그의 아버지 다윗의 성읍에 장사되
고 그의 아들 르호보암이 대신하여
왕이 되니라

12 르호보암이 세겜으로 갔으니 이
는 온 이스라엘이 그를 왕으로 삼
고자 하여 세겜에 이르렀음이더라
2 느밧의 아들 여로보암이 전에 솔
로몬 왕의 얼굴을 피하여 애굽으로
도망하여 있었더니 이제 그 소문을
듣고 여전히 애굽에 있는 중에

기록일 : . . .

3 무리가 사람을 보내 그를 불렀더라
여로보암과 이스라엘의 온 회중이
와서 르호보암에게 말하여 이르되
4 왕의 아버지가 우리의 멍에를 무
겁게 하였으나 왕은 이제 왕의 아
버지가 우리에게 시킨 고역과 메운
무거운 멍에를 가볍게 하소서 그리
하시면 우리가 왕을 섬기겠나이다
5 르호보암이 대답하되 갔다가 삼 일
후에 다시 내게로 오라 하매 백성
이 가니라
6 르호보암 왕이 그의 아버지 솔로몬
의 생전에 그 앞에 모셨던 노인들
과 의논하여 이르되 너희는 어떻게
충고하여 이 백성에게 대답하게 하
겠느냐
7 대답하여 이르되 왕이 만일 오늘
이 백성을 섬기는 자가 되어 그들
을 섬기고 좋은 말로 대답하여 이
르시면 그들이 영원히 왕의 종이 되
리이다 하나
8 왕이 노인들이 자문하는 것을 버리
고 자기 앞에 모셔 있는 자기와 함
께 자라난 어린 사람들과 의논하여
9 이르되 너희는 어떻게 자문하여 이
백성에게 대답하게 하겠느냐 백성
이 내게 말하기를 왕의 아버지가
우리에게 메운 멍에를 가볍게 하라
하였느니라
10 함께 자라난 소년들이 왕께 아뢰어
이르되 이 백성들이 왕께 아뢰기를
왕의 부친이 우리의 멍에를 무겁게
하였으나 왕은 우리를 위하여 가볍
게 하라 하였은즉 왕은 대답하기를
내 새끼 손가락이 내 아버지의 허
리보다 굵으니
11 내 아버지께서 너희에게 무거운 멍
에를 메게 하였으나 이제 나는 너
희의 멍에를 더욱 무겁게 할지라
내 아버지는 채찍으로 너희를 징계
하였으나 나는 전갈 채찍으로 너희
를 징계하리라 하소서
12 삼 일 만에 여로보암과 모든 백성
이 르호보암에게 나아왔으니 이는
왕이 명령하여 이르기를 삼 일 만에
내게로 다시 오라 하였음이라
13 왕이 포학한 말로 백성에게 대답할
새 노인의 자문을 버리고
14 어린 사람들의 자문을 따라 그들에
게 말하여 이르되 내 아버지는 너
희의 멍에를 무겁게 하였으나 나는
너희의 멍에를 더욱 무겁게 할지라
내 아버지는 채찍으로 너희를 징계
하였으나 나는 전갈 채찍으로 너희
를 징치하리라 하니라
15 왕이 이같이 백성의 말을 듣지 아니
하였으니 이 일은 야훼께로 말미암
아 난 것이라 야훼께서 전에 실로
사람 아히야로 느밧의 아들 여로보
암에게 하신 말씀을 이루게 하심이

기록일 : . . .

더라
16 온 이스라엘이 자기들의 말을 왕이
듣지 아니함을 보고 왕에게 대답하
여 이르되 우리가 다윗과 무슨 관계
가 있느냐 이새의 아들에게서 받을
유산이 없도다 이스라엘아 너희의
장막으로 돌아가라 다윗이여 이제
너는 네 집이나 돌아보라 하고 이스
라엘이 그 장막으로 돌아가니라
17 그러나 유다 성읍들에 사는 이스라
엘 자손에게는 르호보암이 그들의
왕이 되었더라
18 르호보암 왕이 역군의 감독 아도
람을 보냈더니 온 이스라엘이 그를
돌로 쳐죽인지라 르호보암 왕이 급
히 수레에 올라 예루살렘으로 도망
하였더라
19 이에 이스라엘이 다윗의 집을 배반
하여 오늘까지 이르렀더라
20 온 이스라엘이 여로보암이 돌아왔
다 함을 듣고 사람을 보내 그를 공
회로 청하여 온 이스라엘의 왕으로
삼았으니 유다 지파 외에는 다윗의
집을 따르는 자가 없으니라
21 르호보암이 예루살렘에 이르러 유
다 온 족속과 베냐민 지파를 모으
니 택한 용사가 십팔만 명이라 이
스라엘 족속과 싸워 나라를 회복하
여 솔로몬의 아들 르호보암에게 돌
리려 하더니
22 하나님의 말씀이 하나님의 사람 스
마야에게 임하여 이르시되
23 솔로몬의 아들 유다 왕 르호보암과
유다와 베냐민 온 족속과 또 그 남
은 백성에게 말하여 이르기를
24 야훼의 말씀이 너희는 올라가지 말
라 너희 형제 이스라엘 자손과 싸
우지 말고 각기 집으로 돌아가라
이 일이 나로 말미암아 난 것이라
하셨다 하라 하신지라 그들이 야훼
의 말씀을 듣고 그 말씀을 따라 돌
아갔더라
25 여로보암이 에브라임 산지에 세겜
을 건축하고 거기서 살며 또 거기서
나가서 부느엘을 건축하고
26 그의 마음에 스스로 이르기를 나
라가 이제 다윗의 집으로 돌아가
리로다
27 만일 이 백성이 예루살렘에 있는
야훼의 성전에 제사를 드리고자 하
여 올라가면 이 백성의 마음이 유
다 왕 된 그들의 주 르호보암에게
로 돌아가서 나를 죽이고 유다의
왕 르호보암에게로 돌아가리로다
하고
28 이에 계획하고 두 금송아지를 만들
고 무리에게 말하기를 너희가 다시
는 예루살렘에 올라갈 것이 없도다
이스라엘아 이는 너희를 애굽 땅에
서 인도하여 올린 너희의 신들이라

기록일 : . . .

하고
29 하나는 벧엘에 두고 하나는 단에
둔지라
30 이 일이 죄가 되었으니 이는 백성들
이 단까지 가서 그 하나에게 경배
함이더라
31 그가 또 산당들을 짓고 레위 자손
아닌 보통 백성으로 제사장을 삼고
32 여덟째 달 곧 그 달 열다섯째 날로
절기를 정하여 유다의 절기와 비슷
하게 하고 제단에 올라가되 벧엘에
서 그와 같이 행하여 그가 만든 송
아지에게 제사를 드렸으며 그가 지
은 산당의 제사장을 벧엘에서 세웠
더라
33 그가 자기 마음대로 정한 달 곧 여
덟째 달 열다섯째 날로 이스라엘
자손을 위하여 절기로 정하고 벧엘
에 쌓은 제단에 올라가서 분향하였
더라

13

보라 그 때에 하나님의 사람이 야
훼의 말씀으로 말미암아 유다에서
부터 벧엘에 이르니 마침 여로보암
이 제단 곁에 서서 분향하는지라
2 하나님의 사람이 제단을 향하여 야
훼의 말씀으로 외쳐 이르되 제단아
제단아 야훼께서 이와 같이 말씀하
시기를 다윗의 집에 요시야라 이름
하는 아들을 낳으리니 그가 네 위
에 분향하는 산당 제사장을 네 위
에서 제물로 바칠 것이요 또 사람
의 뼈를 네 위에서 사르리라 하셨
느니라 하고
3 그 날에 그가 징조를 들어 이르되
이는 야훼께서 말씀하신 징조라 제
단이 갈라지며 그 위에 있는 재가
쏟아지리라 하매
4 여로보암 왕이 하나님의 사람이 벧
엘에 있는 제단을 향하여 외쳐 말함
을 들을 때에 제단에서 손을 펴며
그를 잡으라 하더라 그를 향하여 편
손이 말라 다시 거두지 못하며
5 하나님의 사람이 야훼의 말씀으로
보인 징조대로 제단이 갈라지며 재
가 제단에서 쏟아진지라
6 왕이 하나님의 사람에게 말하여 이
르되 청하건대 너는 나를 위하여
네 하나님 야훼께 은혜를 구하여
내 손이 다시 성하게 기도하라 하
나님의 사람이 야훼께 은혜를 구하
니 왕의 손이 다시 성하도록 전과
같이 되니라
7 왕이 하나님의 사람에게 이르되 나
와 함께 집에 가서 쉬라 내가 네게
예물을 주리라
8 하나님의 사람이 왕께 대답하되 왕
께서 왕의 집 절반을 내게 준다 할
지라도 나는 왕과 함께 들어가지도
아니하고 이 곳에서는 떡도 먹지
아니하고 물도 마시지 아니하리니

기록일 : . . .

9 이는 곧 야훼의 말씀이 내게 명령
하여 이르시기를 떡도 먹지 말며 물
도 마시지 말고 왔던 길로 되돌아
가지 말라 하셨음이니이다 하고
10 이에 다른 길로 가고 자기가 벧엘
에 오던 길로 되돌아가지도 아니하
니라
11 벧엘에 한 늙은 선지자가 살더니
그의 아들들이 와서 이 날에 하나
님의 사람이 벧엘에서 행한 모든
일을 그에게 말하고 또 그가 왕에
게 드린 말씀도 그들이 그들의 아
버지에게 말한지라
12 그들의 아버지가 그들에게 이르되
그가 어느 길로 가더냐 하니 그의
아들들이 유다에서부터 온 하나님
의 사람의 간 길을 보았음이라
13 그가 그의 아들들에게 이르되 나를
위하여 나귀에 안장을 지우라 그들
이 나귀에 안장을 지우니 그가 타고
14 하나님의 사람을 뒤따라가서 상수
리나무 아래에 앉은 것을 보고 이
르되 그대가 유다에서 온 하나님의
사람이냐 대답하되 그러하다
15 그가 그 사람에게 이르되 나와 함
께 집으로 가서 떡을 먹으라
16 대답하되 나는 그대와 함께 돌아
가지도 못하겠고 그대와 함께 들어
가지도 못하겠으며 내가 이 곳에서
그대와 함께 떡도 먹지 아니하고
물도 마시지 아니하리니
17 이는 야훼의 말씀이 내게 이르시기
를 네가 거기서 떡도 먹지 말고 물
도 마시지 말며 또 네가 오던 길로
되돌아가지도 말라 하셨음이로다
18 그가 그 사람에게 이르되 나도 그
대와 같은 선지자라 천사가 야훼의
말씀으로 내게 이르기를 그를 네
집으로 데리고 돌아가서 그에게 떡
을 먹이고 물을 마시게 하라 하였
느니라 하니 이는 그 사람을 속임
이라
19 이에 그 사람이 그와 함께 돌아가
서 그의 집에서 떡을 먹으며 물을
마시니라
20 그들이 상 앞에 앉아 있을 때에 야
훼의 말씀이 그 사람을 데려온 선
지자에게 임하니
21 그가 유다에서부터 온 하나님의 사
람을 향하여 외쳐 이르되 야훼의
말씀에 네가 야훼의 말씀을 어기며
네 하나님 야훼께서 네게 내리신
명령을 지키지 아니하고
22 돌아와서 야훼가 너더러 떡도 먹지
말고 물도 마시지 말라 하신 곳에
서 떡을 먹고 물을 마셨으니 네 시
체가 네 조상들의 묘실에 들어가지
못하리라 하셨느니라 하니라
23 그리고 자기가 데리고 온 선지자가
떡을 먹고 물을 마신 후에 그를 위

기록일 : . . .

하여 나귀에 안장을 지우니라
24 이에 그 사람이 가더니 사자가 길
에서 그를 만나 물어 죽이매 그의
시체가 길에 버린 바 되니 나귀는
그 곁에 서 있고 사자도 그 시체 곁
에 서 있더라
25 지나가는 사람들이 길에 버린 시체
와 그 시체 곁에 선 사자를 보고 그
늙은 선지자가 사는 성읍에 가서
말한지라
26 그 사람을 길에서 데리고 돌아간
선지자가 듣고 말하되 이는 야훼의
말씀을 어긴 하나님의 사람이로다
야훼께서 그에게 하신 말씀과 같이
야훼께서 그를 사자에게 넘기시매
사자가 그를 찢어 죽였도다 하고
27 이에 그의 아들들에게 말하여 이르
되 나를 위하여 나귀에 안장을 지
우라 그들이 안장을 지우매
28 그가 가서 본즉 그의 시체가 길에
버린 바 되었고 나귀와 사자는 그
시체 곁에 서 있는데 사자가 시체
를 먹지도 아니하였고 나귀를 찢지
도 아니하였더라
29 늙은 선지자가 하나님의 사람의 시
체를 들어 나귀에 실어 가지고 돌
아와 자기 성읍으로 들어가서 슬피
울며 장사하되
30 곧 그의 시체를 자기의 묘실에 두
고 오호라 내 형제여 하며 그를 위
하여 슬피우니라
31 그 사람을 장사한 후에 그가 그 아
들들에게 말하여 이르되 내가 죽거
든 하나님의 사람을 장사한 묘실에
나를 장사하되 내 뼈를 그의 뼈 곁
에 두라
32 그가 야훼의 말씀으로 벧엘에 있는
제단을 향하고 또 사마리아 성읍들
에 있는 모든 산당을 향하여 외쳐
말한 것이 반드시 이룰 것임이니라
33 여로보암이 이 일 후에도 그의 악한
길에서 떠나 돌이키지 아니하고 다
시 일반 백성을 산당의 제사장으로
삼되 누구든지 자원하면 그 사람을
산당의 제사장으로 삼았으므로
34 이 일이 여로보암 집에 죄가 되어
그 집이 땅 위에서 끊어져 멸망하
게 되니라

14 그 때에 여로보암의 아들 아비야
가 병든지라
2 여로보암이 자기 아내에게 이르되
청하건대 일어나 변장하여 사람들
이 그대가 여로보암의 아내임을 알
지 못하게 하고 실로로 가라 거기
선지자 아히야가 있나니 그는 이전
에 내가 이 백성의 왕이 될 것을 내
게 말한 사람이니라
3 그대의 손에 떡 열 개와 과자와 꿀
한 병을 가지고 그에게로 가라 그
가 그대에게 이 아이가 어떻게 될

기록일 : . . .

지를 알게 하리라
4 여로보암의 아내가 그대로 하여 일
어나 실로로 가서 아히야의 집에 이
르니 아히야는 나이가 많아 눈이
어두워 보지 못하더라
5 야훼께서 아히야에게 이르시되 여
로보암의 아내가 자기 아들이 병
들었으므로 네게 물으러 오나니 너
는 이러이러하게 대답하라 그가 들
어올 때에 다른 사람인 체함이니라
6 그가 문으로 들어올 때에 아히야가
그 발소리를 듣고 말하되 여로보암
의 아내여 들어오라 네가 어찌하여
다른 사람인 체하느냐 내가 명령을
받아 흉한 일을 네게 전하리니
7 가서 여로보암에게 말하라 이스라
엘의 하나님 야훼의 말씀이 내가
너를 백성 중에서 들어 내 백성 이
스라엘의 주권자가 되게 하고
8 나라를 다윗의 집에서 찢어내어 네
게 주었거늘 너는 내 종 다윗이 내
명령을 지켜 전심으로 나를 따르며
나 보기에 정직한 일만 행하였음과
같지 아니하고
9 네 이전 사람들보다도 더 악을 행
하고 가서 너를 위하여 다른 신을
만들며 우상을 부어 만들어 나를
노엽게 하고 나를 네 등 뒤에 버렸
도다
10 그러므로 내가 여로보암의 집에 재
앙을 내려 여로보암에게 속한 사내
는 이스라엘 가운데 매인 자나 놓
인 자나 다 끊어 버리되 거름 더미
를 쓸어 버림 같이 여로보암의 집을
말갛게 쓸어 버릴지라
11 여로보암에게 속한 자가 성읍에서
죽은즉 개가 먹고 들에서 죽은즉
공중의 새가 먹으리니 이는 야훼께
서 말씀하셨음이니라 하셨나니
12 너는 일어나 네 집으로 가라 네 발
이 성읍에 들어갈 때에 그 아이가
죽을지라
13 온 이스라엘이 그를 위하여 슬퍼하
며 장사하려니와 여로보암에게 속한
자는 오직 이 아이만 묘실에 들어가
리니 이는 여로보암의 집 가운데에
서 그가 이스라엘의 하나님 야훼를
향하여 선한 뜻을 품었음이니라
14 야훼께서 이스라엘 위에 한 왕을
일으키신즉 그가 그 날에 여로보암
의 집을 끊어 버리리라 언제냐 하니
곧 이제라
15 야훼께서 이스라엘을 쳐서 물에서
흔들리는 갈대 같이 되게 하시고
이스라엘을 그의 조상들에게 주신
이 좋은 땅에서 뽑아 그들을 강 너
머로 흩으시리니 그들이 아세라 상
을 만들어 야훼를 진노하게 하였음
이니라
16 야훼께서 여로보암의 죄로 말미암

기록일 : . . .

아 이스라엘을 버리시리니 이는 그
도 범죄하고 이스라엘로 범죄하게
하였음이니라 하니라
17 여로보암의 아내가 일어나 디르사
로 돌아가서 집 문지방에 이를 때
에 그 아이가 죽은지라
18 온 이스라엘이 그를 장사하고 그를
위하여 슬퍼하니 야훼께서 그의 종
선지자 아히야를 통하여 하신 말씀
과 같이 되었더라
19 여로보암의 그 남은 행적 곧 그가
어떻게 싸웠는지와 어떻게 다스렸
는지는 이스라엘 왕 역대지략에 기
록되니라
20 여로보암이 왕이 된 지 이십이 년이
라 그가 그의 조상들과 함께 자매
그의 아들 나답이 대신하여 왕이
되니라
21 솔로몬의 아들 르호보암은 유다 왕
이 되었으니 르호보암이 왕위에 오
를 때에 나이가 사십일 세라 야훼
께서 자기 이름을 두시려고 이스
라엘 모든 지파 가운데에서 택하
신 성읍 예루살렘에서 십칠 년 동안
다스리니라 그의 어머니의 이름은
나아마요 암몬 사람이더라
22 유다가 야훼 보시기에 악을 행하되
그의 조상들이 행한 모든 일보다
뛰어나게 하여 그 범한 죄로 야훼
를 노엽게 하였으니
23 이는 그들도 산 위에와 모든 푸른
나무 아래에 산당과 우상과 아세라
상을 세웠음이라
24 그 땅에 또 남색하는 자가 있었고
야훼께서 이스라엘 자손 앞에서 쫓
아내신 국민의 모든 가증한 일을
무리가 본받아 행하였더라
25 르호보암 왕 제오년에 애굽의 왕
시삭이 올라와서 예루살렘을 치고
26 야훼의 성전의 보물과 왕궁의 보물
을 모두 빼앗고 또 솔로몬이 만든
금 방패를 다 빼앗은지라
27 르호보암 왕이 그 대신 놋으로 방
패를 만들어 왕궁 문을 지키는 시
위대 대장의 손에 맡기매
28 왕이 야훼의 성전에 들어갈 때마다
시위하는 자가 그 방패를 들고 갔
다가 시위소로 도로 가져갔더라
29 르호보암의 남은 사적과 그가 행한
모든 일은 유다 왕 역대지략에 기
록되지 아니하였느냐
30 르호보암과 여로보암 사이에 항상
전쟁이 있으니라
31 르호보암이 그의 조상들과 함께 자
니 그의 조상들과 함께 다윗 성에
장사되니라 그의 어머니의 이름은
나아마요 암몬 사람이더라 그의 아
들 아비얌이 대신하여 왕이 되니라

15

느밧의 아들 여로보암 왕 열여덟
째 해에 아비얌이 유다 왕이 되고

기록일 : . . .

2 예루살렘에서 삼 년 동안 다스리니
라 그의 어머니의 이름은 마아가요
아비살롬의 딸이더라
3 아비얌이 그의 아버지가 이미 행한
모든 죄를 행하고 그의 마음이 그
의 조상 다윗의 마음과 같지 아니
하여 그의 하나님 야훼 앞에 온전
하지 못하였으나
4 그의 하나님 야훼께서 다윗을 위하
여 예루살렘에서 그에게 등불을 주
시되 그의 아들을 세워 뒤를 잇게
하사 예루살렘을 견고하게 하셨으니
5 이는 다윗이 헷 사람 우리아의 일
외에는 평생에 야훼 보시기에 정직
하게 행하고 자기에게 명령하신 모
든 일을 어기지 아니하였음이라
6 르호보암과 여로보암 사이에 사는
날 동안 전쟁이 있었더니
7 아비얌과 여로보암 사이에도 전쟁
이 있으니라 아비얌의 남은 사적과
그 행한 모든 일은 유다 왕 역대지
략에 기록되지 아니하였느냐
8 아비얌이 그의 조상들과 함께 자니
다윗 성에 장사되고 그 아들 아사
가 대신하여 왕이 되니라
9 이스라엘의 여로보암 왕 제이십년
에 아사가 유다 왕이 되어
10 예루살렘에서 사십일 년 동안 다스
리니라 그의 어머니의 이름은 마아
가라 아비살롬의 딸이더라

11 아사가 그의 조상 다윗 같이 야훼
보시기에 정직하게 행하여
12 남색하는 자를 그 땅에서 쫓아내고
그의 조상들이 지은 모든 우상을
없애고
13 또 그의 어머니 마아가가 혐오스러
운 아세라 상을 만들었으므로 태후
의 위를 폐하고 그 우상을 찍어 기
드론 시냇가에서 불살랐으나
14 다만 산당은 없애지 아니하니라 그
러나 아사의 마음이 일평생 야훼
앞에 온전하였으며
15 그가 그의 아버지가 성별한 것과
자기가 성별한 것을 야훼의 성전에
받들어 드렸으니 곧 은과 금과 그
릇들이더라
16 아사와 이스라엘의 왕 바아사 사이
에 일생 동안 전쟁이 있으니라
17 이스라엘의 왕 바아사가 유다를 치
러 올라와서 라마를 건축하여 사람
을 유다 왕 아사와 왕래하지 못하
게 하려 한지라
18 아사가 야훼의 성전 곳간과 왕궁
곳간에 남은 은금을 모두 가져다
가 그 신하의 손에 넘겨 다메섹에
거주하고 있는 아람의 왕 헤시온의
손자 다브림몬의 아들 벤하닷에게
보내며 이르되
19 나와 당신 사이에 약조가 있고 내
아버지와 당신의 아버지 사이에도

기록일 : . . .

있었느니라 내가 당신에게 은금 예
물을 보냈으니 와서 이스라엘의 왕
바아사와 세운 약조를 깨뜨려서 그
가 나를 떠나게 하라 하매
20 벤하닷이 아사 왕의 말을 듣고 그
의 군대 지휘관들을 보내 이스라엘
성읍들을 치되 이욘과 단과 아벨벧
마아가와 긴네렛 온 땅과 납달리
온 땅을 쳤더니
21 바아사가 듣고 라마를 건축하는 일
을 중단하고 디르사에 거주하니라
22 이에 아사 왕이 온 유다에 명령을
내려 한 사람도 모면하지 못하게
하여 바아사가 라마를 건축하던 돌
과 재목을 가져오게 하고 그것으로
베냐민의 게바와 미스바를 건축하
였더라
23 아사의 남은 사적과 모든 권세와
그가 행한 모든 일과 성읍을 건축
한 일이 유다 왕 역대지략에 기록
되지 아니하였느냐 그러나 그는 늘
그막에 발에 병이 들었더라
24 아사가 그의 조상들과 함께 자매
그의 조상들과 함께 그의 조상 다
윗의 성읍에 장사되고 그의 아들
여호사밧이 대신하여 왕이 되니라
25 유다의 아사 왕 둘째 해에 여로보
암의 아들 나답이 이스라엘 왕이
되어 이 년 동안 이스라엘을 다스
리니라
26 그가 야훼 보시기에 악을 행하되
그의 아버지의 길로 행하며 그가
이스라엘에게 범하게 한 그 죄 중
에 행한지라
27 이에 잇사갈 족속 아히야의 아들
바아사가 그를 모반하여 블레셋 사
람에게 속한 깁브돈에서 그를 죽
였으니 이는 나답과 온 이스라엘이
깁브돈을 에워싸고 있었음이더라
28 유다의 아사 왕 셋째 해에 바아사
가 나답을 죽이고 대신하여 왕이
되고
29 왕이 될 때에 여로보암의 온 집을
쳐서 생명 있는 자를 한 사람도 남
기지 아니하고 다 멸하였는데 야훼
께서 그의 종 실로 사람 아히야를
통하여 하신 말씀과 같이 되었으니
30 이는 여로보암이 범죄하고 또 이스
라엘에게 범하게 한 죄로 말미암
음이며 또 그가 이스라엘의 하나님
야훼를 노엽게 한 일 때문이었더라
31 나답의 남은 사적과 행한 모든 일
은 이스라엘 왕 역대지략에 기록되
지 아니하였느냐
32 아사와 이스라엘의 바아사 왕 사이
에 일생 동안 전쟁이 있으니라
33 유다의 아사 왕 셋째 해에 아히야
의 아들 바아사가 디르사에서 모든
이스라엘의 왕이 되어 이십사 년 동
안 다스리니라

기록일 : . . .

34 바아사가 여호와 보시기에 악을 행
하되 여로보암의 길로 행하며 그가
이스라엘에게 범하게 한 그 죄 중
에 행하였더라

16 여호와의 말씀이 하나니의 아들 예
후에게 임하여 바아사를 꾸짖어 이
르시되
2 내가 너를 티끌에서 들어 내 백성
이스라엘 위에 주권자가 되게 하였
거늘 네가 여로보암의 길로 행하며
내 백성 이스라엘에게 범죄하게 하
여 그들의 죄로 나를 노엽게 하였
은즉
3 내가 너 바아사와 네 집을 쓸어버
려 네 집이 느밧의 아들 여로보암
의 집 같이 되게 하리니
4 바아사에게 속한 자가 성읍에서 죽
은즉 개가 먹고 그에게 속한 자가
들에서 죽은즉 공중의 새가 먹으리
라 하셨더라
5 바아사의 남은 사적과 행한 모든
일과 권세는 이스라엘 왕 역대지략
에 기록되지 아니하였느냐
6 바아사가 그의 조상들과 함께 자매
디르사에 장사되고 그의 아들 엘라
가 대신하여 왕이 되니라
7 여호와의 말씀이 하나니의 아들 선지
자 예후에게도 임하사 바아사와 그
의 집을 꾸짖으심은 그가 여로보암
의 집과 같이 여호와 보시기에 모든
악을 행하며 그의 손의 행위로 여
호와를 노엽게 하였음이며 또 그의
집을 쳤음이더라
8 유다의 아사 왕 제이십육년에 바아
사의 아들 엘라가 디르사에서 이스
라엘의 왕이 되어 이 년 동안 그 왕
위에 있으니라
9 엘라가 디르사에 있어 왕궁 맡은
자 아르사의 집에서 마시고 취할
때에 그 신하 곧 병거 절반을 통솔
한 지휘관 시므리가 왕을 모반하여
10 시므리가 들어가서 그를 쳐죽이고
그를 대신하여 왕이 되니 곧 유다
의 아사 왕 제이십칠년이라
11 시므리가 왕이 되어 왕위에 오를
때에 바아사의 온 집안 사람들을
죽이되 남자는 그의 친족이든지 그
의 친구든지 한 사람도 남기지 아
니하고
12 바아사의 온 집을 멸하였는데 선지
자 예후를 통하여 바아사를 꾸짖어
하신 여호와의 말씀 같이 되었으니
13 이는 바아사의 모든 죄와 그의 아
들 엘라의 죄 때문이라 그들이 범죄
하고 또 이스라엘에게 범죄하게 하
여 그들의 헛된 것들로 이스라엘의
하나님 여호와를 노하시게 하였더라
14 엘라의 남은 사적과 행한 모든 일
은 이스라엘 왕 역대지략에 기록되
지 아니하였느냐

기록일 : . . .

15 유다의 아사 왕 제이십칠년에 시므
리가 디르사에서 칠 일 동안 왕이
되니라 그 때에 백성들이 블레셋
사람에게 속한 깁브돈을 향하여 진
을 치고 있더니
16 진중 백성들이 시므리가 모반하여
왕을 죽였다는 말을 들은지라 그
날에 이스라엘의 무리가 진에서 군
대 지휘관 오므리를 이스라엘의 왕
으로 삼으매
17 오므리가 이에 이스라엘의 무리를
거느리고 깁브돈에서부터 올라와서
디르사를 에워 쌌더라
18 시므리가 성읍이 함락됨을 보고 왕
궁 요새에 들어가서 왕궁에 불을
지르고 그 가운데에서 죽었으니
19 이는 그가 야훼 보시기에 악을 행
하여 범죄하였기 때문이니라 그가
여로보암의 길로 행하며 그가 이스
라엘에게 죄를 범하게 한 그 죄 중
에 행하였더라
20 시므리의 남은 행위와 그가 반역한
일은 이스라엘 왕 역대지략에 기록
되지 아니하였느냐
21 그 때에 이스라엘 백성이 둘로 나
뉘어 그 절반은 기낫의 아들 디브
니를 따라 그를 왕으로 삼으려 하
고 그 절반은 오므리를 따랐더니
22 오므리를 따른 백성이 기낫의 아
들 디브니를 따른 백성을 이긴지라
디브니가 죽으매 오므리가 왕이 되
니라
23 유다의 아사 왕 제삼십일년에 오므
리가 이스라엘의 왕이 되어 십이 년
동안 왕위에 있으며 디르사에서 육
년 동안 다스리니라
24 그가 은 두 달란트로 세멜에게서
사마리아 산을 사고 그 산 위에 성
읍을 건축하고 그 건축한 성읍 이
름을 그 산 주인이었던 세멜의 이
름을 따라 사마리아라 일컬었더라
25 오므리가 야훼 보시기에 악을 행하
되 그 전의 모든 사람보다 더욱 악
하게 행하여
26 느밧의 아들 여로보암의 모든 길로
행하며 그가 이스라엘에게 죄를 범
하게 한 그 죄 중에 행하여 그들의
헛된 것들로 이스라엘의 하나님 야
훼를 노하시게 하였더라
27 오므리가 행한 그 남은 사적과 그
가 부린 권세는 이스라엘 왕 역대
지략에 기록되지 아니하였느냐
28 오므리가 그의 조상들과 함께 자매
사마리아에 장사되고 그의 아들 아
합이 대신하여 왕이 되니라
29 유다의 아사 왕 제삼십팔년에 오므
리의 아들 아합이 이스라엘의 왕이
되니라 오므리의 아들 아합이 사마
리아에서 이십이 년 동안 이스라엘
을 다스리니라

기록일 : . . .

30 오므리의 아들 아합이 그의 이전의
모든 사람보다 야훼 보시기에 악을
더욱 행하여
31 느밧의 아들 여로보암의 죄를 따라
행하는 것을 오히려 가볍게 여기며
시돈 사람의 왕 엣바알의 딸 이세
벨을 아내로 삼고 가서 바알을 섬
겨 예배하고
32 사마리아에 건축한 바알의 신전 안
에 바알을 위하여 제단을 쌓으며
33 또 아세라 상을 만들었으니 그는
그 이전의 이스라엘의 모든 왕보다
심히 이스라엘 하나님 야훼를 노하
시게 하였더라
34 그 시대에 벧엘 사람 히엘이 여리
고를 건축하였는데 그가 그 터를
쌓을 때에 맏아들 아비람을 잃었고
그 성문을 세울 때에 막내 아들 스
굽을 잃었으니 야훼께서 눈의 아들
여호수아를 통하여 하신 말씀과 같
이 되었더라

17 길르앗에 우거하는 자 중에 디셉
사람 엘리야가 아합에게 말하되 내
가 섬기는 이스라엘의 하나님 야훼
께서 살아 계심을 두고 맹세하노니
내 말이 없으면 수 년 동안 비도 이
슬도 있지 아니하리라 하니라
2 야훼의 말씀이 엘리야에게 임하여
이르시되
3 너는 여기서 떠나 동쪽으로 가서
요단 앞 그릿 시냇가에 숨고
4 그 시냇물을 마시라 내가 까마귀들
에게 명령하여 거기서 너를 먹이게
하리라
5 그가 야훼의 말씀과 같이 하여 곧
가서 요단 앞 그릿 시냇가에 머물매
6 까마귀들이 아침에도 떡과 고기를,
저녁에도 떡과 고기를 가져왔고 그
가 시냇물을 마셨으나
7 땅에 비가 내리지 아니하므로 얼마
후에 그 시내가 마르니라
8 야훼의 말씀이 엘리야에게 임하여
이르시되
9 너는 일어나 시돈에 속한 사르밧으
로 가서 거기 머물라 내가 그 곳 과
부에게 명령하여 네게 음식을 주게
하였느니라
10 그가 일어나 사르밧으로 가서 성문
에 이를 때에 한 과부가 그 곳에서
나뭇가지를 줍는지라 이에 불러 이
르되 청하건대 그릇에 물을 조금
가져다가 내가 마시게 하라
11 그가 가지러 갈 때에 엘리야가 그
를 불러 이르되 청하건대 네 손의
떡 한 조각을 내게로 가져오라
12 그가 이르되 당신의 하나님 야훼께
서 살아 계심을 두고 맹세하노니
나는 떡이 없고 다만 통에 가루 한
움큼과 병에 기름 조금 뿐이라 내
가 나뭇가지 둘을 주워다가 나와

기록일 : . . .

내 아들을 위하여 음식을 만들어
먹고 그 후에는 죽으리라
13 엘리야가 그에게 이르되 두려워하
지 말고 가서 네 말대로 하려니와
먼저 그것으로 나를 위하여 작은
떡 한 개를 만들어 내게로 가져오
고 그 후에 너와 네 아들을 위하여
만들라
14 이스라엘의 하나님 야훼의 말씀이
나 야훼가 비를 지면에 내리는 날
까지 그 통의 가루가 떨어지지 아
니하고 그 병의 기름이 없어지지 아
니하리라 하셨느니라
15 그가 가서 엘리야의 말대로 하였더
니 그와 엘리야와 그의 식구가 여
러 날 먹었으나
16 야훼께서 엘리야를 통하여 하신 말
씀 같이 통의 가루가 떨어지지 아
니하고 병의 기름이 없어지지 아니
하니라
17 이 일 후에 그 집 주인 되는 여인의
아들이 병들어 증세가 심히 위중하
다가 숨이 끊어진지라
18 여인이 엘리야에게 이르되 하나님
의 사람이여 당신이 나와 더불어 무
슨 상관이 있기로 내 죄를 생각나
게 하고 또 내 아들을 죽게 하려고
내게 오셨나이까
19 엘리야가 그에게 그의 아들을 달라
하여 그를 그 여인의 품에서 받아
안고 자기가 거처하는 다락에 올라
가서 자기 침상에 누이고
20 야훼께 부르짖어 이르되 내 하나님
야훼여 주께서 또 내가 우거하는
집 과부에게 재앙을 내리사 그 아
들이 죽게 하셨나이까 하고
21 그 아이 위에 몸을 세 번 펴서 엎
드리고 야훼께 부르짖어 이르되 내
하나님 야훼여 원하건대 이 아이의
혼으로 그의 몸에 돌아오게 하옵소
서 하니
22 야훼께서 엘리야의 소리를 들으시
므로 그 아이의 혼이 몸으로 돌아
오고 살아난지라
23 엘리야가 그 아이를 안고 다락에서
방으로 내려가서 그의 어머니에게
주며 이르되 보라 네 아들이 살아
났느니라
24 여인이 엘리야에게 이르되 내가 이
제야 당신은 하나님의 사람이시요
당신의 입에 있는 야훼의 말씀이
진실한 줄 아노라 하니라

18

많은 날이 지나고 제삼년에 야훼
의 말씀이 엘리야에게 임하여 이르
시되 너는 가서 아합에게 보이라
내가 비를 지면에 내리리라
2 엘리야가 아합에게 보이려고 가니
그 때에 사마리아에 기근이 심하였
더라
3 아합이 왕궁 맡은 자 오바댜를 불

기록일 : . . .

렀으니 이 오바댜는 야훼를 지극히
경외하는 자라
4 이세벨이 야훼의 선지자들을 멸할
때에 오바댜가 선지자 백 명을 가
지고 오십 명씩 굴에 숨기고 떡과
물을 먹였더라
5 아합이 오바댜에게 이르되 이 땅
의 모든 물 근원과 모든 내로 가자
혹시 꼴을 얻으리라 그리하면 말과
노새를 살리리니 짐승을 다 잃지 않
게 되리라 하고
6 두 사람이 두루 다닐 땅을 나누어
아합은 홀로 이 길로 가고 오바댜
는 홀로 저 길로 가니라
7 오바댜가 길에 있을 때에 엘리야가
그를 만난지라 그가 알아보고 엎드
려 말하되 내 주 엘리야여 당신이시
니이까
8 그가 그에게 대답하되 그러하다 가
서 네 주에게 말하기를 엘리야가
여기 있다 하라
9 이르되 내가 무슨 죄를 범하였기에
당신이 당신의 종을 아합의 손에
넘겨 죽이게 하려 하시나이까
10 당신의 하나님 야훼께서 살아 계심
을 두고 맹세하노니 내 주께서 사
람을 보내어 당신을 찾지 아니한
족속이나 나라가 없었는데 그들이
말하기를 엘리야가 없다 하면 그
나라와 그 족속으로 당신을 보지
못하였다는 맹세를 하게 하였거늘
11 이제 당신의 말씀이 가서 네 주에
게 말하기를 엘리야가 여기 있다
하라 하시나
12 내가 당신을 떠나간 후에 야훼의
영이 내가 알지 못하는 곳으로 당
신을 이끌어 가시리니 내가 가서 아
합에게 말하였다가 그가 당신을 찾
지 못하면 내가 죽임을 당하리이다
당신의 종은 어려서부터 야훼를 경
외하는 자라
13 이세벨이 야훼의 선지자들을 죽일
때에 내가 야훼의 선지자 중에 백
명을 오십 명씩 굴에 숨기고 떡과
물로 먹인 일이 내 주에게 들리지
아니하였나이까
14 이제 당신의 말씀이 가서 네 주에
게 말하기를 엘리야가 여기 있다
하라 하시니 그리하면 그가 나를
죽이리이다
15 엘리야가 이르되 내가 섬기는 만군
의 야훼께서 살아 계심을 두고 맹
세하노니 내가 오늘 아합에게 보이
리라
16 오바댜가 가서 아합을 만나 그에게
말하매 아합이 엘리야를 만나러 가
다가
17 엘리야를 볼 때에 아합이 그에게
이르되 이스라엘을 괴롭게 하는 자
여 너냐

기록일 : . . .

18 그가 대답하되 내가 이스라엘을 괴
롭게 한 것이 아니라 당신과 당신
의 아버지의 집이 괴롭게 하였으니
이는 야훼의 명령을 버렸고 당신이
바알들을 따랐음이라
19 그런즉 사람을 보내 온 이스라엘과
이세벨의 상에서 먹는 바알의 선지
자 사백오십 명과 아세라의 선지자
사백 명을 갈멜 산으로 모아 내게
로 나아오게 하소서
20 아합이 이에 이스라엘의 모든 자손
에게로 사람을 보내 선지자들을 갈
멜 산으로 모으니라
21 엘리야가 모든 백성에게 가까이 나
아가 이르되 너희가 어느 때까지
둘 사이에서 머뭇머뭇 하려느냐 야
훼가 만일 하나님이면 그를 따르고
바알이 만일 하나님이면 그를 따를
지니라 하니 백성이 말 한마디도 대
답하지 아니하는지라
22 엘리야가 백성에게 이르되 야훼의
선지자는 나만 홀로 남았으나 바알
의 선지자는 사백오십 명이로다
23 그런즉 송아지 둘을 우리에게 가져
오게 하고 그들은 송아지 한 마리
를 택하여 각을 떠서 나무 위에 놓
고 불은 붙이지 말며 나도 송아지
한 마리를 잡아 나무 위에 놓고 불
은 붙이지 않고
24 너희는 너희 신의 이름을 부르라
나는 야훼의 이름을 부르리니 이에
불로 응답하는 신 그가 하나님이니
라 백성이 다 대답하되 그 말이 옳
도다 하니라
25 엘리야가 바알의 선지자들에게 이
르되 너희는 많으니 먼저 송아지
한 마리를 택하여 잡고 너희 신의
이름을 부르라 그러나 불을 붙이지
말라
26 그들이 받은 송아지를 가져다가 잡
고 아침부터 낮까지 바알의 이름을
불러 이르되 바알이여 우리에게 응
답하소서 하나 아무 소리도 없고 아
무 응답하는 자도 없으므로 그들이
그 쌓은 제단 주위에서 뛰놀더라
27 정오에 이르러는 엘리야가 그들을
조롱하여 이르되 큰 소리로 부르라
그는 신인즉 묵상하고 있는지 혹은
그가 잠깐 나갔는지 혹은 그가 길
을 행하는지 혹은 그가 잠이 들어
서 깨워야 할 것인지 하매
28 이에 그들이 큰 소리로 부르고 그
들의 규례를 따라 피가 흐르기까지
칼과 창으로 그들의 몸을 상하게
하더라
29 이같이 하여 정오가 지났고 그들
이 미친 듯이 떠들어 저녁 소제 드
릴 때까지 이르렀으나 아무 소리도
없고 응답하는 자나 돌아보는 자가
아무도 없더라

30 엘리야가 모든 백성을 향하여 이르
되 내게로 가까이 오라 백성이 다
그에게 가까이 가매 그가 무너진
야훼의 제단을 수축하되
31 야곱의 아들들의 지파의 수효를 따
라 엘리야가 돌 열두 개를 취하니
이 야곱은 옛적에 야훼의 말씀이
임하여 이르시기를 네 이름을 이스
라엘이라 하리라 하신 자더라
32 그가 야훼의 이름을 의지하여 그
돌로 제단을 쌓고 제단을 돌아가며
곡식 종자 두 세아를 둘 만한 도랑
을 만들고
33 또 나무를 벌이고 송아지의 각을
떠서 나무 위에 놓고 이르되 통 넷
에 물을 채워다가 번제물과 나무
위에 부으라 하고
34 또 이르되 다시 그리하라 하여 다
시 그리하니 또 이르되 세 번째로
그리하라 하여 세 번째로 그리하니
35 물이 제단으로 두루 흐르고 도랑에
도 물이 가득 찼더라
36 저녁 소제 드릴 때에 이르러 선지자
엘리야가 나아가서 말하되 아브라
함과 이삭과 이스라엘의 하나님 야
훼여 주께서 이스라엘 중에서 하나
님이신 것과 내가 주의 종인 것과
내가 주의 말씀대로 이 모든 일을
행하는 것을 오늘 알게 하옵소서
37 야훼여 내게 응답하옵소서 내게 응
답하옵소서 이 백성에게 주 야훼
는 하나님이신 것과 주는 그들의
마음을 되돌이키심을 알게 하옵소
서 하매
38 이에 야훼의 불이 내려서 번제물과
나무와 돌과 흙을 태우고 또 도랑
의 물을 핥은지라
39 모든 백성이 보고 엎드려 말하되
야훼 그는 하나님이시로다 야훼 그
는 하나님이시로다 하니
40 엘리야가 그들에게 이르되 바알의
선지자를 잡되 그들 중 하나도 도
망하지 못하게 하라 하매 곧 잡은
지라 엘리야가 그들을 기손 시내로
내려다가 거기서 죽이니라
41 엘리야가 아합에게 이르되 올라가
서 먹고 마시소서 큰 비 소리가 있
나이다
42 아합이 먹고 마시러 올라가니라 엘
리야가 갈멜 산 꼭대기로 올라가서
땅에 꿇어 엎드려 그의 얼굴을 무
릎 사이에 넣고
43 그의 사환에게 이르되 올라가 바다
쪽을 바라보라 그가 올라가 바라보
고 말하되 아무것도 없나이다 이르
되 일곱 번까지 다시 가라
44 일곱 번째 이르러서는 그가 말하되
바다에서 사람의 손 만한 작은 구
름이 일어나나이다 이르되 올라가
아합에게 말하기를 비에 막히지 아

기록일 : . . .

니하도록 마차를 갖추고 내려가소
서 하라 하니라
45 조금 후에 구름과 바람이 일어나서
하늘이 캄캄해지며 큰 비가 내리는
지라 아합이 마차를 타고 이스르엘
로 가니
46 야훼의 능력이 엘리야에게 임하매
그가 허리를 동이고 이스르엘로 들
어가는 곳까지 아합 앞에서 달려갔
더라

19

아합이 엘리야가 행한 모든 일과
그가 어떻게 모든 선지자를 칼로
죽였는지를 이세벨에게 말하니
2 이세벨이 사신을 엘리야에게 보내
어 이르되 내가 내일 이맘때에는
반드시 네 생명을 저 사람들 중 한
사람의 생명과 같게 하리라 그렇게
하지 아니하면 신들이 내게 벌 위에
벌을 내림이 마땅하니라 한지라
3 그가 이 형편을 보고 일어나 자기의
생명을 위해 도망하여 유다에 속한
브엘세바에 이르러 자기의 사환을
그 곳에 머물게 하고
4 자기 자신은 광야로 들어가 하룻
길쯤 가서 한 로뎀 나무 아래에 앉
아서 자기가 죽기를 원하여 이르되
야훼여 넉넉하오니 지금 내 생명을
거두시옵소서 나는 내 조상들보다
낫지 못하니이다 하고
5 로뎀 나무 아래에 누워 자더니 천
사가 그를 어루만지며 그에게 이르
되 일어나서 먹으라 하는지라
6 본즉 머리맡에 숯불에 구운 떡과
한 병 물이 있더라 이에 먹고 마시
고 다시 누웠더니
7 야훼의 천사가 또 다시 와서 어루
만지며 이르되 일어나 먹으라 네가
갈 길을 다 가지 못할까 하노라 하
는지라
8 이에 일어나 먹고 마시고 그 음식물
의 힘을 의지하여 사십 주 사십 야
를 가서 하나님의 산 호렙에 이르
니라
9 엘리야가 그 곳 굴에 들어가 거기
서 머물더니 야훼의 말씀이 그에게
임하여 이르시되 엘리야야 네가 어
찌하여 여기 있느냐
10 그가 대답하되 내가 만군의 하나님
야훼께 열심이 유별하오니 이는 이
스라엘 자손이 주의 언약을 버리고
주의 제단을 헐며 칼로 주의 선지
자들을 죽였음이오며 오직 나만 남
았거늘 그들이 내 생명을 찾아 빼
앗으려 하나이다
11 야훼께서 이르시되 너는 나가서 야
훼 앞에서 산에 서라 하시더니 야
훼께서 지나가시는데 야훼 앞에 크
고 강한 바람이 산을 가르고 바위
를 부수나 바람 가운데에 야훼께서
계시지 아니하며 바람 후에 지진이

기록일 : . . .

있으나 지진 가운데에도 야훼께서
계시지 아니하며
12 또 지진 후에 불이 있으나 불 가운
데에도 야훼께서 계시지 아니하더
니 불 후에 세미한 소리가 있는지라
13 엘리야가 듣고 겉옷으로 얼굴을 가
리고 나가 굴 어귀에 서매 소리가
그에게 임하여 이르시되 엘리야야
네가 어찌하여 여기 있느냐
14 그가 대답하되 내가 만군의 하나님
야훼께 열심이 유별하오니 이는 이
스라엘 자손이 주의 언약을 버리고
주의 제단을 헐며 칼로 주의 선지
자들을 죽였음이오며 오직 나만 남
았거늘 그들이 내 생명을 찾아 빼
앗으려 하나이다
15 야훼께서 그에게 이르시되 너는 네
길을 돌이켜 광야를 통하여 다메섹
에 가서 이르거든 하사엘에게 기름
을 부어 아람의 왕이 되게 하고
16 너는 또 님시의 아들 예후에게 기
름을 부어 이스라엘의 왕이 되게
하고 또 아벨므홀라 사밧의 아들
엘리사에게 기름을 부어 너를 대신
하여 선지자가 되게 하라
17 하사엘의 칼을 피하는 자를 예후가
죽일 것이요 예후의 칼을 피하는
자를 엘리사가 죽이리라
18 그러나 내가 이스라엘 가운데에 칠
천 명을 남기리니 다 바알에게 무
릎을 꿇지 아니하고 다 바알에게
입맞추지 아니한 자니라
19 엘리야가 거기서 떠나 사밧의 아들
엘리사를 만나니 그가 열두 겨릿소
를 앞세우고 밭을 가는데 자기는
열두째 겨릿소와 함께 있더라 엘리
야가 그리로 건너가서 겉옷을 그의
위에 던졌더니
20 그가 소를 버리고 엘리야에게로 달
려가서 이르되 청하건대 나를 내
부모와 입맞추게 하소서 그리한 후
에 내가 당신을 따르리이다 엘리야
가 그에게 이르되 돌아가라 내가
네게 어떻게 행하였느냐 하니라
21 엘리사가 그를 떠나 돌아가서 한
겨릿소를 가져다가 잡고 소의 기구
를 불살라 그 고기를 삶아 백성에
게 주어 먹게 하고 일어나 엘리야
를 따르며 수종 들었더라

20

아람의 벤하닷 왕이 그의 군대를
다 모으니 왕 삼십이 명이 그와 함
께 있고 또 말과 병거들이 있더라
이에 올라가서 사마리아를 에워싸
고 그 곳을 치며
2 사자들을 성 안에 있는 이스라엘의
아합 왕에게 보내 이르기를 벤하닷
이 그에게 이르되
3 네 은금은 내 것이요 네 아내들과
네 자녀들의 아름다운 자도 내 것
이니라 하매

기록일 : . . .

4 이스라엘의 왕이 대답하여 말하기
를 내 주 왕이여 왕의 말씀 같이 나
와 내 것은 다 왕의 것이니이다 하
였더니
5 사신들이 다시 와서 이르되 벤하닷
이 이르노라 내가 이미 네게 사람
을 보내어 말하기를 너는 네 은금
과 아내들과 자녀들을 내게 넘기라
하였거니와
6 내일 이맘때에 내가 내 신하들을
네게 보내리니 그들이 네 집과 네
신하들의 집을 수색하여 네 눈이
기뻐하는 것을 그들의 손으로 잡아
가져가리라 한지라
7 이에 이스라엘 왕이 나라의 장로
를 다 불러 이르되 너희는 이 사람
이 악을 도모하고 있는 줄을 자세
히 알라 그가 내 아내들과 내 자녀
들과 내 은금을 빼앗으려고 사람을
내게 보냈으나 내가 거절하지 못하
였노라
8 모든 장로와 백성들이 다 왕께 아
뢰되 왕은 듣지도 말고 허락하지도
마옵소서 한지라
9 그러므로 왕이 벤하닷의 사신들에
게 이르되 너희는 내 주 왕께 말하
기를 왕이 처음에 보내 종에게 구
하신 것은 내가 다 그대로 하려니
와 이것은 내가 할 수 없나이다 하
라 하니 사자들이 돌아가서 보고하
니라
10 그 때에 벤하닷이 다시 그에게 사
람을 보내어 이르되 사마리아의 부
스러진 것이 나를 따르는 백성의
무리의 손에 채우기에 족할 것 같
으면 신들이 내게 벌 위에 벌을 내
림이 마땅하니라 하매
11 이스라엘 왕이 대답하여 이르되 갑
옷 입는 자가 갑옷 벗는 자 같이 자
랑하지 못할 것이라 하라 하니라
12 그 때에 벤하닷이 왕들과 장막에서
마시다가 이 말을 듣고 그의 신하들
에게 이르되 너희는 진영을 치라 하
매 곧 성읍을 향하여 진영을 치니라
13 한 선지자가 이스라엘의 아합 왕
에게 나아가서 이르되 야훼의 말
씀이 네가 이 큰 무리를 보느냐 내
가 오늘 그들을 네 손에 넘기리니
너는 내가 야훼인 줄을 알리라 하
셨나이다
14 아합이 이르되 누구를 통하여 그렇
게 하시리이까 대답하되 야훼의 말
씀이 각 지방 고관의 청년들로 하
리라 하셨나이다 아합이 이르되 누
가 싸움을 시작하리이까 대답하되
왕이니이다
15 아합이 이에 각 지방 고관의 청년들
을 계수하니 이백삼십이 명이요 그
외에 모든 백성 곧 이스라엘의 모든
자손을 계수하니 칠천 명이더라

기록일 : . . .

16 그들이 정오에 나가니 벤하닷은 장막에서 돕는 왕 삼십이 명과 더불어 마시고 취한 중이라

17 각 지방의 고관의 청년들이 먼저 나갔더라 벤하닷이 정탐꾼을 보냈더니 그들이 보고하여 이르되 사마리아에서 사람들이 나오더이다 하매

18 그가 이르되 화친하러 나올지라도 사로잡고 싸우러 나올지라도 사로잡으라 하니라

19 각 지방 고관의 청년들과 그들을 따르는 군대가 성읍에서 나가서

20 각각 적군을 쳐죽이매 아람 사람이 도망하는지라 이스라엘이 쫓으니 아람 왕 벤하닷이 말을 타고 마병과 더불어 도망하여 피하니라

21 이스라엘 왕이 나가서 말과 병거를 치고 또 아람 사람을 쳐서 크게 이겼더라

22 그 선지자가 이스라엘 왕에게 나아와 이르되 왕은 가서 힘을 기르고 왕께서 행할 일을 알고 준비하소서 해가 바뀌면 아람 왕이 왕을 치러 오리이다 하니라

23 아람 왕의 신하들이 왕께 아뢰되 그들의 신은 산의 신이므로 그들이 우리보다 강하였거니와 우리가 만일 평지에서 그들과 싸우면 반드시 그들보다 강할지라

24 또 왕은 이 일을 행하실지니 곧 왕들을 제하여 각각 그 곳에서 떠나게 하고 그들 대신에 총독들을 두시고

25 또 왕의 잃어버린 군대와 같은 군대를 왕을 위하여 보충하고 말은 말대로, 병거는 병거대로 보충하고 우리가 평지에서 그들과 싸우면 반드시 그들보다 강하리이다 왕이 그 말을 듣고 그리하니라

26 해가 바뀌니 벤하닷이 아람 사람을 소집하고 아벡으로 올라와서 이스라엘과 싸우려 하매

27 이스라엘 자손도 소집되어 군량을 받고 마주 나가서 그들 앞에 진영을 치니 이스라엘 자손은 두 무리의 적은 염소 떼와 같고 아람 사람은 그 땅에 가득하였더라

28 그 때에 하나님의 사람이 이스라엘 왕에게 나아와 말하여 이르되 야훼의 말씀에 아람 사람이 말하기를 야훼는 산의 신이요 골짜기의 신은 아니라 하는도다 그러므로 내가 이 큰 군대를 다 네 손에 넘기리니 너희는 내가 야훼인 줄을 알리라 하셨나이다 하니라

29 진영이 서로 대치한 지 칠 일이라 일곱째 날에 접전하여 이스라엘 자손이 하루에 아람 보병 십만 명을 죽이매

30 그 남은 자는 아벡으로 도망하여

기록일 : . . .

성읍으로 들어갔더니 그 성벽이 그
남은 자 이만 칠천 명 위에 무너지
고 벤하닷은 도망하여 성읍에 이르
러 골방으로 들어가니라
31 그의 신하들이 그에게 말하되 우리
가 들은즉 이스라엘 집의 왕들은
인자한 왕이라 하니 만일 우리가
굵은 베로 허리를 동이고 테두리를
머리에 쓰고 이스라엘의 왕에게로
나아가면 그가 혹시 왕의 생명을
살리리이다 하고
32 그들이 굵은 베로 허리를 동이고
테두리를 머리에 쓰고 이스라엘의
왕에게 이르러 이르되 왕의 종 벤
하닷이 청하기를 내 생명을 살려
주옵소서 하더이다 아합이 이르되
그가 아직도 살아 있느냐 그는 내
형제이니라
33 그 사람들이 좋은 징조로 여기고
그 말을 얼른 받아 대답하여 이르
되 벤하닷은 왕의 형제니이다 왕이
이르되 너희는 가서 그를 인도하여
오라 벤하닷이 이에 왕에게 나아오
니 왕이 그를 병거에 올린지라
34 벤하닷이 왕께 아뢰되 내 아버지께
서 당신의 아버지에게서 빼앗은 모
든 성읍을 내가 돌려보내리이다 또
내 아버지께서 사마리아에서 만든
것 같이 당신도 다메섹에서 당신을
위하여 거리를 만드소서 아합이 이
르되 내가 이 조약으로 인해 당신
을 놓으리라 하고 이에 더불어 조
약을 맺고 그를 놓았더라
35 선지자의 무리 중 한 사람이 야훼
의 말씀을 그의 친구에게 이르되
너는 나를 치라 하였더니 그 사람이
치기를 싫어하는지라
36 그가 그 사람에게 이르되 네가 야훼
의 말씀을 듣지 아니하였으니 네가
나를 떠나갈 때에 사자가 너를 죽
이리라 그 사람이 그의 곁을 떠나가
더니 사자가 그를 만나 죽였더라
37 그가 또 다른 사람을 만나 이르되
너는 나를 치라 하매 그 사람이 그
를 치되 상하도록 친지라
38 선지자가 가서 수건으로 자기의 눈
을 가리어 변장하고 길 가에서 왕
을 기다리다가
39 왕이 지나갈 때에 그가 소리 질러
왕을 불러 이르되 종이 전장 가운
데에 나갔더니 한 사람이 돌이켜 어
떤 사람을 끌고 내게로 와서 말하
기를 이 사람을 지키라 만일 그를
잃어 버리면 네 생명으로 그의 생명
을 대신하거나 그렇지 아니하면 네
가 은 한 달란트를 내어야 하리라
하였거늘
40 종이 이리 저리 일을 볼 동안에 그
가 없어졌나이다 이스라엘 왕이 그
에게 이르되 네가 스스로 결정하였

기록일 : . . .

으니 그대로 당하여야 하리라
41 그가 급히 자기의 눈을 가린 수건을
벗으니 이스라엘 왕이 그는 선지자
중의 한 사람인 줄을 알아본지라
42 그가 왕께 아뢰되 야훼의 말씀이
내가 멸하기로 작정한 사람을 네
손으로 놓았은즉 네 목숨은 그의
목숨을 대신하고 네 백성은 그의
백성을 대신하리라 하셨나이다
43 이스라엘 왕이 근심하고 답답하여
그의 왕궁으로 돌아가려고 사마리
아에 이르니라

21

그 후에 이 일이 있으니라 이스르
엘 사람 나봇에게 이스르엘에 포
도원이 있어 사마리아의 왕 아합의
왕궁에서 가깝더니
2 아합이 나봇에게 말하여 이르되 네
포도원이 내 왕궁 곁에 가까이 있
으니 내게 주어 채소 밭을 삼게 하
라 내가 그 대신에 그보다 더 아름
다운 포도원을 네게 줄 것이요 만
일 네가 좋게 여기면 그 값을 돈으
로 네게 주리라
3 나봇이 아합에게 말하되 내 조상의
유산을 왕에게 주기를 야훼께서 금
하실지로다 하니
4 이스르엘 사람 나봇이 아합에게 대
답하여 이르기를 내 조상의 유산을
왕께 줄 수 없다 하므로 아합이 근
심하고 답답하여 왕궁으로 돌아와
침상에 누워 얼굴을 돌리고 식사를
아니하니
5 그의 아내 이세벨이 그에게 나아와
이르되 왕의 마음에 무엇을 근심하
여 식사를 아니하나이까
6 왕이 그에게 이르되 내가 이스르엘
사람 나봇에게 말하여 이르기를 네
포도원을 내게 주되 돈으로 바꾸거
나 만일 네가 좋아하면 내가 그 대
신에 포도원을 네게 주리라 한즉
그가 대답하기를 내가 내 포도원을
네게 주지 아니하겠노라 하기 때문
이로다
7 그의 아내 이세벨이 그에게 이르되
왕이 지금 이스라엘 나라를 다스리
시나이까 일어나 식사를 하시고 마
음을 즐겁게 하소서 내가 이스르엘
사람 나봇의 포도원을 왕께 드리리
이다 하고
8 아합의 이름으로 편지들을 쓰고 그
인을 치고 봉하여 그의 성읍에서
나봇과 함께 사는 장로와 귀족들에
게 보내니
9 그 편지 사연에 이르기를 금식을 선
포하고 나봇을 백성 가운데에 높이
앉힌 후에
10 불량자 두 사람을 그의 앞에 마주
앉히고 그에게 대하여 증거하기를
네가 하나님과 왕을 저주하였다 하
게 하고 곧 그를 끌고 나가서 돌로

쳐죽이라 하였더라
11 그의 성읍 사람 곧 그의 성읍에 사
는 장로와 귀족들이 이세벨의 지시
곧 그가 자기들에게 보낸 편지에
쓴 대로 하여
12 금식을 선포하고 나봇을 백성 가운
데 높이 앉히매
13 때에 불량자 두 사람이 들어와 그
의 앞에 앉고 백성 앞에서 나봇에
게 대하여 증언을 하여 이르기를
나봇이 하나님과 왕을 저주하였다
하매 무리가 그를 성읍 밖으로 끌
고 나가서 돌로 쳐죽이고
14 이세벨에게 통보하기를 나봇이 돌
에 맞아 죽었나이다 하니
15 이세벨이 나봇이 돌에 맞아 죽었다
함을 듣고 이세벨이 아합에게 이르
되 일어나 그 이스르엘 사람 나봇
이 돈으로 바꾸어 주기를 싫어하던
나봇의 포도원을 차지하소서 나봇
이 살아 있지 아니하고 죽었나이다
16 아합은 나봇이 죽었다 함을 듣고
곧 일어나 이스르엘 사람 나봇의
포도원을 차지하러 그리로 내려갔
더라
17 야훼의 말씀이 디셉 사람 엘리야에
게 임하여 이르시되
18 너는 일어나 내려가서 사마리아에
있는 이스라엘의 아합 왕을 만나라
그가 나봇의 포도원을 차지하러 그
리로 내려갔나니
19 너는 그에게 말하여 이르기를 야훼
의 말씀이 네가 죽이고 또 빼앗았
느냐고 하셨다 하고 또 그에게 이
르기를 야훼의 말씀이 개들이 나봇
의 피를 핥은 곳에서 개들이 네 피
곧 네 몸의 피도 핥으리라 하였다
하라
20 아합이 엘리야에게 이르되 내 대적
자여 네가 나를 찾았느냐 대답하되
내가 찾았노라 네가 네 자신을 팔아
야훼 보시기에 악을 행하였으므로
21 야훼의 말씀이 내가 재앙을 네게
내려 너를 쓸어 버리되 네게 속한
남자는 이스라엘 가운데에 매인 자
나 놓인 자를 다 멸할 것이요
22 또 네 집이 느밧의 아들 여로보암의
집처럼 되게 하고 아히야의 아들 바
아사의 집처럼 되게 하리니 이는 네
가 나를 노하게 하고 이스라엘이 범
죄하게 한 까닭이니라 하셨고
23 이세벨에게 대하여도 야훼께서 말
씀하여 이르시되 개들이 이스르엘
성읍 곁에서 이세벨을 먹을지라
24 아합에게 속한 자로서 성읍에서 죽
은 자는 개들이 먹고 들에서 죽은
자는 공중의 새가 먹으리라고 하셨
느니라 하니
25 예로부터 아합과 같이 그 자신을
팔아 야훼 앞에서 악을 행한 자가

기록일 : . . .

없음은 그를 그의 아내 이세벨이
충동하였음이라
26 그가 야훼께서 이스라엘 자손 앞
에서 쫓아내신 아모리 사람의 모든
행함 같이 우상에게 복종하여 심히
가증하게 행하였더라
27 아합이 이 모든 말씀을 들을 때에
그의 옷을 찢고 굵은 베로 몸을 동
이고 금식하고 굵은 베에 누우며
또 풀이 죽어 다니더라
28 야훼의 말씀이 디셉 사람 엘리야에
게 임하여 이르시되
29 아합이 내 앞에서 겸비함을 네가
보느냐 그가 내 앞에서 겸비하므로
내가 재앙을 저의 시대에는 내리지
아니하고 그 아들의 시대에야 그의
집에 재앙을 내리리라 하셨더라

22

아람과 이스라엘 사이에 전쟁이
없이 삼 년을 지냈더라
2 셋째 해에 유다의 여호사밧 왕이
이스라엘의 왕에게 내려가매
3 이스라엘의 왕이 그의 신하들에게
이르되 길르앗 라못은 본래 우리의
것인 줄을 너희가 알지 못하느냐
우리가 어찌 아람의 왕의 손에서
도로 찾지 아니하고 잠잠히 있으리
요 하고
4 여호사밧에게 이르되 당신은 나와
함께 길르앗 라못으로 가서 싸우시
겠느냐 여호사밧이 이스라엘 왕에
게 이르되 나는 당신과 같고 내 백
성은 당신의 백성과 같고 내 말들
도 당신의 말들과 같으니이다
5 여호사밧이 또 이스라엘의 왕에게
이르되 청하건대 먼저 야훼의 말씀
이 어떠하신지 물어 보소서
6 이스라엘의 왕이 이에 선지자 사백
명쯤 모으고 그들에게 이르되 내가
길르앗 라못에 가서 싸우랴 말랴
그들이 이르되 올라가소서 주께서
그 성읍을 왕의 손에 넘기시리이다
7 여호사밧이 이르되 이 외에 우리가
물을 만한 야훼의 선지자가 여기
있지 아니하니이까
8 이스라엘의 왕이 여호사밧 왕에게
이르되 아직도 이믈라의 아들 미가
야 한 사람이 있으니 그로 말미암
아 야훼께 물을 수 있으나 그는 내
게 대하여 길한 일은 예언하지 아
니하고 흉한 일만 예언하기로 내가
그를 미워하나이다 여호사밧이 이
르되 왕은 그런 말씀을 마소서
9 이스라엘의 왕이 한 내시를 불러
이르되 이믈라의 아들 미가야를 속
히 오게 하라 하니라
10 이스라엘의 왕과 유다의 여호사밧
왕이 왕복을 입고 사마리아 성문
어귀 광장에서 각기 왕좌에 앉아
있고 모든 선지자가 그들의 앞에서
예언을 하고 있는데

기록일 : . . .

11 그나아나의 아들 시드기야는 자기
를 위하여 철로 뿔들을 만들어 가
지고 말하되 야훼의 말씀이 왕이
이것들로 아람 사람을 찔러 진멸하
리라 하셨다 하고
12 모든 선지자도 그와 같이 예언하여
이르기를 길르앗 라못으로 올라가
승리를 얻으소서 야훼께서 그 성읍
을 왕의 손에 넘기시리이다 하더라
13 미가야를 부르러 간 사신이 일러 이
르되 선지자들의 말이 하나 같이
왕에게 길하게 하니 청하건대 당신
의 말도 그들 중 한 사람의 말처럼
길하게 하소서
14 미가야가 이르되 야훼께서 살아 계
심을 두고 맹세하노니 야훼께서 내
게 말씀하시는 것 곧 그것을 내가
말하리라 하고
15 이에 왕에게 이르니 왕이 그에게
이르되 미가야야 우리가 길르앗 라
못으로 싸우러 가랴 또는 말랴 그
가 왕께 이르되 올라가서 승리를
얻으소서 야훼께서 그 성읍을 왕의
손에 넘기시리이다
16 왕이 그에게 이르되 내가 몇 번이
나 네게 맹세하게 하여야 네가 야
훼의 이름으로 진실한 것으로만 내
게 말하겠느냐
17 그가 이르되 내가 보니 온 이스라엘
이 목자 없는 양 같이 산에 흩어졌
는데 야훼의 말씀이 이 무리에게 주
인이 없으니 각각 평안히 자기의 집
으로 돌아갈 것이니라 하셨나이다
18 이스라엘의 왕이 여호사밧 왕에게
이르되 저 사람이 내게 대하여 길
한 것을 예언하지 아니하고 흉한
것을 예언하겠다고 당신에게 말씀
하지 아니하였나이까
19 미가야가 이르되 그런즉 왕은 야훼
의 말씀을 들으소서 내가 보니 야
훼께서 그의 보좌에 앉으셨고 하
늘의 만군이 그의 좌우편에 모시고
서 있는데
20 야훼께서 말씀하시기를 누가 아합
을 꾀어 그를 길르앗 라못에 올라
가서 죽게 할꼬 하시니 하나는 이
렇게 하겠다 하고 또 하나는 저렇
게 하겠다 하였는데
21 한 영이 나아와 야훼 앞에 서서 말
하되 내가 그를 꾀겠나이다
22 야훼께서 그에게 이르시되 어떻게
하겠느냐 이르되 내가 나가서 거짓
말하는 영이 되어 그의 모든 선지
자들의 입에 있겠나이다 야훼께서
이르시되 너는 꾀겠고 또 이루리라
나가서 그리하라 하셨은즉
23 이제 야훼께서 거짓말하는 영을 왕
의 이 모든 선지자의 입에 넣으셨고
또 야훼께서 왕에 대하여 화를 말
씀하셨나이다

기록일 : . . .

24 그나아나의 아들 시드기야가 가까
이 와서 미가야의 뺨을 치며 이르
되 야훼의 영이 나를 떠나 어디로
가서 네게 말씀하시더냐
25 미가야가 이르되 네가 골방에 들어
가서 숨는 그 날에 보리라
26 이스라엘의 왕이 이르되 미가야를
잡아 성주 아몬과 왕자 요아스에게
로 끌고 돌아가서
27 말하기를 왕의 말씀이 이 놈을 옥
에 가두고 내가 평안히 돌아올 때
까지 고생의 떡과 고생의 물을 먹
이라 하였다 하라
28 미가야가 이르되 왕이 참으로 평안
히 돌아오시게 될진대 야훼께서 나
를 통하여 말씀하지 아니하셨으리
이다 또 이르되 너희 백성들아 다
들을지어다 하니라
29 이스라엘의 왕과 유다의 여호사밧
왕이 길르앗 라못으로 올라가니라
30 이스라엘의 왕이 여호사밧에게 이
르되 나는 변장하고 전쟁터로 들어
가려 하노니 당신은 왕복을 입으소
서 하고 이스라엘의 왕이 변장하고
전쟁터로 들어가니라
31 아람 왕이 그의 병거의 지휘관 삼
십이 명에게 명령하여 이르기를 너
희는 작은 자나 큰 자와 더불어 싸
우지 말고 오직 이스라엘 왕과 싸
우라 한지라
32 병거의 지휘관들이 여호사밧을 보
고 그들이 이르되 이가 틀림없이 이
스라엘의 왕이라 하고 돌이켜 그와
싸우려 한즉 여호사밧이 소리를 지
르는지라
33 병거의 지휘관들이 그가 이스라엘
의 왕이 아님을 보고 쫓기를 그치
고 돌이켰더라
34 한 사람이 무심코 활을 당겨 이스
라엘 왕의 갑옷 솔기를 맞힌지라
왕이 그 병거 모는 자에게 이르되
내가 부상하였으니 네 손을 돌려
내가 전쟁터에서 나가게 하라 하였
으나
35 이 날에 전쟁이 맹렬하였으므로 왕
이 병거 가운데에 붙들려 서서 아람
사람을 막다가 저녁에 이르러 죽었
는데 상처의 피가 흘러 병거 바닥
에 고였더라
36 해가 질 녘에 진중에서 외치는 소리
가 있어 이르되 각기 성읍으로 또
는 각기 본향으로 가라 하더라
37 왕이 이미 죽으매 그의 시체를 메
어 사마리아에 이르러 왕을 사마리
아에 장사하니라
38 그 병거를 사마리아 못에서 씻으매
개들이 그의 피를 핥았으니 야훼께
서 하신 말씀과 같이 되었더라 거기
는 창기들이 목욕하는 곳이었더라
39 아합의 남은 행적과 그가 행한 모

기록일 : . . .

든 일과 그가 건축한 상아궁과 그
가 건축한 모든 성읍은 이스라엘
왕 역대지략에 기록되지 아니하였
느냐
40 아합이 그의 조상들과 함께 자매
그의 아들 아하시야가 대신하여 왕
이 되니라
41 이스라엘의 아합 왕 제사년에 아
사의 아들 여호사밧이 유다의 왕이
되니
42 여호사밧이 왕이 될 때에 나이가
삼십오 세라 예루살렘에서 이십오
년 동안 다스리니라 그의 어머니의
이름은 아수바라 실히의 딸이더라
43 여호사밧이 그의 아버지 아사의 모
든 길로 행하며 돌이키지 아니하고
야훼 앞에서 정직히 행하였으나 산
당은 폐하지 아니하였으므로 백성
이 아직도 산당에서 제사를 드리며
분향하였더라
44 여호사밧이 이스라엘의 왕과 더불
어 화평하니라
45 여호사밧의 남은 사적과 그가 부린
권세와 그가 어떻게 전쟁하였는지
는 다 유다 왕 역대지략에 기록되
지 아니하였느냐
46 그가 그의 아버지 아사의 시대에
남아 있던 남색하는 자들을 그 땅
에서 쫓아내었더라
47 그 때에 에돔에는 왕이 없고 섭정
왕이 있었더라
48 여호사밧이 다시스의 선박을 제조
하고 오빌로 금을 구하러 보내려
하였더니 그 배가 에시온게벨에서
파선하였으므로 가지 못하게 되매
49 아합의 아들 아하시야가 여호사밧
에게 이르되 내 종으로 당신의 종
과 함께 배에 가게 하라 하나 여호
사밧이 허락하지 아니하였더라
50 여호사밧이 그의 조상들과 함께 자
매 그의 조상 다윗 성에 그의 조상
들과 함께 장사되고 그의 아들 여
호람이 대신하여 왕이 되니라
51 유다의 여호사밧 왕 제십칠년에 아
합의 아들 아하시야가 사마리아에
서 이스라엘의 왕이 되어 이 년 동
안 이스라엘을 다스리니라
52 그가 야훼 앞에서 악을 행하여 그
의 아버지의 길과 그의 어머니의 길
과 이스라엘에게 범죄하게 한 느밧
의 아들 여로보암의 길로 행하며
53 바알을 섬겨 그에게 예배하여 이스
라엘의 하나님 야훼를 노하시게 하
기를 그의 아버지의 온갖 행위 같
이 하였더라

기록일 : . . .

1 아합이 죽은 후에 모압이 이스라
엘을 배반하였더라
2 아하시야가 사마리아에 있는 그의
다락 난간에서 떨어져 병들매 사자
를 보내며 그들에게 이르되 가서
에그론의 신 바알세붑에게 이 병이
낫겠나 물어 보라 하니라
3 야훼의 사자가 디셉 사람 엘리야
에게 이르되 너는 일어나 올라가서
사마리아 왕의 사자를 만나 그에게
이르기를 이스라엘에 하나님이 없
어서 너희가 에그론의 신 바알세붑
에게 물으러 가느냐
4 그러므로 야훼의 말씀이 네가 올라
간 침상에서 내려오지 못할지라 네
가 반드시 죽으리라 하셨다 하라
엘리야가 이에 가니라
5 사자들이 왕에게 돌아오니 왕이 그
들에게 이르되 너희는 어찌하여 돌
아왔느냐 하니
6 그들이 말하되 한 사람이 올라와서
우리를 만나 이르되 너희는 너희를
보낸 왕에게로 돌아가서 그에게 고
하기를 야훼의 말씀이 이스라엘에
하나님이 없어서 네가 에그론의 신
바알세붑에게 물으려고 보내느냐
그러므로 네가 올라간 침상에서 내
려오지 못할지라 네가 반드시 죽으
리라 하셨다 하라 하더이다
7 왕이 그들에게 이르되 올라와서 너
희를 만나 이 말을 너희에게 한 그
사람은 어떤 사람이더냐
8 그들이 그에게 대답하되 그는 털이
많은 사람인데 허리에 가죽 띠를
띠었더이다 하니 왕이 이르되 그는
디셉 사람 엘리야로다
9 이에 오십부장과 그의 군사 오십
명을 엘리야에게로 보내매 그가 엘
리야에게로 올라가 본즉 산 꼭대기
에 앉아 있는지라 그가 엘리야에게
이르되 하나님의 사람이여 왕의 말
씀이 내려오라 하셨나이다
10 엘리야가 오십부장에게 대답하여
이르되 내가 만일 하나님의 사람이
면 불이 하늘에서 내려와 너와 너
의 오십 명을 사를지로다 하매 불
이 곧 하늘에서 내려와 그와 그의
군사 오십 명을 살랐더라
11 왕이 다시 다른 오십부장과 그의
군사 오십 명을 엘리야에게로 보내
니 그가 엘리야에게 말하여 이르되
하나님의 사람이여 왕의 말씀이 속
히 내려오라 하셨나이다 하니
12 엘리야가 그들에게 대답하여 이르
되 내가 만일 하나님의 사람이면
불이 하늘에서 내려와 너와 너의

기록일 : . . .

오십 명을 사를지로다 하매 하나님
의 불이 곧 하늘에서 내려와 그와
그의 군사 오십 명을 살랐더라
13 왕이 세 번째 오십부장과 그의 군
사 오십 명을 보낸지라 셋째 오십
부장이 올라가서 엘리야 앞에 이르
러 그의 무릎을 꿇어 엎드려 간구
하여 이르되 하나님의 사람이여 원
하건대 나의 생명과 당신의 종인
이 오십 명의 생명을 당신은 귀히
보소서
14 불이 하늘에서 내려와 전번의 오십
부장 둘과 그의 군사 오십 명을 살
랐거니와 나의 생명을 당신은 귀히
보소서 하매
15 야훼의 사자가 엘리야에게 이르되
너는 그를 두려워하지 말고 함께
내려가라 하신지라 엘리야가 곧 일
어나 그와 함께 내려와 왕에게 이
르러
16 말하되 야훼의 말씀이 네가 사자
를 보내 에그론의 신 바알세붑에게
물으려 하니 이스라엘에 그의 말을
물을 만한 하나님이 안 계심이냐
그러므로 네가 그 올라간 침상에서
내려오지 못할지라 네가 반드시 죽
으리라 하셨다 하니라
17 왕이 엘리야가 전한 야훼의 말씀대
로 죽고 그가 아들이 없으므로 여
호람이 그를 대신하여 왕이 되니
유다 왕 여호사밧의 아들 여호람의
둘째 해였더라
18 아하시야가 행한 그 남은 사적은
모두 이스라엘 왕 역대지략에 기록
되지 아니하였느냐

2

야훼께서 회오리 바람으로 엘리
야를 하늘로 올리고자 하실 때에
엘리야가 엘리사와 더불어 길갈에
서 나가더니
2 엘리야가 엘리사에게 이르되 청하
건대 너는 여기 머물라 야훼께서
나를 벧엘로 보내시느니라 하니 엘
리사가 이르되 야훼께서 살아 계심
과 당신의 영혼이 살아 있음을 두
고 맹세하노니 내가 당신을 떠나지
아니하겠나이다 하는지라 이에 두
사람이 벧엘로 내려가니
3 벧엘에 있는 선지자의 제자들이 엘
리사에게로 나아와 그에게 이르되
야훼께서 오늘 당신의 선생을 당신
의 머리 위로 데려가실 줄을 아시
나이까 하니 이르되 나도 또한 아
노니 너희는 잠잠하라 하니라
4 엘리야가 그에게 이르되 엘리사야
청하건대 너는 여기 머물라 야훼께
서 나를 여리고로 보내시느니라 엘
리사가 이르되 야훼께서 살아 계심
과 당신의 영혼이 살아 있음을 두
고 맹세하노니 내가 당신을 떠나지
아니하겠나이다 하니라 그들이 여

리고에 이르매
5 여리고에 있는 선지자의 제자들이
엘리사에게 나아와 이르되 야훼께
서 오늘 당신의 선생을 당신의 머
리 위로 데려가실 줄을 아시나이까
하니 엘리사가 이르되 나도 아노니
너희는 잠잠하라
6 엘리야가 또 엘리사에게 이르되 청
하건대 너는 여기 머물라 야훼께서
나를 요단으로 보내시느니라 하니
그가 이르되 야훼께서 살아 계심과
당신의 영혼이 살아 있음을 두고
맹세하노니 내가 당신을 떠나지 아
니하겠나이다 하는지라 이에 두 사
람이 가니라
7 선지자의 제자 오십 명이 가서 멀리
서서 바라보매 그 두 사람이 요단
가에 서 있더니
8 엘리야가 겉옷을 가지고 말아 물을
치매 물이 이리 저리 갈라지고 두
사람이 마른 땅 위로 건너더라
9 건너매 엘리야가 엘리사에게 이르
되 나를 네게서 데려감을 당하기
전에 내가 네게 어떻게 할지를 구
하라 엘리사가 이르되 당신의 성령
이 하시는 역사가 갑절이나 내게 있
게 하소서 하는지라
10 이르되 네가 어려운 일을 구하는도
다 그러나 나를 네게서 데려가시는
것을 네가 보면 그 일이 네게 이루
어지려니와 그렇지 아니하면 이루
어지지 아니하리라 하고
11 두 사람이 길을 가며 말하더니 불
수레와 불말들이 두 사람을 갈라놓
고 엘리야가 회오리 바람으로 하늘
로 올라가더라
12 엘리사가 보고 소리 지르되 내 아
버지여 내 아버지여 이스라엘의 병
거와 그 마병이여 하더니 다시 보이
지 아니하는지라 이에 엘리사가 자
기의 옷을 잡아 둘로 찢고
13 엘리야의 몸에서 떨어진 겉옷을 주
워 가지고 돌아와 요단 언덕에 서서
14 엘리야의 몸에서 떨어진 그의 겉옷
을 가지고 물을 치며 이르되 엘리
야의 하나님 야훼는 어디 계시니이
까 하고 그도 물을 치매 물이 이리
저리 갈라지고 엘리사가 건너니라
15 맞은편 여리고에 있는 선지자의 제
자들이 그를 보며 말하기를 엘리야
의 성령이 하시는 역사가 엘리사 위
에 머물렀다 하고 가서 그에게로 나
아가 땅에 엎드려 그에게 경배하고
16 그에게 이르되 당신의 종들에게 용
감한 사람 오십 명이 있으니 청하건
대 그들이 가서 당신의 주인을 찾
게 하소서 염려하건대 야훼의 성령
이 그를 들고 가다가 어느 산에나
어느 골짜기에 던지셨을까 하나이
다 하니라 엘리사가 이르되 보내지

기록일 :　　.　　.　　.

말라 하나
17 무리가 그로 부끄러워하도록 강청
하매 보내라 한지라 그들이 오십
명을 보냈더니 사흘 동안을 찾되
발견하지 못하고
18 엘리사가 여리고에 머무는 중에 무
리가 그에게 돌아오니 엘리사가 그
들에게 이르되 내가 가지 말라고
너희에게 이르지 아니하였느냐 하
였더라
19 그 성읍 사람들이 엘리사에게 말하
되 우리 주인께서 보시는 바와 같
이 이 성읍의 위치는 좋으나 물이
나쁘므로 토산이 익지 못하고 떨어
지나이다
20 엘리사가 이르되 새 그릇에 소금을
담아 내게로 가져오라 하매 곧 가
져온지라
21 엘리사가 물 근원으로 나아가서 소
금을 그 가운데에 던지며 이르되
야훼의 말씀이 내가 이 물을 고쳤
으니 이로부터 다시는 죽음이나 열
매 맺지 못함이 없을지니라 하셨느
니라 하니
22 그 물이 엘리사가 한 말과 같이 고
쳐져서 오늘에 이르렀더라
23 엘리사가 거기서 벧엘로 올라가더
니 그가 길에서 올라갈 때에 작은
아이들이 성읍에서 나와 그를 조롱
하여 이르되 대머리여 올라가라 대
머리여 올라가라 하는지라
24 엘리사가 뒤로 돌이켜 그들을 보고
야훼의 이름으로 저주하매 곧 수풀
에서 암곰 둘이 나와서 아이들 중
의 사십이 명을 찢었더라
25 엘리사가 거기서부터 갈멜 산으로
가고 거기서 사마리아로 돌아왔더라

3 유다의 여호사밧 왕 열여덟째 해
에 아합의 아들 여호람이 사마리아
에서 이스라엘을 열두 해 동안 다
스리니라
2 그가 야훼 보시기에 악을 행하였으
나 그의 부모와 같이 하지는 아니하
였으니 이는 그가 그의 아버지가 만
든 바알의 주상을 없이하였음이라
3 그러나 그가 느밧의 아들 여로보암
이 이스라엘에게 범하게 한 그 죄를
따라 행하고 떠나지 아니하였더라
4 모압 왕 메사는 양을 치는 자라 새
끼 양 십만 마리의 털과 숫양 십만
마리의 털을 이스라엘 왕에게 바치
더니
5 아합이 죽은 후에 모압 왕이 이스
라엘 왕을 배반한지라
6 그 때에 여호람 왕이 사마리아에서
나가 온 이스라엘을 둘러보고
7 또 가서 유다의 왕 여호사밧에게
사신을 보내 이르되 모압 왕이 나
를 배반하였으니 당신은 나와 함께
가서 모압을 치시겠느냐 하니 그가

기록일 : . . .

이르되 내가 올라가리이다 나는 당
신과 같고 내 백성은 당신의 백성
과 같고 내 말들도 당신의 말들과
같으니이다 하는지라
8 여호람이 이르되 우리가 어느 길로
올라가리이까 하니 그가 대답하되
에돔 광야 길로니이다 하니라
9 이스라엘 왕과 유다 왕과 에돔 왕
이 가더니 길을 둘러 간 지 칠 일에
군사와 따라가는 가축을 먹일 물이
없는지라
10 이스라엘 왕이 이르되 슬프다 야훼
께서 이 세 왕을 불러 모아 모압의
손에 넘기려 하시는도다 하니
11 여호사밧이 이르되 우리가 야훼께
물을 만한 야훼의 선지자가 여기
없느냐 하는지라 이스라엘 왕의 신
하들 중의 한 사람이 대답하여 이
르되 전에 엘리야의 손에 물을 붓
던 사밧의 아들 엘리사가 여기 있
나이다 하니
12 여호사밧이 이르되 야훼의 말씀이
그에게 있도다 하는지라 이에 이스
라엘 왕과 여호사밧과 에돔 왕이
그에게로 내려가니라
13 엘리사가 이스라엘 왕에게 이르되
내가 당신과 무슨 상관이 있나이
까 당신의 부친의 선지자들과 당신
의 모친의 선지자들에게로 가소서
하니 이스라엘 왕이 그에게 이르되
그렇지 아니하니이다 야훼께서 이
세 왕을 불러 모아 모압의 손에 넘
기려 하시나이다 하니라
14 엘리사가 이르되 내가 섬기는 만군
의 야훼께서 살아 계심을 두고 맹
세하노니 내가 만일 유다의 왕 여
호사밧의 얼굴을 봄이 아니면 그
앞에서 당신을 향하지도 아니하고
보지도 아니하였으리이다
15 이제 내게로 거문고 탈 자를 불러
오소서 하니라 거문고 타는 자가
거문고를 탈 때에 야훼의 손이 엘
리사 위에 있더니
16 그가 이르되 야훼의 말씀이 이 골짜
기에 개천을 많이 파라 하셨나이다
17 야훼께서 이르시기를 너희가 바람
도 보지 못하고 비도 보지 못하되
이 골짜기에 물이 가득하여 너희와
너희 가축과 짐승이 마시리라 하셨
나이다
18 이것은 야훼께서 보시기에 작은 일
이라 야훼께서 모압 사람도 당신의
손에 넘기시리니
19 당신들이 모든 견고한 성읍과 모든
아름다운 성읍을 치고 모든 좋은 나
무를 베고 모든 샘을 메우고 돌로
모든 좋은 밭을 헐리이다 하더니
20 아침이 되어 소제 드릴 때에 물이
에돔 쪽에서부터 흘러와 그 땅에
가득하였더라

기록일 : . . .

21 모압의 모든 사람은 왕들이 올라와
서 자기를 치려 한다 함을 듣고 갑
옷 입을 만한 자로부터 그 이상이
다 모여 그 경계에 서 있더라
22 아침에 모압 사람이 일찍이 일어나
서 해가 물에 비치므로 맞은편 물
이 붉어 피와 같음을 보고
23 이르되 이는 피라 틀림없이 저 왕들
이 싸워 서로 죽인 것이로다 모압
사람들아 이제 노략하러 가자 하고
24 이스라엘 진에 이르니 이스라엘 사
람이 일어나 모압 사람을 쳐서 그
들 앞에서 도망하게 하고 그 지경
에 들어가며 모압 사람을 치고
25 그 성읍들을 쳐서 헐고 각기 돌을
던져 모든 좋은 밭에 가득하게 하
고 모든 샘을 메우고 모든 좋은 나
무를 베고 길하레셋의 돌들은 남기
고 물매꾼이 두루 다니며 치니라
26 모압 왕이 전세가 극렬하여 당하기
어려움을 보고 칼찬 군사 칠백 명
을 거느리고 돌파하여 지나서 에돔
왕에게로 가고자 하되 가지 못하고
27 이에 자기 왕위를 이어 왕이 될 맏
아들을 데려와 성 위에서 번제를
드린지라 이스라엘에게 크게 격노
함이 임하매 그들이 떠나 각기 고
국으로 돌아갔더라

4 선지자의 제자들의 아내 중의 한
여인이 엘리사에게 부르짖어 이르
되 당신의 종 나의 남편이 이미 죽
었는데 당신의 종이 야훼를 경외한
줄은 당신이 아시는 바니이다 이제
빚 준 사람이 와서 나의 두 아이를
데려가 그의 종을 삼고자 하나이다
하니
2 엘리사가 그에게 이르되 내가 너를
위하여 어떻게 하랴 네 집에 무엇
이 있는지 내게 말하라 그가 이르
되 계집종의 집에 기름 한 그릇 외
에는 아무것도 없나이다 하니
3 이르되 너는 밖에 나가서 모든 이
웃에게 그릇을 빌리라 빈 그릇을
빌리되 조금 빌리지 말고
4 너는 네 두 아들과 함께 들어가서
문을 닫고 그 모든 그릇에 기름을
부어서 차는 대로 옮겨 놓으라 하
니라
5 여인이 물러가서 그의 두 아들과 함
께 문을 닫은 후에 그들은 그릇을
그에게로 가져오고 그는 부었더니
6 그릇에 다 찬지라 여인이 아들에게
이르되 또 그릇을 내게로 가져오라
하니 아들이 이르되 다른 그릇이
없나이다 하니 기름이 곧 그쳤더라
7 그 여인이 하나님의 사람에게 나아
가서 말하니 그가 이르되 너는 가
서 기름을 팔아 빚을 갚고 남은 것
으로 너와 네 두 아들이 생활하라
하였더라

기록일 : . . .

8 하루는 엘리사가 수넴에 이르렀더
니 거기에 한 귀한 여인이 그를 간
권하여 음식을 먹게 하였으므로 엘
리사가 그 곳을 지날 때마다 음식
을 먹으러 그리로 들어갔더라
9 여인이 그의 남편에게 이르되 항상
우리를 지나가는 이 사람은 하나님
의 거룩한 사람인 줄을 내가 아노니
10 청하건대 우리가 그를 위하여 작
은 방을 담 위에 만들고 침상과 책
상과 의자와 촛대를 두사이다 그가
우리에게 이르면 거기에 머물리이
다 하였더라
11 하루는 엘리사가 거기에 이르러 그
방에 들어가 누웠더니
12 자기 사환 게하시에게 이르되 이
수넴 여인을 불러오라 하니 곧 여인
을 부르매 여인이 그 앞에 선지라
13 엘리사가 자기 사환에게 이르되 너
는 그에게 이르라 네가 이같이 우
리를 위하여 세심한 배려를 하는도
다 내가 너를 위하여 무엇을 하랴
왕에게나 사령관에게 무슨 구할 것
이 있느냐 하니 여인이 이르되 나는
내 백성 중에 거주하나이다 하니라
14 엘리사가 이르되 그러면 그를 위하
여 무엇을 하여야 할까 하니 게하
시가 대답하되 참으로 이 여인은
아들이 없고 그 남편은 늙었나이다
하니
15 이르되 다시 부르라 하여 부르매
여인이 문에 서니라
16 엘리사가 이르되 한 해가 지나 이
때쯤에 네가 아들을 안으리라 하니
여인이 이르되 아니로소이다 내 주
하나님의 사람이여 당신의 계집종
을 속이지 마옵소서 하니라
17 여인이 과연 잉태하여 한 해가 지나
이 때쯤에 엘리사가 여인에게 말한
대로 아들을 낳았더라
18 그 아이가 자라매 하루는 추수꾼들
에게 나가서 그의 아버지에게 이르
렀더니
19 그의 아버지에게 이르되 내 머리야
내 머리야 하는지라 그의 아버지가
사환에게 말하여 그의 어머니에게
로 데려가라 하매
20 곧 어머니에게로 데려갔더니 낮까
지 어머니의 무릎에 앉아 있다가
죽은지라
21 그의 어머니가 올라가서 아들을 하
나님의 사람의 침상 위에 두고 문
을 닫고 나와
22 그 남편을 불러 이르되 청하건대
사환 한 명과 나귀 한 마리를 내게
로 보내소서 내가 하나님의 사람에
게 달려갔다가 돌아오리이다 하니
23 그 남편이 이르되 초하루도 아니요
안식일도 아니거늘 그대가 오늘 어
찌하여 그에게 나아가고자 하느냐

기록일 : . . .

하는지라 여인이 이르되 평안을 비
나이다 하니라
24 이에 나귀에 안장을 지우고 자기
사환에게 이르되 몰고 가라 내가
말하지 아니하거든 나를 위하여 달
려가기를 멈추지 말라 하고
25 드디어 갈멜 산으로 가서 하나님
의 사람에게로 나아가니라 하나님
의 사람이 멀리서 그를 보고 자기
사환 게하시에게 이르되 저기 수넴
여인이 있도다
26 너는 달려가서 그를 맞아 이르기를
너는 평안하냐 네 남편이 평안하냐
아이가 평안하냐 하라 하였더니 여
인이 대답하되 평안하다 하고
27 산에 이르러 하나님의 사람에게 나
아가서 그 발을 안은지라 게하시가
가까이 와서 그를 물리치고자 하매
하나님의 사람이 이르되 가만 두라
그의 영혼이 괴로워하지마는 야훼
께서 내게 숨기시고 이르지 아니하
셨도다 하니라
28 여인이 이르되 내가 내 주께 아들
을 구하더이까 나를 속이지 말라고
내가 말하지 아니하더이까 하니
29 엘리사가 게하시에게 이르되 네 허
리를 묶고 내 지팡이를 손에 들고
가라 사람을 만나거든 인사하지 말
며 사람이 네게 인사할지라도 대답
하지 말고 내 지팡이를 그 아이 얼
굴에 놓으라 하는지라
30 아이의 어머니가 이르되 야훼께서
살아 계심과 당신의 영혼이 살아
계심을 두고 맹세하노니 내가 당신
을 떠나지 아니하리이다 엘리사가
이에 일어나 여인을 따라가니라
31 게하시가 그들보다 앞서 가서 지팡
이를 그 아이의 얼굴에 놓았으나
소리도 없고 듣지도 아니하는지라
돌아와서 엘리사를 맞아 그에게 말
하여 아이가 깨지 아니하였나이다
하니라
32 엘리사가 집에 들어가 보니 아이가
죽었는데 자기의 침상에 눕혔는지라
33 들어가서는 문을 닫으니 두 사람
뿐이라 엘리사가 야훼께 기도하고
34 아이 위에 올라 엎드려 자기 입을
그의 입에, 자기 눈을 그의 눈에,
자기 손을 그의 손에 대고 그의 몸
에 엎드리니 아이의 살이 차차 따
뜻하더라
35 엘리사가 내려서 집 안에서 한 번
이리 저리 다니고 다시 아이 위에
올라 엎드리니 아이가 일곱 번 재채
기 하고 눈을 뜨는지라
36 엘리사가 게하시를 불러 저 수넴
여인을 불러오라 하니 곧 부르매
여인이 들어가니 엘리사가 이르되
네 아들을 데리고 가라 하니라
37 여인이 들어가서 엘리사의 발 앞에

기록일 : . . .

서 땅에 엎드려 절하고 아들을 안
고 나가니라
38 엘리사가 다시 길갈에 이르니 그
땅에 흉년이 들었는데 선지자의 제
자들이 엘리사의 앞에 앉은지라 엘
리사가 자기 사환에게 이르되 큰
솥을 걸고 선지자의 제자들을 위하
여 국을 끓이라 하매
39 한 사람이 채소를 캐러 들에 나가
들포도덩굴을 만나 그것에서 들호
박을 따서 옷자락에 채워가지고 돌
아와 썰어 국 끓이는 솥에 넣되 그
들은 무엇인지 알지 못한지라
40 이에 퍼다가 무리에게 주어 먹게
하였더니 무리가 국을 먹다가 그들
이 외쳐 이르되 하나님의 사람이여
솥에 죽음의 독이 있나이다 하고
능히 먹지 못하는지라
41 엘리사가 이르되 그러면 가루를 가
져오라 하여 솥에 던지고 이르되 퍼
다가 무리에게 주어 먹게 하라 하
매 이에 솥 가운데 독이 없어지니라
42 한 사람이 바알 살리사에서부터 와
서 처음 만든 떡 곧 보리떡 이십 개
와 또 자루에 담은 채소를 하나님
의 사람에게 드린지라 그가 이르되
무리에게 주어 먹게 하라
43 그 사환이 이르되 내가 어찌 이것
을 백 명에게 주겠나이까 하나 엘
리사는 또 이르되 무리에게 주어
먹게 하라 야훼의 말씀이 그들이
먹고 남으리라 하셨느니라
44 그가 그들 앞에 주었더니 야훼께서
말씀하신 대로 먹고 남았더라

5

아람 왕의 군대 장관 나아만은 그
의 주인 앞에서 크고 존귀한 자니
이는 야훼께서 전에 그에게 아람을
구원하게 하셨음이라 그는 큰 용사
이나 나병환자더라
2 전에 아람 사람이 떼를 지어 나가
서 이스라엘 땅에서 어린 소녀 하
나를 사로잡으매 그가 나아만의 아
내에게 수종들더니
3 그의 여주인에게 이르되 우리 주
인이 사마리아에 계신 선지자 앞에
계셨으면 좋겠나이다 그가 그 나병
을 고치리이다 하는지라
4 나아만이 들어가서 그의 주인께 아
뢰어 이르되 이스라엘 땅에서 온 소
녀의 말이 이러이러하더이다 하니
5 아람 왕이 이르되 갈지어다 이제
내가 이스라엘 왕에게 글을 보내리
라 하더라 나아만이 곧 떠날새 은
십 달란트와 금 육천 개와 의복 열
벌을 가지고 가서
6 이스라엘 왕에게 그 글을 전하니
일렀으되 내가 내 신하 나아만을
당신에게 보내오니 이 글이 당신에
게 이르거든 당신은 그의 나병을
고쳐 주소서 하였더라

기록일 : . . .

7 이스라엘 왕이 그 글을 읽고 자기
옷을 찢으며 이르되 내가 사람을 죽
이고 살리는 하나님이냐 그가 어찌
하여 사람을 내게로 보내 그의 나병
을 고치라 하느냐 너희는 깊이 생각
하고 저 왕이 틈을 타서 나와 더불
어 시비하려 함인줄 알라 하니라
8 하나님의 사람 엘리사가 이스라엘
왕이 자기의 옷을 찢었다 함을 듣
고 왕에게 보내 이르되 왕이 어찌
하여 옷을 찢었나이까 그 사람을
내게로 오게 하소서 그가 이스라엘
중에 선지자가 있는 줄을 알리이다
하니라
9 나아만이 이에 말들과 병거들을 거
느리고 이르러 엘리사의 집 문에
서니
10 엘리사가 사자를 그에게 보내 이르
되 너는 가서 요단 강에 몸을 일곱
번 씻으라 네 살이 회복되어 깨끗
하리라 하는지라
11 나아만이 노하여 물러가며 이르되
내 생각에는 그가 내게로 나와 서
서 그의 하나님 야훼의 이름을 부
르고 그의 손을 그 부위 위에 흔들
어 나병을 고칠까 하였도다
12 다메섹 강 아바나와 바르발은 이스
라엘 모든 강물보다 낫지 아니하냐
내가 거기서 몸을 씻으면 깨끗하게
되지 아니하랴 하고 몸을 돌려 분
노하여 떠나니
13 그의 종들이 나아와서 말하여 이르
되 내 아버지여 선지자가 당신에게
큰 일을 행하라 말하였더면 행하지
아니하였으리이까 하물며 당신에게
이르기를 씻어 깨끗하게 하라 함이
리이까 하니
14 나아만이 이에 내려가서 하나님의
사람의 말대로 요단 강에 일곱 번
몸을 잠그니 그의 살이 어린 아이
의 살 같이 회복되어 깨끗하게 되
었더라
15 나아만이 모든 군대와 함께 하나님
의 사람에게로 도로 와서 그의 앞
에 서서 이르되 내가 이제 이스라
엘 외에는 온 천하에 신이 없는 줄
을 아나이다 청하건대 당신의 종에
게서 예물을 받으소서 하니
16 이르되 내가 섬기는 야훼께서 살아
계심을 두고 맹세하노니 내가 그
앞에서 받지 아니하리라 하였더라
나아만이 받으라고 강권하되 그가
거절하니라
17 나아만이 이르되 그러면 청하건대
노새 두 마리에 실을 흙을 당신의
종에게 주소서 이제부터는 종이 번
제물과 다른 희생제사를 야훼 외
다른 신에게는 드리지 아니하고 다
만 야훼께 드리겠나이다
18 오직 한 가지 일이 있사오니 야훼

기록일 : . . .

께서 당신의 종을 용서하시기를 원
하나이다 곧 내 주인께서 림몬의 신
당에 들어가 거기서 경배하며 그가
내 손을 의지하시매 내가 림몬의 신
당에서 몸을 굽히오니 내가 림몬의
신당에서 몸을 굽힐 때에 야훼께서
이 일에 대하여 당신의 종을 용서하
시기를 원하나이다 하니
19 엘리사가 이르되 너는 평안히 가라
하니라 그가 엘리사를 떠나 조금
가니라
20 하나님의 사람 엘리사의 사환 게하
시가 스스로 이르되 내 주인이 이
아람 사람 나아만에게 면하여 주고
그가 가지고 온 것을 그의 손에서
받지 아니하였도다 야훼께서 살아
계심을 두고 맹세하노니 내가 그를
쫓아가서 무엇이든지 그에게서 받
으리라 하고
21 나아만의 뒤를 쫓아가니 나아만이
자기 뒤에 달려옴을 보고 수레에
서 내려 맞이하여 이르되 평안이냐
하니
22 그가 이르되 평안하나이다 우리 주
인께서 나를 보내시며 말씀하시기
를 지금 선지자의 제자 중에 두 청
년이 에브라임 산지에서부터 내게
로 왔으니 청하건대 당신은 그들에
게 은 한 달란트와 옷 두 벌을 주라
하시더이다
23 나아만이 이르되 바라건대 두 달란
트를 받으라 하고 그를 강권하여
은 두 달란트를 두 전대에 넣어 매
고 옷 두 벌을 아울러 두 사환에게
지우매 그들이 게하시 앞에서 지고
가니라
24 언덕에 이르러서는 게하시가 그 물
건을 두 사환의 손에서 받아 집에
감추고 그들을 보내 가게 한 후
25 들어가 그의 주인 앞에 서니 엘리
사가 이르되 게하시야 네가 어디서
오느냐 하니 대답하되 당신의 종이
아무데도 가지 아니하였나이다 하
니라
26 엘리사가 이르되 한 사람이 수레에
서 내려 너를 맞이할 때에 내 마음
이 함께 가지 아니하였느냐 지금이
어찌 은을 받으며 옷을 받으며 감
람원이나 포도원이나 양이나 소나
남종이나 여종을 받을 때이냐
27 그러므로 나아만의 나병이 네게 들
어 네 자손에게 미쳐 영원토록 이
르리라 하니 게하시가 그 앞에서
물러나오매 나병이 발하여 눈같이
되었더라
6 선지자의 제자들이 엘리사에게 이
르되 보소서 우리가 당신과 함께 거
주하는 이 곳이 우리에게는 좁으니
2 우리가 요단으로 가서 거기서 각각
한 재목을 가져다가 그 곳에 우리

기록일 : . . .

가 거주할 처소를 세우사이다 하니
엘리사가 이르되 가라 하는지라
3 그 하나가 이르되 청하건대 당신도
종들과 함께 하소서 하니 엘리사가
이르되 내가 가리라 하고
4 드디어 그들과 함께 가니라 무리가
요단에 이르러 나무를 베더니
5 한 사람이 나무를 벨 때에 쇠도끼
가 물에 떨어진지라 이에 외쳐 이
르되 아아, 내 주여 이는 빌려온 것
이니이다 하니
6 하나님의 사람이 이르되 어디 빠졌
느냐 하매 그 곳을 보이는지라 엘
리사가 나뭇가지를 베어 물에 던져
쇠도끼를 떠오르게 하고
7 이르되 너는 그것을 집으라 하니
그 사람이 손을 내밀어 그것을 집
으니라
8 그 때에 아람 왕이 이스라엘과 더
불어 싸우며 그의 신복들과 의논하
여 이르기를 우리가 아무데 아무데
진을 치리라 하였더니
9 하나님의 사람이 이스라엘 왕에게
보내 이르되 왕은 삼가 아무 곳으
로 지나가지 마소서 아람 사람이
그 곳으로 나오나이다 하는지라
10 이스라엘 왕이 하나님의 사람이 자
기에게 말하여 경계한 곳으로 사람
을 보내 방비하기가 한두 번이 아
닌지라
11 이러므로 아람 왕의 마음이 불안하
여 그 신복들을 불러 이르되 우리
중에 누가 이스라엘 왕과 내통하는
것을 내게 말하지 아니하느냐 하니
12 그 신복 중의 한 사람이 이르되 우
리 주 왕이여 아니로소이다 오직 이
스라엘 선지자 엘리사가 왕이 침실
에서 하신 말씀을 이스라엘의 왕에
게 고하나이다 하는지라
13 왕이 이르되 너희는 가서 엘리사
가 어디 있나 보라 내가 사람을 보
내어 그를 잡으리라 왕에게 아뢰어
이르되 보라 그가 도단에 있도다
하나이다
14 왕이 이에 말과 병거와 많은 군사
를 보내매 그들이 밤에 가서 그 성
읍을 에워쌌더라
15 하나님의 사람의 사환이 일찍이 일
어나서 나가보니 군사와 말과 병거
가 성읍을 에워쌌는지라 그의 사환
이 엘리사에게 말하되 아아, 내 주
여 우리가 어찌하리이까 하니
16 대답하되 두려워하지 말라 우리와
함께 한 자가 그들과 함께 한 자보
다 많으니라 하고
17 기도하여 이르되 야훼여 원하건
대 그의 눈을 열어서 보게 하옵소
서 하니 야훼께서 그 청년의 눈을
여시매 그가 보니 불말과 불병거가
산에 가득하여 엘리사를 둘렀더라

기록일 : . . .

18 아람 사람이 엘리사에게 내려오매
엘리사가 야훼께 기도하여 이르되
원하건대 저 무리의 눈을 어둡게
하옵소서 하매 엘리사의 말대로 그
들의 눈을 어둡게 하신지라
19 엘리사가 그들에게 이르되 이는 그
길이 아니요 이는 그 성읍도 아니니
나를 따라 오라 내가 너희를 인도
하여 너희가 찾는 사람에게로 나아
가리라 하고 그들을 인도하여 사마
리아에 이르니라
20 사마리아에 들어갈 때에 엘리사가
이르되 야훼여 이 무리의 눈을 열어
서 보게 하옵소서 하니 야훼께서 그
들의 눈을 여시매 그들이 보니 자기
들이 사마리아 가운데에 있더라
21 이스라엘 왕이 그들을 보고 엘리사
에게 이르되 내 아버지여 내가 치리
이까 내가 치리이까 하니
22 대답하되 치지 마소서 칼과 활로
사로잡은 자인들 어찌 치리이까 떡
과 물을 그들 앞에 두어 먹고 마시
게 하고 그들의 주인에게로 돌려보
내소서 하는지라
23 왕이 위하여 음식을 많이 베풀고
그들이 먹고 마시매 놓아보내니 그
들이 그들의 주인에게로 돌아가니
라 이로부터 아람 군사의 부대가
다시는 이스라엘 땅에 들어오지 못
하니라
24 이 후에 아람 왕 벤하닷이 그의 온
군대를 모아 올라와서 사마리아를
에워싸니
25 아람 사람이 사마리아를 에워싸므
로 성중이 크게 주려서 나귀 머리
하나에 은 팔십 세겔이요 비둘기
똥 사분의 일 갑에 은 다섯 세겔이
라 하니
26 이스라엘 왕이 성 위로 지나갈 때
에 한 여인이 외쳐 이르되 나의 주
왕이여 도우소서
27 왕이 이르되 야훼께서 너를 돕지
아니하시면 내가 무엇으로 너를 도
우랴 타작 마당으로 말미암아 하겠
느냐 포도주 틀로 말미암아 하겠느
냐 하니라
28 또 이르되 무슨 일이냐 하니 여인이
대답하되 이 여인이 내게 이르기를
네 아들을 내놓아라 우리가 오늘
먹고 내일은 내 아들을 먹자 하매
29 우리가 드디어 내 아들을 삶아 먹
었더니 이튿날에 내가 그 여인에게
이르되 네 아들을 내놓아라 우리가
먹으리라 하나 그가 그의 아들을
숨겼나이다 하는지라
30 왕이 그 여인의 말을 듣고 자기 옷
을 찢으니라 그가 성 위로 지나갈
때에 백성이 본즉 그의 속살에 굵
은 베를 입었더라
31 왕이 이르되 사밧의 아들 엘리사의

기록일 : . . .

머리가 오늘 그 몸에 붙어 있으면
하나님이 내게 벌 위에 벌을 내리실
지로다 하니라
32 그 때에 엘리사가 그의 집에 앉아
있고 장로들이 그와 함께 앉아 있
는데 왕이 자기 처소에서 사람을
보냈더니 그 사자가 이르기 전에
엘리사가 장로들에게 이르되 너희
는 이 살인한 자의 아들이 내 머리
를 베려고 사람을 보내는 것을 보
느냐 너희는 보다가 사자가 오거
든 문을 닫고 문 안에 들이지 말라
그의 주인의 발소리가 그의 뒤에서
나지 아니하느냐 하고
33 무리와 말을 할 때에 그 사자가 그
에게 이르니라 왕이 이르되 이 재
앙이 야훼께로부터 나왔으니 어찌
더 야훼를 기다리리요
7 엘리사가 이르되 야훼의 말씀을
들을지어다 야훼께서 이르시되 내
일 이맘때에 사마리아 성문에서 고
운 밀가루 한 스아를 한 세겔로 매
매하고 보리 두 스아를 한 세겔로
매매하리라 하셨느니라
2 그 때에 왕이 그의 손에 의지하는
자 곧 한 장관이 하나님의 사람에
게 대답하여 이르되 야훼께서 하늘
에 창을 내신들 어찌 이런 일이 있
으리요 하더라 엘리사가 이르되 네
가 네 눈으로 보리라 그러나 그것
을 먹지는 못하리라 하니라
3 성문 어귀에 나병환자 네 사람이
있더니 그 친구에게 서로 말하되
우리가 어찌하여 여기 앉아서 죽기
를 기다리랴
4 만일 우리가 성읍으로 가자고 말한
다면 성읍에는 굶주림이 있으니 우
리가 거기서 죽을 것이요 만일 우리
가 여기서 머무르면 역시 우리가 죽
을 것이라 그런즉 우리가 가서 아
람 군대에게 항복하자 그들이 우리
를 살려 두면 살 것이요 우리를 죽
이면 죽을 것이라 하고
5 아람 진으로 가려 하여 해 질 무렵
에 일어나 아람 진영 끝에 이르러서
본즉 그 곳에 한 사람도 없으니
6 이는 주께서 아람 군대로 병거 소
리와 말 소리와 큰 군대의 소리를
듣게 하셨으므로 아람 사람이 서로
말하기를 이스라엘 왕이 우리를 치
려 하여 헷 사람의 왕들과 애굽 왕
들에게 값을 주고 그들을 우리에게
오게 하였다 하고
7 해질 무렵에 일어나서 도망하되 그
장막과 말과 나귀를 버리고 진영을
그대로 두고 목숨을 위하여 도망하
였음이라
8 그 나병환자들이 진영 끝에 이르
자 한 장막에 들어가서 먹고 마시
고 거기서 은과 금과 의복을 가지

기록일 : . . .

고 가서 감추고 다시 와서 다른 장
막에 들어가 거기서도 가지고 가서
감추니라
9 나병환자들이 그 친구에게 서로 말
하되 우리가 이렇게 해서는 아니되
겠도다 오늘은 아름다운 소식이 있
는 날이거늘 우리가 침묵하고 있도
다 만일 밝은 아침까지 기다리면 벌
이 우리에게 미칠지니 이제 떠나 왕
궁에 가서 알리자 하고
10 가서 성읍 문지기를 불러 그들에게
말하여 이르되 우리가 아람 진에
이르러서 보니 거기에 한 사람도 없
고 사람의 소리도 없고 오직 말과
나귀만 매여 있고 장막들이 그대로
있더이다 하는지라
11 그가 문지기들을 부르매 그들이 왕
궁에 있는 자에게 말하니
12 왕이 밤에 일어나 그의 신복들에게
이르되 아람 사람이 우리에게 행한
것을 내가 너희에게 알게 하노니 그
들이 우리가 주린 것을 알고 있으므
로 그 진영을 떠나서 들에 매복하
고 스스로 이르기를 그들이 성읍에
서 나오거든 우리가 사로잡고 성읍
에 들어가겠다 한 것이니라 하니
13 그의 신하 중 한 사람이 대답하여
이르되 청하건대 아직 성중에 남아
있는 말 다섯 마리를 취하고 사람
을 보내 정탐하게 하소서 그것들이
성중에 남아 있는 이스라엘 온 무
리 곧 멸망한 이스라엘 온 무리와
같으니이다 하고
14 그들이 병거 둘과 그 말들을 취한
지라 왕이 아람 군대 뒤로 보내며
가서 정탐하라 하였더니
15 그들이 그들의 뒤를 따라 요단에
이른즉 아람 사람이 급히 도망하느
라고 버린 의복과 병기가 길에 가
득하였더라 사자가 돌아와서 왕에
게 알리니
16 백성들이 나가서 아람 사람의 진영
을 노략한지라 이에 고운 밀가루
한 스아에 한 세겔이 되고 보리 두
스아가 한 세겔이 되니 야훼의 말
씀과 같이 되었고
17 왕이 그의 손에 의지하였던 그의
장관을 세워 성문을 지키게 하였
더니 백성이 성문에서 그를 밟으매
하나님의 사람의 말대로 죽었으니
곧 왕이 내려왔을 때에 그가 말한
대로라
18 하나님의 사람이 왕에게 말한 바
와 같으니 이르기를 내일 이맘 때
에 사마리아 성문에서 보리 두 스
아를 한 세겔로 매매하고 고운 밀
가루 한 스아를 한 세겔로 매매하
리라 한즉
19 그 때에 이 장관이 하나님의 사람
에게 대답하여 이르되 야훼께서 하

기록일 : . . .

늘에 창을 내신들 어찌 이 일이 있
으랴 하매 대답하기를 네가 네 눈
으로 보리라 그러나 그것을 먹지는
못하리라 하였더니
20 그의 장관에게 그대로 이루어졌으
니 곧 백성이 성문에서 그를 밟으
매 죽었더라

8 엘리사가 이전에 아들을 다시 살
려 준 여인에게 이르되 너는 일어나
서 네 가족과 함께 거주할 만한 곳
으로 가서 거주하라 야훼께서 기근
을 부르셨으니 그대로 이 땅에 칠
년 동안 임하리라 하니
2 여인이 일어나서 하나님의 사람의
말대로 행하여 그의 가족과 함께
가서 블레셋 사람들의 땅에 칠 년
을 우거하다가
3 칠 년이 다하매 여인이 블레셋 사람
들의 땅에서 돌아와 자기 집과 전
토를 위하여 호소하려 하여 왕에게
나아갔더라
4 그 때에 왕이 하나님의 사람의 사
환 게하시와 서로 말하며 이르되
너는 엘리사가 행한 모든 큰 일을
내게 설명하라 하니
5 게하시가 곧 엘리사가 죽은 자를
다시 살린 일을 왕에게 이야기할
때에 그 다시 살린 아이의 어머니
가 자기 집과 전토를 위하여 왕에
게 호소하는지라 게하시가 이르되
내 주 왕이여 이는 그 여인이요 저
는 그의 아들이니 곧 엘리사가 다
시 살린 자니이다 하니라
6 왕이 그 여인에게 물으매 여인이 설
명한지라 왕이 그를 위하여 한 관
리를 임명하여 이르되 이 여인에게
속한 모든 것과 이 땅에서 떠날 때
부터 이제까지 그의 밭의 소출을
다 돌려 주라 하였더라
7 엘리사가 다메섹에 갔을 때에 아람
왕 벤하닷이 병들었더니 왕에게 들
리기를 이르되 하나님의 사람이 여
기 이르렀나이다 하니
8 왕이 하사엘에게 이르되 너는 손에
예물을 가지고 가서 하나님의 사람
을 맞이하고 내가 이 병에서 살아나
겠는지 그를 통하여 야훼께 물으라
9 하사엘이 그를 맞이하러 갈새 다메
섹의 모든 좋은 물품으로 예물을
삼아 가지고 낙타 사십 마리에 싣
고 나아가서 그의 앞에 서서 이르
되 당신의 아들 아람 왕 벤하닷이
나를 당신에게 보내 이르되 나의
이 병이 낫겠나이까 하더이다 하니
10 엘리사가 이르되 너는 가서 그에게
말하기를 왕이 반드시 나으리라 하
라 그러나 야훼께서 그가 반드시
죽으리라고 내게 알게 하셨느니라
하고
11 하나님의 사람이 그가 부끄러워하기

기록일 : . . .

까지 그의 얼굴을 쏘아보다가 우니
12 하사엘이 이르되 내 주여 어찌하여
우시나이까 하는지라 대답하되 네
가 이스라엘 자손에게 행할 모든
악을 내가 앎이라 네가 그들의 성
에 불을 지르며 장정을 칼로 죽이
며 어린 아이를 메치며 아이 밴 부
녀를 가르리라 하니
13 하사엘이 이르되 당신의 개 같은
종이 무엇이기에 이런 큰일을 행하
오리이까 하더라 엘리사가 대답하
되 야훼께서 네가 아람 왕이 될 것
을 내게 알게 하셨느니라 하더라
14 그가 엘리사를 떠나가서 그의 주
인에게 나아가니 왕이 그에게 묻되
엘리사가 네게 무슨 말을 하더냐
하니 대답하되 그가 내게 이르기를
왕이 반드시 살아나시리이다 하더
이다 하더라
15 그 이튿날에 하사엘이 이불을 물에
적시어 왕의 얼굴에 덮으매 왕이 죽
은지라 그가 대신하여 왕이 되니라
16 이스라엘의 왕 아합의 아들 요람
제오년에 여호사밧이 유다의 왕이
었을 때에 유다의 왕 여호사밧의
아들 여호람이 왕이 되니라
17 여호람이 왕이 될 때에 나이가 삼
십이 세라 예루살렘에서 팔 년 동
안 통치하니라
18 그가 이스라엘 왕들의 길을 가서
아합의 집과 같이 하였으니 이는
아합의 딸이 그의 아내가 되었음이
라 그가 야훼 보시기에 악을 행하
였으나
19 야훼께서 그의 종 다윗을 위하여
유다 멸하기를 즐겨하지 아니하셨
으니 이는 그와 그의 자손에게 항
상 등불을 주겠다고 말씀하셨음이
더라
20 여호람 때에 에돔이 유다의 손에서
배반하여 자기 위에 왕을 세운 고로
21 여호람이 모든 병거를 거느리고 사
일로 갔더니 밤에 일어나 자기를 에
워싼 에돔 사람과 그 병거의 장관
들을 치니 이에 백성이 도망하여 각
각 그들의 장막들로 돌아갔더라
22 이와 같이 에돔이 유다의 수하에서
배반하였더니 오늘까지 그러하였으
며 그 때에 립나도 배반하였더라
23 여호람의 남은 사적과 그가 행한
모든 일은 유다 왕 역대지략에 기
록되지 아니하였느냐
24 여호람이 그의 조상들과 함께 자매
그의 조상들과 함께 다윗 성에 장
사되고 그의 아들 아하시야가 대신
하여 왕이 되니라
25 이스라엘의 왕 아합의 아들 요람
제십이년에 유다 왕 여호람의 아들
아하시야가 왕이 되니
26 아하시야가 왕이 될 때에 나이가

기록일 : . . .

이십이 세라 예루살렘에서 일 년을
통치하니라 그의 어머니의 이름은
아달랴라 이스라엘 왕 오므리의 손
녀이더라
27 아하시야가 아합의 집 길로 행하여
아합의 집과 같이 야훼 보시기에
악을 행하였으니 그는 아합의 집의
사위가 되었음이러라
28 그가 아합의 아들 요람과 함께 길
르앗 라못으로 가서 아람 왕 하사
엘과 더불어 싸우더니 아람 사람들
이 요람에게 부상을 입힌지라
29 요람 왕이 아람 왕 하사엘과 싸울
때에 라마에서 아람 사람에게 당한
부상을 치료하려 하여 이스르엘로
돌아왔더라 유다의 왕 여호람의 아
들 아하시야가 아합의 아들 요람을
보기 위하여 내려갔으니 이는 그에
게 병이 생겼음이더라
9 선지자 엘리사가 선지자의 제자
중 하나를 불러 이르되 너는 허리
를 동이고 이 기름병을 손에 가지
고 길르앗 라못으로 가라
2 거기에 이르거든 님시의 손자 여호
사밧의 아들 예후를 찾아 들어가서
그의 형제 중에서 일어나게 하고
그를 데리고 골방으로 들어가
3 기름병을 가지고 그의 머리에 부으
며 이르기를 야훼의 말씀이 내가
네게 기름을 부어 이스라엘 왕으로
삼노라 하셨느니라 하고 곧 문을
열고 도망하되 지체하지 말지니라
하니
4 그 청년 곧 그 선지자의 청년이 길
르앗 라못으로 가니라
5 그가 이르러 보니 군대 장관들이
앉아 있는지라 소년이 이르되 장관
이여 내가 당신에게 할 말이 있나이
다 예후가 이르되 우리 모든 사람
중에 누구에게 하려느냐 하니 이르
되 장관이여 당신에게니이다 하는
지라
6 예후가 일어나 집으로 들어가니 청
년이 그의 머리에 기름을 부으며 그
에게 이르되 이스라엘 하나님 야훼
의 말씀이 내가 네게 기름을 부어
야훼의 백성 곧 이스라엘의 왕으로
삼노니
7 너는 네 주 아합의 집을 치라 내
가 나의 종 곧 선지자들의 피와 야
훼의 종들의 피를 이세벨에게 갚아
주리라
8 아합의 온 집이 멸망하리니 이스라
엘 중에 매인 자나 놓인 자나 아합
에게 속한 모든 남자는 내가 다 멸
절하되
9 아합의 집을 느밧의 아들 여로보암
의 집과 같게 하며 또 아히야의 아
들 바아사의 집과 같게 할지라
10 이스르엘 지방에서 개들이 이세벨

을 먹으리니 그를 장사할 사람이
없으리라 하셨느니라 하고 곧 문을
열고 도망하니라
11 예후가 나와서 그의 주인의 신복들
에게 이르니 한 사람이 그에게 묻
되 평안하냐 그 미친 자가 무슨 까
닭으로 그대에게 왔더냐 대답하되
그대들이 그 사람과 그가 말한 것
을 알리라 하더라
12 무리가 이르되 당치 아니한 말이라
청하건대 그대는 우리에게 이르라
하니 대답하되 그가 이리 이리 내
게 말하여 이르기를 야훼의 말씀이
내가 네게 기름을 부어 이스라엘
왕으로 삼는다 하셨다 하더라 하는
지라
13 무리가 각각 자기의 옷을 급히 가
져다가 섬돌 위 곧 예후의 밑에 깔
고 나팔을 불며 이르되 예후는 왕
이라 하니라
14 이에 님시의 손자 여호사밧의 아들
예후가 요람을 배반하였으니 곧 요
람이 온 이스라엘과 더불어 아람의
왕 하사엘과 맞서서 길르앗 라못을
지키다가
15 아람의 왕 하사엘과 더불어 싸울
때에 아람 사람에게 부상한 것을
치료하려 하여 이스르엘로 돌아왔
던 때라 예후가 이르되 너희 뜻에
합당하거든 한 사람이라도 이 성에
서 도망하여 이스르엘에 알리러 가
지 못하게 하라 하니라
16 예후가 병거를 타고 이스르엘로 가
니 요람 왕이 거기에 누워 있었음
이라 유다의 왕 아하시야는 요람을
보러 내려왔더라
17 이스르엘 망대에 파수꾼 하나가 서
있더니 예후의 무리가 오는 것을
보고 이르되 내가 한 무리를 보나
이다 하니 요람이 이르되 한 사람
을 말에 태워 보내어 맞이하여 평
안하냐 묻게 하라 하는지라
18 한 사람이 말을 타고 가서 만나 이
르되 왕의 말씀이 평안하냐 하시
더이다 하매 예후가 이르되 평안이
네게 상관이 있느냐 내 뒤로 물러
나라 하니라 파수꾼이 전하여 이르
되 사자가 그들에게 갔으나 돌아오
지 아니하나이다 하는지라
19 다시 한 사람을 말에 태워 보내었
더니 그들에게 가서 이르되 왕의
말씀이 평안하냐 하시더이다 하매
예후가 이르되 평안이 네게 상관이
있느냐 내 뒤를 따르라 하더라
20 파수꾼이 또 전하여 이르되 그도
그들에게까지 갔으나 돌아오지 아
니하고 그 병거 모는 것이 님시의
손자 예후가 모는 것 같이 미치게
모나이다 하니
21 요람이 이르되 메우라 하매 그의

기록일 : . . .

병거를 메운지라 이스라엘 왕 요람
과 유다 왕 아하시야가 각각 그의
병거를 타고 가서 예후를 맞을새
이스르엘 사람 나봇의 토지에서 만
나매
22 요람이 예후를 보고 이르되 예후야
평안하냐 하니 대답하되 네 어머니
이세벨의 음행과 술수가 이렇게 많
으니 어찌 평안이 있으랴 하더라
23 요람이 곧 손을 돌이켜 도망하며
아하시야에게 이르되 아하시야여
반역이로다 하니
24 예후가 힘을 다하여 활을 당겨 요
람의 두 팔 사이를 쏘니 화살이 그
의 염통을 꿰뚫고 나오매 그가 병
거 가운데에 엎드러진지라
25 예후가 그의 장관 빗갈에게 이르되
그 시체를 가져다가 이스르엘 사람
나봇의 밭에 던지라 네가 기억하려
니와 이전에 너와 내가 함께 타고
그의 아버지 아합을 좇았을 때에
야훼께서 이같이 그의 일을 예언하
셨느니라
26 야훼께서 말씀하시기를 내가 어제
나봇의 피와 그의 아들들의 피를
분명히 보았노라 야훼께서 또 말씀
하시기를 이 토지에서 네게 갚으리
라 하셨으니 그런즉 야훼의 말씀대
로 그의 시체를 가져다가 이 밭에
던질지니라 하는지라
27 유다의 왕 아하시야가 이를 보고
정원의 정자 길로 도망하니 예후가
그 뒤를 쫓아가며 이르되 그도 병
거 가운데서 죽이라 하매 이블르암
가까운 구르 비탈에서 치니 그가
므깃도까지 도망하여 거기서 죽은
지라
28 그의 신복들이 그를 병거에 싣고
예루살렘에 이르러 다윗 성에서 그
들의 조상들과 함께 그의 묘실에
장사하니라
29 아합의 아들 요람의 제십일년에 아
하시야가 유다 왕이 되었었더라
30 예후가 이스르엘에 오니 이세벨이
듣고 눈을 그리고 머리를 꾸미고
창에서 바라보다가
31 예후가 문에 들어오매 이르되 주인
을 죽인 너 시므리여 평안하냐 하니
32 예후가 얼굴을 들어 창을 향하고
이르되 내 편이 될 자가 누구냐 누
구냐 하니 두어 내시가 예후를 내
다보는지라
33 이르되 그를 내려던지라 하니 내려
던지매 그의 피가 담과 말에게 튀
더라 예후가 그의 시체를 밟으니라
34 예후가 들어가서 먹고 마시고 이르
되 가서 이 저주 받은 여자를 찾아
장사하라 그는 왕의 딸이니라 하매
35 가서 장사하려 한즉 그 두골과 발
과 그의 손 외에는 찾지 못한지라

기록일 : . . .

36 돌아와서 전하니 예후가 이르되 이
는 야훼께서 그 종 디셉 사람 엘리
야를 통하여 말씀하신 바라 이르시
기를 이스르엘 토지에서 개들이 이
세벨의 살을 먹을지라
37 그 시체가 이스르엘 토지에서 거름
같이 밭에 있으리니 이것이 이세벨
이라고 가리켜 말하지 못하게 되리
라 하셨느니라 하였더라

10 아합의 아들 칠십 명이 사마리아
에 있는지라 예후가 편지들을 써서
사마리아에 보내서 이스르엘 귀족
들 곧 장로들과 아합의 여러 아들
을 교육하는 자들에게 전하니 일렀
으되
2 너희 주의 아들들이 너희와 함께
있고 또 병거와 말과 견고한 성과
무기가 너희에게 있으니 이 편지가
너희에게 이르거든
3 너희 주의 아들들 중에서 가장 어
질고 정직한 자를 택하여 그의 아
버지의 왕좌에 두고 너희 주의 집
을 위하여 싸우라 하였더라
4 그들이 심히 두려워하여 이르되 두
왕이 그를 당하지 못하였거든 우리
가 어찌 당하리요 하고
5 그 왕궁을 책임지는 자와 그 성읍
을 책임지는 자와 장로들과 왕자를
교육하는 자들이 예후에게 말을 전
하여 이르되 우리는 당신의 종이라
당신이 말하는 모든 것을 우리가
행하고 어떤 사람이든지 왕으로 세
우지 아니하리니 당신이 보기에 좋
은 대로 행하라 한지라
6 예후가 다시 그들에게 편지를 부치
니 일렀으되 만일 너희가 내 편이 되
어 내 말을 너희가 들으려거든 너희
주의 아들된 사람들의 머리를 가지
고 내일 이맘때에 이스르엘에 이르
러 내게 나아오라 하였더라 왕자 칠
십 명이 그 성읍의 귀족들, 곧 그들
을 양육하는 자들과 함께 있는 중에
7 편지가 그들에게 이르매 그들이 왕
자 칠십 명을 붙잡아 죽이고 그들
의 머리를 광주리에 담아 이스르엘
예후에게로 보내니라
8 사자가 와서 예후에게 전하여 이르
되 그 무리가 왕자들의 머리를 가
지고 왔나이다 이르되 두 무더기로
쌓아 내일 아침까지 문 어귀에 두
라 하고
9 이튿날 아침에 그가 나가 서서 뭇
백성에게 이르되 너희는 의롭도다
나는 내 주를 배반하여 죽였거니와
이 여러 사람을 죽인 자는 누구냐
10 그런즉 이제 너희는 알라 곧 야훼
께서 아합의 집에 대하여 하신 말
씀은 하나도 땅에 떨어지지 아니하
리라 야훼께서 그의 종 엘리야를
통하여 하신 말씀을 이제 이루셨도

기록일 : . . .

다 하니라
11 예후가 아합의 집에 속한 이스르엘
에 남아 있는 자를 다 죽이고 또 그
의 귀족들과 신뢰 받는 자들과 제
사장들을 죽이되 그에게 속한 자를
하나도 생존자를 남기지 아니하였
더라
12 예후가 일어나서 사마리아로 가더
니 도중에 목자가 양털 깎는 집에
이르러
13 예후가 유다의 왕 아하시야의 형제
들을 만나 묻되 너희는 누구냐 하니
대답하되 우리는 아하시야의 형제
라 이제 왕자들과 태후의 아들들에
게 문안하러 내려가노라 하는지라
14 이르되 사로잡으라 하매 곧 사로잡
아 목자가 양털 깎는 집 웅덩이 곁
에서 죽이니 사십이 명이 하나도 남
지 아니하였더라
15 예후가 거기에서 떠나가다가 자기
를 맞이하러 오는 레갑의 아들 여
호나답을 만난지라 그의 안부를 묻
고 그에게 이르되 내 마음이 네 마
음을 향하여 진실함과 같이 네 마
음도 진실하냐 하니 여호나답이 대
답하되 그러하니이다 이르되 그러
면 나와 손을 잡자 손을 잡으니 예
후가 끌어 병거에 올리며
16 이르되 나와 함께 가서 야훼를 위
한 나의 열심을 보라 하고 이에 자
기 병거에 태우고
17 사마리아에 이르러 거기에 남아 있
는 바 아합에게 속한 자들을 죽여
진멸하였으니 야훼께서 엘리야에게
이르신 말씀과 같이 되었더라
18 예후가 뭇 백성을 모으고 그들에게
이르되 아합은 바알을 조금 섬겼으
나 예후는 많이 섬기리라
19 그러므로 내가 이제 큰 제사를 바
알에게 드리고자 하노니 바알의 모
든 선지자와 모든 섬기는 자와 모
든 제사장들을 한 사람도 빠뜨리
지 말고 불러 내게로 나아오게 하
라 모든 오지 아니하는 자는 살려
두지 아니하리라 하니 이는 예후가
바알 섬기는 자를 멸하려 하여 계
책을 씀이라
20 예후가 바알을 위하는 대회를 거룩
히 열라 하매 드디어 공포되었더라
21 예후가 온 이스라엘에 사람을 두루
보냈더니 바알을 섬기는 모든 사람
이 하나도 빠진 자가 없이 다 이르
렀고 무리가 바알의 신당에 들어가
매 바알의 신당 이쪽부터 저쪽까지
가득하였더라
22 예후가 예복 맡은 자에게 이르되
예복을 내다가 바알을 섬기는 모든
자에게 주라 하매 그들에게로 예복
을 가져온지라
23 예후가 레갑의 아들 여호나답과 더

기록일 : . . .

불어 바알의 신당에 들어가서 바알
을 섬기는 자들에게 이르되 너희는
살펴보아 바알을 섬기는 자들만 여
기 있게 하고 야훼의 종은 하나도
여기 너희 중에 있지 못하게 하라
하고
24 무리가 번제와 다른 제사를 드리
려고 들어간 때에 예후가 팔십 명
을 밖에 두며 이르되 내가 너희 손
에 넘겨 주는 사람을 한 사람이라
도 도망하게 하는 자는 자기의 생
명으로 그 사람의 생명을 대신하리
라 하니라
25 번제 드리기를 다하매 예후가 호위
병과 지휘관들에게 이르되 들어가
서 한 사람도 나가지 못하게 하고
죽이라 하매 호위병과 지휘관들이
칼로 그들을 죽여 밖에 던지고
26 바알의 신당 있는 성으로 가서 바
알의 신당에서 목상들을 가져다가
불사르고
27 바알의 목상을 헐며 바알의 신당을
헐어서 변소를 만들었더니 오늘까
지 이르니라
28 예후가 이와 같이 이스라엘 중에서
바알을 멸하였으나
29 이스라엘에게 범죄하게 한 느밧의
아들 여로보암의 죄 곧 벧엘과 단
에 있는 금송아지를 섬기는 죄에서
는 떠나지 아니하였더라
30 야훼께서 예후에게 이르시되 네가
나보기에 정직한 일을 행하되 잘
행하여 내 마음에 있는 대로 아합
집에 다 행하였은즉 네 자손이 이
스라엘 왕위를 이어 사대를 지내리
라 하시니라
31 그러나 예후가 전심으로 이스라엘
하나님 야훼의 율법을 지켜 행하지
아니하며 여로보암이 이스라엘에게
범하게 한 그 죄에서 떠나지 아니
하였더라
32 이 때에 야훼께서 이스라엘에서 땅
을 잘라 내기 시작하시매 하사엘이
이스라엘의 모든 영토에서 공격하되
33 요단 동쪽 길르앗 온 땅 곧 갓 사람
과 르우벤 사람과 므낫세 사람의 땅
아르논 골짜기에 있는 아로엘에서부
터 길르앗과 바산까지 하였더라
34 예후의 남은 사적과 행한 모든 일
과 업적은 이스라엘 왕 역대지략에
기록되지 아니하였느냐
35 예후가 그의 조상들과 함께 자매
사마리아에 장사되고 그의 아들 여
호아하스가 그를 대신하여 왕이 되
니라
36 예후가 사마리아에서 이스라엘을
다스린 햇수는 스물여덟 해이더라

11 아하시야의 어머니 아달랴가 그
의 아들이 죽은 것을 보고 일어나
왕의 자손을 모두 멸절하였으나

기록일 : . . .

2 요람 왕의 딸 아하시야의 누이 여
호세바가 아하시야의 아들 요아스
를 왕자들이 죽임을 당하는 중에서
빼내어 그와 그의 유모를 침실에
숨겨 아달랴를 피하여 죽임을 당하
지 아니하게 한지라
3 요아스가 그와 함께 야훼의 성전에
육 년을 숨어 있는 동안에 아달랴
가 나라를 다스렸더라
4 일곱째 해에 여호야다가 사람을 보
내 가리 사람의 백부장들과 호위
병의 백부장들을 불러 데리고 야훼
의 성전으로 들어가서 그들과 언약
을 맺고 그들에게 야훼의 성전에서
맹세하게 한 후에 왕자를 그들에게
보이고
5 명령하여 이르되 너희가 행할 것
이 이러하니 안식일에 들어온 너희
중 삼분의 일은 왕궁을 주의하여
지키고
6 삼분의 일은 수르 문에 있고 삼분
의 일은 호위대 뒤에 있는 문에 있
어서 이와 같이 왕궁을 주의하여 지
키고
7 안식일에 나가는 너희 중 두 대는
야훼의 성전을 주의하여 지켜 왕을
호위하되
8 너희는 각각 손에 무기를 잡고 왕
을 호위하며 너희 대열을 침범하는
모든 자는 죽이고 왕이 출입할 때
에 시위할지니라 하니
9 백부장들이 이에 제사장 여호야다
의 모든 명령대로 행하여 각기 관
할하는 바 안식일에 들어오는 자와
안식일에 나가는 자를 거느리고 제
사장 여호야다에게 나아오매
10 제사장이 야훼의 성전에 있는 다윗
왕의 창과 방패를 백부장들에게
주니
11 호위병이 각각 손에 무기를 잡고 왕
을 호위하되 성전 오른쪽에서부터
왼쪽까지 제단과 성전 곁에 서고
12 여호야다가 왕자를 인도하여 내어
왕관을 씌우며 율법책을 주고 기름
을 부어 왕으로 삼으매 무리가 박
수하며 왕의 만세를 부르니라
13 아달랴가 호위병과 백성의 소리를
듣고 야훼의 성전에 들어가 백성에
게 이르러
14 보매 왕이 규례대로 단 위에 섰고
장관들과 나팔수가 왕의 곁에 모셔
섰으며 온 백성이 즐거워하여 나팔
을 부는지라 아달랴가 옷을 찢으며
외치되 반역이로다 반역이로다 하매
15 제사장 여호야다가 군대를 거느린
백부장들에게 명령하여 이르되 그
를 대열 밖으로 몰아내라 그를 따
르는 자는 모두 칼로 죽이라 하니
제사장의 이 말은 야훼의 성전에서
는 그를 죽이지 말라 함이라

기록일 : . . .

16 이에 그의 길을 열어 주매 그가 왕
궁의 말이 다니는 길로 가다가 거
기서 죽임을 당하였더라
17 여호야다가 왕과 백성에게 야훼와
언약을 맺어 야훼의 백성이 되게
하고 왕과 백성 사이에도 언약을
세우게 하매
18 온 백성이 바알의 신당으로 가서
그 신당을 허물고 그 제단들과 우
상들을 철저히 깨뜨리고 그 제단
앞에서 바알의 제사장 맛단을 죽이
니라 제사장이 관리들을 세워 야훼
의 성전을 수직하게 하고
19 또 백부장들과 가리 사람과 호위병
과 온 백성을 거느리고 왕을 인도
하여 야훼의 성전에서 내려와 호위
병의 문 길을 통하여 왕궁에 이르
매 그가 왕의 왕좌에 앉으니
20 온 백성이 즐거워하고 온 성이 평온
하더라 아달랴를 무리가 왕궁에서
칼로 죽였더라
21 요아스가 왕이 될 때에 나이가 칠
세였더라

12 예후의 제칠년에 요아스가 왕이
되어 예루살렘에서 사십 년간 통치
하니라 그의 어머니의 이름은 시비
아라 브엘세바 사람이더라
2 요아스는 제사장 여호야다가 그를
교훈하는 모든 날 동안에는 야훼
보시기에 정직히 행하였으되
3 다만 산당들을 제거하지 아니하였
으므로 백성이 여전히 산당에서 제
사하며 분향하였더라
4 요아스가 제사장들에게 이르되 야
훼의 성전에 거룩하게 하여 드리는
모든 은 곧 사람이 통용하는 은이
나 각 사람의 몸값으로 드리는 은
이나 자원하여 야훼의 성전에 드리
는 모든 은을
5 제사장들이 각각 아는 자에게서 받
아들여 성전의 어느 곳이든지 파손
된 것을 보거든 그것으로 수리하라
하였으나
6 요아스 왕 제이십삼년에 이르도록
제사장들이 성전의 파손한 데를 수
리하지 아니하였는지라
7 요아스 왕이 대제사장 여호야다와
제사장들을 불러 이르되 너희가 어
찌하여 성전의 파손한 데를 수리하
지 아니하였느냐 이제부터는 너희
가 아는 사람에게서 은을 받지 말
고 그들이 성전의 파손한 데를 위
하여 드리게 하라
8 제사장들이 다시는 백성에게 은을
받지도 아니하고 성전 파손한 것을
수리하지도 아니하기로 동의하니라
9 제사장 여호야다가 한 궤를 가져다
가 그것의 뚜껑에 구멍을 뚫어 야
훼의 전문 어귀 오른쪽 곧 제단 옆
에 두매 야훼의 성전에 가져 오는

기록일 : . . .

모든 은을 다 문을 지키는 제사장
들이 그 궤에 넣더라
10 이에 그 궤 가운데 은이 많은 것을
보면 왕의 서기와 대제사장이 올라
와서 야훼의 성전에 있는 대로 그
은을 계산하여 봉하고
11 그 달아본 은을 일하는 자 곧 야훼
의 성전을 맡은 자의 손에 넘기면
그들은 또 야훼의 성전을 수리하는
목수와 건축하는 자들에게 주고
12 또 미장이와 석수에게 주고 또 야
훼의 성전 파손한 데를 수리할 재
목과 다듬은 돌을 사게 하며 그 성
전을 수리할 모든 물건을 위하여
쓰게 하였으되
13 야훼의 성전에 드린 그 은으로 그
성전의 은 대접이나 불집게나 주발
이나 나팔이나 아무 금 그릇이나
은 그릇도 만들지 아니하고
14 그 은을 일하는 자에게 주어 그것
으로 야훼의 성전을 수리하게 하였
으며
15 또 그 은을 받아 일꾼에게 주는 사
람들과 회계하지 아니하였으니 이
는 그들이 성실히 일을 하였음이라
16 속건제의 은과 속죄제의 은은 야훼
의 성전에 드리지 아니하고 제사장
에게 돌렸더라
17 그 때에 아람 왕 하사엘이 올라와
서 가드를 쳐서 점령하고 예루살렘
을 향하여 올라오고자 하므로
18 유다의 왕 요아스가 그의 조상들
유다 왕 여호사밧과 여호람과 아하
시야가 구별하여 드린 모든 성물과
자기가 구별하여 드린 성물과 야훼
의 성전 곳간과 왕궁에 있는 금을
다 가져다가 아람 왕 하사엘에게
보냈더니 하사엘이 예루살렘에서
떠나갔더라
19 요아스의 남은 사적과 그가 행한
모든 일은 유다 왕 역대지략에 기
록되지 아니하였느냐
20 요아스의 신복들이 일어나 반역하
여 실라로 내려가는 길 가의 밀로
궁에서 그를 죽였고
21 그를 쳐서 죽인 신복은 시므앗의 아
들 요사갈과 소멜의 아들 여호사바
드였더라 그는 다윗 성에 그의 조상
들과 함께 장사되고 그의 아들 아
마샤가 그를 대신하여 왕이 되니라

13

유다의 왕 아하시야의 아들 요아
스의 제이십삼 년에 예후의 아들
여호아하스가 사마리아에서 이스라
엘 왕이 되어 십칠 년간 다스리며
2 야훼 보시기에 악을 행하여 이스라
엘에게 범죄하게 한 느밧의 아들
여로보암의 죄를 따라가고 거기서
떠나지 아니하였으므로
3 야훼께서 이스라엘에게 노하사 늘
아람 왕 하사엘의 손과 그의 아들

기록일 : . . .

벤하닷의 손에 넘기셨더니
4 아람 왕이 이스라엘을 학대하므로
여호아하스가 야훼께 간구하매 야
훼께서 들으셨으니 이는 그들이 학
대받음을 보셨음이라
5 야훼께서 이에 구원자를 이스라엘
에게 주시매 이스라엘 자손이 아람
사람의 손에서 벗어나 전과 같이
자기 장막에 거하였으나
6 그들이 이스라엘에게 범죄하게 한
여로보암 집의 죄에서 떠나지 아니
하고 그 안에서 따라 행하며 또 사
마리아에 아세라 목상을 그냥 두었
더라
7 아람 왕이 여호아하스의 백성을 멸
절하여 타작 마당의 티끌 같이 되
게 하고 마병 오십 명과 병거 열 대
와 보병 만 명 외에는 여호아하스
에게 남겨 두지 아니하였더라
8 여호아하스의 남은 사적과 행한 모
든 일과 그의 업적은 이스라엘 왕
역대지략에 기록되지 아니하였느냐
9 여호아하스가 그의 조상들과 함께
자매 사마리아에 장사되고 그 아들
요아스가 대신하여 왕이 되니라
10 유다의 왕 요아스의 제삼십칠 년에
여호아하스의 아들 요아스가 사마
리아에서 이스라엘 왕이 되어 십육
년간 다스리며
11 야훼께서 보시기에 악을 행하여 이
스라엘에게 범죄하게 한 느밧의 아
들 여로보암의 모든 죄에서 떠나지
아니하고 그 가운데 행하였더라
12 요아스의 남은 사적과 행한 모든
일과 유다 왕 아마샤와 싸운 그의
업적은 이스라엘 왕 역대지략에 기
록되지 아니하였느냐
13 요아스가 그의 조상들과 함께 자매
이스라엘 왕들과 함께 사마리아에
장사되고 여로보암이 그 자리에 앉
으니라
14 엘리사가 죽을 병이 들매 이스라엘
의 왕 요아스가 그에게로 내려와
자기의 얼굴에 눈물을 흘리며 이르
되 내 아버지여 내 아버지여 이스라
엘의 병거와 마병이여 하매
15 엘리사가 그에게 이르되 활과 화살
들을 가져오소서 하는지라 활과 화
살들을 그에게 가져오매
16 또 이스라엘 왕에게 이르되 왕의
손으로 활을 잡으소서 하매 그가
손으로 잡으니 엘리사가 자기 손을
왕의 손 위에 얹고
17 이르되 동쪽 창을 여소서 하여 곧
열매 엘리사가 이르되 쏘소서 하는
지라 곧 쏘매 엘리사가 이르되 이
는 야훼를 위한 구원의 화살 곧 아
람에 대한 구원의 화살이니 왕이
아람 사람을 멸절하도록 아벡에서
치리이다 하니라

기록일 : . . .

18 또 이르되 화살들을 집으소서 곧
집으매 엘리사가 또 이스라엘 왕
에게 이르되 땅을 치소서 하는지라
이에 세 번 치고 그친지라
19 하나님의 사람이 노하여 이르되 왕
이 대여섯 번을 칠 것이니이다 그리
하였더면 왕이 아람을 진멸하기까
지 쳤으리이다 그런즉 이제는 왕이
아람을 세 번만 치리이다 하니라
20 엘리사가 죽으니 그를 장사하였고
해가 바뀌매 모압 도적 떼들이 그
땅에 온지라
21 마침 사람을 장사하는 자들이 그
도적 떼를 보고 그의 시체를 엘리
사의 묘실에 들이던지매 시체가 엘
리사의 뼈에 닿자 곧 회생하여 일
어섰더라
22 여호아하스 왕의 시대에 아람 왕
하사엘이 항상 이스라엘을 학대하
였으나
23 야훼께서 아브라함과 이삭과 야곱
과 더불어 세우신 언약 때문에 이
스라엘에게 은혜를 베풀며 그들을
불쌍히 여기시며 돌보사 멸하기를
즐겨하지 아니하시고 이 때까지 자
기 앞에서 쫓아내지 아니하셨더라
24 아람의 왕 하사엘이 죽고 그의 아
들 벤하닷이 대신하여 왕이 되매
25 여호아하스의 아들 요아스가 하사
엘의 아들 벤하닷의 손에서 성읍을
다시 빼앗으니 이 성읍들은 자기
부친 여호아하스가 전쟁 중에 빼앗
겼던 것이라 요아스가 벤하닷을 세
번 쳐서 무찌르고 이스라엘 성읍들
을 회복하였더라

14 이스라엘의 왕 여호아하스의 아
들 요아스 제이년에 유다의 왕 요
아스의 아들 아마샤가 왕이 되니
2 그가 왕이 된 때에 나이 이십오 세
라 예루살렘에서 이십구 년간 다스
리니라 그의 어머니의 이름은 여호
앗단이요 예루살렘 사람이더라
3 아마샤가 야훼 보시기에 정직히 행
하였으나 그의 조상 다윗과는 같지
아니하였으며 그의 아버지 요아스
가 행한 대로 다 행하였어도
4 오직 산당들을 제거하지 아니하였
으므로 백성이 여전히 산당에서 제
사를 드리며 분향하였더라
5 나라가 그의 손에 굳게 서매 그의
부왕을 죽인 신복들을 죽였으나
6 왕을 죽인 자의 자녀들은 죽이지
아니하였으니 이는 모세의 율법책
에 기록된 대로 함이라 곧 야훼께
서 명령하여 이르시기를 자녀로 말
미암아 아버지를 죽이지 말 것이요
아버지로 말미암아 자녀를 죽이지
말 것이라 오직 사람마다 자기의
죄로 말미암아 죽을 것이니라 하셨
더라

기록일 : . . .

7 아마샤가 소금 골짜기에서 에돔 사
람 만 명을 죽이고 또 전쟁을 하여
셀라를 취하고 이름을 욕드엘이라
하였더니 오늘까지 그러하니라
8 아마샤가 예후의 손자 여호아하스
의 아들 이스라엘의 왕 요아스에게
사자를 보내 이르되 오라 우리가
서로 대면하자 한지라
9 이스라엘의 왕 요아스가 유다의 왕
아마샤에게 사람을 보내 이르되 레
바논 가시나무가 레바논 백향목에
게 전갈을 보내어 이르기를 네 딸
을 내 아들에게 주어 아내로 삼게
하라 하였더니 레바논 들짐승이 지
나가다가 그 가시나무를 짓밟았느
니라
10 네가 에돔을 쳐서 파하였으므로 마
음이 교만하였으니 스스로 영광을
삼아 왕궁에나 네 집으로 돌아가라
어찌하여 화를 자취하여 너와 유다
가 함께 망하고자 하느냐 하나
11 아마샤가 듣지 아니하므로 이스라
엘의 왕 요아스가 올라와서 그와
유다의 왕 아마샤가 유다의 벧세메
스에서 대면하였더니
12 유다가 이스라엘 앞에서 패하여 각
기 장막으로 도망한지라
13 이스라엘 왕 요아스가 벧세메스에
서 아하시야의 손자 요아스의 아들
유다 왕 아마샤를 사로잡고 예루살
렘에 이르러 예루살렘 성벽을 에브
라임 문에서부터 성 모퉁이 문까지
사백 규빗을 헐고
14 또 야훼의 성전과 왕궁 곳간에 있
는 금 은과 모든 기명을 탈취하고
또 사람을 볼모로 잡고서 사마리아
로 돌아갔더라
15 요아스의 남은 사적과 그의 업적과
또 유다의 왕 아마샤와 싸운 일은
이스라엘 왕 역대지략에 기록되지
아니하였느냐
16 요아스가 그의 조상들과 함께 자매
이스라엘 왕들과 사마리아에 함께
장사되고 그의 아들 여로보암이 대
신하여 왕이 되니라
17 이스라엘의 왕 여호아하스의 아들
요아스가 죽은 후에도 유다의 왕
요아스의 아들 아마샤가 십오 년간
을 생존하였더라
18 아마샤의 남은 행적은 유다 왕 역
대지략에 기록되지 아니하였느냐
19 예루살렘에서 무리가 그를 반역한
고로 그가 라기스로 도망하였더니
반역한 무리가 사람을 라기스로 따
라 보내 그를 거기서 죽이게 하고
20 그 시체를 말에 실어다가 예루살렘
에서 그의 조상들과 함께 다윗 성
에 장사하니라
21 유다 온 백성이 아사랴를 그의 아버
지 아마샤를 대신하여 왕으로 삼으

기록일 : . . .

니 그 때에 그의 나이가 십육 세라
22 아마샤가 그의 조상들과 함께 잔
후에 아사랴가 엘랏을 건축하여 유
다에 복귀시켰더라
23 유다의 왕 요아스의 아들 아마샤
제십오년에 이스라엘의 왕 요아스
의 아들 여로보암이 사마리아에서
왕이 되어 사십일 년간 다스렸으며
24 야훼 보시기에 악을 행하여 이스라
엘에게 범죄하게 한 느밧의 아들
여로보암의 모든 죄에서 떠나지 아
니하였더라
25 이스라엘의 하나님 야훼께서 그의
종 가드헤벨 아밋대의 아들 선지자
요나를 통하여 하신 말씀과 같이
여로보암이 이스라엘 영토를 회복
하되 하맛 어귀에서부터 아라바 바
다까지 하였으니
26 이는 야훼께서 이스라엘의 고난이
심하여 매인 자도 없고 놓인 자도
없고 이스라엘을 도울 자도 없음을
보셨고
27 야훼께서 또 이스라엘의 이름을 천
하에서 없이 하겠다고도 아니하셨
으므로 요아스의 아들 여로보암의
손으로 구원하심이었더라
28 여로보암의 남은 사적과 모든 행한
일과 싸운 업적과 다메섹을 회복한
일과 이전에 유다에 속하였던 하맛
을 이스라엘에 돌린 일은 이스라엘
왕 역대지략에 기록되지 아니하였
느냐
29 여로보암이 그의 조상 이스라엘 왕
들과 함께 자고 그의 아들 스가랴
가 대신하여 왕이 되니라

15

이스라엘 왕 여로보암 제이십칠년
에 유다 왕 아마샤의 아들 아사랴
가 왕이 되니
2 그가 왕이 될 때에 나이가 십육 세
라 예루살렘에서 오십이 년간 다스
리니라 그의 어머니의 이름은 여골
리야라 예루살렘 사람이더라
3 아사랴가 그의 아버지 아마샤의 모
든 행위대로 야훼 보시기에 정직히
행하였으나
4 오직 산당은 제거하지 아니하였으
므로 백성이 여전히 그 산당에서 제
사를 드리며 분향하였고
5 야훼께서 왕을 치셨으므로 그가 죽
는 날까지 나병환자가 되어 별궁에
거하고 왕자 요담이 왕궁을 다스리
며 그 땅의 백성을 치리하였더라
6 아사랴의 남은 사적과 행한 모든
일은 유다 왕 역대지략에 기록되지
아니하였느냐
7 아사랴가 그의 조상들과 함께 자매
다윗 성에 그의 조상들과 함께 장
사되고 그의 아들 요담이 대신하여
왕이 되니라
8 유다의 왕 아사랴의 제삼십팔년에

기록일 : . . .

여로보암의 아들 스가랴가 사마리
아에서 여섯 달 동안 이스라엘을
다스리며
9 그의 조상들의 행위대로 야훼 보
시기에 악을 행하여 이스라엘로 범
죄하게 한 느밧의 아들 여로보암의
죄에서 떠나지 아니한지라
10 야베스의 아들 살룸이 그를 반역하
여 백성 앞에서 쳐죽이고 대신하여
왕이 되니라
11 스가랴의 남은 사적은 이스라엘 왕
역대지략에 기록되니라
12 야훼께서 예후에게 말씀하여 이르
시기를 네 자손이 사 대 동안 이스
라엘 왕위에 있으리라 하신 그 말
씀대로 과연 그렇게 되니라
13 유다 왕 웃시야 제삼십구년에 야베
스의 아들 살룸이 사마리아에서 왕
이 되어 한 달 동안 다스리니라
14 가디의 아들 므나헴이 디르사에서
부터 사마리아로 올라가서 야베스
의 아들 살룸을 거기에서 쳐죽이고
대신하여 왕이 되니라
15 살룸의 남은 사적과 그가 반역한
일은 이스라엘 왕 역대지략에 기록
되니라
16 그 때에 므나헴이 디르사에서 와서
딥사와 그 가운데에 있는 모든 사
람과 그 사방을 쳤으니 이는 그들
이 성문을 열지 아니하였음이라 그
러므로 그들이 그 곳을 치고 그 가
운데에 아이 밴 부녀를 갈랐더라
17 유다 왕 아사랴 제삼십구년에 가디
의 아들 므나헴이 이스라엘 왕이 되
어 사마리아에서 십 년간 다스리며
18 야훼 보시기에 악을 행하여 이스라
엘로 범죄하게 한 느밧의 아들 여
로보암의 죄에서 평생 떠나지 아니
하였더라
19 앗수르 왕 불이 와서 그 땅을 치려
하매 므나헴이 은 천 달란트를 불
에게 주어서 그로 자기를 도와 주
게 함으로 나라를 자기 손에 굳게
세우고자 하여
20 그 은을 이스라엘 모든 큰 부자에
게서 강탈하여 각 사람에게 은 오
십 세겔씩 내게 하여 앗수르 왕에게
주었더니 이에 앗수르 왕이 되돌아
가 그 땅에 머물지 아니하였더라
21 므나헴의 남은 사적과 그가 행한
모든 일은 이스라엘 왕 역대지략에
기록되지 아니하였느냐
22 므나헴이 그의 조상들과 함께 자고
그의 아들 브가히야가 대신하여 왕
이 되니라
23 유다의 왕 아사랴 제오십년에 므나
헴의 아들 브가히야가 사마리아에
서 이스라엘 왕이 되어 이 년간 다
스리며
24 야훼께서 보시기에 악을 행하여 이

기록일 : . . .

스라엘로 범죄하게 한 느밧의 아들
여로보암의 죄에서 떠나지 아니한
지라
25 그 장관 르말랴의 아들 베가가 반
역하여 사마리아 왕궁 호위소에서
왕과 아르곱과 아리에를 죽이되 길
르앗 사람 오십 명과 더불어 죽이
고 대신하여 왕이 되었더라
26 브가히야의 남은 사적과 그가 행한
모든 일은 이스라엘 왕 역대지략에
기록되니라
27 유다의 왕 아사랴 제오십이년에 르
말랴의 아들 베가가 이스라엘 왕이
되어 사마리아에서 이십 년간 다스
리며
28 야훼께서 보시기에 악을 행하여 이
스라엘로 범죄하게 한 느밧의 아들
여로보암의 죄에서 떠나지 아니하
였더라
29 이스라엘 왕 베가 때에 앗수르 왕
디글랏 빌레셀이 와서 이욘과 아벨
벳 마아가와 야노아와 게데스와 하
솔과 길르앗과 갈릴리와 납달리 온
땅을 점령하고 그 백성을 사로잡아
앗수르로 옮겼더라
30 웃시야의 아들 요담 제이십년에 엘
라의 아들 호세아가 반역하여 르말
랴의 아들 베가를 쳐서 죽이고 대
신하여 왕이 되니라
31 베가의 남은 사적과 그가 행한 모
든 일은 이스라엘 왕 역대지략에
기록되니라
32 이스라엘의 왕 르말랴의 아들 베가
제이년에 유다 왕 웃시야의 아들
요담이 왕이 되니
33 나이가 이십오 세라 예루살렘에서
십육 년간 다스리니라 그의 어머니
의 이름은 여루사라 사독의 딸이
더라
34 요담이 그의 아버지 웃시야의 모든
행위대로 야훼께서 보시기에 정직
히 행하였으나
35 오직 산당을 제거하지 아니하였으
므로 백성이 여전히 그 산당에서 제
사를 드리며 분향하였더라 요담이
야훼의 성전의 윗문을 건축하니라
36 요담의 남은 사적과 그가 행한 모
든 일은 유다 왕 역대지략에 기록
되지 아니하였느냐
37 그 때에 야훼께서 비로소 아람 왕
르신과 르말랴의 아들 베가를 보내
어 유다를 치게 하셨더라
38 요담이 그의 조상들과 함께 자매
그의 조상 다윗 성에 조상들과 함
께 장사되고 그 아들 아하스가 대
신하여 왕이 되니라

16

르말랴의 아들 베가 제십칠년에
유다의 왕 요담의 아들 아하스가
왕이 되니
2 아하스가 왕이 될 때에 나이가 이

십 세라 예루살렘에서 십육 년간
다스렸으나 그의 조상 다윗과 같지
아니하여 그의 하나님 야훼께서 보
시기에 정직히 행하지 아니하고
3 이스라엘의 여러 왕의 길로 행하며
또 야훼께서 이스라엘 자손 앞에서
쫓아내신 이방 사람의 가증한 일을
따라 자기 아들을 불 가운데로 지
나가게 하며
4 또 산당들과 작은 산 위와 모든 푸
른 나무 아래에서 제사를 드리며
분향하였더라
5 이 때에 아람의 왕 르신과 이스라
엘의 왕 르말랴의 아들 베가가 예
루살렘에 올라와서 싸우려 하여 아
하스를 에워쌌으나 능히 이기지 못
하니라
6 당시에 아람의 왕 르신이 엘랏을
회복하여 아람에 돌리고 유다 사람
을 엘랏에서 쫓아내었고 아람 사람
이 엘랏에 이르러 거기에 거주하여
오늘까지 이르렀더라
7 아하스가 앗수르 왕 디글랏 빌레셀
에게 사자를 보내 이르되 나는 왕
의 신복이요 왕의 아들이라 이제
아람 왕과 이스라엘 왕이 나를 치
니 청하건대 올라와 그 손에서 나
를 구원하소서 하고
8 아하스가 야훼의 성전과 왕궁 곳
간에 있는 은금을 내어다가 앗수르
왕에게 예물로 보냈더니
9 앗수르 왕이 그 청을 듣고 곧 올라
와서 다메섹을 쳐서 점령하여 그 백
성을 사로잡아 기르로 옮기고 또
르신을 죽였더라
10 아하스 왕이 앗수르의 왕 디글랏
빌레셀을 만나러 다메섹에 갔다가
거기 있는 제단을 보고 아하스 왕
이 그 제단의 모든 구조와 제도의
양식을 그려 제사장 우리야에게 보
냈더니
11 아하스 왕이 다메섹에서 돌아오기
전에 제사장 우리야가 아하스 왕이
다메섹에서 보낸 대로 모두 행하여
제사장 우리야가 제단을 만든지라
12 왕이 다메섹에서 돌아와 제단을 보
고 제단 앞에 나아가 그 위에 제사
를 드리되
13 자기의 번제물과 소제물을 불사르
고 또 전제물을 붓고 수은제 짐승
의 피를 제단에 뿌리고
14 또 야훼의 앞 곧 성전 앞에 있던 놋
제단을 새 제단과 야훼의 성전 사
이에서 옮겨다가 그 제단 북쪽에
그것을 두니라
15 아하스 왕이 제사장 우리야에게 명
령하여 이르되 아침 번제물과 저녁
소제물과 왕의 번제물과 그 소제물
과 모든 국민의 번제물과 그 소제
물과 전제물을 다 이 큰 제단 위에

기록일 : . . .

불사르고 또 번제물의 피와 다른
제물의 피를 다 그 위에 뿌리라 오
직 놋제단은 내가 주께 여쭐 일에
만 쓰게 하라 하매
16 제사장 우리야가 아하스 왕의 모든
명령대로 행하였더라
17 아하스 왕이 물두멍 받침의 옆판을
떼내고 물두멍을 그 자리에서 옮기
고 또 놋바다를 놋소 위에서 내려
다가 돌판 위에 그것을 두며
18 또 안식일에 쓰기 위하여 성전에 건
축한 낭실과 왕이 밖에서 들어가는
낭실을 앗수르 왕을 두려워하여 야
훼의 성전에 옮겨 세웠더라
19 아하스가 행한 그 남은 사적은 유
다 왕 역대지략에 기록되지 아니하
였느냐
20 아하스가 그의 조상들과 함께 자매
다윗 성에 그 열조와 함께 장사되
고 그의 아들 히스기야가 대신하여
왕이 되니라

17

유다의 왕 아하스 제십이년에 엘
라의 아들 호세아가 사마리아에서
이스라엘 왕이 되어 구 년간 다스
리며
2 야훼께서 보시기에 악을 행하였으
나 다만 그 전 이스라엘 여러 왕들
과 같이 하지는 아니하였더라
3 앗수르의 왕 살만에셀이 올라오니
호세아가 그에게 종이 되어 조공을
드리더니
4 그가 애굽의 왕 소에게 사자들을
보내고 해마다 하던 대로 앗수르
왕에게 조공을 드리지 아니하매 앗
수르 왕이 호세아가 배반함을 보고
그를 옥에 감금하여 두고
5 앗수르 왕이 올라와 그 온 땅에 두
루다니고 사마리아로 올라와 그 곳
을 삼 년간 에워쌌더라
6 호세아 제구년에 앗수르 왕이 사마
리아를 점령하고 이스라엘 사람을
사로잡아 앗수르로 끌어다가 고산
강 가에 있는 할라와 하볼과 메대
사람의 여러 고을에 두었더라
7 이 일은 이스라엘 자손이 자기를
애굽 땅에서 인도하여 내사 애굽의
왕 바로의 손에서 벗어나게 하신
그 하나님 야훼께 죄를 범하고 또
다른 신들을 경외하며
8 야훼께서 이스라엘 자손 앞에서 쫓
아내신 이방 사람의 규례와 이스라
엘 여러 왕이 세운 율례를 행하였
음이라
9 이스라엘의 자손이 점차로 불의를
행하여 그 하나님 야훼를 배역하여
모든 성읍에 망대로부터 견고한 성
에 이르도록 산당을 세우고
10 모든 산 위에와 모든 푸른 나무 아
래에 목상과 아세라 상을 세우고
11 또 야훼께서 그들 앞에서 물리치신

기록일 : . . .

이방 사람 같이 그 곳 모든 산당에
서 분향하며 또 악을 행하여 야훼
를 격노하게 하였으며
12 또 우상을 섬겼으니 이는 야훼께서
그들에게 행하지 말라고 말씀하신
일이라
13 야훼께서 각 선지자와 각 선견자를
통하여 이스라엘과 유다에게 지정
하여 이르시기를 너희는 돌이켜 너
희 악한 길에서 떠나 나의 명령과
율례를 지키되 내가 너희 조상들에
게 명령하고 또 내 종 선지자들을
통하여 너희에게 전한 모든 율법대
로 행하라 하셨으나
14 그들이 듣지 아니하고 그들의 목을
곧게 하기를 그들의 하나님 야훼를
믿지 아니하던 그들 조상들의 목
같이 하여
15 야훼의 율례와 야훼께서 그들의 조
상들과 더불어 세우신 언약과 경
계하신 말씀을 버리고 허무한 것을
뒤따라 허망하며 또 야훼께서 명령
하사 따르지 말라 하신 사방 이방
사람을 따라
16 그들의 하나님 야훼의 모든 명령을
버리고 자기들을 위하여 두 송아지
형상을 부어 만들고 또 아세라 목
상을 만들고 하늘의 일월 성신을
경배하며 또 바알을 섬기고
17 또 자기 자녀를 불 가운데로 지나
가게 하며 복술과 사술을 행하고
스스로 팔려 야훼 보시기에 악을
행하여 그를 격노하게 하였으므로
18 야훼께서 이스라엘에게 심히 노하
사 그들을 그의 앞에서 제거하시니
오직 유다 지파 외에는 남은 자가
없으니라
19 유다도 그들의 하나님 야훼의 명령
을 지키지 아니하고 이스라엘 사람
들이 만든 관습을 행하였으므로
20 야훼께서 이스라엘의 온 족속을 버
리사 괴롭게 하시며 노략꾼의 손에
넘기시고 마침내 그의 앞에서 쫓아
내시니라
21 이스라엘을 다윗의 집에서 찢어 나
누시매 그들이 느밧의 아들 여로보
암을 왕으로 삼았더니 여로보암이
이스라엘을 몰아 야훼를 떠나고 큰
죄를 범하게 하매
22 이스라엘 자손이 여로보암이 행한
모든 죄를 따라 행하여 거기서 떠
나지 아니하므로
23 야훼께서 그의 종 모든 선지자를
통하여 하신 말씀대로 드디어 이스
라엘을 그 앞에서 내쫓으신지라 이
스라엘이 고향에서 앗수르에 사로
잡혀 가서 오늘까지 이르렀더라
24 앗수르 왕이 바벨론과 구다와 아와
와 하맛과 스발와임에서 사람을 옮
겨다가 이스라엘 자손을 대신하여

기록일 : . . .

사마리아 여러 성읍에 두매 그들이
사마리아를 차지하고 그 여러 성읍
에 거주하니라
25 그들이 처음으로 거기 거주할 때에
야훼를 경외하지 아니하므로 야훼
께서 사자들을 그들 가운데에 보내
시매 몇 사람을 죽인지라
26 그러므로 어떤 사람이 앗수르 왕에
게 말하여 이르되 왕께서 사마리아
여러 성읍에 옮겨 거주하게 하신 민
족들이 그 땅 신의 법을 알지 못하
므로 그들의 신이 사자들을 그들
가운데에 보내매 그들을 죽였사오
니 이는 그들이 그 땅 신의 법을 알
지 못함이니이다 하니라
27 앗수르 왕이 명령하여 이르되 너희
는 그 곳에서 사로잡아 온 제사장
한 사람을 그 곳으로 데려가되 그가
그 곳에 가서 거주하며 그 땅 신의
법을 무리에게 가르치게 하라 하니
28 이에 사마리아에서 사로잡혀 간 제
사장 중 한 사람이 와서 벧엘에 살
며 백성에게 어떻게 야훼 경외할지
를 가르쳤더라
29 그러나 각 민족이 각기 자기의 신상
들을 만들어 사마리아 사람이 지은
여러 산당들에 두되 각 민족이 자기
들이 거주한 성읍에서 그렇게 하여
30 바벨론 사람들은 숙곳브놋을 만들
었고 굿 사람들은 네르갈을 만들
었고 하맛 사람들은 아시마를 만
들었고
31 아와 사람들은 닙하스와 다르닥을
만들었고 스발와임 사람들은 그 자
녀를 불살라 그들의 신 아드람멜렉
과 아남멜렉에게 드렸으며
32 그들이 또 야훼를 경외하여 자기
중에서 사람을 산당의 제사장으로
택하여 그 산당들에서 자기를 위하
여 제사를 드리게 하니라
33 이와 같이 그들이 야훼도 경외하고
또한 어디서부터 옮겨왔든지 그 민
족의 풍속대로 자기의 신들도 섬겼
더라
34 그들이 오늘까지 이전 풍속대로 행
하여 야훼를 경외하지 아니하며 또
야훼께서 이스라엘이라 이름을 주
신 야곱의 자손에게 명령하신 율례
와 법도와 율법과 계명을 준행하지
아니하는도다
35 옛적에 야훼께서 야곱의 자손에게
언약을 세우시고 그들에게 명령하
여 이르시되 너희는 다른 신을 경외
하지 말며 그를 경배하지 말며 그
를 섬기지 말며 그에게 제사하지
말고
36 오직 큰 능력과 편 팔로 너희를 애
굽에서 인도하여 내신 야훼만 경외
하여 그를 예배하며 그에게 제사를
드릴 것이며

기록일 : . . .

37 또 야훼가 너희를 위하여 기록한
율례와 법도와 율법과 계명을 지켜
영원히 행하고 다른 신들을 경외하
지 말며
38 또 내가 너희와 세운 언약을 잊지
말며 다른 신들을 경외하지 말고
39 오직 너희 하나님 야훼만을 경외하
라 그가 너희를 모든 원수의 손에
서 건져내리라 하셨으나
40 그러나 그들이 듣지 아니하고 오히
려 이전 풍속대로 행하였느니라
41 이 여러 민족이 야훼를 경외하고 또
그 아로새긴 우상을 섬기니 그들의
자자 손손이 그들의 조상들이 행하
던 대로 그들도 오늘까지 행하니라

18 이스라엘의 왕 엘라의 아들 호세
아 제삼년에 유다 왕 아하스의 아
들 히스기야가 왕이 되니
2 그가 왕이 될 때에 나이가 이십오
세라 예루살렘에서 이십구 년간 다
스리니라 그의 어머니의 이름은 아
비요 스가리야의 딸이더라
3 히스기야가 그의 조상 다윗의 모든
행위와 같이 야훼께서 보시기에 정
직하게 행하여
4 그가 여러 산당들을 제거하며 주상
을 깨뜨리며 아세라 목상을 찍으며
모세가 만들었던 놋뱀을 이스라엘
자손이 이때까지 향하여 분향하므
로 그것을 부수고 느후스단이라 일
컬었더라
5 히스기야가 이스라엘 하나님 야훼
를 의지하였는데 그의 전후 유다
여러 왕 중에 그러한 자가 없었으니
6 곧 그가 야훼께 연합하여 그에게서
떠나지 아니하고 야훼께서 모세에
게 명령하신 계명을 지켰더라
7 야훼께서 그와 함께 하시매 그가
어디로 가든지 형통하였더라 저가
앗수르 왕을 배반하고 섬기지 아니
하였고
8 그가 블레셋 사람들을 쳐서 가사와
그 사방에 이르고 망대에서부터 견
고한 성까지 이르렀더라
9 히스기야 왕 제사년 곧 이스라엘의
왕 엘라의 아들 호세아 제칠년에
앗수르의 왕 살만에셀이 사마리아
로 올라와서 에워쌌더라
10 삼 년 후에 그 성읍이 함락되니 곧
히스기야 왕의 제육년이요 이스라
엘 왕 호세아의 제구년에 사마리아
가 함락되매
11 앗수르 왕이 이스라엘을 사로잡아
앗수르에 이르러 고산 강 가에 있
는 할라와 하볼과 메대 사람의 여
러 성읍에 두었으니
12 이는 그들이 하나님 야훼의 말씀을
듣지 아니하고 그의 언약과 야훼의
종 모세가 명령한 모든 것을 따르
지 아니하였음이더라

기록일 : . . .

13 히스기야 왕 제십사년에 앗수르의
왕 산헤립이 올라와서 유다 모든
견고한 성읍들을 쳐서 점령하매
14 유다의 왕 히스기야가 라기스로 사
람을 보내어 앗수르 왕에게 이르되
내가 범죄하였나이다 나를 떠나 돌
아가소서 왕이 내게 지우시는 것을
내가 당하리이다 하였더니 앗수르
왕이 곧 은 삼백 달란트와 금 삼십
달란트를 정하여 유다 왕 히스기야
에게 내게 한지라
15 히스기야가 이에 야훼의 성전과 왕
궁 곳간에 있는 은을 다 주었고
16 또 그 때에 유다 왕 히스기야가 야
훼의 성전 문의 금과 자기가 모든
기둥에 입힌 금을 벗겨 모두 앗수
르 왕에게 주었더라
17 앗수르 왕이 다르단과 랍사리스와
랍사게로 하여금 대군을 거느리고
라기스에서부터 예루살렘으로 가
서 히스기야 왕을 치게 하매 그들
이 예루살렘으로 올라가니라 그들
이 올라가서 윗못 수도 곁 곧 세탁
자의 밭에 있는 큰 길에 이르러 서
니라
18 그들이 왕을 부르매 힐기야의 아들
로서 왕궁의 책임자인 엘리야김과
서기관 셉나와 아삽의 아들 사관
요아가 그에게 나가니
19 랍사게가 그들에게 이르되 너희는
히스기야에게 말하라 대왕 앗수르
왕의 말씀이 네가 의뢰하는 이 의
뢰가 무엇이냐
20 네가 싸울 만한 계교와 용력이 있
다고 한다마는 이는 입에 붙은 말
뿐이라 네가 이제 누구를 의뢰하고
나를 반역하였느냐
21 이제 네가 너를 위하여 저 상한 갈
대 지팡이 애굽을 의뢰하도다 사람
이 그것을 의지하면 그의 손에 찔
려 들어갈지라 애굽의 왕 바로는
그에게 의뢰하는 모든 자에게 이와
같으니라
22 너희가 내게 이르기를 우리는 우리
하나님 야훼를 의뢰하노라 하리라
마는 히스기야가 그들의 산당들과
제단을 제거하고 유다와 예루살렘
사람에게 명령하기를 예루살렘 이
제단 앞에서만 예배하라 하지 아니
하였느냐 하셨나니
23 청하건대 이제 너는 내 주 앗수르
왕과 내기하라 네가 만일 말을 탈
사람을 낼 수 있다면 나는 네게 말
이천 마리를 주리라
24 네가 어찌 내 주의 신하 중 지극히
작은 지휘관 한 사람인들 물리치며
애굽을 의뢰하고 그 병거와 기병을
얻을 듯하냐
25 내가 어찌 야훼의 뜻이 아니고야
이제 이 곳을 멸하러 올라왔겠느냐

야훼께서 전에 내게 이르시기를 이
땅으로 올라와서 쳐서 멸하라 하셨
느니라 하는지라
26 힐기야의 아들 엘리야김과 셉나와
요아가 랍사게에게 이르되 우리가
알아듣겠사오니 청하건대 아람 말
로 당신의 종들에게 말씀하시고 성
위에 있는 백성이 듣는 데서 유다
말로 우리에게 말씀하지 마옵소서
27 랍사게가 그에게 이르되 내 주께서
네 주와 네게만 이 말을 하라고 나
를 보내신 것이냐 성 위에 앉은 사
람들도 너희와 함께 자기의 대변을
먹게 하고 자기의 소변을 마시게
하신 것이 아니냐 하고
28 랍사게가 드디어 일어서서 유다 말
로 크게 소리 질러 불러 이르되 너
희는 대왕 앗수르 왕의 말씀을 들
으라
29 왕의 말씀이 너희는 히스기야에게
속지 말라 그가 너희를 내 손에서
건져내지 못하리라
30 또한 히스기야가 너희에게 야훼를
의뢰하라 함을 듣지 말라 그가 이
르기를 야훼께서 반드시 우리를 건
지실지라 이 성읍이 앗수르 왕의 손
에 함락되지 아니하게 하시리라 할
지라도
31 너희는 히스기야의 말을 듣지 말라
앗수르 왕의 말씀이 너희는 내게
항복하고 내게로 나아오라 그리하
고 너희는 각각 그의 포도와 무화
과를 먹고 또한 각각 자기의 우물
의 물을 마시라
32 내가 장차 와서 너희를 한 지방
으로 옮기리니 그 곳은 너희 본토
와 같은 지방 곧 곡식과 포도주가
있는 지방이요 떡과 포도원이 있
는 지방이요 기름 나는 감람과 꿀
이 있는 지방이라 너희가 살고 죽지
아니하리라 히스기야가 너희를 설
득하여 이르기를 야훼께서 우리를
건지시리라 하여도 히스기야에게
듣지 말라
33 민족의 신들 중에 어느 한 신이 그
의 땅을 앗수르 왕의 손에서 건진
자가 있느냐
34 하맛과 아르밧의 신들이 어디 있으
며 스발와임과 헤나와 아와의 신들
이 어디 있느냐 그들이 사마리아를
내 손에서 건졌느냐
35 민족의 모든 신들 중에 누가 그의
땅을 내 손에서 건졌기에 야훼가
예루살렘을 내 손에서 건지겠느냐
하셨느니라
36 그러나 백성이 잠잠하고 한 마디도
그에게 대답하지 아니하니 이는 왕
이 명령하여 대답하지 말라 하였음
이라
37 이에 힐기야의 아들로서 왕궁 내의

기록일 : . . .

책임자인 엘리야김과 서기관 셉나
와 아삽의 아들 사관 요아가 옷을
찢고 히스기야에게 나아가서 랍사
게의 말을 전하니라

19

히스기야 왕이 듣고 그 옷을 찢고
굵은 베를 두르고 야훼의 전에 들
어가서
2 왕궁의 책임자인 엘리야김과 서기
관 셉나와 제사장 중 장로들에게
굵은 베를 둘려서 아모스의 아들
선지자 이사야에게로 보내매
3 그들이 이사야에게 이르되 히스기
야의 말씀이 오늘은 환난과 징벌과
모욕의 날이라 아이를 낳을 때가
되었으나 해산할 힘이 없도다
4 랍사게가 그의 주 앗수르 왕의 보
냄을 받고 와서 살아 계신 하나님
을 비방하였으니 당신의 하나님 야
훼께서 혹시 그의 말을 들으셨을지
라 당신의 하나님 야훼께서 그 들
으신 말 때문에 꾸짖으실 듯하니
당신은 이 남아 있는 자들을 위하
여 기도하소서 하더이다 하니라
5 이와 같이 히스기야 왕의 신복이 이
사야에게 나아가니
6 이사야가 그들에게 이르되 너희는
너희 주에게 이렇게 말하라 야훼의
말씀이 너는 앗수르 왕의 신복에게
들은 바 나를 모욕하는 말 때문에
두려워하지 말라
7 내가 한 영을 그의 속에 두어 그로
소문을 듣고 그의 본국으로 돌아
가게 하고 또 그의 본국에서 그에
게 칼에 죽게 하리라 하셨느니라
하더라
8 랍사게가 돌아가다가 앗수르 왕이
이미 라기스에서 떠났다 함을 듣
고 립나로 가서 앗수르 왕을 만났
으니 왕이 거기서 립나와 싸우는
중이더라
9 앗수르 왕은 구스 왕 디르하가가
당신과 싸우고자 나왔다 함을 듣고
다시 히스기야에게 사자를 보내며
이르되
10 너희는 유다의 왕 히스기야에게 이
같이 말하여 이르기를 네가 믿는
네 하나님이 예루살렘을 앗수르 왕
의 손에 넘기지 아니하겠다 하는
말에 속지 말라
11 앗수르의 여러 왕이 여러 나라에
행한 바 진멸한 일을 네가 들었나
니 네가 어찌 구원을 얻겠느냐
12 내 조상들이 멸하신 여러 민족 곧
고산과 하란과 레셉과 들라살에 있
는 에덴 족속을 그 나라들의 신들
이 건졌느냐
13 하맛 왕과 아르밧 왕과 스발와임
성의 왕과 헤나와 아와의 왕들이
다 어디 있느냐 하라 하니라
14 히스기야가 사자의 손에서 편지를

기록일 : . . .

받아보고 야훼의 성전에 올라가서
히스기야가 그 편지를 야훼 앞에
펴 놓고
15 그 앞에서 히스기야가 기도하여 이
르되 그룹들 위에 계신 이스라엘의
하나님 야훼여 주는 천하 만국에
홀로 하나님이시라 주께서 천지를
만드셨나이다
16 야훼여 귀를 기울여 들으소서 야훼
여 눈을 떠서 보시옵소서 산헤립이
살아 계신 하나님을 비방하러 보낸
말을 들으시옵소서
17 야훼여 앗수르 여러 왕이 과연 여러
민족과 그들의 땅을 황폐하게 하고
18 또 그들의 신들을 불에 던졌사오
니 이는 그들이 신이 아니요 사람의
손으로 만든 것 곧 나무와 돌 뿐이
므로 멸하였나이다
19 우리 하나님 야훼여 원하건대 이제
우리를 그의 손에서 구원하옵소서
그리하시면 천하 만국이 주 야훼
가 홀로 하나님이신 줄 알리이다
하니라
20 아모스의 아들 이사야가 히스기야
에게 보내 이르되 이스라엘 하나님
야훼의 말씀이 네가 앗수르 왕 산
헤립 때문에 내게 기도하는 것을
내가 들었노라 하셨나이다
21 야훼께서 앗수르 왕에게 대하여 이
같이 말씀하시기를 처녀 딸 시온이
너를 멸시하며 너를 비웃었으며 딸
예루살렘이 너를 향하여 머리를 흔
들었느니라
22 네가 누구를 꾸짖었으며 비방하였
느냐 누구를 향하여 소리를 높였으
며 눈을 높이 떴느냐 이스라엘의
거룩한 자에게 그리하였도다
23 네가 사자들을 통하여 주를 비방하
여 이르기를 내가 많은 병거를 거
느리고 여러 산 꼭대기에 올라가며
레바논 깊은 곳에 이르러 높은 백
향목과 아름다운 잣나무를 베고 내
가 그 가장 먼 곳에 들어가며 그의
동산의 무성한 수풀에 이르리라
24 내가 땅을 파서 이방의 물을 마셨
고 나의 발바닥으로 애굽의 모든
강들을 말렸노라 하였도다
25 네가 듣지 못하였느냐 이 일은 내
가 태초부터 행하였고 옛날부터 정
한 바라 이제 내가 이루어 너로 견
고한 성들을 멸하여 무너진 돌무더
기가 되게 함이니라
26 그러므로 거기에 거주하는 백성의
힘이 약하여 두려워하며 놀랐나니
그들은 들의 채소와 푸른 풀과 지
붕의 잡초와 자라기 전에 시든 곡
초 같이 되었느니라
27 네 거처와 네 출입과 네가 내게 향
한 분노를 내가 다 아노니
28 네가 내게 향한 분노와 네 교만한

기록일 : . . .

말이 내 귀에 들렸도다 그러므로
내가 갈고리를 네 코에 꿰고 재갈
을 네 입에 물려 너를 오던 길로 끌
어 돌이키리라 하셨나이다
29 또 네게 보일 징조가 이러하니 너
희가 금년에는 스스로 자라난 것을
먹고 내년에는 그것에서 난 것을 먹
되 제삼년에는 심고 거두며 포도원
을 심고 그 열매를 먹으리라
30 유다 족속 중에서 피하고 남은 자
는 다시 아래로 뿌리를 내리고 위
로 열매를 맺을지라
31 남은 자는 예루살렘에서부터 나올
것이요 피하는 자는 시온 산에서부
터 나오리니 야훼의 열심이 이 일을
이루리라 하셨나이다 하니라
32 그러므로 야훼께서 앗수르 왕을 가
리켜 이르시기를 그가 이 성에 이르
지 못하며 이리로 화살을 쏘지 못하
며 방패를 성을 향하여 세우지 못하
며 치려고 토성을 쌓지도 못하고
33 오던 길로 돌아가고 이 성에 이르지
못하리라 하셨으니 이는 야훼의 말
씀이시라
34 내가 나와 나의 종 다윗을 위하여
이 성을 보호하여 구원하리라 하셨
나이다 하였더라
35 이 밤에 야훼의 사자가 나와서 앗
수르 진영에서 군사 십팔만 오천 명
을 친지라 아침에 일찍이 일어나 보
니 다 송장이 되었더라
36 앗수르 왕 산헤립이 떠나 돌아가서
니느웨에 거주하더니
37 그가 그의 신 니스록의 신전에서 경
배할 때에 아드람멜렉과 사레셀이
그를 칼로 쳐죽이고 아라랏 땅으로
그들이 도망하매 그 아들 에살핫돈
이 대신하여 왕이 되니라

20 그 때에 히스기야가 병들어 죽게
되매 아모스의 아들 선지자 이사야
가 그에게 나아와서 그에게 이르
되 야훼의 말씀이 너는 집을 정리
하라 네가 죽고 살지 못하리라 하셨
나이다
2 히스기야가 낯을 벽으로 향하고 야
훼께 기도하여 이르되
3 야훼여 구하오니 내가 진실과 전심
으로 주 앞에 행하며 주께서 보시기
에 선하게 행한 것을 기억하옵소서
하고 히스기야가 심히 통곡하더라
4 이사야가 성읍 가운데까지도 이르
기 전에 야훼의 말씀이 그에게 임
하여 이르시되
5 너는 돌아가서 내 백성의 주권자 히
스기야에게 이르기를 왕의 조상 다
윗의 하나님 야훼의 말씀이 내가 네
기도를 들었고 네 눈물을 보았노라
내가 너를 낫게 하리니 네가 삼 일
만에 야훼의 성전에 올라가겠고
6 내가 네 날에 십오 년을 더할 것이

기록일 : . . .

며 내가 너와 이 성을 앗수르 왕의
손에서 구원하고 내가 나를 위하고
또 내 종 다윗을 위하므로 이 성을
보호하리라 하셨다 하라 하셨더라
7 이사야가 이르되 무화과 반죽을 가
져오라 하매 무리가 가져다가 그
상처에 놓으니 나으니라
8 히스기야가 이사야에게 이르되 야
훼께서 나를 낫게 하시고 삼 일 만
에 야훼의 성전에 올라가게 하실
무슨 징표가 있나이까 하니
9 이사야가 이르되 야훼께서 하신 말
씀을 응하게 하실 일에 대하여 야
훼께로부터 왕에게 한 징표가 임하
리이다 해 그림자가 십도를 나아갈
것이니이까 혹 십도를 물러갈 것이
니이까 하니
10 히스기야가 대답하되 그림자가 십
도를 나아가기는 쉬우니 그리할 것
이 아니라 십도가 뒤로 물러갈 것이
니이다 하니라
11 선지자 이사야가 야훼께 간구하매
아하스의 해시계 위에 나아갔던 해
그림자를 십도 뒤로 물러가게 하셨
더라
12 그 때에 발라단의 아들 바벨론의
왕 브로닥발라단이 히스기야가 병
들었다 함을 듣고 편지와 예물을
그에게 보낸지라
13 히스기야가 사자들의 말을 듣고 자
기 보물고의 금은과 향품과 보배
로운 기름과 그의 군기고와 창고의
모든 것을 다 사자들에게 보였는데
왕궁과 그의 나라 안에 있는 모든
것 중에서 히스기야가 그에게 보이
지 아니한 것이 없더라
14 선지자 이사야가 히스기야 왕에게
나아와 그에게 이르되 이 사람들이
무슨 말을 하였으며 어디서부터 왕
에게 왔나이까 히스기야가 이르되
먼 지방 바벨론에서 왔나이다 하니
15 이사야가 이르되 그들이 왕궁에서
무엇을 보았나이까 하니 히스기야
가 대답하되 내 궁에 있는 것을 그
들이 다 보았나니 나의 창고에서
하나도 보이지 아니한 것이 없나이
다 하더라
16 이사야가 히스기야에게 이르되 야
훼의 말씀을 들으소서
17 야훼의 말씀이 날이 이르리니 왕궁
의 모든 것과 왕의 조상들이 오늘
까지 쌓아 두었던 것이 바벨론으로
옮긴 바 되고 하나도 남지 아니할
것이요
18 또 왕의 몸에서 날 아들 중에서 사
로잡혀 바벨론 왕궁의 환관이 되리
라 하셨나이다 하니
19 히스기야가 이사야에게 이르되 당
신이 전한 바 야훼의 말씀이 선하니
이다 하고 또 이르되 만일 내가 사

기록일 : . . .

는 날에 태평과 진실이 있을진대 어
찌 선하지 아니하리요 하니라
20 히스기야의 남은 사적과 그의 모든
업적과 저수지와 수도를 만들어 물
을 성 안으로 끌어들인 일은 유다
왕 역대지략에 기록되지 아니하였
느냐
21 히스기야가 그의 조상들과 함께 자
고 그의 아들 므낫세가 대신하여
왕이 되니라

21 므낫세가 왕이 될 때에 나이가 십
이 세라 예루살렘에서 오십오 년간
다스리니라 그의 어머니의 이름은
헵시바더라
2 므낫세가 야훼 보시기에 악을 행하
여 야훼께서 이스라엘 자손 앞에서
쫓아내신 이방 사람의 가증한 일을
따라서
3 그의 아버지 히스기야가 헐어 버린
산당들을 다시 세우며 이스라엘의
왕 아합의 행위를 따라 바알을 위
하여 제단을 쌓으며 아세라 목상을
만들며 하늘의 일월 성신을 경배하
여 섬기며
4 야훼께서 전에 이르시기를 내가 내
이름을 예루살렘에 두리라 하신 야
훼의 성전에 제단들을 쌓고
5 또 야훼의 성전 두 마당에 하늘의
일월 성신을 위하여 제단들을 쌓고
6 또 자기의 아들을 불 가운데로 지
나게 하며 점치며 사술을 행하며 신
접한 자와 박수를 신임하여 야훼께
서 보시기에 악을 많이 행하여 그
진노를 일으켰으며
7 또 자기가 만든 아로새긴 아세라
목상을 성전에 세웠더라 옛적에 야
훼께서 이 성전에 대하여 다윗과
그의 아들 솔로몬에게 이르시기를
내가 이스라엘의 모든 지파 중에서
택한 이 성전과 예루살렘에 내 이
름을 영원히 둘지라
8 만일 이스라엘이 나의 모든 명령과
나의 종 모세가 명령한 모든 율법
을 지켜 행하면 내가 그들의 발로
다시는 그의 조상들에게 준 땅에서
떠나 유리하지 아니하게 하리라 하
셨으나
9 이 백성이 듣지 아니하였고 므낫세
의 꾐을 받고 악을 행한 것이 야훼
께서 이스라엘 자손 앞에서 멸하신
여러 민족보다 더 심하였더라
10 야훼께서 그의 종 모든 선지자들을
통하여 말씀하여 이르시되
11 유다 왕 므낫세가 이 가증한 일과
악을 행함이 그 전에 있던 아모리
사람들의 행위보다 더욱 심하였고
또 그들의 우상으로 유다를 범죄하
게 하였도다
12 그러므로 이스라엘의 하나님 야훼
가 말하노니 내가 이제 예루살렘과

기록일 : . . .

유다에 재앙을 내리리니 듣는 자마
다 두 귀가 울리리라
13 내가 사마리아를 잰 줄과 아합의
집을 다림 보던 추를 예루살렘에
베풀고 또 사람이 그릇을 씻어 엎
음 같이 예루살렘을 씻어 버릴지라
14 내가 나의 기업에서 남은 자들을
버려 그들의 원수의 손에 넘긴즉
그들이 모든 원수에게 노략거리와
겁탈거리가 되리니
15 이는 애굽에서 나온 그의 조상 때
부터 오늘까지 내가 보기에 악을
행하여 나의 진노를 일으켰음이니
라 하셨더라
16 므낫세가 유다에게 범죄하게 하여
야훼께서 보시기에 악을 행한 것
외에도 또 무죄한 자의 피를 심히
많이 흘려 예루살렘 이 끝에서 저
끝까지 가득하게 하였더라
17 므낫세의 남은 사적과 그가 행한
모든 일과 범한 죄는 유다 왕 역대
지략에 기록되지 아니하였느냐
18 므낫세가 그의 조상들과 함께 자매
그의 궁궐 동산 곧 웃사의 동산에
장사되고 그의 아들 아몬이 대신하
여 왕이 되니라
19 아몬이 왕이 될 때에 나이가 이십이
세라 예루살렘에서 이 년간 다스리
니라 그의 어머니의 이름은 므술레
멧이요 욧바 하루스의 딸이더라
20 아몬이 그의 아버지 므낫세의 행함
같이 야훼 보시기에 악을 행하되
21 그의 아버지가 행한 모든 길로 행
하여 그의 아버지가 섬기던 우상을
섬겨 그것들에게 경배하고
22 그의 조상들의 하나님 야훼를 버리
고 그 길로 행하지 아니하더니
23 그의 신복들이 그에게 반역하여 왕
을 궁중에서 죽이매
24 그 국민이 아몬 왕을 반역한 사람
들을 다 죽이고 그의 아들 요시야
를 대신하게 하여 왕을 삼았더라
25 아몬이 행한 바 남은 사적은 유다
왕 역대지략에 기록되지 아니하였
느냐
26 아몬이 웃사의 동산 자기 묘실에
장사되고 그의 아들 요시야가 대신
하여 왕이 되니라
22 요시야가 왕위에 오를 때에 나
이가 팔 세라 예루살렘에서 삼십
일 년간 다스리니라 그의 어머니의
이름은 여디다요 보스갓 아다야의
딸이더라
2 요시야가 야훼 보시기에 정직히 행
하여 그의 조상 다윗의 모든 길로
행하고 좌우로 치우치지 아니하였
더라
3 요시야 왕 열여덟째 해에 왕이 므
술람의 손자 아살리야의 아들 서
기관 사반을 야훼의 성전에 보내며

기록일 : . . .

이르되
4 너는 대제사장 힐기야에게 올라가
서 백성이 야훼의 성전에 드린 은
곧 문 지킨 자가 수납한 은을 계산
하여
5 야훼의 성전을 맡은 감독자의 손에
넘겨 그들이 야훼의 성전에 있는 작
업자에게 주어 성전에 부숴진 것을
수리하게 하되
6 곧 목수와 건축자와 미장이에게 주
게 하고 또 재목과 다듬은 돌을 사
서 그 성전을 수리하게 하라
7 그러나 그들의 손에 맡긴 은을 회
계하지 말지니 이는 그들이 진실하
게 행함이니라
8 대제사장 힐기야가 서기관 사반에
게 이르되 내가 야훼의 성전에서
율법책을 발견하였노라 하고 힐기
야가 그 책을 사반에게 주니 사반
이 읽으니라
9 서기관 사반이 왕에게 돌아가서 보
고하여 이르되 왕의 신복들이 성전
에서 찾아낸 돈을 쏟아 야훼의 성
전을 맡은 감독자의 손에 맡겼나이
다 하고
10 또 서기관 사반이 왕에게 말하여
이르되 제사장 힐기야가 내게 책을
주더이다 하고 사반이 왕의 앞에서
읽으매
11 왕이 율법책의 말을 듣자 곧 그의
옷을 찢으니라
12 왕이 제사장 힐기야와 사반의 아들
아히감과 미가야의 아들 악볼과 서
기관 사반과 왕의 시종 아사야에게
명령하여 이르되
13 너희는 가서 나와 백성과 온 유다
를 위하여 이 발견한 책의 말씀에
대하여 야훼께 물으라 우리 조상들
이 이 책의 말씀을 듣지 아니하며
이 책에 우리를 위하여 기록된 모
든 것을 행하지 아니하였으므로 야
훼께서 우리에게 내리신 진노가 크
도다
14 이에 제사장 힐기야와 또 아히감과
악볼과 사반과 아사야가 여선지 훌
다에게로 나아가니 그는 할하스의
손자 디과의 아들로서 예복을 주관
하는 살룸의 아내라 예루살렘 둘째
구역에 거주하였더라 그들이 그와
더불어 말하매
15 훌다가 그들에게 이르되 이스라엘
하나님 야훼의 말씀이 너희는 너희
를 내게 보낸 사람에게 말하기를
16 야훼의 말씀이 내가 이 곳과 그 주
민에게 재앙을 내리되 곧 유다 왕
이 읽은 책의 모든 말대로 하리니
17 이는 이 백성이 나를 버리고 다른
신에게 분향하며 그들의 손의 모든
행위로 나를 격노하게 하였음이라
그러므로 내가 이 곳을 향하여 내

기록일 : . . .

린 진노가 꺼지지 아니하리라 하라
하셨느니라
18 너희를 보내 야훼께 묻게 한 유다
왕에게는 너희가 이렇게 말하라 이
스라엘의 하나님 야훼가 이같이 말
씀하셨느니라 네가 들은 말들에 대
하여는
19 내가 이 곳과 그 주민에게 대하여
빈 터가 되고 저주가 되리라 한 말
을 네가 듣고 마음이 부드러워져서
야훼 앞 곧 내 앞에서 겸비하여 옷
을 찢고 통곡하였으므로 나도 네 말
을 들었노라 야훼가 말하였느니라
20 그러므로 보라 내가 너로 너의 조
상들에게 돌아가서 평안히 묘실로
들어가게 하리니 내가 이 곳에 내
리는 모든 재앙을 네 눈이 보지 못
하리라 하셨느니라 하니 사자들이
왕에게 보고하니라

23

왕이 보내 유다와 예루살렘의 모
든 장로를 자기에게로 모으고
2 이에 왕이 야훼의 성전에 올라가매
유다 모든 사람과 예루살렘 주민과
제사장들과 선지자들과 모든 백성
이 노소를 막론하고 다 왕과 함께
한지라 왕이 야훼의 성전 안에서
발견한 언약책의 모든 말씀을 읽어
무리의 귀에 들리고
3 왕이 단 위에 서서 야훼 앞에서 언
약을 세우되 마음을 다하고 뜻을
다하여 야훼께 순종하고 그의 계명
과 법도와 율례를 지켜 이 책에 기
록된 이 언약의 말씀을 이루게 하
리라 하매 백성이 다 그 언약을 따
르기로 하니라
4 왕이 대제사장 힐기야와 모든 부제
사장들과 문을 지킨 자들에게 명령
하여 바알과 아세라와 하늘의 일월
성신을 위하여 만든 모든 그릇들을
야훼의 성전에서 내다가 예루살렘
바깥 기드론 밭에서 불사르고 그것
들의 재를 벧엘로 가져가게 하고
5 옛적에 유다 왕들이 세워서 유다
모든 성읍과 예루살렘 주위의 산당
들에서 분향하며 우상을 섬기게 한
제사장들을 폐하며 또 바알과 해와
달과 별 떼와 하늘의 모든 별에게
분향하는 자들을 폐하고
6 또 야훼의 성전에서 아세라 상을
내다가 예루살렘 바깥 기드론 시내
로 가져다 거기에서 불사르고 빻아
서 가루를 만들어 그 가루를 평민
의 묘지에 뿌리고
7 또 야훼의 성전 가운데 남창의 집
을 헐었으니 그 곳은 여인이 아세라
를 위하여 휘장을 짜는 처소였더라
8 또 유다 각 성읍에서 모든 제사장
을 불러오고 또 제사장이 분향하던
산당을 게바에서부터 브엘세바까지
더럽게 하고 또 성문의 산당들을

헐어 버렸으니 이 산당들은 그 성
읍의 지도자 여호수아의 대문 어귀
곧 성문 왼쪽에 있었더라
9 산당들의 제사장들은 예루살렘 야
훼의 제단에 올라가지 못하고 다만
그의 형제 중에서 무교병을 먹을
뿐이었더라
10 왕이 또 힌놈의 아들 골짜기의 도
벳을 더럽게 하여 어떤 사람도 몰
록에게 드리기 위하여 자기의 자녀
를 불로 지나가지 못하게 하고
11 또 유다 여러 왕이 태양을 위하여
드린 말들을 제하여 버렸으니 이 말
들은 야훼의 성전으로 들어가는 곳
의 근처 내시 나단멜렉의 집 곁에 있
던 것이며 또 태양 수레를 불사르고
12 유다 여러 왕이 아하스의 다락 지
붕에 세운 제단들과 므낫세가 야훼
의 성전 두 마당에 세운 제단들을
왕이 다 헐고 거기서 빻아내려서 그
것들의 가루를 기드론 시내에 쏟아
버리고
13 또 예루살렘 앞 멸망의 산 오른쪽
에 세운 산당들을 왕이 더럽게 하
였으니 이는 옛적에 이스라엘 왕
솔로몬이 시돈 사람의 가증한 아스
다롯과 모압 사람의 가증한 그모스
와 암몬 자손의 가증한 밀곰을 위
하여 세웠던 것이며
14 왕이 또 석상들을 깨뜨리며 아세라
목상들을 찍고 사람의 해골로 그
곳에 채웠더라
15 또한 이스라엘에게 범죄하게 한 느
밧의 아들 여로보암이 벧엘에 세운
제단과 산당을 왕이 헐고 또 그 산
당을 불사르고 빻아서 가루를 만들
며 또 아세라 목상을 불살랐더라
16 요시야가 몸을 돌이켜 산에 있는
무덤들을 보고 보내어 그 무덤에서
해골을 가져다가 제단 위에서 불살
라 그 제단을 더럽게 하니라 이 일
을 하나님의 사람이 전하였더니 그
전한 야훼의 말씀대로 되었더라
17 요시야가 이르되 내게 보이는 저것
은 무슨 비석이냐 하니 성읍 사람
들이 그에게 말하되 왕께서 벧엘의
제단에 대하여 행하신 이 일을 전
하러 유다에서 왔던 하나님의 사람
의 묘실이니이다 하니라
18 이르되 그대로 두고 그의 뼈를 옮
기지 말라 하매 무리가 그의 뼈와
사마리아에서 온 선지자의 뼈는 그
대로 두었더라
19 전에 이스라엘 여러 왕이 사마리아
각 성읍에 지어서 야훼를 격노하게
한 산당을 요시야가 다 제거하되
벧엘에서 행한 모든 일대로 행하고
20 또 거기 있는 산당의 제사장들을
다 제단 위에서 죽이고 사람의 해
골을 제단 위에서 불사르고 예루살

렘으로 돌아왔더라
21 왕이 뭇 백성에게 명령하여 이르되
이 언약책에 기록된 대로 너희의
하나님 야훼를 위하여 유월절을 지
키라 하매
22 사사가 이스라엘을 다스리던 시대
부터 이스라엘 여러 왕의 시대와
유다 여러 왕의 시대에 이렇게 유
월절을 지킨 일이 없었더니
23 요시야 왕 열여덟째 해에 예루살렘
에서 야훼 앞에 이 유월절을 지켰
더라
24 요시야가 또 유다 땅과 예루살렘
에 보이는 신접한 자와 점쟁이와
드라빔과 우상과 모든 가증한 것
을 다 제거하였으니 이는 대제사장
힐기야가 야훼의 성전에서 발견한
책에 기록된 율법의 말씀을 이루려
함이라
25 요시야와 같이 마음을 다하며 뜻을
다하며 힘을 다하여 모세의 모든
율법을 따라 야훼께로 돌이킨 왕은
요시야 전에도 없었고 후에도 그와
같은 자가 없었더라
26 그러나 야훼께서 유다를 향하여 내
리신 그 크게 타오르는 진노를 돌
이키지 아니하셨으니 이는 므낫세
가 야훼를 격노하게 한 그 모든 격
노 때문이라
27 야훼께서 이르시되 내가 이스라엘
을 물리친 것 같이 유다도 내 앞에
서 물리치며 내가 택한 이 성 예루
살렘과 내 이름을 거기에 두리라
한 이 성전을 버리리라 하셨더라
28 요시야의 남은 사적과 행한 모든
일은 유다 왕 역대지략에 기록되지
아니하였느냐
29 요시야 당시에 애굽의 왕 바로 느
고가 앗수르 왕을 치고자 하여 유
브라데 강으로 올라가므로 요시야
왕이 맞서 나갔더니 애굽 왕이 요시
야를 므깃도에서 만났을 때에 죽인
지라
30 신복들이 그의 시체를 병거에 싣고
므깃도에서 예루살렘으로 돌아와
그의 무덤에 장사하니 백성들이 요
시야의 아들 여호아하스를 데려다
가 그에게 기름을 붓고 그의 아버
지를 대신하여 왕으로 삼았더라
31 여호아하스가 왕이 될 때에 나이가
이십삼 세라 예루살렘에서 석 달간
다스리니라 그의 어머니의 이름은
하무달이라 립나 예레미야의 딸이
더라
32 여호아하스가 그의 조상들의 모든
행위대로 야훼 보시기에 악을 행하
였더니
33 바로 느고가 그를 하맛 땅 립나에
가두어 예루살렘에서 왕이 되지 못
하게 하고 또 그 나라로 은 백 달란

기록일 : . . .

트와 금 한 달란트를 벌금으로 내
게 하고
34 바로 느고가 요시야의 아들 엘리아
김을 그의 아버지 요시야를 대신하
여 왕으로 삼고 그의 이름을 고쳐
여호야김이라 하고 여호아하스는
애굽으로 잡아갔더니 그가 거기서
죽으니라
35 여호야김이 은과 금을 바로에게 주
니라 그가 바로 느고의 명령대로
그에게 그 돈을 주기 위하여 나라
에 부과하되 백성들 각 사람의 힘
대로 액수를 정하고 은금을 징수하
였더라
36 여호야김이 왕이 될 때에 나이가 이
십오 세라 예루살렘에서 십일 년간
다스리니라 그의 어머니의 이름은
스비다라 루마 브다야의 딸이더라
37 여호야김이 그의 조상들이 행한 모
든 일을 따라서 야훼 보시기에 악
을 행하였더라

24 여호야김 시대에 바벨론의 왕 느
부갓네살이 올라오매 여호야김이
삼 년간 섬기다가 돌아서 그를 배
반하였더니
2 야훼께서 그의 종 선지자들을 통하
여 하신 말씀과 같이 갈대아의 부
대와 아람의 부대와 모압의 부대와
암몬 자손의 부대를 여호야김에게
로 보내 유다를 쳐 멸하려 하시니
3 이 일이 유다에 임함은 곧 야훼의
말씀대로 그들을 자기 앞에서 물리
치고자 하심이니 이는 므낫세의 지
은 모든 죄 때문이며
4 또 그가 무죄한 자의 피를 흘려 그
의 피가 예루살렘에 가득하게 하였
음이라 야훼께서 사하시기를 즐겨
하지 아니하시니라
5 여호야김의 남은 사적과 행한 모든
일은 유다 왕 역대지략에 기록되지
아니하였느냐
6 여호야김이 그의 조상들과 함께 자
매 그의 아들 여호야긴이 대신하여
왕이 되니라
7 애굽 왕이 다시는 그 나라에서 나
오지 못하였으니 이는 바벨론 왕이
애굽 강에서부터 유브라데 강까지
애굽 왕에게 속한 땅을 다 점령하
였음이더라
8 여호야긴이 왕이 될 때에 나이가
십팔 세라 예루살렘에서 석 달간
다스리니라 그의 어머니의 이름은
느후스다요 예루살렘 엘라단의 딸
이더라
9 여호야긴이 그의 아버지의 모든 행
위를 따라서 야훼께서 보시기에 악
을 행하였더라
10 그 때에 바벨론의 왕 느부갓네살의
신복들이 예루살렘에 올라와서 그
성을 에워싸니라

기록일 : . . .

11 그의 신복들이 에워쌀 때에 바벨론
의 왕 느부갓네살도 그 성에 이르니
12 유다의 왕 여호야긴이 그의 어머니
와 신복과 지도자들과 내시들과 함
께 바벨론 왕에게 나아가매 왕이
잡으니 때는 바벨론의 왕 여덟째
해이라
13 그가 야훼의 성전의 모든 보물과
왕궁 보물을 집어내고 또 이스라엘
의 왕 솔로몬이 만든 것 곧 야훼의
성전의 금 그릇을 다 파괴하였으니
야훼의 말씀과 같이 되었더라
14 그가 또 예루살렘의 모든 백성과
모든 지도자와 모든 용사 만 명과
모든 장인과 대장장이를 사로잡아
가매 비천한 자 외에는 그 땅에 남
은 자가 없었더라
15 그가 여호야긴을 바벨론으로 사로
잡아 가고 왕의 어머니와 왕의 아
내들과 내시들과 나라에 권세 있는
자도 예루살렘에서 바벨론으로 사
로잡아 가고
16 또 용사 칠천 명과 장인과 대장장
이 천 명 곧 용감하여 싸움을 할 만
한 모든 자들을 바벨론 왕이 바벨
론으로 사로잡아 가고
17 바벨론 왕이 또 여호야긴의 숙부
맛다니야를 대신하여 왕으로 삼고
그의 이름을 고쳐 시드기야라 하였
더라
18 시드기야가 왕이 될 때에 나이가
이십일 세라 예루살렘에서 십일 년
간 다스리니라 그의 어머니의 이름
은 하무달이요 립나인 예레미야의
딸이더라
19 그가 여호야김의 모든 행위를 따라
야훼 보시기에 악을 행한지라
20 야훼께서 예루살렘과 유다를 진노
하심이 그들을 그 앞에서 쫓아내실
때까지 이르렀더라 시드기야가 바
벨론 왕을 배반하니라

25 시드기야 제구년 열째 달 십일에
바벨론의 왕 느부갓네살이 그의 모
든 군대를 거느리고 예루살렘을 치
러 올라와서 그 성에 대하여 진을
치고 주위에 토성을 쌓으매
2 그 성이 시드기야 왕 제십일년까지
포위되었더라
3 그 해 넷째 달 구일에 성 중에 기근
이 심하여 그 땅 백성의 양식이 떨
어졌더라
4 그 성벽이 파괴되매 모든 군사가
밤중에 두 성벽 사이 왕의 동산 곁
문 길로 도망하여 갈대아인들이 그
성읍을 에워쌌으므로 그가 아라바
길로 가더니
5 갈대아 군대가 그 왕을 뒤쫓아가서
여리고 평지에서 그를 따라 잡으매
왕의 모든 군대가 그를 떠나 흩어
진지라

기록일 : . . .

6 그들이 왕을 사로잡아 그를 립나에
있는 바벨론 왕에게로 끌고 가매
그들이 그를 심문하니라
7 그들이 시드기야의 아들들을 그의
눈앞에서 죽이고 시드기야의 두 눈
을 빼고 놋 사슬로 그를 결박하여
바벨론으로 끌고 갔더라
8 바벨론 왕 느부갓네살의 열아홉째
해 오월 칠일에 바벨론 왕의 신복
시위대장 느부사라단이 예루살렘에
이르러
9 야훼의 성전과 왕궁을 불사르고 예
루살렘의 모든 집을 귀인의 집까지
불살랐으며
10 시위대장에게 속한 갈대아 온 군
대가 예루살렘 주위의 성벽을 헐었
으며
11 성 중에 남아 있는 백성과 바벨론
왕에게 항복한 자들과 무리 중 남
은 자는 시위대장 느부사라단이 모
두 사로잡아 가고
12 시위대장이 그 땅의 비천한 자를
남겨 두어 포도원을 다스리는 자와
농부가 되게 하였더라
13 갈대아 사람이 또 야훼의 성전의
두 놋 기둥과 받침들과 야훼의 성
전의 놋 바다를 깨뜨려 그 놋을 바
벨론으로 가져가고
14 또 가마들과 부삽들과 부집게들과
숟가락들과 섬길 때에 쓰는 모든
놋그릇을 다 가져갔으며
15 시위대장이 또 불 옮기는 그릇들과
주발들 곧 금으로 만든 것이나 은
으로 만든 것이나 모두 가져갔으며
16 또 솔로몬이 야훼의 성전을 위하여
만든 두 기둥과 한 바다와 받침들
을 가져갔는데 이 모든 기구의 놋
무게를 헤아릴 수 없었으니
17 그 한 기둥은 높이가 열여덟 규빗이
요 그 꼭대기에 놋 머리가 있어 높
이가 세 규빗이요 그 머리에 둘린
그물과 석류가 다 놋이라 다른 기
둥의 장식과 그물도 이와 같았더라
18 시위대장이 대제사장 스라야와 부
제사장 스바냐와 성전 문지기 세
사람을 사로잡고
19 또 성 중에서 사람을 사로잡았으니
곧 군사를 거느린 내시 한 사람과
또 성 중에서 만난 바 왕의 시종 다
섯 사람과 백성을 징집하는 장관의
서기관 한 사람과 성 중에서 만난
바 백성 육십 명이라
20 시위대장 느부사라단이 그들을 사
로잡아 가지고 립나 바벨론 왕에게
나아가매
21 바벨론 왕이 하맛 땅 립나에서 다
쳐죽였더라 이와 같이 유다가 사로
잡혀 본토에서 떠났더라
22 유다 땅에 머물러 있는 백성은 곧
바벨론 왕 느부갓네살이 남긴 자라

기록일 : . . .

왕이 사반의 손자 아히감의 아들
그달리야가 관할하게 하였더라
23 모든 군대 지휘관과 그를 따르는
자가 바벨론 왕이 그달리야를 지도
자로 삼았다 함을 듣고 이에 느다
니야의 아들 이스마엘과 가레아의
아들 요하난과 느도바 사람 단후멧
의 아들 스라야와 마아가 사람의
아들 야아사니야와 그를 따르는 사
람이 모두 미스바로 가서 그달리야
에게 나아가매
24 그달리야가 그들과 그를 따르는 군
사들에게 맹세하여 이르되 너희는
갈대아 인을 섬기기를 두려워하지
말고 이 땅에 살며 바벨론 왕을 섬
기라 그리하면 너희가 평안하리라
하니라
25 칠월에 왕족 엘리사마의 손자 느
다니야의 아들 이스마엘이 부하 열
명을 거느리고 와서 그달리야를 쳐
서 죽이고 또 그와 함께 미스바에
있는 유다 사람과 갈대아 사람을
죽인지라
26 노소를 막론하고 백성과 군대 장관
들이 다 일어나서 애굽으로 갔으니
이는 갈대아 사람을 두려워함이었
더라
27 유다의 왕 여호야긴이 사로잡혀 간
지 삼십칠 년 곧 바벨론의 왕 에윌
므로닥이 즉위한 원년 십이월 그
달 이십칠일에 유다의 왕 여호야긴
을 옥에서 내놓아 그 머리를 들게
하고
28 그에게 좋게 말하고 그의 지위를
바벨론에 그와 함께 있는 모든 왕
의 지위보다 높이고
29 그 죄수의 의복을 벗게 하고 그의
일평생에 항상 왕의 앞에서 양식을
먹게 하였고
30 그가 쓸 것은 날마다 왕에게서 받
는 양이 있어서 종신토록 끊이지 아
니하였더라

기록일 : . . .

CHRONICLES

역대상 · 하

저 자 에스라

주 제 선택받은 이스라엘유다 민족의 역사

기록목적

- 하나님의 언약에 기초한 다윗 왕조의 영화榮華를 재조명함으로써, 바벨론 포로 생활에서 돌아온 백성들에게 언약 백성의 긍지를 심어 주고 신정神政 체제의 재건을 촉구하기 위해 기록하였다.
- 성전과 예배 중심의 기록을 통해 야훼 신앙이야말로 축복과 번영의 열쇠라는 점을 보여 주기 위해 기록하였다.

기록배경

본서는 2차 바벨론 포로 귀환주전 458년경 이후인 주전 450년경 에스라가 집필한 것으로 추정된다. 당시 이스라엘은 1차 포로 귀환이 있은 지 상당히 오랜 시간이 흘렀음에도 불구하고, 대내외적 · 신앙적으로 정착되지 못하고 어려운 상황에 처해 있었다. 이즈음 본국으로 귀환한 에스라는 우선 예루살렘 성벽을 재건하기 시작했으며, 모세의 율법을 재확립하고 성전 제사를 회복하고자 노력하였다. 그러나 진전을 보지 못하는 가운데 그는 낙담하고 있는 백성들에게 다시금 기대와 희망을 불어넣고 신정神政 체제의 재건을 촉구하기 위해 본서를 기록하였던 것이다.

특 징

- 다윗 왕조의 영화와 업적 그리고 다윗 왕조를 계승한 유다 왕국에 치중하여 기술하고 있다. 특히 솔로몬의 통치를 중심으로 하나님의 언약에 기초한 신정 통치를 강조하였다.
- 제사장적 관점에서 성전과 제사장을 강조하였다.

나의 기도

역대상

1 아담, 셋, 에노스,
2 게난, 마할랄렐, 야렛,
3 에녹, 므두셀라, 라멕,
4 노아, 셈, 함과 야벳은 조상들이라
5 야벳의 자손은 고멜과 마곡과 마대
와 야완과 두발과 메섹과 디라스요
6 고멜의 자손은 아스그나스와 디밧
과 도갈마요
7 야완의 자손은 엘리사와 다시스와
깃딤과 도다님이더라
8 함의 자손은 구스와 미스라임과 붓
과 가나안이요
9 구스의 자손은 스바와 하윌라와 삽
다와 라아마와 삽드가요 라아마의
자손은 스바와 드단이요
10 구스가 또 니므롯을 낳았으니 세상
에서 첫 영걸이며
11 미스라임은 루딤과 아나밈과 르하
빔과 납두힘과
12 바드루심과 가슬루힘과 갑도림을
낳았으니 블레셋 종족은 가슬루힘
에게서 나왔으며
13 가나안은 맏아들 시돈과 헷을 낳고
14 또 여부스 종족과 아모리 종족과
기르가스 종족과
15 히위 종족과 알가 종족과 신 종족과
16 아르왓 종족과 스말 종족과 하맛
종족을 낳았더라
17 셈의 자손은 엘람과 앗수르와 아르
박삿과 룻과 아람과 우스와 훌과
게델과 메섹이라
18 아르박삿은 셀라를 낳고 셀라는 에
벨을 낳고
19 에벨은 두 아들을 낳아 하나의 이
름을 벨렉이라 하였으니 이는 그
때에 땅이 나뉘었음이요 그의 아우
의 이름은 욕단이며
20 욕단이 알모닷과 셀렙과 하살마웻
과 예라와
21 하도람과 우살과 디글라와
22 에발과 아비마엘과 스바와
23 빌과 하윌라와 요밥을 낳았으니 욕
단의 자손은 이상과 같으니라
24 셈, 아르박삿, 셀라,
25 에벨, 벨렉, 르우,
26 스룩, 나홀, 데라,
27 아브람 곧 아브라함은 조상들이요
28 아브라함의 자손은 이삭과 이스마
엘이라
29 이스마엘의 족보는 이러하니 그의
맏아들은 느바욧이요 다음은 게달
과 앗브엘과 밉삼과
30 미스마와 두마와 맛사와 하닷과 데
마와
31 여둘과 나비스와 게드마라 이들은
이스마엘의 자손들이라

기록일 : . . .

32 아브라함의 소실 그두라가 낳은 자
손은 시므란과 욕산과 므단과 미디
안과 이스박과 수아요 욕산의 자손
은 스바와 드단이요

33 미디안의 자손은 에바와 에벨과 하
녹과 아비다와 엘다아니 이들은 모
두 그두라의 자손들이라

34 아브라함이 이삭을 낳았으니 이삭
의 아들은 에서와 이스라엘이더라

35 에서의 아들은 엘리바스와 르우엘
과 여우스와 얄람과 고라요

36 엘리바스의 아들은 데만과 오말과
스비와 가담과 그나스와 딤나와 아
말렉이요

37 르우엘의 아들은 나핫과 세라와 삼
마와 밋사요

38 세일의 아들은 로단과 소발과 시
브온과 아나와 디손과 에셀과 디
산이요

39 로단의 아들은 호리와 호맘이요 로
단의 누이는 딤나요

40 소발의 아들은 알랸과 마나핫과 에
발과 스비와 오남이요 시브온의 아
들은 아야와 아나요

41 아나의 아들은 디손이요 디손의 아
들은 하므란과 에스반과 이드란과
그란이요

42 에셀의 아들은 빌한과 사아완과 야
아간이요 디산의 아들은 우스와 아
란이더라

43 이스라엘 자손을 다스리는 왕이 있
기 전에 에돔 땅을 다스린 왕은 이
러 하니라 브올의 아들 벨라니 그
의 도성 이름은 딘하바이며

44 벨라가 죽으매 보스라 세라의 아들
요밥이 대신하여 왕이 되고

45 요밥이 죽으매 데만 종족의 땅의
사람 후삼이 대신하여 왕이 되고

46 후삼이 죽으매 브닷의 아들 하닷이
대신하여 왕이 되었으니 하닷은 모
압 들에서 미디안을 친 자요 그 도
성 이름은 아윗이며

47 하닷이 죽으매 마스레가의 사믈라
가 대신하여 왕이 되고

48 사믈라가 죽으매 강 가의 르호봇
사울이 대신하여 왕이 되고

49 사울이 죽으매 악볼의 아들 바알하
난이 대신하여 왕이 되고

50 바알하난이 죽으매 하닷이 대신하
여 왕이 되었으니 그의 도성 이름은
바이요 그의 아내의 이름은 므헤다
벨이라 메사합의 손녀요 마드렛의
딸이더라

51 하닷이 죽으니라 그리고 에돔의 족
장은 이러하니 딤나 족장과 알랴
족장과 여뎃 족장과

52 오홀리바마 족장과 엘라 족장과 비
논 족장과

53 그나스 족장과 데만 족장과 밉살
족장과

기록일 : . . .

54 막디엘 족장과 이람 족장이라 에돔
의 족장이 이러하였더라

2 이스라엘의 아들은 이러하니 르
우벤과 시므온과 레위와 유다와 잇
사갈과 스불론과
2 단과 요셉과 베냐민과 납달리와 갓
과 아셀이더라
3 유다의 아들은 에르와 오난과 셀라
니 이 세 사람은 가나안 사람 수아
의 딸이 유다에게 낳아 준 자요 유
다의 맏아들 에르는 야훼 보시기에
악하였으므로 야훼께서 죽이셨고
4 유다의 며느리 다말이 유다에게 베
레스와 세라를 낳아 주었으니 유다
의 아들이 모두 다섯이더라
5 베레스의 아들은 헤스론과 하물이요
6 세라의 아들은 시므리와 에단과 헤
만과 갈골과 다라니 모두 다섯 사
람이요
7 갈미의 아들은 아갈이니 그는 진멸
시킬 물건을 범하여 이스라엘을 괴
롭힌 자이며
8 에단의 아들은 아사랴더라
9 헤스론이 낳은 아들은 여라므엘과
람과 글루배라
10 람은 암미나답을 낳고 암미나답은
나손을 낳았으니 나손은 유다 자손
의 방백이며
11 나손은 살마를 낳고 살마는 보아스
를 낳고
12 보아스는 오벳을 낳고 오벳은 이새
를 낳고
13 이새는 맏아들 엘리압과 둘째로 아
비나답과 셋째로 시므아와
14 넷째로 느다넬과 다섯째로 랏대와
15 여섯째로 오셈과 일곱째로 다윗을
낳았으며
16 그들의 자매는 스루야와 아비가일
이라 스루야의 아들은 아비새와 요
압과 아사헬 삼형제요
17 아비가일은 아마사를 낳았으니 아
마사의 아버지는 이스마엘 사람 예
델이었더라
18 헤스론의 아들 갈렙이 그의 아내
아수바와 여리옷에게서 아들을 낳
았으니 그가 낳은 아들들은 예셀과
소밥과 아르돈이며
19 아수바가 죽은 후에 갈렙이 또 에
브랏에게 장가 들었더니 에브랏이
그에게 훌을 낳아 주었고
20 훌은 우리를 낳고 우리는 브살렐을
낳았더라
21 그 후에 헤스론이 육십 세에 길르
앗의 아버지 마길의 딸에게 장가
들어 동침하였더니 그가 스굽을 헤
스론에게 낳아 주었으며
22 스굽은 야일을 낳았고 야일은 길르
앗 땅에서 스물세 성읍을 가졌더니
23 그술과 아람이 야일의 성읍들과 그
낫과 그에 딸린 성읍들 모두 육십

기록일 : . . .

을 그들에게서 빼앗았으며 이들은
다 길르앗의 아버지 마길의 자손이
었더라
24 헤스론이 갈렙 에브라다에서 죽은
후에 그의 아내 아비야가 그로 말
미암아 아스훌을 낳았으니 아스훌
은 드고아의 아버지더라
25 헤스론의 맏아들 여라므엘의 아들
은 맏아들 람과 그 다음 브나와 오
렌과 오셈과 아히야이며
26 여라므엘이 다른 아내가 있었으니
이름은 아다라라 그는 오남의 어머
니더라
27 여라므엘의 맏아들 람의 아들은 마
아스와 야민과 에겔이요
28 오남의 아들들은 삼매와 야다요 삼
매의 아들은 나답과 아비술이며
29 아비술의 아내의 이름은 아비하일
이라 아비하일이 아반과 몰릿을 그
에게 낳아 주었으며
30 나답의 아들들은 셀렛과 압바임이
라 셀렛은 아들이 없이 죽었고
31 압바임의 아들은 이시요 이시의 아
들은 세산이요 세산의 아들은 알
래요
32 삼매의 아우 야다의 아들들은 예델
과 요나단이라 예델은 아들이 없이
죽었고
33 요나단의 아들들은 벨렛과 사사라
여라므엘의 자손은 이러하며
34 세산은 아들이 없고 딸뿐이라 그에
게 야르하라 하는 애굽 종이 있으
므로
35 세산이 딸을 그 종 야르하에게 주
어 아내를 삼게 하였더니 그가 그
로 말미암아 앗대를 낳고
36 앗대는 나단을 낳고 나단은 사밧을
낳고
37 사밧은 에블랄을 낳고 에블랄은 오
벳을 낳고
38 오벳은 예후를 낳고 예후는 아사랴
를 낳고
39 아사랴는 헬레스를 낳고 헬레스는
엘르아사를 낳고
40 엘르아사는 시스매를 낳고 시스매
는 살룸을 낳고
41 살룸은 여가먀를 낳고 여가먀는 엘
리사마를 낳았더라
42 여라므엘의 아우 갈렙의 아들 곧
맏아들은 메사이니 십의 아버지요
그 아들은 마레사니 헤브론의 아버
지이며
43 헤브론의 아들들은 고라와 답부아
와 레겜과 세마라
44 세마는 라함을 낳았으니 라함은 요
르그암의 아버지이며 레겜은 삼매
를 낳았고
45 삼매의 아들은 마온이라 마온은 벧
술의 아버지이며
46 갈렙의 소실 에바는 하란과 모사와

가세스를 낳고 하란은 가세스를 낳
았으며
47 야대의 아들은 레겜과 요단과 게산
과 벨렛과 에바와 사압이며
48 갈렙의 소실 마아가는 세벨과 디르
하나를 낳았고
49 또 맛만나의 아버지 사압을 낳았고
또 막베나와 기브아의 아버지 스와
를 낳았으며 갈렙의 딸은 악사더라
50 갈렙의 자손 곧 에브라다의 맏아들
훌의 아들은 이러하니 기럇여아림
의 아버지 소발과
51 베들레헴의 아버지 살마와 벧가델
의 아버지 하렙이라
52 기럇여아림의 아버지 소발의 자손
은 하로에와 므누홋 사람의 절반
이니
53 기럇여아림 족속들은 이델 종족과
붓 종족과 수맛 종족과 미스라 종
족이라 이로 말미암아 소라와 에스
다올 두 종족이 나왔으며
54 살마의 자손들은 베들레헴과 느도
바 종족과 아다롯벳요압과 마나핫
종족의 절반과 소라 종족과
55 야베스에 살던 서기관 종족 곧 디
랏 종족과 시므앗 종족과 수갓 종
족이니 이는 다 레갑 가문의 조상
함맛에게서 나온 겐 종족이더라

3 다윗이 헤브론에서 낳은 아들들
은 이러하니 맏아들은 암논이라 이
스르엘 여인 아히노암의 소생이요
둘째는 다니엘이라 갈멜 여인 아비
가일의 소생이요
2 셋째는 압살롬이라 그술 왕 달매의
딸 마아가의 아들이요 넷째는 아도
니야라 학깃의 아들이요
3 다섯째는 스바댜라 아비달의 소생
이요 여섯째는 이드르암이라 다윗
의 아내 에글라의 소생이니
4 이 여섯은 헤브론에서 낳았더라 다
윗이 거기서 칠 년 육 개월 다스렸
고 또 예루살렘에서 삼십삼 년 다
스렸으며
5 예루살렘에서 그가 낳은 아들들은
이러하니 시므아와 소밥과 나단과
솔로몬 네 사람은 다 암미엘의 딸
밧수아의 소생이요
6 또 입할과 엘리사마와 엘리벨렛과
7 노가와 네벡과 야비아와
8 엘리사마와 엘랴다와 엘리벨렛 아
홉 사람은
9 다 다윗의 아들이요 그들의 누이는
다말이며 이 외에 또 소실의 아들
이 있었더라
10 솔로몬의 아들은 르호보암이요 그
의 아들은 아비야요 그의 아들은
아사요 그의 아들은 여호사밧이요
11 그의 아들은 요람이요 그의 아들은
아하시야요 그의 아들은 요아스요
12 그의 아들은 아마샤요 그의 아들은

기록일 : . . .

아사랴요 그의 아들은 요담이요
13 그의 아들은 아하스요 그의 아들은
히스기야요 그의 아들은 므낫세요
14 그의 아들은 아몬이요 그의 아들은
요시야이며
15 요시야의 아들들은 맏아들 요하난
과 둘째 여호야김과 셋째 시드기야
와 넷째 살룸이요
16 여호야김의 아들들은 그의 아들 여
고냐, 그의 아들 시드기야요
17 사로잡혀 간 여고냐의 아들들은 그
의 아들 스알디엘과
18 말기람과 브다야와 세낫살과 여가
먀와 호사마와 느다뱌요
19 브다야의 아들들은 스룹바벨과 시
므이요 스룹바벨의 아들은 므술람
과 하나냐와 그의 매제 슬로밋과
20 또 하수바와 오헬과 베레갸와 하사
댜와 유삽헤셋 다섯 사람이요
21 하나냐의 아들은 블라댜와 여사야
요 또 르바야의 아들 아르난의 아
들들, 오바댜의 아들들, 스가냐의
아들들이니
22 스가냐의 아들은 스마야요 스마야
의 아들들은 핫두스와 이갈과 바리
야와 느아랴와 사밧 여섯 사람이요
23 느아랴의 아들은 에료에내와 히스
기야와 아스리감 세 사람이요
24 에료에내의 아들들은 호다위야와
엘리아십과 블라야와 악굽과 요하
난과 들라야와 아나니 일곱 사람이
더라

4 유다의 아들들은 베레스와 헤스
론과 갈미와 훌과 소발이라
2 소발의 아들 르아야는 야핫을 낳고
야핫은 아후매와 라핫을 낳았으니
이는 소라 사람의 종족이며
3 에담 조상의 자손들은 이스르엘과
이스마와 잇바스와 그들의 매제 하
술렐보니와
4 그돌의 아버지 브누엘과 후사의 아
버지 에셀이니 이는 다 베들레헴의
아버지 에브라다의 맏아들 훌의 소
생이며
5 드고아의 아버지 아스훌의 두 아내
는 헬라와 나아라라
6 나아라는 그에게 아훗삼과 헤벨과
데므니와 하아하스다리를 낳아 주
었으니 이는 나아라의 소생이요
7 헬라의 아들들은 세렛과 이소할과
에드난이며
8 고스는 아눕과 소베바와 하룸의 아
들 아하헬 종족들을 낳았으며
9 야베스는 그의 형제보다 귀중한 자
라 그의 어머니가 이름하여 이르되
야베스라 하였으니 이는 내가 수고
로이 낳았다 함이었더라
10 야베스가 이스라엘 하나님께 아뢰
어 이르되 주께서 내게 복을 주시
려거든 나의 지역을 넓히시고 주의

기록일 : . . .

손으로 나를 도우사 나로 환난을
벗어나 내게 근심이 없게 하옵소서
하였더니 하나님이 그가 구하는 것
을 허락하셨더라
11 수하의 형 글룹이 므힐을 낳았으니
므힐은 에스돈의 아버지요
12 에스돈은 베드라바와 바세아와 이
르나하스의 아버지 드힌나를 낳았
으니 이는 다 레가 사람이며
13 그나스의 아들들은 옷니엘과 스라
야요 옷니엘의 아들은 하닷이며
14 므오노대는 오브라를 낳고 스라야
는 요압을 낳았으니 요압은 게하
라심의 조상이라 그들은 공장이었
더라
15 여분네의 아들 갈렙의 자손은 이루
와 엘라와 나암과 엘라의 자손과
그나스요
16 여할렐렐의 아들은 십과 시바와 디
리아와 아사렐이요
17 에스라의 아들들은 예델과 메렛과
에벨과 얄론이며 메렛은 미리암과
삼매와 에스드모아의 조상 이스바
를 낳았으니
18 이는 메렛이 아내로 맞은 바로의
딸 비디아의 아들들이며 또 그의
아내 여후디야는 그돌의 조상 예렛
과 소고의 조상 헤벨과 사노아의
조상 여구디엘을 낳았으며
19 나함의 누이인 호디야의 아내의 아
들들은 가미 사람 그일라의 아버지
와 마아가 사람 에스드모아며
20 시몬의 아들들은 암논과 린나와 벤
하난과 딜론이요 이시의 아들들은
소헷과 벤소헷이더라
21 유다의 아들 셀라의 자손은 레가의
아버지 에르와 마레사의 아버지 라
아다와 세마포 짜는 자의 집 곧 아
스베야의 집 종족과
22 또 요김과 고세바 사람들과 요아스
와 모압을 다스리던 사랍과 야수비
네헴이니 이는 다 옛 기록에 의존
한 것이라
23 이 모든 사람은 토기장이가 되어
수풀과 산울 가운데에 거주하는 자
로서 거기서 왕과 함께 거주하면서
왕의 일을 하였더라
24 시므온의 아들들은 느무엘과 야민
과 야립과 세라와 사울이요
25 사울의 아들은 살룸이요 그의 아들
은 밉삼이요 그의 아들은 미스마요
26 미스마의 아들은 함무엘이요 그의
아들은 삭굴이요 그의 아들은 시므
이라
27 시므이에게는 아들 열여섯과 딸 여
섯이 있으나 그의 형제에게는 자녀
가 몇이 못되니 그들의 온 종족이
유다 자손처럼 번성하지 못하였더라
28 시므온 자손이 거주한 곳은 브엘세
바와 몰라다와 하살수알과

기록일 : . . .

29 빌하와 에셈과 돌랏과
30 브두엘과 호르마와 시글락과
31 벧말가봇과 하살수심과 벧비리와
사아라임이니 다윗 왕 때까지 이
모든 성읍이 그들에게 속하였으며
32 그들이 사는 곳은 에담과 아인과
림몬과 도겐과 아산 다섯 성읍이요
33 또 모든 성읍 주위에 살던 주민들
의 경계가 바알까지 다다랐으니 시
므온 자손의 거주지가 이러하고 각
기 계보가 있더라
34 또 메소밥과 야믈렉과 아마시야의
아들 요사와
35 요엘과 아시엘의 증손 스라야의 손
자 요시비야의 아들 예후와
36 또 엘료에내와 야아고바와 여소하
야와 아사야와 아디엘과 여시미엘
과 브나야와
37 또 스마야의 오대 손 시므리의 현
손 여다야의 증손 알론의 손자 시
비의 아들은 시사이니
38 여기 기록된 것들은 그들의 종족과
그들의 가문의 지도자들의 이름이
라 그들이 매우 번성한지라
39 그들이 그들의 양 떼를 위하여 목
장을 구하고자 하여 골짜기 동쪽
그돌 지경에 이르러
40 기름지고 아름다운 목장을 발견하
였는데 그 땅이 넓고 안정 되고 평
안하니 이는 옛적부터 거기에 거주
해 온 사람은 함의 자손인 까닭이라
41 이 명단에 기록된 사람들이 유다
왕 히스기야 때에 가서 그들의 장
막을 쳐서 무찌르고 거기에 있는
모우님 사람을 쳐서 진멸하고 대신
하여 오늘까지 거기에 살고 있으니
이는 그들의 양 떼를 먹일 목장이
거기에 있음이며
42 또 시므온 자손 중에 오백 명이 이
시의 아들 블라댜와 느아랴와 르바
야와 웃시엘을 두목으로 삼고 세일
산으로 가서
43 피신하여 살아남은 아말렉 사람을
치고 오늘까지 거기에 거주하고 있
더라

5 이스라엘의 장자 르우벤의 아들
들은 이러하니라 (르우벤은 장자라
도 그의 아버지의 침상을 더럽혔으
므로 장자의 명분이 이스라엘의 아
들 요셉의 자손에게로 돌아가서 족
보에 장자의 명분대로 기록되지 못
하였느니라
2 유다는 형제보다 뛰어나고 주권자
가 유다에게서 났으나 장자의 명분
은 요셉에게 있으니라)
3 이스라엘의 장자 르우벤의 아들들
은 하녹과 발루와 헤스론과 갈미요
4 요엘의 아들은 스마야요 그의 아들
은 곡이요 그의 아들은 시므이요
5 그의 아들은 미가요 그의 아들은

기록일 : . . .

르아야요 그의 아들은 바알이요
6 그의 아들은 브에라이니 그는 르우
벤 자손의 지도자로서 앗수르 왕
디글랏빌레셀에게 사로잡힌 자라
7 그의 형제가 종족과 계보대로 우두
머리 된 자는 여이엘과 스가랴
8 벨라니 벨라는 아사스의 아들이요
세마의 손자요 요엘의 증손이라 그
가 아로엘에 살면서 느보와 바알므
온까지 다다랐고
9 또 동으로 가서 거주하면서 유브라
데 강에서부터 광야 지경까지 다다
랐으니 이는 길르앗 땅에서 그 가
축이 번식함이라
10 사울 왕 때에 그들이 하갈 사람과
더불어 싸워 손으로 쳐죽이고 길르
앗 동쪽 온 땅에서 장막에 거주하
였더라
11 갓 자손은 르우벤 사람을 마주 대
하여 바산 땅에 거주하면서 살르가
까지 다다랐으니
12 우두머리는 요엘이요 다음은 사밤
이요 또 야내와 바산에 산 사밧이요
13 그 조상의 가문의 형제들은 미가엘
과 므술람과 세바와 요래와 야간과
시아와 에벨 일곱 명이니
14 이는 다 아비하일의 아들들이라 아
비하일은 후리의 아들이요 야로아
의 손자요 길르앗의 증손이요 미가
엘의 현손이요 여시새의 오대 손이
요 야도의 육대 손이요 부스의 칠
대 손이며
15 또 구니의 손자 압디엘의 아들 아
히가 우두머리가 되었고
16 그들이 바산 길르앗과 그 마을과
사론의 모든 들에 거주하여 그 사
방 변두리에 다다랐더라
17 이상은 유다 왕 요담 때와 이스라
엘 왕 여로보암 때에 족보에 기록
되었더라
18 르우벤 자손과 갓 사람과 므낫세
반 지파에서 나가 싸울 만한 용사
곧 능히 방패와 칼을 들며 활을 당
겨 싸움에 익숙한 자는 사만 사천
칠백육십 명이라
19 그들이 하갈 사람과 여두르와 나비
스와 노답과 싸우는 중에
20 도우심을 입었으므로 하갈 사람과
그들과 함께 있는 자들이 다 그들
의 손에 패하였으니 이는 그들이
싸울 때에 하나님께 의뢰하고 부르
짖으므로 하나님이 그들에게 응답
하셨음이라
21 그들이 대적의 짐승 곧 낙타 오만
마리와 양 이십오만 마리와 나귀
이천 마리를 빼앗으며 사람 십만
명을 사로잡았고
22 죽임을 당한 자가 많았으니 이 싸
움이 하나님께로 말미암았음이라
그들이 그들의 땅에 거주하여 사로

기록일 : . . .

잡힐 때까지 이르렀더라
23 므낫세 반 지파 자손들이 그 땅에
거주하면서 그들이 번성하여 바산
에서부터 바알헤르몬과 스닐과 헤
르몬 산까지 다다랐으며
24 그들의 족장은 에벨과 이시와 엘리
엘과 아스리엘과 예레미야와 호다
위야와 야디엘이며 다 용감하고 유
명한 족장이었더라
25 그들이 그들의 조상들의 하나님께
범죄하여 하나님이 그들 앞에서 멸
하신 그 땅 백성의 신들을 간음하
듯 섬긴지라
26 그러므로 이스라엘 하나님이 앗수
르 왕 불의 마음을 일으키시며 앗
수르 왕 디글랏빌레셀의 마음을 일
으키시매 곧 르우벤과 갓과 므낫세
반 지파를 사로잡아 할라와 하볼과
하라와 고산 강 가에 옮긴지라 그
들이 오늘까지 거기에 있으니라

6

레위의 아들들은 게르손과 그핫
과 므라리요
2 그핫의 아들들은 아므람과 이스할
과 헤브론과 웃시엘이요
3 아므람의 자녀는 아론과 모세와 미
리암이요 아론의 자녀는 나답과 아
비후와 엘르아살과 이다말이며
4 엘르아살은 비느하스를 낳고 비느
하스는 아비수아를 낳고
5 아비수아는 북기를 낳고 북기는 웃
시를 낳고
6 웃시는 스라히야를 낳고 스라히야
는 므라욧을 낳고
7 므라욧은 아마랴를 낳고 아마랴는
아히둡을 낳고
8 아히둡은 사독을 낳고 사독은 아히
마아스를 낳고
9 아히마아스는 아사랴를 낳고 아사
랴는 요하난을 낳고
10 요하난은 아사랴를 낳았으니 이 아
사랴는 솔로몬이 예루살렘에 세운
성전에서 제사장의 직분을 행한 자
이며
11 아사랴는 아마랴를 낳고 아마랴는
아히둡을 낳고
12 아히둡은 사독을 낳고 사독은 살룸
을 낳고
13 살룸은 힐기야를 낳고 힐기야는 아
사랴를 낳고
14 아사랴는 스라야를 낳고 스라야는
여호사닥을 낳았으며
15 야훼께서 느부갓네살의 손으로 유
다와 예루살렘 백성을 옮기실 때에
여호사닥도 가니라
16 레위의 아들들은 게르손과 그핫과
므라리이며
17 게르손의 아들들의 이름은 이러하
니 립니와 시므이요
18 그핫의 아들들은 아므람과 이스할
과 헤브론과 웃시엘이요

19 므라리의 아들들은 말리와 무시라
그 조상에 따라 레위의 종족은 이
러하니
20 게르손에게서 난 자는 곧 그의 아
들 립니요 그의 아들은 야핫이요
그의 아들은 심마요
21 그의 아들은 요아요 그의 아들은
잇도요 그의 아들은 세라요 그의
아들은 여아드래이며
22 그핫에게서 난 자는 곧 그 아들은
암미나답이요 그의 아들은 고라요
그의 아들은 앗실이요
23 그의 아들은 엘가나요 그의 아들은
에비아삽이요 그의 아들은 앗실이요
24 그의 아들은 다핫이요 그의 아들은
우리엘이요 그의 아들은 웃시야요
그의 아들은 사울이라
25 엘가나의 아들들은 아마새와 아히
못이라
26 엘가나로 말하면 그의 자손은 이러
하니 그의 아들은 소배요 그의 아
들은 나핫이요
27 그의 아들은 엘리압이요 그의 아
들은 여로함이요 그의 아들은 엘
가나라
28 사무엘의 아들들은 맏아들 요엘이
요 다음은 아비야라
29 므라리에게서 난 자는 말리요 그의
아들은 립니요 그의 아들은 시므이
요 그의 아들은 웃사요

30 그의 아들은 시므아요 그의 아들은
학기야요 그의 아들은 아사야더라
31 언약궤가 평안을 얻었을 때에 다윗
이 야훼의 성전에서 찬송하는 직분
을 맡긴 자들은 아래와 같았더라
32 솔로몬이 예루살렘에서 야훼의 성
전을 세울 때까지 그들이 회막 앞
에서 찬송하는 일을 행하되 그 계
열대로 직무를 행하였더라
33 직무를 행하는 자와 그의 아들들은
이러하니 그핫의 자손 중에 헤만은
찬송하는 자라 그는 요엘의 아들이
요 요엘은 사무엘의 아들이요
34 사무엘은 엘가나의 아들이요 엘가
나는 여로함의 아들이요 여로함은
엘리엘의 아들이요 엘리엘은 도아
의 아들이요
35 도아는 숩의 아들이요 숩은 엘가나
의 아들이요 엘가나는 마핫의 아들
이요 마핫은 아마새의 아들이요
36 아마새는 엘가나의 아들이요 엘가
나는 요엘의 아들이요 요엘은 아사
랴의 아들이요 아사랴는 스바냐의
아들이요
37 스바냐는 다핫의 아들이요 다핫은
앗실의 아들이요 앗실은 에비아삽
의 아들이요 에비아삽은 고라의 아
들이요
38 고라는 이스할의 아들이요 이스할
은 그핫의 아들이요 그핫은 레위의

기록일 : . . .

아들이요 레위는 이스라엘의 아들
이라
39 헤만의 형제 아삽은 헤만의 오른쪽
에서 직무를 행하였으니 그는 베레
갸의 아들이요 베레갸는 시므아의
아들이요
40 시므아는 미가엘의 아들이요 미가
엘은 바아세야의 아들이요 바아세
야는 말기야의 아들이요
41 말기야는 에드니의 아들이요 에드
니는 세라의 아들이요 세라는 아다
야의 아들이요
42 아다야는 에단의 아들이요 에단은
심마의 아들이요 심마는 시므이의
아들이요
43 시므이는 야핫의 아들이요 야핫은
게르손의 아들이요 게르손은 레위
의 아들이며
44 그들의 형제 므라리의 자손 중 그
의 왼쪽에서 직무를 행하는 자는
에단이라 에단은 기시의 아들이요
기시는 압디의 아들이요 압디는 말
룩의 아들이요
45 말룩은 하사뱌의 아들이요 하사뱌
는 아마시야의 아들이요 아마시야
는 힐기야의 아들이요
46 힐기야는 암시의 아들이요 암시는
바니의 아들이요 바니는 세멜의 아
들이요
47 세멜은 말리의 아들이요 말리는 무
시의 아들이요 무시는 므라리의 아
들이요 므라리는 레위의 아들이며
48 그들의 형제 레위 사람들은 하나님
의 집 장막의 모든 일을 맡았더라
49 아론과 그의 자손들은 번제단과 향
단 위에 분향하며 제사를 드리며
지성소의 모든 일을 하여 하나님의
종 모세의 모든 명령대로 이스라엘
을 위하여 속죄하니
50 아론의 자손들은 이러하니라 그의
아들은 엘르아살이요 그의 아들은
비느하스요 그의 아들은 아비수아요
51 그의 아들은 북기요 그의 아들은
웃시요 그의 아들은 스라히야요
52 그의 아들은 므라욧이요 그의 아
들은 아마랴요 그의 아들은 아히
둡이요
53 그의 아들은 사독이요 그의 아들은
아히마아스이더라
54 그들의 거주한 곳은 사방 지계 안
에 있으니 그들의 마을은 아래와
같으니라 아론 자손 곧 그핫 종족
이 먼저 제비 뽑았으므로
55 그들에게 유다 땅의 헤브론과 그
사방 초원을 주었고
56 그러나 그 성의 밭과 마을은 여분
네의 아들 갈렙에게 주었으며
57 아론 자손에게 도피성을 주었으니
헤브론과 립나와 그 초원과 얏딜과
에스드모아와 그 초원과

58 힐렌과 그 초원과 드빌과 그 초원과
59 아산과 그 초원과 벧세메스와 그
초원이며
60 또 베냐민 지파 중에서는 게바와 그
초원과 알레멧과 그 초원과 아나돗
과 그 초원을 주었으니 그들의 종족
이 얻은 성이 모두 열셋이었더라
61 그핫 자손의 남은 자에게는 절반
지파 즉 므낫세 반 지파 종족 중에
서 제비 뽑아 열 성읍을 주었고
62 게르손 자손에게는 그들의 종족대
로 잇사갈 지파와 아셀 지파와 납
달리 지파와 바산에 있는 므낫세
지파 중에서 열세 성읍을 주었고
63 므라리 자손에게는 그 종족대로 르
우벤 지파와 갓 지파와 스불론 지
파 중에서 제비 뽑아 열두 성읍을
주었더라
64 이스라엘 자손이 이 모든 성읍과
그 목초지를 레위 자손에게 주되
65 유다 자손의 지파와 시므온 자손의
지파와 베냐민 자손의 지파 중에서
이 위에 기록한 여러 성읍을 제비
뽑아 주었더라
66 그핫 자손의 몇 종족은 에브라임
지파 중에서 성읍을 얻어 영토를 삼
았으며
67 또 그들에게 도피성을 주었으니 에
브라임 산중 세겜과 그 초원과 게
셀과 그 초원과
68 욕므암과 그 초원과 벧호론과 그
초원과
69 아얄론과 그 초원과 가드림몬과 그
초원이며
70 또 그핫 자손의 남은 종족에게는 므
낫세 반 지파 중에서 아넬과 그 초
원과 빌르암과 그 초원을 주었더라
71 게르손 자손에게는 므낫세 반 지파
종족 중에서 바산의 골란과 그 초
원과 아스다롯과 그 초원을 주고
72 또 잇사갈 지파 중에서 게데스와
그 초원과 다브랏과 그 초원과
73 라못과 그 초원과 아넴과 그 초원
을 주고
74 아셀 지파 중에서 마살과 그 초원
과 압돈과 그 초원과
75 후곡과 그 초원과 르홉과 그 초원
을 주고
76 납달리 지파 중에서 갈릴리의 게데
스와 그 초원과 함몬과 그 초원과
기랴다임과 그 초원을 주니라
77 므라리 자손의 남은 자에게는 스불
론 지파 중에서 림모노와 그 초원
과 다볼과 그 초원을 주었고
78 또 요단 건너 동쪽 곧 여리고 맞은
편 르우벤 지파 중에서 광야의 베
셀과 그 초원과 야사와 그 초원과
79 그데못과 그 초원과 메바앗과 그
초원을 주었고
80 또 갓 지파 중에서 길르앗의 라못과

기록일 : . . .

그 초원과 마하나임과 그 초원과
81 헤스본과 그 초원과 야셀과 그 초
원을 주었더라

7

잇사갈의 아들들은 돌라와 부아
와 야숩과 시므론 네 사람이며
2 돌라의 아들들은 웃시와 르바야와
여리엘과 야매와 입삼과 스므엘이
니 다 그의 아버지 돌라의 집 우두
머리라 대대로 용사이더니 다윗 때
에 이르러는 그 수효가 이만 이천
육백 명이었더라
3 웃시의 아들은 이스라히야요 이스
라히야의 아들들은 미가엘과 오바
댜와 요엘과 잇시야 다섯 사람이
모두 우두머리며
4 그들과 함께 있는 자는 그 계보와
종족대로 능히 출전할 만한 군대가
삼만 육천 명이니 이는 그 처자가
많기 때문이며
5 그의 형제 잇사갈의 모든 종족은
다 용감한 장사라 그 전체를 계수
하면 팔만 칠천 명이었더라
6 베냐민의 아들들은 벨라와 베겔과
여디아엘 세 사람이며
7 벨라의 아들들은 에스본과 우시와
웃시엘과 여리못과 이리 다섯 사람
이니 다 그 집의 우두머리요 큰 용
사라 그 계보대로 계수하면 이만
이천삼십사 명이며
8 베겔의 아들들은 스미라와 요아스
와 엘리에셀과 엘료에내와 오므리
와 여레못과 아비야와 아나돗과 알
레멧이니 베겔의 아들들은 모두 이
러하며
9 그들은 다 그 집의 우두머리요 용
감한 장사라 그 자손을 계보에 의
해 계수하면 이만 이백 명이며
10 여디아엘의 아들은 빌한이요 빌한
의 아들들은 여우스와 베냐민과 에
훗과 그나아나와 세단과 다시스와
아히사할이니
11 이 여디아엘의 아들들은 모두 그
집의 우두머리요 큰 용사라 그들의
자손 중에 능히 출전할 만한 자가
만 칠천이백 명이며
12 일의 아들은 숩빔과 훕빔이요 아헬
의 아들은 후심이더라
13 납달리의 아들들은 야시엘과 구니
와 예셀과 살룸이니 이는 빌하의
손자더라
14 므낫세의 아들들은 그의 아내가 낳
아 준 아스리엘과 그의 소실 아람
여인이 낳아 준 길르앗의 아버지 마
길이니
15 마길은 훕빔과 숩빔의 누이 마아가
라 하는 이에게 장가 들었더라 므낫
세의 둘째 아들의 이름은 슬로브핫
이니 슬로브핫은 딸들만 낳았으며
16 마길의 아내 마아가는 아들을 낳아
그의 이름을 베레스라 하였으며 그

의 아우의 이름은 세레스이며 세레
스의 아들들은 울람과 라겜이요
17 울람의 아들들은 브단이니 이는 다
길르앗의 자손이라 길르앗은 마길
의 아들이요 므낫세의 손자이며
18 그의 누이 함몰레겟은 이스훗과 아
비에셀과 말라를 낳았고
19 스미다의 아들들은 아히안과 세겜
과 릭히와 아니암이더라
20 에브라임의 아들은 수델라요 그의
아들은 베렛이요 그의 아들은 다핫
이요 그의 아들은 엘르아다요 그의
아들은 다핫이요
21 그의 아들은 사밧이요 그의 아들은
수델라며 그가 또 에셀과 엘르앗을
낳았으나 그들이 가드 원주민에게
죽임을 당하였으니 이는 그들이 내
려가서 가드 사람의 짐승을 빼앗고
자 하였음이라
22 그의 아버지 에브라임이 여러 날 슬
퍼하므로 그의 형제가 가서 위로하
였더라
23 그리고 에브라임이 그의 아내와 동
침하매 임신하여 아들을 낳으니 그
집이 재앙을 받았으므로 그의 이름
을 브리아라 하였더라
24 에브라임의 딸은 세에라이니 그가
아래 윗 성 벧호론과 우센세에라를
건설하였더라
25 브리아의 아들들은 레바와 레셉이
요 레셉의 아들은 델라요 그의 아
들은 다한이요
26 그의 아들은 라단이요 그의 아들은
암미훗이요 그의 아들은 엘리사마요
27 그의 아들은 눈이요 그의 아들은
여호수아더라
28 에브라임 자손의 토지와 거주지는
벧엘과 그 주변 마을이요 동쪽으로
는 나아란이요 서쪽에는 게셀과 그
주변 마을이며 또 세겜과 그 주변
마을이니 아사와 그 주변 마을까지
이며
29 또 므낫세 자손의 지계에 가까운
벧스안과 그 주변 마을과 다아낙
과 그 주변 마을과 므깃도와 그 주
변 마을과 돌과 그 주변 마을이라
이스라엘의 아들 요셉의 자손이 이
여러 곳에 거하였더라
30 아셀의 아들들은 임나와 이스와와
이스위와 브리아요 그들의 매제는
세라이며
31 브리아의 아들들은 헤벨과 말기엘
이니 말기엘은 비르사잇의 아버지
이며
32 헤벨은 야블렛과 소멜과 호담과 그
들의 매제 수아를 낳았으며
33 야블렛의 아들들은 바삭과 빔할과
아스왓이니 야블렛의 아들은 이러
하며
34 소멜의 아들들은 아히와 로가와 호

기록일 : . . .

바와 아람이요
35 그의 아우 헬렘의 아들들은 소바와
임나와 셀레스와 아말이요
36 소바의 아들들은 수아와 하르네벨
과 수알과 베리와 이므라와
37 베셀과 홋과 사마와 실사와 이드란
과 브에라요
38 예델의 아들들은 여분네와 비스바
와 아라요
39 울라의 아들들은 아라와 한니엘과
리시아이니
40 이는 다 아셀의 자손으로 우두머리
요 정선된 용감한 장사요 방백의
우두머리라 출전할 만한 자를 그들
의 계보대로 계수하면 이만 육천
명이었더라

8 베냐민이 낳은 자는 맏아들 벨라
와 둘째 아스벨과 셋째 아하라와
2 넷째 노하와 다섯째 라바이며
3 벨라에게 아들들이 있으니 곧 앗달
과 게라와 아비훗과
4 아비수아와 나아만과 아호아와
5 게라와 스부반과 후람이라
6 에훗의 아들들은 이러하니라 그들
은 게바 주민의 우두머리로서, 사로
잡혀 마나핫으로 갔으니
7 곧 나아만과 아히야와 게라이며 게
라는 또 웃사와 아히훗을 낳았으며
8 사하라임은 두 아내 후심과 바아라
를 내보낸 후에 모압 땅에서 자녀
를 낳았으니
9 그의 아내 호데스에게서 낳은 자는
요밥과 시비야와 메사와 말감과
10 여우스와 사갸와 미르마이니 이 아
들들은 우두머리이며
11 또 그의 아내 후심에게서 아비둡과
엘바알을 낳았으며
12 엘바알의 아들들은 에벨과 미삼과
세멧이니 그는 오노와 롯과 그 주
변 마을들을 세웠고
13 또 브리아와 세마이니 그들은 아얄
론 주민의 우두머리가 되어 그들이
가드 주민을 쫓아냈더라
14 아히요와 사삭과 여레못과
15 스바댜와 아랏과 에델과
16 미가엘과 이스바와 요하는 다 브리
아의 아들들이요
17 스바댜와 므술람과 히스기와 헤벨과
18 이스므래와 이슬리아와 요밥은 다
엘바알의 아들들이요
19 야김과 시그리와 삽디와
20 엘리에내와 실르대와 엘리엘과
21 아다야와 브라야와 시므랏은 다 시
므이의 아들들이요
22 이스반과 에벨과 엘리엘과
23 압돈과 시그리와 하난과
24 하나냐와 엘람과 안도디야와
25 이브드야와 브누엘은 다 사삭의 아
들들이요
26 삼스래와 스하랴와 아달랴와

기록일 : . . .

27 야아레시야와 엘리야와 시그리는
다 여로함의 아들들이니
28 그들은 다 가문의 우두머리이며 그
들의 족보의 우두머리로서 예루살
렘에 거주하였더라
29 기브온의 조상 여이엘은 기브온에
거주하였으니 그 아내의 이름은 마
아가며
30 장자는 압돈이요 다음은 술과 기스
와 바알과 나답과
31 그돌과 아히오와 세겔이며
32 미글롯은 시므아를 낳았으며 그들
은 친족들과 더불어 마주하고 예루
살렘에 거주하였더라
33 넬은 기스를 낳고 기스는 사울을
낳고 사울은 요나단과 말기수아와
아비나답과 에스바알을 낳았으며
34 요나단의 아들은 므립바알이라 므
립바알은 미가를 낳았고
35 미가의 아들들은 비돈과 멜렉과 다
레아와 아하스이며
36 아하스는 여호앗다를 낳고 여호앗
다는 알레멧과 아스마웻과 시므리
를 낳고 시므리는 모사를 낳고
37 모사는 비느아를 낳았으며 비느아
의 아들은 라바요 그의 아들은 엘
르아사요 그의 아들은 아셀이며
38 아셀에게 여섯 아들이 있어 그들
의 이름은 이러하니 아스리감과 보
그루와 이스마엘과 스아랴와 오바
댜와 하난이라 아셀의 모든 아들이
이러하며
39 그의 아우 에섹의 아들은 이러하니
그의 맏아들은 울람이요 둘째는 여
우스요 셋째는 엘리벨렛이며
40 울람의 아들은 다 용감한 장사요
활을 잘 쏘는 자라 아들과 손자가
많아 모두 백오십 명이었더라 베냐
민의 자손들은 이러하였더라

9

온 이스라엘이 그 계보대로 계수
되어 그들은 이스라엘 왕조실록에
기록되니라 유다가 범죄함으로 말미
암아 바벨론으로 사로잡혀 갔더니
2 그들의 땅 안에 있는 성읍에 처음
으로 거주한 이스라엘 사람들은 제
사장들과 레위 사람들과 느디님 사
람들이라
3 유다 자손과 베냐민 자손과 에브라
임과 므낫세 자손 중에서 예루살렘
에 거주한 자는
4 유다의 아들 베레스 자손 중에 우
대이니 그는 암미훗의 아들이요 오
므리의 손자요 이므리의 증손이요
바니의 현손이며
5 실로 사람 중에서는 맏아들 아사야
와 그의 아들들이요
6 세라 자손 중에서는 여우엘과 그
형제 육백구십 명이요
7 베냐민 자손 중에서는 핫스누아의
증손 호다위아의 손자 므술람의 아

기록일 : . . .

들 살루요
8 여로함의 아들 이브느야와 미그리
의 손자 웃시의 아들 엘라요 이브
니야의 증손 르우엘의 손자 스바다
의 아들 무술람이요
9 또 그의 형제들이라 그들의 계보대
로 계수하면 구백오십육 명이니 다
종족의 가문의 우두머리들이더라
10 제사장 중에서는 여다야와 여호야
립과 야긴과
11 하나님의 성전을 맡은 자 아사랴이
니 그는 힐기야의 아들이요 므술람
의 손자요 사독의 증손이요 므라욧
의 현손이요 아히둡의 오대손이며
12 또 아다야이니 그는 여로함의 아들
이요 바스훌의 손자요 말기야의 증
손이며 또 마아새니 그는 아디엘의
아들이요 야세라의 손자요 므술람
의 증손이요 므실레밋의 현손이요
임멜의 오대손이며
13 또 그의 형제들이니 종족의 가문의
우두머리라 하나님의 성전의 임무
를 수행할 힘있는 자는 모두 천칠
백육십 명이더라
14 레위 사람 중에서는 므라리 자손
스마야이니 그는 핫숩의 아들이요
아스리감의 손자요 하사뱌의 증손
이며
15 또 박박갈과 헤레스와 갈랄과 맛다
냐이니 그는 미가의 아들이요 시그
리의 손자요 아삽의 증손이며
16 또 오바댜이니 그는 스마야의 아들
이요 갈랄의 손자요 여두둔의 증
손이며 또 베레갸이니 그는 아사의
아들이요 엘가나의 손자라 느도바
사람의 마을에 거주하였더라
17 문지기는 살룸과 악굽과 달몬과 아
히만과 그의 형제들이니 살룸은 그
우두머리라
18 이 사람들은 전에 왕의 문 동쪽 곧
레위 자손의 진영의 문지기이며
19 고라의 증손 에비아삽의 손자 고레
의 아들 살룸과 그의 종족 형제 곧
고라의 자손이 수종 드는 일을 맡
아 성막 문들을 지켰으니 그들의
조상들도 야훼의 진영을 맡고 출입
문을 지켰으며
20 야훼께서 함께 하신 엘르아살의 아
들 비느하스가 옛적에 그의 무리를
거느렸고
21 므셀레먀의 아들 스가랴는 회막 문
지기가 되었더라
22 택함을 입어 문지기 된 자가 모두
이백열두 명이니 이는 그들의 마을
에서 그들의 계보대로 계수된 자요
다윗과 선견자 사무엘이 전에 세워
서 이 직분을 맡긴 자라
23 그들과 그들의 자손이 그 순차를
좇아 야훼의 성전 곧 성막 문을 지
켰는데

기록일 : . . .

24 이 문지기가 동, 서, 남, 북 사방에
섰고
25 그들의 마을에 있는 형제들은 이레
마다 와서 그들과 함께 있으니
26 이는 문지기의 우두머리 된 레위
사람 넷이 중요한 직분을 맡아 하
나님의 성전 모든 방과 곳간을 지
켰음이라
27 그들은 하나님의 성전을 맡은 직분
이 있으므로 성전 주위에서 밤을 지
내며 아침마다 문을 여는 책임이
그들에게 있었더라
28 그 중에 어떤 자는 섬기는 데 쓰는
기구를 맡아서 그 수효대로 들여가
고 수효대로 내오며
29 또 어떤 자는 성소의 기구와 모든
그릇과 고운 가루와 포도주와 기름
과 유향과 향품을 맡았으며
30 또 제사장의 아들 중의 어떤 자는
향품으로 향기름을 만들었으며
31 고라 자손 살룸의 맏아들 맛디댜라
하는 레위 사람은 전병을 굽는 일
을 맡았으며
32 또 그의 형제 그핫 자손 중에 어떤
자는 진설하는 떡을 맡아 안식일마
다 준비하였더라
33 또 찬송하는 자가 있으니 곧 레위
우두머리라 그들은 골방에 거주하
면서 주야로 자기 직분에 전념하므
로 다른 일은 하지 아니하였더라
34 그들은 다 레위 가문의 우두머리이
며 그들의 족보의 우두머리로서 예
루살렘에 거주하였더라
35 기브온의 조상 여이엘은 기브온에
거주하였으니 그의 아내의 이름은
마아가라
36 그의 맏아들은 압돈이요 다음은 술
과 기스와 바알과 넬과 나답과
37 그돌과 아히오와 스가랴와 미글롯
이며
38 미글롯은 시므암을 낳았으니 그들
은 그들의 친족들과 더불어 마주하
고 예루살렘에 거주하였더라
39 넬은 기스를 낳고 기스는 사울을
낳고 사울은 요나단과 말기수아와
아비나답과 에스바알을 낳았으며
40 요나단의 아들은 므립바알이라 므
립바알은 미가를 낳았고
41 미가의 아들들은 비돈과 멜렉과 다
레아와 아하스이며
42 아하스는 야라를 낳고 야라는 알레
멧과 아스마웻과 시므리를 낳고 시
므리는 모사를 낳고
43 모사는 비느아를 낳았으며 비느아
의 아들은 르바야요 그의 아들은
엘르아사요 그의 아들은 아셀이며
44 아셀이 여섯 아들이 있으니 그들의
이름은 아스리감과 보그루와 이스
마엘과 스아랴와 오바댜와 하난이
라 아셀의 아들들이 이러하였더라

기록일 : . . .

10

블레셋 사람들과 이스라엘이 싸
우더니 이스라엘 사람들이 블레셋
사람들 앞에서 도망하다가 길보아
산에서 죽임을 당하여 엎드러지니라
2 블레셋 사람들이 사울과 그 아들들
을 추격하여 블레셋 사람들이 사울
의 아들 요나단과 아비나답과 말기
수아를 죽이고
3 사울을 맹렬히 치며 활 쏘는 자가
사울에게 따라 미치매 사울이 그
쏘는 자로 말미암아 심히 다급하여
4 사울이 자기의 무기를 가진 자에
게 이르되 너는 칼을 빼어 그것으
로 나를 찌르라 할례 받지 못한 자
들이 와서 나를 욕되게 할까 두려
워하노라 그러나 그의 무기를 가
진 자가 심히 두려워하여 행하기를
원하지 아니하매 사울이 자기 칼을
뽑아서 그 위에 엎드러지니
5 무기 가진 자가 사울이 죽는 것을 보
고 자기도 칼에 엎드러져 죽으니라
6 이와 같이 사울과 그의 세 아들과
그 온 집안이 함께 죽으니라
7 골짜기에 있는 모든 이스라엘 사람
이 그들의 도망한 것과 사울과 그
의 아들들이 다 죽은 것을 보고 그
성읍들을 버리고 도망하매 블레셋
사람들이 와서 거기에 거주하니라
8 이튿날에 블레셋 사람들이 와서 죽
임을 당한 자의 옷을 벗기다가 사
울과 그의 아들들이 길보아 산에
엎드러졌음을 보고
9 곧 사울의 옷을 벗기고 그의 머리
와 갑옷을 가져다가 사람을 블레셋
땅 사방에 보내 모든 이방 신전과
그 백성에게 소식을 전하고
10 사울의 갑옷을 그들의 신전에 두고
그의 머리를 다곤의 신전에 단지라
11 길르앗야베스 모든 사람이 블레셋
사람들이 사울에게 행한 모든 일을
듣고
12 용사들이 다 일어나서 사울의 시체
와 그의 아들들의 시체를 거두어
야베스로 가져다가 그 곳 상수리나
무 아래에 그 해골을 장사하고 칠
일간 금식하였더라
13 사울이 죽은 것은 야훼께 범죄하였
기 때문이라 그가 야훼의 말씀을
지키지 아니하고 또 신접한 자에게
가르치기를 청하고
14 야훼께 묻지 아니하였으므로 야훼
께서 그를 죽이시고 그 나라를 이
새의 아들 다윗에게 넘겨 주셨더라

11

온 이스라엘이 헤브론에 모여 다
윗을 보고 이르되 우리는 왕의 가
까운 혈족이니이다
2 전에 곧 사울이 왕이 되었을 때에
도 이스라엘을 거느리고 출입하게
한 자가 왕이시었고 왕의 하나님
야훼께서도 왕에게 말씀하시기를

기록일 : . . .

네가 내 백성 이스라엘의 목자가
되며 내 백성 이스라엘의 주권자가
되리라 하셨나이다 하니라
3 이에 이스라엘의 모든 장로가 헤브
론에 있는 왕에게로 나아가니 헤브
론에서 다윗이 그들과 야훼 앞에
언약을 맺으매 그들이 다윗에게 기
름을 부어 이스라엘의 왕으로 삼으
니 야훼께서 사무엘을 통하여 전하
신 말씀대로 되었더라
4 다윗이 온 이스라엘과 더불어 예루
살렘 곧 여부스에 이르니 여부스 땅
의 주민들이 거기에 거주하였더라
5 여부스 원주민이 다윗에게 이르기
를 네가 이리로 들어오지 못하리라
하나 다윗이 시온 산 성을 빼앗았
으니 이는 다윗 성이더라
6 다윗이 이르되 먼저 여부스 사람을
치는 자는 우두머리와 지휘관으로
삼으리라 하였더니 스루야의 아들
요압이 먼저 올라갔으므로 우두머
리가 되었고
7 다윗이 그 산성에 살았으므로 무리
가 다윗 성이라 불렀으며
8 다윗이 밀로에서부터 두루 성을 쌓
았고 그 성의 나머지는 요압이 중
수하였더라
9 만군의 야훼께서 함께 계시니 다윗
이 점점 강성하여 가니라
10 다윗에게 있는 용사의 우두머리는
이러하니라 이 사람들이 온 이스라
엘과 더불어 다윗을 힘껏 도와 나
라를 얻게 하고 그를 세워 왕으로
삼았으니 이는 야훼께서 이스라엘
에 대하여 이르신 말씀대로 함이었
더라
11 다윗에게 있는 용사의 수효가 이러
하니라 학몬 사람의 아들 야소브암
은 삼십 명의 우두머리라 그가 창을
들어 한꺼번에 삼백 명을 죽였고
12 그 다음은 아호아 사람 도도의 아
들 엘르아살이니 세 용사 중 하나
이라
13 그가 바스담밈에서 다윗과 함께 있
었더니 블레셋 사람들이 그 곳에
모여와서 치니 거기에 보리가 많
이 난 밭이 있더라 백성들이 블레셋
사람들 앞에서 도망하되
14 그가 그 밭 가운데에 서서 그 밭을
보호하여 블레셋 사람들을 죽였으
니 야훼께서 큰 구원으로 구원하심
이었더라
15 삼십 우두머리 중 세 사람이 바위
로 내려가서 아둘람 굴 다윗에게
이를 때에 블레셋 군대가 르바임
골짜기에 진 쳤더라
16 그 때에 다윗은 산성에 있고 블레
셋 사람들의 진영은 베들레헴에 있
는지라
17 다윗이 갈망하여 이르되 베들레헴

기록일 : . . .

성문 곁 우물 물을 누가 내게 마시
게 할꼬 하매
18 이 세 사람이 블레셋 사람들의 군
대를 돌파하고 지나가서 베들레헴
성문 곁 우물 물을 길어가지고 다
윗에게로 왔으나 다윗이 마시기를
기뻐하지 아니하고 그 물을 야훼께
부어드리고
19 이르되 내 하나님이여 내가 결단코
이런 일을 하지 아니하리이다 생명
을 돌아보지 아니하고 갔던 이 사
람들의 피를 어찌 마시리이까 하고
그들이 자기 생명도 돌보지 아니하
고 이것을 가져왔으므로 그것을 마
시기를 원하지 아니하니라 세 용사
가 이런 일을 행하였더라
20 요압의 아우 아비새는 그 세 명 중
우두머리라 그가 창을 휘둘러 삼백
명을 죽이고 그 세 명 가운데에 이
름을 얻었으니
21 그는 둘째 세 명 가운데에 가장 뛰
어나 그들의 우두머리가 되었으나
첫째 세 명에게는 미치지 못하니라
22 갑스엘 용사의 손자 여호야다의 아
들 브나야는 용감한 사람이라 그가
모압 아리엘의 아들 둘을 죽였고
또 눈 올 때에 함정에 내려가서 사
자 한 마리를 죽였으며
23 또 키가 큰 애굽 사람을 죽였는데
그 사람의 키가 다섯 규빗이요 그
손에 든 창이 베틀채 같으나 그가
막대기를 가지고 내려가서 그 애굽
사람의 손에서 창을 빼앗아 그 창
으로 죽였더라
24 여호야다의 아들 브나야가 이런 일
을 행하였으므로 세 용사 중에 이
름을 얻고
25 삼십 명 중에서는 뛰어나나 첫째 세
사람에게는 미치지 못하니라 다윗
이 그를 세워 시위대장을 삼았더라
26 또 군사 중의 큰 용사는 요압의 아
우 아사헬과 베들레헴 사람 도도의
아들 엘하난과
27 하롤 사람 삼훗과 블론 사람 헬레
스와
28 드고아 사람 익게스의 아들 이라와
아나돗 사람 아비에셀과
29 후사 사람 십브개와 아호아 사람
일래와
30 느도바 사람 마하래와 느도바 사람
바아나의 아들 헬렛과
31 베냐민 자손에 속한 기브아 사람
리배의 아들 이대와 비라돈 사람
브나야와
32 가아스 시냇가에 사는 후래와 아르
바 사람 아비엘과
33 바하룸 사람 아스마웻과 사알본 사
람 엘리아바와
34 기손 사람 하셈의 아들들과 하랄
사람 사게의 아들 요나단과

기록일 : . . .

35 하랄 사람 사갈의 아들 아히암과
울의 아들 엘리발과
36 므게랏 사람 헤벨과 블론 사람 아
히야와
37 갈멜 사람 헤스로와 에스배의 아들
나아래와
38 나단의 아우 요엘과 하그리의 아들
밉할과
39 암몬 사람 셀렉과 스루야의 아들
요압의 무기 잡은 자 베롯 사람 나
하래와
40 이델 사람 이라와 이델 사람 가렙과
41 헷 사람 우리아와 알래의 아들 사
밧과
42 르우벤 자손 시사의 아들 곧 르우
벤 자손의 우두머리 아디나와 그
추종자 삼십 명과
43 마아가의 아들 하난과 미덴 사람
요사밧과
44 아스드랏 사람 웃시야와 아로엘 사
람 호담의 아들 사마와 여이엘과
45 시므리의 아들 여디아엘과 그의 아
우 디스 사람 요하와
46 마하위 사람 엘리엘과 엘라암의 아
들 여리배와 요사위야와 모압 사람
이드마와
47 엘리엘과 오벳과 므소바 사람 야아
시엘이더라

12 다윗이 기스의 아들 사울로 말미
암아 시글락에 숨어 있을 때에 그
에게 와서 싸움을 도운 용사 중에
든 자가 있었으니
2 그들은 활을 가지며 좌우 손을 놀
려 물매도 던지며 화살도 쏘는 자
요 베냐민 지파 사울의 동족인데
그 이름은 이러하니라
3 그 우두머리는 아히에셀이요 다음
은 요아스이니 기브아 사람 스마아
의 두 아들이요 또 아스마웻의 아
들 여시엘과 벨렛과 또 브라가와
아나돗 사람 예후와
4 기브온 사람 곧 삼십 명 중에 용사
요 삼십 명의 우두머리가 된 이스
마야이며 또 예레미야와 야하시엘
과 요하난과 그데라 사람 요사밧과
5 엘루새와 여리못과 브아랴와 스마
랴와 하룹 사람 스바댜와
6 고라 사람들 엘가나와 잇시야와 아
사렐과 요에셀과 야소브암이며
7 그돌 사람 여로함의 아들 요엘라와
스바댜더라
8 갓 사람 중에서 광야에 있는 요새
에 이르러 다윗에게 돌아온 자가
있었으니 다 용사요 싸움에 익숙하
여 방패와 창을 능히 쓰는 자라 그
의 얼굴은 사자 같고 빠르기는 산
의 사슴 같으니
9 그 우두머리는 에셀이요 둘째는 오
바댜요 셋째는 엘리압이요
10 넷째는 미스만나요 다섯째는 예레

기록일 : . . .

미야요
11 여섯째는 앗대요 일곱째는 엘리엘
이요
12 여덟째는 요하난이요 아홉째는 엘
사밧이요
13 열째는 예레미야요 열한째는 막반
내라
14 이 갓 자손이 군대 지휘관이 되어
그 작은 자는 백부장이요, 그 큰 자
는 천부장이더니
15 정월에 요단 강 물이 모든 언덕에
넘칠 때에 이 무리가 강물을 건너서
골짜기에 있는 모든 자에게 동서로
도망하게 하였더라
16 베냐민과 유다 자손 중에서 요새에
이르러 다윗에게 나오매
17 다윗이 나가서 맞아 그들에게 말하
여 이르되 만일 너희가 평화로이 내
게 와서 나를 돕고자 하면 내 마음
이 너희 마음과 하나가 되려니와
만일 너희가 나를 속여 내 대적에
게 넘기고자 하면 내 손에 불의함
이 없으니 우리 조상들의 하나님이
감찰하시고 책망하시기를 원하노라
하매
18 그 때에 성령이 삼십 명의 우두머
리 아마새를 감싸시니 이르되 다윗
이여 우리가 당신에게 속하겠고 이
새의 아들이여 우리가 당신과 함께
있으리니 원하건대 평안하소서 당
신도 평안하고 당신을 돕는 자에게
도 평안이 있을지니 이는 당신의 하
나님이 당신을 도우심이니이다 한
지라 다윗이 그들을 받아들여 군대
지휘관을 삼았더라
19 다윗이 전에 블레셋 사람들과 함
께 가서 사울을 치려 할 때에 므낫
세 지파에서 두어 사람이 다윗에게
돌아왔으나 다윗 등이 블레셋 사람
들을 돕지 못하였음은 블레셋 사람
들의 방백이 서로 의논하고 보내며
이르기를 그가 그의 왕 사울에게로
돌아가리니 우리 머리가 위태할까
하노라 함이라
20 다윗이 시글락으로 갈 때에 므낫세
지파에서 그에게로 돌아온 자는 아
드나와 요사밧과 여디아엘과 미가
엘과 요사밧과 엘리후와 실르대이
니 다 므낫세의 천부장이라
21 이 무리가 다윗을 도와 도둑 떼를
쳤으니 그들은 다 큰 용사요 군대
지휘관이 됨이었더라
22 그 때에 사람이 날마다 다윗에게로
돌아와서 돕고자 하매 큰 군대를
이루어 하나님의 군대와 같았더라
23 싸움을 준비한 군대 지휘관들이 헤
브론에 이르러 다윗에게로 나아와
서 야훼의 말씀대로 사울의 나라를
그에게 돌리고자 하였으니 그 수효
가 이러하였더라

기록일 :   .   .   .

24 유다 자손 중에서 방패와 창을 들
고 싸움을 준비한 자가 육천팔백
명이요
25 시므온 자손 중에서 싸움하는 큰
용사가 칠천백 명이요
26 레위 자손 중에서 사천육백 명이요
27 아론의 집 우두머리 여호야다와 그
와 함께 있는 자가 삼천칠백 명이요
28 또 젊은 용사 사독과 그의 가문의
지휘관이 이십이 명이요
29 베냐민 자손 곧 사울의 동족은 아
직도 태반이나 사울의 집을 따르나
그 중에서 나온 자가 삼천 명이요
30 에브라임 자손 중에서 가족으로서
유명한 큰 용사가 이만팔백 명이요
31 므낫세 반 지파 중에 이름이 기록된
자로서 와서 다윗을 세워 왕으로 삼
으려 하는 자가 만 팔천 명이요
32 잇사갈 자손 중에서 시세를 알고
이스라엘이 마땅히 행할 것을 아는
우두머리가 이백 명이니 그들은 그
모든 형제를 통솔하는 자이며
33 스불론 중에서 모든 무기를 가지고
전열을 갖추고 두 마음을 품지 아
니하고 능히 진영에 나아가서 싸움
을 잘하는 자가 오만 명이요
34 납달리 중에서 지휘관 천 명과 방
패와 창을 가지고 따르는 자가 삼
만 칠천 명이요
35 단 자손 중에서 싸움을 잘하는 자
가 이만 팔천육백 명이요
36 아셀 중에서 능히 진영에 나가서
싸움을 잘하는 자가 사만 명이요
37 요단 저편 르우벤 자손과 갓 자손
과 므낫세 반 지파 중에서 모든 무
기를 가지고 능히 싸우는 자가 십
이만 명이었더라
38 이 모든 군사가 전열을 갖추고 다
성심으로 헤브론에 이르러 다윗을
온 이스라엘 왕으로 삼고자 하고
또 이스라엘의 남은 자도 다 한 마
음으로 다윗을 왕으로 삼고자 하여
39 무리가 거기서 다윗과 함께 사흘을
지내며 먹고 마셨으니 이는 그들의
형제가 이미 식물을 준비하였음이며
40 또 그들의 근처에 있는 자로부터
잇사갈과 스불론과 납달리까지도
나귀와 낙타와 노새와 소에다 음식
을 많이 실어왔으니 곧 밀가루 과
자와 무화과 과자와 건포도와 포도
주와 기름이요 소와 양도 많이 가
져왔으니 이는 이스라엘 가운데에
기쁨이 있음이었더라

13 다윗이 천부장과 백부장 곧 모든
지휘관과 더불어 의논하고
2 다윗이 이스라엘의 온 회중에게 이
르되 만일 너희가 좋게 여기고 또
우리의 하나님 야훼께로 말미암았
으면 우리가 이스라엘 온 땅에 남
아 있는 우리 형제와 또 초원이 딸

린 성읍에 사는 제사장과 레위 사
람에게 전령을 보내 그들을 우리에
게로 모이게 하고
3 우리가 우리 하나님의 궤를 우리에
게로 옮겨오자 사울 때에는 우리
가 궤 앞에서 묻지 아니하였느니라
하매
4 뭇 백성의 눈이 이 일을 좋게 여기
므로 온 회중이 그대로 행하겠다
한지라
5 이에 다윗이 애굽의 시홀 시내에서
부터 하맛 어귀까지 온 이스라엘을
불러모으고 기럇여아림에서부터 하
나님의 궤를 메어오고자 할새
6 다윗이 온 이스라엘을 거느리고 바
알라 곧 유다에 속한 기럇여아림에
올라가서 야훼 하나님의 궤를 메어
오려 하니 이는 야훼께서 두 그룹
사이에 계시므로 그러한 이름으로
일컬음을 받았더라
7 하나님의 궤를 새 수레에 싣고 아
비나답의 집에서 나오는데 웃사와
아히오는 수레를 몰며
8 다윗과 이스라엘 온 무리는 하나님
앞에서 힘을 다하여 뛰놀며 노래하
며 수금과 비파와 소고와 제금과
나팔로 연주하니라
9 기돈의 타작 마당에 이르러서는 소
들이 뛰므로 웃사가 손을 펴서 궤
를 붙들었더니
10 웃사가 손을 펴서 궤를 붙듦으로
말미암아 야훼께서 진노하사 치시
매 그가 거기 하나님 앞에서 죽으
니라
11 야훼께서 웃사의 몸을 찢으셨으므
로 다윗이 노하여 그 곳을 베레스
웃사라 부르니 그 이름이 오늘까지
이르니라
12 그 날에 다윗이 하나님을 두려워
하여 이르되 내가 어떻게 하나님의
궤를 내 곳으로 오게 하리요 하고
13 다윗이 궤를 옮겨 자기가 있는 다
윗 성으로 메어들이지 못하고 그
대신 가드 사람 오벧에돔의 집으로
메어가니라
14 하나님의 궤가 오벧에돔의 집에서
그의 가족과 함께 석 달을 있으니
라 야훼께서 오벧에돔의 집과 그의
모든 소유에 복을 내리셨더라

14 두로 왕 히람이 다윗에게 사신들
과 백향목과 석수와 목수를 보내
그의 궁전을 건축하게 하였더라
2 다윗이 야훼께서 자기를 이스라엘
의 왕으로 삼으신 줄을 깨달았으니
이는 그의 백성 이스라엘을 위하여
그의 나라가 높이 들림을 받았음을
앎이었더라
3 다윗이 예루살렘에서 또 아내들을
맞아 다윗이 다시 아들들과 딸들을
낳았으니

기록일 : . . .

4 예루살렘에서 낳은 아들들의 이름은 삼무아와 소밥과 나단과 솔로몬과

5 입할과 엘리수아와 엘벨렛과

6 노가와 네벡과 야비아와

7 엘리사마와 브엘랴다와 엘리벨렛이었더라

8 다윗이 기름 부음을 받아 온 이스라엘의 왕이 되었다 함을 블레셋 사람들이 듣고 모든 블레셋 사람들이 다윗을 찾으러 올라오매 다윗이 듣고 대항하러 나갔으나

9 블레셋 사람들이 이미 이르러 르바임 골짜기로 쳐들어온지라

10 다윗이 하나님께 물어 이르되 내가 블레셋 사람들을 치러 올라가리이까 주께서 그들을 내 손에 넘기시겠나이까 하니 야훼께서 그에게 이르시되 올라가라 내가 그들을 네 손에 넘기리라 하신지라

11 이에 무리가 바알브라심으로 올라갔더니 다윗이 거기서 그들을 치고 다윗이 이르되 하나님이 물을 쪼갬 같이 내 손으로 내 대적을 흩으셨다 하므로 그 곳 이름을 바알브라심이라 부르니라

12 블레셋 사람이 그들의 우상을 그 곳에 버렸으므로 다윗이 명령하여 불에 사르니라

13 블레셋 사람들이 다시 골짜기를 침범한지라

14 다윗이 또 하나님께 묻자온대 하나님이 이르시되 마주 올라가지 말고 그들 뒤로 돌아 뽕나무 수풀 맞은편에서 그들을 기습하되

15 뽕나무 꼭대기에서 걸음 걷는 소리가 들리거든 곧 나가서 싸우라 너보다 하나님이 앞서 나아가서 블레셋 사람들의 군대를 치리라 하신지라

16 이에 다윗이 하나님의 명령대로 행하여 블레셋 사람들의 군대를 쳐서 기브온에서부터 게셀까지 이르렀더니

17 다윗의 명성이 온 세상에 퍼졌고 야훼께서 모든 이방 민족으로 그를 두려워하게 하셨더라

15

다윗이 다윗 성에서 자기를 위하여 궁전을 세우고 또 하나님의 궤를 둘 곳을 마련하고 그것을 위하여 장막을 치고

2 다윗이 이르되 레위 사람 외에는 하나님의 궤를 멜 수 없나니 이는 야훼께서 그들을 택하사 야훼의 궤를 메고 영원히 그를 섬기게 하셨음이라 하고

3 다윗이 이스라엘 온 무리를 예루살렘으로 모으고 야훼의 궤를 그 마련한 곳으로 메어 올리고자 하여

4 다윗이 아론 자손과 레위 사람을 모으니

5 그핫 자손 중에 지도자 우리엘과

기록일 : . . .

그의 형제가 백이십 명이요
6 므라리 자손 중에 지도자 아사야와
그의 형제가 이백이십 명이요
7 게르솜 자손 중에 지도자 요엘과
그의 형제가 백삼십 명이요
8 엘리사반 자손 중에 지도자 스마야
와 그의 형제가 이백 명이요
9 헤브론 자손 중에 지도자 엘리엘과
그의 형제가 팔십 명이요
10 웃시엘 자손 중에 지도자 암미나답
과 그의 형제가 백십이 명이라
11 다윗이 제사장 사독과 아비아달을
부르고 또 레위 사람 우리엘과 아
사야와 요엘과 스마야와 엘리엘과
암미나답을 불러
12 그들에게 이르되 너희는 레위 사람
의 지도자이니 너희와 너희 형제는
몸을 성결하게 하고 내가 마련한
곳으로 이스라엘의 하나님 야훼의
궤를 메어 올리라
13 전에는 너희가 메지 아니하였으므
로 우리 하나님 야훼께서 우리를 찢
으셨으니 이는 우리가 규례대로 그
에게 구하지 아니하였음이라 하니
14 이에 제사장들과 레위 사람들이 이
스라엘 하나님 야훼의 궤를 메고
올라가려 하여 몸을 성결하게 하고
15 모세가 야훼의 말씀을 따라 명령한
대로 레위 자손이 채에 하나님의
궤를 꿰어 어깨에 메니라
16 다윗이 레위 사람의 어른들에게 명
령하여 그의 형제들을 노래하는 자
들로 세우고 비파와 수금과 제금
등의 악기를 울려서 즐거운 소리를
크게 내라 하매
17 레위 사람이 요엘의 아들 헤만과
그의 형제 중 베레야의 아들 아삽
과 그의 형제 므라리 자손 중에 구
사야의 아들 에단을 세우고
18 그 다음으로 그들의 형제 스가랴와
벤과 야아시엘과 스미라못과 여히
엘과 운니와 엘리압과 브나야와 마
아세야와 맛디디야와 엘리블레후와
믹네야와 문지기 오벧에돔과 여이
엘을 세우니
19 노래하는 자 헤만과 아삽과 에단은
놋제금을 크게 치는 자요
20 스가랴와 아시엘과 스미라못과 여
히엘과 운니와 엘리압과 마아세야
와 브나야는 비파를 타서 알라못에
맞추는 자요
21 맛디디야와 엘리블레후와 믹네야
와 오벧에돔과 여이엘과 아사시야
는 수금을 타서 여덟째 음에 맞추
어 인도하는 자요
22 레위 사람의 지도자 그나냐는 노
래에 익숙하므로 노래를 인도하는
자요
23 베레갸와 엘가나는 궤 앞에서 문을
지키는 자요

기록일 : . . .

24 제사장 스바냐와 요사밧과 느다넬
과 아미새와 스가랴와 브나야와 엘
리에셀은 하나님의 궤 앞에서 나팔
을 부는 자요 오벧에돔과 여히야는
궤 앞에서 문을 지키는 자이더라
25 이에 다윗과 이스라엘 장로들과 천
부장들이 가서 야훼의 언약궤를 즐
거이 메고 오벧에돔의 집에서 올라
왔는데
26 하나님이 야훼의 언약궤를 멘 레위
사람을 도우셨으므로 무리가 수송
아지 일곱 마리와 숫양 일곱 마리
로 제사를 드렸더라
27 다윗과 및 궤를 멘 레위 사람과 노
래하는 자와 그의 우두머리 그나냐
와 모든 노래하는 자도 다 세마포
겉옷을 입었으며 다윗은 또 베 에
봇을 입었고
28 이스라엘 무리는 크게 부르며 뿔나
팔과 나팔을 불며 제금을 치며 비
파와 수금을 힘있게 타며 야훼의
언약궤를 메어 올렸더라
29 야훼의 언약궤가 다윗 성으로 들어
올 때에 사울의 딸 미갈이 창으로
내다보다가 다윗 왕이 춤추며 뛰노
는 것을 보고 그 마음에 업신여겼
더라

16 하나님의 궤를 메고 들어가서 다
윗이 그것을 위하여 친 장막 가운
데에 두고 번제와 화목제를 하나님
께 드리니라
2 다윗이 번제와 화목제 드리기를 마
치고 야훼의 이름으로 백성에게 축
복하고
3 이스라엘 무리 중 남녀를 막론하
고 각 사람에게 떡 한 덩이와 야자
열매로 만든 과자와 건포도로 만든
과자 하나씩을 나누어 주었더라
4 또 레위 사람을 세워 야훼의 궤 앞
에서 섬기며 이스라엘 하나님 야훼
를 칭송하고 감사하며 찬양하게 하
였으니
5 아삽은 우두머리요 그 다음은 스
가랴와 여이엘과 스미라못과 여히
엘과 맛디디아와 엘리압과 브나야
와 오벧에돔과 여이엘이라 비파와
수금을 타고 아삽은 제금을 힘있게
치고
6 제사장 브나야와 야하시엘은 항상
하나님의 언약궤 앞에서 나팔을 부
니라
7 그 날에 다윗이 아삽과 그의 형제
를 세워 먼저 야훼께 감사하게 하
여 이르기를
8 너희는 야훼께 감사하며 그의 이름
을 불러 아뢰며 그가 행하신 일을
만민 중에 알릴지어다
9 그에게 노래하며 그를 찬양하고 그
의 모든 기사를 전할지어다
10 그의 성호를 자랑하라 야훼를 구하

기록일 : . . .

는 자마다 마음이 즐거울지로다
11 야훼와 그의 능력을 구할지어다 항
상 그의 얼굴을 찾을지어다
12 그의 종 이스라엘의 후손 곧 택하
~
13 신 야곱의 자손 너희는 그의 행하
신 기사와 그의 이적과 그의 입의
법도를 기억할지어다
14 그는 야훼 우리 하나님이시라 그의
법도가 온 땅에 있도다
15 너희는 그의 언약 곧 천 대에 명령
하신 말씀을 영원히 기억할지어다
16 이것은 아브라함에게 하신 언약이
며 이삭에게 하신 맹세이며
17 이는 야곱에게 세우신 율례 곧 이
스라엘에게 하신 영원한 언약이라
18 이르시기를 내가 가나안 땅을 네게
주어 너희 기업의 지경이 되게 하리
라 하셨도다
19 그 때에 너희 사람 수가 적어서 보
잘것없으며 그 땅에 객이 되어
20 이 민족에게서 저 민족에게로, 이
나라에서 다른 백성에게로 유랑하
였도다
21 야훼께서는 사람이 그들을 해하기
를 용납하지 아니하시고 그들 때문
에 왕들을 꾸짖어
22 이르시기를 나의 기름 부은 자에게
손을 대지 말며 나의 선지자를 해
하지 말라 하셨도다
23 온 땅이여 야훼께 노래하며 그의
구원을 날마다 선포할지어다
24 그의 영광을 모든 민족 중에, 그의
기이한 행적을 만민 중에 선포할지
어다
25 야훼는 위대하시니 극진히 찬양할
것이요 모든 신보다 경외할 것임
이여
26 만국의 모든 신은 헛것이나 야훼께
서는 하늘을 지으셨도다
27 존귀와 위엄이 그의 앞에 있으며 능
력과 즐거움이 그의 처소에 있도다
28 여러 나라의 종족들아 영광과 권능
을 야훼께 돌릴지어다 야훼께 돌릴
지어다
29 야훼의 이름에 합당한 영광을 그에
게 돌릴지어다 제물을 들고 그 앞
에 들어갈지어다 아름답고 거룩한
것으로 야훼께 경배할지어다
30 온 땅이여 그 앞에서 떨지어다 세
계가 굳게 서고 흔들리지 아니하는
도다
31 하늘은 기뻐하고 땅은 즐거워하며
모든 나라 중에서는 이르기를 야훼
께서 통치하신다 할지로다
32 바다와 거기 충만한 것이 외치며 밭
과 그 가운데 모든 것은 즐거워할
지로다
33 그리 할 때에 숲 속의 나무들이 야
훼 앞에서 즐거이 노래하리니 주께
서 땅을 심판하러 오실 것임이로다

기록일 : . . .

34 야훼께 감사하라 그는 선하시며 그
의 인자하심이 영원함이로다
35 너희는 이르기를 우리 구원의 하나
님이여 우리를 구원하여 만국 가운
데에서 건져내시고 모으사 우리로
주의 거룩한 이름을 감사하며 주의
영광을 드높이게 하소서 할지어다
36 야훼 이스라엘의 하나님을 영원부
터 영원까지 송축할지로다 하매 모
든 백성이 아멘 하고 야훼를 찬양
하였더라
37 다윗이 아삽과 그의 형제를 야훼의
언약궤 앞에 있게 하며 항상 그 궤
앞에서 섬기게 하되 날마다 그 일
대로 하게 하였고
38 오벧에돔과 그의 형제 육십팔 명과
여두둔의 아들 오벧에돔과 호사를
문지기로 삼았고
39 제사장 사독과 그의 형제 제사장들
에게 기브온 산당에서 야훼의 성막
앞에 모시게 하여
40 항상 아침 저녁으로 번제단 위에
야훼께 번제를 드리되 야훼의 율법
에 기록하여 이스라엘에게 명령하
신 대로 다 준행하게 하였고
41 또 야훼의 인자하심이 영원하시므
로 그들과 함께 헤만과 여두둔과
그리고 택함을 받아 지명된 나머지
사람을 세워 감사하게 하였고
42 또 그들과 함께 헤만과 여두둔을
세워 나팔과 제금들과 하나님을 찬
송하는 악기로 소리를 크게 내게
하였고 또 여두둔의 아들에게 문을
지키게 하였더라
43 이에 뭇 백성은 각각 그 집으로 돌
아가고 다윗도 자기 집을 위하여
축복하려고 돌아갔더라

17 다윗이 그의 궁전에 거주할 때에
다윗이 선지자 나단에게 이르되 나
는 백향목 궁에 거주하거늘 야훼의
언약궤는 휘장 아래에 있도다
2 나단이 다윗에게 아뢰되 하나님이
왕과 함께 계시니 마음에 있는 바
를 모두 행하소서
3 그 밤에 하나님의 말씀이 나단에게
임하여 이르시되
4 가서 내 종 다윗에게 말하기를 야
훼의 말씀이 너는 내가 거할 집을
건축하지 말라
5 내가 이스라엘을 애굽에서 올라오
게 한 날부터 오늘까지 집에 있지
아니하고 오직 이 장막과 저 장막
에 있으며 이 성막과 저 성막에 있
었나니
6 이스라엘 무리와 더불어 가는 모
든 곳에서 내가 내 백성을 먹이라
고 명령한 이스라엘 어느 사사에게
내가 말하기를 너희가 어찌하여 내
백향목 집을 건축하지 아니하였느
냐고 말하였느냐 하고

7 또한 내 종 다윗에게 이처럼 말하
라 만군의 야훼께서 이처럼 말씀하
시기를 내가 너를 목장 곧 양 떼를
따라다니던 데에서 데려다가 내 백
성 이스라엘의 주권자로 삼고
8 네가 어디로 가든지 내가 너와 함
께 있어 네 모든 대적을 네 앞에서
멸하였은즉 세상에서 존귀한 자들
의 이름 같은 이름을 네게 만들어
주리라
9 내가 또 내 백성 이스라엘을 위하
여 한 곳을 정하여 그들을 심고 그
들이 그 곳에 거주하면서 다시는
옮겨가지 아니하게 하며 악한 사람
들에게 전과 같이 그들을 해치지
못하게 하여
10 전에 내가 사사에게 명령하여 내
백성 이스라엘을 다스리던 때와 같
지 아니하게 하고 또 네 모든 대적
으로 네게 복종하게 하리라 또 네
게 이르노니 야훼가 너를 위하여
한 왕조를 세울지라
11 네 생명의 연한이 차서 네가 조상
들에게로 돌아가면 내가 네 뒤에
네 씨 곧 네 아들 중 하나를 세우
고 그 나라를 견고하게 하리니
12 그는 나를 위하여 집을 건축할 것
이요 나는 그의 왕위를 영원히 견
고하게 하리라
13 나는 그의 아버지가 되고 그는 나
의 아들이 되리니 나의 인자를 그
에게서 빼앗지 아니하기를 내가 네
전에 있던 자에게서 빼앗음과 같이
하지 아니할 것이며
14 내가 영원히 그를 내 집과 내 나라
에 세우리니 그의 왕위가 영원히
견고하리라 하셨다 하라
15 나단이 이 모든 말씀과 이 모든 계
시대로 다윗에게 전하니라
16 다윗 왕이 야훼 앞에 들어가 앉아
서 이르되 야훼 하나님이여 나는
누구이오며 내 집은 무엇이기에 나
에게 이에 이르게 하셨나이까
17 하나님이여 주께서 이것을 오히려
작게 여기시고 또 종의 집에 대하
여 먼 장래까지 말씀하셨사오니 야
훼 하나님이여 나를 존귀한 자들
같이 여기셨나이다
18 주께서 주의 종에게 베푸신 영예에
대하여 이 다윗이 다시 주께 무슨
말을 하오리이까 주께서는 주의 종
을 아시나이다
19 야훼여 주께서 주의 종을 위하여 주
의 뜻대로 이 모든 큰 일을 행하사
이 모든 큰 일을 알게 하셨나이다
20 야훼여 우리 귀로 들은 대로는 주
와 같은 이가 없고 주 외에는 하나
님이 없나이다
21 땅의 어느 한 나라가 주의 백성 이
스라엘과 같으리이까 하나님이 자

기록일 : . . .

기 백성을 구속하시려고 나가사 크
고 두려운 일로 말미암아 이름을
얻으시고 애굽에서 구속하신 자기
백성 앞에서 모든 민족을 쫓아내셨
사오며
22 주께서 주의 백성 이스라엘을 영원
히 주의 백성으로 삼으셨사오니 야
훼여 주께서 그들의 하나님이 되셨
나이다
23 야훼여 이제 주의 종과 그의 집에
대하여 말씀하신 것을 영원히 견고
하게 하시며 말씀하신 대로 행하사
24 견고하게 하시고 사람에게 영원히
주의 이름을 높여 이르기를 만군의
야훼는 이스라엘의 하나님 곧 이스
라엘에게 하나님이시라 하게 하시
며 주의 종 다윗의 왕조가 주 앞에
서 견고히 서게 하옵소서
25 나의 하나님이여 주께서 종을 위하
여 왕조를 세우실 것을 이미 듣게
하셨으므로 주의 종이 주 앞에서 이
기도로 간구할 마음이 생겼나이다
26 야훼여 오직 주는 하나님이시라 주
께서 이 좋은 것으로 주의 종에게
허락하시고
27 이제 주께서 종의 왕조에 복을 주
사 주 앞에 영원히 두시기를 기뻐
하시나이다 야훼여 주께서 복을 주
셨사오니 이 복을 영원히 누리리이
다 하니라

18

그 후에 다윗이 블레셋 사람들을
쳐서 항복을 받고 블레셋 사람들의
손에서 가드와 그 동네를 빼앗고
2 또 모압을 치매 모압 사람이 다윗
의 종이 되어 조공을 바치니라
3 소바 왕 하닷에셀이 유브라데 강
가에서 자기 세력을 펴고자 하매
다윗이 그를 쳐서 하맛까지 이르고
4 다윗이 그에게서 병거 천 대와 기병
칠천 명과 보병 이만 명을 빼앗고
다윗이 그 병거 백 대의 말들만 남
기고 그 외의 병거의 말은 다 발의
힘줄을 끊었더니
5 다메섹 아람 사람이 소바 왕 하닷
에셀을 도우러 온지라 다윗이 아람
사람 이만 이천 명을 죽이고
6 다윗이 다메섹 아람에 수비대를 두
매 아람 사람이 다윗의 종이 되어
조공을 바치니라 다윗이 어디로 가
든지 야훼께서 이기게 하시니라
7 다윗이 하닷에셀의 신하들이 가진
금 방패를 빼앗아 예루살렘으로 가
져오고
8 또 하닷에셀의 성읍 디브핫과 군에
서 심히 많은 놋을 빼앗았더니 솔
로몬이 그것으로 놋대야와 기둥과
놋그릇들을 만들었더라
9 하맛 왕 도우가 다윗이 소바 왕 하
닷에셀의 온 군대를 쳐서 무찔렀다
함을 듣고

기록일 : . . .

10 그의 아들 하도람을 보내서 다윗
왕에게 문안하고 축복하게 하니 이
는 하닷에셀이 벌써 도우와 맞서
여러 번 전쟁이 있던 터에 다윗이
하닷에셀을 쳐서 무찔렀음이라 하
도람이 금과 은과 놋의 여러 가지
그릇을 가져온지라
11 다윗 왕이 그것도 야훼께 드리되
에돔과 모압과 암몬 자손과 블레
셋 사람들과 아말렉 등 모든 이방
민족에게서 빼앗아 온 은금과 함께
하여 드리니라
12 스루야의 아들 아비새가 소금 골짜
기에서 에돔 사람 만 팔천 명을 쳐
죽인지라
13 다윗이 에돔에 수비대를 두매 에돔
사람이 다 다윗의 종이 되니라 다
윗이 어디로 가든지 야훼께서 이기
게 하셨더라
14 다윗이 온 이스라엘을 다스려 모든
백성에게 정의와 공의를 행할새
15 스루야의 아들 요압은 군대사령관
이 되고 아힐룻의 아들 여호사밧은
행정장관이 되고
16 아히둡의 아들 사독과 아비아달의
아들 아비멜렉은 제사장이 되고 사
워사는 서기관이 되고
17 여호야다의 아들 브나야는 그렛 사
람과 블렛 사람을 다스리고 다윗의
아들들은 왕을 모시는 사람들의 우
두머리가 되니라

19

그 후에 암몬 자손의 왕 나하스가
죽고 그의 아들이 대신하여 왕이
되니
2 다윗이 이르되 하눈의 아버지 나하
스가 전에 내게 호의를 베풀었으니
이제 내가 그의 아들 하눈에게 호
의를 베풀리라 하고 사절들을 보
내서 그의 아버지 죽음을 문상하게
하니라 다윗의 신하들이 암몬 자손
의 땅에 이르러 하눈에게 나아가
문상하매
3 암몬 자손의 방백들이 하눈에게 말
하되 왕은 다윗이 조문사절을 보낸
것이 왕의 부친을 존경함인 줄로 여
기시나이까 그의 신하들이 왕에게
나아온 것이 이 땅을 엿보고 정탐
하여 전복시키고자 함이 아니니이
까 하는지라
4 하눈이 이에 다윗의 신하들을 잡아
그들의 수염을 깎고 그 의복을 볼
기 중간까지 자르고 돌려보내매
5 어떤 사람이 다윗에게 가서 그 사
람들이 당한 일을 말하니라 그 사
람들이 심히 부끄러워하므로 다윗
이 그들을 맞으러 보내 왕이 이르
기를 너희는 수염이 자라기까지 여
리고에 머물다가 돌아오라 하니라
6 암몬 자손이 자기가 다윗에게 밉게
한 줄 안지라 하눈과 암몬 자손은

기록일 : . . .

더불어 은 천 달란트를 아람 나하
라임과 아람마아가와 소바에 보내
병거와 마병을 삯 내되
7 곧 병거 삼만 이천 대와 마아가 왕
과 그의 군대를 고용하였더니 그들
이 와서 메드바 앞에 진 치매 암몬
자손이 그 모든 성읍으로부터 모여
와서 싸우려 한지라
8 다윗이 듣고 요압과 용사의 온 무
리를 보냈더니
9 암몬 자손은 나가서 성문 앞에 진
을 치고 도우러 온 여러 왕은 따로
들에 있더라
10 요압이 앞 뒤에 친 적진을 보고 이
스라엘에서 뽑은 자 중에서 또 뽑
아 아람 사람을 대하여 진을 치고
11 그 남은 무리는 그의 아우 아비새
의 수하에 맡겨 암몬 자손을 대하
여 진을 치게 하고
12 이르되 만일 아람 사람이 나보다
강하면 네가 나를 돕고 만일 암몬
자손이 너보다 강하면 내가 너를
도우리라
13 너는 힘을 내라 우리가 우리 백성
과 우리 하나님의 성읍들을 위하여
힘을 내자 야훼께서 선히 여기시는
대로 행하시기를 원하노라 하고
14 요압과 그 추종자가 싸우려고 아람
사람 앞에 나아가니 그들이 그 앞
에서 도망하고
15 암몬 자손은 아람 사람이 도망함을
보고 그들도 요압의 아우 아비새
앞에서 도망하여 성읍으로 들어간
지라 이에 요압이 예루살렘으로 돌
아오니라
16 아람 사람이 자기가 이스라엘 앞
에서 패하였음을 보고 사신을 보내
강 건너편에 있는 아람 사람을 불
러내니 하닷에셀의 군대사령관 소
박이 그들을 거느린지라
17 어떤 사람이 다윗에게 전하매 다윗
이 온 이스라엘을 모으고 요단을
건너 아람 사람에게 이르러 그들
을 향하여 진을 치니라 다윗이 아
람 사람을 향하여 진을 치매 그들
이 다윗과 맞서 싸우더니
18 아람 사람이 이스라엘 앞에서 도망
한지라 다윗이 아람 병거 칠천 대의
군사와 보병 사만 명을 죽이고 또
군대 지휘관 소박을 죽이매
19 하닷에셀의 부하들이 자기가 이스
라엘 앞에서 패하였음을 보고 다윗
과 더불어 화친하여 섬기고 그 후
로는 아람 사람이 암몬 자손 돕기
를 원하지 아니하였더라

20 해가 바뀌어 왕들이 출전할 때가
되매 요압이 그 군대를 거느리고
나가서 암몬 자손의 땅을 격파하고
들어가 랍바를 에워싸고 다윗은 예
루살렘에 그대로 있더니 요압이 랍

기록일 : . . .

바를 쳐서 함락시키매
2 다윗이 그 왕의 머리에서 보석 있는
왕관을 빼앗아 중량을 달아보니 금
한 달란트라 그들의 왕관을 자기
머리에 쓰니라 다윗이 또 그 성에서
노략한 물건을 무수히 내오고
3 그 가운데 백성을 끌어내어 톱과
쇠도끼와 돌써래로 일하게 하니라
다윗이 암몬 자손의 모든 성읍을
이같이 하고 다윗이 모든 백성과
함께 예루살렘으로 돌아오니라
4 이 후에 블레셋 사람들과 게셀에서
전쟁할 때에 후사 사람 십브개가
키가 큰 자의 아들 중에 십배를 쳐
죽이매 그들이 항복하였더라
5 다시 블레셋 사람들과 전쟁할 때에
야일의 아들 엘하난이 가드 사람
골리앗의 아우 라흐미를 죽였는데
이 사람의 창자루는 베틀채 같았
더라
6 또 가드에서 전쟁할 때에 그 곳에
키 큰 자 하나는 손과 발에 가락이
여섯씩 모두 스물넷이 있는데 그도
키가 큰 자의 소생이라
7 그가 이스라엘을 능욕하므로 다윗
의 형 시므아의 아들 요나단이 그
를 죽이니라
8 가드의 키 큰 자의 소생이라도 다
윗의 손과 그 신하의 손에 다 죽었
더라

21

사탄이 일어나 이스라엘을 대적
하고 다윗을 충동하여 이스라엘을
계수하게 하니라
2 다윗이 요압과 백성의 지도자들에
게 이르되 너희는 가서 브엘세바에
서부터 단까지 이스라엘을 계수하
고 돌아와 내게 보고하여 그 수효
를 알게 하라 하니
3 요압이 아뢰되 야훼께서 그 백성을
지금보다 백 배나 더하시기를 원하
나이다 내 주 왕이여 이 백성이 다
내 주의 종이 아니니이까 내 주께
서 어찌하여 이 일을 명령하시나이
까 어찌하여 이스라엘이 범죄하게
하시나이까 하나
4 왕의 명령이 요압을 재촉한지라 드
디어 요압이 떠나 이스라엘 땅에 두
루 다닌 후에 예루살렘으로 돌아와
5 요압이 백성의 수효를 다윗에게 보
고하니 이스라엘 중에 칼을 뺄 만한
자가 백십만 명이요 유다 중에 칼을
뺄 만한 자가 사십칠만 명이라
6 요압이 왕의 명령을 마땅치 않게
여겨 레위와 베냐민 사람은 계수하
지 아니하였더라
7 하나님이 이 일을 악하게 여기사 이
스라엘을 치시매
8 다윗이 하나님께 아뢰되 내가 이
일을 행함으로 큰 죄를 범하였나이
다 이제 간구하옵나니 종의 죄를

기록일 : . . .

용서하여 주옵소서 내가 심히 미련
하게 행하였나이다 하니라
9 야훼께서 다윗의 선견자 갓에게 말
씀하여 이르시되
10 가서 다윗에게 말하여 이르기를 야
훼의 말씀이 내가 네게 세 가지를
내어 놓으리니 그 중에서 하나를
네가 택하라 내가 그것을 네게 행
하리라 하셨다 하라 하신지라
11 갓이 다윗에게 나아가 그에게 말
하되 야훼의 말씀이 너는 마음대로
택하라
12 혹 삼년 기근이든지 혹 네가 석 달
을 적군에게 패하여 적군의 칼에
쫓길 일이든지 혹 야훼의 칼 곧 전
염병이 사흘 동안 이 땅에 유행하
며 야훼의 천사가 이스라엘 온 지
경을 멸할 일이든지라고 하셨나니
내가 무슨 말로 나를 보내신 이에
게 대답할지를 결정하소서 하니
13 다윗이 갓에게 이르되 내가 곤경에
빠졌도다 야훼께서는 긍휼이 심히
크시니 내가 그의 손에 빠지고 사
람의 손에 빠지지 아니하기를 원하
나이다 하는지라
14 이에 야훼께서 이스라엘 백성에게
전염병을 내리시매 이스라엘 백성
중에서 죽은 자가 칠만 명이었더라
15 하나님이 예루살렘을 멸하러 천사
를 보내셨더니 천사가 멸하려 할
때에 야훼께서 보시고 이 재앙 내
림을 뉘우치사 멸하는 천사에게 이
르시되 족하다 이제는 네 손을 거
두라 하시니 그 때에 야훼의 천사
가 여부스 사람 오르난의 타작 마
당 곁에 선지라
16 다윗이 눈을 들어 보매 야훼의 천
사가 천지 사이에 섰고 칼을 빼어
손에 들고 예루살렘 하늘을 향하여
편지라 다윗이 장로들과 더불어 굵
은 베를 입고 얼굴을 땅에 대고 엎
드려
17 하나님께 아뢰되 명령하여 백성을
계수하게 한 자가 내가 아니니이까
범죄하고 악을 행한 자는 곧 나이
니이다 이 양 떼는 무엇을 행하였
나이까 청하건대 나의 하나님 야훼
여 주의 손으로 나와 내 아버지의
집을 치시고 주의 백성에게 재앙을
내리지 마옵소서 하니라
18 야훼의 천사가 갓에게 명령하여 다
윗에게 이르시기를 다윗은 올라가
서 여부스 사람 오르난의 타작 마
당에서 야훼를 위하여 제단을 쌓으
라 하신지라
19 이에 갓이 야훼의 이름으로 이른
말씀대로 다윗이 올라가니라
20 그 때에 오르난이 밀을 타작하다가
돌이켜 천사를 보고 오르난이 네
명의 아들과 함께 숨었더니

기록일 : . . .

21 다윗이 오르난에게 나아가매 오르
난이 내다보다가 다윗을 보고 타작
마당에서 나와 얼굴을 땅에 대고
다윗에게 절하매
22 다윗이 오르난에게 이르되 이 타작
하는 곳을 내게 넘기라 너는 상당
한 값으로 내게 넘기라 내가 야훼
를 위하여 여기 한 제단을 쌓으리
니 그리하면 전염병이 백성 중에서
그치리라 하니
23 오르난이 다윗에게 말하되 왕은 취
하소서 내 주 왕께서 좋게 여기시
는 대로 행하소서 보소서 내가 이
것들을 드리나이다 소들은 번제물
로, 곡식 떠는 기계는 화목으로, 밀
은 소제물로 삼으시기 위하여 다
드리나이다 하는지라
24 다윗 왕이 오르난에게 이르되 그
렇지 아니하다 내가 반드시 상당한
값으로 사리라 내가 야훼께 드리
려고 네 물건을 빼앗지 아니하겠고
값 없이는 번제를 드리지도 아니하
리라 하니라
25 그리하여 다윗은 그 터 값으로 금
육백 세겔을 달아 오르난에게 주고
26 다윗이 거기서 야훼를 위하여 제단
을 쌓고 번제와 화목제를 드려 야
훼께 아뢰었더니 야훼께서 하늘에
서부터 번제단 위에 불을 내려 응
답하시고
27 야훼께서 천사를 명령하시매 그가
칼을 칼집에 꽂았더라
28 이 때에 다윗이 야훼께서 여부스 사
람 오르난의 타작 마당에서 응답하
심을 보고 거기서 제사를 드렸으니
29 옛적에 모세가 광야에서 지은 야훼
의 성막과 번제단이 그 때에 기브
온 산당에 있었으나
30 다윗이 야훼의 천사의 칼을 두려워
하여 감히 그 앞에 가서 하나님께
묻지 못하더라

22

다윗이 이르되 이는 야훼 하나님
의 성전이요 이는 이스라엘의 번제
단이라 하였더라
2 다윗이 명령하여 이스라엘 땅에 거
류하는 이방 사람을 모으고 석수를
시켜 하나님의 성전을 건축할 돌을
다듬게 하고
3 다윗이 또 문짝 못과 거멀 못에 쓸
철을 많이 준비하고 또 무게를 달
수 없을 만큼 심히 많은 놋을 준비
하고
4 또 백향목을 무수히 준비하였으니
이는 시돈 사람과 두로 사람이 백
향목을 다윗에게로 많이 수운하여
왔음이라
5 다윗이 이르되 내 아들 솔로몬은
어리고 미숙하고 야훼를 위하여 건
축할 성전은 극히 웅장하여 만국에
명성과 영광이 있게 하여야 할지라

기록일 : . . .

그러므로 내가 이제 그것을 위하여
준비하리라 하고 다윗이 죽기 전에
많이 준비하였더라
6 다윗이 그의 아들 솔로몬을 불러
이스라엘 하나님 야훼를 위하여 성
전 건축하기를 부탁하여
7 다윗이 솔로몬에게 이르되 내 아들
아 나는 내 하나님 야훼의 이름을
위하여 성전을 건축할 마음이 있었
으나
8 야훼의 말씀이 내게 임하여 이르시
되 너는 피를 심히 많이 흘렸고 크
게 전쟁하였느니라 네가 내 앞에서
땅에 피를 많이 흘렸은즉 내 이름을
위하여 성전을 건축하지 못하리라
9 보라 한 아들이 네게서 나리니 그
는 온순한 사람이라 내가 그로 주
변 모든 대적에게서 평온을 얻게
하리라 그의 이름을 솔로몬이라 하
리니 이는 내가 그의 생전에 평안
과 안일함을 이스라엘에게 줄 것임
이니라
10 그가 내 이름을 위하여 성전을 건
축할지라 그는 내 아들이 되고 나
는 그의 아버지가 되어 그 나라 왕
위를 이스라엘 위에 굳게 세워 영
원까지 이르게 하리라 하셨나니
11 이제 내 아들아 야훼께서 너와 함
께 계시기를 원하며 네가 형통하여
야훼께서 네게 대하여 말씀하신 대
로 네 하나님 야훼의 성전을 건축
하며
12 야훼께서 네게 지혜와 총명을 주사
네게 이스라엘을 다스리게 하시고
네 하나님 야훼의 율법을 지키게
하시기를 더욱 원하노라
13 그 때에 네가 만일 야훼께서 모세
를 통하여 이스라엘에게 명령하신
모든 규례와 법도를 삼가 행하면
형통하리니 강하고 담대하여 두려
워하지 말고 놀라지 말지어다
14 내가 환난 중에 야훼의 성전을 위
하여 금 십만 달란트와 은 백만 달
란트와 놋과 철을 그 무게를 달 수
없을 만큼 심히 많이 준비하였고 또
재목과 돌을 준비하였으나 너는 더
할 것이며
15 또 장인이 네게 많이 있나니 곧 석
수와 목수와 온갖 일에 익숙한 모
든 사람이니라
16 금과 은과 놋과 철이 무수하니 너
는 일어나 일하라 야훼께서 너와
함께 계실지로다 하니라
17 다윗이 또 이스라엘 모든 방백에게
명령하여 그의 아들 솔로몬을 도우
라 하여 이르되
18 너희 하나님 야훼께서 너희와 함께
계시지 아니하시느냐 사면으로 너
희에게 평온함을 주지 아니하셨느
냐 이 땅 주민을 내 손에 넘기사 이

기록일 : . . .

땅으로 야훼와 그의 백성 앞에 복
종하게 하셨나니
19 이제 너희는 마음과 뜻을 바쳐서
너희 하나님 야훼를 구하라 그리고
일어나서 야훼 하나님의 성전을 건
축하고 야훼의 언약궤와 하나님 성
전의 기물을 가져다가 야훼의 이
름을 위하여 건축한 성전에 들이게
하라 하였더라

23 다윗이 나이가 많아 늙으매 아들
솔로몬을 이스라엘 왕으로 삼고
2 이스라엘 모든 방백과 제사장과 레
위 사람을 모았더라
3 레위 사람은 삼십 세 이상으로 계
수하니 모든 남자의 수가 삼만 팔
천 명인데
4 그 중의 이만 사천 명은 야훼의 성
전의 일을 보살피는 자요 육천 명
은 관원과 재판관이요
5 사천 명은 문지기요 사천 명은 그가
야훼께 찬송을 드리기 위하여 만든
악기로 찬송하는 자들이라
6 다윗이 레위의 아들들을 게르손과
그핫과 므라리에 따라 각 반으로
나누었더라
7 게르손 자손은 라단과 시므이라
8 라단의 아들들은 우두머리 여히엘
과 또 세담과 요엘 세 사람이요
9 시므이의 아들들은 슬로밋과 하시
엘과 하란 세 사람이니 이는 라단
의 우두머리들이며
10 또 시므이의 아들들은 야핫과 시나
와 여우스와 브리아이니 이 네 사
람도 시므이의 아들이라
11 그 우두머리는 야핫이요 그 다음은
시사며 여우스와 브리아는 아들이
많지 아니하므로 그들과 한 조상의
가문으로 계수되었더라
12 그핫의 아들들은 아므람과 이스할
과 헤브론과 웃시엘 네 사람이라
13 아므람의 아들들은 아론과 모세이
니 아론은 그 자손들과 함께 구별
되어 몸을 성결하게 하여 영원토록
심히 거룩한 자가 되어 야훼 앞에
분향하고 섬기며 영원토록 그 이름
으로 축복하게 되었느니라
14 하나님의 사람 모세의 아들들은 레
위 지파 중에 기록되었으니
15 모세의 아들들은 게르솜과 엘리에셀
이라
16 게르솜의 아들중에 스브엘이 우두
머리가 되었고
17 엘리에셀의 아들들은 우두머리 르
하뱌라 엘리에셀에게 이 외에는 다
른 아들이 없고 르하뱌의 아들들은
심히 많았으며
18 이스할의 아들들은 우두머리 슬로
밋이요
19 헤브론의 아들들은 우두머리 여리
야와 둘째 아마랴와 셋째 야하시엘

기록일 : . . .

과 넷째 여가므암이며
20 웃시엘의 아들들은 우두머리 미가
와 그 다음 잇시야더라
21 므라리의 아들들은 마흘리와 무시
요 마흘리의 아들들은 엘르아살과
기스라
22 엘르아살이 아들이 없이 죽고 딸만
있더니 그의 형제 기스의 아들이 그
에게 장가 들었으며
23 무시의 아들들은 마흘리와 에델과
여레못 세 사람이더라
24 이는 다 레위 자손이니 그 조상의
가문을 따라 계수된 이름이 기록되
고 야훼의 성전에서 섬기는 일을 하
는 이십세 이상 된 우두머리들이라
25 다윗이 이르기를 이스라엘 하나님
야훼께서 평강을 그의 백성에게 주
시고 예루살렘에 영원히 거하시나니
26 레위 사람이 다시는 성막과 그 가
운데에서 쓰는 모든 기구를 멜 필
요가 없다 한지라
27 다윗의 유언대로 레위 자손이 이십
세 이상으로 계수되었으니
28 그 직분은 아론의 자손을 도와 야
훼의 성전과 뜰과 골방에서 섬기고
또 모든 성물을 정결하게 하는 일
곧 하나님의 성전에서 섬기는 일과
29 또 진설병과 고운 가루의 소제물
곧 무교전병이나 과자를 굽는 것이
나 반죽하는 것이나 또 모든 저울
과 자를 맡고
30 아침과 저녁마다 서서 야훼께 감사
하고 찬송하며
31 또 안식일과 초하루와 절기에 모든
번제를 야훼께 드리되 그가 명령하
신 규례의 정한 수효대로 항상 야
훼 앞에 드리며
32 또 회막의 직무와 성소의 직무와
그들의 형제 아론 자손의 직무를
지켜 야훼의 성전에서 수종드는 것
이더라

24

아론 자손의 계열들이 이러하니
라 아론의 아들들은 나답과 아비후
와 엘르아살과 이다말이라
2 나답과 아비후가 그들의 아버지보
다 먼저 죽고 그들에게 아들이 없
으므로 엘르아살과 이다말이 제사
장의 직분을 행하였더라
3 다윗이 엘르아살의 자손 사독과 이
다말의 자손 아히멜렉과 더불어 그
들을 나누어 각각 그 섬기는 직무
를 맡겼는데
4 엘르아살의 자손 중에 우두머리가
이다말의 자손보다 많으므로 나눈
것이 이러하니 엘르아살 자손의 우
두머리가 열여섯 명이요 이다말 자
손은 그 조상들의 가문을 따라 여
덟 명이라
5 이에 제비 뽑아 피차에 차등이 없이
나누었으니 이는 성전의 일을 다스

리는 자와 하나님의 일을 다스리는
자가 엘르아살의 자손 중에도 있고
이다말의 자손 중에도 있음이라
6 레위 사람 느다넬의 아들 서기관 스
마야가 왕과 방백과 제사장 사독과
아비아달의 아들 아히멜렉과 및 제
사장과 레위 사람의 우두머리 앞에
서 그 이름을 기록하여 엘르아살의
자손 중에서 한 집을 뽑고 이다말의
자손 중에서 한 집을 뽑았으니
7 첫째로 제비 뽑힌 자는 여호야립이
요 둘째는 여다야요
8 셋째는 하림이요 넷째는 스오림이요
9 다섯째는 말기야요 여섯째는 미야
민이요
10 일곱째는 학고스요 여덟째는 아비
야요
11 아홉째는 예수아요 열째는 스가냐요
12 열한째는 엘리아십이요 열두째는
야김이요
13 열셋째는 훕바요 열넷째는 예세브
압이요
14 열다섯째는 빌가요 열여섯째는 임
멜이요
15 열일곱째는 헤실이요 열여덟째는
합비세스요
16 열아홉째는 브다히야요 스무째는
여헤스겔이요
17 스물한째는 야긴이요 스물두째는
가물이요
18 스물셋째는 들라야요 스물넷째는
마아시야라
19 이와 같은 직무에 따라 야훼의 성
전에 들어가서 그의 아버지 아론을
도왔으니 이는 이스라엘의 하나님
야훼께서 명하신 규례더라
20 레위 자손 중에 남은 자는 이러하
니 아므람의 아들들 중에는 수바엘
이요 수바엘의 아들들 중에는 예드
야며
21 르하뱌에게 이르러는 그의 아들들
중에 우두머리 잇시야요
22 이스할의 아들들 중에는 슬로못이요
슬로못의 아들들 중에는 야핫이요
23 헤브론의 아들들은 장자 여리야와
둘째 아마랴와 셋째 야하시엘과 넷
째 여가므암이요
24 웃시엘의 아들들은 미가요 미가의
아들들 중에는 사밀이요
25 미가의 아우는 잇시야라 잇시야의
아들들 중에는 스가랴이며
26 므라리의 아들들은 마흘리와 무시
요 야아시야의 아들들은 브노이니
27 므라리의 자손 야아시야에게서 난
자는 브노와 소함과 삭굴과 이브
리요
28 마흘리의 아들 중에는 엘르아살이
니 엘르아살은 아들이 없으며
29 기스에게 이르러는 그의 아들 여라
므엘이요

기록일 : . . .

30 무시의 아들들은 마흘리와 에델과
여리못이니 이는 다 그 조상의 가
문에 따라 기록한 레위 자손이라
31 이 여러 사람도 다윗 왕과 사독과
아히멜렉과 제사장과 레위 우두머
리 앞에서 그들의 형제 아론 자손
처럼 제비 뽑혔으니 장자의 가문과
막내 동생의 가문이 다름이 없더라

25 다윗이 군대 지휘관들과 더불어
아삽과 헤만과 여두둔의 자손 중에
서 구별하여 섬기게 하되 수금과 비
파와 제금을 잡아 신령한 노래를
하게 하였으니 그 직무대로 일하는
자의 수효는 이러하니라
2 아삽의 아들들은 삭굴과 요셉과 느
다냐와 아사렐라니 이 아삽의 아들
들이 아삽의 지휘 아래 왕의 명령
을 따라 신령한 노래를 하며
3 여두둔에게 이르러서는 그의 아들
들 그달리야와 스리와 여사야와 시
므이와 하사뱌와 맛디디야 여섯 사
람이니 그의 아버지 여두둔의 지휘
아래 수금을 잡아 신령한 노래를
하며 야훼께 감사하며 찬양하며
4 헤만에게 이르러는 그의 아들들 북
기야와 맛다냐와 웃시엘과 스브엘
과 여리못과 하나냐와 하나니와 엘
리아다와 깃달디와 로맘디에셀과
요스브가사와 말로디와 호딜과 마
하시옷이라
5 이는 다 헤만의 아들들이니 나팔을
부는 자들이며 헤만은 하나님의 말
씀을 가진 왕의 선견자라 하나님이
헤만에게 열네 아들과 세 딸을 주
셨더라
6 이들이 다 그들의 아버지의 지휘
아래 제금과 비파와 수금을 잡아
야훼의 전에서 노래하여 하나님의
전을 섬겼으며 아삽과 여두둔과 헤
만은 왕의 지휘 아래 있었으니
7 그들과 모든 형제 곧 야훼 찬송하
기를 배워 익숙한 자의 수효가 이
백팔십팔 명이라
8 이 무리의 큰 자나 작은 자나 스승
이나 제자를 막론하고 다같이 제비
뽑아 직임을 얻었으니
9 첫째로 제비 뽑힌 자는 아삽의 아
들 중 요셉이요 둘째는 그달리야이
니 그와 그의 형제들과 아들들 십
이 명이요
10 셋째는 삭굴이니 그의 아들들과 형
제들과 십이 명이요
11 넷째는 이스리이니 그의 아들들과
형제들과 십이 명이요
12 다섯째는 느다냐니 그의 아들들과
형제들과 십이 명이요
13 여섯째는 북기야니 그의 아들들과
형제들과 십이 명이요
14 일곱째는 여사렐라니 그의 아들들
과 형제들과 십이 명이요

기록일 : . . .

15 여덟째는 여사야니 그의 아들들과
형제들과 십이 명이요
16 아홉째는 맛다냐니 그의 아들들과
형제들과 십이 명이요
17 열째는 시므이니 그의 아들들과 형
제들과 십이 명이요
18 열한째는 아사렐이니 그의 아들들
과 형제들과 십이 명이요
19 열두째는 하사뱌니 그의 아들들과
형제들과 십이 명이요
20 열셋째는 수바엘이니 그의 아들들
과 형제들과 십이 명이요
21 열넷째는 맛디디야니 그의 아들들
과 형제들과 십이 명이요
22 열다섯째는 여레못이니 그의 아들
들과 형제들과 십이 명이요
23 열여섯째는 하나냐니 그의 아들들
과 형제들과 십이 명이요
24 열일곱째는 요스브가사니 그의 아
들들과 형제들과 십이 명이요
25 열여덟째는 하나니니 그의 아들들
과 형제들과 십이 명이요
26 열아홉째는 말로디니 그의 아들들
과 형제들과 십이 명이요
27 스무째는 엘리아다니 그의 아들들
과 형제들과 십이 명이요
28 스물한째는 호딜이니 그의 아들들
과 형제들과 십이 명이요
29 스물두째는 깃달디니 그의 아들들
과 형제들과 십이 명이요
30 스물셋째는 마하시옷이니 그의 아
들들과 형제들과 십이 명이요
31 스물넷째는 로맘디에셀이니 그의 아
들들과 형제들과 십이 명이었더라

26

고라 사람들의 문지기 반들은 이
러하니라 아삽의 가문 중 고레의
아들 므셀레먀라
2 므셀레먀의 아들들인 맏아들 스가
랴와 둘째 여디야엘과 셋째 스바댜
와 넷째 야드니엘과
3 다섯째 엘람과 여섯째 여호하난과
일곱째 엘여호에내이며
4 오벧에돔의 아들들은 맏아들 스마
야와 둘째 여호사밧과 셋째 요아와
넷째 사갈과 다섯째 느다넬과
5 여섯째 암미엘과 일곱째 잇사갈과
여덟째 브울래대이니 이는 하나님
이 오벧에돔에게 복을 주셨음이라
6 그의 아들 스마야도 두어 아들을
낳았으니 그들의 조상의 가문을 다
스리는 자요 큰 용사라
7 스마야의 아들들은 오드니와 르바
엘과 오벳과 엘사밧이며 엘사밧의
형제 엘리후와 스마갸는 능력이 있
는 자이니
8 이는 다 오벧에돔의 자손이라 그들
과 그의 아들들과 그의 형제들은
다 능력이 있어 그 직무를 잘하는
자이니 오벧에돔에게서 난 자가 육
십이 명이며

기록일 : . . .

9 또 므셀레먀의 아들과 형제 열여덟
명은 능력이 있는 자라
10 므라리 자손 중 호사에게도 아들들
이 있으니 그의 장자는 시므리라 시
므리는 본래 맏아들이 아니나 그의
아버지가 장자로 삼았고
11 둘째는 힐기야요 셋째는 드발리야
요 넷째는 스가랴이니 호사의 아들
들과 형제들이 열세 명이더라
12 이상은 다 문지기의 반장으로서 그
형제처럼 직임을 얻어 야훼의 성전
에서 섬기는 자들이라
13 각 문을 지키기 위하여 그의 조상
의 가문을 따라 대소를 막론하고
다 제비 뽑혔으니
14 셀레먀는 동쪽을 뽑았고 그의 아들
스가랴는 명철한 모사라 모사를 위
하여 제비 뽑으니 북쪽을 뽑았고
15 오벧에돔은 남쪽을 뽑았고 그의 아
들들은 곳간에 뽑혔으며
16 숩빔과 호사는 서쪽을 뽑아 큰 길
로 통한 살래겟 문 곁에 있어 서로
대하여 파수하였으니
17 동쪽 문에 레위 사람이 여섯이요
북쪽 문에 매일 네 사람이요 남쪽
문에 매일 네 사람이요 곳간에는
둘씩이며
18 서쪽 뜰에 있는 큰 길에 네 사람 그
리고 뜰에 두 사람이라
19 고라와 므라리 자손의 문지기의 직
책은 이러하였더라
20 레위 사람 중에 아히야는 하나님의
전 곳간과 성물 곳간을 맡았으며
21 라단의 자손은 곧 라단에게 속한
게르손 사람의 자손이니 게르손 사
람 라단에게 속한 가문의 우두머리
는 여히엘리라
22 여히엘리의 아들들은 스담과 그의
아우 요엘이니 야훼의 성전 곳간을
맡았고
23 아므람 자손과 이스할 자손과 헤브
론 자손과 웃시엘 자손 중에
24 모세의 아들 게르솜의 자손 스브엘
은 곳간을 맡았고
25 그의 형제 곧 엘리에셀에게서 난
자는 그의 아들 르하뱌와 그의 아
들 여사야와 그의 아들 요람과 그
의 아들 시그리와 그의 아들 슬로
못이라
26 이 슬로못과 그의 형제는 성물의
모든 곳간을 맡았으니 곧 다윗 왕
과 가문의 우두머리와 천부장과 백
부장과 군대의 모든 지휘관이 구별
하여 드린 성물이라
27 그들이 싸울 때에 노략하여 얻은
물건 중에서 구별하여 드려 야훼의
성전을 개수한 일과
28 선견자 사무엘과 기스의 아들 사울
과 넬의 아들 아브넬과 스루야의
아들 요압이 무엇이든지 구별하여

기록일 : . . .

드린 성물은 다 슬로못과 그의 형
제의 지휘를 받았더라
29 이스할 자손 중에 그나냐와 그의
아들들은 성전 밖에서 이스라엘의
일을 다스리는 관원과 재판관이 되
었고
30 헤브론 자손 중에 하사뱌와 그의
동족 용사 천 칠백 명은 요단 서쪽
에서 이스라엘을 주관하여 야훼의
모든 일과 왕을 섬기는 직임을 맡
았으며
31 헤브론 자손 중에서는 여리야가 그
의 족보와 종족대로 헤브론 자손의
우두머리가 되었더라 다윗이 왕 위
에 있은 지 사십 년에 길르앗 야셀
에서 그들 중에 구하여 큰 용사를
얻었으니
32 그의 형제 중 이천칠백 명이 다 용
사요 가문의 우두머리라 다윗 왕이
그들로 르우벤과 갓과 므낫세 반
지파를 주관하여 하나님의 모든 일
과 왕의 일을 다스리게 하였더라

27 이스라엘 자손의 모든 가문의 우
두머리와 천부장과 백부장과 왕을
섬기는 관원들이 그들의 숫자대로
반이 나누이니 각 반열이 이만 사천
명씩이라 일 년 동안 달마다 들어
가며 나왔으니
2 첫째 달 반의 반장은 삽디엘의 아
들 야소브암이요 그의 반에 이만
사천 명이라
3 그는 베레스의 자손으로서 첫째 달
반의 모든 지휘관의 우두머리가 되
었고
4 둘째 달 반의 반장은 아호아 사람
도대요 또 미글롯이 그의 반의 주
장이 되었으니 그의 반에 이만 사
천 명이요
5 셋째 달 군대의 셋째 지휘관은 대
제사장 여호야다의 아들 브나야요
그의 반에 이만 사천 명이라
6 이 브나야는 삼십 명 중에 용사요
삼십 명 위에 있으며 그의 반 중에
그의 아들 암미사밧이 있으며
7 넷째 달 넷째 지휘관은 요압의 아
우 아사헬이요 그 다음은 그의 아
들 스바댜이니 그의 반에 이만 사
천 명이요
8 다섯째 달 다섯째 지휘관은 이스라
사람 삼훗이니 그의 반에 이만 사
천 명이요
9 여섯째 달 여섯째 지휘관은 드고아
사람 익게스의 아들 이라이니 그의
반에 이만 사천 명이요
10 일곱째 달 일곱째 지휘관은 에브라
임 자손에 속한 발론 사람 헬레스
이니 그의 반에 이만 사천 명이요
11 여덟째 달 여덟째 지휘관은 세라
족속 후사 사람 십브개이니 그의
반에 이만 사천 명이요

12 아홉째 달 아홉째 지휘관은 베냐민
자손 아나돗 사람 아비에셀이니 그
의 반에 이만 사천 명이요
13 열째 달 열째 지휘관은 세라 족속
느도바 사람 마하래이니 그의 반에
이만 사천 명이요
14 열한째 달 열한째 지휘관은 에브라
임 자손에 속한 비라돈 사람 브나
야이니 그의 반에 이만 사천 명이요
15 열두째 달 열두째 지휘관은 옷니엘
자손에 속한 느도바 사람 헬대니
그 반에 이만 사천 명이었더라
16 이스라엘 지파를 관할하는 자는 이
러하니라 르우벤 사람의 지도자는
시그리의 아들 엘리에셀이요 시므
온 사람의 지도자는 마아가의 아들
스바댜요
17 레위 사람의 지도자는 그무엘의 아
들 하사뱌요 아론 자손의 지도자는
사독이요
18 유다의 지도자는 다윗의 형 엘리후
요 잇사갈의 지도자는 미가엘의 아
들 오므리요
19 스불론의 지도자는 오바댜의 아들
이스마야요 납달리의 지도자는 아
스리엘의 아들 여레못이요
20 에브라임 자손의 지도자는 아사시
야의 아들 호세아요 므낫세 반 지
파의 지도자는 브다야의 아들 요엘
이요
21 길르앗에 있는 므낫세 반 지파의
지도자는 스가랴의 아들 잇도요 베
냐민의 지도자는 아브넬의 아들 야
아시엘이요
22 단은 여로함의 아들 아사렐이니 이
들은 이스라엘 지파의 지휘관이었
더라
23 이스라엘 사람의 이십 세 이하의
수효는 다윗이 조사하지 아니하였
으니 이는 야훼께서 전에 말씀하시
기를 이스라엘 사람을 하늘의 별
같이 많게 하리라 하셨음이라
24 스루야의 아들 요압이 조사하기를
시작하고 끝내지도 못해서 그 일로
말미암아 진노가 이스라엘에게 임
한지라 그 수효를 다윗 왕의 역대
지략에 기록하지 아니하였더라
25 아디엘의 아들 아스마웻은 왕의 곳
간을 맡았고 웃시야의 아들 요나단
은 밭과 성읍과 마을과 망대의 곳
간을 맡았고
26 글룹의 아들 에스리는 밭 가는 농
민을 거느렸고
27 라마 사람 시므이는 포도원을 맡았
고 스밤 사람 삽디는 포도원의 소
산 포도주 곳간을 맡았고
28 게델 사람 바알하난은 평야의 감람
나무와 뽕나무를 맡았고 요아스는
기름 곳간을 맡았고
29 사론 사람 시드래는 사론에서 먹이

기록일 : . . .

는 소 떼를 맡았고 아들래의 아들
사밧은 골짜기에 있는 소 떼를 맡
았고
30 이스마엘 사람 오빌은 낙타를 맡았
고 메로놋 사람 예드야는 나귀를
맡았고 하갈 사람 야시스는 양 떼
를 맡았으니
31 다윗 왕의 재산을 맡은 자들이 이
러하였더라
32 다윗의 숙부 요나단은 지혜가 있
어서 모사가 되며 서기관도 되었고
학모니의 아들 여히엘은 왕자들의
수종자가 되었고
33 아히도벨은 왕의 모사가 되었고 아
렉 사람 후새는 왕의 벗이 되었고
34 브나야의 아들 여호야다와 아비아
달은 아히도벨의 뒤를 이었고 요압
은 왕의 군대 지휘관이 되었더라

28

다윗이 이스라엘 모든 고관들 곧
각 지파의 어른과 왕을 섬기는 반
장들과 천부장들과 백부장들과 및
왕과 왕자의 모든 소유와 가축의
감독과 내시와 장사와 모든 용사를
예루살렘으로 소집하고
2 이에 다윗 왕이 일어서서 이르되 나
의 형제들, 나의 백성들아 내 말을
들으라 나는 야훼의 언약궤 곧 우
리 하나님의 발판을 봉안할 성전을
건축할 마음이 있어서 건축할 재료
를 준비하였으나
3 하나님이 내게 이르시되 너는 전쟁
을 많이 한 사람이라 피를 많이 흘
렸으니 내 이름을 위하여 성전을 건
축하지 못하리라 하셨느니라
4 그러나 이스라엘 하나님 야훼께서
전에 나를 내 부친의 온 집에서 택
하여 영원히 이스라엘 왕이 되게
하셨나니 곧 하나님이 유다 지파를
택하사 머리를 삼으시고 유다의 가
문에서 내 부친의 집을 택하시고
내 부친의 아들들 중에서 나를 기
뻐하사 온 이스라엘의 왕을 삼으셨
느니라
5 야훼께서 내게 여러 아들을 주시고
그 모든 아들 중에서 내 아들 솔로
몬을 택하사 야훼의 나라 왕 위에
앉혀 이스라엘을 다스리게 하려 하
실새
6 내게 이르시기를 네 아들 솔로몬
그가 내 성전을 건축하고 내 여러
뜰을 만들리니 이는 내가 그를 택
하여 내 아들로 삼고 나는 그의 아
버지가 될 것임이라
7 그가 만일 나의 계명과 법도를 힘
써 준행하기를 오늘과 같이 하면
내가 그의 나라를 영원히 견고하게
하리라 하셨느니라
8 이제 너희는 온 이스라엘 곧 야훼
의 회중이 보는 데에서와 우리 하
나님이 들으시는 데에서 너희 하나

기록일 : . . .

님 야훼의 모든 계명을 구하여 지
키기로 하라 그리하면 너희가 이 아
름다운 땅을 누리고 너희 후손에게
끼쳐 영원한 기업이 되게 하리라
9 내 아들 솔로몬아 너는 네 아버지
의 하나님을 알고 온전한 마음과 기
쁜 뜻으로 섬길지어다 야훼께서는
모든 마음을 감찰하사 모든 의도를
아시나니 네가 만일 그를 찾으면 만
날 것이요 만일 네가 그를 버리면
그가 너를 영원히 버리시리라
10 그런즉 이제 너는 삼갈지어다 야훼
께서 너를 택하여 성전의 건물을 건
축하게 하셨으니 힘써 행할지니라
하니라
11 다윗이 성전의 복도와 그 집들과
그 곳간과 다락과 골방과 속죄소
의 설계도를 그의 아들 솔로몬에게
주고
12 또 그가 영감으로 받은 모든 것 곧
야훼의 성전의 뜰과 사면의 모든
방과 하나님의 성전 곳간과 성물
곳간의 설계도를 주고
13 또 제사장과 레위 사람의 반열과
야훼의 성전에서 섬기는 모든 일과
야훼의 성전을 섬기는 데에 쓰는
모든 그릇의 양식을 설명하고
14 또 모든 섬기는 데에 쓰는 금 기구
를 만들 금의 무게와 모든 섬기는
데에 쓰는 은 기구를 만들 은의 무
게를 정하고
15 또 금 등잔대들과 그 등잔 곧 각
등잔대와 그 등잔을 만들 금의 무
게와 은 등잔대와 그 등잔을 만들
은의 무게를 각기 그 기구에 알맞
게 하고
16 또 진설병의 각 상을 만들 금의 무
게를 정하고 은상을 만들 은도 그
렇게 하고
17 갈고리와 대접과 종지를 만들 순금
과 금 잔 곧 각 잔을 만들 금의 무
게와 또 은 잔 곧 각 잔을 만들 은
의 무게를 정하고
18 또 향단에 쓸 순금과 또 수레 곧
금 그룹들의 설계도대로 만들 금
의 무게를 정해 주니 이 그룹들은
날개를 펴서 야훼의 언약궤를 덮는
것이더라
19 다윗이 이르되 야훼의 손이 내게
임하여 이 모든 일의 설계를 그려
나에게 알려 주셨느니라
20 또 그의 아들 솔로몬에게 이르되
너는 강하고 담대하게 이 일을 행
하라 두려워하지 말며 놀라지 말라
네가 야훼의 성전 공사의 모든 일
을 마치기까지 야훼 하나님 나의
하나님이 너와 함께 계시사 네게서
떠나지 아니하시고 너를 버리지 아
니하시리라
21 제사장과 레위 사람의 반이 있으니

기록일 : . . .

하나님의 성전의 모든 공사를 도울
것이요 또 모든 공사에 유능한 기
술자가 기쁜 마음으로 너와 함께
할 것이요 또 모든 지휘관과 백성
이 온전히 네 명령 아래에 있으리라

29

다윗 왕이 온 회중에게 이르되 내
아들 솔로몬이 유일하게 하나님께
서 택하신 바 되었으나 아직 어리고
미숙하며 이 공사는 크도다 이 성전
은 사람을 위한 것이 아니요 야훼
하나님을 위한 것이라
2 내가 이미 내 하나님의 성전을 위
하여 힘을 다하여 준비하였나니 곧
기구를 만들 금과 은과 놋과 철과
나무와 또 마노와 가공할 검은 보
석과 채석과 다른 모든 보석과 옥
돌이 매우 많으며
3 성전을 위하여 준비한 이 모든 것
외에도 내 마음이 내 하나님의 성
전을 사모하므로 내가 사유한 금,
은으로 내 하나님의 성전을 위하여
드렸노니
4 곧 오빌의 금 삼천 달란트와 순은
칠천 달란트라 모든 성전 벽에 입
히며
5 금, 은 그릇을 만들며 장인의 손으
로 하는 모든 일에 쓰게 하였노니
오늘 누가 즐거이 손에 채워 야훼
께 드리겠느냐 하는지라
6 이에 모든 가문의 지도자들과 이스
라엘 모든 지파의 지도자들과 천부
장과 백부장과 왕의 사무관이 다
즐거이 드리되
7 하나님의 성전 공사를 위하여 금
오천 달란트와 금 만 다릭 은 만 달
란트와 놋 만 팔천 달란트와 철 십
만 달란트를 드리고
8 보석을 가진 모든 사람은 게르손
사람 여히엘의 손에 맡겨 야훼의
성전 곳간에 드렸더라
9 백성들은 자원하여 드렸으므로 기
뻐하였으니 곧 그들이 성심으로 야
훼께 자원하여 드렸으므로 다윗 왕
도 심히 기뻐하니라
10 다윗이 온 회중 앞에서 야훼를 송
축하여 이르되 우리 조상 이스라
엘의 하나님 야훼여 주는 영원부터
영원까지 송축을 받으시옵소서
11 야훼여 위대하심과 권능과 영광과
승리와 위엄이 다 주께 속하였사오
니 천지에 있는 것이 다 주의 것이
로소이다 야훼여 주권도 주께 속하
였사오니 주는 높으사 만물의 머리
이심이니이다
12 부와 귀가 주께로 말미암고 또 주
는 만물의 주재가 되사 손에 권세
와 능력이 있사오니 모든 사람을
크게 하심과 강하게 하심이 주의
손에 있나이다
13 우리 하나님이여 이제 우리가 주께

감사하오며 주의 영화로운 이름을
찬양하나이다
14 나와 내 백성이 무엇이기에 이처럼
즐거운 마음으로 드릴 힘이 있었나
이까 모든 것이 주께로 말미암았사
오니 우리가 주의 손에서 받은 것
으로 주께 드렸을 뿐이니이다
15 우리는 우리 조상들과 같이 주님
앞에서 이방 나그네와 거류민들이
라 세상에 있는 날이 그림자 같아
서 희망이 없나이다
16 우리 하나님 야훼여 우리가 주의
거룩한 이름을 위하여 성전을 건축
하려고 미리 저축한 이 모든 물건이
다 주의 손에서 왔사오니 다 주의
것이니이다
17 나의 하나님이여 주께서 마음을 감
찰하시고 정직을 기뻐하시는 줄을
내가 아나이다 내가 정직한 마음으
로 이 모든 것을 즐거이 드렸사오며
이제 내가 또 여기 있는 주의 백성
이 주께 자원하여 드리는 것을 보
오니 심히 기쁘도소이다
18 우리 조상들 아브라함과 이삭과 이
스라엘의 하나님 야훼여 주께서 이
것을 주의 백성의 심중에 영원히 두
어 생각하게 하시고 그 마음을 준비
하여 주께로 돌아오게 하시오며
19 또 내 아들 솔로몬에게 정성된 마음
을 주사 주의 계명과 권면과 율례
를 지켜 이 모든 일을 행하게 하시
고 내가 위하여 준비한 것으로 성전
을 건축하게 하옵소서 하였더라
20 다윗이 온 회중에게 이르되 너희는
너희 하나님 야훼를 송축하라 하매
회중이 그의 조상들의 하나님 야
훼를 송축하고 머리를 숙여 야훼와
왕에게 절하고
21 이튿날 야훼께 제사를 드리고 또
야훼께 번제를 드리니 수송아지가
천 마리요 숫양이 천 마리요 어린
양이 천 마리요 또 그 전제라 온 이
스라엘을 위하여 풍성한 제물을 드
리고
22 이 날에 무리가 크게 기뻐하여 야
훼 앞에서 먹으며 마셨더라 무리가
다윗의 아들 솔로몬을 다시 왕으로
삼아 기름을 부어 야훼께 돌려 주
권자가 되게 하고 사독에게도 기름
을 부어 제사장이 되게 하니라
23 솔로몬이 야훼께서 주신 왕위에 앉
아 아버지 다윗을 이어 왕이 되어
형통하니 온 이스라엘이 그의 명령
에 순종하며
24 모든 방백과 용사와 다윗 왕의 여러
아들들이 솔로몬 왕에게 복종하니
25 야훼께서 솔로몬을 모든 이스라엘
의 목전에서 심히 크게 하시고 또
왕의 위엄을 그에게 주사 그전 이
스라엘 모든 왕보다 뛰어나게 하셨

기록일 :   .   .   .

더라
26 이새의 아들 다윗이 온 이스라엘의
왕이 되어
27 이스라엘을 다스린 기간은 사십 년
이라 헤브론에서 칠 년간 다스렸고
예루살렘에서 삼십삼 년을 다스렸
더라
28 그가 나이 많아 늙도록 부하고 존
귀를 누리다가 죽으매 그의 아들
솔로몬이 대신하여 왕이 되니라
29 다윗 왕의 행적은 처음부터 끝까지
선견자 사무엘의 글과 선지자 나단
의 글과 선견자 갓의 글에 다 기록
되고
30 또 그의 왕 된 일과 그의 권세와 그
와 이스라엘과 온 세상 모든 나라
의 지난 날의 역사가 다 기록되어
있느니라

기록일 : . . .

역대하

1 다윗의 아들 솔로몬의 왕위가 견
고하여 가며 그의 하나님 야훼께서
그와 함께 하사 심히 창대하게 하
시니라
2 솔로몬이 온 이스라엘의 천부장들
과 백부장들과 재판관들과 온 이스
라엘의 방백들과 족장들에게 명령
하여
3 솔로몬이 온 회중과 함께 기브온
산당으로 갔으니 하나님의 회막 곧
야훼의 종 모세가 광야에서 지은
것이 거기에 있음이라
4 다윗이 전에 예루살렘에서 하나님
의 궤를 위하여 장막을 쳐 두었으
므로 그 궤는 다윗이 이미 기랏여
아림에서부터 그것을 위하여 준비
한 곳으로 메어 올렸고
5 옛적에 훌의 손자 우리의 아들 브
살렐이 지은 놋제단은 야훼의 장막
앞에 있더라 솔로몬이 회중과 더불
어 나아가서
6 야훼 앞 곧 회막 앞에 있는 놋 제단
에 솔로몬이 이르러 그 위에 천 마
리 희생으로 번제를 드렸더라
7 그 날 밤에 하나님이 솔로몬에게
나타나 그에게 이르시되 내가 네게
무엇을 주랴 너는 구하라 하시니
8 솔로몬이 하나님께 말하되 주께
서 전에 큰 은혜를 내 아버지 다윗
에게 베푸시고 내가 그를 대신하여
왕이 되게 하셨사오니
9 야훼 하나님이여 원하건대 주는 내
아버지 다윗에게 허락하신 것을 이
제 굳게 하옵소서 주께서 나를 땅
의 티끌 같이 많은 백성의 왕으로
삼으셨사오니
10 주는 이제 내게 지혜와 지식을 주
사 이 백성 앞에서 출입하게 하옵
소서 이렇게 많은 주의 백성을 누
가 능히 재판하리이까 하니
11 하나님이 솔로몬에게 이르시되 이
런 마음이 네게 있어서 부나 재물
이나 영광이나 원수의 생명 멸하기
를 구하지 아니하며 장수도 구하지
아니하고 오직 내가 네게 다스리게
한 내 백성을 재판하기 위하여 지
혜와 지식을 구하였으니
12 그러므로 내가 네게 지혜와 지식을
주고 부와 재물과 영광도 주리니
네 전의 왕들도 이런 일이 없었거니
와 네 후에도 이런 일이 없으리라
하시니라
13 이에 솔로몬이 기브온 산당 회막
앞에서부터 예루살렘으로 돌아와서
이스라엘을 다스렸더라
14 솔로몬이 병거와 마병을 모으매 병

기록일 : . . .

거가 천사백 대요 마병이 만 이천
명이라 병거성에도 두고 예루살렘
왕에게도 두었으며
15 왕이 예루살렘에서 은금을 돌 같이
흔하게 하고 백향목을 평지의 뽕나
무 같이 많게 하였더라
16 솔로몬의 말들은 애굽과 구에에서
사들였으니 왕의 무역상들이 떼로
값을 정하여 산 것이며
17 애굽에서 사들인 병거는 한 대에
은 육백 세겔이요 말은 백오십 세
겔이라 이와 같이 헷 사람들의 모
든 왕들과 아람 왕들을 위하여 그
들의 손으로 되팔기도 하였더라

2 솔로몬이 야훼의 이름을 위하여
성전을 건축하고 자기 왕위를 위하
여 궁궐 건축하기를 결심하니라
2 솔로몬이 이에 짐꾼 칠만 명과 산
에서 돌을 떠낼 자 팔만 명과 일을
감독할 자 삼천 육백 명을 뽑고
3 솔로몬이 사절을 두로 왕 후람에게
보내어 이르되 당신이 전에 내 아버
지 다윗에게 백향목을 보내어 그가
거주하실 궁궐을 건축하게 한 것
같이 내게도 그리 하소서
4 이제 내가 나의 하나님 야훼의 이
름을 위하여 성전을 건축하여 구별
하여 드리고 주 앞에서 향 재료를
사르며 항상 떡을 차려 놓으며 안
식일과 초하루와 우리 하나님 야훼
의 절기에 아침 저녁으로 번제를 드
리려 하오니 이는 이스라엘의 영원
한 규례니이다
5 내가 건축하고자 하는 성전은 크니
우리 하나님은 모든 신들보다 크심
이라
6 누가 능히 하나님을 위하여 성전을
건축하리요 하늘과 하늘들의 하늘
이라도 주를 용납하지 못하겠거든
내가 누구이기에 어찌 능히 그를
위하여 성전을 건축하리요 그 앞에
분향하려 할 따름이니이다
7 이제 청하건대 당신은 금, 은, 동,
철로 제조하며 자색 홍색 청색 실
로 직조하며 또 아로새길 줄 아는
재주 있는 사람 하나를 내게 보내
어 내 아버지 다윗이 유다와 예루
살렘에서 준비한 나의 재주 있는
사람들과 함께 일하게 하고
8 또 레바논에서 백향목과 잣나무와
백단목을 내게로 보내소서 내가 알
거니와 당신의 종은 레바논에서 벌
목을 잘 하나니 내 종들이 당신의
종들을 도울지라
9 이와 같이 나를 위하여 재목을 많이
준비하게 하소서 내가 건축하려 하
는 성전은 크고 화려할 것이니이다
10 내가 당신의 벌목하는 종들에게 찧
은 밀 이만 고르와 보리 이만 고르
와 포도주 이만 밧과 기름 이만 밧

을 주리이다 하였더라
11 두로 왕 후람이 솔로몬에게 답장
하여 이르되 야훼께서 자기 백성을
사랑하시므로 당신을 세워 그들의
왕을 삼으셨도다
12 후람이 또 이르되 천지를 지으신 이
스라엘의 하나님 야훼는 송축을 받
으실지로다 다윗 왕에게 지혜로운
아들을 주시고 명철과 총명을 주시
사 능히 야훼를 위하여 성전을 건
축하고 자기 왕위를 위하여 궁궐을
건축하게 하시도다
13 내가 이제 재주 있고 총명한 사람
을 보내오니 전에 내 아버지 후람
에게 속하였던 자라
14 이 사람은 단의 여자들 중 한 여인
의 아들이요 그의 아버지는 두로
사람이라 능히 금, 은, 동, 철과 돌
과 나무와 자색 청색 홍색 실과 가
는 베로 일을 잘하며 또 모든 아로
새기는 일에 익숙하고 모든 기묘한
양식에 능한 자이니 그에게 당신의
재주 있는 사람들과 당신의 아버지
내 주 다윗의 재주 있는 사람들과
함께 일하게 하소서
15 내 주께서 말씀하신 밀과 보리와
기름과 포도주는 주의 종들에게 보
내소서
16 우리가 레바논에서 당신이 쓰실 만
큼 벌목하여 떼를 엮어 바다에 띄
워 욥바로 보내리니 당신은 재목들
을 예루살렘으로 올리소서 하였더
라
17 전에 솔로몬의 아버지 다윗이 이스
라엘 땅에 사는 이방 사람들을 조
사하였더니 이제 솔로몬이 다시 조
사하매 모두 십오만 삼천 육백 명
이라
18 그 중에서 칠만 명은 짐꾼이 되게
하였고 팔만 명은 산에서 벌목하게
하였고 삼천 육백 명은 감독으로
삼아 백성들에게 일을 시키게 하였
더라

3 솔로몬이 예루살렘 모리아 산에
야훼의 전 건축하기를 시작하니 그
곳은 전에 야훼께서 그의 아버지
다윗에게 나타나신 곳이요 여부스
사람 오르난의 타작 마당에 다윗이
정한 곳이라
2 솔로몬이 왕위에 오른 지 넷째 해
둘째 달 둘째 날 건축을 시작하였
더라
3 솔로몬이 하나님의 전을 위하여 놓
은 지대는 이러하니 옛날에 쓰던
자로 길이가 육십 규빗이요 너비가
이십 규빗이며
4 그 성전 앞에 있는 낭실의 길이가
성전의 너비와 같이 이십 규빗이요
높이가 백이십 규빗이니 안에는 순
금으로 입혔으며

기록일 : . . .

5 그 대전 천장은 잣나무로 만들고
또 순금으로 입히고 그 위에 종려
나무와 사슬 형상을 새겼고
6 또 보석으로 성전을 꾸며 화려하게
하였으니 그 금은 바르와임 금이며
7 또 금으로 성전과 그 들보와 문지
방과 벽과 문짝에 입히고 벽에 그
룹들을 아로새겼더라
8 또 지성소를 지었으니 성전 넓이대
로 길이가 이십 규빗이요 너비도 이
십 규빗이라 순금 육백 달란트로
입혔으니
9 못 무게가 금 오십 세겔이요 다락
들도 금으로 입혔더라
10 지성소 안에 두 그룹의 형상을 새
겨 만들어 금으로 입혔으니
11 두 그룹의 날개 길이가 모두 이십
규빗이라 왼쪽 그룹의 한 날개는
다섯 규빗이니 성전 벽에 닿았고 그
다른 날개도 다섯 규빗이니 오른쪽
그룹의 날개에 닿았으며
12 오른쪽 그룹의 한 날개도 다섯 규
빗이니 성전 벽에 닿았고 그 다른
날개도 다섯 규빗이니 왼쪽 그룹의
날개에 닿았으며
13 이 두 그룹이 편 날개가 모두 이십
규빗이라 그 얼굴을 내전으로 향하
여 서 있으며
14 청색 자색 홍색 실과 고운 베로 휘
장문을 짓고 그 위에 그룹의 형상
을 수놓았더라
15 성전 앞에 기둥 둘을 만들었으니
높이가 삼십오 규빗이요 각 기둥
꼭대기의 머리가 다섯 규빗이라
16 성소 같이 사슬을 만들어 그 기둥
머리에 두르고 석류 백 개를 만들
어 사슬에 달았으며
17 그 두 기둥을 성전 앞에 세웠으니
왼쪽에 하나요 오른쪽에 하나라 오
른쪽 것은 야긴이라 부르고 왼쪽
것은 보아스라 불렀더라

4

솔로몬이 또 놋으로 제단을 만들
었으니 길이가 이십 규빗이요 너비
가 이십 규빗이요 높이가 십 규빗
이며
2 또 놋을 부어 바다를 만들었으니 지
름이 십 규빗이요 그 모양이 둥글며
그 높이는 다섯 규빗이요 주위는 삼
십 규빗 길이의 줄을 두를 만하며
3 그 가장자리 아래에는 돌아가며 소
형상이 있는데 각 규빗에 소가 열
마리씩 있어서 바다 주위에 둘렸으
니 그 소는 바다를 부어 만들 때에
두 줄로 부어 만들었으며
4 그 바다를 놋쇠 황소 열두 마리가
받쳤으니 세 마리는 북쪽을 향하였
고 세 마리는 서쪽을 향하였고 세
마리는 남쪽을 향하였고 세 마리는
동쪽을 향하였으며 바다를 그 위에
놓았고 소의 엉덩이는 다 안으로

향하였으며
5 바다의 두께는 한 손 너비만 하고
그 둘레는 잔 둘레와 같이 백합화
의 모양으로 만들었으니 그 바다에
는 삼천 밧을 담겠으며
6 또 물두멍 열 개를 만들어 다섯 개
는 오른쪽에 두고 다섯 개는 왼쪽에
두어 씻게 하되 번제에 속한 물건을
거기서 씻게 하였으며 그 바다는 제
사장들이 씻기 위한 것이더라
7 또 규례대로 금으로 등잔대 열 개
를 만들어 내전 안에 두었으니 왼
쪽에 다섯 개요 오른쪽에 다섯 개
이며
8 또 상 열 개를 만들어 내전 안에 두
었으니 왼쪽에 다섯 개요 오른쪽에
다섯 개이며 또 금으로 대접 백 개
를 만들었고
9 또 제사장의 뜰과 큰 뜰과 뜰 문을
만들고 그 문짝에 놋을 입혔고
10 그 바다는 성전 오른쪽 동남방에
두었더라
11 후람이 또 솥과 부삽과 대접을 만
들었더라 이와 같이 후람이 솔로몬
왕을 위하여 하나님의 성전에서 할
일을 마쳤으니
12 곧 기둥 둘과 그 기둥 꼭대기의 공
같은 머리 둘과 또 기둥 꼭대기의
공 같은 기둥 머리를 가리는 그물
둘과
13 또 그 그물들을 위하여 만든 각 그
물에 두 줄씩으로 기둥 위의 공 같
은 두 머리를 가리는 석류 사백 개와
14 또 받침과 받침 위의 물두멍과
15 한 바다와 그 바다 아래에 소 열두
마리와
16 솥과 부삽과 고기 갈고리와 야훼의
전의 모든 그릇들이라 후람의 아
버지가 솔로몬 왕을 위하여 빛나는
놋으로 만들 때에
17 왕이 요단 평지에서 숙곳과 스레다
사이의 진흙에 그것들을 부어 내었
더라
18 이와 같이 솔로몬이 이 모든 기구
를 매우 많이 만들었으므로 그 놋
무게를 능히 측량할 수 없었더라
19 솔로몬이 또 하나님의 전의 모든
기구를 만들었으니 곧 금 제단과
진설병 상들과
20 지성소 앞에서 규례대로 불을 켤
순금 등잔대와 그 등잔이며
21 또 순수한 금으로 만든 꽃과 등잔
과 부젓가락이며
22 또 순금으로 만든 불집게와 주발과
숟가락과 불 옮기는 그릇이며 또
성전 문 곧 지성소의 문과 내전의
문을 금으로 입혔더라

5 솔로몬이 야훼의 전을 위하여 만
드는 모든 일을 마친지라 이에 솔
로몬이 그의 아버지 다윗이 드린

기록일 : . . .

은과 금과 모든 기구를 가져다가
하나님의 전 곳간에 두었더라
2 이에 솔로몬이 야훼의 언약궤를 다
윗 성 곧 시온에서부터 메어 올리
고자 하여 이스라엘 장로들과 모든
지파의 우두머리 곧 이스라엘 자손
의 족장들을 다 예루살렘으로 소집
하니
3 일곱째 달 절기에 이스라엘 모든
사람이 다 왕에게로 모이고
4 이스라엘 장로들이 이르매 레위 사
람들이 궤를 메니라
5 궤와 회막과 장막 안에 모든 거룩
한 기구를 메고 올라가되 레위인 제
사장들이 그것들을 메고 올라가매
6 솔로몬 왕과 그 앞에 모인 모든 이
스라엘 회중이 궤 앞에서 양과 소로
제사를 드렸으니 그 수가 많아 기록
할 수도 없고 셀 수도 없었더라
7 제사장들이 야훼의 언약궤를 그 처
소로 메어 들였으니 곧 본전 지성소
그룹들의 날개 아래라
8 그룹들이 궤 처소 위에서 날개를
펴서 궤와 그 채를 덮었는데
9 그 채가 길어서 궤에서 나오므로
그 끝이 본전 앞에서 보이나 밖에
서는 보이지 아니하며 그 궤가 오
늘까지 그 곳에 있으며
10 궤 안에는 두 돌판 외에 아무것도
없으니 이것은 이스라엘 자손이 애
굽에서 나온 후 야훼께서 그들과
언약을 세우실 때에 모세가 호렙에
서 그 안에 넣은 것이더라
11 이 때에는 제사장들이 그 반열대로
하지 아니하고 스스로 정결하게 하
고 성소에 있다가 나오매
12 노래하는 레위 사람 아삽과 헤만과
여두둔과 그의 아들들과 형제들이
다 세마포를 입고 제단 동쪽에 서
서 제금과 비파와 수금을 잡고 또
나팔 부는 제사장 백이십 명이 함
께 서 있다가
13 나팔 부는 자와 노래하는 자들이
일제히 소리를 내어 야훼를 찬송하
며 감사하는데 나팔 불고 제금 치
고 모든 악기를 울리며 소리를 높
여 야훼를 찬송하여 이르되 선하시
도다 그의 자비하심이 영원히 있도
다 하매 그 때에 야훼의 전에 구름
이 가득한지라
14 제사장들이 그 구름으로 말미암아
능히 서서 섬기지 못하였으니 이는
야훼의 영광이 하나님의 전에 가득
함이었더라

6

그 때에 솔로몬이 이르되 야훼께
서 캄캄한 데 계시겠다 말씀하셨사
오나
2 내가 주를 위하여 거하실 성전을 건
축하였사오니 주께서 영원히 계실
처소로소이다 하고

기록일 : . . .

3 얼굴을 돌려 이스라엘 온 회중을
위하여 축복하니 그 때에 이스라엘
의 온 회중이 서 있더라
4 왕이 이르되 이스라엘 하나님 야훼
를 송축할지로다 야훼께서 그의 입
으로 내 아버지 다윗에게 말씀하신
것을 이제 그의 손으로 이루셨도다
이르시기를
5 내가 내 백성을 애굽 땅에서 인도
하여 낸 날부터 내 이름을 둘 만한
집을 건축하기 위하여 이스라엘 모
든 지파 가운데서 아무 성읍도 택
하지 아니하였으며 내 백성 이스라
엘의 주권자가 될 사람을 아무도
택하지 아니하였더니
6 예루살렘을 택하여 내 이름을 거기
두고 또 다윗을 택하여 내 백성 이
스라엘을 다스리게 하였노라 하신
지라
7 내 아버지 다윗이 이스라엘의 하나
님 야훼의 이름을 위하여 성전을 건
축할 마음이 있었더니
8 야훼께서 내 아버지 다윗에게 이르
시되 네가 내 이름을 위하여 성전
을 건축할 마음이 있으니 이 마음이
네게 있는 것이 좋도다
9 그러나 너는 그 성전을 건축하지 못
할 것이요 네 허리에서 나올 네 아
들 그가 내 이름을 위하여 성전을
건축하리라 하시더니
10 이제 야훼께서 말씀하신 대로 이루
셨도다 내가 야훼께서 말씀하신 대
로 내 아버지 다윗을 대신하여 일
어나 이스라엘 왕위에 앉고 이스라
엘의 하나님 야훼의 이름을 위하여
성전을 건축하고
11 내가 또 그 곳에 야훼께서 이스라
엘 자손과 더불어 세우신 언약을
넣은 궤를 두었노라 하니라
12 솔로몬이 야훼의 제단 앞에서 이스
라엘의 모든 회중과 마주 서서 그
의 손을 펴니라
13 솔로몬이 일찍이 놋으로 대를 만들
었으니 길이가 다섯 규빗이요 너비
가 다섯 규빗이요 높이가 세 규빗이
라 뜰 가운데에 두었더니 그가 그
위에 서서 이스라엘의 모든 회중
앞에서 무릎을 꿇고 하늘을 향하여
손을 펴고
14 이르되 이스라엘의 하나님 야훼여
천지에 주와 같은 신이 없나이다 주
께서는 온 마음으로 주의 앞에서
행하는 주의 종들에게 언약을 지키
시고 은혜를 베푸시나이다
15 주께서 주의 종 내 아버지 다윗에
게 허락하신 말씀을 지키시되 주의
입으로 말씀하신 것을 손으로 이루
심이 오늘과 같으니이다
16 이스라엘의 하나님 야훼여 주께서
주의 종 내 아버지 다윗에게 말씀하

기록일 : . . .

시기를 네 자손이 그들의 행위를 삼
가서 네가 내 앞에서 행한 것 같이
내 율법대로 행하기만 하면 네게로
부터 나서 이스라엘 왕위에 앉을 사
람이 내 앞에서 끊어지지 아니하리
라 하셨사오니 이제 다윗을 위하여
그 허락하신 말씀을 지키시옵소서
17 그런즉 이스라엘 하나님 야훼여 원
하건대 주는 주의 종 다윗에게 하
신 말씀이 확실하게 하옵소서
18 하나님이 참으로 사람과 함께 땅에
계시리이까 보소서 하늘과 하늘들
의 하늘이라도 주를 용납하지 못하
겠거든 하물며 내가 건축한 이 성전
이오리이까
19 그러나 나의 하나님 야훼여 주의
종의 기도와 간구를 돌아보시며 주
의 종이 주 앞에서 부르짖는 것과
비는 기도를 들으시옵소서
20 주께서 전에 말씀하시기를 내 이름
을 거기에 두리라 하신 곳 이 성전
을 향하여 주의 눈이 주야로 보시
오며 종이 이 곳을 향하여 비는 기
도를 들으시옵소서
21 주의 종과 주의 백성 이스라엘이
이 곳을 향하여 기도할 때에 주는
그 간구함을 들으시되 주께서 계신
곳 하늘에서 들으시고 들으시사 사
하여 주옵소서
22 만일 어떤 사람이 그의 이웃에게
범죄하므로 맹세시킴을 받고 그가
와서 이 성전에 있는 주의 제단 앞
에서 맹세하거든
23 주는 하늘에서 들으시고 행하시되
주의 종들을 심판하사 악한 자의
죄를 정하여 그의 행위대로 그의
머리에 돌리시고 공의로운 자를 의
롭다 하사 그 의로운 대로 갚으시
옵소서
24 만일 주의 백성 이스라엘이 주께
범죄하여 적국 앞에 패하게 되므로
주의 이름을 인정하고 주께로 돌아
와서 이 성전에서 주께 빌며 간구하
거든
25 주는 하늘에서 들으시고 주의 백성
이스라엘의 죄를 사하시고 그들과
그들의 조상들에게 주신 땅으로 돌
아오게 하옵소서
26 만일 그들이 주께 범죄함으로 말
미암아 하늘이 닫히고 비가 내리지
않는 주의 벌을 받을 때에 이 곳을
향하여 빌며 주의 이름을 인정하고
그들의 죄에서 떠나거든
27 주께서는 하늘에서 들으사 주의 종
들과 주의 백성 이스라엘의 죄를
사하시고 그 마땅히 행할 선한 길
을 가르쳐 주시오며 주의 백성에게
기업으로 주신 주의 땅에 비를 내
리시옵소서
28 만일 이 땅에 기근이나 전염병이 있

기록일 : . . .

거나 곡식이 시들거나 깜부기가 나
거나 메뚜기나 황충이 나거나 적국
이 와서 성읍들을 에워싸거나 무슨
재앙이나 무슨 질병이 있거나를 막
론하고
29 한 사람이나 혹 주의 온 백성 이스
라엘이 다 각각 자기의 마음에 재
앙과 고통을 깨닫고 이 성전을 향
하여 손을 펴고 무슨 기도나 무슨
간구를 하거든
30 주는 계신 곳 하늘에서 들으시며
사유하시되 각 사람의 마음을 아시
오니 그의 모든 행위대로 갚으시옵
소서 주만 홀로 사람의 마음을 아
심이니이다
31 그리하시면 그들이 주께서 우리 조
상들에게 주신 땅에서 사는 동안에
항상 주를 경외하며 주의 길로 걸
어가리이다
32 주의 백성 이스라엘에 속하지 않
은 이방인에게 대하여도 그들이 주
의 큰 이름과 능한 손과 펴신 팔을
위하여 먼 지방에서 와서 이 성전을
향하여 기도하거든
33 주는 계신 곳 하늘에서 들으시고
모든 이방인이 주께 부르짖는 대로
이루사 땅의 만민이 주의 이름을
알고 주의 백성 이스라엘처럼 경외
하게 하시오며 또 내가 건축한 이
성전을 주의 이름으로 일컫는 줄을
알게 하옵소서
34 주의 백성이 그 적국과 더불어 싸
우고자 하여 주께서 보내신 길로
나갈 때에 그들이 주께서 택하신
이 성과 내가 주의 이름을 위하여
건축한 성전 있는 쪽을 향하여 주
께 기도하거든
35 주는 하늘에서 그들의 기도와 간구
를 들으시고 그들의 일을 돌보시옵
소서
36 주께 범죄하지 아니하는 사람이 없
사오니 그들이 주께 범죄하므로 주
께서 그들에게 진노하사 그들을 적
국에게 넘기시매 적국이 그들을 사
로잡아 땅의 원근을 막론하고 끌고
간 후에
37 그들이 사로잡혀 간 땅에서 스스
로 깨닫고 그들을 사로잡은 자들의
땅에서 돌이켜 주께 간구하기를 우
리가 범죄하여 패역을 행하며 악을
행하였나이다 하며
38 자기들을 사로잡아 간 적국의 땅에
서 온 마음과 온 뜻으로 주께 돌아
와서 주께서 그들의 조상들에게 주
신 땅과 주께서 택하신 성과 내가
주의 이름을 위하여 건축한 성전 있
는 쪽을 향하여 기도하거든
39 주는 계신 곳 하늘에서 그들의 기
도와 간구를 들으시고 그들의 일을
돌보시오며 주께 범죄한 주의 백성

기록일 : . . .

을 용서하옵소서
40 나의 하나님이여 이제 이 곳에서 하
는 기도에 눈을 드시고 귀를 기울
이소서
41 야훼 하나님이여 일어나 들어가사
주의 능력의 궤와 함께 주의 평안한
처소에 계시옵소서 야훼 하나님이여
원하옵건대 주의 제사장들에게 구
원을 입게 하시고 또 주의 성도들에
게 은혜를 기뻐하게 하옵소서
42 야훼 하나님이여 주의 기름 부음
받은 자에게서 얼굴을 돌리지 마시
옵고 주의 종 다윗에게 베푸신 은
총을 기억하옵소서 하였더라
7 솔로몬이 기도를 마치매 불이 하
늘에서부터 내려와서 그 번제물과
제물들을 사르고 야훼의 영광이 그
성전에 가득하니
2 야훼의 영광이 야훼의 전에 가득하
므로 제사장들이 야훼의 전으로 능
히 들어가지 못하였고
3 이스라엘 모든 자손은 불이 내리는
것과 야훼의 영광이 성전 위에 있는
것을 보고 돌을 깐 땅에 엎드려 경
배하며 야훼께 감사하여 이르되 선
하시도다 그의 인자하심이 영원하
도다 하니라
4 이에 왕과 모든 백성이 야훼 앞에
제사를 드리니
5 솔로몬 왕이 드린 제물이 소가 이
만 이천 마리요 양이 십이만 마리라
이와 같이 왕과 모든 백성이 하나
님의 전의 낙성식을 행하니라
6 그 때에 제사장들은 직분대로 모셔
서고 레위 사람도 야훼의 악기를
가지고 섰으니 이 악기는 전에 다윗
왕이 레위 사람들에게 야훼께 감사
하게 하려고 만들어서 야훼의 인자
하심이 영원함을 찬송하게 하던 것
이라 제사장들은 무리 앞에서 나팔
을 불고 온 이스라엘은 서 있더라
7 솔로몬이 또 야훼의 전 앞뜰 가운
데를 거룩하게 하고 거기서 번제물
과 화목제의 기름을 드렸으니 이는
솔로몬이 지은 놋 제단이 능히 그
번제물과 소제물과 기름을 용납할
수 없음이더라
8 그 때에 솔로몬이 칠 일 동안 절기
를 지켰는데 하맛 어귀에서부터 애
굽 강까지의 온 이스라엘의 심히 큰
회중이 모여 그와 함께 하였더니
9 여덟째 날에 무리가 한 성회를 여
니라 제단의 낙성식을 칠 일 동안
행한 후 이 절기를 칠 일 동안 지키
니라
10 일곱째 달 제이십삼일에 왕이 백성
을 그들의 장막으로 돌려보내매 백
성이 야훼께서 다윗과 솔로몬과 그
의 백성 이스라엘에게 베푸신 은혜
로 말미암아 기뻐하며 마음에 즐거

기록일 : . . .

워하였더라
11 솔로몬이 야훼의 전과 왕궁 건축을
마치고 솔로몬의 심중에 야훼의 전
과 자기의 궁궐에 그가 이루고자
한 것을 다 형통하게 이루니라
12 밤에 야훼께서 솔로몬에게 나타나
사 그에게 이르시되 내가 이미 네
기도를 듣고 이 곳을 택하여 내게
제사하는 성전을 삼았으니
13 혹 내가 하늘을 닫고 비를 내리지
아니하거나 혹 메뚜기들에게 토산
을 먹게 하거나 혹 전염병이 내 백
성 가운데에 유행하게 할 때에
14 내 이름으로 일컫는 내 백성이 그
들의 악한 길에서 떠나 스스로 낮
추고 기도하여 내 얼굴을 찾으면
내가 하늘에서 듣고 그들의 죄를
사하고 그들의 땅을 고칠지라
15 이제 이 곳에서 하는 기도에 내가
눈을 들고 귀를 기울이리니
16 이는 내가 이미 이 성전을 택하고
거룩하게 하여 내 이름을 여기에 영
원히 있게 하였음이라 내 눈과 내
마음이 항상 여기에 있으리라
17 네가 만일 내 앞에서 행하기를 네
아버지 다윗이 행한 것과 같이 하여
내가 네게 명령한 모든 것을 행하
여 내 율례와 법규를 지키면
18 내가 네 나라 왕위를 견고하게 하
되 전에 내가 네 아버지 다윗과 언
약하기를 이스라엘을 다스릴 자가
네게서 끊어지지 아니하리라 한 대
로 하리라
19 그러나 너희가 만일 돌아서서 내가
너희 앞에 둔 내 율례와 명령을 버
리고 가서 다른 신들을 섬겨 그들
을 경배하면
20 내가 너희에게 준 땅에서 그 뿌리
를 뽑아내고 내 이름을 위하여 거
룩하게 한 이 성전을 내 앞에서 버
려 모든 민족 중에 속담거리와 이
야깃거리가 되게 하리니
21 이 성전이 비록 높을지라도 그리로
지나가는 자마다 놀라 이르되 야훼
께서 무슨 까닭으로 이 땅과 이 성
전에 이같이 행하셨는고 하면
22 대답하기를 그들이 자기 조상들을
애굽 땅에서 인도하여 내신 자기 하
나님 야훼를 버리고 다른 신들에게
붙잡혀서 그것들을 경배하여 섬기므
로 야훼께서 이 모든 재앙을 그들에
게 내리셨다 하리라 하셨더라

8 솔로몬이 야훼의 전과 자기의 궁
궐을 이십 년 동안에 건축하기를
마치고
2 후람이 솔로몬에게 되돌려 준 성읍
들을 솔로몬이 건축하여 이스라엘
자손에게 거기에 거주하게 하니라
3 솔로몬이 가서 하맛소바를 쳐서 점
령하고

기록일 : . . .

4 또 광야에서 다드몰을 건축하고 하
맛에서 모든 국고성들을 건축하고
5 또 윗 벧호론과 아랫 벧호론을 건
축하되 성벽과 문과 문빗장이 있게
하여 견고한 성읍으로 만들고
6 또 바알랏과 자기에게 있는 모든
국고성들과 모든 병거성들과 마병
의 성들을 건축하고 솔로몬이 또
예루살렘과 레바논과 그가 다스리
는 온 땅에 건축하고자 하던 것을
다 건축하니라
7 이스라엘이 아닌 헷 족속과 아모리
족속과 브리스 족속과 히위 족속과
여부스 족속의 남아 있는 모든 자
8 곧 이스라엘 자손이 다 멸하지 않
았으므로 그 땅에 남아 있는 그들
의 자손들을 솔로몬이 역군으로 삼
아 오늘에 이르렀으되
9 오직 이스라엘 자손은 솔로몬이 노
예로 삼아 일을 시키지 아니하였으
니 그들은 군사와 지휘관의 우두머
리들과 그의 병거와 마병의 지휘관
들이 됨이라
10 솔로몬 왕의 공장을 감독하는 자들
이 이백오십 명이라 그들이 백성을
다스렸더라
11 솔로몬이 바로의 딸을 데리고 다윗
성에서부터 그를 위하여 건축한 왕
궁에 이르러 이르되 내 아내가 이
스라엘 왕 다윗의 왕궁에 살지 못
하리니 이는 야훼의 궤가 이른 곳
은 다 거룩함이니라 하였더라
12 솔로몬이 낭실 앞에 쌓은 야훼의
제단 위에 야훼께 번제를 드리되
13 모세의 명령을 따라 매일의 일과
대로 안식일과 초하루와 정한 절기
곧 일년의 세 절기 무교절과 칠칠절
과 초막절에 드렸더라
14 솔로몬이 또 그의 아버지 다윗의
규례를 따라 제사장들의 반열을 정
하여 섬기게 하고 레위 사람들에게
도 그 직분을 맡겨 매일의 일과대
로 찬송하며 제사장들 앞에서 수종
들게 하며 또 문지기들에게 그 반
열을 따라 각 문을 지키게 하였으
니 이는 하나님의 사람 다윗이 전
에 이렇게 명령하였음이라
15 제사장들과 레위 사람들이 국고 일
에든지 무슨 일에든지 왕이 명령한
바를 전혀 어기지 아니하였더라
16 솔로몬이 야훼의 전의 기초를 쌓던
날부터 준공하기까지 모든 것을 완
비하였으므로 야훼의 전 공사가 결
점 없이 끝나니라
17 그 때에 솔로몬이 에돔 땅의 바닷가
에시온게벨과 엘롯에 이르렀더니
18 후람이 그의 신복들에게 부탁하여
배와 바닷길을 아는 종들을 보내매
그들이 솔로몬의 종들과 함께 오빌
에 이르러 거기서 금 사백오십 달란

기록일 : . . .

트를 얻어 솔로몬 왕에게로 가져왔
더라

9 스바 여왕이 솔로몬의 명성을 듣
고 와서 어려운 질문으로 솔로몬
을 시험하고자 하여 예루살렘에 이
르니 매우 많은 시종들을 거느리고
향품과 많은 금과 보석을 낙타에
실었더라 그가 솔로몬에게 나아와
자기 마음에 있는 것을 다 말하매
2 솔로몬이 그가 묻는 말에 다 대답
하였으니 솔로몬이 몰라서 대답하
지 못한 것이 없었더라
3 스바 여왕이 솔로몬의 지혜와 그가
건축한 궁과
4 그의 상의 음식물과 그의 신하들의
좌석과 그의 신하들이 도열한 것과
그들의 공복과 술 관원들과 그들의
공복과 야훼의 전에 올라가는 층계
를 보고 정신이 황홀하여
5 왕께 말하되 내가 내 나라에서 당
신의 행위와 당신의 지혜에 대하여
들은 소문이 진실하도다
6 내가 그 말들을 믿지 아니하였더니
이제 와서 본즉 당신의 지혜가 크
다 한 말이 그 절반도 못 되니 당신
은 내가 들은 소문보다 더하도다
7 복되도다 당신의 사람들이여, 복되
도다 당신의 이 신하들이여, 항상
당신 앞에 서서 당신의 지혜를 들
음이로다
8 당신의 하나님 야훼를 송축할지로
다 하나님이 당신을 기뻐하시고 그
자리에 올리사 당신의 하나님 야훼
를 위하여 왕이 되게 하셨도다 당
신의 하나님이 이스라엘을 사랑하
사 영원히 견고하게 하시려고 당신
을 세워 그들의 왕으로 삼아 정의
와 공의를 행하게 하셨도다 하고
9 이에 그가 금 백이십 달란트와 매
우 많은 향품과 보석을 왕께 드렸
으니 스바 여왕이 솔로몬 왕께 드
린 향품 같은 것이 전에는 없었더라
10 (후람의 신하들과 솔로몬의 신하들
도 오빌에서 금을 실어 올 때에 백
단목과 보석을 가져온지라
11 왕이 백단목으로 야훼의 전과 왕궁
의 층대를 만들고 또 노래하는 자
들을 위하여 수금과 비파를 만들
었으니 이같은 것들은 유다 땅에서
전에는 보지 못하였더라)
12 솔로몬 왕이 스바 여왕이 가져온
대로 답례하고 그 외에 또 그의 소
원대로 구하는 것을 모두 주니 이
에 그가 그의 신하들과 더불어 본
국으로 돌아갔더라
13 솔로몬의 세입금의 무게가 금 육백
육십육 달란트요
14 그 외에 또 무역상과 객상들이 가
져온 것이 있고 아라비아 왕들과
그 나라 방백들도 금과 은을 솔로

기록일 : . . .

몬에게 가져온지라
15 솔로몬 왕이 쳐서 늘인 금으로 큰
방패 이백 개를 만들었으니 방패
하나에 든 금이 육백 세겔이며
16 또 쳐서 늘인 금으로 작은 방패 삼
백 개를 만들었으니 방패 하나에
든 금이 삼백 세겔이라 왕이 이것
들을 레바논 나무 궁에 두었더라
17 왕이 또 상아로 큰 보좌를 만들고
순금으로 입혔으니
18 그 보좌에는 여섯 층계와 금 발판
이 있어 보좌와 이어졌고 앉는 자리
양쪽에는 팔걸이가 있고 팔걸이 곁
에는 사자가 하나씩 섰으며
19 또 열두 사자가 있어 그 여섯 층계
양쪽에 섰으니 어떤 나라에도 이같
이 만든 것이 없었더라
20 솔로몬 왕이 마시는 그릇은 다 금
이요 레바논 나무 궁의 그릇들도
다 순금이라 솔로몬의 시대에 은을
귀하게 여기지 아니함은
21 왕의 배들이 후람의 종들과 함께
다시스로 다니며 그 배들이 삼 년에
일 차씩 다시스의 금과 은과 상아
와 원숭이와 공작을 실어옴이더라
22 솔로몬 왕의 재산과 지혜가 천하의
모든 왕들보다 큰지라
23 천하의 열왕이 하나님께서 솔로몬
의 마음에 주신 지혜를 들으며 그
의 얼굴을 보기 원하여
24 각기 예물을 가지고 왔으니 곧 은
그릇과 금 그릇과 의복과 갑옷과
향품과 말과 노새라 해마다 정한
수가 있었더라
25 솔로몬의 병거 메는 말의 외양간은
사천이요 마병은 만 이천 명이라 병
거성에도 두고 예루살렘 왕에게도
두었으며
26 솔로몬이 유브라데 강에서부터 블
레셋 땅과 애굽 지경까지의 모든
왕을 다스렸으며
27 왕이 예루살렘에서 은을 돌 같이
흔하게 하고 백향목을 평지의 뽕나
무 같이 많게 하였더라
28 솔로몬을 위하여 애굽과 각국에서
말들을 가져왔더라
29 이 외에 솔로몬의 시종 행적은 선
지자 나단의 글과 실로 사람 아히
야의 예언과 선견자 잇도의 묵시
책 곧 잇도가 느밧의 아들 여로보
암에 대하여 쓴 책에 기록되지 아
니하였느냐
30 솔로몬이 예루살렘에서 온 이스라
엘을 다스린 지 사십 년이라
31 솔로몬이 그의 조상들과 함께 자매
그의 아버지 다윗의 성에 장사되고
그의 아들 르호보암이 대신하여 왕
이 되니라

10 르호보암이 세겜으로 갔으니 이
는 온 이스라엘이 그를 왕으로 삼

기록일 : . . .

고자 하여 세겜에 이르렀음이더라
2 느밧의 아들 여로보암이 전에 솔로
몬 왕의 낯을 피하여 애굽으로 도
망하여 있었더니 이 일을 듣고 여로
보암이 애굽에서부터 돌아오매
3 무리가 사람을 보내어 그를 불렀더
라 여로보암과 온 이스라엘이 와서
르호보암에게 말하여 이르되
4 왕의 아버지께서 우리의 멍에를 무
겁게 하였으나 왕은 이제 왕의 아
버지께서 우리에게 시킨 고역과 메
운 무거운 멍에를 가볍게 하소서
그리하시면 우리가 왕을 섬기겠나
이다
5 르호보암이 그들에게 대답하되 삼
일 후에 다시 내게로 오라 하매 백
성이 가니라
6 르호보암 왕이 그의 아버지 솔로몬
의 생전에 그 앞에 모셨던 원로들
과 의논하여 이르되 너희는 이 백
성에게 어떻게 대답하도록 권고하
겠느냐 하니
7 그들이 대답하여 이르되 왕이 만일
이 백성을 후대하여 기쁘게 하고
선한 말을 하시면 그들이 영원히 왕
의 종이 되리이다 하나
8 왕은 원로들이 가르치는 것을 버리
고 그 앞에 모시고 있는 자기와 함
께 자라난 젊은 신하들과 의논하여
9 이르되 너희는 이 백성에게 어떻
게 대답하도록 권고하겠느냐 백성
이 내게 말하기를 왕의 아버지께서
우리에게 메운 멍에를 가볍게 하라
하였느니라 하니
10 함께 자라난 젊은 신하들이 왕께
말하여 이르되 이 백성들이 왕께
아뢰기를 왕의 아버지께서 우리의
멍에를 무겁게 하였으나 왕은 우리
를 위하여 가볍게 하라 하였은즉
왕은 대답하시기를 내 새끼 손가락
이 내 아버지의 허리보다 굵으니
11 내 아버지가 너희에게 무거운 멍에
를 메게 하였으나 이제 나는 너희
의 멍에를 더욱 무겁게 할지라 내
아버지는 가죽 채찍으로 너희를 치
셨으나 나는 전갈 채찍으로 하리라
하소서 하더라
12 삼 일 만에 여로보암과 모든 백성
이 르호보암에게 나왔으니 이는 왕
이 명령하여 이르기를 삼 일 만에
내게로 다시 오라 하였음이라
13 왕이 포학한 말로 대답할새 르호보
암이 원로들의 가르침을 버리고
14 젊은 신하들의 가르침을 따라 그
들에게 말하여 이르되 내 아버지는
너희의 멍에를 무겁게 하였으나 나
는 더 무겁게 할지라 내 아버지는
가죽 채찍으로 너희를 치셨으나 나
는 전갈 채찍으로 치리라 하니라
15 왕이 이같이 백성의 말을 듣지 아니

기록일 : . . .

하였으니 이 일은 하나님께로 말미
암아 난 것이라 야훼께서 전에 실
로 사람 아히야로 하여금 느밧의
아들 여로보암에게 이르신 말씀을
응하게 하심이더라
16 온 이스라엘은 왕이 자기들의 말을
듣지 아니함을 보고 왕에게 대답하
여 이르되 우리가 다윗과 무슨 관
계가 있느냐 이새의 아들에게서 받
을 유산이 없도다 이스라엘아 각각
너희의 장막으로 돌아가라 다윗이
여 이제 너는 네 집이나 돌보라 하
고 온 이스라엘이 그들의 장막으로
돌아가니라
17 그러나 유다 성읍들에 사는 이스라
엘 자손들에게는 르호보암이 그들
의 왕이 되었더라
18 르호보암 왕이 역군의 감독 하도람
을 보냈더니 이스라엘 자손이 저를
돌로 쳐 죽인지라 르호보암 왕이
급히 수레에 올라 예루살렘으로 도
망하였더라
19 이에 이스라엘이 다윗의 집을 배반
하여 오늘날까지 이르니라
11 르호보암이 예루살렘에 이르러
유다와 베냐민 족속을 모으니 택한
용사가 십팔만 명이라 이스라엘과
싸워 나라를 회복하여 르호보암에
게 돌리려 하더니
2 야훼의 말씀이 하나님의 사람 스마
야에게 임하여 이르시되
3 솔로몬의 아들 유다 왕 르호보암과
유다와 베냐민에 속한 모든 이스라
엘 무리에게 말하여 이르기를
4 야훼께서 이같이 말씀하시기를 너
희는 올라가지 말라 너희 형제와
싸우지 말고 각기 집으로 돌아가라
이 일이 내게로 말미암아 난 것이라
하셨다 하라 하신지라 그들이 야훼
의 말씀을 듣고 돌아가고 여로보암
을 치러 가던 길에서 되돌아왔더라
5 르호보암이 예루살렘에 살면서 유
다 땅에 방비하는 성읍들을 건축하
였으니
6 곧 베들레헴과 에담과 드고아와
7 벧술과 소고와 아둘람과
8 가드와 마레사와 십과
9 아도라임과 라기스와 아세가와
10 소라와 아얄론과 헤브론이니 다 유
다와 베냐민 땅에 있어 견고한 성
읍들이라
11 르호보암이 그 방비하는 성읍들을
더욱 견고하게 하고 지휘관들을 그
가운데에 두고 양식과 기름과 포도
주를 저축하고
12 모든 성읍에 방패와 창을 두어 매
우 강하게 하니라 유다와 베냐민이
르호보암에게 속하였더라
13 온 이스라엘의 제사장들과 레위 사
람들이 그들의 모든 지방에서부터

르호보암에게 돌아오되
14 레위 사람들이 자기들의 마을들과
산업을 떠나 유다와 예루살렘에 이
르렀으니 이는 여로보암과 그의 아
들들이 그들을 해임하여 야훼께 제
사장의 직분을 행하지 못하게 하고
15 여로보암이 여러 산당과 숫염소 우
상과 자기가 만든 송아지 우상을
위하여 친히 제사장들을 세움이라
16 이스라엘 모든 지파 중에 마음을
굳게 하여 이스라엘의 하나님 야훼
를 찾는 자들이 레위 사람들을 따
라 예루살렘에 이르러 그들의 조상
들의 하나님 야훼께 제사하고자 한
지라
17 그러므로 삼 년 동안 유다 나라를
도와 솔로몬의 아들 르호보암을 강
성하게 하였으니 이는 무리가 삼 년
동안을 다윗과 솔로몬의 길로 행하
였음이더라
18 르호보암이 다윗의 아들 여리못의
딸 마할랏을 아내로 삼았으니 마할
랏은 이새의 아들 엘리압의 딸 아
비하일의 소생이라
19 그가 아들들 곧 여우스와 스마랴와
사함을 낳았으며
20 그 후에 압살롬의 딸 마아가에게
장가 들었더니 그가 아비야와 앗대
와 시사와 슬로밋을 낳았더라
21 르호보암은 아내 열여덟 명과 첩
예순 명을 거느려 아들 스물여덟 명
과 딸 예순 명을 낳았으나 압살롬
의 딸 마아가를 모든 처첩보다 더
사랑하여
22 르호보암은 마아가의 아들 아비야
를 후계자로 세웠으니 이는 그의
형제들 가운데 지도자로 삼아 왕으
로 세우고자 함이었더라
23 르호보암이 지혜롭게 행하여 그의
모든 아들들을 유다와 베냐민의 온
땅 모든 견고한 성읍에 흩어 살게
하고 양식을 후히 주고 아내를 많
이 구하여 주었더라

12

르호보암의 나라가 견고하고 세
력이 강해지매 그가 야훼의 율법을
버리니 온 이스라엘이 본받은지라
2 그들이 야훼께 범죄하였으므로 르
호보암 왕 제오년에 애굽 왕 시삭
이 예루살렘을 치러 올라오니
3 그에게 병거가 천이백 대요 마병이
육만 명이며 애굽에서 그와 함께
온 백성 곧 리비아와 숙과 구스 사
람이 헤아릴 수 없이 많더라
4 시삭이 유다의 견고한 성읍들을 빼
앗고 예루살렘에 이르니
5 그 때에 유다 방백들이 시삭의 일
로 예루살렘에 모였는지라 선지자
스마야가 르호보암과 방백들에게
나아와 이르되 야훼께서 이같이 말
씀하시기를 너희가 나를 버렸으므

기록일 : . . .

로 나도 너희를 버려 시삭의 손에
넘겼노라 하셨다 한지라
6 이에 이스라엘 방백들과 왕이 스스
로 겸비하여 이르되 야훼는 의로우
시다 하매
7 야훼께서 그들이 스스로 겸비함을
보신지라 야훼의 말씀이 스마야에
게 임하여 이르시되 그들이 스스로
겸비하였으니 내가 멸하지 아니하
고 저희를 조금 구원하여 나의 노
를 시삭의 손을 통하여 예루살렘에
쏟지 아니하리라
8 그러나 그들이 시삭의 종이 되어
나를 섬기는 것과 세상 나라들을
섬기는 것이 어떠한지 알게 되리라
하셨더라
9 애굽 왕 시삭이 올라와서 예루살렘
을 치고 야훼의 전 보물과 왕궁의
보물을 모두 빼앗고 솔로몬이 만든
금 방패도 빼앗은지라
10 르호보암 왕이 그 대신에 놋으로
방패를 만들어 궁문을 지키는 경호
책임자들의 손에 맡기매
11 왕이 야훼의 전에 들어갈 때마다
경호하는 자가 그 방패를 들고 갔
다가 경호실로 도로 가져갔더라
12 르호보암이 스스로 겸비하였고 유
다에 선한 일도 있으므로 야훼께서
노를 돌이키사 다 멸하지 아니하셨
더라
13 르호보암 왕은 예루살렘에서 스스
로 세력을 굳게 하여 다스리니라
르호보암이 왕위에 오를 때에 나이
가 사십일 세라 예루살렘 곧 야훼
께서 이스라엘의 모든 지파 중에서
택하여 그의 이름을 두신 성에서 십
칠 년 동안 다스리니라 르호보암의
어머니의 이름은 나아마요 암몬 여
인이더라
14 르호보암이 악을 행하였으니 이는
그가 야훼를 구하는 마음을 굳게
하지 아니함이었더라
15 르호보암의 처음부터 끝까지의 행
적은 선지자 스마야와 선견자 잇도
의 족보책에 기록되지 아니하였느
냐 르호보암과 여로보암 사이에 항
상 전쟁이 있으니라
16 르호보암이 그의 조상들과 함께 누
우매 다윗 성에 장사되고 그의 아
들 아비야가 그를 대신하여 왕이
되니라

13

여로보암 왕 열여덟째 해에 아비
야가 유다의 왕이 되고
2 예루살렘에서 삼 년 동안 다스리니
라 그의 어머니의 이름은 미가야요
기브아 사람 우리엘의 딸이더라 아
비야가 여로보암과 더불어 싸울새
3 아비야는 싸움에 용감한 군사 사십
만 명을 택하여 싸움을 준비하였고
여로보암은 큰 용사 팔십만 명을

택하여 그와 대진한지라
4 아비야가 에브라임 산 중 스마라임
산 위에 서서 이르되 여로보암과
이스라엘 무리들아 다 들으라
5 이스라엘 하나님 야훼께서 소금 언
약으로 이스라엘 나라를 영원히 다
윗과 그의 자손에게 주신 것을 너
희가 알 것 아니냐
6 다윗의 아들 솔로몬의 신하 느밧의
아들 여로보암이 일어나 자기의 주
를 배반하고
7 난봉꾼과 잡배가 모여 따르므로 스
스로 강하게 되어 솔로몬의 아들
르호보암을 대적하였으나 그 때에
르호보암이 어리고 마음이 연약하
여 그들의 입을 능히 막지 못하였었
느니라
8 이제 너희가 또 다윗 자손의 손으
로 다스리는 야훼의 나라를 대적하
려 하는도다 너희는 큰 무리요 또
여로보암이 너희를 위하여 신으로
만든 금송아지들이 너희와 함께 있
도다
9 너희가 아론 자손인 야훼의 제사장
들과 레위 사람들을 쫓아내고 이방
백성들의 풍속을 따라 제사장을 삼
지 아니하였느냐 누구를 막론하고
어린 수송아지 한 마리와 숫양 일
곱 마리를 끌고 와서 장립을 받고
자 하는 자마다 허무한 신들의 제
사장이 될 수 있도다
10 우리에게는 야훼께서 우리 하나님
이 되시니 우리가 그를 배반하지
아니하였고 야훼를 섬기는 제사장
들이 있으니 아론의 자손이요 또
레위 사람들이 수종 들어
11 매일 아침 저녁으로 야훼 앞에 번
제를 드리며 분향하며 또 깨끗한
상에 진설병을 놓고 또 금 등잔대
가 있어 그 등에 저녁마다 불을 켜
나니 우리는 우리 하나님 야훼의
계명을 지키나 너희는 그를 배반하
였느니라
12 하나님이 우리와 함께 하사 우리의
머리가 되시고 그의 제사장들도 우
리와 함께 하여 전쟁의 나팔을 불
어 너희를 공격하느니라 이스라엘
자손들아 너희 조상들의 하나님 야
훼와 싸우지 말라 너희가 형통하지
못하리라
13 여로보암이 유다의 뒤를 둘러 복병
하였으므로 그 앞에는 이스라엘 사
람들이 있고 그 뒤에는 복병이 있
는지라
14 유다 사람이 뒤를 돌아보고 자기 앞
뒤의 적병으로 말미암아 야훼께 부
르짖고 제사장들은 나팔을 부니라
15 유다 사람이 소리 지르매 유다 사
람이 소리 지를 때에 하나님이 여
로보암과 온 이스라엘을 아비야와

기록일 : . . .

유다 앞에서 치시니
16 이스라엘 자손이 유다 앞에서 도망
하는지라 하나님이 그들의 손에 넘
기셨으므로
17 아비야와 그의 백성이 크게 무찌르
니 이스라엘이 택한 병사들이 죽임
을 당하고 엎드러진 자들이 오십만
명이었더라
18 그 때에 이스라엘 자손이 항복하고
유다 자손이 이겼으니 이는 그들이
그들의 조상들의 하나님 야훼를 의
지하였음이라
19 아비야가 여로보암을 쫓아가서 그
의 성읍들을 빼앗았으니 곧 벧엘과
그 동네들과 여사나와 그 동네들과
에브론과 그 동네들이라
20 아비야 때에 여로보암이 다시 강
성하지 못하고 야훼의 치심을 입어
죽었고
21 아비야는 점점 강성하며 아내 열넷
을 거느려 아들 스물둘과 딸 열여
섯을 낳았더라
22 아비야의 남은 사적과 그의 행위와
그의 말은 선지자 잇도의 주석 책
에 기록되니라

14 아비야가 그의 조상들과 함께 누
우매 다윗 성에 장사되고 그의 아
들 아사가 대신하여 왕이 되니 그
의 시대에 그의 땅이 십 년 동안 평
안하니라
2 아사가 그의 하나님 야훼 보시기에
선과 정의를 행하여
3 이방 제단과 산당을 없애고 주상을
깨뜨리며 아세라 상을 찍고
4 유다 사람에게 명하여 그 조상들의
하나님 야훼를 찾게 하며 그의 율
법과 명령을 행하게 하고
5 또 유다 모든 성읍에서 산당과 태
양상을 없애매 나라가 그 앞에서
평안함을 누리니라
6 야훼께서 아사에게 평안을 주셨으
므로 그 땅이 평안하여 여러 해 싸
움이 없은지라 그가 견고한 성읍들
을 유다에 건축하니라
7 아사가 일찍이 유다 사람에게 이르
되 우리가 우리 하나님 야훼를 찾
았으므로 이 땅이 아직 우리 앞에
있나니 우리가 이 성읍들을 건축하
고 그 주위에 성곽과 망대와 문과
빗장을 만들자 우리가 주를 찾았
으므로 주께서 우리 사방에 평안을
주셨느니라 하고 이에 그들이 성읍
을 형통하게 건축하였더라
8 아사의 군대는 유다 중에서 큰 방
패와 창을 잡는 자가 삼십만 명이
요 베냐민 중에서 작은 방패를 잡
으며 활을 당기는 자가 이십팔만
명이라 그들은 다 큰 용사였더라
9 구스 사람 세라가 그들을 치려 하
여 군사 백만 명과 병거 삼백 대를

거느리고 마레사에 이르매
10 아사가 마주 나가서 마레사의 스바
다 골짜기에 전열을 갖추고
11 아사가 그의 하나님 야훼께 부르짖
어 이르되 야훼여 힘이 강한 자와
약한 자 사이에는 주밖에 도와 줄
이가 없사오니 우리 하나님 야훼여
우리를 도우소서 우리가 주를 의지
하오며 주의 이름을 의탁하옵고 이
많은 무리를 치러 왔나이다 야훼여
주는 우리 하나님이시오니 원하건
대 사람이 주를 이기지 못하게 하
옵소서 하였더니
12 야훼께서 구스 사람들을 아사와 유
다 사람들 앞에서 치시니 구스 사
람들이 도망하는지라
13 아사와 그와 함께 한 백성이 구스
사람들을 추격하여 그랄까지 이르
매 이에 구스 사람들이 엎드러지고
살아 남은 자가 없었으니 이는 야
훼 앞에서와 그의 군대 앞에서 패
망하였음이라 노략한 물건이 매우
많았더라
14 야훼께서 그랄 사면 모든 성읍 백
성을 두렵게 하시니 무리가 그의
모든 성읍을 치고 그 가운데에 있
는 많은 물건을 노략하고
15 또 짐승 지키는 천막을 치고 양과
낙타를 많이 이끌고 예루살렘으로
돌아왔더라

15 하나님의 영이 오뎃의 아들 아사
랴에게 임하시매
2 그가 나가서 아사를 맞아 이르되
아사와 및 유다와 베냐민의 무리들
아 내 말을 들으라 너희가 야훼와
함께 하면 야훼께서 너희와 함께
하실지라 너희가 만일 그를 찾으면
그가 너희와 만나게 되시려니와 너
희가 만일 그를 버리면 그도 너희
를 버리시리라
3 이스라엘에는 참 신이 없고 가르치
는 제사장도 없고 율법도 없은 지
가 오래 되었으나
4 그들이 그 환난 때에 이스라엘 하
나님 야훼께로 돌아가서 찾으매 그
가 그들과 만나게 되셨나니
5 그 때에 온 땅의 모든 주민이 크게
요란하여 사람의 출입이 평안하지
못하며
6 이 나라와 저 나라가 서로 치고 이
성읍이 저 성읍과 또한 그러하여 피
차 상한 바 되었나니 이는 하나님
이 여러 가지 고난으로 요란하게
하셨음이라
7 그런즉 너희는 강하게 하라 너희의
손이 약하지 않게 하라 너희 행위
에는 상급이 있음이라 하니라
8 아사가 이 말 곧 선지자 오뎃의 예
언을 듣고 마음을 강하게 하여 가
증한 물건들을 유다와 베냐민 온

기록일 : . . .

땅에서 없애고 또 에브라임 산지에
서 빼앗은 성읍들에서도 없애고 또
야훼의 낭실 앞에 있는 야훼의 제
단을 재건하고
9 또 유다와 베냐민의 무리를 모으
고 에브라임과 므낫세와 시므온 가
운데에서 나와서 저희 중에 머물러
사는 자들을 모았으니 이는 이스라
엘 사람들이 아사의 하나님 야훼께
서 그와 함께 하심을 보고 아사에
게로 돌아오는 자가 많았음이더라
10 아사 왕 제십오년 셋째 달에 그들
이 예루살렘에 모이고
11 그 날에 노략하여 온 물건 중에서
소 칠백 마리와 양 칠천 마리로 야
훼께 제사를 지내고
12 또 마음을 다하고 목숨을 다하여
조상들의 하나님 야훼를 찾기로 언
약하고
13 이스라엘 하나님 야훼를 찾지 아니
하는 자는 대소 남녀를 막론하고
죽이는 것이 마땅하다 하고
14 무리가 큰 소리로 외치며 피리와 나
팔을 불어 야훼께 맹세하매
15 온 유다가 이 맹세를 기뻐한지라
무리가 마음을 다하여 맹세하고 뜻
을 다하여 야훼를 찾았으므로 야훼
께서도 그들을 만나 주시고 그들의
사방에 평안을 주셨더라
16 아사 왕의 어머니 마아가가 아세라
의 가증한 목상을 만들었으므로 아
사가 그의 태후의 자리를 폐하고
그의 우상을 찍고 빻아 기드론 시
냇가에서 불살랐으니
17 산당은 이스라엘 중에서 제하지 아
니하였으나 아사의 마음이 일평생
온전하였더라
18 그가 또 그의 아버지가 구별한 물
건과 자기가 구별한 물건 곧 은과
금과 그릇들을 하나님의 전에 드렸
더니
19 이 때부터 아사 왕 제삼십오년까지
다시는 전쟁이 없으니라

16

아사 왕 제삼십육년에 이스라엘
왕 바아사가 유다를 치러 올라와
서 라마를 건축하여 사람을 유다 왕
아사에게 왕래하지 못하게 하려 한
지라
2 아사가 야훼의 전 곳간과 왕궁 곳간
의 은금을 내어다가 다메섹에 사는
아람 왕 벤하닷에게 보내며 이르되
3 내 아버지와 당신의 아버지 사이에
와 같이 나와 당신 사이에 약조하
자 내가 당신에게 은금을 보내노
니 와서 이스라엘 왕 바아사와 세
운 약조를 깨뜨려 그가 나를 떠나
게 하라 하매
4 벤하닷이 아사 왕의 말을 듣고 그
의 군대 지휘관들을 보내어 이스라
엘 성읍들을 치되 이욘과 단과 아

기록일 : . . .

벧마임과 납달리의 모든 국고성들
을 쳤더니
5 바아사가 듣고 라마 건축하는 일을
포기하고 그 공사를 그친지라
6 아사 왕이 온 유다 무리를 거느리
고 바아사가 라마를 건축하던 돌과
재목을 운반하여다가 게바와 미스
바를 건축하였더라
7 그 때에 선견자 하나니가 유다 왕
아사에게 나와서 그에게 이르되 왕
이 아람 왕을 의지하고 왕의 하나
님 야훼를 의지하지 아니하였으므
로 아람 왕의 군대가 왕의 손에서
벗어났나이다
8 구스 사람과 룹 사람의 군대가 크
지 아니하며 말과 병거가 심히 많지
아니하더이까 그러나 왕이 야훼를
의지하였으므로 야훼께서 왕의 손
에 넘기셨나이다
9 야훼의 눈은 온 땅을 두루 감찰하
사 전심으로 자기에게 향하는 자들
을 위하여 능력을 베푸시나니 이 일
은 왕이 망령되이 행하였은즉 이
후부터는 왕에게 전쟁이 있으리이
다 하매
10 아사가 노하여 선견자를 옥에 가두
었으니 이는 그의 말에 크게 노하
였음이며 그 때에 아사가 또 백성
중에서 몇 사람을 학대하였더라
11 아사의 처음부터 끝까지의 행적은
유다와 이스라엘 열왕기에 기록되
니라
12 아사가 왕이 된 지 삼십구 년에 그
의 발이 병들어 매우 위독했으나 병
이 있을 때에 그가 야훼께 구하지
아니하고 의원들에게 구하였더라
13 아사가 왕위에 있은 지 사십일 년
후에 죽어 그의 조상들과 함께 누
우매
14 다윗 성에 자기를 위하여 파 두었
던 묘실에 무리가 장사하되 그의
시체를 법대로 만든 각양 향 재료
를 가득히 채운 상에 두고 또 그것
을 위하여 많이 분향하였더라

17 아사의 아들 여호사밧이 대신하
여 왕이 되어 스스로 강하게 하여
이스라엘을 방어하되
2 유다 모든 견고한 성읍에 군대를
주둔시키고 또 유다 땅과 그의 아
버지 아사가 정복한 에브라임 성읍
들에 영문을 두었더라
3 야훼께서 여호사밧과 함께 하셨으
니 이는 그가 그의 조상 다윗의 처
음 길로 행하여 바알들에게 구하지
아니하고
4 오직 그의 아버지의 하나님께 구하
며 그의 계명을 행하고 이스라엘의
행위를 따르지 아니하였음이라
5 그러므로 야훼께서 나라를 그의 손
에서 견고하게 하시매 유다 무리가

기록일 : . . .

여호사밧에게 예물을 드렸으므로
그가 부귀와 영광을 크게 떨쳤더라
6 그가 전심으로 야훼의 길을 걸어
산당들과 아세라 목상들도 유다에
서 제거하였더라
7 그가 왕위에 있은 지 삼 년에 그의
방백들 벤하일과 오바댜와 스가랴
와 느다넬과 미가야를 보내어 유다
여러 성읍에 가서 가르치게 하고
8 또 그들과 함께 레위 사람 스마야
와 느다냐와 스바댜와 아사헬과
스미라못과 여호나단과 아도니야
와 도비야와 도바도니야 등 레위
사람들을 보내고 또 저희와 함께
제사장 엘리사마와 여호람을 보내
었더니
9 그들이 야훼의 율법책을 가지고 유
다에서 가르치되 그 모든 유다 성
읍들로 두루 다니며 백성들을 가르
쳤더라
10 야훼께서 유다 사방의 모든 나라에
두려움을 주사 여호사밧과 싸우지
못하게 하시매
11 블레셋 사람들 중에서는 여호사밧
에게 예물을 드리며 은으로 조공을
바쳤고 아라비아 사람들도 짐승 떼
곧 숫양 칠천칠백 마리와 숫염소 칠
천칠백 마리를 드렸더라
12 여호사밧이 점점 강대하여 유다에
견고한 요새와 국고성을 건축하고
13 유다 여러 성에 공사를 많이 하고
또 예루살렘에 크게 용맹스러운 군
사를 두었으니
14 군사의 수효가 그들의 족속대로 이
러하니라 유다에 속한 천부장 중에
는 아드나가 으뜸이 되어 큰 용사
삼십만 명을 거느렸고
15 그 다음은 지휘관 여호하난이니 이
십팔만 명을 거느렸고
16 그 다음은 시그리의 아들 아마시야
니 그는 자기를 야훼께 즐거이 드
린 자라 큰 용사 이십만 명을 거느
렸고
17 베냐민에 속한 자 중에 큰 용사 엘
리아다는 활과 방패를 잡은 자 이
십만 명을 거느렸고
18 그 다음은 여호사밧이라 싸움을 준
비한 자 십팔만 명을 거느렸으니
19 이는 다 왕을 모시는 자요 이 외에
또 온 유다 견고한 성읍들에 왕이
군사를 두었더라

18

여호사밧이 부귀와 영광을 크게
떨쳤고 아합 가문과 혼인함으로 인
척 관계를 맺었더라
2 이 년 후에 그가 사마리아의 아합
에게 내려갔더니 아합이 그와 시종
을 위하여 양과 소를 많이 잡고 함
께 가서 길르앗 라못 치기를 권하
였더라
3 이스라엘 왕 아합이 유다 왕 여호

사밧에게 이르되 당신이 나와 함
께 길르앗 라못으로 가시겠느냐 하
니 여호사밧이 대답하되 나는 당신
과 다름이 없고 내 백성은 당신의
백성과 다름이 없으니 당신과 함께
싸우리이다 하는지라
4 여호사밧이 또 이스라엘 왕에게 이
르되 청하건대 먼저 야훼의 말씀
이 어떠하신지 오늘 물어 보소서
하더라
5 이스라엘 왕이 이에 선지자 사백 명
을 모으고 그들에게 이르되 우리가
길르앗 라못에 가서 싸우랴 말랴
하니 그들이 이르되 올라가소서 하
나님이 그 성읍을 왕의 손에 붙이
시리이다 하더라
6 여호사밧이 이르되 이 외에 우리가
물을 만한 야훼의 선지자가 여기
있지 아니하니이까 하니
7 이스라엘 왕이 여호사밧에게 이르
되 아직도 이믈라의 아들 미가야
한 사람이 있으니 그로 말미암아
야훼께 물을 수 있으나 그는 내게
대하여 좋은 일로는 예언하지 아니
하고 항상 나쁜 일로만 예언하기로
내가 그를 미워하나이다 하더라 여
호사밧이 이르되 왕은 그런 말씀을
마소서 하니
8 이스라엘 왕이 한 내시를 불러 이
르되 이믈라의 아들 미가야를 속히
오게 하라 하니라
9 이스라엘 왕과 유다 왕 여호사밧이
왕복을 입고 사마리아 성문 어귀 광
장에서 각기 보좌에 앉았고 여러 선
지자들이 그 앞에서 예언을 하는데
10 그나아나의 아들 시드기야는 철로
뿔들을 만들어 가지고 말하되 야훼
께서 이같이 말씀하시기를 왕이 이
것들로 아람 사람을 찔러 진멸하리
라 하셨다 하고
11 여러 선지자들도 그와 같이 예언하
여 이르기를 길르앗 라못으로 올라
가서 승리를 거두소서 야훼께서 그
성읍을 왕의 손에 넘기시리이다 하
더라
12 미가야를 부르러 간 사자가 그에게
말하여 이르되 선지자들의 말이 하
나 같이 왕에게 좋게 말하니 청하
건대 당신의 말도 그들 중 한 사람
처럼 좋게 말하소서 하니
13 미가야가 이르되 야훼께서 살아 계
심을 두고 맹세하노니 내 하나님께
서 말씀하시는 것 곧 그것을 내가
말하리라 하고
14 이에 왕에게 이르니 왕이 그에게
이르되 미가야야 우리가 길르앗 라
못으로 싸우러 가랴 말랴 하는지라
이르되 올라가서 승리를 거두소서
그들이 왕의 손에 넘긴 바 되리이
다 하니

기록일 : . . .

15 왕이 그에게 이르되 야훼의 이름
으로 진실한 것 이외에는 아무것도
말하지 말라고 내가 몇 번이나 네
게 맹세하게 하여야 하겠느냐 하니
16 그가 이르되 내가 보니 온 이스라
엘이 목자 없는 양 같이 산에 흩어
졌는데 야훼의 말씀이 이 무리가
주인이 없으니 각각 평안히 자기들
의 집으로 돌아갈 것이니라 하셨나
이다 하는지라
17 이스라엘 왕이 여호사밧에게 이르
되 저 사람이 내게 대하여 좋은 일
로 예언하지 아니하고 나쁜 일로만
예언할 것이라고 당신에게 말씀하
지 아니하였나이까 하더라
18 미가야가 이르되 그런즉 왕은 야훼
의 말씀을 들으소서 내가 보니 야
훼께서 그의 보좌에 앉으셨고 하
늘의 만군이 그의 좌우편에 모시고
섰는데
19 야훼께서 말씀하시기를 누가 이스
라엘 왕 아합을 꾀어 그에게 길르
앗 라못에 올라가서 죽게 할까 하
시니 하나는 이렇게 하겠다 하고
하나는 저렇게 하겠다 하였는데
20 한 영이 나와서 야훼 앞에 서서 말
하되 내가 그를 꾀겠나이다 하니
야훼께서 그에게 이르시되 어떻게
하겠느냐 하시니
21 그가 이르되 내가 나가서 거짓말하
는 영이 되어 그의 모든 선지자들
의 입에 있겠나이다 하니 야훼께서
이르시되 너는 꾀겠고 또 이루리라
나가서 그리하라 하셨은즉
22 이제 보소서 야훼께서 거짓말하는
영을 왕의 이 모든 선지자들의 입에
넣으셨고 또 야훼께서 왕에게 대하
여 재앙을 말씀하셨나이다 하니
23 그나아나의 아들 시드기야가 가까
이 와서 미가야의 뺨을 치며 이르
되 야훼의 영이 나를 떠나 어디로
가서 네게 말씀하더냐 하는지라
24 미가야가 이르되 네가 골방에 들어
가서 숨는 바로 그 날에 보리라 하
더라
25 이스라엘 왕이 이르되 미가야를 잡
아 시장 아몬과 왕자 요아스에게로
끌고 돌아가서
26 왕이 이같이 말하기를 이 놈을 옥
에 가두고 내가 평안히 돌아올 때
까지 고난의 떡과 고난의 물을 먹
게 하라 하셨나이다 하니
27 미가야가 이르되 왕이 참으로 평안
히 돌아오시게 된다면 야훼께서 내
게 말씀하지 아니하셨으리이다 하
고 또 이르되 너희 백성들아 다 들
을지어다 하니라
28 이스라엘 왕과 유다 왕 여호사밧이
길르앗 라못으로 올라가니라
29 이스라엘 왕이 여호사밧에게 이르

기록일 : . . .

되 나는 변장하고 전쟁터로 들어가
려 하노니 당신은 왕복을 입으소서
하고 이스라엘 왕이 변장하고 둘이
전쟁터로 들어가니라
30 아람 왕이 그의 병거 지휘관들에게
이미 명령하여 이르기를 너희는 작
은 자나 큰 자나 더불어 싸우지 말
고 오직 이스라엘 왕하고만 싸우라
한지라
31 병거의 지휘관들이 여호사밧을 보
고 이르되 이가 이스라엘 왕이라 하
고 돌아서서 그와 싸우려 한즉 여호
사밧이 소리를 지르매 야훼께서 그
를 도우시며 하나님이 그들을 감동
시키사 그를 떠나가게 하신지라
32 병거의 지휘관들이 그가 이스라엘
왕이 아님을 보고 추격을 그치고
돌아갔더라
33 한 사람이 무심코 활을 당겨 이스라
엘 왕의 갑옷 솔기를 쏜지라 왕이
그의 병거 모는 자에게 이르되 내가
부상하였으니 네 손을 돌려 나를 진
중에서 나가게 하라 하였으나
34 이 날의 전쟁이 맹렬하였으므로 이
스라엘 왕이 병거에서 겨우 지탱하
며 저녁 때까지 아람 사람을 막다
가 해가 질 즈음에 죽었더라

19 유다 왕 여호사밧이 평안히 예루
살렘에 돌아와서 그의 궁으로 들어
가니라
2 하나니의 아들 선견자 예후가 나가
서 여호사밧 왕을 맞아 이르되 왕
이 악한 자를 돕고 야훼를 미워하
는 자들을 사랑하는 것이 옳으니이
까 그러므로 야훼께로부터 진노하
심이 왕에게 임하리이다
3 그러나 왕에게 선한 일도 있으니 이
는 왕이 아세라 목상들을 이 땅에
서 없애고 마음을 기울여 하나님을
찾음이니이다 하였더라
4 여호사밧이 예루살렘에 살더니 다
시 나가서 브엘세바에서부터 에브
라임 산지까지 민간에 두루 다니며
그들을 그들의 조상들의 하나님 야
훼께로 돌아오게 하고
5 또 유다 온 나라의 견고한 성읍에
재판관을 세우되 성읍마다 있게
하고
6 재판관들에게 이르되 너희가 재판
하는 것이 사람을 위하여 할 것인지
야훼를 위하여 할 것인지를 잘 살
피라 너희가 재판할 때에 야훼께서
너희와 함께 하심이니라
7 그런즉 너희는 야훼를 두려워하는
마음으로 삼가 행하라 우리의 하나
님 야훼께서는 불의함도 없으시고
치우침도 없으시고 뇌물을 받는 일
도 없으시니라 하니라
8 여호사밧이 또 예루살렘에서 레위
사람들과 제사장들과 이스라엘 족

기록일 : . . .

장들 중에서 사람을 세워 야훼께
속한 일과 예루살렘 주민의 모든
송사를 재판하게 하고
9 그들에게 명령하여 이르되 너희는
진실과 성심을 다하여 야훼를 경외
하라
10 어떤 성읍에 사는 너희 형제가 혹
피를 흘림이나 혹 율법이나 계명이
나 율례나 규례로 말미암아 너희에
게 와서 송사하거든 어떤 송사든지
그들에게 경고하여 야훼께 죄를 범
하지 않게 하여 너희와 너희 형제에
게 진노하심이 임하지 말게 하라 너
희가 이렇게 행하면 죄가 없으리라
11 야훼께 속한 모든 일에는 대제사장
아마랴가 너희를 다스리고 왕에게
속한 모든 일은 유다 지파의 어른
이스마엘의 아들 스바댜가 다스리
고 레위 사람들은 너희 앞에 관리
가 되리라 너희는 힘써 행하라 야
훼께서 선한 자와 함께 하실지로다
하니라

20 그 후에 모압 자손과 암몬 자손
들이 마온 사람들과 함께 와서 여
호사밧을 치고자 한지라
2 어떤 사람이 와서 여호사밧에게 전
하여 이르되 큰 무리가 바다 저쪽
아람에서 왕을 치러 오는데 이제
하사손다말 곧 엔게디에 있나이다
하니
3 여호사밧이 두려워하여 야훼께로
낯을 향하여 간구하고 온 유다 백
성에게 금식하라 공포하매
4 유다 사람이 야훼께 도우심을 구하
려 하여 유다 모든 성읍에서 모여
와서 야훼께 간구하더라
5 여호사밧이 야훼의 전 새 뜰 앞에
서 유다와 예루살렘의 회중 가운데
서서
6 이르되 우리 조상들의 하나님 야훼
여 주는 하늘에서 하나님이 아니시
니이까 이방 사람들의 모든 나라
를 다스리지 아니하시나이까 주의
손에 권세와 능력이 있사오니 능히
주와 맞설 사람이 없나이다
7 우리 하나님이시여 전에 이 땅 주민
을 주의 백성 이스라엘 앞에서 쫓
아내시고 그 땅을 주께서 사랑하시
는 아브라함의 자손에게 영원히 주
지 아니하셨나이까
8 그들이 이 땅에 살면서 주의 이름
을 위하여 한 성소를 주를 위해 건
축하고 이르기를
9 만일 재앙이나 난리나 견책이나 전
염병이나 기근이 우리에게 임하면
주의 이름이 이 성전에 있으니 우
리가 이 성전 앞과 주 앞에 서서 이
환난 가운데에서 주께 부르짖은즉
들으시고 구원하시리라 하였나이다
10 옛적에 이스라엘이 애굽 땅에서 나

올 때에 암몬 자손과 모압 자손과
세일 산 사람들을 침노하기를 주께
서 용납하지 아니하시므로 이에 돌
이켜 그들을 떠나고 멸하지 아니하
였거늘
11 이제 그들이 우리에게 갚는 것을
보옵소서 그들이 와서 주께서 우
리에게 주신 주의 기업에서 우리를
쫓아내고자 하나이다
12 우리 하나님이여 그들을 징벌하지
아니하시나이까 우리를 치러 오는
이 큰 무리를 우리가 대적할 능력이
없고 어떻게 할 줄도 알지 못하옵
고 오직 주만 바라보나이다 하고
13 유다 모든 사람들이 그들의 아내와
자녀와 어린이와 더불어 야훼 앞에
섰더라
14 야훼의 영이 회중 가운데에서 레위
사람 야하시엘에게 임하셨으니 그
는 아삽 자손 맛다냐의 현손이요
여이엘의 증손이요 브나야의 손자
요 스가랴의 아들이더라
15 야하시엘이 이르되 온 유다와 예루
살렘 주민과 여호사밧 왕이여 들을
지어다 야훼께서 이같이 너희에게
말씀하시기를 너희는 이 큰 무리로
말미암아 두려워하거나 놀라지 말
라 이 전쟁은 너희에게 속한 것이
아니요 하나님께 속한 것이니라
16 내일 너희는 그들에게로 내려가라
그들이 시스 고개로 올라올 때에
너희가 골짜기 어귀 여루엘 들 앞
에서 그들을 만나려니와
17 이 전쟁에는 너희가 싸울 것이 없
나니 대열을 이루고 서서 너희와 함
께 한 야훼가 구원하는 것을 보라
유다와 예루살렘아 너희는 두려워
하지 말며 놀라지 말고 내일 그들
을 맞서 나가라 야훼가 너희와 함
께 하리라 하셨느니라 하매
18 여호사밧이 몸을 굽혀 얼굴을 땅에
대니 온 유다와 예루살렘 주민들도
야훼 앞에 엎드려 야훼께 경배하고
19 그핫 자손과 고라 자손에게 속한
레위 사람들은 서서 심히 큰 소리
로 이스라엘 하나님 야훼를 찬송하
니라
20 이에 백성들이 아침에 일찍이 일어
나서 드고아 들로 나가니라 나갈
때에 여호사밧이 서서 이르되 유다
와 예루살렘 주민들아 내 말을 들
을지어다 너희는 너희 하나님 야훼
를 신뢰하라 그리하면 견고히 서리
라 그의 선지자들을 신뢰하라 그리
하면 형통하리라 하고
21 백성과 더불어 의논하고 노래하는
자들을 택하여 거룩한 예복을 입히
고 군대 앞에서 행진하며 야훼를
찬송하여 이르기를 야훼께 감사하
세 그의 인자하심이 영원하도다 하

기록일 : . . .

게 하였더니
22 그 노래와 찬송이 시작될 때에 야
훼께서 복병을 두어 유다를 치러
온 암몬 자손과 모압과 세일 산 주
민들을 치게 하시므로 그들이 패하
였으니
23 곧 암몬과 모압 자손이 일어나 세
일 산 주민들을 쳐서 진멸하고 세일
주민들을 멸한 후에는 그들이 서로
쳐죽였더라
24 유다 사람이 들 망대에 이르러 그
무리를 본즉 땅에 엎드러진 시체들
뿐이요 한 사람도 피한 자가 없는
지라
25 여호사밧과 그의 백성이 가서 적군
의 물건을 탈취할새 본즉 그 가운
데에 재물과 의복과 보물이 많이
있으므로 각기 탈취하는데 그 물건
이 너무 많아 능히 가져갈 수 없을
만큼 많으므로 사흘 동안에 거두어
들이고
26 넷째 날에 무리가 브라가 골짜기에
모여서 거기서 야훼를 송축한지라
그러므로 오늘날까지 그 곳을 브라
가 골짜기라 일컫더라
27 유다와 예루살렘 모든 사람이 다시
여호사밧을 선두로 하여 즐겁게 예
루살렘으로 돌아왔으니 이는 야훼
께서 그들이 그 적군을 이김으로써
즐거워하게 하셨음이라
28 그들이 비파와 수금과 나팔을 합주
하고 예루살렘에 이르러 야훼의 전
에 나아가니라
29 이방 모든 나라가 야훼께서 이스라
엘의 적군을 치셨다 함을 듣고 하
나님을 두려워하므로
30 여호사밧의 나라가 태평하였으니
이는 그의 하나님이 사방에서 그들
에게 평강을 주셨음이더라
31 여호사밧이 유다의 왕이 되어 왕위
에 오를 때에 나이가 삼십오 세라
예루살렘에서 이십오 년 동안 다스
리니라 그의 어머니의 이름은 아수
바라 실히의 딸이더라
32 여호사밧이 그의 아버지 아사의 길
로 행하여 돌이켜 떠나지 아니하고
야훼 보시기에 정직하게 행하였으나
33 산당만은 철거하지 아니하였으므로
백성이 여전히 마음을 정하여 그들
의 조상들의 하나님께로 돌아오지
아니하였더라
34 이 외에 여호사밧의 시종 행적은
하나니의 아들 예후의 글에 다 기
록되었고 그 글은 이스라엘 열왕기
에 올랐더라
35 유다 왕 여호사밧이 나중에 이스
라엘 왕 아하시야와 교제하였는데
아하시야는 심히 악을 행하는 자였
더라
36 두 왕이 서로 연합하고 배를 만들

기록일 : . . .

어 다시스로 보내고자 하여 에시온
게벨에서 배를 만들었더니
37 마레사 사람 도다와후의 아들 엘리
에셀이 여호사밧을 향하여 예언하
여 이르되 왕이 아하시야와 교제하
므로 야훼께서 왕이 지은 것들을 파
하시리라 하더니 이에 그 배들이 부
서져서 다시스로 가지 못하였더라

21 여호사밧이 그의 조상들과 함께
누우매 그의 조상들과 함께 다윗
성에 장사되고 그의 아들 여호람이
대신하여 왕이 되니라
2 여호사밧의 아들 여호람의 아우들
아사랴와 여히엘과 스가랴와 아사
랴와 미가엘과 스바댜는 다 유다
왕 여호사밧의 아들들이라
3 그의 아버지가 그들에게는 은금과
보물과 유다 견고한 성읍들을 선물
로 후히 주었고 여호람은 장자이므
로 왕위를 주었더니
4 여호람이 그의 아버지의 왕국을 다
스리게 되어 세력을 얻은 후에 그
의 모든 아우들과 이스라엘 방백들
중 몇 사람을 칼로 죽였더라
5 여호람이 왕위에 오를 때에 나이가
삼십이 세라 예루살렘에서 팔 년
동안 다스리니라
6 그가 이스라엘 왕들의 길로 행하
여 아합의 집과 같이 하였으니 이는
아합의 딸이 그의 아내가 되었음이
라 그가 야훼 보시기에 악을 행하
였으나
7 야훼께서 다윗의 집을 멸하기를 즐
겨하지 아니하셨음은 이전에 다윗
과 더불어 언약을 세우시고 또 다
윗과 그의 자손에게 항상 등불을
주겠다고 말씀하셨음이더라
8 여호람 때에 에돔이 배반하여 유
다의 지배하에서 벗어나 자기 위에
왕을 세우므로
9 여호람이 지휘관들과 모든 병거를
거느리고 출정하였더니 밤에 일어
나서 자기를 에워싼 에돔 사람과
그 병거의 지휘관들을 쳤더라
10 이와 같이 에돔이 배반하여 유다의
지배하에서 벗어났더니 오늘까지
그러하였으며 그 때에 립나도 배반
하여 여호람의 지배 하에서 벗어났
으니 이는 그가 그의 조상들의 하
나님 야훼를 버렸음이더라
11 여호람이 또 유다 여러 산에 산당
을 세워 예루살렘 주민으로 음행하
게 하고 또 유다를 미혹하게 하였
으므로
12 선지자 엘리야가 여호람에게 글을
보내어 이르되 왕의 조상 다윗의
하나님 야훼께서 이같이 말씀하시
기를 네가 네 아비 여호사밧의 길
과 유다 왕 아사의 길로 행하지 아
니하고

기록일 : . . .

13 오직 이스라엘 왕들의 길로 행하
여 유다와 예루살렘 주민들이 음행
하게 하기를 아합의 집이 음행하듯
하며 또 네 아비 집에서 너보다 착
한 아우들을 죽였으니
14 야훼가 네 백성과 네 자녀들과 네
아내들과 네 모든 재물을 큰 재앙
으로 치시리라
15 또 너는 창자에 중병이 들고 그 병
이 날로 중하여 창자가 빠져나오리
라 하셨다 하였더라
16 야훼께서 블레셋 사람들과 구스에
서 가까운 아라비아 사람들의 마음
을 격동시키사 여호람을 치게 하셨
으므로
17 그들이 올라와서 유다를 침략하여
왕궁의 모든 재물과 그의 아들들
과 아내들을 탈취하였으므로 막내
아들 여호아하스 외에는 한 아들도
남지 아니하였더라
18 이 모든 일 후에 야훼께서 여호람
을 치사 능히 고치지 못할 병이 그
창자에 들게 하셨으므로
19 여러 날 후 이 년 만에 그의 창자가
그 병으로 말미암아 빠져나오매 그
가 그 심한 병으로 죽으니 백성이
그들의 조상들에게 분향하던 것 같
이 그에게 분향하지 아니하였으며
20 여호람이 삼십이 세에 즉위하고 예
루살렘에서 팔 년 동안 다스리다가
아끼는 자 없이 세상을 떠났으며
무리가 그를 다윗 성에 장사하였으
나 열왕의 묘실에는 두지 아니하였
더라

22

예루살렘 주민이 여호람의 막내
아들 아하시야에게 왕위를 계승하
게 하였으니 이는 전에 아라비아
사람들과 함께 와서 진을 치던 부
대가 그의 모든 형들을 죽였음이라
그러므로 유다 왕 여호람의 아들
아하시야가 왕이 되었더라
2 아하시야가 왕이 될 때에 나이가
사십이 세라 예루살렘에서 일 년
동안 다스리니라 그의 어머니의 이
름은 아달랴요 오므리의 손녀더라
3 아하시야도 아합의 집 길로 행하였
으니 이는 그의 어머니가 꾀어 악
을 행하게 하였음이라
4 그의 아버지가 죽은 후에 그가 패
망하게 하는 아합의 집의 가르침을
따라 야훼 보시기에 아합의 집 같
이 악을 행하였더라
5 아하시야가 아합의 집의 가르침을
따라 이스라엘 왕 아합의 아들 요
람과 함께 길르앗 라못으로 가서
아람 왕 하사엘과 더불어 싸우더
니 아람 사람들이 요람을 상하게
한지라
6 요람이 아람 왕 하사엘과 싸울 때
에 라마에서 맞아 상한 것을 치료

기록일 : . . .

하려 하여 이스르엘로 돌아왔더라
아합의 아들 요람이 병이 있으므로
유다 왕 여호람의 아들 아사랴가
이스르엘에 내려가서 방문하였더라
7 아하시야가 요람에게 가므로 해를
입었으니 이는 하나님께로 말미암
은 것이라 아하시야가 갔다가 요람
과 함께 나가서 님시의 아들 예후
를 맞았으니 그는 야훼께서 기름을
부으시고 아합의 집을 멸하게 하신
자이더라
8 예후로 하여금 아합의 집을 심판하
게 하실 때에 유다 방백들과 아하
시야의 형제들의 아들들 곧 아하시
야를 섬기는 자들을 만나서 죽였고
9 아하시야는 사마리아에 숨었더니
예후가 찾으매 무리가 그를 예후에
게로 잡아가서 죽이고 이르기를 그
는 전심으로 야훼를 구하던 여호사
밧의 아들이라 하고 장사하였더라
이에 아하시야의 집이 약하여 왕위
를 힘으로 지키지 못하게 되니라
10 아하시야의 어머니 아달랴가 자기
의 아들이 죽은 것을 보고 일어나
유다 집의 왕국의 씨를 모두 진멸
하였으나
11 왕의 딸 여호사브앗이 아하시야의
아들 요아스를 왕자들이 죽임을 당
하는 중에서 몰래 빼내어 그와 그
의 유모를 침실에 숨겨 아달랴를 피
하게 하였으므로 아달랴가 그를 죽
이지 못하였더라 여호사브앗은 여
호람 왕의 딸이요 아하시야의 누이
요 제사장 여호야다의 아내이더라
12 요아스가 그들과 함께 하나님의 전
에 육 년을 숨어 있는 동안에 아달
랴가 나라를 다스렸더라

23

제칠년에 여호야다가 용기를 내
어 백부장 곧 여로함의 아들 아사
랴와 여호하난의 아들 이스마엘과
오벳의 아들 아사랴와 아다야의 아
들 마아세야와 시그리의 아들 엘리
사밧 등과 더불어 언약을 세우매
2 그들이 유다를 두루 다니며 유다
모든 고을에서 레위 사람들과 이스
라엘 족장들을 모아 예루살렘에 이
른지라
3 온 회중이 하나님의 전에서 왕과
언약을 세우매 여호야다가 무리에
게 이르되 야훼께서 다윗의 자손
에게 대하여 말씀하신 대로 왕자가
즉위하여야 할지니
4 이제 너희는 이와 같이 행하라 너
희 제사장들과 레위 사람들 곧 안
식일에 당번인 자들의 삼분의 일은
문을 지키고
5 삼분의 일은 왕궁에 있고 삼분의
일은 기초문에 있고 백성들은 야훼
의 전 뜰에 있을지라
6 제사장들과 수종 드는 레위 사람들

기록일 : . . .

은 거룩한즉 야훼의 전에 들어오려
니와 그 외의 다른 사람은 들어오
지 못할 것이니 모든 백성은 야훼
께 지켜야 할 바를 지킬지며
7 레위 사람들은 각각 손에 무기를
잡고 왕을 호위하며 다른 사람이
성전에 들어오거든 죽이고 왕이 출
입할 때에 경호할지니라 하니
8 레위 사람들과 모든 유다 사람들이
제사장 여호야다가 명령한 모든 것
을 준행하여 각기 수하에 안식일에
당번인 자와 안식일에 비번인 자들
을 거느리고 있었으니 이는 제사장
여호야다가 비번인 자들을 보내지
아니함이더라
9 제사장 여호야다가 하나님의 전 안
에 있는 다윗 왕의 창과 큰 방패와
작은 방패를 백부장들에게 주고
10 또 백성들에게 각각 손에 무기를
잡고 왕을 호위하되 성전 오른쪽에
서부터 성전 왼쪽까지 제단과 성전
곁에 서게 하고
11 무리가 왕자를 인도해 내어 면류관
을 씌우며 율법책을 주고 세워 왕
으로 삼을새 여호야다와 그의 아들
들이 그에게 기름을 붓고 이르기를
왕이여 만세 수를 누리소서 하니라
12 아달랴가 백성들이 뛰며 왕을 찬송
하는 소리를 듣고 야훼의 전에 들
어가서 백성에게 이르러
13 보매 왕이 성전 문 기둥 곁에 섰고
지휘관들과 나팔수들이 왕의 곁에
모셔 서 있으며 그 땅의 모든 백성
들이 즐거워하여 나팔을 불며 노래
하는 자들은 주악하며 찬송을 인도
하는지라 이에 아달랴가 그의 옷을
찢으며 외치되 반역이로다 반역이
로다 하매
14 제사장 여호야다가 군대를 거느린
백부장들을 불러내어 이르되 반열
밖으로 몰아내라 그를 따르는 자
는 칼로 죽이라 하니 제사장의 이
말은 야훼의 전에서는 그를 죽이지
말라 함이라
15 이에 무리가 그에게 길을 열어 주
고 그가 왕궁 말문 어귀에 이를 때
에 거기서 죽였더라
16 여호야다가 자기와 모든 백성과 왕
사이에 언약을 세워 야훼의 백성이
되리라 한지라
17 온 국민이 바알의 신당으로 가서
그 신당을 부수고 그의 제단들과
형상들을 깨뜨리고 그 제단 앞에서
바알의 제사장 맛단을 죽이니라
18 여호야다가 야훼의 전의 직원들을
세워 레위 제사장의 수하에 맡기니
이들은 다윗이 전에 그들의 반열을
나누어서 야훼의 전에서 모세의 율
법에 기록한 대로 야훼께 번제를
드리며 자기들의 정한 규례대로 즐

기록일 : . . .

거이 부르고 노래하게 하였던 자들
이더라
19 또 문지기를 야훼의 전 여러 문에
두어 무슨 일에든지 부정한 모든
자는 들어오지 못하게 하고
20 백부장들과 존귀한 자들과 백성의
방백들과 그 땅의 모든 백성을 거
느리고 왕을 인도하여 야훼의 전에
서 내려와 윗문으로부터 왕궁에 이
르러 왕을 나라 보좌에 앉히매
21 그 땅의 모든 백성이 즐거워하고
성중이 평온하더라 아달랴를 무리
가 칼로 죽였었더라

24 요아스가 왕위에 오를 때에 나이
가 칠 세라 예루살렘에서 사십 년
동안 다스리니라 그의 어머니의 이
름은 시비아요 브엘세바 사람이더라
2 제사장 여호야다가 세상에 사는 모
든 날에 요아스가 야훼 보시기에
정직하게 행하였으며
3 여호야다가 그를 두 아내에게 장가
들게 하였더니 자녀를 낳았더라
4 그 후에 요아스가 야훼의 전을 보
수할 뜻을 두고
5 제사장들과 레위 사람들을 모으고
그들에게 이르되 너희는 유다 여러
성읍에 가서 모든 이스라엘에게 해
마다 너희의 하나님의 전을 수리할
돈을 거두되 그 일을 빨리 하라 하
였으나 레위 사람이 빨리 하지 아
니한지라
6 왕이 대제사장 여호야다를 불러 이
르되 네가 어찌하여 레위 사람들을
시켜서 야훼의 종 모세와 이스라엘
의 회중이 성막을 위하여 정한 세
를 유다와 예루살렘에서 거두게 하
지 아니하였느냐 하니
7 이는 그 악한 여인 아달랴의 아들
들이 하나님의 전을 파괴하고 또
야훼의 전의 모든 성물들을 바알들
을 위하여 사용하였음이었더라
8 이에 왕이 말하여 한 궤를 만들어
야훼의 전 문 밖에 두게 하고
9 유다와 예루살렘에 공포하여 하나
님의 종 모세가 광야에서 이스라엘
에게 정한 세를 야훼께 드리라 하
였더니
10 모든 방백들과 백성들이 기뻐하여
마치기까지 돈을 가져다가 궤에 던
지니라
11 레위 사람들이 언제든지 궤를 메
고 왕의 관리에게 가지고 가서 돈
이 많은 것을 보이면 왕의 서기관
과 대제사장에게 속한 관원이 와서
그 궤를 쏟고 다시 그 곳에 가져다
두었더라 때때로 이렇게 하여 돈을
많이 거두매
12 왕과 여호야다가 그 돈을 야훼의
전 감독자에게 주어 석수와 목수를
고용하여 야훼의 전을 보수하며 또

기록일 : . . .

철공과 놋쇠공을 고용하여 야훼의
전을 수리하게 하였더니
13 기술자들이 맡아서 수리하는 공사
가 점점 진척되므로 하나님의 전을
이전 모양대로 견고하게 하니라
14 공사를 마친 후에 그 남은 돈을 왕
과 여호야다 앞으로 가져왔으므로
그것으로 야훼의 전에 쓸 그릇을
만들었으니 곧 섬겨 제사 드리는
그릇이며 또 숟가락과 금은 그릇들
이라 여호야다가 세상에 사는 모든
날에 야훼의 전에 항상 번제를 드
렸더라
15 여호야다가 나이가 많고 늙어서 죽
으니 죽을 때에 백삼십 세라
16 무리가 다윗 성 여러 왕의 묘실 중
에 장사하였으니 이는 그가 이스라
엘과 하나님과 그의 성전에 대하여
선을 행하였음이더라
17 여호야다가 죽은 후에 유다 방백들
이 와서 왕에게 절하매 왕이 그들
의 말을 듣고
18 그의 조상들의 하나님 야훼의 전을
버리고 아세라 목상과 우상을 섬겼
으므로 그 죄로 말미암아 진노가
유다와 예루살렘에 임하니라
19 그러나 야훼께서 그들에게 선지자
를 보내사 다시 야훼에게로 돌아오
게 하려 하시매 선지자들이 그들에
게 경고하였으나 듣지 아니하니라
20 이에 하나님의 영이 제사장 여호야
다의 아들 스가랴를 감동시키시매
그가 백성 앞에 높이 서서 그들에
게 이르되 하나님이 이같이 말씀하
시기를 너희가 어찌하여 야훼의 명
령을 거역하여 스스로 형통하지 못
하게 하느냐 하셨나니 너희가 야훼
를 버렸으므로 야훼께서도 너희를
버리셨느니라 하나
21 무리가 함께 꾀하고 왕의 명령을
따라 그를 야훼의 전 뜰 안에서 돌
로 쳐죽였더라
22 요아스 왕이 이와 같이 스가랴의
아버지 여호야다가 베푼 은혜를 기
억하지 아니하고 그의 아들을 죽이
니 그가 죽을 때에 이르되 야훼는
감찰하시고 신원하여 주옵소서 하
니라
23 일 주년 말에 아람 군대가 요아스
를 치려고 올라와서 유다와 예루살
렘에 이르러 백성 중에서 모든 방
백들을 다 죽이고 노략한 물건을
다메섹 왕에게로 보내니라
24 아람 군대가 적은 무리로 왔으나
야훼께서 심히 큰 군대를 그들의
손에 넘기셨으니 이는 유다 사람들
이 그들의 조상들의 하나님 야훼를
버렸음이라 이와 같이 아람 사람들
이 요아스를 징벌하였더라
25 요아스가 크게 부상하매 적군이 그

기록일 : . . .

를 버리고 간 후에 그의 신하들이
제사장 여호야다의 아들들의 피로
말미암아 반역하여 그를 그의 침상
에서 쳐죽인지라 다윗 성에 장사하
였으나 왕들의 묘실에는 장사하지
아니하였더라
26 반역한 자들은 암몬 여인 시므앗의
아들 사밧과 모압 여인 시므릿의
아들 여호사밧이더라
27 요아스의 아들들의 사적과 요아스
가 중대한 경책을 받은 것과 하나
님의 전을 보수한 사적은 다 열왕
기 주석에 기록되니라 그의 아들
아마샤가 대신하여 왕이 되니라

25

아마샤가 왕위에 오를 때에 나이
가 이십오 세라 예루살렘에서 이십
구 년 동안 다스리니라 그의 어머니
의 이름은 여호앗단이요 예루살렘
사람이더라
2 아마샤가 야훼께서 보시기에 정직
하게 행하기는 하였으나 온전한 마
음으로 행하지 아니하였더라
3 그의 나라가 굳게 서매 그의 부왕
을 죽인 신하들을 죽였으나
4 그들의 자녀들은 죽이지 아니하였
으니 이는 모세의 율법책에 기록된
대로 함이라 곧 야훼께서 명령하여
이르시기를 자녀로 말미암아 아버
지를 죽이지 말 것이요 아버지로 말
미암아 자녀를 죽이지 말 것이라 오
직 각 사람은 자기의 죄로 말미암
아 죽을 것이니라 하셨더라
5 아마샤가 유다 사람들을 모으고 그
여러 족속을 따라 천부장들과 백부
장들을 세우되 유다와 베냐민을 함
께 그리하고 이십 세 이상으로 계수
하여 창과 방패를 잡고 능히 전장에
나갈 만한 자 삼십만 명을 얻고
6 또 은 백 달란트로 이스라엘 나라
에서 큰 용사 십만 명을 고용하였
더니
7 어떤 하나님의 사람이 아마샤에
게 나아와서 이르되 왕이여 이스라
엘 군대를 왕과 함께 가게 하지 마
옵소서 야훼께서는 이스라엘 곧 온
에브라임 자손과 함께 하지 아니하
시나니
8 왕이 만일 가시거든 힘써 싸우소서
하나님이 왕을 적군 앞에 엎드러지
게 하시리이다 하나님은 능히 돕기
도 하시고 능히 패하게도 하시나이
다 하니
9 아마샤가 하나님의 사람에게 이르
되 내가 백 달란트를 이스라엘 군
대에게 주었으니 어찌할까 하나님
의 사람이 말하되 야훼께서 능히
이보다 많은 것을 왕에게 주실 수
있나이다 하니라
10 아마샤가 이에 에브라임에서 자기
에게 온 군대를 나누어 그들의 고

기록일 : . . .

향으로 돌아가게 하였더니 그 무리
가 유다 사람에게 심히 노하여 분
연히 고향으로 돌아갔더라
11 아마샤가 담력을 내어 그의 백성을
거느리고 소금 골짜기에 이르러 세
일 자손 만 명을 죽이고
12 유다 자손이 또 만 명을 사로잡아
가지고 바위 꼭대기에 올라가서 거
기서 밀쳐 내려뜨려서 그들의 온 몸
이 부서지게 하였더라
13 아마샤가 자기와 함께 전장에 나가
지 못하게 하고 돌려보낸 군사들이
사마리아에서부터 벧호론까지 유다
성읍들을 약탈하고 사람 삼천 명을
죽이고 물건을 많이 노략하였더라
14 아마샤가 에돔 사람들을 죽이고 돌
아올 때에 세일 자손의 신들을 가
져와서 자기의 신으로 세우고 그것
들 앞에 경배하며 분향한지라
15 그러므로 야훼께서 아마샤에게 진
노하사 한 선지자를 그에게 보내시
니 그가 이르되 저 백성의 신들이
그들의 백성을 왕의 손에서 능히
구원하지 못하였거늘 왕은 어찌하
여 그 신들에게 구하나이까 하며
16 선지자가 아직 그에게 말할 때에
왕이 그에게 이르되 우리가 너를
왕의 모사로 삼았느냐 그치라 어찌
하여 맞으려 하느냐 하니 선지자가
그치며 이르되 왕이 이 일을 행하고
나의 경고를 듣지 아니하니 하나님
이 왕을 멸하시기로 작정하신 줄 아
노라 하였더라
17 유다 왕 아마샤가 상의하고 예후의
손자 여호아하스의 아들 이스라엘
왕 요아스에게 사신을 보내어 이르
되 오라 서로 대면하자 한지라
18 이스라엘 왕 요아스가 유다 왕 아마
샤에게 사람을 보내어 이르되 레바
논 가시나무가 레바논 백향목에게
전갈을 보내어 이르기를 네 딸을 내
아들에게 주어 아내로 삼게 하라 하
였더니 레바논 들짐승이 지나가다
가 그 가시나무를 짓밟았느니라
19 네가 에돔 사람들을 쳤다고 네 마
음이 교만하여 자긍하는도다 네 궁
에나 있으라 어찌하여 화를 자초하
여 너와 유다가 함께 망하고자 하
느냐 하나
20 아마샤가 듣지 아니하였으니 이는
하나님께로 말미암은 것이라 그들
이 에돔 신들에게 구하였으므로 그
대적의 손에 넘기려 하심이더라
21 이스라엘 왕 요아스가 올라와서 유
다 왕 아마샤와 더불어 유다의 벧
세메스에서 대면하였더니
22 유다가 이스라엘 앞에서 패하여 각
기 장막으로 도망한지라
23 이스라엘 왕 요아스가 벧세메스에
서 여호아하스의 손자 요아스의 아

기록일 : . . .

들 유다 왕 아마샤를 사로잡고 예
루살렘에 이르러 예루살렘 성벽을
에브라임 문에서부터 성 모퉁이 문
까지 사백 규빗을 헐고
24 또 하나님의 전 안에서 오벧에돔이
지키는 모든 금은과 그릇과 왕궁의
재물을 빼앗고 또 사람들을 볼모
로 잡아 가지고 사마리아로 돌아갔
더라
25 이스라엘 왕 요아하스의 아들 요아
스가 죽은 후에도 유다 왕 요아스
의 아들 아마샤가 십오 년 간 생존
하였더라
26 아마샤의 이 외의 처음부터 끝까지
의 행적은 유다와 이스라엘 열왕기
에 기록되지 아니하였느냐
27 아마샤가 돌아서서 야훼를 버린 후
로부터 예루살렘에서 무리가 그를
반역하였으므로 그가 라기스로 도
망하였더니 반역한 무리가 사람을
라기스로 따라 보내어 그를 거기서
죽이게 하고
28 그의 시체를 말에 실어다가 그의
조상들과 함께 유다 성읍에 장사하
였더라

26 유다 온 백성이 나이가 십육 세
된 웃시야를 세워 그의 아버지 아
마샤를 대신하여 왕으로 삼으니
2 아마샤 왕이 그의 열조들의 묘실에
누운 후에 웃시야가 엘롯을 건축하
여 유다에 돌렸더라
3 웃시야가 왕위에 오를 때에 나이
가 십육 세라 예루살렘에서 오십이
년 간 다스리니라 그의 어머니의
이름은 여골리아요 예루살렘 사람
이더라
4 웃시야가 그의 아버지 아마샤의 모
든 행위대로 야훼 보시기에 정직하
게 행하며
5 하나님의 묵시를 밝히 아는 스가랴
가 사는 날에 하나님을 찾았고 그
가 야훼를 찾을 동안에는 하나님이
형통하게 하셨더라
6 웃시야가 나가서 블레셋 사람들과
싸우고 가드 성벽과 야브네 성벽과
아스돗 성벽을 헐고 아스돗 땅과
블레셋 사람들 가운데에 성읍들을
건축하매
7 하나님이 그를 도우사 블레셋 사람
들과 구르바알에 거주하는 아라비
아 사람들과 마온 사람들을 치게
하신지라
8 암몬 사람들이 웃시야에게 조공을
바치매 웃시야가 매우 강성하여 이
름이 애굽 변방까지 퍼졌더라
9 웃시야가 예루살렘에서 성 모퉁이
문과 골짜기 문과 성굽이에 망대를
세워 견고하게 하고
10 또 광야에 망대를 세우고 물 웅덩
이를 많이 파고 고원과 평지에 가

기록일 : . . .

축을 많이 길렀으며 또 여러 산과
좋은 밭에 농부와 포도원을 다스리
는 자들을 두었으니 농사를 좋아함
이었더라
11 웃시야에게 또 싸우는 군사가 있
으니 서기관 여이엘과 병영장 마아
세야가 직접 조사한 수효대로 왕의
지휘관 하나냐의 휘하에 속하여 떼
를 지어 나가서 싸우는 자라
12 족장의 총수가 이천육백 명이니 모
두 큰 용사요
13 그의 휘하의 군대가 삼십만 칠천오
백 명이라 건장하고 싸움에 능하여
왕을 도와 적을 치는 자이며
14 웃시야가 그의 온 군대를 위하여
방패와 창과 투구와 갑옷과 활과
물매 돌을 준비하고
15 또 예루살렘에서 재주 있는 사람들
에게 무기를 고안하게 하여 망대와
성곽 위에 두어 화살과 큰 돌을 쏘
고 던지게 하였으니 그의 이름이 멀
리 퍼짐은 기이한 도우심을 얻어 강
성하여짐이었더라
16 그가 강성하여지매 그의 마음이 교
만하여 악을 행하여 그의 하나님
야훼께 범죄하되 곧 야훼의 성전에
들어가서 향단에 분향하려 한지라
17 제사장 아사랴가 야훼의 용맹한 제
사장 팔십 명을 데리고 그의 뒤를
따라 들어가서
18 웃시야 왕 곁에 서서 그에게 이르
되 웃시야여 야훼께 분향하는 일
은 왕이 할 바가 아니요 오직 분향
하기 위하여 구별함을 받은 아론의
자손 제사장들이 할 바니 성소에서
나가소서 왕이 범죄하였으니 하나
님 야훼에게서 영광을 얻지 못하리
이다
19 웃시야가 손으로 향로를 잡고 분향
하려 하다가 화를 내니 그가 제사
장에게 화를 낼 때에 야훼의 전 안
향단 곁 제사장들 앞에서 그의 이
마에 나병이 생긴지라
20 대제사장 아사랴와 모든 제사장이
왕의 이마에 나병이 생겼음을 보고
성전에서 급히 쫓아내고 야훼께서
치시므로 왕도 속히 나가니라
21 웃시야 왕이 죽는 날까지 나병환자
가 되었고 나병환자가 되매 야훼의
전에서 끊어져 별궁에 살았으므로
그의 아들 요담이 왕궁을 관리하며
백성을 다스렸더라
22 웃시야의 남은 시종 행적은 아모스
의 아들 선지자 이사야가 기록하였
더라
23 웃시야가 그의 조상들과 함께 누
우매 그는 나병환자라 하여 왕들의
묘실에 접한 땅 곧 그의 조상들의
곁에 장사하니라 그의 아들 요담이
대신하여 왕이 되니라

기록일 : . . .

27

요담이 왕위에 오를 때에 나이가
이십오 세라 예루살렘에서 십육 년
동안 다스리니라 그의 어머니의 이
름은 여루사요 사독의 딸이더라
2 요담이 그의 아버지 웃시야의 모든
행위대로 야훼 보시기에 정직하게
행하였으나 야훼의 성전에는 들어
가지 아니하였고 백성은 여전히 부
패하였더라
3 그가 야훼의 전 윗문을 건축하고
또 오벨 성벽을 많이 증축하고
4 유다 산중에 성읍들을 건축하며 수
풀 가운데에 견고한 진영들과 망대
를 건축하고
5 암몬 자손의 왕과 더불어 싸워 그
들을 이겼더니 그 해에 암몬 자손
이 은 백 달란트와 밀 만 고르와 보
리 만 고르를 바쳤고 제이년과 제
삼년에도 암몬 자손이 그와 같이
바쳤더라
6 요담이 그의 하나님 야훼 앞에서
바른 길을 걸었으므로 점점 강하여
졌더라
7 요담의 남은 사적과 그의 모든 전
쟁과 행위는 이스라엘과 유다 열왕
기에 기록되니라
8 요담이 왕위에 오를 때에 나이가
이십오 세요 예루살렘에서 다스린
지 십육 년이라
9 그가 그의 조상들과 함께 누우매
다윗 성에 장사되고 그의 아들 아
하스가 대신하여 왕이 되니라

28

아하스가 왕위에 오를 때에 나
이가 이십 세라 예루살렘에서 십육
년 동안 다스렸으나 그의 조상 다
윗과 같지 아니하여 야훼 보시기에
정직하게 행하지 아니하고
2 이스라엘 왕들의 길로 행하여 바알
들의 우상을 부어 만들고
3 또 힌놈의 아들 골짜기에서 분향하
고 야훼께서 이스라엘 자손 앞에서
쫓아내신 이방 사람들의 가증한 일
을 본받아 그의 자녀들을 불사르고
4 또 산당과 작은 산 위와 모든 푸른
나무 아래에서 제사를 드리며 분향
하니라
5 그러므로 그의 하나님 야훼께서 그
를 아람 왕의 손에 넘기시매 그들
이 쳐서 심히 많은 무리를 사로잡아
다메섹으로 갔으며 또 이스라엘 왕
의 손에 넘기시매 그가 쳐서 크게
살육하였으니
6 이는 그의 조상들의 하나님 야훼를
버렸음이라 르말랴의 아들 베가가
유다에서 하루 동안에 용사 십이만
명을 죽였으며
7 에브라임의 용사 시그리는 왕의 아
들 마아세야와 궁내대신 아스리감
과 총리대신 엘가나를 죽였더라
8 이스라엘 자손이 그들의 형제 중에

기록일 : . . .

서 그들의 아내와 자녀를 합하여
이십만 명을 사로잡고 그들의 재물
을 많이 노략하여 사마리아로 가져
가니
9 그 곳에 야훼의 선지자가 있는데
이름은 오뎃이라 그가 사마리아로
돌아오는 군대를 영접하고 그들에
게 이르되 너희 조상의 하나님 야
훼께서 유다에게 진노하셨으므로
너희 손에 넘기셨거늘 너희의 노기
가 충천하여 살육하고
10 이제 너희가 또 유다와 예루살렘
백성들을 압제하여 노예로 삼고자
생각하는도다 그러나 너희는 너희
의 하나님 야훼께 범죄함이 없느냐
11 그런즉 너희는 내 말을 듣고 너희
의 형제들 중에서 사로잡아 온 포
로를 놓아 돌아가게 하라 야훼의
진노가 너희에게 임박하였느니라
한지라
12 에브라임 자손의 우두머리 몇 사람
곧 요하난의 아들 아사랴와 무실레
못의 아들 베레갸와 살룸의 아들
여히스기야와 하들래의 아들 아마
사가 일어나서 전장에서 돌아오는
자들을 막으며
13 그들에게 이르되 너희는 이 포로를
이리로 끌어들이지 못하리라 너희
가 행하는 일이 우리를 야훼께 허
물이 있게 함이니 우리의 죄와 허물
을 더하게 함이로다 우리의 허물이
이미 커서 진노하심이 이스라엘에
게 임박하였느니라 하매
14 이에 무기를 가진 사람들이 포로와
노략한 물건을 방백들과 온 회중
앞에 둔지라
15 이 위에 이름이 기록된 자들이 일어
나서 포로를 맞고 노략하여 온 것
중에서 옷을 가져다가 벗은 자들에
게 입히며 신을 신기며 먹이고 마시
게 하며 기름을 바르고 그 약한 자
들은 모두 나귀에 태워 데리고 종
려나무 성 여리고에 이르러 그의 형
제에게 돌려준 후에 사마리아로 돌
아갔더라
16 그 때에 아하스 왕이 앗수르 왕에
게 사람을 보내어 도와 주기를 구
하였으니
17 이는 에돔 사람들이 다시 와서 유
다를 치고 그의 백성을 사로잡았음
이며
18 블레셋 사람들도 유다의 평지와 남
방 성읍들을 침노하여 벧세메스와
아얄론과 그데롯과 소고 및 그 주
변 마을들과 딤나 및 그 주변 마을
들과 김소 및 그 주변 마을들을 점
령하고 거기에 살았으니
19 이는 이스라엘 왕 아하스가 유다
에서 망령되이 행하여 야훼께 크게
범죄하였으므로 야훼께서 유다를

기록일 : . . .

낮추심이라
20 앗수르 왕 디글랏빌레셀이 그에게
이르렀으나 돕지 아니하고 도리어
그를 공격하였더라
21 아하스가 야훼의 전과 왕궁과 방백
들의 집에서 재물을 가져다가 앗수
르 왕에게 주었으나 그에게 유익이
없었더라
22 이 아하스 왕이 곤고할 때에 더욱
야훼께 범죄하여
23 자기를 친 다메섹 신들에게 제사하
여 이르되 아람 왕들의 신들이 그
들을 도왔으니 나도 그 신에게 제
사하여 나를 돕게 하리라 하였으나
그 신이 아하스와 온 이스라엘을
망하게 하였더라
24 아하스가 하나님의 전의 기구들을
모아 하나님의 전의 기구들을 부수
고 또 야훼의 전 문들을 닫고 예루
살렘 구석마다 제단을 쌓고
25 유다 각 성읍에 산당을 세워 다른
신에게 분향하여 그의 조상들의 하
나님 야훼를 진노하게 하였더라
26 아하스의 남은 시종 사적과 모든
행위는 유다와 이스라엘 열왕기에
기록되니라
27 아하스가 그의 조상들과 함께 누우
매 이스라엘 왕들의 묘실에 들이지
아니하고 예루살렘 성에 장사하였
더라 그의 아들 히스기야가 대신하
여 왕이 되니라

29

히스기야가 왕위에 오를 때에 나
이가 이십오 세라 예루살렘에서 이
십구 년 동안 다스리니라 그의 어머
니의 이름은 아비야요 스가랴의 딸
이더라
2 히스기야가 그의 조상 다윗의 모든
행실과 같이 야훼 보시기에 정직하
게 행하여
3 첫째 해 첫째 달에 야훼의 전 문들
을 열고 수리하고
4 제사장들과 레위 사람들을 동쪽 광
장에 모으고
5 그들에게 이르되 레위 사람들아 내
말을 들으라 이제 너희는 성결하게
하고 또 너희 조상들의 하나님 야
훼의 전을 성결하게 하여 그 더러운
것을 성소에서 없애라
6 우리 조상들이 범죄하여 우리 하나
님 야훼 보시기에 악을 행하여 하
나님을 버리고 얼굴을 돌려 야훼의
성소를 등지고
7 또 낭실 문을 닫으며 등불을 끄고
성소에서 분향하지 아니하며 이스
라엘의 하나님께 번제를 드리지 아
니하므로
8 야훼께서 유다와 예루살렘에 진노
하시고 내버리사 두려움과 놀람과
비웃음거리가 되게 하신 것을 너희
가 똑똑히 보는 바라

기록일 : . . .

9 이로 말미암아 우리의 조상들이 칼
에 엎드러지며 우리의 자녀와 아내
들이 사로잡혔느니라
10 이제 이스라엘의 하나님 야훼와 더
불어 언약을 세워 그 맹렬한 노를
우리에게서 떠나게 할 마음이 내게
있노니
11 내 아들들아 이제는 게으르지 말라
야훼께서 이미 너희를 택하사 그
앞에 서서 수종들어 그를 섬기며 분
향하게 하셨느니라
12 이에 레위 사람들이 일어나니 곧
그핫의 자손 중 아마새의 아들 마
핫과 아사랴의 아들 요엘과 므라리
의 자손 중 압디의 아들 기스와 여
할렐렐의 아들 아사랴와 게르손 사
람 중 심마의 아들 요아와 요아의
아들 에덴과
13 엘리사반의 자손 중 시므리와 여우
엘과 아삽의 자손 중 스가랴와 맛
다냐와
14 헤만의 자손 중 여후엘과 시므이와
여두둔의 자손 중 스마야와 웃시엘
이라
15 그들이 그들의 형제들을 모아 성결
하게 하고 들어가서 왕이 야훼의
말씀대로 명령한 것을 따라 야훼의
전을 깨끗하게 할새
16 제사장들도 야훼의 전 안에 들어가
서 깨끗하게 하여 야훼의 전에 있
는 모든 더러운 것을 끌어내어 야
훼의 전 뜰에 이르매 레위 사람들
이 받아 바깥 기드론 시내로 가져
갔더라
17 첫째 달 초하루에 성결하게 하기를
시작하여 그 달 초팔일에 야훼의
낭실에 이르고 또 팔 일 동안 야훼
의 전을 성결하게 하여 첫째 달 십
육 일에 이르러 마치고
18 안으로 들어가서 히스기야 왕을 보
고 이르되 우리가 야훼의 온 전과
번제단과 그 모든 그릇들과 떡을
진설하는 상과 그 모든 그릇들을
깨끗하게 하였고
19 또 아하스 왕이 왕위에 있어 범죄
할 때에 버린 모든 그릇들도 우리
가 정돈하고 성결하게 하여 야훼의
제단 앞에 두었나이다 하니라
20 히스기야 왕이 일찍이 일어나 성읍
의 귀인들을 모아 야훼의 전에 올
라가서
21 수송아지 일곱 마리와 숫양 일곱
마리와 어린 양 일곱 마리와 숫염
소 일곱 마리를 끌어다가 나라와
성소와 유다를 위하여 속죄제물로
삼고 아론의 자손 제사장들을 명령
하여 야훼의 제단에 드리게 하니
22 이에 수소를 잡으매 제사장들이 그
피를 받아 제단에 뿌리고 또 숫양
들을 잡으매 그 피를 제단에 뿌리

기록일 : . . .

고 또 어린 양들을 잡으매 그 피를
제단에 뿌리고
23 이에 속죄제물로 드릴 숫염소들을
왕과 회중 앞으로 끌어오매 그들이
그 위에 안수하고
24 제사장들이 잡아 그 피를 속죄제
로 삼아 제단에 드려 온 이스라엘
을 위하여 속죄하니 이는 왕이 명령
하여 온 이스라엘을 위하여 번제와
속죄제를 드리게 하였음이더라
25 왕이 레위 사람들을 야훼의 전에
두어서 다윗과 왕의 선견자 갓과
선지자 나단이 명령한 대로 제금과
비파와 수금을 잡게 하니 이는 야
훼께서 그의 선지자들로 이렇게 명
령하셨음이라
26 레위 사람은 다윗의 악기를 잡고
제사장은 나팔을 잡고 서매
27 히스기야가 명령하여 번제를 제단
에 드릴새 번제 드리기를 시작하는
동시에 야훼의 시로 노래하고 나팔
을 불며 이스라엘 왕 다윗의 악기
를 울리고
28 온 회중이 경배하며 노래하는 자들
은 노래하고 나팔 부는 자들은 나
팔을 불어 번제를 마치기까지 이르
니라
29 제사 드리기를 마치매 왕과 그와
함께 있는 자들이 다 엎드려 경배
하니라
30 히스기야 왕이 귀인들과 더불어 레
위 사람을 명령하여 다윗과 선견자
아삽의 시로 야훼를 찬송하게 하매
그들이 즐거움으로 찬송하고 몸을
굽혀 예배하니라
31 이에 히스기야가 말하여 이르되 너
희가 이제 스스로 몸을 깨끗하게
하여 야훼께 드렸으니 마땅히 나아
와 제물과 감사제물을 야훼의 전으
로 가져오라 하니 회중이 제물과 감
사제물을 가져오되 무릇 마음에 원
하는 자는 또한 번제물도 가져오니
32 회중이 가져온 번제물의 수효는 수
소가 칠십 마리요 숫양이 백 마리
요 어린 양이 이백 마리이니 이는
다 야훼께 번제물로 드리는 것이며
33 또 구별하여 드린 소가 육백 마리
요 양이 삼천 마리라
34 그런데 제사장이 부족하여 그 모든
번제 짐승들의 가죽을 능히 벗기지
못하는 고로 그의 형제 레위 사람
들이 그 일을 마치기까지 돕고 다
른 제사장들이 성결하게 하기까지
기다렸으니 이는 레위 사람들의 성
결하게 함이 제사장들보다 성심이
있었음이라
35 번제와 화목제의 기름과 각 번제에
속한 전제들이 많더라 이와 같이
야훼의 전에서 섬기는 일이 순서대
로 갖추어지니라

기록일 : . . .

36 이 일이 갑자기 되었으나 하나님께
서 백성을 위하여 예비하셨으므로
히스기야가 백성과 더불어 기뻐하
였더라

30

히스기야가 온 이스라엘과 유다에
사람을 보내고 또 에브라임과 므낫
세에 편지를 보내어 예루살렘 야훼
의 전에 와서 이스라엘 하나님 야훼
를 위하여 유월절을 지키라 하니라
2 왕이 방백들과 예루살렘 온 회중과
더불어 의논하고 둘째 달에 유월절
을 지키려 하였으니
3 이는 성결하게 한 제사장들이 부족
하고 백성도 예루살렘에 모이지 못
하였으므로 그 정한 때에 지킬수
없었음이라
4 왕과 온 회중이 이 일을 좋게 여기고
5 드디어 왕이 명령을 내려 브엘세바
에서부터 단까지 온 이스라엘에 공
포하여 일제히 예루살렘으로 와서
이스라엘 하나님 야훼의 유월절을
지키라 하니 이는 기록한 규례대로
오랫동안 지키지 못하였음이더라
6 보발꾼들이 왕과 방백들의 편지를
받아 가지고 왕의 명령을 따라 온
이스라엘과 유다에 두루 다니며 전
하니 일렀으되 이스라엘 자손들아
너희는 아브라함과 이삭과 이스라
엘의 하나님 야훼께로 돌아오라 그
리하면 그가 너희 남은 자 곧 앗수
르 왕의 손에서 벗어난 자에게로
돌아오시리라
7 너희 조상들과 너희 형제 같이 하
지 말라 그들은 그의 조상들의 하
나님 야훼께 범죄하였으므로 야훼
께서 멸망하도록 버려 두신 것을 너
희가 똑똑히 보는 바니라
8 그런즉 너희 조상들 같이 목을 곧
게 하지 말고 야훼께 돌아와 영원
히 거룩하게 하신 전에 들어가서 너
희 하나님 야훼를 섬겨 그의 진노
가 너희에게서 떠나게 하라
9 너희가 만일 야훼께 돌아오면 너희
형제들과 너희 자녀가 사로잡은 자
들에게서 자비를 입어 다시 이 땅
으로 돌아오리라 너희 하나님 야훼
는 은혜로우시고 자비하신지라 너
희가 그에게로 돌아오면 그의 얼굴
을 너희에게서 돌이키지 아니하시
리라 하였더라
10 보발꾼이 에브라임과 므낫세 지방
각 성읍으로 두루 다녀서 스불론까
지 이르렀으나 사람들이 그들을 조
롱하며 비웃었더라
11 그러나 아셀과 므낫세와 스불론 중
에서 몇 사람이 스스로 겸손한 마
음으로 예루살렘에 이르렀고
12 하나님의 손이 또한 유다 사람들
을 감동시키사 그들에게 왕과 방백
들이 야훼의 말씀대로 전한 명령을

기록일 : . . .

한 마음으로 준행하게 하셨더라
13 둘째 달에 백성이 무교절을 지키려
하여 예루살렘에 많이 모이니 매우
큰 모임이라
14 무리가 일어나 예루살렘에 있는 제
단과 향단들을 모두 제거하여 기드
론 시내에 던지고
15 둘째 달 열넷째 날에 유월절 양을
잡으니 제사장과 레위 사람이 부끄
러워하여 성결하게 하고 번제물을
가지고 야훼의 전에 이르러
16 규례대로 각각 자기들의 처소에 서
고 하나님의 사람 모세의 율법을
따라 제사장들이 레위 사람의 손에
서 피를 받아 뿌리니라
17 회중 가운데 많은 사람이 자신들을
성결하게 하지 못하였으므로 레위
사람들이 모든 부정한 사람을 위하
여 유월절 양을 잡아 그들로 야훼
앞에서 성결하게 하였으나
18 에브라임과 므낫세와 잇사갈과 스
불론의 많은 무리는 자기들을 깨
끗하게 하지 아니하고 유월절 양을
먹어 기록한 규례를 어긴지라 히스
기야가 그들을 위하여 기도하여 이
르되 선하신 야훼여 사하옵소서
19 결심하고 하나님 곧 그의 조상들의
하나님 야훼를 구하는 사람은 누구
든지 비록 성소의 결례대로 스스로
깨끗하게 못하였을지라도 사하옵소
서 하였더니
20 야훼께서 히스기야의 기도를 들으
시고 백성을 고치셨더라
21 예루살렘에 모인 이스라엘 자손이
크게 즐거워하며 칠 일 동안 무교
절을 지켰고 레위 사람들과 제사장
들은 날마다 야훼를 칭송하며 큰
소리 나는 악기를 울려 야훼를 찬
양하였으며
22 히스기야는 야훼를 섬기는 일에 능
숙한 모든 레위 사람들을 위로하였
더라 이와 같이 절기 칠 일 동안에
무리가 먹으며 화목제를 드리고 그
의 조상들의 하나님 야훼께 감사하
였더라
23 온 회중이 다시 칠 일을 지키기로
결의하고 이에 또 칠 일을 즐겁게
지켰더라
24 유다 왕 히스기야가 수송아지 천
마리와 양 칠천 마리를 회중에게
주었고 방백들은 수송아지 천 마리
와 양 만 마리를 회중에게 주었으
며 자신들을 성결하게 한 제사장들
도 많았더라
25 유다 온 회중과 제사장들과 레위
사람들과 이스라엘에서 온 모든 회
중과 이스라엘 땅에서 나온 나그네
들과 유다에 사는 나그네들이 다
즐거워하였으므로
26 예루살렘에 큰 기쁨이 있었으니 이

기록일 : . . .

스라엘 왕 다윗의 아들 솔로몬 때
로부터 이러한 기쁨이 예루살렘에
없었더라
27 그 때에 제사장들과 레위 사람들이
일어나서 백성을 위하여 축복하였
으니 그 소리가 하늘에 들리고 그
기도가 야훼의 거룩한 처소 하늘에
이르렀더라
31 이 모든 일이 끝나매 거기에 있는
이스라엘 무리가 나가서 유다 여러
성읍에 이르러 주상들을 깨뜨리며
아세라 목상들을 찍으며 유다와 베
냐민과 에브라임과 므낫세 온 땅에
서 산당들과 제단들을 제거하여 없
애고 이스라엘 모든 자손이 각각 자
기들의 본성 기업으로 돌아갔더라
2 히스기야가 제사장들과 레위 사람
들의 반열을 정하고 그들의 반열에
따라 각각 그들의 직임을 행하게
하되 곧 제사장들과 레위 사람들에
게 번제와 화목제를 드리며 야훼의
휘장 문에서 섬기며 감사하며 찬송
하게 하고
3 또 왕의 재산 중에서 얼마를 정하
여 야훼의 율법에 기록된 대로 번
제 곧 아침과 저녁의 번제와 안식
일과 초하루와 절기의 번제에 쓰게
하고
4 또 예루살렘에 사는 백성을 명령하
여 제사장들과 레위 사람들 몫의
음식을 주어 그들에게 야훼의 율법
을 힘쓰게 하라 하니라
5 왕의 명령이 내리자 곧 이스라엘
자손이 곡식과 포도주와 기름과 꿀
과 밭의 모든 소산의 첫 열매들을
풍성히 드렸고 또 모든 것의 십일조
를 많이 가져왔으며
6 유다 여러 성읍에 사는 이스라엘과
유다 자손들도 소와 양의 십일조를
가져왔고 또 그들의 하나님 야훼께
구별하여 드릴 성물의 십일조를 가
져왔으며 그것을 쌓아 여러 더미를
이루었는데
7 셋째 달에 그 더미들을 쌓기 시작
하여 일곱째 달에 마친지라
8 히스기야와 방백들이 와서 쌓인 더
미들을 보고 야훼를 송축하고 그
의 백성 이스라엘을 위하여 축복
하니라
9 히스기야가 그 더미들에 대하여 제
사장들과 레위 사람들에게 물으니
10 사독의 족속 대제사장 아사랴가 그
에게 대답하여 이르되 백성이 예물
을 야훼의 전에 드리기 시작함으로
부터 우리가 만족하게 먹었으나 남
은 것이 많으니 이는 야훼께서 그
의 백성에게 복을 주셨음이라 그
남은 것이 이렇게 많이 쌓였나이다
11 그 때에 히스기야가 명령하여 야훼
의 전 안에 방들을 준비하라 하므

기록일 : . . .

로 그렇게 준비하고
12 성심으로 그 예물과 십일조와 구별
한 물건들을 갖다 두고 레위 사람
고나냐가 그 일의 책임자가 되고 그
의 아우 시므이는 부책임자가 되며
13 여히엘과 아사시야와 나핫과 아사
헬과 여리못과 요사밧과 엘리엘과
이스마갸와 마핫과 브나야는 고나
냐와 그의 아우 시므이의 수하에서
보살피는 자가 되니 이는 히스기야
왕과 하나님의 전을 관리하는 아사
랴가 명령한 바이며
14 동문지기 레위 사람 임나의 아들
고레는 즐거이 하나님께 드리는 예
물을 맡아 야훼께 드리는 것과 모
든 지성물을 나눠 주며
15 그의 수하의 에덴과 미냐민과 예수
아와 스마야와 아마랴와 스가냐는
제사장들의 성읍들에 있어서 직임
을 맡아 그의 형제들에게 반열대로
대소를 막론하고 나눠 주되
16 삼 세 이상으로 족보에 기록된 남
자 외에 날마다 야훼의 전에 들어
가서 그 반열대로 직무에 수종드는
자들에게 다 나눠 주며
17 또 그들의 족속대로 족보에 기록
된 제사장들에게 나눠 주며 이십세
이상에서 그 반열대로 직무를 맡은
레위 사람들에게 나눠 주며
18 또 그 족보에 기록된 온 회중의 어
린 아이들 아내들 자녀들에게 나눠
주었으니 이 회중은 성결하고 충실
히 그 직분을 다하는 자며
19 각 성읍에서 등록된 사람이 있어 성
읍 가까운 들에 사는 아론 자손 제
사장들에게도 나눠 주되 제사장들
의 모든 남자와 족보에 기록된 레
위 사람들에게 나눠 주었더라
20 히스기야가 온 유다에 이같이 행하
되 그의 하나님 야훼 보시기에 선
과 정의와 진실함으로 행하였으니
21 그가 행하는 모든 일 곧 하나님의
전에 수종드는 일에나 율법에나 계
명에나 그의 하나님을 찾고 한 마
음으로 행하여 형통하였더라

32 이 모든 충성된 일을 한 후에 앗
수르 왕 산헤립이 유다에 들어와서
견고한 성읍들을 향하여 진을 치고
쳐서 점령하고자 한지라
2 히스기야가 산헤립이 예루살렘을
치러 온 것을 보고
3 그의 방백들과 용사들과 더불어 의
논하고 성 밖의 모든 물 근원을 막
고자 하매 그들이 돕더라
4 이에 백성이 많이 모여 모든 물 근
원과 땅으로 흘러가는 시내를 막고
이르되 어찌 앗수르 왕들이 와서
많은 물을 얻게 하리요 하고
5 히스기야가 힘을 내어 무너진 모든
성벽을 보수하되 망대까지 높이 쌓

기록일 : . . .

고 또 외성을 쌓고 다윗 성의 밀로
를 견고하게 하고 무기와 방패를
많이 만들고
6 군대 지휘관들을 세워 백성을 거느
리게 하고 성문 광장에서 자기 앞
에 무리를 모으고 말로 위로하여
이르되
7 너희는 마음을 강하게 하며 담대히
하고 앗수르 왕과 그를 따르는 온
무리로 말미암아 두려워하지 말며
놀라지 말라 우리와 함께 하시는
이가 그와 함께 하는 자보다 크니
8 그와 함께 하는 자는 육신의 팔이
요 우리와 함께 하시는 이는 우리
의 하나님 야훼시라 반드시 우리를
도우시고 우리를 대신하여 싸우시
리라 하매 백성이 유다 왕 히스기
야의 말로 말미암아 안심하니라
9 그 후에 앗수르 왕 산헤립이 그의
온 군대를 거느리고 라기스를 치며
그의 신하들을 예루살렘에 보내어
유다 왕 히스기야와 예루살렘에 있
는 유다 무리에게 말하여 이르기를
10 앗수르 왕 산헤립은 이같이 말하노
라 너희가 예루살렘에 에워싸여 있
으면서 무엇을 의뢰하느냐
11 히스기야가 너희를 꾀어 이르기를
우리 하나님 야훼께서 우리를 앗수
르 왕의 손에서 건져내시리라 하거
니와 이 어찌 너희를 주림과 목마
름으로 죽게 함이 아니냐
12 이 히스기야가 야훼의 산당들과
제단들을 제거하여 버리고 유다와
예루살렘에 명령하여 이르기를 너
희는 다만 한 제단 앞에서 예배하
고 그 위에 분향하라 하지 아니하
였느냐
13 나와 내 조상들이 이방 모든 백성
들에게 행한 것을 너희가 알지 못
하느냐 모든 나라의 신들이 능히
그들의 땅을 내 손에서 건져낼 수
있었느냐
14 내 조상들이 진멸한 모든 나라의
그 모든 신들 중에 누가 능히 그의
백성을 내 손에서 건져내었기에 너
희 하나님이 능히 너희를 내 손에
서 건지겠느냐
15 그런즉 이와 같이 너희는 히스기야
에게 속지 말라 꾀임을 받지 말라
그를 믿지도 말라 어떤 백성이나
어떤 나라의 신도 능히 자기의 백
성을 나의 손과 나의 조상들의 손
에서 건져내지 못하였나니 하물며
너희 하나님이 너희를 내 손에서 건
져내겠느냐 하였더라
16 산헤립의 신하들도 더욱 야훼 하나
님과 그의 종 히스기야를 비방하였
으며
17 산헤립이 또 편지를 써 보내어 이
스라엘 하나님 야훼를 욕하고 비방

하여 이르기를 모든 나라의 신들이
그들의 백성을 내 손에서 구원하여
내지 못한 것 같이 히스기야의 신들
도 그의 백성을 내 손에서 구원하
여 내지 못하리라 하고
18 산헤립의 신하가 유다 방언으로 크
게 소리 질러 예루살렘 성 위에 있
는 백성을 놀라게 하고 괴롭게 하
여 그 성을 점령하려 하였는데
19 그들이 예루살렘의 하나님을 비방
하기를 사람의 손으로 지은 세상
사람의 신들을 비방하듯 하였더라
20 이러므로 히스기야 왕이 아모스의
아들 선지자 이사야와 더불어 하늘
을 향하여 부르짖어 기도하였더니
21 야훼께서 한 천사를 보내어 앗수르
왕의 진영에서 모든 큰 용사와 대
장과 지휘관들을 멸하신지라 앗수
르 왕이 낯이 뜨거워 그의 고국으
로 돌아갔더니 그의 신의 전에 들
어갔을 때에 그의 몸에서 난 자들
이 거기서 칼로 죽였더라
22 이와 같이 야훼께서 히스기야와 예
루살렘 주민을 앗수르 왕 산헤립의
손과 모든 적국의 손에서 구원하여
내사 사면으로 보호하시매
23 여러 사람이 예물을 가지고 예루살
렘에 와서 야훼께 드리고 또 보물
을 유다 왕 히스기야에게 드린지라
이 후부터 히스기야가 모든 나라의
눈에 존귀하게 되었더라
24 그 때에 히스기야가 병들어 죽게
되었으므로 야훼께 기도하매 야훼
께서 그에게 대답하시고 또 이적을
보이셨으나
25 히스기야가 마음이 교만하여 그 받
은 은혜를 보답하지 아니하므로 진
노가 그와 유다와 예루살렘에 내리
게 되었더니
26 히스기야가 마음의 교만함을 뉘우
치고 예루살렘 주민들도 그와 같이
하였으므로 야훼의 진노가 히스기
야의 생전에는 그들에게 내리지 아
니하니라
27 히스기야가 부와 영광이 지극한지
라 이에 은금과 보석과 향품과 방
패와 온갖 보배로운 그릇들을 위하
여 창고를 세우며
28 곡식과 새 포도주와 기름의 산물을
위하여 창고를 세우며 온갖 짐승의
외양간을 세우며 양 떼의 우리를
갖추며
29 양 떼와 많은 소 떼를 위하여 성읍
들을 세웠으니 이는 하나님이 그에
게 재산을 심히 많이 주셨음이며
30 이 히스기야가 또 기혼의 윗샘물을
막아 그 아래로부터 다윗 성 서쪽
으로 곧게 끌어들였으니 히스기야
가 그의 모든 일에 형통하였더라
31 그러나 바벨론 방백들이 히스기야

기록일 : . . .

에게 사신을 보내어 그 땅에서 나
타난 이적을 물을 때에 하나님이
히스기야를 떠나시고 그의 심중에
있는 것을 다 알고자 하사 시험하
셨더라
32 히스기야의 남은 행적과 그의 모든
선한 일은 아모스의 아들 선지자
이사야의 묵시 책과 유다와 이스라
엘 열왕기에 기록되니라
33 히스기야가 그의 조상들과 함께 누
우매 온 유다와 예루살렘 주민이
그를 다윗 자손의 묘실 중 높은 곳
에 장사하여 그의 죽음에 그에게
경의를 표하였더라 그의 아들 므낫
세가 대신하여 왕이 되니라

33 므낫세가 왕위에 오를 때에 나이
가 십이 세라 예루살렘에서 오십오
년 동안 다스리며
2 야훼 보시기에 악을 행하여 야훼께
서 이스라엘 자손 앞에서 쫓아내신
이방 사람들의 가증한 일을 본받아
3 그의 아버지 히스기야가 헐어 버린
산당을 다시 세우며 바알들을 위하
여 제단을 쌓으며 아세라 목상을
만들며 하늘의 모든 일월성신을 경
배하여 섬기며
4 야훼께서 전에 이르시기를 내가 내
이름을 예루살렘에 영원히 두리라
하신 야훼의 전에 제단들을 쌓고
5 또 야훼의 전 두 마당에 하늘의 일
월성신을 위하여 제단들을 쌓고
6 또 힌놈의 아들 골짜기에서 그의
아들들을 불 가운데로 지나가게 하
며 또 점치며 사술과 요술을 행하
며 신접한 자와 박수를 신임하여 야
훼 보시기에 악을 많이 행하여 야
훼를 진노하게 하였으며
7 또 자기가 만든 아로새긴 목상을
하나님의 전에 세웠더라 옛적에 하
나님이 이 성전에 대하여 다윗과 그
의 아들 솔로몬에게 이르시기를 내
가 이스라엘 모든 지파 중에서 택
한 이 성전과 예루살렘에 내 이름
을 영원히 둘지라
8 만일 이스라엘 사람이 내가 명령한
일들 곧 모세를 통하여 전한 모든
율법과 율례와 규례를 지켜 행하면
내가 그들의 발로 다시는 그의 조
상들에게 정하여 준 땅에서 옮기지
않게 하리라 하셨으나
9 유다와 예루살렘 주민이 므낫세의
꾀임을 받고 악을 행한 것이 야훼
께서 이스라엘 자손 앞에서 멸하신
모든 나라보다 더욱 심하였더라
10 야훼께서 므낫세와 그의 백성에게
이르셨으나 그들이 듣지 아니하므로
11 야훼께서 앗수르 왕의 군대 지휘관
들이 와서 치게 하시매 그들이 므
낫세를 사로잡고 쇠사슬로 결박하
여 바벨론으로 끌고 간지라

12 그가 환난을 당하여 그의 하나님 야훼께 간구하고 그의 조상들의 하나님 앞에 크게 겸손하여

13 기도하였으므로 하나님이 그의 기도를 받으시며 그의 간구를 들으시사 그가 예루살렘에 돌아와서 다시 왕위에 앉게 하시매 므낫세가 그제서야 야훼께서 하나님이신 줄을 알았더라

14 그 후에 다윗 성 밖 기혼 서쪽 골짜기 안에 외성을 쌓되 어문 어귀까지 이르러 오벨을 둘러 매우 높이 쌓고 또 유다 모든 견고한 성읍에 군대 지휘관을 두며

15 이방 신들과 야훼의 전의 우상을 제거하며 야훼의 전을 건축한 산에와 예루살렘에 쌓은 모든 제단들을 다 성 밖에 던지고

16 야훼의 제단을 보수하고 화목제와 감사제를 그 제단 위에 드리고 유다를 명령하여 이스라엘 하나님 야훼를 섬기라 하매

17 백성이 그의 하나님 야훼께만 제사를 드렸으나 아직도 산당에서 제사를 드렸더라

18 므낫세의 남은 사적과 그가 하나님께 한 기도와 선견자가 이스라엘 하나님 야훼의 이름으로 권한 말씀은 모두 이스라엘 왕들의 행장에 기록되었고

19 또 그의 기도와 그의 기도를 들으신 것과 그의 모든 죄와 허물과 겸손하기 전에 산당을 세운 곳과 아세라 목상과 우상을 세운 곳들이 다 호새의 사기에 기록되니라

20 므낫세가 그의 열조와 함께 누우매 그의 궁에 장사되고 그의 아들 아몬이 대신하여 왕이 되니라

21 아몬이 왕위에 오를 때에 나이가 이십이 세라 예루살렘에서 이 년 동안 다스리며

22 그의 아버지 므낫세의 행함 같이 야훼 보시기에 악을 행하여 아몬이 그의 아버지 므낫세가 만든 아로새긴 모든 우상에게 제사하여 섬겼으며

23 이 아몬이 그의 아버지 므낫세가 스스로 겸손함 같이 야훼 앞에서 스스로 겸손하지 아니하고 더욱 범죄하더니

24 그의 신하가 반역하여 왕을 궁중에서 죽이매

25 백성들이 아몬 왕을 반역한 사람들을 다 죽이고 그의 아들 요시야를 대신하여 왕으로 삼으니라

34 요시야가 왕위에 오를 때에 나이가 팔 세라 예루살렘에서 삼십일 년 동안 다스리며

2 야훼 보시기에 정직하게 행하여 그의 조상 다윗의 길로 걸으며 좌우로 치우치지 아니하고

기록일 : . . .

3 아직도 어렸을 때 곧 왕위에 있은
지 팔 년에 그의 조상 다윗의 하나
님을 비로소 찾고 제십이년에 유다
와 예루살렘을 비로소 정결하게 하
여 그 산당들과 아세라 목상들과
아로새긴 우상들과 부어 만든 우상
들을 제거하여 버리매
4 무리가 왕 앞에서 바알의 제단들을
헐었으며 왕이 또 그 제단 위에 높
이 달린 태양상들을 찍고 또 아세라
목상들과 아로새긴 우상들과 부어
만든 우상들을 빻아 가루를 만들어
제사하던 자들의 무덤에 뿌리고
5 제사장들의 뼈를 제단 위에서 불살
라 유다와 예루살렘을 정결하게 하
였으며
6 또 므낫세와 에브라임과 시므온과
납달리까지 사면 황폐한 성읍들에
도 그렇게 행하여
7 제단들을 허물며 아세라 목상들과
아로새긴 우상들을 빻아 가루를 만
들며 온 이스라엘 땅에 있는 모든
태양상을 찍고 예루살렘으로 돌아
왔더라
8 요시야가 왕위에 있은 지 열여덟째
해에 그 땅과 성전을 정결하게 하
기를 마치고 그의 하나님 야훼의
전을 수리하려 하여 아살랴의 아들
사반과 시장 마아세야와 서기관 요
아하스의 아들 요아를 보낸지라
9 그들이 대제사장 힐기야에게 나아
가 전에 하나님의 전에 헌금한 돈
을 그에게 주니 이 돈은 문을 지키
는 레위 사람들이 므낫세와 에브라
임과 남아 있는 모든 이스라엘 사
람과 온 유다와 베냐민과 예루살렘
주민들에게서 거둔 것이라
10 그 돈을 야훼의 전 공사를 감독하
는 자들의 손에 넘기니 그들이 야
훼의 전에 있는 일꾼들에게 주어
그 전을 수리하게 하되
11 곧 목수들과 건축하는 자들에게 주
어 다듬은 돌과 연접하는 나무를
사며 유다 왕들이 헐어버린 성전들
을 위하여 들보를 만들게 하매
12 그 사람들이 성실하게 그 일을 하
니라 그의 감독들은 레위 사람들
곧 므라리 자손 중 야핫과 오바다
요 그핫 자손들 중 스가랴와 무술
람이라 다 그 일을 감독하고 또 악
기에 익숙한 레위 사람들이 함께
하였으며
13 그들은 또 목도꾼을 감독하며 모든
공사 담당자를 감독하고 어떤 레위
사람은 서기와 관리와 문지기가 되
었더라
14 무리가 야훼의 전에 헌금한 돈을
꺼낼 때에 제사장 힐기야가 모세가
전한 야훼의 율법책을 발견하고
15 힐기야가 서기관 사반에게 말하여

기록일 : . . .

이르되 내가 야훼의 전에서 율법책
을 발견하였노라 하고 힐기야가 그
책을 사반에게 주매
16 사반이 책을 가지고 왕에게 나아가
서 복명하여 이르되 왕께서 종들에
게 명령하신 것을 종들이 다 준행
하였나이다
17 또 야훼의 전에서 발견한 돈을 쏟
아서 감독자들과 일꾼들에게 주었
나이다 하고
18 서기관 사반이 또 왕에게 아뢰어
이르되 제사장 힐기야가 내게 책을
주더이다 하고 사반이 왕 앞에서
그것을 읽으매
19 왕이 율법의 말씀을 듣자 곧 자기
옷을 찢더라
20 왕이 힐기야와 사반의 아들 아히감
과 미가의 아들 압돈과 서기관 사
반과 왕의 시종 아사야에게 명령하
여 이르되
21 너희는 가서 나와 및 이스라엘과
유다의 남은 자들을 위하여 이 발
견한 책의 말씀에 대하여 야훼께
물으라 우리 조상들이 야훼의 말씀
을 지키지 아니하고 이 책에 기록된
모든 것을 준행하지 아니하였으므
로 야훼께서 우리에게 쏟으신 진노
가 크도다 하니라
22 이에 힐기야와 왕이 보낸 사람들이
여선지자 훌다에게로 나아가니 그
는 하스라의 손자 독핫의 아들로서
예복을 관리하는 살룸의 아내라 예
루살렘 둘째 구역에 살았더라 그들
이 그에게 이 뜻을 전하매
23 훌다가 그들에게 이르되 이스라엘
의 하나님 야훼께서 이같이 말씀
하시기를 너희는 너희를 내게 보낸
사람에게 말하라 하시니라
24 야훼께서 이같이 말씀하시기를 내
가 이 곳과 그 주민에게 재앙을 내
리되 곧 유다 왕 앞에서 읽은 책에
기록된 모든 저주대로 하리니
25 이는 이 백성들이 나를 버리고 다른
신들에게 분향하며 그의 손의 모든
행위로 나의 노여움을 샀음이라 그
러므로 나의 노여움을 이 곳에 쏟
으매 꺼지지 아니하리라 하라 하셨
느니라
26 너희를 보내어 야훼께 묻게 한 유
다 왕에게는 너희가 이렇게 전하
라 이스라엘의 하나님 야훼께서 이
같이 말씀하시기를 네가 들은 말을
의논하건대
27 내가 이 곳과 그 주민을 가리켜 말
한 것을 네가 듣고 마음이 연약하
여 하나님 앞 곧 내 앞에서 겸손하
여 옷을 찢고 통곡하였으므로 나도
네 말을 들었노라 야훼가 말하였느
니라
28 그러므로 내가 네게 너의 조상들에

기록일 : . . .

게 돌아가서 평안히 묘실로 들어가
게 하리니 내가 이 곳과 그 주민에
게 내리는 모든 재앙을 네가 눈으
로 보지 못하리라 하셨느니라 이에
사신들이 왕에게 복명하니라
29 왕이 사람을 보내어 유다와 예루살
렘의 모든 장로를 불러 모으고
30 야훼의 전에 올라가매 유다 모든
사람과 예루살렘 주민들과 제사
장들과 레위 사람들과 모든 백성
이 노소를 막론하고 다 함께 한지
라 왕이 야훼의 전 안에서 발견한
언약책의 모든 말씀을 읽어 무리의
귀에 들려 주고
31 왕이 자기 처소에 서서 야훼 앞에서
언약을 세우되 마음을 다하고 목
숨을 다하여 야훼를 순종하고 그의
계명과 법도와 율례를 지켜 이 책
에 기록된 언약의 말씀을 이루리라
하고
32 예루살렘과 베냐민에 있는 자들이
다 여기에 참여하게 하매 예루살렘
주민이 하나님 곧 그의 조상들의
하나님의 언약을 따르니라
33 이와 같이 요시야가 이스라엘 자손
에게 속한 모든 땅에서 가증한 것
들을 다 제거하여 버리고 이스라엘
의 모든 사람으로 그들의 하나님
야훼를 섬기게 하였으므로 요시야
가 사는 날에 백성이 그들의 조상
들의 하나님 야훼께 복종하고 떠나
지 아니하였더라

35

요시야가 예루살렘에서 야훼께
유월절을 지켜 첫째 달 열넷째 날
에 유월절 어린 양을 잡으니라
2 왕이 제사장들에게 그들의 직분을
맡기고 격려하여 야훼의 전에서 직
무를 수행하게 하고
3 또 야훼 앞에 구별되어서 온 이스
라엘을 가르치는 레위 사람에게 이
르되 거룩한 궤를 이스라엘 왕 다
윗의 아들 솔로몬이 건축한 전 가
운데 두고 다시는 너희 어깨에 메
지 말고 마땅히 너희의 하나님 야
훼와 그의 백성 이스라엘을 섬길
것이라
4 너희는 이스라엘 왕 다윗의 글과
다윗의 아들 솔로몬의 글을 준행하
여 너희 족속대로 반열을 따라 스
스로 준비하고
5 너희 형제 모든 백성의 족속의 서
열대로 또는 레위 족속의 서열대로
성소에 서서
6 스스로 성결하게 하고 유월절 어린
양을 잡아 너희 형제들을 위하여
준비하되 야훼께서 모세를 통하여
전하신 말씀을 따라 행할지니라
7 요시야가 그 모인 모든 이를 위하
여 백성들에게 자기의 소유 양 떼
중에서 어린 양과 어린 염소 삼만

마리와 수소 삼천 마리를 내어 유
월절 제물로 주매
8 방백들도 즐거이 희생을 드려 백성
과 제사장들과 레위 사람들에게 주
었고 하나님의 전을 주장하는 자
힐기야와 스가랴와 여히엘은 제사
장들에게 양 이천육백 마리와 수소
삼백 마리를 유월절 제물로 주었고
9 또 레위 사람들의 우두머리들 곧
고나냐와 그의 형제 스마야와 느다
넬과 또 하사뱌와 여이엘과 요사밧
은 양 오천 마리와 수소 오백 마리
를 레위 사람들에게 유월절 제물로
주었더라
10 이와 같이 섬길 일이 구비되매 왕
의 명령을 따라 제사장들은 그들의
처소에 서고 레위 사람들은 그들의
반열대로 서고
11 유월절 양을 잡으니 제사장들은 그
들의 손에서 피를 받아 뿌리고 또
레위 사람들은 잡은 짐승의 가죽을
벗기고
12 그 번제물을 옮겨 족속의 서열대로
모든 백성에게 나누어 모세의 책에
기록된 대로 야훼께 드리게 하고
소도 그와 같이 하고
13 이에 규례대로 유월절 양을 불에
굽고 그 나머지 성물은 솥과 가마
와 냄비에 삶아 모든 백성들에게
속히 분배하고
14 그 후에 자기와 제사장들을 위하여
준비하니 이는 아론의 자손 제사장
들이 번제와 기름을 저녁까지 드리
므로 레위 사람들이 자기와 아론의
자손 제사장들을 위하여 준비함이
더라
15 아삽의 자손 노래하는 자들은 다윗
과 아삽과 헤만과 왕의 선견자 여
두둔이 명령한 대로 자기 처소에 있
고 문지기들은 각 문에 있고 그 직
무에서 떠날 것이 없었으니 이는 그
의 형제 레위 사람들이 그들을 위
하여 준비하였음이더라
16 이와 같이 당일에 야훼를 섬길 일이
다 준비되매 요시야 왕의 명령대로
유월절을 지키며 번제를 야훼의 제
단에 드렸으며
17 그 때에 모인 이스라엘 자손이 유
월절을 지키고 이어서 무교절을 칠
일 동안 지켰으니
18 선지자 사무엘 이후로 이스라엘 가
운데서 유월절을 이같이 지키지 못
하였고 이스라엘 모든 왕들도 요시
야가 제사장들과 레위 사람들과 모
인 온 유다와 이스라엘 무리와 예
루살렘 주민과 함께 지킨 것처럼은
유월절을 지키지 못하였더라
19 요시야가 왕위에 있은 지 열여덟째
해에 이 유월절을 지켰더라
20 이 모든 일 후 곧 요시야가 성전을

기록일 : . . .

정돈하기를 마친 후에 애굽 왕 느
고가 유브라데 강 가의 갈그미스를
치러 올라왔으므로 요시야가 나가
서 방비하였더니
21 느고가 요시야에게 사신을 보내어
이르되 유다 왕이여 내가 그대와
무슨 관계가 있느냐 내가 오늘 그
대를 치려는 것이 아니요 나와 더
불어 싸우는 족속을 치려는 것이라
하나님이 나에게 명령하사 속히 하
라 하셨은즉 하나님이 나와 함께
계시니 그대는 하나님을 거스르지
말라 그대를 멸하실까 하노라 하나
22 요시야가 몸을 돌이켜 떠나기를 싫
어하고 오히려 변장하고 그와 싸
우고자 하여 하나님의 입에서 나온
느고의 말을 듣지 아니하고 므깃도
골짜기에 이르러 싸울 때에
23 활 쏘는 자가 요시야 왕을 쏜지라
왕이 그의 신하들에게 이르되 내가
중상을 입었으니 나를 도와 나가게
하라
24 그 부하들이 그를 병거에서 내리게
하고 그의 버금 병거에 태워 예루
살렘에 이른 후에 그가 죽으니 그
의 조상들의 묘실에 장사되니라 온
유다와 예루살렘 사람들이 요시야
를 슬퍼하고
25 예레미야는 그를 위하여 애가를 지
었으며 모든 노래하는 남자들과 여
자들은 요시야를 슬피 노래하니 이
스라엘에 규례가 되어 오늘까지 이
르렀으며 그 가사는 애가 중에 기
록되었더라
26 요시야의 남은 사적과 야훼의 율
법에 기록된 대로 행한 모든 선한
일과
27 그의 처음부터 끝까지의 행적은 이
스라엘과 유다 열왕기에 기록되니라
36 그 땅의 백성이 요시야의 아들 여
호아하스를 세워 그의 아버지를 대
신하여 예루살렘에서 왕으로 삼으니
2 여호아하스가 왕위에 오를 때에 나
이가 이십삼 세더라 그가 예루살렘
에서 다스린 지 석 달에
3 애굽 왕이 예루살렘에서 그의 왕위
를 폐하고 또 그 나라에 은 백 달란
트와 금 한 달란트를 벌금으로 내
게 하며
4 애굽 왕 느고가 또 그의 형제 엘리
아김을 세워 유다와 예루살렘 왕으
로 삼고 그의 이름을 고쳐 여호야
김이라 하고 그의 형제 여호아하스
를 애굽으로 잡아갔더라
5 여호야김이 왕위에 오를 때에 나이
가 이십오 세라 예루살렘에서 십일
년 동안 다스리며 그의 하나님 야
훼 보시기에 악을 행하였더라
6 바벨론 왕 느부갓네살이 올라와서
그를 치고 그를 쇠사슬로 결박하여

기록일 : . . .

바벨론으로 잡아가고
7 느부갓네살이 또 야훼의 전 기구들
을 바벨론으로 가져다가 바벨론에
있는 자기 신당에 두었더라
8 여호야김의 남은 사적과 그가 행한
모든 가증한 일들과 그에게 발견된
악행이 이스라엘과 유다 열왕기에
기록되니라 그의 아들 여호야긴이
대신하여 왕이 되니라
9 여호야긴이 왕위에 오를 때에 나이
가 팔 세라 예루살렘에서 석달 열
흘 동안 다스리며 야훼 보시기에
악을 행하였더라
10 그 해에 느부갓네살 왕이 사람을
보내어 여호야긴을 바벨론으로 잡
아가고 야훼의 전의 귀한 그릇들도
함께 가져가고 그의 숙부 시드기야
를 세워 유다와 예루살렘 왕으로
삼았더라
11 시드기야가 왕위에 오를 때에 나이
가 이십일 세라 예루살렘에서 십일
년 동안 다스리며
12 그의 하나님 야훼 보시기에 악을
행하고 선지자 예레미야가 야훼의
말씀으로 일러도 그 앞에서 겸손하
지 아니하였으며
13 또한 느부갓네살 왕이 그를 그의
하나님을 가리켜 맹세하게 하였으
나 그가 왕을 배반하고 목을 곧게
하며 마음을 완악하게 하여 이스라
엘 하나님 야훼께로 돌아오지 아니
하였고
14 모든 제사장들의 우두머리들과 백
성도 크게 범죄하여 이방 모든 가
증한 일을 따라서 야훼께서 예루살
렘에 거룩하게 두신 그의 전을 더
럽게 하였으며
15 그 조상들의 하나님 야훼께서 그의
백성과 그 거하시는 곳을 아끼사
부지런히 그의 사신들을 그 백성에
게 보내어 이르셨으나
16 그의 백성이 하나님의 사신들을 비
웃고 그의 말씀을 멸시하며 그의
선지자를 욕하여 야훼의 진노를 그
의 백성에게 미치게 하여 회복할
수 없게 하였으므로
17 하나님이 갈대아 왕의 손에 그들을
다 넘기시매 그가 와서 그들의 성전
에서 칼로 청년들을 죽이며 청년 남
녀와 노인과 병약한 사람을 긍휼히
여기지 아니하였으며
18 또 하나님의 전의 대소 그릇들과
야훼의 전의 보물과 왕과 방백들의
보물을 다 바벨론으로 가져가고
19 또 하나님의 전을 불사르며 예루살
렘 성벽을 헐며 그들의 모든 궁실
을 불사르며 그들의 모든 귀한 그
릇들을 부수고
20 칼에서 살아 남은 자를 그가 바벨
론으로 사로잡아가매 무리가 거기

기록일 : . . .

서 갈대아 왕과 그의 자손의 노예
가 되어 바사국이 통치할 때까지
이르니라
21 이에 토지가 황폐하여 땅이 안식년
을 누림 같이 안식하여 칠십 년을
지냈으니 야훼께서 예레미야의 입
으로 하신 말씀이 이루어졌더라
22 바사의 고레스 왕 원년에 야훼께서
예레미야의 입으로 하신 말씀을 이
루시려고 야훼께서 바사의 고레스
왕의 마음을 감동시키시매 그가 온
나라에 공포도 하고 조서도 내려
이르되
23 바사 왕 고레스가 이같이 말하노니
하늘의 신 야훼께서 세상 만국을
내게 주셨고 나에게 명령하여 유다
예루살렘에 성전을 건축하라 하셨
나니 너희 중에 그의 백성된 자는
다 올라갈지어다 너희 하나님 야훼
께서 함께 하시기를 원하노라 하였
더라

기록일 : . . .

EZRA

에스라

저 자 에스라

주 제 성전 재건과 신앙 개혁을 통한 야훼 신앙 공동체의 확립

기록목적 70년간의 바벨론 포로 생활과 귀환 이후의 여러 가지 어려움은 백성들로 하여금 신앙 공동체로서의 정체성을 흐리게 하였다. 따라서 에스라는 신앙의 중심점인 성전 재건 사업에 대한 기사와 이방인들과 통혼한 백성들에 대한 강력한 개혁 조치를 기록함으로써 이스라엘 백성들이 여전히 하나님의 사랑을 받고 있는 언약 백성임을 알게 하려 하였다.

기록배경 에스라는 시기적으로 크게 두 부분으로 나누어진다. 첫째는 스룹바벨을 주축으로 한 1차 귀환이며1-6장, 둘째는 에스라를 주축으로 한 2차 귀환이다7-10장. 1장부터 6장까지는 주전 586년경 바벨론에 포로로 끌려갔던 이스라엘 백성들이 예레미야의 예언대로렘 25:11,12 70년간의 포로 생활을 겪은 후 주전 538년경 고레스의 칙령에 의하여 귀환하는 내용을 다루고 있다. 귀환민들은 파괴된 성전을 재건하고 신앙 공동체를 다시 확립하려 했으며, 수많은 역경과 방해 속에서도 성전을 재건하고 유월절 절기를 지킨다. 7장부터는 주전 458년경 에스라의 인도 아래 이루어진 2차 귀환에 대하여 기록하고 있다. 특히 에스라는 세월이 흐르면서 점차 흐트러진 이스라엘 백성들의 신앙심을 질책한다.

특 징
- 에스라는 성전 재건 과정을 부각함으로써 하나님의 택하신 백성으로서의 예배와 신앙을 강조하고 있다.
- 에스라는 하나님께서 이스라엘과의 언약을 잊지 않으셨음을 강조한다.
- 에스라는 포로 귀환과 성전 재건 사업이 하나님의 은혜와 하나님의 능력으로 진행됨을 강조하고 있다.
- 에스라는 이스라엘 백성이 야훼 신앙의 공동체로서 신앙의 순수성을 지켜야 함을 강조한다.

나의 기도

에스라

1 바사 왕 고레스 원년에 야훼께서
예레미야의 입을 통하여 하신 말씀
을 이루게 하시려고 바사 왕 고레
스의 마음을 감동시키시매 그가 온
나라에 공포도 하고 조서도 내려
이르되
2 바사 왕 고레스는 말하노니 하늘의
하나님 야훼께서 세상 모든 나라를
내게 주셨고 나에게 명령하사 유다
예루살렘에 성전을 건축하라 하셨
나니
3 이스라엘의 하나님은 참 신이시라
너희 중에 그의 백성 된 자는 다 유
다 예루살렘으로 올라가서 이스라
엘의 하나님 야훼의 성전을 건축하
라 그는 예루살렘에 계신 하나님이
시라
4 그 남아 있는 백성이 어느 곳에 머
물러 살든지 그 곳 사람들이 마땅
히 은과 금과 그 밖의 물건과 짐승
으로 도와 주고 그 외에도 예루살
렘에 세울 하나님의 성전을 위하
여 예물을 기쁘게 드릴지니라 하였
더라
5 이에 유다와 베냐민 족장들과 제사
장들과 레위 사람들과 그 마음이
하나님께 감동을 받고 올라가서 예
루살렘에 야훼의 성전을 건축하고
자 하는 자가 다 일어나니
6 그 사면 사람들이 은 그릇과 금과
물품들과 짐승과 보물로 돕고 그
외에도 예물을 기쁘게 드렸더라
7 고레스 왕이 또 야훼의 성전 그릇
을 꺼내니 옛적에 느부갓네살이 예
루살렘에서 옮겨다가 자기 신들의
신당에 두었던 것이라
8 바사 왕 고레스가 창고지기 미드르
닷에게 명령하여 그 그릇들을 꺼내
어 세어서 유다 총독 세스바살에게
넘겨주니
9 그 수는 금 접시가 서른 개요 은 접
시가 천 개요 칼이 스물아홉 개요
10 금 대접이 서른 개요 그보다 못한
은 대접이 사백열 개요 그밖의 그
릇이 천 개이니
11 금, 은 그릇이 모두 오천사백 개라
사로잡힌 자를 바벨론에서 예루살
렘으로 데리고 갈 때에 세스바살이
그 그릇들을 다 가지고 갔더라

2 옛적에 바벨론 왕 느부갓네살에
게 사로잡혀 바벨론으로 갔던 자들
의 자손들 중에서 놓임을 받고 예
루살렘과 유다 도로 돌아와 각기
각자의 성읍으로 돌아간 자
2 곧 스룹바벨과 예수아와 느헤미야
와 스라야와 르엘라야와 모르드개

기록일 : . . .

와 빌산과 미스발과 비그왜와 르훔
과 바아나 등과 함께 나온 이스라
엘 백성의 명수가 이러하니
3 바로스 자손이 이천백칠십이 명이요
4 스바댜 자손이 삼백칠십이 명이요
5 아라 자손이 칠백칠십오 명이요
6 바핫모압 자손 곧 예수아와 요압
자손이 이천팔백십이 명이요
7 엘람 자손이 천이백오십사 명이요
8 삿두 자손이 구백사십오 명이요
9 삭개 자손이 칠백육십 명이요
10 바니 자손이 육백사십이 명이요
11 브배 자손이 육백이십삼 명이요
12 아스갓 자손이 천이백이십이 명이요
13 아도니감 자손이 육백육십육 명이요
14 비그왜 자손이 이천오십육 명이요
15 아딘 자손이 사백오십사 명이요
16 아델 자손 곧 히스기야 자손이 구
십팔 명이요
17 베새 자손이 삼백이십삼 명이요
18 요라 자손이 백십이 명이요
19 하숨 자손이 이백이십삼 명이요
20 깁발 자손이 구십오 명이요
21 베들레헴 사람이 백이십삼 명이요
22 느도바 사람이 오십육 명이요
23 아나돗 사람이 백이십팔 명이요
24 아스마웻 자손이 사십이 명이요
25 기랴다림과 그비라와 브에롯 자손
이 칠백사십삼 명이요
26 라마와 게바 자손이 육백이십일 명
이요
27 믹마스 사람이 백이십이 명이요
28 벧엘과 아이 사람이 이백이십삼 명
이요
29 느보 자손이 오십이 명이요
30 막비스 자손이 백오십육 명이요
31 다른 엘람 자손이 천이백오십사 명
이요
32 하림 자손이 삼백이십 명이요
33 로드와 하딧과 오노 자손이 칠백이
십오 명이요
34 여리고 자손이 삼백사십오 명이요
35 스나아 자손이 삼천육백삼십 명이
었더라
36 제사장들은 예수아의 집 여다야 자
손이 구백칠십삼 명이요
37 임멜 자손이 천오십이 명이요
38 바스훌 자손이 천이백사십칠 명이요
39 하림 자손이 천십칠 명이었더라
40 레위 사람은 호다위야 자손 곧 예수
아와 갓미엘 자손이 칠십사 명이요
41 노래하는 자들은 아삽 자손이 백이
십팔 명이요
42 문지기의 자손들은 살룸과 아델과
달문과 악굽과 하디다와 소배 자손
이 모두 백삼십구 명이었더라
43 느디님 사람들은 시하 자손과 하수
바 자손과 답바옷 자손과
44 게로스 자손과 시아하 자손과 바돈
자손과

기록일 : . . .

45 르바나 자손과 하가바 자손과 악굽
자손과
46 하갑 자손과 사믈래 자손과 하난
자손과
47 깃델 자손과 가할 자손과 르아야
자손과
48 르신 자손과 느고다 자손과 갓삼
자손과
49 웃사 자손과 바세아 자손과 베새
자손과
50 아스나 자손과 므우님 자손과 느부
심 자손과
51 박북 자손과 하그바 자손과 할훌
자손과
52 바슬룻 자손과 므히다 자손과 하르
사 자손과
53 바르고스 자손과 시스라 자손과 데
마 자손과
54 느시야 자손과 하디바 자손이었더라
55 솔로몬의 신하의 자손은 소대 자손
과 하소베렛 자손과 브루다 자손과
56 야알라 자손과 다르곤 자손과 깃델
자손과
57 스바댜 자손과 하딜 자손과 보게렛
하스바임 자손과 아미 자손이니
58 모든 느디님 사람과 솔로몬의 신하
의 자손이 삼백구십이 명이었더라
59 델멜라와 델하르사와 그룹과 앗단
과 임멜에서 올라온 자가 있으나
그들의 조상의 가문과 선조가 이
스라엘에 속하였는지 밝힐 수 없었
더라
60 그들은 들라야 자손과 도비야 자손
과 느고다 자손이라 모두 육백오십
이 명이요
61 제사장 중에는 하바야 자손과 학고
스 자손과 바르실래 자손이니 바르
실래는 길르앗 사람 바르실래의 딸
중의 한 사람을 아내로 삼고 바르
실래의 이름을 따른 자라
62 이 사람들은 계보 중에서 자기 이
름을 찾아도 얻지 못하므로 그들을
부정하게 여겨 제사장의 직분을 행
하지 못하게 하고
63 방백이 그들에게 명령하여 우림과
둠밈을 가진 제사장이 일어나기
전에는 지성물을 먹지 말라 하였느
니라
64 온 회중의 합계가 사만 이천삼백육
십 명이요
65 그 외에 남종과 여종이 칠천삼백삼
십칠 명이요 노래하는 남녀가 이백
명이요
66 말이 칠백삼십육이요 노새가 이백
사십오요
67 낙타가 사백삼십오요 나귀가 육천
칠백이십이었더라
68 어떤 족장들이 예루살렘에 있는 야
훼의 성전 터에 이르러 하나님의 전
을 그 곳에 다시 건축하려고 예물

기록일 : . . .

을 기쁘게 드리되
69 힘 자라는 대로 공사하는 금고에
들이니 금이 육만 천 다릭이요 은이
오천 마네요 제사장의 옷이 백 벌
이었더라
70 이에 제사장들과 레위 사람들과 백
성 몇과 노래하는 자들과 문지기들
과 느디님 사람들이 각자의 성읍에
살았고 이스라엘 무리도 각자의 성
읍에 살았더라
3 이스라엘 자손이 각자의 성읍에
살았더니 일곱째 달에 이르러 일제
히 예루살렘에 모인지라
2 요사닥의 아들 예수아와 그의 형
제 제사장들과 스알디엘의 아들 스
룹바벨과 그의 형제들이 다 일어나
이스라엘 하나님의 제단을 만들고
하나님의 사람 모세의 율법에 기록
한 대로 번제를 그 위에서 드리려
할새
3 무리가 모든 나라 백성을 두려워
하여 제단을 그 터에 세우고 그 위
에서 아침 저녁으로 야훼께 번제를
드리며
4 기록된 규례대로 초막절을 지켜 번
제를 매일 정수대로 날마다 드리고
5 그 후에는 항상 드리는 번제와 초
하루와 야훼의 모든 거룩한 절기의
번제와 사람이 야훼께 기쁘게 드리
는 예물을 드리되
6 일곱째 달 초하루부터 비로소 야훼
께 번제를 드렸으나 그 때에 야훼
의 성전 지대는 미처 놓지 못한지라
7 이에 석수와 목수에게 돈을 주고
또 시돈 사람과 두로 사람에게 먹
을 것과 마실 것과 기름을 주고 바
사 왕 고레스의 명령대로 백향목을
레바논에서 욥바 해변까지 운송하
게 하였더라
8 예루살렘에 있는 하나님의 성전에
이른 지 이 년 둘째 달에 스알디엘
의 아들 스룹바벨과 요사닥의 아들
예수아와 다른 형제 제사장들과 레
위 사람들과 무릇 사로잡혔다가 예
루살렘에 돌아온 자들이 공사를 시
작하고 이십 세 이상의 레위 사람
들을 세워 야훼의 성전 공사를 감
독하게 하매
9 이에 예수아와 그의 아들들과 그
의 형제들과 갓미엘과 그의 아들들
과 유다 자손과 헤나닷 자손과 그
의 형제 레위 사람들이 일제히 일어
나 하나님의 성전 일꾼들을 감독하
니라
10 건축자가 야훼의 성전의 기초를 놓
을 때에 제사장들은 예복을 입고
나팔을 들고 아삽 자손 레위 사람
들은 제금을 들고 서서 이스라엘
왕 다윗의 규례대로 야훼를 찬송
하되

기록일 : . . .

11 찬양으로 화답하며 야훼께 감사하
여 이르되 주는 지극히 선하시므로
그의 인자하심이 이스라엘에게 영
원하시도다 하니 모든 백성이 야훼
의 성전 기초가 놓임을 보고 야훼
를 찬송하며 큰 소리로 즐거이 부
르며
12 제사장들과 레위 사람들과 나이 많
은 족장들은 첫 성전을 보았으므로
이제 이 성전의 기초가 놓임을 보고
대성통곡하였으나 여러 사람은 기
쁨으로 크게 함성을 지르니
13 백성이 크게 외치는 소리가 멀리 들
리므로 즐거이 부르는 소리와 통곡
하는 소리를 백성들이 분간하지 못
하였더라

4 사로잡혔던 자들의 자손이 이스
라엘의 하나님 야훼의 성전을 건축
한다 함을 유다와 베냐민의 대적이
듣고
2 스룹바벨과 족장들에게 나아와 이
르되 우리도 너희와 함께 건축하게
하라 우리도 너희 같이 너희 하나님
을 찾노라 앗수르 왕 에살핫돈이 우
리를 이리로 오게 한 날부터 우리가
하나님께 제사를 드리노라 하니
3 스룹바벨과 예수아와 기타 이스라
엘 족장들이 이르되 우리 하나님의
성전을 건축하는 데 너희는 우리와
상관이 없느니라 바사 왕 고레스가
우리에게 명령하신 대로 우리가 이
스라엘의 하나님 야훼를 위하여 홀
로 건축하리라 하였더니
4 이로부터 그 땅 백성이 유다 백성
의 손을 약하게 하여 그 건축을 방
해하되
5 바사 왕 고레스의 시대부터 바사
왕 다리오가 즉위할 때까지 관리들
에게 뇌물을 주어 그 계획을 막았
으며
6 또 아하수에로가 즉위할 때에 그들
이 글을 올려 유다와 예루살렘 주
민을 고발하니라
7 아닥사스다 때에 비슬람과 미드르
닷과 다브엘과 그의 동료들이 바사
왕 아닥사스다에게 글을 올렸으니
그 글은 아람 문자와 아람 방언으
로 써서 진술하였더라
8 방백 르훔과 서기관 심새가 아닥사
스다 왕에게 올려 예루살렘 백성을
고발한 그 글에
9 방백 르훔과 서기관 심새와 그의
동료 디나 사람과 아바삿 사람과
다블래 사람과 아바새 사람과 아렉
사람과 바벨론 사람과 수산 사람과
데해 사람과 엘람 사람과
10 그 밖에 백성 곧 존귀한 오스납발
이 사마리아 성과 유브라데 강 건
너편 다른 땅에 옮겨 둔 자들과 함
께 고발한다 하였더라

기록일 : . . .

11 아닥사스다 왕에게 올린 그 글의
초본은 이러하니 강 건너편에 있는
신하들은
12 왕에게 아뢰나이다 당신에게서 우
리에게로 올라온 유다 사람들이 예
루살렘에 이르러 이 패역하고 악한
성읍을 건축하는데 이미 그 기초를
수축하고 성곽을 건축하오니
13 이제 왕은 아시옵소서 만일 이 성
읍을 건축하고 그 성곽을 완공하면
저 무리가 다시는 조공과 관세와
통행세를 바치지 아니하리니 결국
왕들에게 손해가 되리이다
14 우리가 이제 왕궁의 소금을 먹으
므로 왕이 수치 당함을 차마 보지
못하여 사람을 보내어 왕에게 아
뢰오니
15 왕은 조상들의 사기를 살펴보시면
그 사기에서 이 성읍은 패역한 성읍
이라 예로부터 그 중에서 항상 반
역하는 일을 행하여 왕들과 각 도
에 손해가 된 것을 보시고 아실지
라 이 성읍이 무너짐도 이 때문이니
이다
16 이제 감히 왕에게 아뢰오니 이 성
읍이 중건되어 성곽이 준공되면 이
로 말미암아 왕의 강 건너편 영지가
없어지리이다 하였더라
17 왕이 방백 르훔과 서기관 심새와
사마리아에 거주하는 그들 동관들
과 강 건너편 다른 땅 백성에게 조
서를 내리니 일렀으되 너희는 평안
할지어다
18 너희가 올린 글을 내 앞에서 낭독
시키고
19 명령하여 살펴보니 과연 이 성읍이
예로부터 왕들을 거역하며 그 중에
서 항상 패역하고 반역하는 일을
행하였으며
20 옛적에는 예루살렘을 다스리는 큰
군왕들이 있어서 강 건너편 모든 땅
이 그들에게 조공과 관세와 통행세
를 다 바쳤도다
21 이제 너희는 명령을 전하여 그 사람
들에게 공사를 그치게 하여 그 성
을 건축하지 못하게 하고 내가 다
시 조서 내리기를 기다리라
22 너희는 삼가서 이 일에 게으르지
말라 어찌하여 화를 더하여 왕들에
게 손해가 되게 하랴 하였더라
23 아닥사스다 왕의 조서 초본이 르훔
과 서기관 심새와 그의 동료 앞에서
낭독되매 그들이 예루살렘으로 급
히 가서 유다 사람들을 보고 권력으
로 억제하여 그 공사를 그치게 하니
24 이에 예루살렘에서 하나님의 성전
공사가 바사 왕 다리오 제이년까지
중단되니라

5 선지자들 곧 선지자 학개와 잇도
의 손자 스가랴가 이스라엘의 하나

기록일 : . . .

님의 이름으로 유다와 예루살렘에
거주하는 유다 사람들에게 예언하
였더니
2 이에 스알디엘의 아들 스룹바벨과
요사닥의 아들 예수아가 일어나 예
루살렘에 있던 하나님의 성전을 다
시 건축하기 시작하매 하나님의 선
지자들이 함께 있어 그들을 돕더니
3 그 때에 유브라데 강 건너편 총독
닷드내와 스달보스내와 그들의 동
관들이 다 나아와 그들에게 이르되
누가 너희에게 명령하여 이 성전을
건축하고 이 성곽을 마치게 하였느
냐 하기로
4 우리가 이 건축하는 자의 이름을
아뢰었으나
5 하나님이 유다 장로들을 돌보셨으
므로 그들이 능히 공사를 막지 못
하고 이 일을 다리오에게 아뢰고
그 답장이 오기를 기다렸더라
6 유브라데 강 건너편 총독 닷드내와
스달보스내와 그들의 동관인 유브
라데 강 건너편 아바삭 사람이 다
리오 왕에게 올린 글의 초본은 이
러하니라
7 그 글에 일렀으되 다리오 왕은 평
안하옵소서
8 왕께 아뢰옵나이다 우리가 유다 도
에 가서 지극히 크신 하나님의 성전
에 나아가 본즉 성전을 큰 돌로 세
우며 벽에 나무를 얹고 부지런히 일
하므로 공사가 그 손에서 형통하옵
기에
9 우리가 그 장로들에게 물어보기를
누가 너희에게 명령하여 이 성전을
건축하고 이 성곽을 마치라고 하였
느냐 하고
10 우리가 또 그 우두머리들의 이름을
적어 왕에게 아뢰고자 하여 그들의
이름을 물은즉
11 그들이 우리에게 대답하여 이르기
를 우리는 천지의 하나님의 종이라
예전에 건축되었던 성전을 우리가
다시 건축하노라 이는 본래 이스라
엘의 큰 왕이 건축하여 완공한 것
이었으나
12 우리 조상들이 하늘에 계신 하나님
을 노엽게 하였으므로 하나님이 그
들을 갈대아 사람 바벨론 왕 느부
갓네살의 손에 넘기시매 그가 이
성전을 헐며 이 백성을 사로잡아 바
벨론으로 옮겼더니
13 바벨론 왕 고레스 원년에 고레스
왕이 조서를 내려 하나님의 이 성전
을 다시 건축하게 하고
14 또 느부갓네살이 예루살렘 하나님
의 성전 안에서 금, 은 그릇을 옮
겨다가 바벨론 신당에 두었던 것을
고레스 왕이 그 신당에서 꺼내어
그가 세운 총독 세스바살이라고 부

기록일 : . . .

르는 자에게 내주고
15 일러 말하되 너는 이 그릇들을 가
지고 가서 예루살렘 성전에 두고
하나님의 전을 제자리에 건축하라
하매
16 이에 이 세스바살이 이르러 예루살
렘 하나님의 성전 지대를 놓았고
그 때로부터 지금까지 건축하여 오
나 아직도 마치지 못하였다 하였사
오니
17 이제 왕께서 좋게 여기시거든 바벨
론에서 왕의 보물전각에서 조사하
사 과연 고레스 왕이 조서를 내려
하나님의 이 성전을 예루살렘에 다
시 건축하라 하셨는지 보시고 왕은
이 일에 대하여 왕의 기쁘신 뜻을
우리에게 보이소서 하였더라

6 이에 다리오 왕이 조서를 내려 문
서창고 곧 바벨론의 보물을 쌓아둔
보물전각에서 조사하게 하여
2 메대도 악메다 궁성에서 한 두루마
리를 찾았으니 거기에 기록하였으되
3 고레스 왕 원년에 조서를 내려 이
르기를 예루살렘에 있는 하나님의
성전에 대하여 이르노니 이 성전 곧
제사 드리는 처소를 건축하되 지대
를 견고히 쌓고 그 성전의 높이는
육십 규빗으로, 너비도 육십 규빗으
로 하고
4 큰 돌 세 켜에 새 나무 한 켜를 놓
으라 그 경비는 다 왕실에서 내리라
5 또 느부갓네살이 예루살렘 성전에
서 탈취하여 바벨론으로 옮겼던 하
나님의 성전 금, 은 그릇들을 돌려
보내어 예루살렘 성전에 가져다가
하나님의 성전 안 각기 제자리에
둘지니라 하였더라
6 이제 유브라데 강 건너편 총독 닷
드내와 스달보스내와 너희 동관 유
브라데 강 건너편 아바삭 사람들은
그 곳을 멀리하여
7 하나님의 성전 공사를 막지 말고
유다 총독과 장로들이 하나님의 이
성전을 제자리에 건축하게 하라
8 내가 또 조서를 내려서 하나님의
이 성전을 건축함에 대하여 너희가
유다 사람의 장로들에게 행할 것을
알리노니 왕의 재산 곧 유브라데
강 건너편에서 거둔 세금 중에서 그
경비를 이 사람들에게 끊임없이 주
어 그들로 멈추지 않게 하라
9 또 그들이 필요로 하는 것 곧 하늘
의 하나님께 드릴 번제의 수송아
지와 숫양과 어린 양과 또 밀과 소
금과 포도주와 기름을 예루살렘
제사장의 요구대로 어김없이 날마
다 주어
10 그들이 하늘의 하나님께 향기로운
제물을 드려 왕과 왕자들의 생명을
위하여 기도하게 하라

기록일 : . . .

11 내가 또 명령을 내리노니 누구를
막론하고 이 명령을 변조하면 그의
집에서 들보를 빼내고 그를 그 위
에 매어달게 하고 그의 집은 이로
말미암아 거름더미가 되게 하라
12 만일 왕들이나 백성이 이 명령을 변
조하고 손을 들어 예루살렘 하나님
의 성전을 헐진대 그 곳에 이름을
두신 하나님이 그들을 멸하시기를
원하노라 나 다리오가 조서를 내렸
노니 신속히 행할지어다 하였더라
13 다리오 왕의 조서가 내리매 유브라
데 강 건너편 총독 닷드내와 스달
보스내와 그들의 동관들이 신속히
준행하니라
14 유다 사람의 장로들이 선지자 학개
와 잇도의 손자 스가랴의 권면을
따랐으므로 성전 건축하는 일이 형
통한지라 이스라엘 하나님의 명령
과 바사 왕 고레스와 다리오와 아
닥사스다의 조서를 따라 성전을 건
축하며 일을 끝내되
15 다리오 왕 제육년 아달월 삼일에
성전 일을 끝내니라
16 이스라엘 자손과 제사장들과 레위
사람들과 기타 사로잡혔던 자의 자
손이 즐거이 하나님의 성전 봉헌식
을 행하니
17 하나님의 성전 봉헌식을 행할 때
에 수소 백 마리와 숫양 이백 마리
와 어린 양 사백 마리를 드리고 또
이스라엘 지파의 수를 따라 숫염소
열두 마리로 이스라엘 전체를 위하
여 속죄제를 드리고
18 제사장을 그 분반대로, 레위 사람
을 그 순차대로 세워 예루살렘에서
하나님을 섬기게 하되 모세의 책에
기록된 대로 하게 하니라
19 사로잡혔던 자의 자손이 첫째 달
십사일에 유월절을 지키되
20 제사장들과 레위 사람들이 일제히
몸을 정결하게 하여 다 정결하매
사로잡혔던 자들의 모든 자손과 자
기 형제 제사장들과 자기를 위하여
유월절 양을 잡으니
21 사로잡혔다가 돌아온 이스라엘 자
손과 자기 땅에 사는 이방 사람의
더러운 것으로부터 스스로를 구별
한 모든 이스라엘 사람들에게 속하
여 이스라엘의 하나님 야훼를 찾는
자들이 다 먹고
22 즐거움으로 이레 동안 무교절을 지
켰으니 이는 야훼께서 그들을 즐겁
게 하시고 또 앗수르 왕의 마음을
그들에게로 돌려 이스라엘의 하나
님이신 하나님의 성전 건축하는 손
을 힘 있게 하도록 하셨음이었더라

7 이 일 후에 바사 왕 아닥사스다가
왕위에 있을 때에 에스라라 하는
자가 있으니라 그는 스라야의 아들

이요 아사랴의 손자요 힐기야의 증
손이요
2 살룸의 현손이요 사독의 오대 손이
요 아히둡의 육대 손이요
3 아마랴의 칠대 손이요 아사랴의 팔
대 손이요 므라욧의 구대 손이요
4 스라히야의 십대 손이요 웃시엘의
십일대 손이요 북기의 십이대 손이요
5 아비수아의 십삼대 손이요 비느하
스의 십사대 손이요 엘르아살의 십
오대 손이요 대제사장 아론의 십육
대 손이라
6 이 에스라가 바벨론에서 올라왔으
니 그는 이스라엘의 하나님 야훼께
서 주신 모세의 율법에 익숙한 학
자로서 그의 하나님 야훼의 도우
심을 입음으로 왕에게 구하는 것은
다 받는 자이더니
7 아닥사스다 왕 제칠년에 이스라엘
자손과 제사장들과 레위 사람들과
노래하는 자들과 문지기들과 느디
님 사람들 중에 몇 사람이 예루살
렘으로 올라올 때에
8 이 에스라가 올라왔으니 왕의 제칠
년 다섯째 달이라
9 첫째 달 초하루에 바벨론에서 길을
떠났고 하나님의 선한 손의 도우심
을 입어 다섯째 달 초하루에 예루
살렘에 이르니라
10 에스라가 야훼의 율법을 연구하여
준행하며 율례와 규례를 이스라엘
에게 가르치기로 결심하였었더라
11 야훼의 계명의 말씀과 이스라엘에
게 주신 율례 학자요 학자 겸 제사장
인 에스라에게 아닥사스다 왕이 내
린 조서의 초본은 아래와 같으니라
12 모든 왕의 왕 아닥사스다는 하늘의
하나님의 율법에 완전한 학자 겸
제사장 에스라에게
13 조서를 내리노니 우리 나라에 있는
이스라엘 백성과 그들 제사장들과
레위 사람들 중에 예루살렘으로 올
라갈 뜻이 있는 자는 누구든지 너
와 함께 갈지어다
14 너는 네 손에 있는 네 하나님의 율
법을 따라 유다와 예루살렘의 형편
을 살피기 위하여 왕과 일곱 자문
관의 보냄을 받았으니
15 왕과 자문관들이 예루살렘에 거하
시는 이스라엘 하나님께 성심으로
드리는 은금을 가져가고
16 또 네가 바벨론 온 도에서 얻을 모
든 은금과 및 백성과 제사장들이
예루살렘에 있는 그들의 하나님의
성전을 위하여 기쁘게 드릴 예물을
가져다가
17 그들의 돈으로 수송아지와 숫양과
어린 양과 그 소제와 그 전제의 물
품을 신속히 사서 예루살렘 네 하
나님의 성전 제단 위에 드리고

기록일 : . . .

18 그 나머지 은금은 너와 너의 형제
가 좋게 여기는 일에 너희 하나님
의 뜻을 따라 쓸지며
19 네 하나님의 성전에서 섬기는 일을
위하여 네게 준 그릇은 예루살렘
하나님 앞에 드리고
20 그 외에도 네 하나님의 성전에 쓰
일 것이 있어서 네가 드리고자 하거
든 무엇이든지 궁중창고에서 내다
가 드릴지니라
21 나 곧 아닥사스다 왕이 유브라데
강 건너편 모든 창고지기에게 조서
를 내려 이르기를 하늘의 하나님의
율법 학자 겸 제사장 에스라가 무
릇 너희에게 구하는 것을 신속히
시행하되
22 은은 백 달란트까지, 밀은 백 고르
까지, 포도주는 백 밧까지, 기름도
백 밧까지 하고 소금은 정량 없이
하라
23 무릇 하늘의 하나님의 전을 위하여
하늘의 하나님이 명령하신 것은 삼
가 행하라 어찌하여 진노가 왕과
왕자의 나라에 임하게 하랴
24 내가 너희에게 이르노니 제사장들
이나 레위 사람들이나 노래하는 자
들이나 문지기들이나 느디님 사람
들이나 혹 하나님의 성전에서 일하
는 자들에게 조공과 관세와 통행세
를 받는 것이 옳지 않으니라 하였
노라
25 에스라여 너는 네 손에 있는 네 하
나님의 지혜를 따라 네 하나님의
율법을 아는 자를 법관과 재판관을
삼아 강 건너편 모든 백성을 재판
하게 하고 그 중 알지 못하는 자는
너희가 가르치라
26 무릇 네 하나님의 명령과 왕의 명
령을 준행하지 아니하는 자는 속히
그 죄를 정하여 혹 죽이거나 귀양
보내거나 가산을 몰수하거나 옥에
가둘지니라 하였더라
27 우리 조상들의 하나님 야훼를 송축
할지로다 그가 왕의 마음에 예루살
렘 야훼의 성전을 아름답게 할 뜻
을 두시고
28 또 나로 왕과 그의 보좌관들 앞과
왕의 권세 있는 모든 방백의 앞에
서 은혜를 얻게 하셨도다 내 하나
님 야훼의 손이 내 위에 있으므로
내가 힘을 얻어 이스라엘 중에 우
두머리들을 모아 나와 함께 올라오
게 하였노라

8 아닥사스다 왕이 왕위에 있을 때
에 나와 함께 바벨론에서 올라온 족
장들과 그들의 계보는 이러하니라
2 비느하스 자손 중에서는 게르솜이
요 이다말 자손 중에서는 다니엘이
요 다윗 자손 중에서는 핫두스요
3 스가냐 자손 곧 바로스 자손 중에

서는 스가랴니 그와 함께 족보에
기록된 남자가 백오십 명이요
4 바핫모압 자손 중에서는 스라히야
의 아들 엘여호에내니 그와 함께
있는 남자가 이백 명이요
5 스가냐 자손 중에서는 야하시엘의
아들이니 그와 함께 있는 남자가
삼백 명이요
6 아딘 자손 중에서는 요나단의 아들
에벳이니 그와 함께 있는 남자가
오십 명이요
7 엘람 자손 중에서는 아달리야의 아
들 여사야니 그와 함께 있는 남자
가 칠십 명이요
8 스바댜 자손 중에서는 미가엘의 아
들 스바댜니 그와 함께 있는 남자
가 팔십 명이요
9 요압 자손 중에서는 여히엘의 아들
오바댜니 그와 함께 있는 남자가
이백십팔 명이요
10 슬로밋 자손 중에서는 요시뱌의 아
들이니 그와 함께 있는 남자가 백
육십 명이요
11 베배 자손 중에서는 베배의 아들
스가랴니 그와 함께 있는 남자가
이십팔 명이요
12 아스갓 자손 중에서는 학가단의 아
들 요하난이니 그와 함께 있는 남
자가 백십 명이요
13 아도니감 자손 중에 나중된 자의
이름은 엘리벨렛과 여우엘과 스마
야니 그와 함께 있는 남자가 육십
명이요
14 비그왜 자손 중에서는 우대와 사붓
이니 그와 함께 있는 남자가 칠십
명이었느니라
15 내가 무리를 아하와로 흐르는 강
가에 모으고 거기서 삼 일 동안 장
막에 머물며 백성과 제사장들을 살
핀즉 그 중에 레위 자손이 한 사람
도 없는지라
16 이에 모든 족장 곧 엘리에셀과 아
리엘과 스마야와 엘라단과 야립과
엘라단과 나단과 스가랴와 므술람
을 부르고 또 명철한 사람 요야립
과 엘라단을 불러
17 가시뱌 지방으로 보내어 그 곳 족
장 잇도에게 나아가게 하고 잇도와
그의 형제 곧 가시뱌 지방에 사는
느디님 사람들에게 할 말을 일러
주고 우리 하나님의 성전을 위하여
섬길 자를 데리고 오라 하였더니
18 우리 하나님의 선한 손의 도우심을
입고 그들이 이스라엘의 손자 레위
의 아들 말리의 자손 중에서 한 명
철한 사람을 데려오고 또 세레뱌와
그의 아들들과 형제 십팔 명과
19 하사뱌와 므라리 자손 중 여사야와
그의 형제와 그의 아들들 이십 명
을 데려오고

기록일 : . . .

20 다윗과 방백들이 레위 사람들을 섬
기라고 준 느디님 사람 중 성전 일
꾼은 이백이십 명이었는데 그들은
모두 지명 받은 이들이었더라
21 그 때에 내가 아하와 강 가에서 금
식을 선포하고 우리 하나님 앞에서
스스로 겸비하여 우리와 우리 어린
아이와 모든 소유를 위하여 평탄한
길을 그에게 간구하였으니
22 이는 우리가 전에 왕에게 아뢰기
를 우리 하나님의 손은 자기를 찾
는 모든 자에게 선을 베푸시고 자
기를 배반하는 모든 자에게는 권능
과 진노를 내리신다 하였으므로 길
에서 적군을 막고 우리를 도울 보
병과 마병을 왕에게 구하기를 부끄
러워 하였음이라
23 그러므로 우리가 이를 위하여 금식
하며 우리 하나님께 간구하였더니
그의 응낙하심을 입었느니라
24 그 때에 내가 제사장의 우두머리들
중 열두 명 곧 세레뱌와 하사뱌와
그의 형제 열 명을 따로 세우고
25 그들에게 왕과 모사들과 방백들과
또 그 곳에 있는 이스라엘 무리가
우리 하나님의 성전을 위하여 드린
은과 금과 그릇들을 달아서 주었
으니
26 내가 달아서 그들 손에 준 것은 은
이 육백오십 달란트요 은 그릇이
백 달란트요 금이 백 달란트며
27 또 금잔이 스무 개라 그 무게는 천
다릭이요 또 아름답고 빛나 금 같
이 보배로운 놋 그릇이 두 개라
28 내가 그들에게 이르되 너희는 야훼
께 거룩한 자요 이 그릇들도 거룩하
고 그 은과 금은 너희 조상들의 하
나님 야훼께 즐거이 드린 예물이니
29 너희는 예루살렘 야훼의 성전 골방
에 이르러 제사장들과 레위 사람
의 우두머리들과 이스라엘의 족장
들 앞에서 이 그릇을 달기까지 삼
가 지키라
30 이에 제사장들과 레위 사람들이 은
과 금과 그릇을 예루살렘 우리 하
나님의 성전으로 가져가려 하여 그
무게대로 받으니라
31 첫째 달 십이 일에 우리가 아하와
강을 떠나 예루살렘으로 갈새 우리
하나님의 손이 우리를 도우사 대적
과 길에 매복한 자의 손에서 건지
신지라
32 이에 예루살렘에 이르러 거기서 삼
일 간 머물고
33 제사일에 우리 하나님의 성전에서
은과 금과 그릇을 달아서 제사장
우리아의 아들 므레못의 손에 넘기
니 비느하스의 아들 엘르아살과 레
위 사람 예수아의 아들 요사밧과
빈누이의 아들 노아댜가 함께 있어

기록일 : . . .

34 모든 것을 다 세고 달아 보고 그
무게의 총량을 그 때에 기록하였느
니라
35 사로잡혔던 자의 자손 곧 이방에
서 돌아온 자들이 이스라엘의 하나
님께 번제를 드렸는데 이스라엘 전
체를 위한 수송아지가 열두 마리
요 또 숫양이 아흔여섯 마리요 어린
양이 일흔일곱 마리요 또 속죄제의
숫염소가 열두 마리니 모두 야훼께
드린 번제물이라
36 우리가 또 왕의 조서를 왕의 총독
들과 유브라데 강 건너편 총독들에
게 넘겨 주매 그들이 백성과 하나
님의 성전을 도왔느니라

9 이 일 후에 방백들이 내게 나아와
이르되 이스라엘 백성과 제사장들
과 레위 사람들이 이 땅 백성들에
게서 떠나지 아니하고 가나안 사람
들과 헷 사람들과 브리스 사람들과
여부스 사람들과 암몬 사람들과 모
압 사람들과 애굽 사람들과 아모리
사람들의 가증한 일을 행하여
2 그들의 딸을 맞이하여 아내와 며느
리로 삼아 거룩한 자손이 그 지방
사람들과 서로 섞이게 하는데 방백
들과 고관들이 이 죄에 더욱 으뜸
이 되었다 하는지라
3 내가 이 일을 듣고 속옷과 겉옷을
찢고 머리털과 수염을 뜯으며 기가
막혀 앉으니
4 이에 이스라엘의 하나님의 말씀으
로 말미암아 떠는 자가 사로잡혔
던 이 사람들의 죄 때문에 다 내게
로 모여오더라 내가 저녁 제사 드
릴 때까지 기가 막혀 앉았더니
5 저녁 제사를 드릴 때에 내가 근심
중에 일어나서 속옷과 겉옷을 찢은
채 무릎을 꿇고 나의 하나님 야훼
를 향하여 손을 들고
6 말하기를 나의 하나님이여 내가 부
끄럽고 낯이 뜨거워서 감히 나의
하나님을 향하여 얼굴을 들지 못하
오니 이는 우리 죄악이 많아 정수리
에 넘치고 우리 허물이 커서 하늘에
미침이니이다
7 우리 조상들의 때로부터 오늘까지
우리의 죄가 심하매 우리의 죄악으
로 말미암아 우리와 우리 왕들과
우리 제사장들을 여러 나라 왕들의
손에 넘기사 칼에 죽으며 사로잡히
며 노략을 당하며 얼굴을 부끄럽게
하심이 오늘날과 같으니이다
8 이제 우리 하나님 야훼께서 우리에
게 잠시 동안 은혜를 베푸사 얼마
를 남겨 두어 피하게 하신 우리를
그 거룩한 처소에 박힌 못과 같게
하시고 우리 하나님이 우리 눈을
밝히사 우리가 종노릇 하는 중에서
조금 소생하게 하셨나이다

기록일 : . . .

9 우리가 비록 노예가 되었사오나 우
리 하나님이 우리를 그 종살이하는
중에 버려 두지 아니하시고 바사 왕
들 앞에서 우리가 불쌍히 여김을 입
고 소생하여 우리 하나님의 성전을
세우게 하시며 그 무너진 것을 수리
하게 하시며 유다와 예루살렘에서
우리에게 울타리를 주셨나이다
10 우리 하나님이여 이렇게 하신 후에
도 우리가 주의 계명을 저버렸사오
니 이제 무슨 말씀을 하오리이까
11 전에 주께서 주의 종 선지자들에게
명령하여 이르시되 너희가 가서 얻
으려 하는 땅은 더러운 땅이니 이
는 이방 백성들이 더럽고 가증한 일
을 행하여 이 끝에서 저 끝까지 그
더러움으로 채웠음이라
12 그런즉 너희 여자들을 그들의 아들
들에게 주지 말고 그들의 딸들을
너희 아들들을 위하여 데려오지 말
며 그들을 위하여 평화와 행복을
영원히 구하지 말라 그리하면 너희
가 왕성하여 그 땅의 아름다운 것
을 먹으며 그 땅을 자손에게 물려
주어 영원한 유산으로 물려 주게
되리라 하셨나이다
13 우리의 악한 행실과 큰 죄로 말미
암아 이 모든 일을 당하였사오나
우리 하나님이 우리 죄악보다 형벌
을 가볍게 하시고 이만큼 백성을
남겨 주셨사오니
14 우리가 어찌 다시 주의 계명을 거
역하고 이 가증한 백성들과 통혼하
오리이까 그리하면 주께서 어찌 우
리를 멸하시고 남아 피할 자가 없
도록 진노하시지 아니하시리이까
15 이스라엘의 하나님 야훼여 주는 의
로우시니 우리가 남아 피한 것이 오
늘날과 같사옵거늘 도리어 주께 범
죄하였사오니 이로 말미암아 주 앞
에 한 사람도 감히 서지 못하겠나
이다 하니라

10

에스라가 하나님의 성전 앞에 엎
드려 울며 기도하여 죄를 자복할 때
에 많은 백성이 크게 통곡하매 이스
라엘 중에서 백성의 남녀와 어린 아
이의 큰 무리가 그 앞에 모인지라
2 엘람 자손 중 여히엘의 아들 스가냐
가 에스라에게 이르되 우리가 우리
하나님께 범죄하여 이 땅 이방 여자
를 맞이하여 아내로 삼았으나 이스
라엘에게 아직도 소망이 있나니
3 곧 내 주의 교훈을 따르며 우리 하
나님의 명령을 떨며 준행하는 자의
가르침을 따라 이 모든 아내와 그
들의 소생을 다 내보내기로 우리
하나님과 언약을 세우고 율법대로
행할 것이라
4 이는 당신이 주장할 일이니 일어나
소서 우리가 도우리니 힘써 행하소

기록일 : . . .

서 하니라
5 이에 에스라가 일어나 제사장들과
레위 사람들과 온 이스라엘에게 이
말대로 행하기를 맹세하게 하매 무
리가 맹세하는지라
6 이에 에스라가 하나님의 성전 앞에
서 일어나 엘리아십의 아들 여호하
난의 방으로 들어가니라 그가 들어
가서 사로잡혔던 자들의 죄를 근심
하여 음식도 먹지 아니하며 물도 마
시지 아니하더니
7 유다와 예루살렘에 사로잡혔던 자
들의 자손들에게 공포하기를 너희
는 예루살렘으로 모이라
8 누구든지 방백들과 장로들의 훈시
를 따라 삼일 내에 오지 아니하면
그의 재산을 적몰하고 사로잡혔던
자의 모임에서 쫓아내리라 하매
9 유다와 베냐민 모든 사람들이 삼
일 내에 예루살렘에 모이니 때는
아홉째 달 이십일이라 무리가 하나
님의 성전 앞 광장에 앉아서 이 일
과 큰 비 때문에 떨고 있더니
10 제사장 에스라가 일어나 그들에게
이르되 너희가 범죄하여 이방 여자
를 아내로 삼아 이스라엘의 죄를
더하게 하였으니
11 이제 너희 조상들의 하나님 앞에서
죄를 자복하고 그의 뜻대로 행하여
그 지방 사람들과 이방 여인을 끊
어 버리라 하니
12 모든 회중이 큰 소리로 대답하여
이르되 당신의 말씀대로 우리가 마
땅히 행할 것이니이다
13 그러나 백성이 많고 또 큰 비가 내
리는 때니 능히 밖에 서지 못할 것
이요 우리가 이 일로 크게 범죄하였
은즉 하루 이틀에 할 일이 아니오니
14 이제 온 회중을 위하여 우리의 방
백들을 세우고 우리 모든 성읍에
이방 여자에게 장가든 자는 다 기
한에 각 고을의 장로들과 재판장과
함께 오게 하여 이 일로 인한 우리
하나님의 진노가 우리에게서 떠나
게 하소서 하나
15 오직 아사헬의 아들 요나단과 디과
의 아들 야스야가 일어나 그 일을
반대하고 므술람과 레위 사람 삽브
대가 그들을 돕더라
16 사로잡혔던 자들의 자손이 그대로
한지라 제사장 에스라가 그 종족을
따라 각각 지명된 족장들 몇 사람
을 선임하고 열째 달 초하루에 앉
아 그 일을 조사하여
17 첫째 달 초하루에 이르러 이방 여
인을 아내로 맞이한 자의 일 조사
하기를 마치니라
18 제사장의 무리 중에 이방 여인을
아내로 맞이한 자는 예수아 자손
중 요사닥의 아들과 그의 형제 마

기록일 : . . .

아세야와 엘리에셀과 야립과 그달
랴라
19 그들이 다 손을 잡아 맹세하여 그
들의 아내를 내보내기로 하고 또
그 죄로 말미암아 숫양 한 마리를
속건제로 드렸으며
20 또 임멜 자손 중에서는 하나니와
스바댜요
21 하림 자손 중에서는 마아세야와 엘
리야와 스마야와 여히엘과 웃시야요
22 바스훌 자손 중에서는 엘료에내와
마아세야와 이스마엘과 느다넬과
요사밧과 엘라사였더라
23 레위 사람 중에서는 요사밧과 시므
이와 글라야라 하는 글리다와 브다
히야와 유다와 엘리에셀이었더라
24 노래하는 자 중에서는 엘리아십이
요 문지기 중에서는 살룸과 델렘과
우리였더라
25 이스라엘 중에서는 바로스 자손 중
에서는 라먀와 잇시야와 말기야와
미야민과 엘르아살과 말기야와 브
나야요
26 엘람 자손 중에서는 맛다냐와 스가
랴와 여히엘과 압디와 여레못과 엘
리야요
27 삿두 자손 중에서는 엘료에내와 엘
리아십과 맛다냐와 여레못과 사밧
과 아시사요
28 베배 자손 중에서는 여호하난과 하
나냐와 삽배와 아들래요
29 바니 자손 중에서는 므술람과 말룩
과 아다야와 야숩과 스알과 여레못
이요
30 바핫모압 자손 중에서는 앗나와 글
랄과 브나야와 마아세야와 맛다냐
와 브살렐과 빈누이와 므낫세요
31 하림 자손 중에서는 엘리에셀과
잇시야와 말기야와 스마야와 시므
온과
32 베냐민과 말룩과 스마랴요
33 하숨 자손 중에서는 맛드내와 맛닷
다와 사밧과 엘리벨렛과 여레매와
므낫세와 시므이요
34 바니 자손 중에서는 마아대와 아므
람과 우엘과
35 브나야와 베드야와 글루히와
36 와냐와 므레못과 에랴십과
37 맛다냐와 맛드내와 야아수와
38 바니와 빈누이와 시므이와
39 셀레먀와 나단과 아다야와
40 막나드배와 사새와 사래와
41 아사렐과 셀레먀와 스마랴와
42 살룸과 아마랴와 요셉이요
43 느보 자손 중에서는 여이엘과 맛디
디야와 사밧과 스비내와 잇도와 요
엘과 브나야더라
44 이상은 모두 이방 여인을 아내로
맞이한 자라 그 중에는 자녀를 낳
은 여인도 있었더라

기록일 : . . .

NEHEMIAH

느헤미야

저 자 느헤미야

주 제 예루살렘 성벽 재건과 신앙의 회복

기록목적 에스라에 이어서, 본서는 3차 포로 귀환, 예루살렘 성벽 재건, 예루살렘 중심의 정착 과정, 언약의 갱신과 신앙 개혁 사건을 다루고 있다. 이를 통하여 이스라엘 백성을 향한 하나님의 변함없는 사랑을 보여 주고자 했으며, 신앙 공동체로서 이스라엘의 신앙적 정체성을 확립하려 했다.

기록배경 주전 445년경, 바사페르시아 제국의 아닥사스다 치하에서 술 관원으로 있던 느헤미야는 스룹바벨과 에스라에 의해 이루어진 제 1, 2차 귀환민들이 고통을 겪고 있다는 소식을 듣게 되었다. 결국 아닥사스다의 허가로 유다의 총독으로 임명받은 느헤미야는 주전 444년경 일단의 귀환민들과 함께 제3차 귀환을 하게 되었다. 느헤미야는 주전 433년경까지 유다의 총독으로 있는 동안 예루살렘의 성벽을 재건하였고, 귀환민들의 가계를 조사하여 예루살렘을 중심으로 백성들을 정착시켰다. 뿐만 아니라 언약을 갱신하여 신앙 공동체로서의 틀을 확립하였으며, 성대한 성벽 봉헌식을 거행하여 하나님 중심의 공동체를 확인하였다. 그러나 느헤미야가 바사로 돌아가 있는 일 년여 동안 백성들은 다시 죄를 저지르게 되었으며, 돌아온 느헤미야는 강력한 종교 개혁을 단행하였다.

특 징

- 에스라의 종교 개혁이 상세히 기록되어 있으며, 에스라 시대의 역사적 상황과 연결되어 있어 에스라와의 긴밀한 연관성을 보여 준다.
- 에스라가 성전 재건에 대한 상황과 사건을 보여 준다면, 느헤미야는 예루살렘 성의 성벽 재건과 백성들의 예루살렘 정착 과정을 생생하게 묘사한다.
- 느헤미야 자신이 주도한 사건에 대해서는 1인칭으로 서술하고, 에스라 및 다른 사람들이 주도한 사건에 대해서는 객관적인 입장에서 3인칭으로 묘사한다.
- 정치가인 느헤미야의 관점으로 종교, 정치, 사회, 외교 등 폭넓은 차원에서 구약 최후의 역사를 담고 있다.

나의 기도

느헤미야

1 하가랴의 아들 느헤미야의 말이
라 아닥사스다 왕 제이십년 기슬르
월에 내가 수산 궁에 있는데
2 내 형제들 가운데 하나인 하나니
가 두어 사람과 함께 유다에서 내
게 이르렀기로 내가 그 사로잡힘을
면하고 남아 있는 유다와 예루살렘
사람들의 형편을 물은즉
3 그들이 내게 이르되 사로잡힘을 면
하고 남아 있는 자들이 그 지방 거
기에서 큰 환난을 당하고 능욕을
받으며 예루살렘 성은 허물어지고
성문들은 불탔다 하는지라
4 내가 이 말을 듣고 앉아서 울고 수
일 동안 슬퍼하며 하늘의 하나님
앞에 금식하며 기도하여
5 이르되 하늘의 하나님 야훼 크고
두려우신 하나님이여 주를 사랑하
고 주의 계명을 지키는 자에게 언
약을 지키시며 긍휼을 베푸시는 주
여 간구하나이다
6 이제 종이 주의 종들인 이스라엘
자손을 위하여 주야로 기도하오며
우리 이스라엘 자손이 주께 범죄한
죄들을 자복하오니 주는 귀를 기울
이시며 눈을 여시사 종의 기도를 들
으시옵소서 나와 내 아버지의 집이
범죄하여
7 주를 향하여 크게 악을 행하여 주
께서 주의 종 모세에게 명령하신
계명과 율례와 규례를 지키지 아니
하였나이다
8 옛적에 주께서 주의 종 모세에게
명령하여 이르시되 만일 너희가 범
죄하면 내가 너희를 여러 나라 가
운데에 흩을 것이요
9 만일 내게로 돌아와 내 계명을 지
켜 행하면 너희 쫓긴 자가 하늘 끝
에 있을지라도 내가 거기서부터 그
들을 모아 내 이름을 두려고 택한
곳에 돌아오게 하리라 하신 말씀을
이제 청하건대 기억하옵소서
10 이들은 주께서 일찍이 큰 권능과
강한 손으로 구속하신 주의 종들이
요 주의 백성이니이다
11 주여 구하오니 귀를 기울이사 종의
기도와 주의 이름을 경외하기를 기
뻐하는 종들의 기도를 들으시고 오
늘 종이 형통하여 이 사람들 앞에
서 은혜를 입게 하옵소서 하였나니
그 때에 내가 왕의 술 관원이 되었
느니라

2 아닥사스다 왕 제이십년 니산월에
왕 앞에 포도주가 있기로 내가 그
포도주를 왕에게 드렸는데 이전에
는 내가 왕 앞에서 수심이 없었더니

기록일 : . . .

2 왕이 내게 이르시되 네가 병이 없거
늘 어찌하여 얼굴에 수심이 있느냐
이는 필연 네 마음에 근심이 있음이
로다 하더라 그 때에 내가 크게 두
려워하여
3 왕께 대답하되 왕은 만세수를 하옵
소서 내 조상들의 묘실이 있는 성
읍이 이제까지 황폐하고 성문이 불
탔사오니 내가 어찌 얼굴에 수심이
없사오리이까 하니
4 왕이 내게 이르시되 그러면 네가
무엇을 원하느냐 하시기로 내가 곧
하늘의 하나님께 묵도하고
5 왕에게 아뢰되 왕이 만일 좋게 여기
시고 종이 왕의 목전에서 은혜를 얻
었사오면 나를 유다 땅 나의 조상
들의 묘실이 있는 성읍에 보내어 그
성을 건축하게 하옵소서 하였는데
6 그 때에 왕후도 왕 곁에 앉아 있었
더라 왕이 내게 이르시되 네가 몇
날에 다녀올 길이며 어느 때에 돌
아오겠느냐 하고 왕이 나를 보내기
를 좋게 여기시기로 내가 기한을 정
하고
7 내가 또 왕에게 아뢰되 왕이 만일
좋게 여기시거든 강 서쪽 총독들에
게 내리시는 조서를 내게 주사 그
들이 나를 용납하여 유다에 들어가
기까지 통과하게 하시고
8 또 왕의 삼림 감독 아삽에게 조서
를 내리사 그가 성전에 속한 영문
의 문과 성곽과 내가 들어갈 집을
위하여 들보로 쓸 재목을 내게 주
게 하옵소서 하매 내 하나님의 선
한 손이 나를 도우시므로 왕이 허
락하고
9 군대 장관과 마병을 보내어 나와
함께 하게 하시기로 내가 강 서쪽
에 있는 총독들에게 이르러 왕의
조서를 전하였더니
10 호론 사람 산발랏과 종이었던 암몬
사람 도비야가 이스라엘 자손을 흥
왕하게 하려는 사람이 왔다 함을
듣고 심히 근심하더라
11 내가 예루살렘에 이르러 머무른 지
사흘 만에
12 내 하나님께서 예루살렘을 위해 무
엇을 할 것인지 내 마음에 주신 것
을 내가 아무에게도 말하지 아니하
고 밤에 일어나 몇몇 사람과 함께
나갈새 내가 탄 짐승 외에는 다른
짐승이 없더라
13 그 밤에 골짜기 문으로 나가서 용
정으로 분문에 이르는 동안에 보니
예루살렘 성벽이 다 무너졌고 성문
은 불탔더라
14 앞으로 나아가 샘문과 왕의 못에
이르러서는 탄 짐승이 지나갈 곳이
없는지라
15 그 밤에 시내를 따라 올라가서 성

기록일 : . . .

벽을 살펴본 후에 돌아서 골짜기
문으로 들어와 돌아왔으나
16 방백들은 내가 어디 갔었으며 무엇
을 하였는지 알지 못하였고 나도
그 일을 유다 사람들에게나 제사장
들에게나 귀족들에게나 방백들에
게나 그 외에 일하는 자들에게 알
리지 아니하다가
17 후에 그들에게 이르기를 우리가 당
한 곤경은 너희도 보고 있는 바라
예루살렘이 황폐하고 성문이 불탔
으니 자, 예루살렘 성을 건축하여
다시 수치를 당하지 말자 하고
18 또 그들에게 하나님의 선한 손이
나를 도우신 일과 왕이 내게 이른
말씀을 전하였더니 그들의 말이 일
어나 건축하자 하고 모두 힘을 내
어 이 선한 일을 하려 하매
19 호론 사람 산발랏과 종이었던 암몬
사람 도비야와 아라비아 사람 게셈
이 이 말을 듣고 우리를 업신여기고
우리를 비웃어 이르되 너희가 하는
일이 무엇이냐 너희가 왕을 배반하
고자 하느냐 하기로
20 내가 그들에게 대답하여 이르되 하
늘의 하나님이 우리를 형통하게 하
시리니 그의 종들인 우리가 일어나
건축하려니와 오직 너희에게는 예
루살렘에서 아무 기업도 없고 권리
도 없고 기억되는 바도 없다 하였
느니라

3

그 때에 대제사장 엘리아십이 그
의 형제 제사장들과 함께 일어나 양
문을 건축하여 성별하고 문짝을 달
고 또 성벽을 건축하여 함메아 망대
에서부터 하나넬 망대까지 성별하
였고
2 그 다음은 여리고 사람들이 건축하
였고 또 그 다음은 이므리의 아들
삭굴이 건축하였으며
3 어문은 하스나아의 자손들이 건축
하여 그 들보를 얹고 문짝을 달고
자물쇠와 빗장을 갖추었고
4 그 다음은 학고스의 손자 우리아의
아들 므레못이 중수하였고 그 다음
은 므세사벨의 손자 베레갸의 아들
므술람이 중수하였고 그 다음은 바
아나의 아들 사독이 중수하였고
5 그 다음은 드고아 사람들이 중수하
였으나 그 귀족들은 그들의 주인들
의 공사를 분담하지 아니하였으며
6 옛 문은 바세아의 아들 요야다와
브소드야의 아들 므술람이 중수하
여 그 들보를 얹고 문짝을 달고 자
물쇠와 빗장을 갖추었고
7 그 다음은 기브온 사람 믈라댜와
메로놋 사람 야돈이 강 서쪽 총독의
관할에 속한 기브온 사람들 및 미스
바 사람들과 더불어 중수하였고
8 그 다음은 금장색 할해야의 아들

기록일 : . . .

웃시엘 등이 중수하였고 그 다음은
향품 장사 하나냐 등이 중수하되
그들이 예루살렘의 넓은 성벽까지
하였고
9 그 다음은 예루살렘 지방의 절반을
다스리는 후르의 아들 르바야가 중
수하였고
10 그 다음은 하루맙의 아들 여다야
가 자기 집과 마주 대한 곳을 중수
하였고 그 다음은 하삽느야의 아들
핫두스가 중수하였고
11 하림의 아들 말기야와 바핫모압의
아들 핫숩이 한 부분과 화덕 망대
를 중수하였고
12 그 다음은 예루살렘 지방 절반을
다스리는 할로헤스의 아들 살룸과
그의 딸들이 중수하였고
13 골짜기 문은 하눈과 사노아 주민이
중수하여 문을 세우며 문짝을 달고
자물쇠와 빗장을 갖추고 또 분문까
지 성벽 천 규빗을 중수하였고
14 분문은 벧학게렘 지방을 다스리는
레갑의 아들 말기야가 중수하여 문
을 세우며 문짝을 달고 자물쇠와
빗장을 갖추었고
15 샘문은 미스바 지방을 다스리는 골
호세의 아들 살룬이 중수하여 문을
세우고 덮었으며 문짝을 달고 자물
쇠와 빗장을 갖추고 또 왕의 동산
근처 셀라 못 가의 성벽을 중수하
여 다윗 성에서 내려오는 층계까지
이르렀고
16 그 다음은 벧술 지방 절반을 다스
리는 아스북의 아들 느헤미야가 중
수하여 다윗의 묘실과 마주 대한
곳에 이르고 또 파서 만든 못을 지
나 용사의 집까지 이르렀고
17 그 다음은 레위 사람 바니의 아들
르훔이 중수하였고 그 다음은 그일
라 지방 절반을 다스리는 하사뱌가
그 지방을 대표하여 중수하였고
18 그 다음은 그들의 형제들 가운데
그일라 지방 절반을 다스리는 헤나
닷의 아들 바왜가 중수하였고
19 그 다음은 미스바를 다스리는 예수
아의 아들 에셀이 한 부분을 중수
하여 성 굽이에 있는 군기고 맞은편
까지 이르렀고
20 그 다음은 삽배의 아들 바룩이 한
부분을 힘써 중수하여 성 굽이에서
부터 대제사장 엘리아십의 집 문에
이르렀고
21 그 다음은 학고스의 손자 우리야의
아들 므레못이 한 부분을 중수하여
엘리아십의 집 문에서부터 엘리아
십의 집 모퉁이에 이르렀고
22 그 다음은 평지에 사는 제사장들이
중수하였고
23 그 다음은 베냐민과 핫숩이 자기
집 맞은편 부분을 중수하였고 그

기록일 : . . .

다음은 아나냐의 손자 마아세야의
아들 아사랴가 자기 집에서 가까운
부분을 중수하였고
24 그 다음은 헤나닷의 아들 빈누이가
한 부분을 중수하되 아사랴의 집에
서부터 성 굽이를 지나 성 모퉁이에
이르렀고
25 우새의 아들 발랄은 성 굽이 맞은
편과 왕의 윗 궁에서 내민 망대 맞
은편 곧 시위청에서 가까운 부분을
중수하였고 그 다음은 바로스의 아
들 브다야가 중수하였고
26 (그 때에 느디님 사람은 오벨에 거
주하여 동쪽 수문과 마주 대한 곳
에서부터 내민 망대까지 이르렀느
니라)
27 그 다음은 드고아 사람들이 한 부
분을 중수하여 내민 큰 망대와 마
주 대한 곳에서부터 오벨 성벽까지
이르렀느니라
28 마문 위로부터는 제사장들이 각각
자기 집과 마주 대한 부분을 중수
하였고
29 그 다음은 임멜의 아들 사독이 자
기 집과 마주 대한 부분을 중수하
였고 그 다음은 동문지기 스가냐의
아들 스마야가 중수하였고
30 그 다음은 셀레먀의 아들 하나냐와
살랍의 여섯째 아들 하눈이 한 부
분을 중수하였고 그 다음은 베레갸
의 아들 므술람이 자기의 방과 마
주 대한 부분을 중수하였고
31 그 다음은 금장색 말기야가 함밉갓
문과 마주 대한 부분을 중수하여
느디님 사람과 상인들의 집에서부
터 성 모퉁이 성루에 이르렀고
32 성 모퉁이 성루에서 양문까지는 금
장색과 상인들이 중수하였느니라

4

산발랏이 우리가 성을 건축한다
함을 듣고 크게 분노하여 유다 사
람들을 비웃으며
2 자기 형제들과 사마리아 군대 앞에
서 일러 말하되 이 미약한 유다 사
람들이 하는 일이 무엇인가, 스스로
견고하게 하려는가, 제사를 드리려
는가, 하루에 일을 마치려는가 불
탄 돌을 흙 무더기에서 다시 일으키
려는가 하고
3 암몬 사람 도비야는 곁에 있다가
이르되 그들이 건축하는 돌 성벽은
여우가 올라가도 곧 무너지리라 하
더라
4 우리 하나님이여 들으시옵소서 우
리가 업신여김을 당하나이다 원하
건대 그들이 욕하는 것을 자기들의
머리에 돌리사 노략거리가 되어 이
방에 사로잡히게 하시고
5 주 앞에서 그들의 악을 덮어 두지
마시며 그들의 죄를 도말하지 마옵
소서 그들이 건축하는 자 앞에서 주

를 노하시게 하였음이니이다 하고
6 이에 우리가 성을 건축하여 전부가
연결되고 높이가 절반에 이르렀으
니 이는 백성이 마음 들여 일을 하
였음이니라
7 산발랏과 도비야와 아라비아 사람
들과 암몬 사람들과 아스돗 사람들
이 예루살렘 성이 중수되어 그 허
물어진 틈이 메꾸어져 간다 함을
듣고 심히 분노하여
8 다 함께 꾀하기를 예루살렘으로 가
서 치고 그 곳을 요란하게 하자 하
기로
9 우리가 우리 하나님께 기도하며 그
들로 말미암아 파수꾼을 두어 주야
로 방비하는데
10 유다 사람들은 이르기를 흙 무더기
가 아직도 많거늘 짐을 나르는 자
의 힘이 다 빠졌으니 우리가 성을
건축하지 못하리라 하고
11 우리의 원수들은 이르기를 그들이
알지 못하고 보지 못하는 사이에 우
리가 그들 가운데 달려 들어가서 살
육하여 역사를 그치게 하리라 하고
12 그 원수들의 근처에 거주하는 유다
사람들도 그 각처에서 와서 열 번이
나 우리에게 말하기를 너희가 우리
에게로 와야 하리라 하기로
13 내가 성벽 뒤의 낮고 넓은 곳에 백
성이 그들의 종족을 따라 칼과 창
과 활을 가지고 서 있게 하고
14 내가 돌아본 후에 일어나서 귀족들
과 민장들과 남은 백성에게 말하
기를 너희는 그들을 두려워하지 말
고 지극히 크시고 두려우신 주를 기
억하고 너희 형제와 자녀와 아내와
집을 위하여 싸우라 하였느니라
15 우리의 대적이 우리가 그들의 의도
를 눈치챘다 함을 들으니라 하나님
이 그들의 꾀를 폐하셨으므로 우리
가 다 성에 돌아와서 각각 일하였
는데
16 그 때로부터 내 수하 사람들의 절
반은 일하고 절반은 갑옷을 입고
창과 방패와 활을 가졌고 민장은
유다 온 족속의 뒤에 있었으며
17 성을 건축하는 자와 짐을 나르는
자는 다 각각 한 손으로 일을 하며
한 손에는 병기를 잡았는데
18 건축하는 자는 각각 허리에 칼을
차고 건축하며 나팔 부는 자는 내
곁에 섰었느니라
19 내가 귀족들과 민장들과 남은 백성
에게 이르기를 이 공사는 크고 넓
으므로 우리가 성에서 떨어져 거리
가 먼즉
20 너희는 어디서든지 나팔 소리를 듣
거든 그리로 모여서 우리에게로 나
아오라 우리 하나님이 우리를 위하
여 싸우시리라 하였느니라

기록일 : . . .

21 우리가 이같이 공사하는데 무리의
절반은 동틀 때부터 별이 나기까지
창을 잡았으며
22 그 때에 내가 또 백성에게 말하기
를 사람마다 그 종자와 함께 예루
살렘 안에서 잘지니 밤에는 우리를
위하여 파수하겠고 낮에는 일하리
라 하고
23 나나 내 형제들이나 종자들이나 나
를 따라 파수하는 사람들이나 우리
가 다 우리의 옷을 벗지 아니하였
으며 물을 길으러 갈 때에도 각각
병기를 잡았느니라

5 그 때에 백성들이 그들의 아내와
함께 크게 부르짖어 그들의 형제인
유다 사람들을 원망하는데
2 어떤 사람은 말하기를 우리와 우리
자녀가 많으니 양식을 얻어 먹고 살
아야 하겠다 하고
3 어떤 사람은 말하기를 우리가 밭과
포도원과 집이라도 저당 잡히고 이
흉년에 곡식을 얻자 하고
4 어떤 사람은 말하기를 우리는 밭과
포도원으로 돈을 빚내서 왕에게 세
금을 바쳤도다
5 우리 육체도 우리 형제의 육체와
같고 우리 자녀도 그들의 자녀와
같거늘 이제 우리 자녀를 종으로
파는도다 우리 딸 중에 벌써 종된
자가 있고 우리의 밭과 포도원이
이미 남의 것이 되었으나 우리에게
는 아무런 힘이 없도다 하더라
6 내가 백성의 부르짖음과 이런 말을
듣고 크게 노하였으나
7 깊이 생각하고 귀족들과 민장들을
꾸짖어 그들에게 이르기를 너희가
각기 형제에게 높은 이자를 취하는
도다 하고 대회를 열고 그들을 쳐서
8 그들에게 이르기를 우리는 이방인
의 손에 팔린 우리 형제 유다 사람
들을 우리의 힘을 다하여 도로 찾
았거늘 너희는 너희 형제를 팔고자
하느냐 더구나 우리의 손에 팔리게
하겠느냐 하매 그들이 잠잠하여 말
이 없기로
9 내가 또 이르기를 너희의 소행이
좋지 못하도다 우리의 대적 이방
사람의 비방을 생각하고 우리 하
나님을 경외하는 가운데 행할 것이
아니냐
10 나와 내 형제와 종자들도 역시 돈
과 양식을 백성에게 꾸어 주었거니
와 우리가 그 이자 받기를 그치자
11 그런즉 너희는 그들에게 오늘이라
도 그들의 밭과 포도원과 감람원과
집이며 너희가 꾸어 준 돈이나 양
식이나 새 포도주나 기름의 백분의
일을 돌려보내라 하였더니
12 그들이 말하기를 우리가 당신의 말
씀대로 행하여 돌려보내고 그들에

기록일 : . . .

게서 아무것도 요구하지 아니하리
이다 하기로 내가 제사장들을 불러
그들에게 그 말대로 행하겠다고 맹
세하게 하고
13 내가 옷자락을 털며 이르기를 이
말대로 행하지 아니하는 자는 모두
하나님이 또한 이와 같이 그 집과
산업에서 털어 버리실지니 그는 곧
이렇게 털려서 빈손이 될지로다 하
매 회중이 다 아멘 하고 야훼를 찬
송하고 백성들이 그 말한 대로 행
하였느니라
14 또한 유다 땅 총독으로 세움을 받
은 때 곧 아닥사스다 왕 제이십년
부터 제삼십이년까지 십이 년 동안
은 나와 내 형제들이 총독의 녹을
먹지 아니하였느니라
15 나보다 먼저 있었던 총독들은 백성
에게서, 양식과 포도주와 또 은 사
십 세겔을 그들에게서 빼앗았고 또
한 그들의 종자들도 백성을 압제하
였으나 나는 하나님을 경외하므로
이같이 행하지 아니하고
16 도리어 이 성벽 공사에 힘을 다하며
땅을 사지 아니하였고 내 모든 종
자들도 모여서 일을 하였으며
17 또 내 상에는 유다 사람들과 민장
들 백오십 명이 있고 그 외에도 우
리 주위에 있는 이방 족속들 중에서
우리에게 나아온 자들이 있었는데
18 매일 나를 위하여 소 한 마리와 살
진 양 여섯 마리를 준비하며 닭도
많이 준비하고 열흘에 한 번씩은
각종 포도주를 갖추었나니 비록 이
같이 하였을지라도 내가 총독의 녹
을 요구하지 아니하였음은 이 백성
의 부역이 중함이었더라
19 내 하나님이여 내가 이 백성을 위
하여 행한 모든 일을 기억하사 내
게 은혜를 베푸시옵소서

6

산발랏과 도비야와 아라비아 사
람 게셈과 그 나머지 우리의 원수
들이 내가 성벽을 건축하여 허물어
진 틈을 남기지 아니하였다 함을
들었는데 그 때는 내가 아직 성문
에 문짝을 달지 못한 때였더라
2 산발랏과 게셈이 내게 사람을 보내
어 이르기를 오라 우리가 오노 평지
한 촌에서 서로 만나자 하니 실상
은 나를 해하고자 함이었더라
3 내가 곧 그들에게 사자들을 보내어
이르기를 내가 이제 큰 역사를 하
니 내려가지 못하겠노라 어찌하여
역사를 중지하게 하고 너희에게로
내려가겠느냐 하매
4 그들이 네 번이나 이같이 내게 사
람을 보내되 나는 꼭 같이 대답하
였더니
5 산발랏이 다섯 번째는 그 종자의
손에 봉하지 않은 편지를 들려 내

기록일 : . . .

게 보냈는데
6 그 글에 이르기를 이방 중에도 소
문이 있고 가스무도 말하기를 너와
유다 사람들이 모반하려 하여 성벽
을 건축한다 하나니 네가 그 말과
같이 왕이 되려 하는도다
7 또 네가 선지자를 세워 예루살렘에
서 너를 들어 선전하기를 유다에 왕
이 있다 하게 하였으니 지금 이 말
이 왕에게 들릴지라 그런즉 너는 이
제 오라 함께 의논하자 하였기로
8 내가 사람을 보내어 그에게 이르기
를 네가 말한 바 이런 일은 없는 일
이요 네 마음에서 지어낸 것이라 하
였나니
9 이는 그들이 다 우리를 두렵게 하
고자 하여 말하기를 그들의 손이
피곤하여 역사를 중지하고 이루지
못하리라 함이라 이제 내 손을 힘
있게 하옵소서 하였노라
10 이 후에 므헤다벨의 손자 들라야의
아들 스마야가 두문불출 하기로 내
가 그 집에 가니 그가 이르기를 그
들이 너를 죽이러 올 터이니 우리가
하나님의 전으로 가서 외소 안에 머
물고 그 문을 닫자 저들이 반드시
밤에 와서 너를 죽이리라 하기로
11 내가 이르기를 나 같은 자가 어찌
도망하며 나 같은 몸이면 누가 외
소에 들어가서 생명을 보존하겠느
냐 나는 들어가지 않겠노라 하고
12 깨달은즉 그는 하나님께서 보내신
바가 아니라 도비야와 산발랏에게
뇌물을 받고 내게 이런 예언을 함
이라
13 그들이 뇌물을 준 까닭은 나를 두
렵게 하고 이렇게 함으로 범죄하게
하고 악한 말을 지어 나를 비방하
려 함이었느니라
14 내 하나님이여 도비야와 산발랏과
여선지 노아댜와 그 남은 선지자들
곧 나를 두렵게 하고자 한 자들의
소행을 기억하옵소서 하였노라
15 성벽 역사가 오십이 일 만인 엘룰월
이십오일에 끝나매
16 우리의 모든 대적과 주위에 있는
이방 족속들이 이를 듣고 다 두려
워하여 크게 낙담하였으니 그들이
우리 하나님께서 이 역사를 이루신
것을 앎이니라
17 또한 그 때에 유다의 귀족들이 여
러 번 도비야에게 편지하였고 도비
야의 편지도 그들에게 이르렀으니
18 도비야는 아라의 아들 스가냐의 사
위가 되었고 도비야의 아들 여호하
난도 베레갸의 아들 므술람의 딸을
아내로 맞이하였으므로 유다에서
그와 동맹한 자가 많음이라
19 그들이 도비야의 선행을 내 앞에
말하고 또 내 말도 그에게 전하매

기록일 : . . .

도비야가 내게 편지하여 나를 두렵
게 하고자 하였느니라

7 성벽이 건축되매 문짝을 달고 문
지기와 노래하는 자들과 레위 사람
들을 세운 후에
2 내 아우 하나니와 영문의 관원 하
나냐가 함께 예루살렘을 다스리게
하였는데 하나냐는 충성스러운 사
람이요 하나님을 경외함이 무리 중
에서 뛰어난 자라
3 내가 그들에게 이르기를 해가 높이
뜨기 전에는 예루살렘 성문을 열지
말고 아직 파수할 때에 곧 문을 닫
고 빗장을 지르며 또 예루살렘 주
민이 각각 자기가 지키는 곳에서 파
수하되 자기 집 맞은편을 지키게
하라 하였노니
4 그 성읍은 광대하고 그 주민은 적
으며 가옥은 미처 건축하지 못하였
음이니라
5 내 하나님이 내 마음을 감동하사
귀족들과 민장들과 백성을 모아 그
계보대로 등록하게 하시므로 내가
처음으로 돌아온 자의 계보를 얻었
는데 거기에 기록된 것을 보면
6 옛적에 바벨론 왕 느부갓네살에게
사로잡혀 갔던 자들 중에서 놓임을
받고 예루살렘과 유다에 돌아와 각
기 자기들의 성읍에 이른 자들 곧
7 스룹바벨과 예수아와 느헤미야와
아사랴와 라아먀와 나하마니와 모
르드개와 빌산과 미스베렛과 비그
왜와 느훔과 바아나와 함께 나온 이
스라엘 백성의 명수가 이러하니라
8 바로스 자손이 이천 백칠십이 명이요
9 스바댜 자손이 삼백칠십이 명이요
10 아라 자손이 육백오십이 명이요
11 바핫모압 자손 곧 예수아와 요압
자손이 이천팔백십팔 명이요
12 엘람 자손이 천이백오십사 명이요
13 삿두 자손이 팔백사십오 명이요
14 삭개 자손이 칠백육십 명이요
15 빈누이 자손이 육백사십팔 명이요
16 브배 자손이 육백이십팔 명이요
17 아스갓 자손이 이천삼백이십이 명
이요
18 아도니감 자손이 육백육십칠 명이요
19 비그왜 자손이 이천육십칠 명이요
20 아딘 자손이 육백오십오 명이요
21 아델 자손 곧 히스기야 자손이 구
십팔 명이요
22 하숨 자손이 삼백이십팔 명이요
23 베새 자손이 삼백이십사 명이요
24 하립 자손이 백십이 명이요
25 기브온 사람이 구십오 명이요
26 베들레헴과 느도바 사람이 백팔십
팔 명이요
27 아나돗 사람이 백이십팔 명이요
28 벧아스마웻 사람이 사십이 명이요
29 기럇여아림과 그비라와 브에롯 사

기록일 : . . .

람이 칠백사십삼 명이요
30 라마와 게바 사람이 육백이십일 명
이요
31 믹마스 사람이 백이십이 명이요
32 벧엘과 아이 사람이 백이십삼 명
이요
33 기타 느보 사람이 오십이 명이요
34 기타 엘람 자손이 천이백오십사 명
이요
35 하림 자손이 삼백이십 명이요
36 여리고 자손이 삼백사십오 명이요
37 로드와 하딧과 오노 자손이 칠백이
십일 명이요
38 스나아 자손이 삼천 구백삼십 명이
었느니라
39 제사장들은 예수아의 집 여다야 자
손이 구백칠십삼 명이요
40 임멜 자손이 천오십이 명이요
41 바스훌 자손이 천이백사십칠 명이요
42 하림 자손이 천십칠 명이었느니라
43 레위 사람들은 호드야 자손 곧 예수
아와 갓미엘 자손이 칠십사 명이요
44 노래하는 자들은 아삽 자손이 백사
십팔 명이요
45 문지기들은 살룸 자손과 아델 자손
과 달문 자손과 악굽 자손과 하디
다 자손과 소배 자손이 모두 백삼
십팔 명이었느니라
46 느디님 사람들은 시하 자손과 하수
바 자손과 답바옷 자손과
47 게로스 자손과 시아 자손과 바돈
자손과
48 르바나 자손과 하가바 자손과 살매
자손과
49 하난 자손과 깃델 자손과 가할 자
손과
50 르아야 자손과 르신 자손과 느고다
자손과
51 갓삼 자손과 웃사 자손과 바세아
자손과
52 베새 자손과 므우님 자손과 느비스
심 자손과
53 박북 자손과 하그바 자손과 할훌
자손과
54 바슬릿 자손과 므히다 자손과 하르
사 자손과
55 바르고스 자손과 시스라 자손과 데
마 자손과
56 느시야 자손과 하디바 자손이었느
니라
57 솔로몬의 신하의 자손은 소대 자손
과 소베렛 자손과 브리다 자손과
58 야알라 자손과 다르곤 자손과 깃델
자손과
59 스바댜 자손과 핫딜 자손과 보게렛
하스바임 자손과 아몬 자손이니
60 모든 느디님 사람과 솔로몬의 신하
의 자손이 삼백구십이 명이었느니라
61 델멜라와 델하르사와 그룹과 앗돈
과 임멜로부터 올라온 자가 있으나

기록일 : . . .

그들의 종족이나 계보가 이스라엘
에 속하였는지는 증거할 수 없으니
62 그들은 들라야 자손과 도비야 자손
과 느고다 자손이라 모두가 육백사
십이 명이요
63 제사장 중에는 호바야 자손과 학고
스 자손과 바르실래 자손이니 바르
실래는 길르앗 사람 바르실래의 딸
중의 하나로 아내를 삼고 바르실래
의 이름으로 불린 자라
64 이 사람들은 계보 중에서 자기 이
름을 찾아도 찾지 못하였으므로 그
들을 부정하게 여겨 제사장의 직분
을 행하지 못하게 하고
65 총독이 그들에게 명령하여 우림과
둠밈을 가진 제사장이 일어나기 전에
는 지성물을 먹지 말라 하였느니라
66 온 회중의 합계는 사만 이천삼백육
십 명이요
67 그 외에 노비가 칠천삼백삼십칠 명
이요 그들에게 노래하는 남녀가 이
백사십오 명이 있었고
68 말이 칠백삼십육 마리요 노새가 이
백사십오 마리요
69 낙타가 사백삼십오 마리요 나귀가
육천칠백이십 마리였느니라
70 어떤 족장들은 역사를 위하여 보조
하였고 총독은 금 천 드라크마와
대접 오십과 제사장의 의복 오백삼
십 벌을 보물 곳간에 드렸고
71 또 어떤 족장들은 금 이만 드라크
마와 은 이천이백 마네를 역사 곳
간에 드렸고
72 그 나머지 백성은 금 이만 드라크
마와 은 이천 마네와 제사장의 의
복 육십칠 벌을 드렸느니라
73 이와 같이 제사장들과 레위 사람들
과 문지기들과 노래하는 자들과 백
성 몇 명과 느디님 사람들과 온 이
스라엘 자손이 다 자기들의 성읍에
거주하였느니라

8 이스라엘 자손이 자기들의 성읍
에 거주하였더니 일곱째 달에 이르
러 모든 백성이 일제히 수문 앞 광
장에 모여 학사 에스라에게 야훼께
서 이스라엘에게 명령하신 모세의
율법책을 가져오기를 청하매
2 일곱째 달 초하루에 제사장 에스라
가 율법책을 가지고 회중 앞 곧 남
자나 여자나 알아들을 만한 모든
사람 앞에 이르러
3 수문 앞 광장에서 새벽부터 정오까
지 남자나 여자나 알아들을 만한
모든 사람 앞에서 읽으매 뭇 백성
이 그 율법책에 귀를 기울였는데
4 그 때에 학사 에스라가 특별히 지
은 나무 강단에 서고 그의 곁 오른
쪽에 선 자는 맛디댜와 스마와 아
나야와 우리야와 힐기야와 마아세
야요 그의 왼쪽에 선 자는 브다야

기록일 : . . .

와 미사엘과 말기야와 하숨과 하스
밧다나와 스가랴와 므술람이라
5 에스라가 모든 백성 위에 서서 그
들 목전에 책을 펴니 책을 펼 때에
모든 백성이 일어서니라
6 에스라가 위대하신 하나님 야훼를
송축하매 모든 백성이 손을 들고
아멘 아멘 하고 응답하고 몸을 굽
혀 얼굴을 땅에 대고 야훼께 경배
하니라
7 예수아와 바니와 세레뱌와 야민과
악굽과 사브대와 호디야와 마아세
야와 그리다와 아사랴와 요사밧과
하난과 블라야와 레위 사람들은 백
성이 제자리에 서 있는 동안 그들
에게 율법을 깨닫게 하였는데
8 하나님의 율법책을 낭독하고 그 뜻
을 해석하여 백성에게 그 낭독하는
것을 다 깨닫게 하니
9 백성이 율법의 말씀을 듣고 다 우는
지라 총독 느헤미야와 제사장 겸 학
사 에스라와 백성을 가르치는 레위
사람들이 모든 백성에게 이르기를
오늘은 너희 하나님 야훼의 성일이
니 슬퍼하지 말며 울지 말라 하고
10 느헤미야가 또 그들에게 이르기를
너희는 가서 살진 것을 먹고 단 것
을 마시되 준비하지 못한 자에게는
나누어 주라 이 날은 우리 주의 성
일이니 근심하지 말라 야훼로 인하
여 기뻐하는 것이 너희의 힘이니라
하고
11 레위 사람들도 모든 백성을 정숙
하게 하여 이르기를 오늘은 성일이
니 마땅히 조용하고 근심하지 말
라 하니
12 모든 백성이 곧 가서 먹고 마시며
나누어 주고 크게 즐거워하니 이는
그들이 그 읽어 들려 준 말을 밝히
앎이라
13 그 이튿날 뭇 백성의 족장들과 제
사장들과 레위 사람들이 율법의 말
씀을 밝히 알고자 하여 학사 에스
라에게 모여서
14 율법에 기록된 바를 본즉 야훼께서
모세를 통하여 명령하시기를 이스
라엘 자손은 일곱째 달 절기에 초
막에서 거할지니라 하였고
15 또 일렀으되 모든 성읍과 예루살렘
에 공포하여 이르기를 너희는 산에
가서 감람나무 가지와 들감람나무
가지와 화석류나무 가지와 종려나
무 가지와 기타 무성한 나무 가지
를 가져다가 기록한 바를 따라 초
막을 지으라 하라 한지라
16 백성이 이에 나가서 나뭇가지를 가
져다가 혹은 지붕 위에, 혹은 뜰 안
에, 혹은 하나님의 전 뜰에, 혹은
수문 광장에, 혹은 에브라임 문 광
장에 초막을 짓되

기록일 : . . .

17 사로잡혔다가 돌아온 회중이 다 초
막을 짓고 그 안에서 거하니 눈의
아들 여호수아 때로부터 그 날까지
이스라엘 자손이 이같이 행한 일이
없었으므로 이에 크게 기뻐하며
18 에스라는 첫날부터 끝날까지 날마
다 하나님의 율법책을 낭독하고 무
리가 이레 동안 절기를 지키고 여덟
째 날에 규례를 따라 성회를 열었
느니라

9

그 달 스무나흗 날에 이스라엘 자
손이 다 모여 금식하며 굵은 베 옷
을 입고 티끌을 무릅쓰며
2 모든 이방 사람들과 절교하고 서서
자기의 죄와 조상들의 허물을 자복
하고
3 이 날에 낮 사분의 일은 그 제자리
에 서서 그들의 하나님 야훼의 율
법책을 낭독하고 낮 사분의 일은
죄를 자복하며 그들의 하나님 야훼
께 경배하는데
4 레위 사람 예수아와 바니와 갓미엘
과 스바냐와 분니와 세레뱌와 바니
와 그나니는 단에 올라서서 큰 소리
로 그들의 하나님 야훼께 부르짖고
5 또 레위 사람 예수아와 갓미엘과
바니와 하삽느야와 세레뱌와 호디
야와 스바냐와 브다히야는 이르기
를 너희 무리는 마땅히 일어나 영
원부터 영원까지 계신 너희 하나님
야훼를 송축할지어다 주여 주의 영
화로운 이름을 송축하올 것은 주의
이름이 존귀하여 모든 송축이나 찬
양에서 뛰어남이니이다
6 오직 주는 야훼시라 하늘과 하늘들
의 하늘과 일월 성신과 땅과 땅 위
의 만물과 바다와 그 가운데 모든
것을 지으시고 다 보존하시오니 모
든 천군이 주께 경배하나이다
7 주는 하나님 야훼시라 옛적에 아브
람을 택하시고 갈대아 우르에서 인
도하여 내시고 아브라함이라는 이
름을 주시고
8 그의 마음이 주 앞에서 충성됨을
보시고 그와 더불어 언약을 세우사
가나안 족속과 헷 족속과 아모리
족속과 브리스 족속과 여부스 족속
과 기르가스 족속의 땅을 그의 씨
에게 주리라 하시더니 그 말씀대로
이루셨사오매 주는 의로우심이로소
이다
9 주께서 우리 조상들이 애굽에서 고
난 받는 것을 감찰하시며 홍해에서
그들의 부르짖음을 들으시고
10 이적과 기사를 베푸사 바로와 그
의 모든 신하와 그의 나라 온 백성
을 치셨사오니 이는 그들이 우리의
조상들에게 교만하게 행함을 아셨
음이라 주께서 오늘과 같이 명예를
얻으셨나이다

기록일 : . . .

11 또 주께서 우리 조상들 앞에서 바
다를 갈라지게 하사 그들이 바다
가운데를 육지 같이 통과하게 하시
고 쫓아오는 자들을 돌을 큰 물에
던짐 같이 깊은 물에 던지시고
12 낮에는 구름 기둥으로 인도하시고
밤에는 불 기둥으로 그들이 행할
길을 그들에게 비추셨사오며
13 또 시내 산에 강림하시고 하늘에서
부터 그들과 말씀하사 정직한 규례
와 진정한 율법과 선한 율례와 계
명을 그들에게 주시고
14 거룩한 안식일을 그들에게 알리시며
주의 종 모세를 통하여 계명과 율례
와 율법을 그들에게 명령하시고
15 그들의 굶주림 때문에 그들에게 양
식을 주시며 그들의 목마름 때문에
그들에게 반석에서 물을 내시고 또
주께서 옛적에 손을 들어 맹세하시
고 주겠다고 하신 땅을 들어가서
차지하라 말씀하셨사오나
16 그들과 우리 조상들이 교만하고 목
을 굳게 하여 주의 명령을 듣지 아
니하고
17 거역하며 주께서 그들 가운데에서
행하신 기사를 기억하지 아니하고
목을 굳게 하며 패역하여 스스로
한 우두머리를 세우고 종 되었던
땅으로 돌아가고자 하였나이다 그
러나 주께서는 용서하시는 하나님
이시라 은혜로우시며 긍휼히 여기
시며 더디 노하시며 인자가 풍부하
시므로 그들을 버리지 아니하셨나
이다
18 또 그들이 자기들을 위하여 송아지
를 부어 만들고 이르기를 이는 곧
너희를 인도하여 애굽에서 나오게
한 신이라 하여 하나님을 크게 모
독하였사오나
19 주께서는 주의 크신 긍휼로 그들
을 광야에 버리지 아니하시고 낮에
는 구름 기둥이 그들에게서 떠나지
아니하고 길을 인도하며 밤에는 불
기둥이 그들이 갈 길을 비추게 하셨
사오며
20 또 주의 선한 영을 주사 그들을 가
르치시며 주의 만나가 그들의 입에
서 끊어지지 않게 하시고 그들의 목
마름을 인하여 그들에게 물을 주어
21 사십 년 동안 들에서 기르시되 부
족함이 없게 하시므로 그 옷이 해
어지지 아니하였고 발이 부르트지
아니하였사오며
22 또 나라들과 족속들을 그들에게 각
각 나누어 주시매 그들이 시혼의
땅 곧 헤스본 왕의 땅과 바산 왕
옥의 땅을 차지하였나이다
23 주께서 그들의 자손을 하늘의 별같
이 많게 하시고 전에 그들의 열조
에게 들어가서 차지하라고 말씀하

기록일 : . . .

신 땅으로 인도하여 이르게 하셨으
므로
24 그 자손이 들어가서 땅을 차지하되
주께서 그 땅 가나안 주민들이 그
들 앞에 복종하게 하실 때에 가나
안 사람들과 그들의 왕들과 본토
여러 족속들을 그들의 손에 넘겨
임의로 행하게 하시매
25 그들이 견고한 성읍들과 기름진 땅
을 점령하고 모든 아름다운 물건이
가득한 집과 판 우물과 포도원과
감람원과 허다한 과목을 차지하여
배불리 먹어 살찌고 주의 큰 복을
즐겼사오나
26 그들은 순종하지 아니하고 주를 거
역하며 주의 율법을 등지고 주께로
돌아오기를 권면하는 선지자들을
죽여 주를 심히 모독하였나이다
27 그러므로 주께서 그들을 대적의 손
에 넘기사 그들이 곤고를 당하게
하시매 그들이 환난을 당하여 주께
부르짖을 때에 주께서 하늘에서 들
으시고 주의 크신 긍휼로 그들에게
구원자들을 주어 그들을 대적의 손
에서 구원하셨거늘
28 그들이 평강을 얻은 후에 다시 주
앞에서 악을 행하므로 주께서 그들
을 원수들의 손에 버려 두사 원수
들에게 지배를 당하게 하시다가 그
들이 돌이켜 주께 부르짖으매 주께
서 하늘에서 들으시고 여러 번 주의
긍휼로 건져내시고
29 다시 주의 율법을 복종하게 하시려
고 그들에게 경계하셨으나 그들이
교만하여 사람이 준행하면 그 가운
데에서 삶을 얻는 주의 계명을 듣
지 아니하며 주의 규례를 범하여
고집하는 어깨를 내밀며 목을 굳게
하여 듣지 아니하였나이다
30 그러나 주께서 그들을 여러 해 동
안 참으시고 또 주의 선지자들을
통하여 주의 영으로 그들을 경계하
시되 그들이 듣지 아니하므로 열방
사람들의 손에 넘기시고도
31 주의 크신 긍휼로 그들을 아주 멸
하지 아니하시며 버리지도 아니하
셨사오니 주는 은혜로우시고 불쌍
히 여기시는 하나님이심이니이다
32 우리 하나님이여 광대하시고 능하
시고 두려우시며 언약과 인자하심
을 지키시는 하나님이여 우리와 우
리 왕들과 방백들과 제사장들과 선
지자들과 조상들과 주의 모든 백성
이 앗수르 왕들의 때로부터 오늘까
지 당한 모든 환난을 이제 작게 여
기지 마옵소서
33 그러나 우리가 당한 모든 일에 주
는 공의로우시니 우리는 악을 행하
였사오나 주께서는 진실하게 행하
셨음이니이다

기록일 : . . .

34 우리 왕들과 방백들과 제사장들과
조상들이 주의 율법을 지키지 아니
하며 주의 명령과 주께서 그들에
게 경계하신 말씀을 순종하지 아니
하고
35 그들이 그 나라와 주께서 그들에
게 베푸신 큰 복과 자기 앞에 주신
넓고 기름진 땅을 누리면서도 주를
섬기지 아니하며 악행을 그치지 아
니하였으므로
36 우리가 오늘날 종이 되었는데 곧
주께서 우리 조상들에게 주사 그
것의 열매를 먹고 그것의 아름다운
소산을 누리게 하신 땅에서 우리가
종이 되었나이다
37 우리의 죄로 말미암아 주께서 우리
위에 세우신 이방 왕들이 이 땅의
많은 소산을 얻고 그들이 우리의
몸과 가축을 임의로 관할하오니 우
리의 곤란이 심하오며
38 우리가 이 모든 일로 말미암아 이
제 견고한 언약을 세워 기록하고
우리의 방백들과 레위 사람들과 제
사장들이 다 인봉하나이다 하였느
니라

10

그 인봉한 자는 하가랴의 아들 총
독 느헤미야와 시드기야,
2 스라야, 아사랴, 예레미야,
3 바스훌, 아마랴, 말기야,
4 핫두스, 스바냐, 말룩,
5 하림, 므레못, 오바댜,
6 다니엘, 긴느돈, 바룩,
7 므술람, 아비야, 미야민,
8 마아시야, 빌개, 스마야이니 이는
제사장들이요
9 또 레위 사람 곧 아사냐의 아들 예
수아, 헤나닷의 자손 중 빈누이, 갓
미엘과
10 그의 형제 스바냐, 호디야, 그리다,
블라야, 하난,
11 미가, 르홉, 하사뱌,
12 삭굴, 세레뱌, 스바냐,
13 호디야, 바니, 브니누요
14 또 백성의 우두머리들 곧 바로스,
바핫모압, 엘람, 삿두, 바니,
15 분니, 아스갓, 베배,
16 아도니야, 비그왜, 아딘,
17 아델, 히스기야, 앗술,
18 호디야, 하숨, 베새,
19 하립, 아나돗, 노배,
20 막비아스, 므술람, 헤실,
21 므세사벨, 사독, 얏두아,
22 블라댜, 하난, 아나야,
23 호세아, 하나냐, 핫숩,
24 할르헤스, 빌하, 소벡,
25 르훔, 하삽나, 마아세야,
26 아히야, 하난, 아난,
27 말룩, 하림, 바아나이니라
28 그 남은 백성과 제사장들과 레위
사람들과 문지기들과 노래하는 자

들과 느디님 사람들과 및 이방 사
람과 절교하고 하나님의 율법을 준
행하는 모든 자와 그들의 아내와
그들의 자녀들 곧 지식과 총명이 있
는 자들은
29 다 그들의 형제 귀족들을 따라 저
주로 맹세하기를 우리가 하나님의
종 모세를 통하여 주신 하나님의
율법을 따라 우리 주 야훼의 모든
계명과 규례와 율례를 지켜 행하여
30 우리의 딸들을 이 땅 백성에게 주지
아니하고 우리의 아들들을 위하여
그들의 딸들을 데려오지 아니하며
31 혹시 이 땅 백성이 안식일에 물품
이나 온갖 곡물을 가져다가 팔려고
할지라도 우리가 안식일이나 성일
에는 그들에게서 사지 않겠고 일곱
째 해마다 땅을 쉬게 하고 모든 빚
을 탕감하리라 하였고
32 우리가 또 스스로 규례를 정하기를
해마다 각기 세겔의 삼분의 일을
수납하여 하나님의 전을 위하여 쓰
게 하되
33 곧 진설병과 항상 드리는 소제와
항상 드리는 번제와 안식일과 초하
루와 정한 절기에 쓸 것과 성물과
이스라엘을 위하는 속죄제와 우리
하나님의 전의 모든 일을 위하여
쓰게 하였고
34 또 우리 제사장들과 레위 사람들과
백성들이 제비 뽑아 각기 종족대
로 해마다 정한 시기에 나무를 우
리 하나님의 전에 바쳐 율법에 기록
한 대로 우리 하나님 야훼의 제단
에 사르게 하였고
35 해마다 우리 토지 소산의 맏물과
각종 과목의 첫 열매를 야훼의 전
에 드리기로 하였고
36 또 우리의 맏아들들과 가축의 처
음 난 것과 소와 양의 처음 난 것을
율법에 기록된 대로 우리 하나님의
전으로 가져다가 우리 하나님의 전
에서 섬기는 제사장들에게 주고
37 또 처음 익은 밀의 가루와 거제물
과 각종 과목의 열매와 새 포도주
와 기름을 제사장들에게로 가져다
가 우리 하나님의 전의 여러 방에
두고 또 우리 산물의 십일조를 레
위 사람들에게 주리라 하였나니 이
레위 사람들은 우리의 모든 성읍에
서 산물의 십일조를 받는 자임이며
38 레위 사람들이 십일조를 받을 때에
는 아론의 자손 제사장 한 사람이
함께 있을 것이요 레위 사람들은
그 십일조의 십분의 일을 가져다가
우리 하나님의 전 곳간의 여러 방
에 두되
39 곧 이스라엘 자손과 레위 자손이
거제로 드린 곡식과 새 포도주와
기름을 가져다가 성소의 그릇들을

기록일 : . . .

두는 골방 곧 섬기는 제사장들과
문지기들과 노래하는 자들이 있는
골방에 둘 것이라 그리하여 우리가
우리 하나님의 전을 버려 두지 아니
하리라

11

백성의 지도자들은 예루살렘에 거
주하였고 그 남은 백성은 제비 뽑
아 십분의 일은 거룩한 성 예루살렘
에서 거주하게 하고 그 십분의 구는
다른 성읍에 거주하게 하였으며
2 예루살렘에 거주하기를 자원하는
모든 자를 위하여 백성들이 복을
빌었느니라
3 이스라엘과 제사장들과 레위 사람
들과 느디님 사람들과 솔로몬의 신
하들의 자손은 유다 여러 성읍에서
각각 자기 성읍 자기 기업에 거주하
였느니라 예루살렘에 거주한 그 지
방의 지도자들은 이러하니
4 예루살렘에 거주한 자는 유다 자
손과 베냐민 자손 몇 명이라 유다
자손 중에는 베레스 자손 아다야
이니 그는 웃시야의 아들이요 스
가랴의 손자요 아마랴의 증손이요
스바댜의 현손이요 마할랄렐의 오
대 손이며
5 또 마아세야니 그는 바룩의 아들이
요 골호세의 손자요 하사야의 증손
이요 아다야의 현손이요 요야립의
오대 손이요 스가랴의 육대 손이요
실로 사람의 칠대 손이라
6 예루살렘에 거주한 베레스 자손은
모두 사백육십팔 명이니 다 용사였
느니라
7 베냐민 자손은 살루이니 그는 므술
람의 아들이요 요엣의 손자요 브다
야의 증손이요 골라야의 현손이요
마아세야의 오대 손이요 이디엘의
육대 손이요 여사야의 칠대 손이며
8 그 다음은 갑배와 살래 등이니 모
두 구백이십팔 명이라
9 시그리의 아들 요엘이 그들의 감독
이 되었고 핫스누아의 아들 유다는
버금이 되어 성읍을 다스렸느니라
10 제사장 중에는 요야립의 아들 여다
야와 야긴이며
11 또 하나님의 전을 맡은 자 스라야이
니 그는 힐기야의 아들이요 므술람
의 손자요 사독의 증손이요 므라욧
의 현손이요 아히둡의 오대 손이며
12 또 전에서 일하는 그들의 형제니
모두 팔백이십이 명이요 또 아다야
이니 그는 여로함의 아들이요 블라
야의 손자요 암시의 증손이요 스가
랴의 현손이요 바스훌의 오대 손이
요 말기야의 육대 손이며
13 또 그 형제의 족장된 자이니 모두
이백사십이 명이요 또 아맛새이니
그는 아사렐의 아들이요 아흐새의
손자요 므실레못의 증손이요 임멜

의 현손이며
14 또 그들의 형제의 큰 용사들이니
모두 백이십팔 명이라 하그돌림의
아들 삽디엘이 그들의 감독이 되었
느니라
15 레위 사람 중에는 스마야이니 그는
핫숩의 아들이요 아스리감의 손자
요 하사뱌의 증손이요 분니의 현손
이며
16 또 레위 사람의 족장 삽브대와 요
사밧이니 그들은 하나님의 전 바깥
일을 맡았고
17 또 아삽의 증손 삽디의 손자 미가
의 아들 맛다냐이니 그는 기도할
때에 감사하는 말씀을 인도하는 자
가 되었고 형제 중에 박부갸가 버
금이 되었으며 또 여두둔의 증손
갈랄의 손자 삼무아의 아들 압다니
18 거룩한 성에 레위 사람은 모두 이
백팔십사 명이었느니라
19 성 문지기는 악굽과 달몬과 그 형
제이니 모두 백칠십이 명이며
20 그 나머지 이스라엘 백성과 제사장
과 레위 사람은 유다 모든 성읍에
흩어져 각각 자기 기업에 살았고
21 느디님 사람은 오벨에 거주하니 시
하와 기스바가 그들의 책임자가 되
었느니라
22 노래하는 자들인 아삽 자손 중 미
가의 현손 맛다냐의 증손 하사뱌의
손자 바니의 아들 웃시는 예루살렘
에 거주하는 레위 사람의 감독이
되어 하나님의 전 일을 맡아 다스
렸으니
23 이는 왕의 명령대로 노래하는 자들
에게 날마다 할 일을 정해 주었기
때문이며
24 유다의 아들 세라의 자손 곧 므세
사벨의 아들 브다히야는 왕의 수하
에서 백성의 일을 다스렸느니라
25 마을과 들로 말하면 유다 자손의
일부는 기랏 아르바와 그 주변 동
네들과 디본과 그 주변 동네들과
여갑스엘과 그 마을들에 거주하며
26 또 예수아와 몰라다와 벧벨렛과
27 하살수알과 브엘세바와 그 주변 동
네들에 거주하며
28 또 시글락과 므고나와 그 주변 동
네들에 거주하며
29 또 에느림몬과 소라와 야르뭇에 거
주하며
30 또 사노아와 아둘람과 그 마을들과
라기스와 그 들판과 아세가와 그
주변 동네들에 살았으니 그들은 브
엘세바에서부터 힌놈의 골짜기까지
장막을 쳤으며
31 또 베냐민 자손은 게바에서부터 믹
마스와 아야와 벧엘과 그 주변 동
네들에 거주하며
32 아나돗과 놉과 아나냐와

기록일 : . . .

33 하솔과 라마와 깃다임과
34 하딧과 스보임과 느발랏과
35 로드와 오노와 장인들의 골짜기에
거주하였으며
36 유다에 있던 레위 사람의 일부는
베냐민과 합하였느니라

12 스알디엘의 아들 스룹바벨과 예
수아와 함께 돌아온 제사장들과 레
위 사람들은 이러하니라 제사장들
은 스라야와 예레미야와 에스라와
2 아마랴와 말룩과 핫두스와
3 스가냐와 르훔과 므레못과
4 잇도와 긴느도이와 아비야와
5 미야민과 마아댜와 빌가와
6 스마야와 요야립과 여다야와
7 살루와 아목과 힐기야와 여다야니
이상은 예수아 때에 제사장들과 그
들의 형제의 지도자들이었느니라
8 레위 사람들은 예수아와 빈누이와
갓미엘과 세레뱌와 유다와 맛다냐
니 이 맛다냐는 그의 형제와 함께
찬송하는 일을 맡았고
9 또 그들의 형제 박부갸와 운노는
직무를 따라 그들의 맞은편에 있
으며
10 예수아는 요야김을 낳고 요야김은
엘리아십을 낳고 엘리아십은 요야
다를 낳고
11 요야다는 요나단을 낳고 요나단은
얏두아를 낳았느니라
12 요야김 때에 제사장, 족장 된 자는
스라야 족속에는 므라야요 예레미
야 족속에는 하나냐요
13 에스라 족속에는 므술람이요 아마
랴 족속에는 여호하난이요
14 말루기 족속에는 요나단이요 스바
냐 족속에는 요셉이요
15 하림 족속에는 아드나요 므라욧 족
속에는 헬개요
16 잇도 족속에는 스가랴요 긴느돈 족
속에는 므술람이요
17 아비야 족속에는 시그리요 미냐민
곧 모아댜 족속에는 빌대요
18 빌가 족속에는 삼무아요 스마야 족
속에는 여호나단이요
19 요야립 족속에는 맛드내요 여다야
족속에는 웃시요
20 살래 족속에는 갈래요 아목 족속에
는 에벨이요
21 힐기야 족속에는 하사뱌요 여다야
족속에는 느다넬이었느니라
22 엘리아십과 요야다와 요하난과 얏
두아 때에 레위 사람의 족장이 모
두 책에 기록되었고 바사 왕 다리
오 때에 제사장도 책에 기록되었고
23 레위 자손의 족장들은 엘리아십의
아들 요하난 때까지 역대지략에 기
록되었으며
24 레위 족속의 지도자들은 하사뱌와
세레뱌와 갓미엘의 아들 예수아라

기록일 : . . .

그들은 그들의 형제의 맞은편에
있어 하나님의 사람 다윗의 명령대
로 순서를 따라 주를 찬양하며 감
사하고
25 맛다냐와 박부갸와 오바댜와 므술
람과 달몬과 악굽은 다 문지기로서
순서대로 문안의 곳간을 파수하였
나니
26 이상의 모든 사람들은 요사닥의 손
자 예수아의 아들 요야김과 총독
느헤미야와 제사장 겸 학사 에스라
때에 있었느니라
27 예루살렘 성벽을 봉헌하게 되니 각
처에서 레위 사람들을 찾아 예루살
렘으로 데려다가 감사하며 노래하
며 제금을 치며 비파와 수금을 타
며 즐거이 봉헌식을 행하려 하매
28 이에 노래하는 자들이 예루살렘 사
방 들과 느도바 사람의 마을에서
모여들고
29 또 벧길갈과 게바와 아스마웻 들에
서 모여들었으니 이 노래하는 자들
은 자기들을 위하여 예루살렘 사방
에 마을들을 이루었음이라
30 제사장들과 레위 사람들이 몸을 정
결하게 하고 또 백성과 성문과 성
벽을 정결하게 하니라
31 이에 내가 유다의 방백들을 성벽
위에 오르게 하고 또 감사 찬송하
는 자의 큰 무리를 둘로 나누어 성
벽 위로 대오를 지어 가게 하였는
데 한 무리는 오른쪽으로 분문을
향하여 가게 하니
32 그들의 뒤를 따르는 자는 호세야와
유다 지도자의 절반이요
33 또 아사랴와 에스라와 므술람과
34 유다와 베냐민과 스마야와 예레미
야이며
35 또 제사장들의 자손 몇 사람이 나
팔을 잡았으니 요나단의 아들 스마
야의 손자 맛다냐의 증손 미가야의
현손 삭굴의 오대 손 아삽의 육대
손 스가랴와
36 그의 형제들인 스마야와 아사렐과
밀랄래와 길랄래와 마애와 느다넬
과 유다와 하나니라 다 하나님의
사람 다윗의 악기를 잡았고 학사
에스라가 앞서서
37 샘문으로 전진하여 성벽으로 올라
가는 곳에 이르러 다윗 성의 층계
로 올라가서 다윗의 궁 윗 길에서
동쪽으로 향하여 수문에 이르렀고
38 감사 찬송하는 다른 무리는 왼쪽으
로 행진하는데 내가 백성의 절반과
더불어 그 뒤를 따라 성벽 위로 가
서 화덕 망대 윗 길로 성벽 넓은 곳
에 이르고
39 에브라임 문 위로 옛문과 어문과
하나넬 망대와 함메아 망대를 지나
양문에 이르러 감옥 문에 멈추매

기록일 : . . .

40 이에 감사 찬송하는 두 무리가 하
나님의 전에 섰고 또 나와 민장의
절반도 함께 하였고
41 제사장 엘리아김과 마아세야와 미
냐민과 미가야와 엘료에내와 스가
랴와 하나냐는 다 나팔을 잡았고
42 또 마아세야와 스마야와 엘르아살
과 웃시와 여호하난과 말기야와 엘
람과 에셀이 함께 있으며 노래하는
자는 크게 찬송하였는데 그 감독은
예스라히야라
43 이 날에 무리가 큰 제사를 드리고
심히 즐거워하였으니 이는 하나님
이 크게 즐거워하게 하셨음이라 부
녀와 어린 아이도 즐거워하였으므
로 예루살렘이 즐거워하는 소리가
멀리 들렸느니라
44 그 날에 사람을 세워 곳간을 맡기
고 제사장들과 레위 사람들에게 돌
릴 것 곧 율법에 정한 대로 거제물
과 처음 익은 것과 십일조를 모든
성읍 밭에서 거두어 이 곳간에 쌓
게 하였노니 이는 유다 사람이 섬기
는 제사장들과 레위 사람들로 말미
암아 즐거워하기 때문이라
45 그들은 하나님을 섬기는 일과 결례
의 일을 힘썼으며 노래하는 자들과
문지기들도 그러하여 모두 다윗과
그의 아들 솔로몬의 명령을 따라
행하였으니
46 옛적 다윗과 아삽의 때에는 노래하
는 자의 지도자가 있어서 하나님께
찬송하는 노래와 감사하는 노래를
하였음이며
47 스룹바벨 때와 느헤미야 때에는 온
이스라엘이 노래하는 자들과 문지
기들에게 날마다 쓸 몫을 주되 그
들이 성별한 것을 레위 사람들에게
주고 레위 사람들은 그것을 또 성
별하여 아론 자손에게 주었느니라

13 그 날 모세의 책을 낭독하여 백성
에게 들렸는데 그 책에 기록하기를
암몬 사람과 모압 사람은 영원히 하
나님의 총회에 들어오지 못하리니
2 이는 그들이 양식과 물로 이스라엘
자손을 영접하지 아니하고 도리어
발람에게 뇌물을 주어 저주하게 하
였음이라 그러나 우리 하나님이 그
저주를 돌이켜 복이 되게 하셨다
하였는지라
3 백성이 이 율법을 듣고 곧 섞인 무
리를 이스라엘 가운데에서 모두 분
리하였느니라
4 이전에 우리 하나님의 전의 방을
맡은 제사장 엘리아십이 도비야와
연락이 있었으므로
5 도비야를 위하여 한 큰 방을 만들
었으니 그 방은 원래 소제물과 유
향과 그릇과 또 레위 사람들과 노
래하는 자들과 문지기들에게 십일

기록일 : . . .

조로 주는 곡물과 새 포도주와 기
름과 또 제사장들에게 주는 거제물
을 두는 곳이라
6 그 때에는 내가 예루살렘에 있지
아니하였느니라 바벨론 왕 아닥사
스다 삼십이년에 내가 왕에게 나아
갔다가 며칠 후에 왕에게 말미를
청하고
7 예루살렘에 이르러서야 엘리아십이
도비야를 위하여 하나님의 전 뜰에
방을 만든 악한 일을 안지라
8 내가 심히 근심하여 도비야의 세간
을 그 방 밖으로 다 내어 던지고
9 명령하여 그 방을 정결하게 하고
하나님의 전의 그릇과 소제물과 유
향을 다시 그리로 들여놓았느니라
10 내가 또 알아본즉 레위 사람들이
받을 몫을 주지 아니하였으므로 그
직무를 행하는 레위 사람들과 노래
하는 자들이 각각 자기 밭으로 도
망하였기로
11 내가 모든 민장들을 꾸짖어 이르기
를 하나님의 전이 어찌하여 버린 바
되었느냐 하고 곧 레위 사람을 불
러 모아 다시 제자리에 세웠더니
12 이에 온 유다가 곡식과 새 포도주
와 기름의 십일조를 가져다가 곳간
에 들이므로
13 내가 제사장 셀레먀와 서기관 사독
과 레위 사람 브다야를 창고지기로
삼고 맛다냐의 손자 삭굴의 아들
하난을 버금으로 삼았나니 이는 그
들이 충직한 자로 인정됨이라 그 직
분은 형제들에게 분배하는 일이었
느니라
14 내 하나님이여 이 일로 말미암아 나
를 기억하옵소서 내 하나님의 전과
그 모든 직무를 위하여 내가 행한
선한 일을 도말하지 마옵소서
15 그 때에 내가 본즉 유다에서 어떤
사람이 안식일에 술틀을 밟고 곡식
단을 나귀에 실어 운반하며 포도주
와 포도와 무화과와 여러 가지 짐
을 지고 안식일에 예루살렘에 들어
와서 음식물을 팔기로 그 날에 내
가 경계하였고
16 또 두로 사람이 예루살렘에 살며
물고기와 각양 물건을 가져다가 안
식일에 예루살렘에서도 유다 자손
에게 팔기로
17 내가 유다의 모든 귀인들을 꾸짖어
그들에게 이르기를 너희가 어찌 이
악을 행하여 안식일을 범하느냐
18 너희 조상들이 이같이 행하지 아니
하였느냐 그래서 우리 하나님이 이
모든 재앙을 우리와 이 성읍에 내
리신 것이 아니냐 그럼에도 불구하
고 너희가 안식일을 범하여 진노가
이스라엘에게 더욱 심하게 임하도
록 하는도다 하고

기록일 : . . .

19 안식일 전 예루살렘 성문이 어두워
갈 때에 내가 성문을 닫고 안식일
이 지나기 전에는 열지 말라 하고
나를 따르는 종자 몇을 성문마다
세워 안식일에는 아무 짐도 들어오
지 못하게 하였으므로
20 장사꾼들과 각양 물건 파는 자들이
한두 번 예루살렘 성 밖에서 자므로
21 내가 그들에게 경계하여 이르기를
너희가 어찌하여 성 밑에서 자느냐
다시 이같이 하면 내가 잡으리라
하였더니 그후부터는 안식일에 그
들이 다시 오지 아니하였느니라
22 내가 또 레위 사람들에게 몸을 정
결하게 하고 와서 성문을 지켜서 안
식일을 거룩하게 하라 하였느니라
내 하나님이여 나를 위하여 이 일도
기억하시옵고 주의 크신 은혜대로
나를 아끼시옵소서
23 그 때에 내가 또 본즉 유다 사람이
아스돗과 암몬과 모압 여인을 맞아
아내로 삼았는데
24 그들의 자녀가 아스돗 방언을 절반
쯤은 하여도 유다 방언은 못하니 그
하는 말이 각 족속의 방언이므로
25 내가 그들을 책망하고 저주하며 그
들 중 몇 사람을 때리고 그들의 머
리털을 뽑고 이르되 너희는 너희
딸들을 그들의 아들들에게 주지 말
고 너희 아들들이나 너희를 위하여
그들의 딸을 데려오지 아니하겠다
고 하나님을 가리켜 맹세하라 하고
26 또 이르기를 옛적에 이스라엘 왕
솔로몬이 이 일로 범죄하지 아니
하였느냐 그는 많은 나라 중에 비
길 왕이 없이 하나님의 사랑을 입
은 자라 하나님이 그를 왕으로 삼
아 온 이스라엘을 다스리게 하셨으
나 이방 여인이 그를 범죄하게 하였
나니
27 너희가 이방 여인을 아내로 맞아
이 모든 큰 악을 행하여 우리 하나
님께 범죄하는 것을 우리가 어찌
용납하겠느냐
28 대제사장 엘리아십의 손자 요야다
의 아들 하나가 호론 사람 산발랏
의 사위가 되었으므로 내가 쫓아내
어 나를 떠나게 하였느니라
29 내 하나님이여 그들이 제사장의 직
분을 더럽히고 제사장의 직분과 레
위 사람에 대한 언약을 어겼사오니
그들을 기억하옵소서
30 내가 이와 같이 그들에게 이방 사
람을 떠나게 하여 그들을 깨끗하게
하고 또 제사장과 레위 사람의 반
열을 세워 각각 자기의 일을 맡게
하고
31 또 정한 기한에 나무와 처음 익은
것을 드리게 하였사오니 내 하나님
이여 나를 기억하사 복을 주옵소서

기록일 : . . .

ESTHER

에스더

저 자 미상

주 제 하나님의 보호와 사랑

기록목적 하나님께서 온 세상을 다스리시는 역사의 주관자 되심과 하나님을 바르게 섬기는 자들의 궁극적인 승리, 선택한 백성들에 대한 하나님의 보호하심과 간섭하심, 부림절에 대한 역사적 기원과 의미를 밝히는 데 본서의 목적이 있다.

기록배경 본서에 기록된 사건은 주전 538년에 있었던 스룹바벨에 의한 1차 포로 귀환과, 에스라에 의해 주전 458년에 있었던 2차 포로 귀환 사이의 사건이다. 당시 바사 제국의 여러 지역에 흩어져 살던 유다인들은 이방 사상을 받아들이고 야훼 신앙을 버린 경우가 많았다. 따라서 본서는 시공간을 초월하여 역사를 주관하시는 하나님과, 비록 유다인들이 포로가 되어 이방 지역에 살지만 여전히 하나님의 보호와 간섭 아래 있다는 사실을 일깨워 줌으로써 신앙적 용기를 잃지 않도록 하고 있다.

특 징

- 룻기와 더불어 여성의 이름으로 지어진 책이며, 여성이 주인공으로 등장한다.
- '하나님' 이라는 단어는 한 번도 언급되지 않았으나 하나님의 강한 섭리를 극적으로 표현하고 있다.
- 부림절의 역사적 기원을 밝히고 있다.
- 반전, 위기감 고조 등 단편 소설의 형식을 취함으로써 역사적 사건의 진실에 극적 효과를 높였다.

나의 기도

에스더

1

1 이 일은 아하수에로 왕 때에 있었
던 일이니 아하수에로는 인도로부
터 구스까지 백이십칠 지방을 다스
리는 왕이라
2 당시에 아하수에로 왕이 수산 궁에
서 즉위하고
3 왕위에 있은 지 제삼년에 그의 모
든 지방관과 신하들을 위하여 잔치
를 베푸니 바사와 메대의 장수와
각 지방의 귀족과 지방관들이 다
왕 앞에 있는지라
4 왕이 여러 날 곧 백팔십 일 동안에
그의 영화로운 나라의 부함과 위엄
의 혁혁함을 나타내니라
5 이 날이 지나매 왕이 또 도성 수산
에 있는 귀천간의 백성을 위하여
왕궁 후원 뜰에서 칠 일 동안 잔치
를 베풀새
6 백색, 녹색, 청색 휘장을 자색 가는
베 줄로 대리석 기둥 은고리에 매
고 금과 은으로 만든 걸상을 화반
석, 백석, 운모석, 흑석을 깐 땅에
진설하고
7 금 잔으로 마시게 하니 잔의 모양
이 각기 다르고 왕이 풍부하였으므
로 어주가 한이 없으며
8 마시는 것도 법도가 있어 사람으로
억지로 하지 않게 하니 이는 왕이
모든 궁내 관리에게 명령하여 각
사람이 마음대로 하게 함이더라
9 왕후 와스디도 아하수에로 왕궁에서
여인들을 위하여 잔치를 베푸니라
10 제칠일에 왕이 주흥이 일어나서 어
전 내시 므후만과 비스다와 하르보
나와 빅다와 아박다와 세달과 가르
가스 일곱 사람을 명령하여
11 왕후 와스디를 청하여 왕후의 관을
정제하고 왕 앞으로 나아오게 하여
그의 아리따움을 뭇 백성과 지방관
들에게 보이게 하라 하니 이는 왕
후의 용모가 보기에 좋음이라
12 그러나 왕후 와스디는 내시가 전
하는 왕명을 따르기를 싫어하니 왕
이 진노하여 마음속이 불 붙는 듯
하더라
13 왕이 사례를 아는 현자들에게 묻되
(왕이 규례와 법률을 아는 자에게
묻는 전례가 있는데
14 그 때에 왕에게 가까이 하여 왕의
기색을 살피며 나라 첫 자리에 앉
은 자는 바사와 메대의 일곱 지방
관 곧 가르스나와 세달과 아드마다
와 다시스와 메레스와 마르스나와
므무간이라)
15 왕후 와스디가 내시가 전하는 아하
수에로 왕의 명령을 따르지 아니하

기록일 : . . .

니 규례대로 하면 어떻게 처치할까
16 므무간이 왕과 지방관 앞에서 대답
하여 이르되 왕후 와스디가 왕에게
만 잘못했을 뿐 아니라 아하수에로
왕의 각 지방의 관리들과 뭇 백성
에게도 잘못하였나이다
17 아하수에로 왕이 명령하여 왕후 와
스디를 청하여도 오지 아니하였다
하는 왕후의 행위의 소문이 모든
여인들에게 전파되면 그들도 그들
의 남편을 멸시할 것인즉
18 오늘이라도 바사와 메대의 귀부인
들이 왕후의 행위를 듣고 왕의 모
든 지방관들에게 그렇게 말하리니
멸시와 분노가 많이 일어나리이다
19 왕이 만일 좋게 여기실진대 와스디
가 다시는 왕 앞에 오지 못하게 하
는 조서를 내리되 바사와 메대의
법률에 기록하여 변개함이 없게 하
고 그 왕후의 자리를 그보다 나은
사람에게 주소서
20 왕의 조서가 이 광대한 전국에 반
포되면 귀천을 막론하고 모든 여인
들이 그들의 남편을 존경하리이다
하니라
21 왕과 지방관들이 그 말을 옳게 여긴
지라 왕이 므무간의 말대로 행하여
22 각 지방 각 백성의 문자와 언어로
모든 지방에 조서를 내려 이르기를
남편이 자기의 집을 주관하게 하고
자기 민족의 언어로 말하게 하라
하였더라

2 그 후에 아하수에로 왕의 노가 그
치매 와스디와 그가 행한 일과 그
에 대하여 내린 조서를 생각하거늘
2 왕의 측근 신하들이 아뢰되 왕은
왕을 위하여 아리따운 처녀들을 구
하게 하시되
3 전국 각 지방에 관리를 명령하여 아
리따운 처녀를 다 도성 수산으로
모아 후궁으로 들여 궁녀를 주관하
는 내시 헤개의 손에 맡겨 그 몸을
정결하게 하는 물품을 주게 하시고
4 왕의 눈에 아름다운 처녀를 와스디
대신 왕후로 삼으소서 하니 왕이 그
말을 좋게 여겨 그대로 행하니라
5 도성 수산에 한 유다인이 있으니 이
름은 모르드개라 그는 베냐민 자손
이니 기스의 증손이요 시므이의 손
자요 야일의 아들이라
6 전에 바벨론 왕 느부갓네살이 예루
살렘에서 유다 왕 여고냐와 백성을
사로잡아 갈 때에 모르드개도 함께
사로잡혔더라
7 그의 삼촌의 딸 하닷사 곧 에스더
는 부모가 없었으나 용모가 곱고
아리따운 처녀라 그의 부모가 죽은
후에 모르드개가 자기 딸 같이 양
육하더라
8 왕의 조서와 명령이 반포되매 처녀

기록일 : . . .

들이 도성 수산에 많이 모여 헤개
의 수하에 나아갈 때에 에스더도
왕궁으로 이끌려 가서 궁녀를 주관
하는 헤개의 수하에 속하니
9 헤개가 이 처녀를 좋게 보고 은혜
를 베풀어 몸을 정결하게 할 물품
과 일용품을 곧 주며 또 왕궁에서
으레 주는 일곱 궁녀를 주고 에스
더와 그 궁녀들을 후궁 아름다운
처소로 옮기더라
10 에스더가 자기의 민족과 종족을 말
하지 아니하니 이는 모르드개가 명
령하여 말하지 말라 하였음이라
11 모르드개가 날마다 후궁 뜰 앞으로
왕래하며 에스더의 안부와 어떻게
될지를 알고자 하였더라
12 처녀마다 차례대로 아하수에로 왕
에게 나아가기 전에 여자에 대하
여 정한 규례대로 열두 달 동안을
행하되 여섯 달은 몰약 기름을 쓰
고 여섯 달은 향품과 여자에게 쓰
는 다른 물품을 써서 몸을 정결하
게 하는 기한을 마치며
13 처녀가 왕에게 나아갈 때에는 그가
구하는 것을 다 주어 후궁에서 왕
궁으로 가지고 가게 하고
14 저녁이면 갔다가 아침에는 둘째 후
궁으로 돌아와서 비빈을 주관하는
내시 사아스가스의 수하에 속하고
왕이 그를 기뻐하여 그의 이름을
부르지 아니하면 다시 왕에게 나아
가지 못하더라
15 모르드개의 삼촌 아비하일의 딸 곧
모르드개가 자기의 딸 같이 양육하
는 에스더가 차례대로 왕에게 나아
갈 때에 궁녀를 주관하는 내시 헤
개가 정한 것 외에는 다른 것을 구
하지 아니하였으나 모든 보는 자에
게 사랑을 받더라
16 아하수에로 왕의 제칠년 시월 곧
데벳월에 에스더가 왕궁에 인도되
어 들어가서 왕 앞에 나가니
17 왕이 모든 여자보다 에스더를 더
사랑하므로 그가 모든 처녀보다 왕
앞에 더 은총을 얻은지라 왕이 그
의 머리에 관을 씌우고 와스디를
대신하여 왕후로 삼은 후에
18 왕이 크게 잔치를 베푸니 이는 에
스더를 위한 잔치라 모든 지방관과
신하들을 위하여 잔치를 베풀고 또
각 지방의 세금을 면제하고 왕의
이름으로 큰 상을 주니라
19 처녀들을 다시 모을 때에는 모르드
개가 대궐 문에 앉았더라
20 에스더는 모르드개가 명령한 대로
그 종족과 민족을 말하지 아니하니
그가 모르드개의 명령을 양육 받을
때와 같이 따름이더라
21 모르드개가 대궐 문에 앉았을 때에
문을 지키던 왕의 내시 빅단과 데

기록일 : . . .

레스 두 사람이 원한을 품고 아하
수에로 왕을 암살하려는 음모를 꾸
미는 것을
22 모르드개가 알고 왕후 에스더에게
알리니 에스더가 모르드개의 이름
으로 왕에게 아뢴지라
23 조사하여 실증을 얻었으므로 두 사
람을 나무에 달고 그 일을 왕 앞에
서 궁중 일기에 기록하니라

3 그 후에 아하수에로 왕이 아각 사
람 함므다다의 아들 하만의 지위를
높이 올려 함께 있는 모든 대신 위
에 두니
2 대궐 문에 있는 왕의 모든 신하들
이 다 왕의 명령대로 하만에게 꿇
어 절하되 모르드개는 꿇지도 아니
하고 절하지도 아니하니
3 대궐 문에 있는 왕의 신하들이 모
르드개에게 이르되 너는 어찌하여
왕의 명령을 거역하느냐 하고
4 날마다 권하되 모르드개가 듣지 아
니하고 자기는 유다인임을 알렸더
니 그들이 모르드개의 일이 어찌
되나 보고자 하여 하만에게 전하였
더라
5 하만이 모르드개가 무릎을 꿇지도
아니하고 절하지도 아니함을 보고
매우 노하더니
6 그들이 모르드개의 민족을 하만에
게 알리므로 하만이 모르드개만 죽
이는 것이 부족하다고 생각하고 아
하수에로의 온 나라에 있는 유다인
곧 모르드개의 민족을 다 멸하고자
하더라
7 아하수에로 왕 제십이년 첫째 달
곧 니산월에 무리가 하만 앞에서
날과 달에 대하여 부르 곧 제비를
뽑아 열두째 달 곧 아달월을 얻은
지라
8 하만이 아하수에로 왕에게 아뢰
되 한 민족이 왕의 나라 각 지방 백
성 중에 흩어져 거하는데 그 법률
이 만민의 것과 달라서 왕의 법률
을 지키지 아니하오니 용납하는 것
이 왕에게 무익하니이다
9 왕이 옳게 여기시거든 조서를 내
려 그들을 진멸하소서 내가 은 일
만 달란트를 왕의 일을 맡은 자의
손에 맡겨 왕의 금고에 드리리이다
하니
10 왕이 반지를 손에서 빼어 유다인의
대적 곧 아각 사람 함므다다의 아
들 하만에게 주며
11 이르되 그 은을 네게 주고 그 백성
도 그리하노니 너의 소견에 좋을
대로 행하라 하더라
12 첫째 달 십삼일에 왕의 서기관이
소집되어 하만의 명령을 따라 왕의
대신과 각 지방의 관리와 각 민족
의 관원에게 아하수에로 왕의 이름

기록일 : . . .

으로 조서를 쓰되 곧 각 지방의 문
자와 각 민족의 언어로 쓰고 왕의
반지로 인치니라
13 이에 그 조서를 역졸에게 맡겨 왕
의 각 지방에 보내니 열두째 달 곧
아달월 십삼일 하루 동안에 모든
유다인을 젊은이 늙은이 어린이 여
인들을 막론하고 죽이고 도륙하고
진멸하고 또 그 재산을 탈취하라
하였고
14 이 명령을 각 지방에 전하기 위하여
조서의 초본을 모든 민족에게 선포
하여 그 날을 위하여 준비하게 하
라 하였더라
15 역졸이 왕의 명령을 받들어 급히 나
가매 그 조서가 도성 수산에도 반
포되니 왕은 하만과 함께 앉아 마
시되 수산 성은 어지럽더라

4 모르드개가 이 모든 일을 알고 자
기의 옷을 찢고 굵은 베 옷을 입고
재를 뒤집어쓰고 성중에 나가서 대
성 통곡하며
2 대궐 문 앞까지 이르렀으니 굵은
베 옷을 입은 자는 대궐 문에 들어
가지 못함이라
3 왕의 명령과 조서가 각 지방에 이
르매 유다인이 크게 애통하여 금식
하며 울며 부르짖고 굵은 베 옷을
입고 재에 누운 자가 무수하더라
4 에스더의 시녀와 내시가 나아와 전
하니 왕후가 매우 근심하여 입을
의복을 모르드개에게 보내어 그 굵
은 베 옷을 벗기고자 하나 모르드
개가 받지 아니하는지라
5 에스더가 왕의 어명으로 자기에게
가까이 있는 내시 하닥을 불러 명
령하여 모르드개에게 가서 이것이
무슨 일이며 무엇 때문인가 알아보
라 하매
6 하닥이 대궐 문 앞 성 중 광장에 있
는 모르드개에게 이르니
7 모르드개가 자기가 당한 모든 일과
하만이 유다인을 멸하려고 왕의 금
고에 바치기로 한 은의 정확한 액
수를 하닥에게 말하고
8 또 유다인을 진멸하라고 수산 궁에
서 내린 조서 초본을 하닥에게 주
어 에스더에게 보여 알게 하고 또
그에게 부탁하여 왕에게 나아가서
그 앞에서 자기 민족을 위하여 간
절히 구하라 하니
9 하닥이 돌아와 모르드개의 말을 에
스더에게 알리매
10 에스더가 하닥에게 이르되 너는 모
르드개에게 전하기를
11 왕의 신하들과 왕의 각 지방 백성
이 다 알거니와 남녀를 막론하고
부름을 받지 아니하고 안뜰에 들
어가서 왕에게 나아가면 오직 죽이는
법이요 왕이 그 자에게 금 규를 내

기록일 : . . .

밀어야 살 것이라 이제 내가 부름
을 입어 왕에게 나가지 못한 지가
이미 삼십 일이라 하라 하니라
12 그가 에스더의 말을 모르드개에게
전하매
13 모르드개가 그를 시켜 에스더에게
회답하되 너는 왕궁에 있으니 모든
유다인 중에 홀로 목숨을 건지리라
생각하지 말라
14 이 때에 네가 만일 잠잠하여 말이
없으면 유다인은 다른 데로 말미암
아 놓임과 구원을 얻으려니와 너와
네 아버지 집은 멸망하리라 네가
왕후의 자리를 얻은 것이 이 때를
위함이 아닌지 누가 알겠느냐 하니
15 에스더가 모르드개에게 회답하여
이르되
16 당신은 가서 수산에 있는 유다인을
다 모으고 나를 위하여 금식하되
밤낮 삼 일을 먹지도 말고 마시지
도 마소서 나도 나의 시녀와 더불
어 이렇게 금식한 후에 규례를 어기
고 왕에게 나아가리니 죽으면 죽으
리이다 하니라
17 모르드개가 가서 에스더가 명령한
대로 다 행하니라

5 제삼일에 에스더가 왕후의 예복을
입고 왕궁 안 뜰 곧 어전 맞은편에
서니 왕이 어전에서 전 문을 대하여
왕좌에 앉았다가
2 왕후 에스더가 뜰에 선 것을 본즉
매우 사랑스러우므로 손에 잡았던
금 규를 그에게 내미니 에스더가
가까이 가서 금 규 끝을 만진지라
3 왕이 이르되 왕후 에스더여 그대의
소원이 무엇이며 요구가 무엇이냐
나라의 절반이라도 그대에게 주겠
노라 하니
4 에스더가 이르되 오늘 내가 왕을
위하여 잔치를 베풀었사오니 왕이
좋게 여기시거든 하만과 함께 오소
서 하니
5 왕이 이르되 에스더가 말한 대로
하도록 하만을 급히 부르라 하고
이에 왕이 하만과 함께 에스더가
베푼 잔치에 가니라
6 잔치의 술을 마실 때에 왕이 에스
더에게 이르되 그대의 소청이 무엇
이뇨 곧 허락하겠노라 그대의 요구
가 무엇이뇨 나라의 절반이라 할지
라도 시행하겠노라 하니
7 에스더가 대답하여 이르되 나의 소
청, 나의 요구가 이러하니이다
8 내가 만일 왕의 목전에서 은혜를
입었고 왕이 내 소청을 허락하시며
내 요구를 시행하시기를 좋게 여기
시면 내가 왕과 하만을 위하여 베
푸는 잔치에 또 오소서 내일은 왕
의 말씀대로 하리이다 하니라
9 그 날 하만이 마음이 기뻐 즐거이

기록일 : . . .

나오더니 모르드개가 대궐 문에 있
어 일어나지도 아니하고 몸을 움직
이지도 아니하는 것을 보고 매우
노하나
10 참고 집에 돌아와서 사람을 보내어
그의 친구들과 그의 아내 세레스를
청하여
11 자기의 큰 영광과 자녀가 많은 것
과 왕이 자기를 들어 왕의 모든 지
방관이나 신하들보다 높인 것을 다
말하고
12 또 하만이 이르되 왕후 에스더가
그 베푼 잔치에 왕과 함께 오기를
허락 받은 자는 나밖에 없었고 내
일도 왕과 함께 청함을 받았느니라
13 그러나 유다 사람 모르드개가 대
궐 문에 앉은 것을 보는 동안에는
이 모든 일이 만족하지 아니하도다
하니
14 그의 아내 세레스와 모든 친구들이
이르되 높이가 오십 규빗 되는 나
무를 세우고 내일 왕에게 모르드개
를 그 나무에 매달기를 구하고 왕
과 함께 즐거이 잔치에 가소서 하
니 하만이 그 말을 좋게 여기고 명
령하여 나무를 세우니라

6 그 날 밤에 왕이 잠이 오지 아니
하므로 명령하여 역대 일기를 가져
다가 자기 앞에서 읽히더니
2 그 속에 기록하기를 문을 지키던
왕의 두 내시 빅다나와 데레스가
아하수에로 왕을 암살하려는 음모
를 모르드개가 고발하였다 하였는
지라
3 왕이 이르되 이 일에 대하여 무슨
존귀와 관작을 모르드개에게 베풀
었느냐 하니 측근 신하들이 대답하
되 아무것도 베풀지 아니하였나이
다 하니라
4 왕이 이르되 누가 뜰에 있느냐 하
매 마침 하만이 자기가 세운 나무
에 모르드개 달기를 왕께 구하고자
하여 왕궁 바깥뜰에 이른지라
5 측근 신하들이 아뢰되 하만이 뜰에
섰나이다 하니 왕이 이르되 들어오
게 하라 하니
6 하만이 들어오거늘 왕이 묻되 왕이
존귀하게 하기를 원하는 사람에게
어떻게 하여야 하겠느냐 하만이 심
중에 이르되 왕이 존귀하게 하기를
원하시는 자는 나 외에 누구리요
하고
7 왕께 아뢰되 왕께서 사람을 존귀하
게 하시려면
8 왕께서 입으시는 왕복과 왕께서 타
시는 말과 머리에 쓰시는 왕관을
가져다가
9 그 왕복과 말을 왕의 신하 중 가장
존귀한 자의 손에 맡겨서 왕이 존
귀하게 하시기를 원하시는 사람에

기록일 : . . .

게 옷을 입히고 말을 태워서 성 중
거리로 다니며 그 앞에서 반포하여
이르기를 왕이 존귀하게 하기를 원
하시는 사람에게는 이같이 할 것이
라 하게 하소서 하니라
10 이에 왕이 하만에게 이르되 너는
네 말대로 속히 왕복과 말을 가져
다가 대궐 문에 앉은 유다 사람 모
르드개에게 행하되 무릇 네가 말한
것에서 조금도 빠짐이 없이 하라
11 하만이 왕복과 말을 가져다가 모
르드개에게 옷을 입히고 말을 태워
성 중 거리로 다니며 그 앞에서 반
포하되 왕이 존귀하게 하시기를 원
하시는 사람에게는 이같이 할 것이
라 하니라
12 모르드개는 다시 대궐 문으로 돌아
오고 하만은 번뇌하여 머리를 싸고
급히 집으로 돌아가서
13 자기가 당한 모든 일을 그의 아내
세레스와 모든 친구에게 말하매 그
중 지혜로운 자와 그의 아내 세레
스가 이르되 모르드개가 과연 유다
사람의 후손이면 당신이 그 앞에서
굴욕을 당하기 시작하였으니 능히
그를 이기지 못하고 분명히 그 앞
에 엎드러지리이다
14 아직 말이 그치지 아니하여서 왕의
내시들이 이르러 하만을 데리고 에
스더가 베푼 잔치에 빨리 나아가
니라

7

왕이 하만과 함께 또 왕후 에스더
의 잔치에 가니라
2 왕이 이 둘째 날 잔치에 술을 마실
때에 다시 에스더에게 물어 이르되
왕후 에스더여 그대의 소청이 무엇
이냐 곧 허락하겠노라 그대의 요
구가 무엇이냐 곧 나라의 절반이라
할지라도 시행하겠노라
3 왕후 에스더가 대답하여 이르되 왕
이여 내가 만일 왕의 목전에서 은
혜를 입었으며 왕이 좋게 여기시면
내 소청대로 내 생명을 내게 주시
고 내 요구대로 내 민족을 내게 주
소서
4 나와 내 민족이 팔려서 죽임과 도
륙함과 진멸함을 당하게 되었나이
다 만일 우리가 노비로 팔렸더라면
내가 잠잠하였으리이다 그래도 대
적이 왕의 손해를 보충하지 못하였
으리이다 하니
5 아하수에로 왕이 왕후 에스더에게
말하여 이르되 감히 이런 일을 심중
에 품은 자가 누구며 그가 어디 있
느냐 하니
6 에스더가 이르되 대적과 원수는 이
악한 하만이니이다 하니 하만이 왕
과 왕후 앞에서 두려워하거늘
7 왕이 노하여 일어나서 잔치 자리를
떠나 왕궁 후원으로 들어가니라 하

기록일 : . . .

만이 일어서서 왕후 에스더에게 생
명을 구하니 이는 왕이 자기에게 벌
을 내리기로 결심한 줄 앎이더라
8 왕이 후원으로부터 잔치 자리에 돌
아오니 하만이 에스더가 앉은 걸상
위에 엎드렸거늘 왕이 이르되 저가
궁중 내 앞에서 왕후를 강간까지
하고자 하는가 하니 이 말이 왕의
입에서 나오매 무리가 하만의 얼굴
을 싸더라
9 왕을 모신 내시 중에 하르보나가
왕에게 아뢰되 왕을 위하여 충성된
말로 고발한 모르드개를 달고자 하
여 하만이 높이가 오십 규빗 되는
나무를 준비하였는데 이제 그 나무
가 하만의 집에 섰나이다 왕이 이
르되 하만을 그 나무에 달라 하매
10 모르드개를 매달려고 한 나무에 하
만을 다니 왕의 노가 그치니라

8 그 날 아하수에로 왕이 유다인의
대적 하만의 집을 왕후 에스더에게
주니라 에스더가 모르드개는 자기
에게 어떻게 관계됨을 왕께 아뢰었
으므로 모르드개가 왕 앞에 나오니
2 왕이 하만에게서 거둔 반지를 빼어
모르드개에게 준지라 에스더가 모
르드개에게 하만의 집을 관리하게
하니라
3 에스더가 다시 왕 앞에서 말씀하며
왕의 발 아래 엎드려 아각 사람 하
만이 유다인을 해하려 한 악한 꾀
를 제거하기를 울며 구하니
4 왕이 에스더를 향하여 금 규를 내
미는지라 에스더가 일어나 왕 앞에
서서
5 이르되 왕이 만일 즐거워하시며 내
가 왕의 목전에 은혜를 입었고 또
왕이 이 일을 좋게 여기시며 나를
좋게 보실진대 조서를 내리사 아각
사람 함므다다의 아들 하만이 왕의
각 지방에 있는 유다인을 진멸하려
고 꾀하고 쓴 조서를 철회하소서
6 내가 어찌 내 민족이 화 당함을 차
마 보며 내 친척의 멸망함을 차마
보리이까 하니
7 아하수에로 왕이 왕후 에스더와 유
다인 모르드개에게 이르되 하만이
유다인을 살해하려 하므로 나무에
매달렸고 내가 그 집을 에스더에게
주었으니
8 너희는 왕의 명의로 유다인에게 조
서를 뜻대로 쓰고 왕의 반지로 인
을 칠지어다 왕의 이름을 쓰고 왕
의 반지로 인친 조서는 누구든지 철
회할 수 없음이니라 하니라
9 그 때 시완월 곧 삼월 이십삼일에
왕의 서기관이 소집되고 모르드개
가 시키는 대로 조서를 써서 인도
로부터 구스까지의 백이십칠 지방
유다인과 대신과 지방관과 관원에

게 전할새 각 지방의 문자와 각 민
족의 언어와 유다인의 문자와 언어
로 쓰되
10 아하수에로 왕의 명의로 쓰고 왕
의 반지로 인을 치고 그 조서를 역
졸들에게 부쳐 전하게 하니 그들은
왕궁에서 길러서 왕의 일에 쓰는
준마를 타는 자들이라
11 조서에는 왕이 여러 고을에 있는
유다인에게 허락하여 그들이 함께
모여 스스로 생명을 보호하여 각
지방의 백성 중 세력을 가지고 그
들을 치려하는 자들과 그들의 처
자를 죽이고 도륙하고 진멸하고 그
재산을 탈취하게 하되
12 아하수에로 왕의 각 지방에서 아달
월 곧 십이월 십삼일 하루 동안에
하게 하였고
13 이 조서 초본을 각 지방에 전하고
각 민족에게 반포하고 유다인들에
게 준비하였다가 그 날에 대적에게
원수를 갚게 한지라
14 왕의 어명이 매우 급하매 역졸이
왕의 일에 쓰는 준마를 타고 빨리
나가고 그 조서가 도성 수산에도
반포되니라
15 모르드개가 푸르고 흰 조복을 입고
큰 금관을 쓰고 자색 가는 베 겉옷
을 입고 왕 앞에서 나오니 수산 성
이 즐거이 부르며 기뻐하고
16 유다인에게는 영광과 즐거움과 기
쁨과 존귀함이 있는지라
17 왕의 어명이 이르는 각 지방, 각 읍
에서 유다인들이 즐기고 기뻐하여
잔치를 베풀고 그 날을 명절로 삼
으니 본토 백성이 유다인을 두려워
하여 유다인 되는 자가 많더라

9 아달월 곧 열두째 달 십삼일은 왕
의 어명을 시행하게 된 날이라 유
다인의 대적들이 그들을 제거하기
를 바랐더니 유다인이 도리어 자기
들을 미워하는 자들을 제거하게 된
그 날에
2 유다인들이 아하수에로 왕의 각 지
방, 각 읍에 모여 자기들을 해하고
자 한 자를 죽이려 하니 모든 민족
이 그들을 두려워하여 능히 막을
자가 없고
3 각 지방 모든 지방관과 대신들과
총독들과 왕의 사무를 보는 자들이
모르드개를 두려워하므로 다 유다
인을 도우니
4 모르드개가 왕궁에서 존귀하여 점
점 창대하매 이 사람 모르드개의
명성이 각 지방에 퍼지더라
5 유다인이 칼로 그 모든 대적들을
쳐서 도륙하고 진멸하고 자기를 미
워하는 자에게 마음대로 행하고
6 유다인이 또 도성 수산에서 오백
명을 죽이고 진멸하고

기록일 : . . .

7 또 바산다다와 달본과 아스바다와
8 보라다와 아달리야와 아리다다와
9 바마스다와 아리새와 아리대와 왜
사다
10 곧 함므다다의 손자요 유다인의 대
적 하만의 열 아들을 죽였으나 그
들의 재산에는 손을 대지 아니하였
더라
11 그 날에 도성 수산에서 도륙한 자
의 수효를 왕께 아뢰니
12 왕이 왕후 에스더에게 이르되 유다
인이 도성 수산에서 이미 오백 명을
죽이고 멸하고 또 하만의 열 아들
을 죽였으니 왕의 다른 지방에서는
어떠하였겠느냐 이제 그대의 소청
이 무엇이냐 곧 허락하겠노라 그대
의 요구가 무엇이냐 또한 시행하겠
노라 하니
13 에스더가 이르되 왕이 만일 좋게
여기시면 수산에 사는 유다인들이
내일도 오늘 조서대로 행하게 하시
고 하만의 열 아들의 시체를 나무
에 매달게 하소서 하니
14 왕이 그대로 행하기를 허락하고 조
서를 수산에 내리니 하만의 열 아
들의 시체가 매달리니라
15 아달월 십사일에도 수산에 있는 유
다인이 모여 또 삼백 명을 수산에
서 도륙하되 그들의 재산에는 손을
대지 아니하였고
16 왕의 각 지방에 있는 다른 유다인
들이 모여 스스로 생명을 보호하
여 대적들에게서 벗어나며 자기들
을 미워하는 자 칠만 오천 명을 도
륙하되 그들의 재산에는 손을 대지
아니하였더라
17 아달월 십삼일에 그 일을 행하였고
십사일에 쉬며 그 날에 잔치를 베
풀어 즐겼고
18 수산에 사는 유다인들은 십삼일과
십사일에 모였고 십오일에 쉬며 이
날에 잔치를 베풀어 즐긴지라
19 그러므로 시골의 유다인 곧 성이 없
는 고을고을에 사는 자들이 아달월
십사일을 명절로 삼아 잔치를 베풀
고 즐기며 서로 예물을 주더라
20 모르드개가 이 일을 기록하고 아하
수에로 왕의 각 지방에 있는 모든
유다인에게 원근을 막론하고 글을
보내어 이르기를
21 한 규례를 세워 해마다 아달월 십
사일과 십오일을 지키라
22 이 달 이 날에 유다인들이 대적에
게서 벗어나서 평안함을 얻어 슬픔
이 변하여 기쁨이 되고 애통이 변
하여 길한 날이 되었으니 이 두 날
을 지켜 잔치를 베풀고 즐기며 서로
예물을 주며 가난한 자를 구제하라
하매
23 유다인이 자기들이 이미 시작한 대

기록일 : . . .

로 또한 모르드개가 보낸 글대로
계속하여 행하였으니
24 곧 아각 사람 함므다다의 아들 모
든 유다인의 대적 하만이 유다인을
진멸하기를 꾀하고 부르 곧 제비
를 뽑아 그들을 죽이고 멸하려 하
였으나
25 에스더가 왕 앞에 나아감으로 말미
암아 왕이 조서를 내려 하만이 유
다인을 해하려던 악한 꾀를 그의
머리에 돌려보내어 하만과 그의 여
러 아들을 나무에 달게 하였으므로
26 무리가 부르의 이름을 따라 이 두
날을 부림이라 하고 유다인이 이
글의 모든 말과 이 일에 보고 당한
것으로 말미암아
27 뜻을 정하고 자기들과 자손과 자기
들과 화합한 자들이 해마다 그 기
록하고 정해 놓은 때 이 두 날을 이
어서 지켜 폐하지 아니하기로 작정
하고
28 각 지방, 각 읍, 각 집에서 대대로
이 두 날을 기념하여 지키되 이 부
림일을 유다인 중에서 폐하지 않게
하고 그들의 후손들이 계속해서 기
념하게 하였더라
29 아비하일의 딸 왕후 에스더와 유다
인 모르드개가 전권으로 글을 쓰고
부림에 대한 이 둘째 편지를 굳게
지키게 하되
30 화평하고 진실한 말로 편지를 써서
아하수에로의 나라 백이십칠 지방
에 있는 유다 모든 사람에게 보내어
31 정한 기간에 이 부림일을 지키게 하
였으니 이는 유다인 모르드개와 왕
후 에스더가 명령한 바와 유다인이
금식하며 부르짖은 것으로 말미암
아 자기와 자기 자손을 위하여 정
한 바가 있음이더라
32 에스더의 명령이 이 부림에 대한 일
을 견고하게 하였고 그 일이 책에
기록되었더라

10 아하수에로 왕이 그의 본토와 바
다 섬들로 하여금 조공을 바치게
하였더라
2 왕의 능력 있는 모든 행적과 모르
드개를 높여 존귀하게 한 사적이
메대와 바사 왕들의 일기에 기록되
지 아니하였느냐
3 유다인 모르드개가 아하수에로 왕
의 다음이 되고 유다인 중에 크게
존경받고 그의 허다한 형제에게 사
랑을 받고 그의 백성의 이익을 도
모하며 그의 모든 종족을 안위하였
더라

기록일 : . . .

밑글씨 야훼 표기
구약 2(여호수아~에스더)
성령님과 함께 쓰는
은혜로운 필사성경

초판 1쇄 발행 2020년 2월 5일
초판 2쇄 발행 2021년 1월 25일

편 집 인 김호성
발 행 처 서울말씀사
출판등록 제2016-000172호
주 소 서울 영등포구 국회대로 76길 15
전 화 02) 846-9222
팩 스 02) 846-9225